漢唐論語學史

History of The Analects of Confucius in the Han and Tang Dynasties

丁紅旗 著

上海古籍出版社

2018年度國家社科基金後期資助項目（18FZS030）

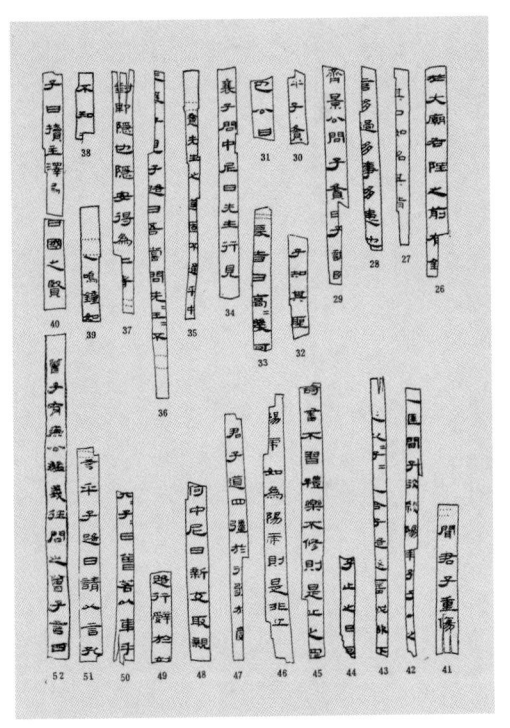

河北定縣八角廊40號漢墓出土的竹簡《論語》(《河北定縣40號漢墓發掘簡報》,《文物》1981年第8期)

南昌海昏侯墓葬出土《論語》竹簡(初步認定爲《齊論》。江西省文物考古研究所、南昌市博物館、南昌市新建區博物館《南昌市西漢海昏侯墓》,《考古》2016年第7期)

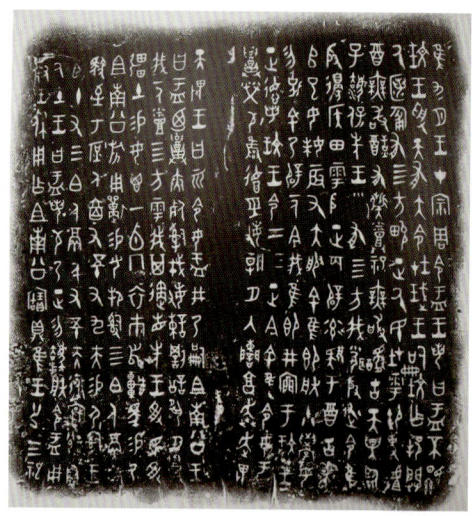

周康王時期《大盂鼎》銘文（呂章申主編《中國古代青銅器藝術》，中國社會科學出版社2011年版）

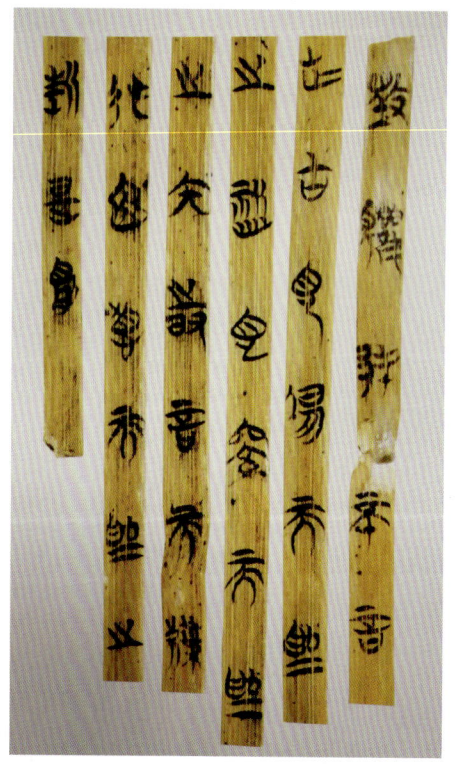

上海博物館藏《戰國楚竹書》

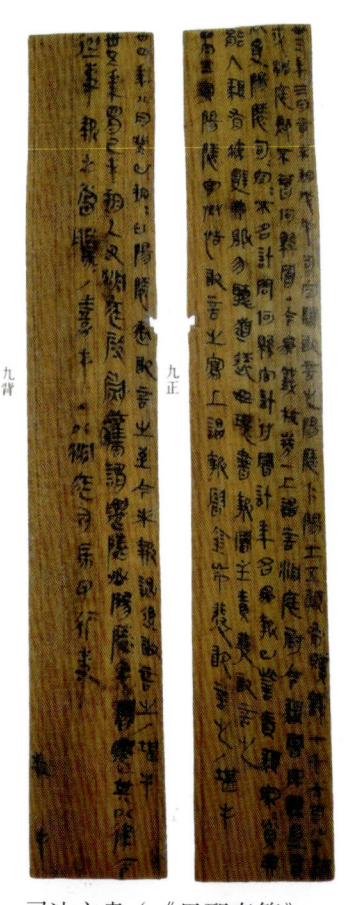

司法文書（《里耶秦簡》，文物出版社2017年版）

效律（《（湖北雲夢）睡虎地秦墓竹簡》，文物出版社1990年版）

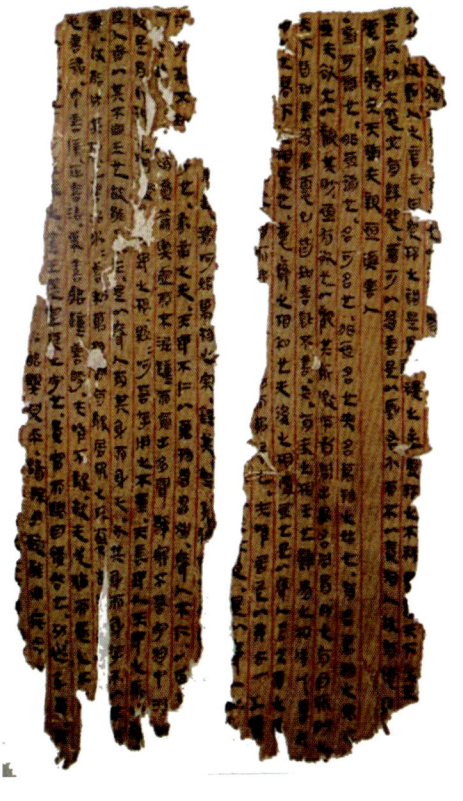

馬王堆3號墓出土的《老子》甲本片段（下葬時間爲西漢文帝前元十二年[前168]。《馬王堆漢墓帛書》，文物出版社1980年版）

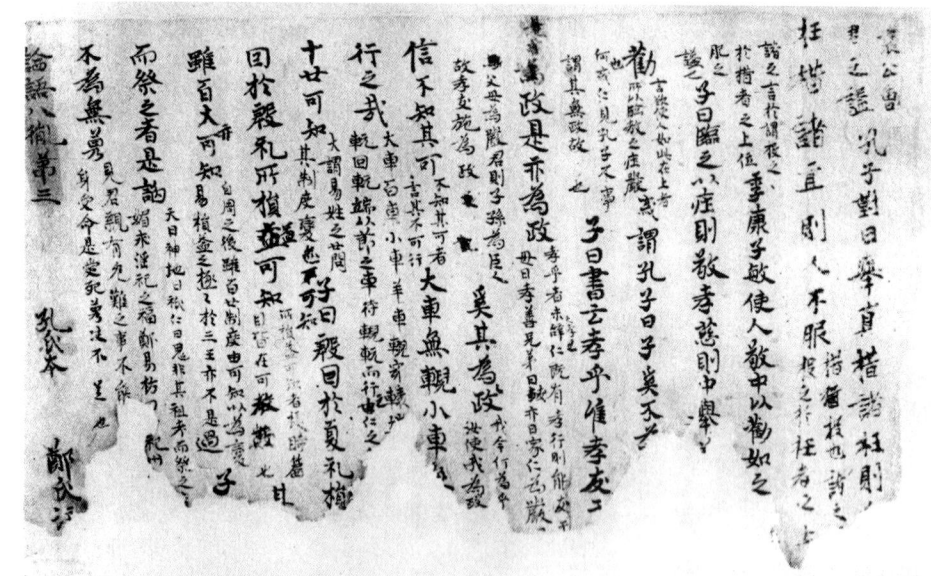

新疆阿斯坦納363號墓出土的唐景龍四年（710）卜天壽抄《論語》鄭玄注寫本
（唐長孺主編《吐魯番出土文書》，文物出版社1996年版）

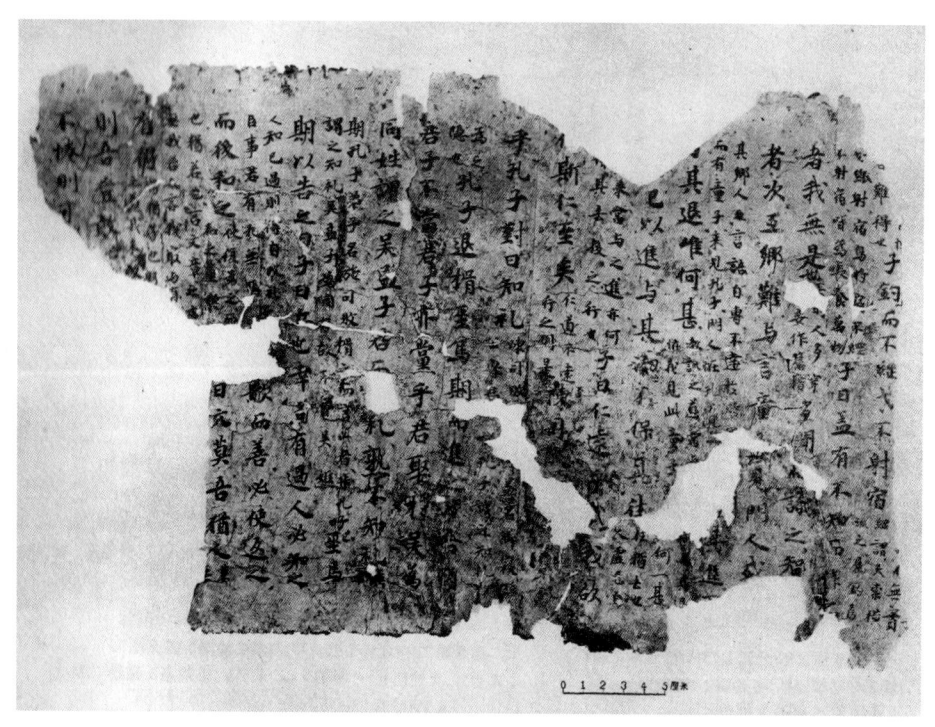

新疆阿斯坦納27號墓出土的唐景龍二年（708）《論語》鄭玄注寫本（唐長孺主編《吐魯番出土文書》，文物出版社1996年版）

四川德陽略平鎮出土的漢代傳經講學畫像磚（高文主編《漢畫詩書》，四川美術出版社2018年版）

洛陽博物館藏熹平四年石經（《春秋》）

1951年四川新津縣寶資山出土的孔子入周問禮圖像殘石函

山東嘉祥縣西南桃園公社齊山村北出土《孔子師項橐與入周問禮圖》東漢畫像石拓本（局部）

山東嘉祥縣紙坊鎮敬老院出土東漢早期《孔子見老子圖》畫像石拓本（局部）

山東武氏祠西闕畫像《孔子見老子圖》畫像石拓本（局部。錄自傅惜華、陳志農編輯，陳沛箴整理《山東畫像石彙編》，山東書畫出版社2012年版）

和林格爾漢墓壁畫"孔子師項橐與入周問禮圖"（《和林格爾漢墓壁畫》，文物出版社1978年版）

洛陽老城西北郊燒溝西漢壁畫墓M61，墓區東南壁畫（王繡、霍宏偉著《洛陽兩漢彩畫》，文物出版社2015年版）

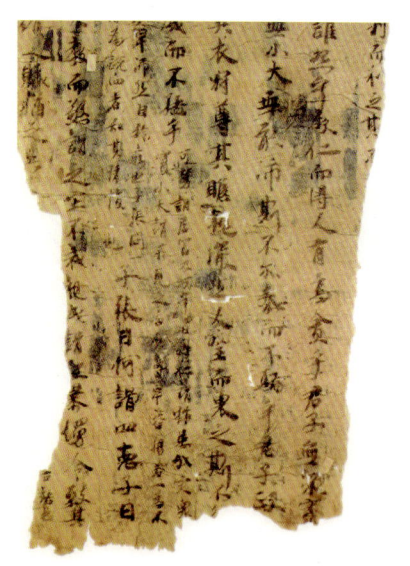

洛陽老城西北郊燒溝西漢壁畫墓M61，墓區東南壁畫（王繡、霍宏偉著《洛陽兩漢彩畫》，文物出版社2015年版）

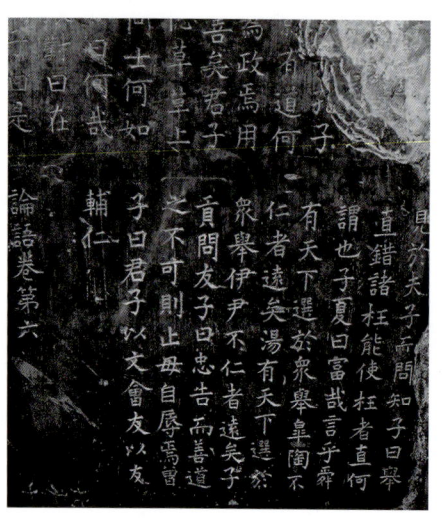

西安碑林藏開成石經

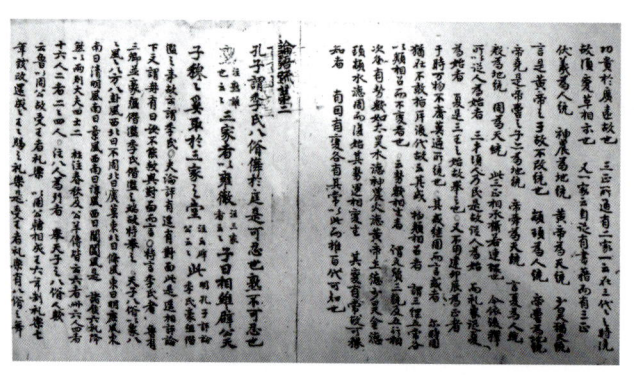

伯3573號《論語疏》殘卷（《法國國家圖書館藏敦煌西域文獻》，上海古籍出版社2001年版）

國家社科基金後期資助項目
出版説明

　　後期資助項目是國家社科基金設立的一類重要項目，旨在鼓勵廣大社科研究者潛心治學，支持基礎研究多出優秀成果。它是經過嚴格評審，從接近完成的科研成果中遴選立項的。爲擴大後期資助項目的影響，更好地推動學術發展，促進成果轉化，全國哲學社會科學工作辦公室按照"統一設計、統一標識、統一版式、形成系列"的總體要求，組織出版國家社科基金後期資助項目成果。

全國哲學社會科學工作辦公室

目　　錄

緒論 ··· 1

第一章　先秦至西漢：《論語》文本的結集、傳衍與統一 ······ 14
第一節　《論語》的原始結集與秦時的流傳劫難 ··············· 16
第二節　漢初各種《論語》文本的紛然雜存 ····················· 27
第三節　新的儒學時代的開啟及竹簡《論語》所反映的讀習情形 ····· 38
第四節　漢代察舉、博士制度與《論語》章句之學 ············ 62
第五節　《論語》經說的分歧與文本的初步統一 ················ 75
小結 ·· 80

第二章　東漢時《論語》注釋的紛呈與初步融合 ················ 83
第一節　經學化的深廣發展與師法、家法的變異 ··············· 85
第二節　不同士人集團的抗衡與古文經學的興起 ············· 101
第三節　繼往開來：融彙《論語》今古文——鄭玄的卓越貢獻 ····· 110
第四節　傳之久遠：漢魏時期《論語》石經的刊刻 ··········· 119
小結 ··· 128

第三章　魏晉時《論語》注釋的整合與創變 ···················· 130
第一節　別一種格調：曹魏時經學的特色與魏晉清談 ········ 132
第二節　魏、西晉時對孔子以及儒學的尊崇——以出土石碑爲例 ···· 141
第三節　《論語》學史上的里程碑——何晏《論語集解》 ···· 152
第四節　荊州學派與王肅經學的官方凸顯 ······················ 161

第五節　從《孔子家語》看魏晉之際孔子史料的進一步開掘……… 169
　　第六節　兩晉時《論語》注釋玄學化的風尚……………………… 182
　　第七節　國家儒學教育的衰頹與世族高門教育的興盛…………… 191
　　第八節　地緣與階層視野下江州一地經學的崛起………………… 201
　　小結………………………………………………………………… 207

第四章　梁陳時《論語》注釋的重要轉向及北朝《論語》的讀習……… 209
　　第一節　梁武帝推動經學的舉措及其歷史意義…………………… 211
　　第二節　梁陳間《論語》注釋的重要轉向………………………… 222
　　第三節　《論語義疏》對漢魏以來注釋的總結與創變……………… 231
　　第四節　西晉十六國時期的政局與鄭玄《論語注》在北地的傳衍… 242
　　第五節　北朝《論語》的讀習情形…………………………………… 250
　　小結………………………………………………………………… 259

第五章　隋唐時經學的一統及《論語》讀習的具體情形……………… 261
　　第一節　隋時南北儒學的地緣衝突與溝通、交流………………… 263
　　第二節　初唐經學的一統及其宏大視野…………………………… 280
　　第三節　從敦煌、吐魯番出土寫卷看唐代《論語》讀習的歷史進程… 287
　　第四節　再論《論語鄭氏注》對策殘卷的性質及其淡化與退出…… 309
　　第五節　《論語》注釋學的中衰……………………………………… 322
　　第六節　晚唐時科舉主導下的經學改編：再論《論語疏》殘卷的
　　　　　　性質………………………………………………………… 334
　　小結………………………………………………………………… 346

主要參考文獻………………………………………………………… 349

後記…………………………………………………………………… 357

緒　　論

可以説,《論語》學是一門古老而又新興的學科。説其古老,是因爲如從現今所能考訂的約在武帝初期略偏後一點(前132年至前122年之間),博士孔安國整理、注釋孔壁出土的《古論語》算起,至少已有兩千一百多年的歷史了。説新興,是因如以現代學術的定義與標準來看,從二十世紀初至今,不過百年的光景,而其間又有因戰爭、社會變遷等原因造成研究事實上的中斷或無暇顧及,真正走上研究的正軌,也僅僅三四十年的時光。但就是這三四十年,因不少學者的孜孜努力與刻苦以求,以及不斷地推陳出新,整體上已足以呈現出一個與近代以前截然不同的興盛面貌。

誠然,《論語》的總字數不足一萬兩千字,但因其言簡意賅,内容廣博、豐富,以及在儒家經典中的重要地位,歷代統治階級的提倡、科舉的規定等因素,經由一代代學者的接續努力,在中國文化史上業已形成了一道特别的亮麗景觀,即整理、注釋、解説等研究《論語》的學術傳統,也就是《論語》學。這一學術傳統,更隨着2016年南昌西漢海昏侯劉賀墓考古出土竹簡《論語》性質的初步認定,"很可能屬於《論語》的《齊論》版本",[1]甚至又再一次走進了公衆關注的視野,走向前臺,成了一個熱門話題。而北京市把《論語》納入2018年高考經典考察的範圍,[2]更直接突顯了以《論語》爲代表的傳統文化經典對國民素養的培育實有潜移默化的現實作用。

無疑,豐厚的歷史積澱既需要繼承,也需要一個時段的總結,以奠定一個更好的研究基礎,由此繼往開來,甚且昭示未來。

---

[1] 江西省文物考古研究所、南昌市博物館、南昌市新建區博物館《南昌市西漢海昏侯墓》,《考古》2016年第7期。2020年《文物》第6期刊載了一組關涉海昏侯漢墓的文章(共4篇),其中有陳侃理《西漢海昏侯劉賀墓出土〈論語〉簡初釋》但仍屬舉例剖析性質。不過,直至今日(2021年6月),竹簡《論語》仍未公佈。

[2] 《新華網》2018年1月17日報道,網址: http://education.news.cn/2018-01/17/c_129792624.htm

一　新的《論語》學觀念

而今，對《論語》學的探究，無疑已走過了一段長長的路。這一歷程，宏觀上看，至少有三個時期值得注意：

一、從西漢初至東漢末年鄭玄融合今、古文的《論語》注，這是《論語》文本的定型時期，近四百年。這中間還有一個關鍵性的事件，即初元（前48至前45）前後，張禹受舉薦爲太子（漢成帝劉驁，前48年立爲太子，時五歲）師時撰寫的《論語章句》，後稱"張侯論"。由是基本上結束了齊、魯、古三家紛爭的局面，"欲爲《論》，念張文。由是學者多從張氏，餘家浸微"。①

二、從現今能基本考明的西漢武帝中期孔安國訓傳《論語》，到至遲正始六年（245）何晏上《論語集解》，是漢魏時期《論語》注釋的基本定型時期，時間約三百五十年。這一時期，出現了兩大在隋唐一直雙峰並峙的注釋——鄭玄《論語注》與何晏的《論語集解》。儘管西晉、南北朝時期還出現了其他的一些注釋，甚至還一度出現了玄解《論語》的潮流，但也基本上只能稱是鄭、何二注之餘聲（因對《論語》字詞、典章故實的準確訓詁業已基本完成。這也是唐代只盛行鄭《注》、何《解》而其它注釋漸趨泯滅的根本原因）；這一時期集解各家《論語》注釋是其主流。就在這一時期，《論語》因社會的儒學化而大踏步走進普通士人的生活，成爲他們"俯拾青紫"參與政權、晉身的一塊有力的墊腳石。

以上兩個階段有時間的交叉。

三、從梁時皇侃編撰的《論語集解義疏》到北宋咸平二年（999）邢昺等撰《論語注疏》，義疏的文本趨於一尊。這是疏注的定型，時間約五百年。

與《論語》文本、注、疏的定型相伴的，是漢唐統治階級對《論語》的推尊、博士的設立、策試以及尊孔祭孔等行爲——以利祿爲號召，以察舉（或科舉）爲紐帶，最終促使了儒學的社會化，由此激生了社會上對《論語》的廣泛讀習，也產生了各種各樣的《論語》寫本。這些都應視爲廣義上《論語》學的內涵。

在當下，以新的理論、範疇來規範和指導，以更寬廣、闊大的視野來掘發和審視，進而達到新時代學術水準的《論語》學研究，是學術積累至今所提出的一個極具現實的問題，也是應有之義。而今，新《論語》學的觀念，至少應包含以下內容：

一、《論語》版本學。現在看，《論語》的早期文本，就是如《論語·衛靈

---

① 《漢書》卷八一《張禹傳》，北京，中華書局，1964年，第10冊，第3352頁。

公》中"子張書諸紳"以及《孔子家語·入官》篇載子張"退而記之"等之類的不同弟子所記或者門人的追憶，最後由思孟一派采錄所見他本的内容增訂而完成了《論語》文本的原始結集。以漢代論，西漢初、中期，就流傳有《齊論》《魯論》《古論》。後又有"合而考之，删其煩惑"①的本子《張侯論》。而1973年，河北定縣城關西南四公里處的八角廊村的40號漢墓出土的竹簡《論語》，據考辨，也是一個以《古論》爲底本，融合《魯論》《齊論》的經過改動、調整的本子（具體見第一章第三節）。二十世紀九十年代初，在朝鮮平壤市樂浪區域貞柏洞364號墓出土了竹簡《論語》，又是一個不同的本子。除此之外，還有一類特殊的文本，即因刻石而形成的石經《論語》，如熹平四年（171）石經《論語》等。至於唐代的寫本，則因敦煌、吐魯番阿斯塔那墓葬等出土了數量衆多、性質各異的各種《論語》寫卷，而更加複雜與豐富。

這種種情況都説明了《論語》版本的複雜，而不是一般意義上一個本子在長期流傳過程中所形成的單一系統的本子。但也顯然，這些不同的《論語》竹簡、寫卷的性質，自是需要在更廣闊、綜觀的視野下才可能推斷清楚，並更準確地解讀和有效利用。

二、《論語》注釋學。漢武帝中期，就是在《齊論》《魯論》分別流傳之際，面對孔壁中出土的《古文論語》，感於時人不能識別，甚且不解其義，孔安國訓傳《論語》，由此出現了有史可考的第一個注釋《論語》的文本。發展到魏晉南北朝，《論語》的注釋一直絡繹不絶，就現有的文獻記載來看，至少有一百二三十種之多。這些紛繁的注釋，無疑都負載着一代代注家的心血和觀念。這實際上構成了《論語》學的一個重要分支，即注釋學。到了清代，樸學氛圍下，劉寶楠的《論語義疏》實代表着清人注釋的高峰，也屬於這一範疇。

三、《論語》校勘學。在長期的流傳中，《論語》的文本、注釋至少形成了五種重要的文本：即《論語》白文本、鄭玄《論語注》、何晏《論語集解》、皇侃《論語集解義疏》，以及邢昺《論語注疏》。除去邢《疏》外，前三種，因敦煌藏經洞、吐魯番墓葬出土了數量較多的不同《論語》鈔本，而使得校勘成爲必要。也只有廣泛校勘，才能爲今人提供一個可資取信的《論語》文本（含注疏文本）。

以上都屬於傳統的文獻整理範疇，這也是深入研究的一個根基。

四、《論語》傳播學。實際上是歷代《論語》傳播、讀習的情形。從《論語》本身看，其記載孔子的嘉言懿行、修德養性，以及對社會、國家治理的種

---

① 《隋書》卷三二《經籍志》，北京，中華書局，1982年，第4册，第939頁。

種思考、設想等，都能給人提供各種有效的人生準則、立身告誡或修身治國的理念等，爲此促使人們對《論語》的接納、讀習和傳播。其中最典型的觀念，就是皇侃在《論語義疏》對篇名排序的解釋中，所彰顯的那一時節對《論語》教育意義的整體認知，如"此書遍該衆典，以教一切，故以《學而》爲先"，"《爲政》者，明人君爲風俗政之法也"，《微子》篇"明其睹紂凶惡必喪天位，故先拂衣歸周，以存宗祀"，《堯曰》篇"事君之道，若宜去者拂衣，宜留者致命，去留當理，事跡無虧，則太平可睹，揖讓如堯"等等。這一特點，對幼童而言更是如此，如漢代流播廣泛的崔寔《四民月令》即載"（十一月），命幼童讀《孝經》《論語》篇章，入小學"。隋朝的宗室楊智積，憂心兒子將來會因才華致禍，而對其五個男孩，"止教讀《論語》《孝經》"；①這適足説明《論語》是最基礎的讀物了，必不能捨棄。再如唐時流行的通俗讀物《太公家教》，②就有很多内容源自《論語》，如"食無求飽，居無求安"（《學而》）等。這充分反映了時人對《論語》的器重，也説明了《論語》的某些内容適合對幼童的人生道路、立身治家等進行切實有效的指導與勸勉。但整體上，《論語》在社會上的廣泛、持久地普及與傳播，更多的卻是依賴穩定的選官制度。漢代施行察舉制度，在儒學社會化的浪潮中，在薦舉士子的舉狀中，一般都會特意注明"通《易》《尚書》《孝經》《論語》，兼綜載籍，窮微闡奥"，③熟習《論語》是必不可少的，或者説通習《論語》是其中的一個重要條件。這雖不免流於套話，但卻正反映了讀習《論語》現象的廣泛存在。重要的是，對策時要考試《論語》。西漢時對策是否有《論語》暫不可考知，但到了東漢，卻能清楚地考知一些細節。如永元十四年（102），司空徐防上疏，要求改變《論語》的對策，即"《論語》不宜射策"，④以其所習的家學爲標準。對此，李賢又引《東觀記》所載徐防的上疏進一步補充説明："試《論語》本文章句，但通度，勿以射策。冀令學者務本，有所一心，專精師門"，"於此弘廣經術，尊重聖業，有益於化"。其所説的"通度"，即一般都通過，只要求熟習《論語》本文的章句，不給學業增添額外負擔。徐防的建議得到了實施。這也正説明至少東漢的對策是考

---

① 《北史》卷七一《隋宗室諸王·蔡景王（楊）整傳》，北京，中華書局，1974年，第8册，第2450頁。
② 見高國藩《敦煌寫本〈太公家教〉初探》，《敦煌學輯刊》1984年第1期；汪泛舟《〈太公家教〉考·附》，《敦煌研究》1986年第1期。汪氏後又有校補，即《〈太公家教〉考補》，《蘭州學刊》1986年6月。亦可見鄭阿財、朱鳳玉著《敦煌蒙書研究》中《家訓類蒙書》一節，甘肅教育出版社，2002年，第350—355頁。張新朋《敦煌寫本〈太公家教〉殘片拾遺》，《社會科學戰線》2012年第4期，又輯補了《俄藏敦煌文獻》中的材料。
③ 《後漢書》卷三三《朱浮傳》李賢注引《漢官儀》，北京，中華書局，1973年，第4册，第1145頁。
④ 《後漢書》卷四四《徐防傳》，第6册，第1501頁。

試《論語》的。到了唐代，中央官學中，如國子學、太學、四門學等，都明確要求"《論語》兼習"。①　永隆二年（680）以後，明經的帖經考試亦要求"兼通《論語》"，②也需讀習《論語》。進士的帖經亦要考《論語》，"進士改帖六經，加《論語》"。③　科舉考試的推動無疑極大地促進了《論語》在整個社會上的廣泛普及，形成了讀習《論語》的普遍氛圍。當然，《論語》的讀習也有其他因素，如孔子十代孫孔安國訓傳《論語》，就雜有崇敬先祖事業的因素。因此，這種傳播的時代變遷，自是需要就現存的各種史料，盡可能地一一考辨清楚。

這也包括《論語》在海外的傳播，如韓國、日本等。

五、《論語》闡釋學。所説的"闡釋"，就是對《論語》文本的各種解釋。在一個"學在官府"的時期，年代既已懸隔久遠，不僅事件殊不易考實，就是言談者話語本身的含義，也不易準確解讀，而需要注解。從這個意義上，歷代出現的各種注解、義疏等，都可歸入闡釋的範疇。不過，在衆多的注解中，會不可避免地有主觀因素的摻雜和滲入，如西晉至南朝，因玄談的興盛與佛教在普通士子間的流行，在《論語》的注釋方面，就一度出現了玄化和以佛解經的傾向。當然，也自可依託《論語》文本，進行一己的闡發、引申，以規勸、箴諫，如唐太宗曾問孔穎達："《論語》云'以能問於不能，以多問於寡，有若無，實若虛'，何謂也？"④孔穎達進行了詳盡、得宜的回答，並據此引申、上升到國家興亡的高度以警醒太宗。又如當下名目繁多的"心解"、"圖説"《論語》等；或者説，賦予了特定的內涵或時代精神，在新的歷史條件下讓《論語》煥發出新的光澤，獲得新的生命，以此生生不息。這都是《論語》闡釋學的範疇。

某種程度上，這一點也可歸入《論語》注釋學的行列。

六、《論語》學史。強調對一系列相關史實的鉤沉、考辨和解説，如統治者對《論語》的重視，特別在穩定的制度層面，如察舉制度、科舉考試中對《論語》具體的考核要求，《論語》注釋的學術背景或地域文化氛圍，《論語》注釋自身的承襲、發展和變遷，較具體一些的《論語》讀習情形，現實中對《論語》的徵引所反映的思想觀念，道、釋等觀念對《論語》解讀的映射和滲入，《論語》文本所反映的哲理、思辨，等等，都可歸入廣義的《論語》學史的範圍。近年來，隨着對《論語》各種版本、注釋以及出現背景等研究的不斷深

---

① 《舊唐書》卷四四《職官志》中"國子監"條，北京，中華書局，1975年，第6册，第1891頁。
② 《新唐書》卷四四《選舉志上》，北京，中華書局，1975年，第4册，第1160頁。
③ 《封氏聞見記》卷三《貢舉》，北京，中華書局，1985年，第19—20頁。
④ 戈直集注、吴兢撰《貞觀政要·謙讓》，上海古籍出版社，2008年，第141頁。

入,出現了一些探究《論語》的結集、文本發展、遷變等歷史進程的專著,如下所討論的唐明貴《論語學史》、閆春新《魏晉南北朝"論語學"研究》等。

除此之外,還有一些內容,也應多加注意,即歷代從上層到下層民間對孔子的加封、尊奉和祭祀行爲;這是因爲這些足以讓我們窺見那一時節尊孔的氛圍如何,進而更真切地理解、遥想《論語》在當日的讀習、尊奉情形。

當然,以上六個方面並不是截然隔斷、涇渭分明,而是時有交叉,如"《論語》學史"也含有《論語》讀習情形的探究;某一方面,《論語》的注釋,也可含在"《論語》闡釋學"中。因此,這只是一個大體分類,意在凸顯對《論語》學全面、深入的研究。

二 截止到當下的研究進程

至今爲止,以上六個方面的研究都有了程度不同的進展,且有些學者還對其中的一些問題進行了深入、廣泛的專門探討。如定州漢墓竹簡《論語》的性質等。近些年,更隨着對《論語》各種版本、注釋以及出現背景等研究的深入,出現了一些從整體上探究《論語》學發展、遷變等歷史進程的專著,即綜合、宏觀的視野。但因繁多的史料處理起來極爲不易,以及對宏闊背景知識的鉤沉、概述的難度比較大,有時還難免會力不從心。因此,這些《論語》學史方面的著述,多是斷代而爲;例外的是唐明貴《論語學史》(具體情形見下),在其博士論文的基礎上又增添了部分小節,比較充實。

爲清晰、準確地展示這些研究的現狀和實績,今擇要客觀陳述如下:

單承彬《論語源流考述》。① 其重在源流,主要對先秦兩漢時期《論語》一書的編集、流傳情況、《論語》的各種傳本等進行了較系統的研究。在考辨中,結合前人的成果,而有一己新的創獲,有一種開拓的精神與氣度。

宋鋼《六朝論語學研究》。② 作者力圖在六朝思想文化的大視野下——即六朝"是文化生動活潑的多元發展局面",是"《論語》學的成型和成熟時期",③探究《論語》學在第二階段,即六朝時的發展、走向。不過,該著實際上集中研究何晏《論語集解》、皇侃《論語集解義疏》,兼帶探究王弼《論語釋疑》、郭象《論語體略》。整體上,對這四部書所產生的文化、學術背景,作者

---

① 吉林人民出版社 2002 年版。
② 中華書局 2007 年第 1 版。
③ 《六朝論語學研究·序》,第 1 頁。

有較廣闊、深入的剖析和論斷,盡力尋繹其間的聯繫與變化軌跡、脈絡,有一種從容的氣度。這也是該著的一大特色。但也顯然,這四部書顯然不能替代整個六朝時期《論語》學的走向和歷程;而且,其宏觀論述有時還不免有懸置、擱淺的意味。

唐明貴《論語學史》。① 該論著的視野較爲宏通,一般能具體深入到當日的實際情形中考察,如剖析西漢《論語》學的形成,有"深刻的歷史背景",即一、社會整體氛圍上,尊孔重儒的各種舉措,如建立太學、確立祭孔制度、以經學察舉等,形成了良好的外部條件;二、具體到文本本身,即語言文字的時空、地域的差異,是形成的主要原因;三、從解釋的角度看,文本的開放性和釋讀者的再創造性,也是重要原因。② 整體上,作者對一些重要《論語》注特色的概括也比較準確,如小節標題所揭示的《別具特色的〈論語章句〉》《兼采今古學的開山之作——〈論語訓説〉》《〈論語〉學的變種——〈論語讖〉》等,都顯示了解讀的深入。這是因爲其盡可能地多占有史料並在具體文本的基礎上剖析。當然,流溢文間的各種考證也不乏精彩之處,如《孔壁〈古論〉乃孔氏家傳本》一節,從靈光殿與孔壁相距較遠,不會發生壞壁之事;《禮古經》《古論語》皆別有出處;古文經有孔家世傳本;孔子後裔世修其祖業等四個方面考辨其事,③再如《〈論語孔氏訓解〉非僞書辨》一節,④結論基本可從。細微處能見出考辨的深度,這也是此著的一個特色。但行文有時不免有散漫的傾向,即章節間分割、游離的傾向有時較明顯。

焦桂美《南北朝經學史》。⑤ 此著在當時實屬一種開創性質的著述。南北朝時期的經學著作留存至今的,唯有皇侃《論語義疏》、陸德明《經典釋文》等數種,大多都散佚不存。這也給深入研究帶來了極大的困難。爲此,作者不避煩難,對失傳散佚的經學著述,盡可能一一依據輯佚的原始材料,如馬國翰《玉函山房輯佚書》等進行比較詳細的考察,或從其他書中一條條地認真梳理。也正是這種極其認真、細緻的態度,使得此書在史料的豐富、考辨方面達到了一個高度。書以史料的收集、分類見長,見出了作者確實進

---

① 中國社會科學出版社2009年第1版,2006年度國家社科後期資助項目成果。這一專著,是在其博士論文《〈論語〉學的形成、發展與中衰:漢魏六朝隋唐〈論語〉學研究》(中國社會科學出版社2005年第1版)的基礎上,進一步補充、增擴部分章節而來(此僅指五代以前的部分),增添了部分小節,即第一章第四節《〈論語〉中所體現的孔子思想》,第二章第一節《先秦時期〈論語〉的流傳》、第二節中《孔壁〈古論〉乃孔氏家傳本》等三處;第三章第四節《"存漢晉經學之一線"的〈論語義疏〉》有較大修改。整體上,增擴的內容不多。
② 《論語學史》,第116—127頁。
③ 《論語學史》,第94—99頁。
④ 《論語學史》,第127—133頁。
⑤ 上海古籍出版社2009年第1版。

行了廣泛的涉獵和閱讀。① 或許正因爲此,而獲得了 2008 年度的百優博士論文。當然,建立在扎實史料基礎上的按斷有時也顯示了作者視野的開闊和深度,如對皇侃《論語義疏》的闡釋特點,認爲其能宗主一家,兼采群言;經注兼疏,勇於案斷;詳略隨文,不拘一格;重現背景材料,注重情感體驗;儒家主旨中雜染玄、佛及隱逸思想等等,②大多能持之有據。

閆春新《魏晉南北朝"論語學"研究》。③ 這是在其博士導師王曉毅 2001 年確定的論文題目《魏晉〈論語〉學研究》的基礎上(據其《後記》),在 2005 年獲得國家社科項目後,進一步擴充、增修而成,確實是十年磨一劍,自有其學術份量(出版字數 47.8 萬)。整體框架上,其把這一時期劃分爲四個時段,即漢代傳統經學、魏晉儒學、魏晉玄學和東晉南朝經學,也是注釋從"訓解"到"義解"、"義疏"的歷史進程。在此體系下,作者在概述、總括一時段《論語》注的特色後,進而以單節的形式來深入剖析一些重要的《論語》注釋,如王肅《論語注》、王弼《論語釋疑》、孫綽《論語注》等,並盡可能闡明個注"之間的並行、承襲、衝突、揚棄關係"(其《內容簡介》),揭示"注文所反映出的思想特徵、注經特色及其與時代學風的關係"。④ 整體上,其對關鍵文本的分析、闡釋,以一個個專題的形式,如"孫綽《論語》注中的孔子形象"、"江州經學與范寧《論語》注"、"熔鑄兩漢'訓解'與魏晉'義疏'的皇侃《論語義疏》"等,都頗有特色和價值,也彰顯了研究的深入。總之,對一些專書,即具體文本意義、特色的深入剖析是其所長。不過,儒家的哲理剖析有一定的偏重。又,書後附錄了一份《魏晉南北朝"論語學"編年》,雖在繫年判斷方面不免有爭議,內容上也有些簡略(共 59 頁),但還是提供了不少可資參考的學術信息。

以上著述,恰好能前後相承,構成了西漢到隋《論語》學的研究。

潘忠偉《北朝經學史》。⑤ 這一著述並不直接關涉《論語》,而列入其間加以評述,是因其對北朝經學史的深入考察和一些洞見足以發人深思,能開闊、張大視野。爲闡釋北朝的經學傳統,此著還上溯到兩漢,如《引論》論及的"以隸爲師"對漢代經學的深遠影響、東漢儒學名門的興衰與今文經學的命運轉關等。著述出入當日的政治局勢、社會變遷,進而縱橫馳

---

① 其《後記》載其"艱苦研讀南北諸史、現存經注、佚文及前賢時彥相關論述。視力所及,即使隻言片語無不摘錄,做成筆記百餘萬言",確是一番甘苦之言。第 528 頁。
② 《論語學史》,第 302—308 頁。
③ 中國社會科學出版社 2012 年第 1 版。
④ 《魏晉南北朝"論語學"研究·導言》,第 16—17 頁。
⑤ 商務印書館 2014 年版。

騁,有一種宏大而又求實的氣度,觀點新穎而切實。具體到北朝經學,更深入考察北朝經學史上學者群體的命運際遇、地緣背景和社會階層的流動等,凸顯出傳經者的個人遭際命運,進而梳理出經學風貌的整體變遷特徵與主導因素。作爲一個宏闊的背景,其論述的視野、方式,以及對經學深層歷史的充分揭示、語言的生動準確表述等,都能給人以深刻的啟迪或借鑒。

還需說明的是,上述作者也是近年來《論語》學研究的主要力量,他們也發表了不少單篇論文,但大多都已體現在了上述專著中了。另一些單篇的研究,多集中在對一些重要《論語》注釋的研究中,如鄭玄《論語注》、何晏《論語集解》、皇侃《論語義疏》,以及一些敦煌、吐魯番寫卷等,研究得最爲深入、透徹。這些内容的研究,在拙著《漢唐〈論語〉學史料集考》中已有概述。因此,爲避免不必要的贅述,而對單篇的相關論文不再一一舉例評析。

這些著述充分反映了近二十年來《論語》注釋學、《論語》學史研究的新水平;對本文的相關論證,均有較多的啟迪;這也是要特意表明的。爲此,本人在撰述時不掠人之美,徵引相關觀點、論述時也都一一注明。

三　可進一步開拓的空間

近年來,《論語》學史的研究雖成果豐碩,但實際上還是有不少可供拓展的空間。這些努力要闡明、深入的地方,主要有以下四大方面:

一、一些重要内容,時賢基本没有涉及或研究很少。大的方面,如博士弟子員、察舉制度對《論語》讀習的影響、東漢時經學化的深廣發展、讖緯下的孔子形象、魏西晉時對孔子及儒學的尊崇——以出土石碑爲例、西晉十六國時期的政局與鄭玄《論語注》在北地的傳衍、北朝《論語》的讀習情形、隋時南北儒學的地緣衝突與溝通交流、唐代《論語》學的具體發展歷程、晚唐科舉主導下的經學改編,等等。這也是難度相對較高的一些方面。整體來說,兩漢、魏晉、南朝的《論語》學研究相對豐富;北朝、隋、唐的,則幾乎無甚研究。爲能論述深入、開闊,筆者只能多方查閱史料,盡力去拓荒或深化,最終撰寫出相關的章節(其中,如《從敦煌、吐魯番出土寫卷看唐代〈論語〉讀習的歷史進程》一節共兩萬五千餘字,即頗費時力)。當然,還有一些内容雖有一些研究,但還能拓展、深入的,如定州漢墓竹簡《論語》的性質、魏晉時經學的特色與轉向等,也是儘量去潛究、拓展,以開掘出與他人不同、但卻盡可能深入一些的見解。

二、《論語》注釋的學術背景(或地域學術文化氛圍)。這方面,閆春新《魏晉南北朝"論語學"研究》有較多的努力,值得肯定。閆著中《江州經學與范寧〈論語〉注》一節,①即是這方面的論述,與本書中《地緣與階層視野下江州一地的經學崛起》一節在研究對象上有所接近。但本書與閆著在論述上又有着明顯的差異:第一,本書在《漢唐〈論語〉學史料集考》"范寧《論語注》"條詳細考辨了范寧的生平,在此基礎上能明顯看出范宣、范寧二人前後相繼開拓、發展的歷程;第二,地緣政治上,江州一地開發和重視的歷程,較早可追溯到南渡之際過江士族溫嶠。中間經陶侃、庾亮、桓脩、桓玄等人的掌控,但因荊揚之爭等權力的糾葛、滲入,經學一直未有什麼起色。這一改變,是從范宣、范寧開始,"由是江州人士並好經學,化二范之風也"。② 第三,范寧興復儒學的具體舉措。第四,階層視野上,范寧並不屬於高門子弟,只是中下層的一介士子。范寧經學的實質是遠承東漢末的經學傳統,由此表現出較濃的儒家正統色彩。這四點,閆著基本沒有提及(第三點也不明顯)。這四點足以構成一個寬廣的視域來審視、揭示江州一地經學崛起的真實背景與特點。再一就是焦桂美《南北朝經學史》,整體上,焦著的功夫在較詳細地排列一些背景史料,其辨析的深度似乎遠有所不逮。

　　總之,本文儘量開闊視野,據史實說話,從一地域的整體文化氛圍,重大政治的影響,或張置在《論語》注釋史的遷變中,凸顯其注釋的地位和價值。如《荊州學派與王肅經學的官方凸顯》一節,對王肅與荊州學派的淵源,即從荊州學派重要的代表人物宋衷習經的特點切入,闡明荊州也是當日的一個學術中心;其學術傾向,借《劉振南(劉表)碑》"深愍末學,遠本離質"説——就是批評東漢以來一些末學一味地借今文來發揮"微言大義",或俗儒"具文飾説"以至繁瑣的章句。由此需要删省章句,即"删劓浮辭,芟除煩重",以簡省、直截("探微知機")的方式解釋經文。這一方式,顯然構成了王《注》的一個基本傾向。這樣,就探明了王學的思想源流和特色,遠比一味地只是就個別例證剖析"重教化、尚道德"要好。

　　本書亦注意各相關學術背景縱、橫向的有機關聯和網絡交叉(文中採用互見法,重要處均一一標明),以期能呈現一個較明顯的發展歷程。如就上述所論的兩點看,荊州(東漢末)、江州地域(東晉中後期)的學術風尚,如與"劉德《河間論語》"的論述等結合來看,就能夠展示六百年間——漢魏南北朝時期《論語》學的地域性,以及其消亡、增進(漸趨移向南方)的歷史進程。另外,本書研究時強調史的觀念,爲此專門撰寫一個時期經學或《論語》學的整體發展情形(分別在第二至五章的第一節),以凸顯《論語》學的時代背景

---

① 《魏晉南北朝"論語學"研究》,第257—280頁。
② 《晉書》卷九一《范宣傳》,北京,中華書局,1974年,第8册,第2360頁。

和文化氛圍,表現史的觀念,如隋時的情形,就專列一節《隋時南北儒學的地緣衝突與溝通、交流》。

以上所舉正是本文要竭力開掘和突破的部分,也是如今的研究中欠缺與不足的地方。

三、某一《論語》注釋對前代《論語》學的祖述、繼承或更易,即在整個《論語》注釋的歷程(注釋史)中,審視其因、襲、遷、革,評價其歷史地位。如《〈論語〉學史上的里程碑——何晏〈論語集解〉》一節,《論語集解》可説是任何《論語》學史都無法迴避的一個重點,也有了較爲豐富的研究成果。對此,本文先儘量考明、陳述清楚一些基本史實:何晏等上《集解》的時間、當日的政治紛爭(結合《魏脩孔子廟碑》)、作爲吏部尚書的何晏挽救浮華世風的努力、何晏被殺後《集解》的流傳等,以此見出《集解》到底出現在怎樣的一種社會氛圍中。至於其注釋的特色,如採取兼容並蓄的態度,没有門户之見,"玄注《論語》"的端倪等,都儘量準確、簡明地概述。最後,其對前代《論語》學的祖述、繼承或更易,則從學術史上給以清楚地界定和評價,即仍承襲了漢注傳統,但已抛棄了漢代繁瑣甚至神異的章句,呈現了簡明的風尚;同時,又表現了"義解"的新學風。何晏客觀、求實的態度十分難得。他某種程度上也結束了兩漢以來經今古文的紛爭,爲此畫了一個完美的句號。

四、注釋的特色。這是本書的一個核心内容。力求能從整體上、在一個宏闊的背景上準確地概述《論語》注釋的特色,做到要言不煩、持之有據。如《〈論語義疏〉對漢魏以來注釋的總結與創變》一節,儘管已有一些對《義疏》特色概括的成果,本文還是仔細斟酌,注意細微區別,而概述爲四點。

同時,結合注釋的具體情形和政治背景(因《論語》有時更多的附著了較濃的政治因素)、學術(經學)風尚、地域傳統等,盡可能做到理解、概述的切實、深入和洞達。如東漢初期上層的儒學特徵。因青年時代浸染的儒學印記,光武帝開國時就已呈現了一個與遠祖劉邦開國時迥然不同的文化面貌——儘管時仍戰亂、動蕩不已,但在他的周圍,業已聚集了一批有才華的好學、飽學之士,並漸次構建了一個全面發展的儒學教育格局(見第二章第一節)。再如馬融注,體現了都城洛陽古文經學的特色,即重名物典制、語詞的解釋;又受時風影響,對今文經學所慣用的引讖緯、陰陽五行來證成其説的手法亦多採用。某種程度上,其注成了兼通經古今文的開山之作。這與馬融本人的知識背景有關,其"滯於東觀十年不得調",有充裕的時間廣泛深入閱讀豐富的東觀國家藏書,識見廣博。馬融注書很多,本身就是一種博學風尚。其"達生任性,不拘儒者之節",稱得上是曹魏時滅棄禮法、放蕩不羈的前奏。爲此,他打破今古文的界限,也是很自然的事(見第二章第一節)。

這些內容，除了概括清楚其注的特色外（時風的影響一般著述都没多論），對其注形成原因、背景的揭示，也乏人論及。這也是在這一處的深化和創新。

五、影響。這種影響，筆者分爲兩個方面：一個時期經學發展的歷程（以見其總括）以及此注對後來的影響。就歷史進程看，鄭玄《論語注》與何晏《論語解集》形成後，一直到中唐，在不同的地域，一直並行不悖。也由此，筆者詳細地鈎沉、考辨二者的發展歷程，專門撰寫《西晉十六國時期的政局與鄭玄〈論語注〉在北地的傳衍》《從敦煌、吐魯番出土寫卷看唐代〈論語〉讀習的歷史進程》兩節；據此，不僅大體考辨清楚了二注在漢末到唐六七百年間流傳的基本情形，而且還充分揭示了敦煌、吐魯番阿斯塔那墓葬能出土衆多《論語》寫卷的根本原因。當然，其他有影響的注釋，如李充《論語集注》等，也盡可能地多加討論和考辨。

有時，還會因史料本身的重要——如爲敦煌寫卷，而專門考論其性質。如定州漢墓竹簡《論語》融合的性質、伯3573號《論語疏》殘卷改編的性質以及阿斯塔那27號唐墓出土的《論語鄭氏注》對策殘卷墨策的性質。① 這是因爲對這一《論語》竹簡或殘卷性質的論定，要充分結合政治環境（如最高層重視經學、科舉考試中對《論語》的具體要求等）、學術風尚、避諱制度、讀習變遷等因素，才可能得出比較可信的結論。同時，也可以從一個點深入探究當日的《論語》讀習情形。這樣，點面結合，就能較好地反映一個時期《論語》學的讀習風尚。

這些，也都是其他《論語》學專著中所没有論述的内容。

整個來説，上述五個方面，當下學界對注釋特色的研究多一些，也深入一些；這一點，特別表現在焦桂美《南北朝經學史》、閆春新《魏晉南北朝"論語學"研究》中。至於其他方面，有一些論述，如唐明貴《〈論語〉研究的發展》一節，論其表現（注釋專著數量大增、呈現多元化趨勢、注釋體例以"義疏"爲主）和原因（尊孔重儒的政策、相對自由的學術環境、儒道會通的思想潮流、援佛入儒），②概述得頗有道理。這實際上是學術背景。對此，本書則著力從另一更具體的角度，盡可能地深入、具體揭示，採用了三小節，即《國家儒學教育的衰頹與世族高門教育的興盛》《地緣與階層視野下江州一地經學的崛起》和《梁武帝推動經學的舉措及其歷史意義》，以揭示這一時期經學發展的整體進程；並能前後相承，遥相呼應。同時，在《兩晉時〈論語〉注釋玄學化的風尚》，對東晉玄學的興盛情形也有揭示。這樣，結合一起，就

---

① 分別見第一章第三節，第五章第六節、第五節。
② 《論語學史》，第169—178頁。

能窺見這一時期《論語》學興盛的一些宏觀背景和原因。這也是本課題的一個基本思路,即藉不同小節,以綜論和具體論述,即點面結合的方式,共同展示《論語》學產生的社會文化和學術背景。

章節設置上,注意從關涉《論語》學或背景的重要內容出發,以簡明、凸顯核心內容。

總之,多方查閱、整合史料,力求使考辨能在前賢、時人研究的基礎上更深入一步,言之有據,視野宏通。同時,俯身沉下去,論述不流於表面,避免陳陳相因,盡可能有一己的特色,這也是本著述所遵循的一個重要原則。

同時,還對一些關鍵史料的真偽進行謹慎、嚴謹的考辨,如《從〈孔子家語〉看魏晉之際孔子史料的進一步開掘》一節,從七個方面對其真偽進行深入考辨。

總之,這一著述側重於對《論語》學史的宏觀論述,及重要內容如《論語集解》等的深入考辨,重在論;《漢唐〈論語〉學史料集考》(另見)側重於對相關史料的收集、清理和考辨,力圖建立一個較紮實的文獻研究基礎,重在考。本書會提示有參見《漢唐〈論語〉學史料集考》中的某一部分,或《漢唐〈論語〉學史料集考》中會提示有參見本書的某一部分。由此儘量使二者承擔各自的功能,相輔相成、取長補短,進而相得益彰。

第一章　先秦至西漢：《論語》文本的結集、傳衍與統一

　　對《論語》學史研究的起點，這裏追溯到《論語》文本的原始結集；因這是源頭，也是《論語》學史研究的一個基礎，只有在此基礎上，才能較好地看到《論語》文本整合、定型的進程。魯哀公十六年（前479）夏四月，孔子卒，諸弟子一起廬冢服喪三年。服喪期間，弟子們有相與討論輯錄孔子舊聞言説的可能。或深感於老師昔日孜孜教誨的情誼，作爲一種追念，在"各有所記"的基礎上，"門人相與輯而論纂"老師的言論，①完成了《論語》的原始結集。這一歷程，據《論語》編撰的最晚史料《論語·泰伯》"曾子有疾"一章，至遲在公元前429年之後（見下）業已編定。這個過程有二三十年的時間。

　　秦時，官方的記載無從查考。在民間，孔子的後人——據《孔子家語後序》——八世孫孔鮒因秦法峻急，而藏書屋壁，由此構成了《古論》傳承可以追溯的最早源頭。

　　此後，《論語》在流傳的過程中，因不同的弟子、門人，以及口授文本的不穩定性、不同地域的差異等因素，而形成了多個文本，現在看，至少有《河間論》《古論》《齊論》《魯論》等。各文本間的内容差異較大，如與《魯論》相比，《齊論》多《問王》《知道》二篇，"章句頗多於《魯論》"，篇次、内容亦有不同。不同文本的存在正直接標示着傳授的多種途徑或不同來源。而文本的歧異顯然無法滿足漢代大一統帝國的需要，因此官方急需將《論語》進行文字上的統一。

　　與統一五經一樣，《論語》的文本也是最先藉助國家的力量，自上而下地初步完成統一的。標誌性事件是甘露三年（前51）的石渠閣會議。這一年，漢宣帝劉詢詔集當日的一流學者蕭望之、韋玄成、劉向等，以及各經書的專家，如治《易》的梁丘臨、施讎，治《公羊春秋》的嚴彭祖等，在長安未央宮北

---

① 《漢書》卷三〇《藝文志·小序》，北京，中華書局，1964年，第6册，第1717頁。

的石渠閣講論"五經"異同,并親自裁斷。① 但也顯然,這一重大的學術問題遠不是一次官方討論就能解決、劃定的,就《論語》而言,《古論》《齊論》《魯論》等的整理各有其自身的學術理路,如字體的辨識、詞意的闡釋、章句的分合等,還有很多工作要做。當然,整體上,石渠閣會議已構建了一個很好的基礎。這一後續進程,最終於六七年後由一位早期聲名不甚顯赫的帝王師張禹來完成。初元(前48—前45)前後,張禹受到《魯論》傳人鄭寬中的舉薦而爲太子(漢成帝劉驁,在前48年元帝繼位時立爲太子,時五歲)師。面對分歧無定的各種《論語》,承續六七年前國家高層對經說裁定的基礎和一些準則,張禹"采獲所安",以義理所安爲基準,以大刀闊斧的精神,"删其煩惑",糅合《魯論》《齊論》,以更好地適應年幼太子的早期教育。張禹以一己之力完成了對《論語》文本的編定。順應了時代潮流,又書因人貴,《張侯論》最終脱穎而出,成爲了一個時人認可的替代三家本的權威結集本,時人稱"欲爲《論》,念張文"。②

如從前429年算起,到前45年,約380年,《論語》的文本最終基本確定下來了。這顯然是一個較漫長的過程。當然,一個文本的流傳自不是這般的簡單、明了,而是有各種不確定的因素,如政治、地域、傳授者的傾向等;這就需盡可能地深入當日的社會實際中去進一步考察《論語》的各種際遇。這也是本文研究的一個基本思路。③

---

① 據《漢書·藝文志》,反映本次石渠閣講論的《石渠奏議》中,有《〈論語〉奏議》十八篇,可見當時應亦論定了《論語》的文字。
② 《漢書》卷八一《張禹傳》,第10册,第3352頁。
③ 整體上,對這一時段《論語》學史研究較深入的是唐明貴《論語學史》中第二章《先秦兩漢時期的〈論語〉學》;其中,"西漢時期的《論語》傳本"、"最早的《論語》注解——《論語孔氏訓解》"、馬融"兼採今古學以釋《論》"等三節,對本文的寫作有很大的啓發。《論語學史》構建了一個較好的研究基礎,開拓之功,功不可没。不過,因其曾獲2006年度國家社科後期資助,且内容近似,而需在此略微補説一下。本文重在《論語》學史,即史實的鈎沉、考辨和陳述,以見其發展、變遷的軌跡,如同是論西漢時期的《論語》傳本,唐著考證"孔壁《古論》乃孔氏家傳本",引證、肯定陳東《關於定州漢墓竹簡〈論語〉的幾個問題》(《孔子研究》2002年第2期),對《古論》《齊論》《魯論》的相關考證,對定州漢墓竹簡《論語》的判斷也只是肯定陳東的結論,並没再做深入剖析。對此内容,本文則著力考證《河間論》、《古論》等產生的時間、基本性質,由此得出以下結論:
西漢初,早期的《論語》文本,有史可憑據的是河間獻王劉德(前171至前130,孝景前二年[前155]立爲河間獻王)所收集或整理的《論語》。從《漢書》卷五三《河間獻王德傳》的記載看,"皆古文先秦舊書",是"經傳説記";且直接提到了"七十子之徒所論";可見,其實際上就是確指由七十子之徒所編輯的《論語》。之後,就是西漢景、武之際出現的《齊論》、《魯論》。前132年至前122年之間,在武帝初期略偏後一點,魯恭王壞孔子壁,而出土了《古論》。一時間,三家《論語》分立。但是,如考慮到1973年河北定州漢墓出土的《論語》爲一融合本(見本章第三節所論),上個世紀九十年代初平壤(漢時屬樂浪郡)出土的《論語》是不同文本的事實,最可能的情形就是西漢初至中期,應當有多個不同的(轉下頁)

第一節 《論語》的原始結集與
秦時的流傳劫難

這一研究起點,儘管其時間的界定不無模糊,但仍有蛛絲馬跡可尋,西漢時劉向就曾論説,"《魯論語》二十篇,皆孔子弟子記諸善言也"。① 東漢時趙岐《孟子題辭》、王充《論衡·正説》中也都有陳述。此後,一千多年來一直論争不斷。之所以不能有一個較明確的結論,最重要的原因就是時代實在久遠,史料匱乏以致推測的成分太重。

綜合而論,約在孔子去世後不久,就有了《論語》的原始結集,即一個初步整合的文本。這裏,爲避免不必要的繁瑣徵引和研究現狀的陳述,僅需要時徵引個別學者的關鍵論斷。概要如下:

一、諸弟子服喪三年間,有相與討論的可能。先秦時,服喪期間,有於師長墳墓旁搭建守護屋舍的傳統,即"廬冢"("廬墓")習俗。史載"弟子皆家於墓,行心喪之禮";②甚至還沿襲成了一種久遠的傳統,"自後群弟子及魯人處墓如家者,百有餘家",③"魯世世相傳以歲時奉祠孔子冢,而諸儒亦講禮鄉飲大射於孔子冢"。④ 揆之情理,弟子們聚在一起,日升月落,在衆多的閒暇中,自會時常討論、追憶孔子的一些話語;或者説,正是深感於昔日孔子孜孜教誨的情誼,"門人痛大山長毁,哀梁木永摧,隱几非昔,離索行涕,微言一絶,景行莫書。於是弟子僉陳往訓,各記舊聞,撰爲此書,成而實録"。⑤作爲一種追念,在"各有所記"的基礎上,"門人相與輯而論纂",⑥而編成了《論語》的原始結集。三年喪滿,"七十子之徒散游諸侯,大者爲師傅卿相,小者友教士大夫,或隱而不見",各奔東西,遊行四方,如"子路居衛,子張居

(接上頁)《論語》文本在不同的地域傳抄、讀習。

    這一結論,能較清楚地展示《論語》不同文本的歷史進程;這是唐著所没揭示的。而且,對竹簡《論語》,盡力在當下研究的基礎上深入考辨其産生的背景和性質。這對理解這一時期《論語》的流傳亦有較大的幫助。

① 《論語集解·序》(正平版),孫欽善校點,見《儒藏》(精華編·四書類論語屬),第104册,北京大學出版社,2013年,第107頁。
② 楊朝明、宋立林主編《孔子家語通解》,濟南,齊魯書社,2009年,第465頁。
③ 楊朝明主編《孔子家語通解》,第466頁。
④ 《史記》卷四七《孔子世家》,北京,中華書局,1982年,第6册,第1945頁。
⑤ 皇侃《論語集解義疏序》,陳蘇鎮等校點,見《儒藏》(精華編·四書類論語屬),第104册,第203頁。
⑥ 《漢書》卷三〇《藝文志·小序》,第6册,第1717頁。

陳,澹臺子羽居楚,子夏居西河,子貢終於齊"①等,似無暇再聚,專爲討論。《論衡·正說篇》也提到了彙集的資料有"數十百篇",正說明出於衆弟子之手。據"弟子各有所記","夫子既卒,門人相與輯而論纂"等判斷,應爲再傳弟子所編定。但其中也有一個特殊情況,即《論語》對曾子似乎情有獨鍾,記曾子單獨發表的言論共有十二次,分在五篇,即《學而》《顏淵》《憲問》《泰伯》和《子張》,且一直敬稱"曾子"。這一情況比較罕見,似可證實編集者與曾子的密切關係。而《大戴禮記》中《曾子立事》《曾子本孝》等內容、用詞與《論語》也極爲相似,②這都提供了《論語》爲曾子弟子編撰的直接證據。③

《孔叢子·公儀》篇載:

（魯）穆公謂子思曰:"子之書所記夫子之言,或者以謂子之辭也。"子思曰:"臣所記臣祖之言,或親聞之者,有聞之於人者,雖非正其辭,然猶不失其意焉。且君之所疑者何?"

這說明:第一,子思確實記載了夫子的許多言論,雖不一定能坐實就是《論語》,卻也有這種可能;或者說,至少能有豐富的素材充分地進行擇取、加工。第二,子思獲得的途徑,是"親聞",或"聞之於人"——這種途徑比較可信;因爲在子思看來,儘管可能不是祖父的原話,但"猶不失其意",在"是其意"這一點上無可置疑。爲此,"疑者何",還爲什麽要質疑呢? 就是說,其所記都有一定的依據。這也是子思參與編纂《論語》、關係密切的一個直接證據。

二、從《論語·衛靈公》中"子張書諸紳",以及《孔子家語·入官》篇載子張"既聞孔子斯言,遂退而記之"等看,及業弟子當下載錄孔子的言行是可信的。對此,皇侃疏爲"子張聞孔子之言可重,故書題於己衣之大帶,欲日夜存錄不忘也",也確實深達其意。邢昺《疏》更據《玉藻》鈎沉出當日的"紳帶之制","參分帶下,紳居二焉"。這一類材料,還多見於《孔子家語》,如《論禮》篇子夏"蹶然而起,負牆而立,曰:弟子敢不記之",《五刑解》篇冉有曰"言則美矣,求未之聞,退而記之"等,以及孔子多次提示弟子"識之""志之"等。據《孔子家語·七十二弟子解》,叔仲會"少孔子五十歲。與孔璇（即璿

---

① 《史記》卷一二一《儒林列傳》,第 10 冊,第 3116 頁。
② 說見王鐵《試論〈論語〉的結集與版本變遷諸問題》,《孔子研究》1989 年第 3 期。
③ 楊義《〈論語〉早期編纂過程及篇章政治學（下）》（《學術月刊》2013 年第 2 期）,曾論曾門弟子《論語》的編纂原則,共五條,即一、不再另起爐灶,只在原框架內補充和錯動;二、關鍵處插上"曾子曰",三、曾門弟子增補的條目,在各篇中間插入,或篇末壓陳,既不落痕跡,又弦外有音,餘味無窮;四、有意突出了曾子的家學淵源;五、闡明孔門中最能傳道者是曾子。論說較有啟發性。

字)年相比。每孺子之執筆記事於夫子,二人迭侍左右"。① 這説明孔子晚年(年歲相差五十)講論時,就有弟子輪流("迭侍")加以筆録。此足以證明這類記載的真確。對此,劉全志認爲"由於紳帶在禮服中的這種重要性,子張在上面寫字應該是一種慎重的考慮,不可能是隨意的應急行爲",②就比較深入。特别是在《入官》篇,子張向孔子請教入仕之道,在孔子詳細解釋"安身取譽"後,"子張既聞孔子斯言,遂退而記之",顯然是一次有目的的記載,以備遺忘,或時時教育、警醒自己。如再結合"書諸紳"等的記載,或許能説子張甚且有選擇性地載録孔子言語的嗜好。某種程度上,也是對上古《禮記·玉藻》"動則左史書之,言則右史書之"這種史官載言傳統的繼承。這種記録,自然能成爲後日加工的極好素材。又,《論語·憲問》"憲問耻"中,憲,即孔子弟子原憲。這裏不稱字只稱其名,與《論語》一般的體例明顯不同。因此,胡寅《論語詳解》、趙順孫《四書纂疏》都懷疑此條爲原憲所記。這也説明《論語》的史料來源確實是不同的弟子所記或門人的追憶,不是單一的來源。

三、與第二點相連,還有一個現象不容忽視,即今本《論語》諸章的賓主稱謂很不一致,比較混亂,如對於孔子,多數篇章照例尊稱"子",但卻有幾章徑直連稱"孔子",很令人疑心它們原非孔子門徒的記録,而是再傳弟子等的記載。至於門徒,稱字的居多,如子路、子貢之類,有時與氏字連稱,如顔淵、冉有、樊遲等,有時則略去氏字,如有子、曾子——又是一種敬稱等。而且,對同一人,前後的稱謂也遠不一致,如冉有,稱冉求、冉子;宰予或稱宰我,原憲或稱原思等。稱名的不一致應是不同時間、不同門人或弟子口授或筆録等側記、追憶的結果,即"在先秦流傳的只是零章散篇"。③ 對這種文本、內容的歧異,細細比較之下,清人崔述《洙泗考信録》卷四《遺型》"《論語》後五篇之可疑"條,及"《論語》餘説"中有較詳的舉例剖析:

> 唯其後之五篇多可疑者。《季氏篇》文多俳偶,全與他篇不倫,而《顓臾》一章至與經傳抵牾。《微子篇》雜記古今軼事,有與聖門絶無涉者;而《楚狂》三章語意乃類莊周,皆不似孔氏遺書。且"孔子"者,對君大夫之稱,自言與門人言則但稱"子",此《論語》體例也;而《季氏篇》章首皆稱"孔子",《微子篇》亦往往稱"孔子",尤其顯然而可見者。《陽貨篇》純駁互見,文亦錯出不均;《問仁》《六言》《三疾》等章文體略與《季

---

① 楊朝明主編《孔子家語通解》,第447頁。
② 劉全志《〈論語〉"子張書諸紳"的本義與文化依據》,《孔子研究》2014年第4期。
③ 朱維錚《〈論語〉結集脞説》,《孔子研究》1986年第1期;亦見《中國經學史十講》,上海,復旦大學出版社,2002年,第104頁。

氏篇》同；而《武城》《佛肸》二章於孔子前稱"夫子"，乃戰國之言，非春秋時語。蓋雜輯成之者，非一時人之筆也。……其前十五篇中，唯《雍也篇·南子章》事理可疑，《先進篇·侍坐章》文體少異。至《鄉黨篇》之《色舉章》，則殘缺無首尾，而語意亦不倫，皆與《季氏篇》之末三章、《微子篇》之末二章相似，似後人所續入者。蓋當其初篇皆別行，傳其書者續有所得，輒附之於篇末，以故醇疵不等，文體互異。

後十篇皆後人之所追記，原不出於一人之手，乃傳經者輯而合之者，是以文體參差互異。

《季氏》篇始終皆稱"孔子"，其爲采之他書甚明，而末三章文尤不類。……《邦君章》尤與孔子無涉，此必後人采他書附之於篇末者無疑也。《微子》篇亦多稱"孔子"，而末三章亦於孔子無涉，亦後人所附入可知。①

即第一，《論語》後十篇是"後人追記"，不出於一人之手，原因是文體不一，如《季氏篇》"文多俳偶"，這顯然不可能出現在春秋時期，只能是晚期如秦漢時的產物。第二，稱名不一致，有些地方甚至直稱"孔子"。且稱"夫子"這一戰國時流行的語詞，因此是"雜輯"的印跡，非一時能完成。第三，《雍也》《季氏》《微子》《堯曰》等篇的末章，"雜記古今軼事，有與聖門絶無涉者"，即與聖門或孔子絶無關係的，卻也一併載入，因此駁雜，"似後人所續入"。第四，思想上，《楚狂》"三章語意乃類莊周"，即與《莊子》的狂放、隱逸思想接近；現在看，《長沮桀溺而耕》章，實有老莊濃厚的避世思想，或者說，即便有，也不應該這般濃厚。再如《子路侍坐》章卻讚同曾點"風乎舞雩，詠而歸"的飄然超脫、自由無爭的生活與觀點，而對積極進取、理國濟民的子路、冉有、公西華等哂笑、裁抑，這不免與孔子一貫重經濟、實用的主張相違背。總之，這種"醇疵不等，文體互異"，在崔述看來，就是其初因《論語》篇章單行，以及"續有所得，附於篇末"的結果，即非一時所成，而是不斷整理、加工的印跡。

四、能確定《論語》中編撰最晚的是《論語·泰伯》"曾子有疾"二章，即在曾子死後輯入《論語》，以及稱魯大夫仲孫捷的諡號"孟敬子"。這爲推斷《論語》的編撰提供了直接依據。據《史記·仲尼弟子列傳》，前479年孔子逝時，曾子僅二十七歲，是弟子中年齡較小的。曾子死於前436年，可定爲《論語》結集的上限。至於敬子，雖不可考知其確切的卒年，但《檀弓》中有

---

① 顧頡剛編訂、崔述著《崔東壁遺書》，上海古籍出版社，2013年，分別爲第321—322頁（上册）、616（下册）、617頁（下册）。

一章記"悼公之卒,季昭子問於孟敬子,曰'爲君何食'",足證魯悼公逝時,孟敬子還健在。據《史記·六國年表》和《魯世家》,悼公逝於前 429 年,則敬子卒更在此後。那麼,《論語》的成書應該還要更晚一些。

又,《論語》一名,最早見於《禮記·坊記》:"子云:君子馳其親之過而敬其美。《論語》曰:'三年無改於父之道,可謂孝矣。'高宗云:'三年其惟不言,言乃讙。'"而《坊記》出自《子思子》,說見《隋書·音樂志上》,其載梁散騎常侍、尚書僕射沈約奏答"《中庸》《表記》《坊記》《緇衣》,皆取《子思子》",即爲子思所作。子思卒於前 402 年。因此,《論語》的結集在前 436 年至前 402 年之間。①

五、西漢之初,《論語》有《齊論》《魯論》《古論》等不同情況,排除流傳過程中個別字詞的歧異,正說明本就有不同的弟子在傳播《論語》,證實傳承的多緒,即不同派別的存在。《韓非子·顯學》中就說"自孔子之死也,有子張之儒,有子思之儒,有顔氏之儒,有孟氏之儒,有漆雕氏之儒,有仲良氏之儒,有孫氏之儒,有樂正氏之儒",即因各自思想、觀點不同,以各自爲中心,"儒分爲八",而形成了一個個流派。而且,上所言稱謂的混亂,也讓人有足夠的理由懷疑多數篇章本來各自獨立,即出自不同時間、不同身分記敍者的口授或筆録。而且,《論語》中各篇還有不少重複,或基本上重複但詳略不同的章節,這也是不同内容合併後落下的一個印記。

與此情形類似,是《論語》在漢時的稱名也不一致,稱《傳》《記》《語》等,如:

《史記》卷二八《封禪書》:"《傳》曰:'三年不爲禮,禮必廢;三年不爲樂,樂必壞。'(筆者按:見《陽貨》)"

《法言·孝至》:"吾聞諸《傳》:'老則戒之在得。'(見《季氏》)"

《後漢書》卷三九《趙咨傳》:"《記》曰:'喪雖有禮,哀爲主矣。''喪,與其易也,寧戚。'(見《八佾》)"

《後漢書》卷二一《邳彤傳》:"《語》曰'一言可以興邦'(見《子路》)。"

因此,《論衡》卷二八《正說篇》言"初,孔安國以教魯人扶卿,官至荆州

---

① 今學者單承彬據《論語·泰伯》"曾子有疾"章中稱魯大夫仲孫捷的謐號"孟敬子",確定上限爲魯悼公死時(周考王十三年,前 428 年)。然後據《孟子》對《論語》的徵引,以孟子的生年(周烈王四年,前 372 年)爲下限,可參考。文見《論語源流考述·論語之結集》,長春,吉林人民出版社,2002 年,第 40—148 頁。但這裏有一個問題,即《孟子》所引的稱"孔子曰"者,並不一定就能坐實源自《論語》,這是因爲在年代相近的情況下,《孟子》的編撰者勢必能見到其他更多的孔子言論,引自他書也很正常。

刺史,始曰《論語》",認爲《論語》的定名要在西漢孔安國之時,雖然時間略晚了些,也似不可輕易否定。以上稱名的不一,説明《論語》的書名一直未能固定,這也説明了《論語》在西漢流傳過程中遠處在不定型的狀態中。

六、從書籍編撰的歷史看,最初的書籍沒有名字,一般多以姓氏、封號命名,如《服氏》《太史公》等,只有著作無考時才以内容命名,如《漢書·藝文志》"儒家"類中《内業》十五篇等。

七、作爲一代學者劉向、劉歆、班固、鄭玄等,學風踏實嚴謹,憑空杜撰的可能性不大,且去古未遠,畢竟能够廣泛閲讀大量的國家藏書或其他資料,其論點不宜率然否定(現代的考古學已越來越多的證實秦漢人的一些觀點)。

總之,《論語》是孔門的弟子或再傳弟子,在孔子逝後二三十年間,彙聚、選擇、加工不同弟子所記或追憶孔子的話;最後,約在前 436 年至前 402 年之間,由思孟一派采録所見他本的内容增訂而初步形成了一個比較統一的《論語》文本,即原始結集。但不管怎樣,《論語》的編纂經歷了一個較長的過程,這一點是毋庸置疑的。

又,思孟一派對孔子學説的發展,今有幸能見到郭店楚墓出土的戰國中後期的竹簡,時代正與此接近。① 現據《窮達以時》(共分二章)來看其可能的編纂過程以及與孔子思想的淵源:

> 有天有人,天人有分。察天人之分,而知所行矣。有其人,無其世,雖賢弗行矣。苟有其世,何難之有哉? 舜耕于歷山,陶埏於河浒,立而爲天子,遇堯也。邵繇衣枲蓋,冒経蒙縫,釋板築而佐天子,遇武丁也。

---

① 1993 年秋,荆門市博物館考古工作人員在沙洋縣紀山鎮搶救性清理發掘了郭店一號楚墓(此地爲東周時期楚國的貴族墓地)。該墓雖小,且曾兩次被盜,但隨葬器物仍很豐富。據墓中陪葬物,知墓主人生活在"戰國中晚期","約當公元前四世紀中期至前三世紀初"(即下提及的考古報告),身分爲上士。隨葬物中,最引人矚目的是幸存的八百餘枚竹簡,少部分爲無字簡;有字簡整理後統計爲 730 枚,大部分完整。出土詳情見湖北省荆門市博物館《荆門郭店一號楚墓》考古報告(《文物》1997 年第 7 期)。郭店楚簡的形制不盡一致。就長度論,可分三類:32.5 厘米、26.5 至 30.6 厘米、15 至 17.5 厘米。其形狀有兩頭平齊與兩頭修削成梯形之别。竹簡上都有用以容納編縷的契口,是楚國簡册制度的反映。楚簡出土時業已散亂、殘損,整理者據竹簡形制、抄手的書體和簡文文意進行了分篇繫聯。經過五年的艱辛整理,確定爲十六篇先秦時期的文獻,其中道家典籍兩篇,分别爲《老子》(甲、乙、丙)、《太一生水》;儒家典籍十四篇,分别爲《緇衣》《魯穆公問子思》《窮達以時》,《五行》《唐虞之道》《忠信之道》《成之聞之》《尊德義》《性自命出》《六德》《語叢一》《語叢二》《語叢三》《語叢四》(篇題爲整理者擬加)。除《老子》《緇衣》見諸傳世本,《五行》見於長沙馬王堆出土的帛書外,其餘均爲先秦佚籍。其編序大體上可信。具體考釋内容見《郭店楚墓竹簡》(文物出版社 1998 年版)。其對儒家典籍的研究,可參見郭沂《郭店楚簡與先秦學術思想》(上海教育出版社 2001 年版)、梁濤《郭店竹簡與思孟學派》(中國人民大學出版社 2008 年版)等。

呂望爲臧棘津,戰監門來地,行年七十而屠牛於朝歌,舉而爲天子師,遇周文也。管夷吾拘繇束縛,釋械柙而爲諸侯相,遇齊桓也。百里轉鬻五羊,爲伯牧牛,釋板楮而爲朝卿,遇秦穆。

孫叔三射恒思少司馬,出而爲令尹,遇楚莊也。初韜晦,後名揚,非其德加。子胥前多功,後戮死,非其智衰也。驥厄張山,駼塞於邵來,非無體狀也。窮四海,至千里,遇造故也。遇不遇,天也。動非爲達也,故窮而不(怨,隱非)爲名也,故莫之知而不吝。(芝蘭生於幽谷,非以無人)嗅而不芳。無荅菫,逾寶山,石不爲(開,非以其)善負己也。窮達以時,德行一也。譽毀在旁,聽之弋母。緇白不釐,窮達以時。幽明不再,故君子敦於反己。①

在此,作者強調"天人之分",即"有其人,無其世,雖賢弗行矣",就是説,一個人儘管有才華,但如果没得到上位者的垂青,是無法施展其抱負的。顯然,這裏的"天",不是上古時主宰一切的神學天,也不是"不爲堯存,不爲桀亡"的自然天,而是一種命運的天,無法預料,即"遇不遇,天也"。所以作者得出"窮達以時"的結論,並一再強調了這一點。這裏没論及個人的主觀能動性,只是凸顯了外界的"世"或者説"時"對個人命運的主宰。或者説,對於"世"、"時",對於外界的環境,有時確實是一己所不能掌控,也只能是隨遇而安,而不是一味地抱怨。正是基於這一點,學者多認爲這與孔子厄於陳、蔡時對子路説的一番話有關。

孔子厄於陳,最早的史料見於《論語·衛靈公》:

明日遂行。在陳絶糧,從者病,莫能興。子路愠,見曰:"君子亦有窮乎?"子曰:"君子固窮,小人窮斯濫矣。"

在這一記載中,除了"厄",即"在陳絶糧",一時間毫無措施外,更出現了與上文吻合的一個核心語詞"窮"字。孔子的觀點是"君子固窮",即在困境中仍能持守節操。這一記述,後被《史記》卷四七《孔子世家》完全繼承,即載入了"信史"。孔子一生命途多舛,奔波流離,對窮達實有深刻的體會,爲此發表了一番言論,也確實吻合其個性與經歷。現在看,這一內容,如作爲竹簡論説的背景,也的確極有道理。

當然,更有力的證據是傳世文獻中最早的記載《荀子·宥坐》,其不僅明

---

① 李零《郭店楚簡校讀記》(增訂本),中國人民大學出版社,2007年,第111—112頁。又,李零考證,此篇與《魯穆公問子思》篇同抄於一卷,篇中有章號(作墨釘)、句讀(作短横)和重文號(作兩橫),無篇號;其中簡七文中"遇秦穆"下有章號,可證簡一至七是一章,而簡八至十五是另一章,因此分兩章。括弧内文字爲李零根據《荀子·宥坐》和《韓詩外傳》卷七及《説苑·雜言》試補。

確提到"孔子南適楚,厄於陳、蔡之間,七日不火食,藜羹不糁,子皆有饑色"的極度困境,還詳細載入了一大段孔子的解説:

> 女以知者爲必用邪?王子比干不見剖心乎!女以忠者爲必用邪?關龍逢不見刑乎!女以諫者爲必用邪?吴子胥不磔姑蘇東門外乎!夫遇不遇者,時也;賢不肖者,材也;君子博學深謀不遇時者多矣!由是觀之,不遇世者衆矣!何獨丘也哉?且夫芷蘭生於深林,非以無人而不芳。君子之學,非爲通也,爲窮而不困,憂而意不衰也,知禍福終始而心不惑也。夫賢不肖者,材也;爲不爲者,人也;遇不遇者,時也;死生者,命也。今有其人不遇其時,雖賢,其能行乎?苟遇其時,何難之有?故君子博學、深謀、修身、端行,以俟其時。……昔晉公子重耳霸心生於曹,越王勾踐霸心生於會稽,齊桓公小白霸心生於莒。故居不隱者思不遠,身不佚者志不廣。女庸安知吾不得之桑落之下!

這一文段的核心思想"遇不遇者,時也","苟遇其時,何難之有",與竹簡"無其世,雖賢弗行矣。苟有其世,何難之有哉"又是何等的一致!《孔子家語·在厄》也提及"夫遇不遇者,時也","生死者,命也"。① 而且,"不遇世者衆矣"中的"遇世"更與竹簡"有其世"、"無其世"在語詞、含義方面均完全契合。"非以無人而不芳"與簡中"嗅而不芳"也能對應。這些都能坐實《窮達以時》與孔子的密切聯繫(只不過,兩則材料所舉的例證差異較大,極難索解)。既然這樣,就引出了一個問題:揆之實情,孔子厄於陳、蔡時,當日肯定説了較多的話,但這三段的記載卻有明顯的差異,甚且差異較大,這是爲什麽呢?因爲作爲同一史料源頭,在細節上自不應有如此大的差距。退一步,就肯定是同一史料源頭的《荀子》《孔子家語》的記載看,雖基本相近;但在具體的陳述上,仍有不少差異,如同爲敘述智、忠、諫不一定能起到作用,《荀子》用反問句,"女以忠者爲必用邪?關龍逢不見刑乎",《孔子家語》則用一肯定句,"汝以忠者爲必報也,則關龍逢不見刑",其關鍵處"用"、"報"字也不同,並且《家語》還多了一點論"仁"的觀點("汝以仁者爲必信

---

① 楊朝明、宋林立主編《孔子家語通解》卷五《在厄》載:"汝以仁者爲必信也,則伯夷、叔齊不餓死首陽;汝以智者爲必用也,則王子比干不見剖心;汝以忠者爲必報也,則關龍逢不見刑;汝以諫者爲必聽也,則伍子胥不見殺。夫遇不遇者,時也;賢不肖者,才也。君子博學深謀而不遇時者衆矣,何獨丘哉?且芝蘭生於深林,不以無人而不芳;君子修道立德,不爲窮困而敗節。爲之者,人也;生死者,命也。是以晉重耳之有霸心,生於曹衛;越王勾踐之有霸心,生於會稽。故居下而無憂者,則思不遠;處身而常逸者,則志不廣,庸知其終始乎?"(齊魯書社,2009年,第244頁。)又,王志平《郭店楚簡〈窮達以時〉叢考》認爲可能是荀子後學的造作,可備一説(見艾蘭、邢文編《新出簡帛國際研討會文集》,北京,文物出版社,2004年,第301—305頁)。

也,則伯夷、叔齊不餓死首陽")。當然,《荀子》也多出了一些内容,如"故君子博學、深謀、修身、端行,以俟其時",事例多了"小白"一條等。這種歧異情形的出現,合理的解釋,恐怕就只能是不同弟子的記載(各有側重),且又經後人增飾、加工的結果。孔子厄於陳、蔡在魯哀公六年(前489年),[①]而竹簡約在"前四世紀中期至前三世紀初"(見前頁注),與孟子活動的後期相當,已在絕糧事後一百三四十年。

總之,這一文本的差異、變遷正可説明:一、其陳述的核心内容相同,但具體内容卻存在偏差,説明最初可能就是不同弟子記載、側重點不同的結果。這中間,一個關鍵的問題就是竹簡提及孔子厄於陳、蔡四五年後的一件事,即"子胥戮死(在哀公十一年,前484年,見《左傳·哀公十一年》)"事,這只能是孔門弟子增補、載録的結果(如排除繫年錯誤的話)。二、文本已經過了較多的潤飾。這種潤飾,就竹簡來看,是極其明顯的,因其一連六處用"遇……也"的判斷句式,明顯構成了一種氣勢通暢、比較齊整類于排偶的句式。不過,因其句句之間字數、節奏都不相同,在精神與風貌上都遠不同於之後秦漢時期的排偶句。這顯然是後人加工的一個確證。因此,我們推測以記載孔子言行爲主體的《論語》文本也可能經歷過了這種增飾與整齊的過程。

接着,是秦朝的情形。

某種程度上,秦王較單一的功利性欲求(如擴大疆土、併吞六國等),始終持守至高無上的國家利益和高度的戒備心理,不僅很難在王權與士人間建立起溫情的非政治關係,更直接造成了與士人階層的緊張局面,李斯《諫逐客疏》就是一個很好的例證。延續這一緊張態勢,最後發展爲士人階層的一致背叛,士人時常借一些端由來評議、甚且譏諷朝政,以此來蔑視、瓦解帝王的傲慢、不禮遇與威勢。兩相激烈較量的結果,就是世所共知的"焚書坑儒"。《史記》卷六《秦始皇本紀》載,始皇三十四年(前213年),李斯奏議:"臣請史官非秦記皆燒之。非博士官所職,天下敢有藏《詩》、《書》、百家語者,悉詣守、尉雜燒之。有敢偶語《詩》、《書》者棄市,以古非今者族。吏見知不舉者與同罪。令下三十日不燒,黥爲城旦。所不去者,醫藥、卜筮、種樹之書。若欲有學法令,以吏爲師。"不過,客觀而論,"焚書"在當日形成的破壞、損害,恐怕沒有想象的那麽大;這是因爲在一個通訊、交通都很落後的時期,很難想象在一個短暫的時間(從坑儒到秦亡,只有八年),這一法令得到了較嚴格、全面的落實和執行——即其效果恐怕遠非後來士人所評説的那

---

① 錢穆《先秦諸子繫年》卷一"二二 孔子在陳絶糧考",北京,商務印書館,2015年,第54頁。

般酷烈。

秦始皇的長子扶蘇曾說過，秦焚書之前，"諸生皆誦法孔子"，①說明孔學已比較興盛。《史記》卷二八《封禪書》載始皇"即位三年"，爲封禪做準備，"於是徵從齊魯之儒生博士七十人，至乎泰山下"，這也能證實當日的飽學之士多集中在齊魯一帶。其所學，當然是長受泗水之風浸潤、濡染的儒家之學，《論語》應包含其間。甚至在始皇三十四年，置酒咸陽宮時，"博士七十人前爲壽"，仍活動在當日的政治生活中。還能考證的是，《論語》的重要編撰者子思，就是生活、活躍在齊魯一帶。② 又，據《史記》卷六《秦始皇本紀》載"博士官所職"正是"《詩》、《書》、百家語"；因此，也可相信，秦宮殿裏當收藏有秦博士世所典守的《論語》。在秦漢戰争之際，這些典籍又受到了蕭何的特意保存："沛公至咸陽，諸將皆争走金帛財物之府分之，何獨先入秦丞相御史律令、圖書藏之。"③御史大夫，秦官，"一曰中丞，在殿中蘭臺，掌圖籍秘書"；④之後，蕭何又特意構築了石渠閣，"藏入關所得秦之圖籍"。⑤因此，這裏的"圖籍"，應指各種典籍，不是專指地圖和户籍册；否則，量少，似没必要再專門構築一座樓閣來貯藏。重要的是，雖説李斯上書要焚毀的書包括"《詩》、《書》、百家語"，但現在有足夠的文獻來證實至少諸子書就没有被焚毀：

  逮至亡秦，焚滅經術，坑戮儒生，孟子徒黨盡矣！其書號爲諸子，故篇籍得不泯絶。⑥

  秦雖無道，不燔諸子，諸子尺書，文篇具在可觀，讀以正説，可采掇以示後人。⑦

  煙燎之毒，不及諸子。⑧

都明確提及了諸子書得不"泯絶"的史實。又，據現今能輯佚到的劉向校書的例證：

  《申子書録》：今民間所有上下二篇，中書六篇，皆合二篇，已備，過

---

① 《史記》卷六《秦始皇本紀》，第1册，第258頁。
② 《漢書》卷三〇《藝文志》載："《子思》二十三篇。（原小字注：名伋，孔子孫，爲魯繆公師。）"既爲魯繆公師，則應主要生活在這一地域，因爲這當是子思生平中一個重要的官職（北京，中華書局，1964年，第6册，第1724頁）。
③ 《漢書》卷三九《蕭何傳》，第7册，第2006頁。
④ 《漢書》卷一九上《百官公卿表上》，第3册，第725頁。
⑤ 何清穀《三輔黄圖校釋》卷六《閣》，北京，中華書局，2005年，第339頁。
⑥ 趙岐《孟子題辭》。
⑦ 《論衡校釋》卷二八《書解篇》，第4册，第1159頁。
⑧ 《文心雕龍·諸子篇》。

太史公所記。①

《晏子書録》：所校中書《晏子》十一篇，臣向謹與長社尉臣參校讎，太史書五篇，臣向書一篇，參書十三篇，凡中外書三十篇，爲八百三十八章。除複重二十二篇六百三十八章，定著八篇二百一十五章，外書無有三十六章，中書無有七十一章。

《列子書録》：所校中書《列子》五篇，臣向謹與長社尉臣參校讎，太常書三篇，太史書四篇，臣向書六篇，臣參書二篇，内外書凡二十篇。以校除複重十二篇，定著八篇。中書多，外書少。②

劉向在校書、撰寫《别録》時，大量參考了太史（編寫史書，兼管國家典籍）書。劉向持以校録的"中書"與"太史書"均不同，即與官府藏書不同，③且與民間所獻即"民間所有"也不一樣，這説明作爲皇家藏書的"中書"别有來源；不然，篇章不可能爲外書所無。"中書"所藏也許正是來自漢初蕭何所收的秦宫的皇家藏書。應當説，秦宫的皇家典籍還是受到了較多的保護。或許這就是漢初《論語》典籍的一個重要來源。

又，《孔子家語後序》載藏書者爲孔鮒之弟孔騰（字子襄），"順生子魚名鮒及子襄名騰、子文名祔。子襄好經書，博學，畏秦法峻急，乃壁藏其《家語》、《孝經》、《尚書》及《論語》於夫子之舊堂壁中"。世人往往因《孔子家語》多出僞托而懷疑其真實性；但鈎沉史籍，卻能證明其真實的一面。據《史記》卷一二一《儒林傳序》："及至秦之季世，焚《詩》《書》，坑術士，六藝從此缺焉。陳涉之王也，而魯諸儒持孔氏之禮器往歸陳王。於是孔甲爲陳涉博士（徐廣曰：'孔子八世孫，名鮒，字甲也。'），卒與涉俱死。"揆之情理，孔鮒爲避秦火而藏書屋壁夾層，後因死於陳涉之難而不得取出所藏，或更近於事實。

壁中藏書，並非僅有此例，《尚書正義序》疏引《别録》也記載了一件：

武帝末，民有得《泰誓》書於壁内者，獻之，於博士使讀説之。數月，

---

① 《史記》卷六三《老子韓非傳》注引，第7册，第2146頁。
② 以上爲清姚振宗《師石山房叢書》本《别録》佚文，上海，開明書店，1936年，分别爲第8、11頁。
③ 《漢書》卷三〇《藝文志》顔師古注引如淳注："劉歆《七略》曰：'外則有太常、太史、博士之藏，内則有延閣、廣内、秘室之府。'"（第六册，第1702頁。）這裏，内當指宫内，天子藏書處；外當指宫外，官府藏書處。蒙文通《經學抉原》云："《史記自序》：'百年之間，天下遺文古事，靡不畢集太史公。'則漢興大收篇籍者，其書畢集太史；博士之所執，畢集太常（太常掌博士）。皆所謂外書，新集之民間者，子政校書所云'太史書'、'太常書'、'臣吾書'是也。其所謂'中書'、'中秘書'、'中古文'，蓋謂延閣、秘室之藏，漢家所固有。"（蒙文通《經學抉原》，上海人民出版社，2006年，第61頁。）

皆起,傳以教人。①

此可側窺秦法峻急之下儒者不得已而採用的一種存護典籍的方式。又,此處的"民"不一定是指伏生,因爲其僅得《泰誓》一篇(伏生得二十九篇)。《漢書》卷八八《儒林·伏生傳》載:

> 秦時禁書,伏生壁藏之,其後大兵起,流亡。漢定,伏生求其書,亡數十篇,獨得二十九篇,即以教於齊、魯之間。

伏生屋壁藏書,待漢立、天下安定後,雖能再次取出,但故書已壞蝕、亡佚了不少("數十篇")。這或許可作爲當日屋壁藏書具體留存情形的一個縮影。

這種屋壁藏書還能找到一例:

> 至孝宣帝之時,河內女子發老屋,得逸《易》《禮》《尚書》各一篇。②

或許這是當日一個較普遍的現象,劉歆《移讓太常博士書》即說"《尚書》初出於屋壁……天下衆書往往頗出"。急切間,在無其他良策可以保護典籍的情況下,壁中藏書就成了一種簡捷有效的方式。又,伏生,濟南人;河內郡,今河南焦作一帶,兩地都處在當日文化的核心區域,從地域上也能看出當日藏書屋壁可能比較普遍。

第二節 漢初各種《論語》文本的紛然雜存

現今所能考見漢代流傳最早的《論語》版本,即王充《論衡》卷二八《正說篇》所提及的《河間論》:

> 至武帝發取孔子壁中古文,得二十一篇。《齊》《魯》二,《河間》九篇,(共)三十篇。

王充所言的《河間論》,應是河間獻王劉德所收集的一部"先秦舊書"。據《漢書》卷五三《河間獻王德傳》:

> 河間獻王德以孝景前二年立,修學好古,實事求是。從民得善書,必爲好寫與之,留其真,(顏師古曰:"真,正也。留其正本。")金帛賜以

---

① 黃懷信整理、孔穎達正義《尚書正義序》"漢室龍興"孔穎達疏引《別錄》,上海古籍出版社,2007年,第15頁。又言"宣帝本始元年(前73),河內女子有壞老子屋,得古文《泰誓》三篇"(第15頁)。而《漢書》卷三六《劉歆傳》則載:"《泰誓》後得,博士集而讀之。"(第7册,第1969頁。)

② 黃暉校釋、王充著《論衡校釋》卷二八《正說篇》,第4册,中華書局,2009年,第1124頁。又,卷十二《謝短篇》亦載"宣帝之時,河內女子壞老屋,得《易》一篇。……得逸《禮》一篇",可與此印證(第559、560頁)。

招之。緜是四方道術之人不遠千里,或有先祖舊書,多奉以奏獻王者,故得書多,與漢朝等。是時,淮南王安亦好書,所招致率多浮辯。獻王所得書皆古文先秦舊書,《周官》《尚書》《禮》《禮記》《孟子》《老子》之屬,皆經傳說記、七十子之徒所論。其學舉六藝,立《毛氏詩》《左氏春秋》博士。修禮樂,被服儒術,造次必於儒者。山東諸儒[多]從而遊。

前元二年(前155),景帝以縮小了的河間郡置國,立子劉德爲河間獻王,國都樂成(今河北獻縣)。因處南北要衝、齊魯燕趙之會,地理位置頗爲重要,因此在平定七國之亂中起到了重要作用。正是這個原因,再加上劉德"修學好古",謙以待人,一時間學者才子雲集,《西京雜記》卷四就載"河間王德築日華宫。置客館二十餘區以待學士",規模比較龐大;並且還高待賓客,"自奉養不逾賓客"。爲此,有學者認爲,相對於南方淮南王劉安,"另一個學術中心,是以河間獻王德爲中心展開的"。① 自惠帝四年(前191)除挾書律,至劉德時,挾書律已廢止三十多年了,宜其收聚典籍有一個較寬鬆的社會氛圍。"從民得善書,必爲好寫與之,留其真,金帛賜以招之",一"好寫",一"金帛",透露出他爲留存舊籍之苦心孤詣,不計成本。

重要的是,據上引能見出:一、"近於大雅"的劉德所喜好收聚的典籍,"皆古文先秦舊書",並且是"經傳說記";重要的是,其直接提到了"七十子之徒所論",對此,顏師古注:"七十子,孔子弟子也,解具在《藝文志》。"可見,實際上就是確指由七十子之徒所編輯的《論語》。二、劉德受封的河間王國,在漢初,地域大致就在今日天津西南至河北武强間,爲漢以前黄河尾閭兩支叉流河道之間的地域,距曲阜孔子舊地不遠,其收集到不同本子的《論語》勢必較爲方便。《漢書》卷八八《儒林傳》載,"毛公,趙(今邯鄲)人也。治《詩》,爲河間王博士。授同國貫長卿";"(賈)誼爲《左氏傳》訓故,授趙人貫公,爲河間獻王博士"。又《漢書·藝文志》載,"武帝時河間獻王好儒,與毛生等采《周官》及諸子言樂事者,以作《樂記》。……其内史承王定傳之,以授常山王禹"。毛公、貫公、王定等人都是不折不扣的儒學之士(地域上均鄰近曲阜),這足見河間獻王對儒學確實甚爲熱衷,也招致了不少奔走效力的士人。這樣,在儒學之士的幫助與熏陶下,其擁有《河間論》也自是正常了。

不過,《河間論》的留存受到了時政的强烈影響,《史記》卷五九《五宗世家》裴駰注引《漢名臣奏》:

   河間獻王經術通明,積德累行,天下雄俊衆儒皆歸之。孝武帝時,

---

① 徐復觀《兩漢思想史》,上海,華東師範大學出版社,2001年,第109頁。

獻王朝,被服造次必於仁義。問以五策,獻王輒對無窮。孝武帝艴然難之,謂獻王曰:"湯以七十里,文王百里,王其勉之。"王知其意,歸即縱酒聽樂,因以終。

"經術通明,積德累行,天下雄俊衆儒皆歸之",一如戰國游士之風的再度復活,一時間劉德功高震主,勢必要受到武帝的猜忌:他是不是要窺視、覬覦皇位?對此,歷經七國亂後各王國噤若寒蟬,日子本就不怎麽好過的劉德自然是心知肚明,也就只得"縱酒聽樂",自任放縱萎靡了,也當然不敢再招致龐大的士人群了——學術中心自然趨於萎縮。這種情形下,其所搜聚的典籍自然就漸趨散佚無跡了,不再進入史書記載的視野。自漢至隋,某一地域學術文化的興盛往往過多地繫於某一特出的人物,而隨着這一支撐人物的離世,其學術、文化也往往隨之衰落,如東漢末年一度興盛的荆州學派(劉表),以及東晉末期的江州經學(范寧)等;這是因爲由其帶來的興盛並不表現在比較穩定的制度層面,而無長久的可能。

《河間論》之後,西漢景、武之際出現了《齊論》《魯論》。在武帝初期略偏後一點,魯恭王壞孔子壁發現了《古論》。對這一傳習情形的記載,最完整的見《漢書》卷三〇《藝文志》:

《論語》古二十一篇。出孔子壁中,兩《子張》。(顔注:如淳曰:"分《堯曰》篇後子張問'何如可以從政'已下爲篇,名曰《從政》。")《齊》二十二篇。多《問王》《知道》。(顔注:如淳曰:"《問王》《知道》,皆篇名也。")《魯》二十篇,《傳》十九篇。(顔注:"解釋《論語》意者。")……漢興,有齊、魯之說。傳《齊論》者,昌邑中尉王吉、少府宋畸、御史大夫貢禹、尚書令五鹿充宗、膠東庸生,唯王陽名家。(顔師古曰:"王吉,字子陽,故謂之王陽。")傳《魯論語》者,常山都尉龔奮、長信少府夏侯勝、丞相韋賢、魯扶卿、前將軍蕭望之、安昌侯張禹,皆名家。張氏最後而行於世。

班固開列的一長串姓名毫無疑問就是當日傳承《論語》中最顯赫的官員或儒士。其籍貫可考者,王吉、貢禹、王卿都是琅琊人,庸生是膠東人,均是齊人。夏侯勝是東平人,韋賢是魯國鄒人,蕭望之是東海蘭陵人;扶卿,《論衡·正說》稱爲"魯人扶卿",都是魯人。這也即皇侃《論語集解義疏序》引劉向《別錄》所說的,"魯人所學謂之《魯論》,齊人所學謂之《齊論》,合壁所得謂之《古論》"。即早期《論語》的傳習有明顯的地域色彩——這大約是孔子故地日益薰染的直接結果。除此之外,《齊論》《魯論》的讀習者大多數是政府官員,身分顯赫,這也充分說明隨着元光元年(前134)武帝"罷黜百家,獨尊儒術"後儒生憑藉經術,地位迅速上升的史實。

武帝時齊、魯二地學風的差異，錢穆《兩漢博士家法考》曾據《穀梁傳》魯申公的傳人徐偃、周霸等，以及治齊學者如兒寬、伏生、晁錯、夏侯勝等人的學術傾向，由此推論："是齊學恢奇駁雜，是魯學純謹不同之驗也。……董仲舒對策引《尚書·太誓》'白魚赤鳥'之論，以災異言《公羊》，亦與齊學相通。江公受《魯詩》《穀梁》於申公，然吶於口，議不如仲舒。則大抵治魯學者，皆純謹篤守師說，不能馳騁見奇，趨時求合，故當見抑也。"①齊人好言陰陽災異，"其議論則率本於陰陽及《春秋》。陰陽據天意，《春秋》本人事，一尊天以爭，一引古以爭。非此不足以折服人主而自申其說，非此亦不足以居高位而自安"。② 對當日用陰陽及《春秋》的潛在用意分析得極其深入。皮錫瑞也曾指出齊學的這一特點，"漢有一種天人之學而齊學尤盛。《伏傳》五行，《齊詩》五際，《公羊春秋》多言災異，皆齊學也"。③ 大體而言，魯學純謹，篤守師說，直接承襲了孔孟的衣鉢；歷史上，孔孟干君遊説雖一直淒惶奔走，居無定所，但卻緊緊持守仁義的理想與情操不墜。顯然，這一德操也直接影響了魯地儒生的精神風貌。

　　至於魯、齊二《論》的版本差異，主要有兩點：一、篇數不同，劉向說《魯論語》共二十篇，劉歆補充說《齊論語》多了二篇，有二十二篇，班固又補充說多的兩篇名爲《問王》(一作《問玉》)《知道》。二、章句不同，何晏說兩種版本都有的二十篇中，《齊論》"章句頗多於《魯論》"，④從桓譚《新論》推測，其間相異的地方也不少。2016年，南昌西漢海昏侯劉賀墓考古出土竹簡《論語》，初步認定爲《齊論》，⑤如能盡快公佈整理結果，則無疑能更詳細、具體地比較；而今只能拭目以待。

　　現在的問題是，《齊論》《魯論》究竟是在何時出現？朱維錚《〈論語〉結集脞說》曾推斷：

　　　　我以爲兩種抄本(指《齊論》《魯論》)的出現和傳播，都在西漢景、武之際。在這以前，西漢人的著作中間，還沒有見到直接引自兩種《論語》的。現存最早引用的例證，見於董仲舒《春秋繁露》，而董仲舒在景帝時任博士。他賴以起家的經典是公羊學派傳授的《春秋》，公羊學派屬於今文齊學，因此他據以引證的版本當爲《齊論》。司馬遷著《史

---

① 《兩漢今古文平議》，北京，商務印書館，2001年，第222頁。
② 《兩漢今古文平議》，第222頁。
③ 皮錫瑞著、周予同注釋《經學歷史·經學極盛時代》，北京，中華書局，2004年，第68頁。
④ 何晏《論語集解敘》，見高尚榘校點《論語義疏》，北京，中華書局，2014年，第10頁。
⑤ 江西省文物考古研究所、南昌市博物館、南昌市新建區博物館《南昌市西漢海昏侯墓》，《考古》2016年第7期。

記》，雖然沒有直接提到《論語》其書，可是《孔子世家》《仲尼弟子列傳》引用的孔子與門徒時人的對話，大部分都見於《論語》。因此，要說它的傳世結集本始見於公元前二世紀中後期，大概離事實不遠。①

朱先生對《齊論》《魯論》出現和傳播時間的推斷，無疑具有重要的參考價值。其實，我們還可從傳承者所處的時代來推斷這一問題。據《漢書·藝文志》及何晏《論語集解敘》，傳習《齊論》的學者有琅邪王卿、膠東庸生、昌邑中尉王吉、少府宋畸、御史大夫貢禹和尚書令五鹿充宗。傳習《魯論》的有常山都尉龔奮、長信少府夏侯勝、丞相韋賢、魯扶卿、前將軍蕭望之和安昌侯張禹。又，《漢書》卷八一《張禹傳》所載，亦透露出一些情形："始，魯扶卿及夏侯勝、王陽、蕭望之、韋玄成皆說《論語》，篇第或異。禹先事王陽，後從庸生，采獲所安，最後出而尊貴。"因史料匱乏，這裏只能就初期傳者大致推斷其所處的時代。

王卿，據宋邢昺《論語注疏》載，武帝天漢元年（前100）曾由濟南太守遷任御史大夫。庸生，從《張禹傳》中"禹先事王陽，後從庸生"看，與王陽同時，爲宣帝時人。王吉，即王陽，昭、宣時人，《漢書》卷七二有傳。"琅邪（郡）皋虞人也。少好學明經，以郡吏舉孝廉爲郎。……舉賢良爲昌邑（指昌邑王劉賀，屬山陽郡，今山東金鄉縣與巨野縣之間）中尉"；"兼通五經，能爲騶氏《春秋》，以《詩》《論語》教授"。王陽教授的時間，當在宣帝繼位（前73）之初"謝病歸琅邪"時期。宋畸，昭、宣時人，曾任少府、②左馮翊。③ 又據《漢書》卷六八《霍光傳》，平元元年（前74），在廢昌邑王時的大臣里有"宋畸"之名。地節二年（前68）霍光薨後，宣帝曾"下少府宋畸"詢問蕭望之的情況。④ 可見是宣帝時人。貢禹，《漢書》卷七二有傳，其任御史大夫在元帝時。貢禹主要生活在元帝時期，時代更靠後一點。五鹿充宗爲尚書令，在元帝永光、建昭（前43—前34）年間中書令石顯專權時。⑤ 又，五鹿充宗通《齊論》兼治《梁丘易》，而《梁丘易》的創始人梁丘賀爲漢宣帝時人。

龔奮，只知其爲常山都尉，年代不詳。扶卿，《論衡》載其曾師從孔安國學《論語》。據《漢書》卷三〇《藝文志》，孔安國"悉得"古文書，後獻之，"遭巫蠱事，未列於學官"。巫蠱事在征和元年至三年間（前92—前90）。又，

---

① 《孔子研究》，1986年第1期；後收入《中國經學史十講》，上海，復旦大學出版社，2002年，第107頁。
② 《漢書》卷七八《蕭望之傳》，第10冊，第3273頁。
③ 《漢書》卷八九《黃霸傳》，第11冊，第3629頁。
④ 《漢書》卷七八《蕭望之傳》，第10冊，第3273頁。
⑤ 《漢書》卷七五《京房傳》，第10冊，第3161頁。

《漢書》卷八八有傳,"安國爲諫大夫,授都尉朝,而司馬遷亦從安國問(學)。故遷書載《堯典》《禹貢》《洪範》《微子》《金縢》諸篇,多古文説。都尉朝授膠東庸生,庸生授清河胡常少子"。綜合判斷,則孔安國教魯人扶卿,當在巫蠱事件後。韋賢及其子韋玄成,《漢書》卷七三均有傳。韋賢曾爲昭帝師,授《詩經》,地節三年(前67)卒,年八十二。韋玄成,以明經官至丞相,建昭二年(前38)卒。前51年,"玄成受詔,與太子太傅蕭望之及五經諸儒雜論同異於石渠閣,條奏其對。及元帝即位(初元元年,前48),以玄成爲少府,遷太子太傅,至御史大夫",則其所説《論語》,也當在這一時期。夏侯勝,據《漢書》卷七五《夏侯勝傳》,地節三年(前67)前後,其遷太子太傅,受詔撰《論語説》,顔師古注云"解説其意,若今義疏也",大概是爲了教育太子①的目的。蕭望之,據《漢書》卷七八本傳,其"爲太傅,以《論語》《禮服》授皇太子",時在五鳳三年(前55)。②

這裏的關鍵是所處時代最早的王卿與龔奮。他們讀習《論語》應該在做官之前。因爲在西漢,讀習經書是其得以察舉入仕的一個重要前提。如若這樣,至少,王卿讀習《論語》必在天漢元年以前,或者更早些(濟南太守當不會是他入仕後的第一任職官)。就是説,至少在武帝中期以前,《齊論》業已存在了。如再結合《漢書》卷三〇《藝文志》"漢興,有齊、魯之説",王充《論衡》卷二八《正説篇》"至武帝發取孔子壁中古文,得二十一篇。《齊》、《魯》二,《河間》九篇,三十篇"來看,"漢興",當然是指前202年劉邦稱帝以來;孔壁中的"古文"提及了"齊、魯",也當是分指齊、魯《論》,這也可作爲齊、魯《論》形成時間比較早的一個有力旁證。這樣,與朱維錚推論的在"西漢景、武之際",稱得上是異曲同工(又可參本章第三節)。

另外,西漢昭、宣、元、成四朝相繼擔任太子太傅的韋賢、夏侯勝、蕭望之、張禹等人都是《魯論》名家,教年幼的皇太子讀習《魯論》。因一直得到皇家的支持,《魯論》的傳播很廣。就《漢書·藝文志》而言,傳習《齊論》者,僅貢禹任御史大夫,五鹿充宗任尚書令,遠比不上習《魯論》者的地位顯赫,如丞相韋賢、前將軍蕭望之、安昌侯張禹等,三人都是帝師。再從相關的著述看,《漢志》所載的《齊論》僅一種,即《齊説》二十九篇,但《魯論》卻有三種,即《魯夏侯説》二十一篇、《魯安昌侯説》二十一篇、《魯王駿説》二十篇,也見出兩者隱顯的差異。這一情形在後來的傳承中,也沒大的改觀,皇侃

---

① 地節三年,劉奭立爲太子。《夏侯勝傳》載本始四年後"復爲長信少府,遷太子太傅",兩相吻合,大約就在此際。
② 見《漢書》卷一九下《百官公卿表下》,第3册,第810頁(據丙吉去世時間)。

《論語集解義疏序》就徑稱"《魯論》",魏末何晏"因《魯論》集季長(馬融)等七家,又採《古論》孔注,又自下己意,即世所重者",而且自己"今日所講,即是《魯論》,爲張侯所學、何晏所集者也"。或者説,曹魏以來,世人器重、讀習的只是《魯論》,《魯論》一直居於傳習的主流位次。又如漢熹平石經《論語》,今學界已公認用的是今文《魯論》。因此,在很長的一個時期内,《魯論》一直唱主角,直至現今,所用的《論語》本子基本上都是漢初的《魯論》。

至於《古論語》出土的時間,亦需有所考訂。

對《古論》出土時間的記載,主要是班固《漢書》卷三〇《藝文志》、劉歆《移書讓太常博士》、王充《論衡》卷二八《正説篇》;但三處所載發現的時間有歧異。這實際上牽涉到魯共王(又作"魯恭王")劉餘生平的考訂。據《史記》卷五九《五宗世家》:"魯共王餘,以孝景前二年(前156)用皇子爲淮陽王。二年,吴楚反,破後,以孝景前三年(前155)徙爲魯王。好治宫室苑囿狗馬。季年好音,不喜辭辯,爲人吃。二十六年卒(《漢書》卷五三《景十三王傳》則作'二十八年薨')。"又,《漢書·武帝紀》載元朔元年(前128)"魯王餘、長沙王發皆薨"。則劉餘當是爲王二十六年後,元光六年(前129)薨,即武帝在位十二年後去世,這最多只能稱在武帝初(武帝在位共54年)。因此"壞孔子壁"可能至遲在武帝初年,甚至在更早的景帝末年。而劉歆所言的"時漢興已七八十年","及魯恭王壞孔子宅",從前202年劉邦定都長安時算起,則其時應在前132年至前122年之間,以此推算,時亦在武帝初期略偏後一點,這也與"季年"大體吻合。這樣,孔壁文獻出土後,即由孔安國整理、收藏,最終,天漢(前100至前97)之後獻給朝廷。但一直收藏在宫中,直到宣帝時才因"時尚稱書難曉",加以"隸寫以傳誦",①即改爲當時通行的隸書書寫,以便閱讀傳習。

孔穎達《論語疏》所説的"科斗"文字,據王隱《晉書》,是指"頭麤尾細,似科斗之蟲";然又有論者認爲《説文解字》中古文皆"豐中鋭末",未能一是。不過,二者所敘的外形基本一致。又,王國維《觀堂集林》卷七《科斗文字説》、《〈説文〉所謂古文説》有論,可參。至於《古論》"古"到何種地步,已不可考知。據《孔叢子·獨治篇》,可能爲孔子的後人孔鮒所藏(引文見前),也即《文選》卷四五孔安國《尚書序》所説的"我先人用藏其家書於屋壁"。

這樣,西漢景、武之際出現《齊論》《魯論》。武帝初期,魯恭王壞孔子壁,出土了《古論》。一時間,三家《論語》分立。但是,如考慮到1973年河北定州漢墓出土的《論語》爲一融合本(見後所論),以及與二十世紀九十年

---

① 《論衡校釋》卷二十八《正説》,第4册,第1138頁。

代初平壤(漢時屬樂浪郡)出土的《論語》(墓葬時間在西漢元帝初元四年[前45年]前後。可見韓李成市等《平壤貞柏洞364號墓出土竹簡〈論語〉》,《出土文獻研究》第10輯,北京,中華書局,2011年)是一不同文本的事實,就足以說明,西漢初至中期,至少有五種不同的《論語》文本(即《河間論》《齊論》《魯論》《古論》,以及定州、平壤漢墓竹簡《論語》)在不同的地域同時傳抄、讀習。就這一點說,口語、手抄傳習的時代,《論語》的文本恐怕遠不是我們想象的那般單純,而是有較多的歧異與紛亂。

這些不同的《論語》本子,從地域上看,河間郡、定州、樂浪郡,以及齊魯一帶,足以顯示《論語》在當日北方讀習的廣泛、普遍。從時代上看,《河間論》應是一個比較接近《論語》原始結集的一個文本,此後,在不同的地域,特別是齊魯一地,出現了不同的《論語》文本;但是,這些不同文本在宣、元時期也開始在融合,即定州漢墓、平壤漢墓的竹簡《論語》所揭示的。這一點,與當日文獻中記載的王式"自潤色之"、夏侯建等"左右采獲""牽引以次章句,具文飾說"等顯示的歷史進程也正好一致(詳見本章第四節)。

與流傳的各種《論語》文本相關聯,是兩漢時期讀習《論語》的整體情況。武帝之後,儒學的地位漸次上升,並最終開啟了一個新的儒學時代(可與下一節互相參證)。據趙岐《孟子題辭》:"孝文皇帝欲廣遊學之路,《論語》《孝經》《孟子》《爾雅》皆置博士。"則文帝時,《論語》已立有博士,但這並不意味着對《論語》的推尊,因爲文、景時期,竇太后一直把持著朝政,奉行老、莊的"無爲而治","竇太后好黃帝、老子言,帝及太子諸竇不得不讀《黃帝》《老子》,尊其術"。① 建元六年(前135),竇太后崩。《漢書》卷八八《儒林傳》亦言"及至孝景,不任儒,竇太后又好黃老術,故諸博士具官待問,未有進者",即只有博士的虛銜。甚至在武帝元朔五年(前124),接受丞相公孫弘的建議,立五經博士、置弟子五十人後,一時間也未有大的改觀。一個最顯著的標識就是,這一時期"以儒術進,爲相乃封侯,則自公孫弘始也",但"漢武一朝,仍不出往者軍功得侯或嗣封之例",② 這種情形最根本、徹底的轉變是在昭、宣時期,"不僅丞相御史大夫重職,乃爲儒生也。即庶僚下位,亦多名儒"。"論其出身,大率自經學歷郎吏。較之漢初廷臣皆不學,又多以軍功嗣侯躋高位者,迥乎不同。"③ 這也即《漢書》卷八八《儒林傳》所具言的"昭帝時,舉賢良文學,增博士弟子員滿百人,宣帝末,增倍之。元帝好儒,能

---

① 《史記》卷四九《外戚世家》,北京,中華書局,1973年,第6册,第1975頁。
② 錢穆《秦漢史》,北京,生活·讀書·新知三聯書店,2004年,第211頁。
③ 錢穆《秦漢史》,第211、213頁。又,錢氏曾較詳細地列舉了昭、宣以下以儒術得任丞相、御史大夫者,可參看,見同書第210頁。

通一經者。數年,以用度不足,更爲設員千人,郡國置五經百石卒史"。此也即後人常說的"以儒術緣飾吏治"。在這種尊崇儒術的氛圍下,出現了皇太子、王侯等讀習《論語》的記載:

（劉）去即繆王齊太子也,師受《易》《論語》《孝經》,皆通。①

孝武皇帝曾孫（劉）病已,有詔掖庭養視,至今年十八,師受《詩》《論語》《孝經》。②

朕以眇身獲保宗廟,戰戰栗栗,夙興夜寐,修古帝王之事,通《保傅傳》《孝經》《論語》《尚書》,未云有明。（顏師古注:"帝自言雖通《保傅傳》,而《孝經》《論語》《尚書》猶未能明也。"）③

皇太子（指元帝劉奭）年十二,通《論語》《孝經》。④

爲加強對皇太子——這未來最高統治者的教育,文帝時的太傅賈誼就已有較成熟的建議,也即《陳政事疏》中論及的:從孩提時就加強教育,以三公、三少導習"孝仁禮義";又博選"天下之端士",出入相伴,使"生而見正事,聞正言,行正道,左右前後皆正人",即加以耳濡目染、陶冶之功。再大一點,則入學,學習各種規範、知識。⑤ 這一歷程,此後基本上得到了漢代帝王的一致認可與遵從:

漢興,太宗使晁錯導太子法術,賈誼教梁王以《詩》《書》。及至中宗,亦令劉向、王褒、蕭望之、周堪之徒,以文章儒學保訓東宮以下（李賢注:中宗,宣帝也。時元帝爲太子,宣帝使王褒、劉向、張子僑等之太子宮,娛侍太子朝夕讀誦,蕭望之爲太傅,周堪爲少傅）。……今皇（光武帝）太子諸王,雖結髮學問,修習禮樂,而傅相未值賢才,官屬多闕舊典。宜博選名儒有威重明通政事者,以爲太子太傅。⑥

文帝時,晁錯教以"法術",顯然是"霸王道雜之"下的產物。到了宣帝,則明確以"文章儒學保訓東宮",歷經六七十年時間的蘊育、發展（從元光元年"獨尊儒術"算起）,教育最終轉到儒學的軌道上了。到了班彪生活的東漢初年,修習儒學,可能業已成了一項穩定的制度（其直言"修習禮樂"）。由以上例證能看出,"儒學"中是包含《論語》《孝經》;就是說,這一符合幼童閱讀、教育、立身行事的《論語》《孝經》被列爲讀習的最基本典籍。這也吻

---

① 《漢書》卷五三《景十三王傳》,第 8 冊,第 2428 頁。
② 《漢書》卷八《宣帝紀》,第 1 冊,第 238 頁。
③ 《漢書》卷七《昭帝紀》,第 1 冊,第 223 頁。
④ 《漢書》卷七一《疏廣傳》,第 10 冊,第 3039 頁。
⑤ 《漢書》卷四八《賈誼傳》,第 8 冊,第 2248—2249 頁。
⑥ 《後漢書》卷四〇上《班彪傳》,第 5 冊,第 1328 頁。

合崔寔《四民月令》幼童冬日讀習《論語》的記載，"十一月，硯冰凍，命幼童讀《孝經》《論語》篇章"。這都見出當時從高層到基層芸芸衆生讀習《論語》的情形。史游《急就篇》亦載"宦學諷誦《孝經》《論》，《春秋》《尚書》律令文。治《禮》掌故砥礪身，智能通達多見聞。名顯絶殊異等倫，相擢推舉白黑分。跡（積）行上究爲貴人，丞相御史郎中君"，也强調幼童在早期讀習《論語》。之所以如此，實是因爲《論語》篇幅短小、理解較爲容易，並且還能從中學到修身養性、持家理政等内容。而當時入宫教太子讀習《論語》的，也多是一流經師：

  （蕭望之）爲太傅，以《論語》《禮服》授皇太子。①

  建武中，（包咸）入授皇太子《論語》，又爲其章句。……（包咸）子福，拜郎中，亦以《論語》入授和帝。②

  初元中，立皇太子，而博士鄭寬中以《尚書》授太子，薦言（張）禹善《論語》。詔令禹授太子《論語》，由是遷光禄大夫。③

  皇太子（指元帝劉奭）年十二，（疏廣授其）通《論語》《孝經》。④

蕭望之，據《漢書》卷七八本傳，曾"從夏侯勝問《論語》《禮服》"，水準很高，引得"京師諸儒稱述"。包咸，有《論語注》。張禹，更是在教習太子之餘，撰《魯論語安昌侯説》，以一己之力完成了對《論語》文本的編定，成爲一個時人認可的替代三家本的權威結集本，"欲爲《論》，念張文"。⑤ 他們各以一己的專長來教育、訓導年幼的太子。

"草上之風必偃"，也能相信，這一皇族宗室的教育示範勢必會有較大的影響和號召力。同時，一些擅長律令的"吏"的轉向儒學——更足以見出整個社會對儒學的向心力。黄霸，據《漢書》卷八九本傳，少習律令，"喜爲吏"，後在獄中從夏侯勝學習《尚書》，完成了人生的一次蜕變，後以賢良高第遷爲潁川太守。時在宣帝時期。丙吉，亦起自文法小吏，爲魯獄史，"後學《詩》《禮》，皆通大義"，⑥後爲丞相。時當在昭帝時。路温舒，少時，"求爲獄小吏，因學律令，轉爲獄史"，⑦是一標準的獄吏。後受《春秋》，"通大義"，舉孝廉爲山邑丞，改變了身分。幾乎無一例外，後兩人都是在昭帝時，即"獨尊儒術"施行後的五六十年間，迅速完成了身分的轉變，甚至最終躋身

---

① 《漢書》卷七八《蕭望之傳》，第 10 册，第 3282 頁。
② 《後漢書》卷七九下《儒林·包咸傳》，第 9 册，第 2570 頁。
③ 《漢書》卷八一《張禹傳》，第 10 册，第 3347—3348 頁。
④ 《漢書》卷七一《疏廣傳》，第 10 册，第 3039 頁。
⑤ 《漢書》卷八一《張禹傳》，第 10 册，第 3352 頁。
⑥ 《漢書》卷七四《丙吉傳》，第 10 册，第 3145 頁。
⑦ 《漢書》卷五一《路温舒傳》，第 8 册，第 2367 頁。

中央高層。這也表明,漢初法吏的天下,至此確實因儒學的推尊,在漸趨過渡到文儒的世界。從嫻習文法、律令的小吏轉爲博識儒學的文吏,在這一巨大的人生轉折中,通習儒學所帶來的實實在在的利益——無論是修養、處理政事上的文質彬彬、謙恭(更能獲得社會的認可,如黃霸"溫良有讓,足知,善御衆",丙吉"上寬大,好禮讓"),還是實際的政治利益(能較快地升達至核心官僚集團),都會使得他們不惜拋卻一些顧慮、困難,花費更多的時間、精力和財力,以求更廣大的仕途。社會上這種心態的形成,足以見出不只是制度層面,還涵括實踐層面,儒學業已完成了對整個社會的強烈號召力。這種情形下,一個人如若想入仕,想仕途順利通達,他就不得不在這一規定的路徑上奮力拼搏,甚至直至終生。

再到了西漢末期,平帝曾專門徵召通習《論語》的經師:

> 徵天下通知逸經、古記、天文、曆算、鐘律、小學、《史篇》、方術、《本草》,及以《五經》《論語》《孝經》《爾雅》教授者,在所爲駕一封軺傳,遣詣京師,至者數千人。①

能高達"數千人",顯然已組成了一隻龐大的隊伍。涓涓細流,發展至東漢,就日勝一日、漸次興盛了;耳濡目染,甚至有兩位皇后也精通《論語》:

> (鄧綏)六歲能史書,十二通《詩》《論語》。諸兄每讀經傳,輒下意難問。志在典籍,不問居家之事。②

> (梁妠)少善女工,好史書,九歲能通《論語》、治《韓詩》,大義略舉。③

至於士庶子弟讀習《論語》,就在在多有了,如:

> 少孤,依外家居。(范升)九歲通《論語》《孝經》,及長,習《梁丘易》《老子》,教授後生。④

> (馬續)七歲能通《論語》,十三明《尚書》,十六治《詩》,博觀群籍,善《九章算術》。⑤

又,1993 年,在江蘇東海縣尹灣村 6 號墓出土的有《神烏傅(賦)》一篇(編號爲 114 至 133)。⑥ 賦中載一對烏鴉營巢時,有一隻"盜烏"竊取其築巢的材料。雌烏發現後,追逐且與之理論。盜烏不服,終至相鬥。雌烏受了

---

① 《漢書》卷一二《平帝紀》,第 1 册,第 359 頁。
② 《後漢書》卷一〇上《和熹鄧皇后紀》,第 2 册,第 418 頁。
③ 《後漢書》卷一〇下《順烈梁皇后紀》,第 2 册,第 438 頁。
④ 《後漢書》卷三六《范升傳》,第 5 册,第 1226 頁。
⑤ 《後漢書》卷二四《馬嚴傳》,第 3 册,第 862 頁。
⑥ 發掘簡報見《文物》1996 年第 8 期。據同墓所出木牘上面的明確紀年,可知墓主人的下葬時間爲漢成帝元延三年(前 10)。

重傷,臨死與雄烏訣別,要雄烏"更索賢婦,毋聽後母,愁苦孤子"。後自投"汙則(廁?)"而死。雄烏極其悲哀,"遂棄故處,高翔而去"。在這篇以講述故事爲特色的俗賦中,其引用了一些《論語》的成詞,如"死生有期,各不同時"(《論語·顏淵》作"死生有命,富貴在天"),"見危授命,妾志所待"(《論語·憲問》作"見利思義,見危授命,久要不忘平生之言"),"曾子曰'烏(鳥)之將死,其唯(鳴)哀',此之謂也。"(《論語·泰伯》"曾子言曰:'鳥之將死,其鳴也哀;人之將死,其言也善。'")這些成詞引用得恰切、嫺熟,以及微有變化,足以説明撰寫者對《論語》的熟習;或者説,一篇短賦裏面有這麽多處化用、引用,也能充分證實在元光元年(前134)漢武帝"罷黜百家,獨尊儒術"以來,歷經一百二十餘年的傳播、發展,《論語》在民間層面極爲熟悉的具體情形。

再從墓碑看,如《漢故中常侍騎都尉樊君之碑》中載南陽人樊安"君幼好學,治《韓詩》《論語》《孝經》,兼通記傳,古今異義",《執金吾丞武榮碑》載武榮"傳講《孝經》《論語》《漢書》《史記》《左氏》《國語》,廣學甄微,靡不貫綜",一時間邈然高邁,"鱻(古'鮮'字)於雙匹"。① 由此出現了王充自載其東漢初期讀習《論語》的具體情形,也就不足爲奇了:

  (王充八歲)辭師受《論語》《尚書》,日諷千字。經明德就,謝師而專門,援筆而衆奇,所讀文書,亦日博多。②

據此也能看出,到了王充生活的東漢初、中期,無論貴賤,《論語》都是一門必修課了。從這一點上看,王國維所論斷的"然則漢時《論語》《孝經》之傳,實廣於五經,不以博士之廢置爲興衰也",③確實稱得上是一種卓識深見。

漢武帝以來的《論語》學就蘊育、滋長在這種氛圍中。

第三節　新的儒學時代的開啟及竹簡《論語》所反映的讀習情形

新的儒學時代的開啟,實質就是儒學在西漢不斷受到擠壓但卻日益發

---

① 録自洪适《隸釋 隸續》卷六"《中常侍樊安碑》"條、卷一二"《執金吾丞武榮碑》"條,北京,中華書局,2012年,第78、139頁。洪适有按語:"榮之亡,在靈帝初。漢興,魯申公爲《詩訓故》,齊轅固、燕韓嬰皆爲之傳。又有毛氏之學。故曰《詩》分爲四。申公授瑕丘江公,韋賢治《詩》事江公,傳子玄成,皆至丞相,孫賞以詩授哀帝,至大司馬。《魯詩》有韋氏學。此云治《魯詩經》韋君章句者,此也。"
② 《論衡校釋》卷三十《自紀篇》,第4册,第1188頁。
③ 王國維《漢魏博士考》,見《觀堂集林》卷四,上册,北京,中華書局,2004年,第182頁。

展、強盛的歷程。據《史記》卷六《始皇本紀》載李斯的奏疏(見前引)能知，秦時允許存在的，限於医药、卜筮(數術)、種樹(農)和法令(法律)的書。李斯議定的《挾書律》，直到漢惠帝四年(前191)才明令廢除。這在考古上有清楚地反映，"迄今在《挾書律》施行時期以内的墓葬，所出書籍確不超出該令的規定。睡虎地秦簡諸書，《編年紀》當出《秦記》，《日書》屬於數術，其餘多爲法律，其中《律説》(即《法律答問》)、《封診式》可能與史的傳授法令有關，而《吏道》(即"爲吏之道")則爲學吏的課本。這一切都與李斯的奏議符合，自非偶然"。① 此後，各種隱藏於民間的書籍才得以合法流傳，"於是壁藏者紛紛出世，而口授者亦得書之於簡册矣(原注：各書多有殘缺，惟《易》爲卜筮之書，不在禁列，傳者不絶；《詩》則諷誦，不在竹帛，故俱能遭秦而全也)"。② 但也顯然，學術的復蘇是一個漸進的過程，遠非能一蹴而就，必然要滞後一段時間。

如果説建元元年(前140)，丞相衛綰不失時機地奏言"治申、商、韓非、蘇秦、張儀之言，亂國政，請皆罷"，到元光元年(前134)董仲舒對策中直接提出"諸不在六藝之科孔子之術者，皆絶其道，勿使並進"，只是從制度層面提出的一種構想，不一定能具體落實；那麽，直到此後第十年，即元朔五年(前124)，接受丞相公孫弘的建議，立五經博士、置弟子員五十人，③才開始從實踐層面真正、具體地去規劃、落地實施(見下一小節)。這長時間的間隔與反復，就已説明了這是一個艱辛、曲折的過程。畢竟，要以一種新的方式來取代業已習慣的任子門蔭、軍功、納貲等出仕制度，或者説剝奪漢初武力功臣之後的既得利益，也勢必會受到他們的一致反抗，而使得施行變得愈發艱難。但這究竟是一個良好的開端，因爲它直接意味着，面對賢才，不論你何種出身，都可以憑藉這一穩定、規範的制度和體系建構，持續地努力敲開仕進的大門，進而參與到國家的治理之中，在理政中實現當時一個士人的遠大抱負和理想。

儒家書籍的廣泛普及得力於西漢施行的博士弟子員制度。趙岐《孟子題辭》載："孝文皇帝欲廣遊學之路，《論語》《孝經》《孟子》《爾雅》皆置博士。""然孝文本好刑名之言。及至孝景，不任儒，竇太後又好黄老術，故諸博

---

① 李學勤《簡帛佚籍與學術史》第一篇《通論·新出簡帛與學術史》，南昌，江西教育出版社，2001年，第7頁。
② 劉汝霖《漢晉學術編年》"惠帝四年"條，上海，華東師範大學出版社，2010年，第26—27頁。
③ 《漢書》卷八八《儒林傳序》，第11册，第3594頁。

士具官待問,未有進者",①實際上並未有什麽進展。到了漢武帝時,博士制度才漸趨成熟、穩定。建元五年(前136),置五經博士。這中間起關鍵作用是公孫弘,即元朔五年,建議設"五經博士"弟子員五十人,申明在職官員升遷和補官條件(均以儒家經學、禮義爲標準),並據此能獲得國家的優復和減免。之後,《儒林傳序》特意點明"自此以來,公卿大夫士吏彬彬多文學之士矣";就是説,憑藉規定的路徑和有較好的仕途出路,博士弟子員制度這時才可能普及廣泛意義上的影響。但後續效果並非能一下子彰顯,其真正興盛,要到宣、元時期,也就是《儒林傳序》所載的"昭帝時舉賢良文學,增博士弟子員滿百人,宣帝末,增倍之。元帝好儒,能通一經者皆復"。不過,員額的增加,某種情況下也只是一種形式,最重要的影響是隨時間的推移而轉變的時人認可並甘願爲之努力、一意付出的心態,或者説,構成一種強烈的認可的社會思潮。除上一節所舉的黄霸、丙吉、路温舒外,還有較典型的例證。如杜欽,據《漢書》卷六〇《杜周傳》,祖父杜周,武帝時以酷吏起家,後任御史大夫;其父杜延年,"亦明法律",嫻於吏治,昭帝即位,霍光秉政時,"以三公子,吏材有餘,補軍司空",開始參與政治。這都是以吏才著稱,但到了杜欽這一代,已發生了重要轉折——杜欽已"少好經書","不好爲吏"。其上疏建言,"補過將美",都已較多地引用經書成言,看出其對經書的熟悉和運用的嫻熟。杜欽生活的時代,大致在王鳳當政時期。之所以如此,固然有其個人的好惡因素,卻不妨視爲儒學影響日漸擴大下的直接產物;畢竟,熟習經書後的上升空間又爲官僚子弟在吏學之外提供了一種新的入仕途徑和機遇。這種效果在日益彰顯,不能不產生廣泛的號召力。不過,這種上升有時可能還會受到最高統治者皇帝一己喜好的影響而有波折。實際上,宣帝劉詢與元帝劉奭對儒生的態度截然有異,宣帝"所用多文法吏,以刑名繩下",元帝則認爲"宜用儒生",即"柔仁好儒",②成帝劉驁亦"好經書",③其詔令亦多引經書。這裏有一個典型的事例。鑒於宣帝"方用刑法",信任宦官,致使"儒術不行","郡文學"出身的蓋寬饒激憤之下,上疏直言"以刑餘爲周、召,以法律爲《詩》《書》",④譏刺宦官弘恭、石顯等憑藉"明習法令故事"被委以中書令、僕射的重任,即以閹人當權軸,重視以律法飭下。對此,宣帝定性爲譏諷朝政,下大臣議,最終逼迫得蓋寬饒不得不引佩刀自刭闕下——顯示了一名儒者在崇尚吏治環境下的生存悲劇。這有顯著的象徵意義,或者

---

① 《漢書》卷八八《儒林傳序》,第11册,第3592頁。
② 《漢書》卷九《元帝紀》,第1册,第277頁。
③ 《漢書》卷一〇《成帝紀》,第1册,第301頁。
④ 《漢書》卷七七《蓋寬饒傳》,第10册,第3247—3248頁。

説可視爲儒士與文吏兩大集團不斷較量的一個結果。宣帝時期，骨子裏仍是"霸王道雜之"，一如宣帝所自言的"俗儒不達時宜，好是古非今，使人眩於名實，不知所守，何足委任"，依舊重用文吏集團，如地節二年（前68）霍光病重去職、親政後所委任的明習文法、達於吏治的宰相魏相、丙吉、黃霸、于定國等。但整個文士集團，即儒生歷史地位的上升已不可遏抑。到了元、成、哀三朝，文士集團已走上了歷史舞臺。這一時期，依次擔任宰相的有于定國、韋玄成、匡衡、王商、張禹、薛宣、翟方進、孔光、朱博、平當、王嘉等，除于、薛、朱外，都是名儒出身，均已在高層政治舞臺上展示出這一集團力量的勃興。

當代墓葬考古亦能佐證這一儒學上升的史實。今以出土了儒家經典、子書（《易》除外，因其"爲筮卜之書，獨不禁，故傳受者不絕也"）等的漢代墓葬來看（按墓葬的時代爲序）：

一、1973年發掘的長沙馬王堆三號漢墓（文帝十二年，前168年下葬），出土有帛書《經法》（被認定爲與《鶡冠子》有密切的關係）《春秋事語》（此帛書的内容是從《左傳》簡化而來）《五行》（子思、孟子一派的思想），①還出土竹木簡六百餘枚（包括少量木牘），即遣策，以及講養生之道和房中術的書。

這些帛書在一起的原因，李學勤有過推斷："賈誼爲長沙王太傅，他所撰《新書·六術》推衍五行説，有可能是在長沙接觸過《五行》一類著作。馬王堆三號墓墓主，思想類於黄老刑名之流鶡冠子一派。黄老之學'採儒墨之善'，《五行》篇高深廣遠，論天道，説五行，有一定神秘性，正投黄老學者所好。此篇竟與《老子》《九主》之類道家文獻合抄，大約就是這個緣故。"②

二、1977年，安徽省阜陽雙古堆一號漢墓（墓主可能是第二代汝陰侯夏侯灶，夏侯嬰之子，卒於漢文帝十五年，前165年），出土竹簡一批，可惜都已殘碎，被擠壓成塊狀。其中有《倉頡篇》（共一百二十餘枚，存字541）《詩經》（共一百七十餘枚）《周易》（共六百餘枚破碎的簡片）《萬物》（共一百三十餘枚）《年表·大事記》（十餘枚）《雜方》（五十餘條，較完整）、辭賦（有兩片《楚辭》，一爲《離騷》殘文，僅四字，《涉江》殘文，僅五字）《刑德》與《日書》等書的部分抄本。③

三、1983年12月至1984年1月，江陵張家山247號、249號、258號三

---

① 1973年長沙馬王堆出土。釋文整理見國家文物局古文獻研究室編著《馬王堆漢墓帛書》（壹）（文物出版社1980年版）、《馬王堆漢墓帛書》（叁）（文物出版社1983年版）。
② 李學勤《簡帛佚籍與學術史》第五篇《長沙馬王堆帛書·帛書〈五行〉與〈尚書·洪範〉》，南昌，江西教育出版社，2001年，第284頁。
③ 見《文物》1978年第8期、1983年第2期。

座西漢前期墓出土一千餘支竹簡，247號墓出簡一千多枚，律令是主要部分，共五百餘支。其中有漢律（五百餘支）、《奏讞書》（二百多支）、《蓋廬（闔閭）》（五十餘簡）、《脈書》、《引書》、《算數書》（一百餘簡）和曆譜、①遺策等。249號墓有《日書》。258號墓有曆譜。可參荊州地區博物館《江陵張家山漢墓出土大批珍貴竹簡》、張家山漢墓竹簡整理小組《江陵張家山漢簡概述》。② 1988年發掘的第136號漢墓，共存44枚竹簡，原有篇名作《盜貊》（即《莊子·盜跖》）。

四、1973年和1975年，考古工作者兩次發掘了湖北省江陵縣鳳凰山的西漢前期墓地，在好幾個墓裏都發現了遣冊。1973年發掘的10號墓裏，還發現了內容主要爲鄉文書的一批竹簡。③ 1975年發掘的168號漢墓，出土了竹牘"告地書"。可參湖北省文物考古研究所編《江陵鳳凰山西漢簡牘》。④

五、1972年4月，山東省臨沂銀雀山1號漢墓（約當武帝初期）出土竹簡六千枚左右，但大部分已殘碎，包含《孫子》《齊孫子》（即《孫臏兵法》）《晏子》《太公》《尉繚子》《守法》《守令》《田法》《唐勒（賦）》等古書的部分抄本，以及其他佚書。2號漢墓出土《武帝元光元年曆譜》一份。⑤

六、1993年2月至4月，在尹灣村（今江蘇省連雲港市東海縣溫泉鎮）發掘了六座漢墓，其中，M六號墓出土了23方木牘和133枝竹簡。"M六所出簡牘記有'永和'、'元延'年號，故知其爲西漢成帝時物，墓葬應不晚於成帝末年。"墓主姓師，名饒，字君兄，生前任東海郡功曹史（爲郡守的主要佐吏，主管選署功勞）。墓出土的有《集簿》、《東海郡吏員簿》、東海郡下轄長吏名籍、東海郡下轄長吏不在署未到官者名籍、《武庫永始四年（前13年）兵車器集簿》、《贈錢名籍》、《神龜占》、《六甲占雨》、《博局占》、《元延元年（前12年）曆譜》、《元延三年曆譜》、《君兄衣物疏》、名謁、《元延二年日記》、《刑德行時》（占測吉凶）、《行道吉凶》、《神烏賦》等。簡牘的內容十分豐富，反映了西漢末年政治、經濟、軍事及社會生活的各方面，多屬首次發現，是我國迄今發現最早、最完整的郡級行政文書檔案。⑥

---

① 共兩份：一份爲漢高祖五年（前202）至吕后二年（前186）；一份爲漢文帝前元五年（前174）。
② 均見《文物》1985年第1期。
③ 竹簡（160多枚）和木牘（6片，主要涉及經濟。可參裘錫圭《湖北江陵鳳凰山十號漢墓出土簡牘考釋》，《文物》1974年第7期。
④ 中華書局2012年版。
⑤ 照片、摹本見銀雀山漢墓竹簡整理小組《銀雀山漢墓竹簡》（壹），文物出版社1985年版。
⑥ 尹灣漢墓簡牘部分資料和釋文曾發表在《文物》1996年年第8期。具體釋文見連雲港市博物館、東海縣博物館、中國社會科學院簡帛研究中心、中國文物研究所編《尹灣漢墓簡牘》，中華書局，1997年。

七、1978年7月，青海省大通縣上孫家寨115號漢墓（約當西漢晚期）出土殘木簡四百枚，內容多爲軍法。①

八、二十世紀八十年代，江蘇省儀徵縣胥浦101號漢墓（屬西漢末年）出土《先令券書》（共16枚，載元始五年九月，即5年）等簡牘。②

九、1959年7月，甘肅省武威磨嘴子六號漢墓出土竹木簡五百枚左右，主要部分是《儀禮》的九篇抄本，約抄寫於西漢末至王莽時期。③

一〇、1972年，甘肅省武威旱灘坡漢墓（約當東漢前期）出土《儀禮》簡469枚（出自武威磨嘴子六號漢墓），日忌雜占簡11枚；同時，在第18號墓中出土"王杖十簡"，簡文記東漢永平十五年（72）幼伯受王杖事。④

以上能大致看出，武帝以前的墓葬，出土的文書一般都比較雜，黃老、諸子百家之學均有，甚至武帝前期的墓葬，如臨沂銀雀山一號漢墓（約當武帝初期），出土的《孫子》、《齊孫子》（即《孫臏兵法》）、《晏子》、《太公》、《唐勒（賦）》等，仍舊較駁雜，兵書、儒家典籍、賦作都有；到了西漢末至王莽時期，武威磨嘴子6號漢墓以及旱灘坡漢墓出土竹木簡主要是《儀禮》，就顯示了儒學受到尊崇、社會普及後的具體情形。再回過頭來審視儒學崛起的歷程。元光元年（前134），董仲舒提出尊崇儒術，建元六年（前135）竇太后崩，儒家勢力才再度崛起。⑤ 因制度彰顯的滯後性，之後，儒學典籍才漸漸浮出水面，有了較大的發展：

  昭帝時，舉賢良文學，增博士弟子員滿百人，宣帝末，增倍之。元帝好儒，能通一經者皆復。（顏師古曰："蠲其役賦也"）數年，以用度不足，更爲設員千人，郡國置五經百石卒史。成帝末，或言孔子布衣養徒三千人，今天子太學弟子少，於是增弟子員三千人。⑥

昭帝，在位十三年，始元元年（前86）至元平元年（前74）；宣帝，在位二十五年，本始元年（前73）至黃龍元年（前49）；元帝在位十六年，初元元年

---

① 青海省文物考古工作隊《青海大通縣上孫家寨一一五號漢墓》，國家文物局古文獻研究室、大通上孫家寨漢簡整理小組《大通上孫家寨漢簡釋文》。均見《文物》1981年第2期。同期亦刊有朱國招《上孫家寨木簡初探》。
② 王勤金等《儀徵縣胥浦一〇一號西漢墓》，以及陳平、王勤金《儀徵縣胥浦一〇一號西漢墓〈先令券書〉初考》，均見《文物》1987年第1期。
③ 《甘肅武威磨嘴子六號漢墓》、黨國棟《武威縣磨嘴子古墓清理記要》，《文物參考資料》1958年第11期。
④ 中國科學院考古研究所、甘肅省博物館《武威漢簡》，北京，文物出版社，1964年。武威縣博物館《武威新出土王杖詔令册》，《漢簡研究文集》，蘭州，甘肅人民出版社，1984年。
⑤ 據《漢書》卷九七上《外戚傳》，竇太后"好黃帝、《老子》言，景帝及諸竇不得不讀《老子》尊其術"。
⑥ 《漢書》卷八八《儒林傳序》，第11册，第3596頁。

(前48)至竟寧元年(前33)。如從元朔五年算起,大約經歷了九十年的時光。不過,從武帝時博士弟子員五十人,到昭帝時百人(歷四十餘年),再到宣帝時二百人(約三十餘年),發展並不是很迅速,《漢書·蕭望之傳》中就言"初,宣帝不甚從儒術,任用法律,而中書宦官用事"。

這樣,一個新的儒學時代,就由此向士子們開啟了一扇可以沿途轍拾級而上、能獲得較大發展和上升空間的大門。1973 年,河北定縣 40 號漢墓①發掘,其墓主中山懷王劉脩在宣帝末年讀習過較多的儒家典籍,也正吻合這一歷史進程。因這一墓葬恰好能爲《論語》在宣帝時的讀習情形做一精當、内涵豐富的例證,關涉到當日儒家經典的讀習情形,且其出土竹簡《論語》的性質尚待進一步考辨,而論析如下:

一 定州漢墓及竹簡出土的時代背景

據《漢書》卷二八下《地理志八下》:"中山國,高帝郡,景帝三年爲國。莽曰常山。屬冀州。户十六萬八百七十三,口六十六萬八千八十。縣十四。"(《漢書》是據平帝元始二年,即公元 2 年的統計數字。)領縣數僅次於廣平國(領縣十六)、信都國(領縣十七),户口僅次於淮陽國(口九十八萬一千四百二十三)。雖然《地理志》稱"趙、中山地薄人衆",中山國的位置約今河北中部偏西,太行山東麓兼有華北平原的一部分,境内主要是大清河水系,但土壤亦較肥沃,北方開發的也比較早,仍是較有經濟實力的王國。

漢景帝劉啟前元三年(前 154)6 月,立皇子劉勝爲中山國王,以屏蔽北方。劉勝的事跡,見《史記》卷五九《五宗世家》、《漢書》卷五三《景十三王傳》。據《五宗世家》載,"勝爲人樂酒好内,有子枝屬百二十餘人(《漢書》作'有子百二十餘人')。"常與兄趙王相非,曾建議"王者當日聽音樂聲色",趙

---

① 1973 年,河北省文物管理處和定縣博物館在河北定縣城關西南四公里處的八角廊村的四十號漢墓發掘出大批竹簡(竹簡原在墓後東室的一件竹笥中)。推測墓主可能是西漢中山懷王劉脩,其卒年在漢宣帝五鳳三年(前 55)。約在西漢末年,該墓曾被盜掘過。爲此出土時,竹簡已經散亂殘斷,炭化後的簡文墨字已多不清晰。次年六月送至北京保護整理。1976 年 6 月,文物出版社邀請當時的馬王堆帛書整理組成員協助整理定縣竹簡即編號、撰寫釋文;7 月,唐山發生大地震,整理工作被迫中止。地震中,竹簡又一次散亂,並受到一定的損毁。1980 年 4 月,由國家文物局古文獻研究室出面召集,李學勤先生主持負責,定縣竹簡的整理工作才又得以繼續。經過整理,發現這批竹簡内容多爲先秦文獻,極其珍貴。1981 年第八期《文物》發表的《定縣 40 號漢墓出土竹簡簡介》,把簡劃分爲八項,即《論語》、《儒家者言》、《哀公問五義》、《保傅傳》、《太公》、《文子》、《六安王朝五鳳二年正月起居記》(載六安國繆王劉定到長安入朝的途中生活和入朝過程中的各項活動)、《日書·占卜》等殘簡(至於這一竹簡的整理情形、釋文等内容,另見筆者《漢唐〈論語〉學史料集考》"定州漢墓竹簡《論語》"條,待刊)。

王回敬、指斥"中山王徒曰淫"。可見劉勝極於聲色之欲（子嗣之多，可以想見），且嗜酒。這一點在 1968 年 6 月到 9 月發掘的滿城漢墓亦能得到確證，從出土的文物看，有 33 個裝滿酒的方形大陶缸，缸體上還寫着酒的名稱、種類和重量，如"黍上尊酒十五石"、"甘醪十五石"、"稻酒十一石"等。更有許多盛酒器、飲酒器。劉勝的生活如此奢侈，全賴中山國的稅收。據《漢書》卷九一《貨殖列傳》載"秦漢之制，列侯封君食租稅，歲率户二百。千户之君則二十萬，朝覲聘享出其中"，據上所言的元始二年的户口算，則租稅有三千二百多萬錢。武帝時國力強盛，人民富庶，即便是按人口遞增的規律，估計也少不哪去。文帝時的糧價每石"十餘錢"，①或"數十錢"，②宣帝時每石低至"五錢"。③ 由此，其經濟實力（購買力）也可想而知。

劉勝逝世於元鼎四年（前 113）。

當然，劉勝縱酒樂內，也可能有不得已的成分。據《景十三傳》《五宗世家》中劉德傳記，之前劉德"修學好古"，博求古籍，"修禮樂，被服儒術，造次必於儒者"，由此引得武帝的警示，"湯以七十里，文王百里，王其勉之"，話雖然很委婉，但劉德還是聽出了弦外之音，從此放縱自己，"縱酒聽樂，因以終"，得到了善終。這對劉勝而言，不能不說是一個鑒戒，即通過飲酒縱欲以排除來自中央的猜忌。

但是，王國的發展與當日的政治息息相關。劉勝封王的那一年冬，景帝平定了吳楚七國之亂（歷時三個月）。之後，爲加強對封建國家的管理，開始採取削弱、抑制諸侯王勢力發展的政策，也即《五宗世家》後司馬遷所評論的：

> 祖時諸侯皆賦，（徐廣曰："國所出有皆入於王也。"）得自除内史以下，漢獨爲置丞相，黄金印。諸侯自除御史、廷尉正、博士，擬於天子。自吳楚反後，五宗王世，漢爲置二千石，去丞相曰"相"，銀印。諸侯獨得食租稅，奪之權。其後諸侯貧者或乘牛車也。

一句話，即剥奪了一些政治權力（"奪之權"），只保留"食租稅"的經濟利益，王國的權力遭到了極大的遏制甚至可說是毁滅性的打擊。在此基礎上，班固亦有評論："自吳楚誅後，稍奪諸侯權，左官附益阿黨之法設。（張晏曰：'諸侯有罪，傅相不舉奏，爲阿黨。'）其後諸侯唯得衣食租稅，貧者或乘牛車。"④"唯得衣食租稅"，也直接表明剥奪了諸侯王治理民政的權力，僅保留按朝廷規定數額收取租稅的權力。元朔二年（前 127），武帝更接受主父

---

① 《史記》卷二五《律書》，北京，中華書局，1982 年，第 4 册，第 1242 頁。
② 《桓子新論》。
③ 《漢書》中的卷八《宣帝紀》（第 1 册，第 259 頁）、卷二四上《食貨志》（第 4 册，第 1141 頁）。
④ 《漢書》卷三八《高五王傳》，第 7 册，第 2002 頁。

偃的建議,採用"推恩令",於是,"藩國始分,而子弟畢侯矣",諸侯勢力得到了徹底的削弱。

《漢書·劉勝傳》也直接透露出七國亂後諸侯王所受到的欺淩:

> 今或無罪,爲臣下所侵辱,有司吹毛求疵,笞服其臣,使證其君,多自以侵冤。

劉勝更是借"聞樂聲而泣"而發了一番牢騷、不滿:

> 今臣心結日久,每聞幼眇之聲,不知涕泣之橫集也。……衆口鑠金,積毁銷骨。叢輕折軸,羽翮飛肉,(顏師古曰:"言積載輕物,物多至令車軸毀折。而鳥之所以能飛翔者,以羽翮扇揚之故也。")紛驚逢羅,潸然出涕。(晉灼曰:"言皆驚亂遇法罔,可爲出涕者也。")……然雲蒸列布,杳冥晝昏;塵埃拊覆,昧不[見]泰山。……群居黨議,朋友相爲,使夫宗室攛卻,骨肉冰釋。

"心結日久",強調説明時間久長,從前元四年(前153)春到建元三年(前138),歷時十六年,確實是久長。對諸大臣的非議,劉勝的直接感受是"衆口鑠金,積毀銷骨",竟達到了令車軸毀折、羽翮損毀的地步,甚且讓白晝變成黑夜,暗昧到不能夠看到高大的泰山。七國亂後,其如履薄冰、小心謹慎的心態油然而見。劉勝聲情並茂、感激泣下的一番陳述,不能不令人惻然心動。於是,"上乃厚諸侯之禮,省有司所奏諸侯事,加親親之恩焉"。但據《漢書》卷一五上《王子侯表》,元鼎五年(前113),劉勝十九個封侯的兒子中,有十二個還是因助祭貢金的成色不足而被免("坐酎金免"),就不免日趨衰落了。

這種對諸侯王的削弱、侵奪,從滿城一號劉勝墓、二號竇綰墓以及定縣八角廊漢墓的形制、隨葬品等比較,也能清晰地看出。

中山國的首府在盧奴(今定縣),劉勝墓在北平縣(今滿城縣北),其因山(在陵山上構築)爲墓,鑿崖爲穴,在距離山底150米的中上部開掘。北平縣,是中山國最北邊的一個縣,北臨漕河,南臨蒲陽,西依太行山,東接華北平原,距盧奴約70公里。劉勝之所以捨近求遠(不在首府盧奴安葬,而是到70公里外的北平),可能考慮到依山爲陵的險峻和氣派,能俯瞰山川,又不易盜掘的原因。因爲盧奴所在地基本上爲平原,西北部才是太行山脈的山麓丘陵地帶。當然,這也有對漢代帝王因山爲陵觀念的繼承(漢文帝的霸陵,"因山爲陵,不復起墳",是中國歷史上第一個依山鑿穴爲玄宮的帝陵)。

從墓葬的形制看。依山爲陵,在硬度較高的石灰巖上開掘,難度顯然增大了許多。劉勝墓"墓洞全長(墓道封門至後室迴廊西壁)51.7米,最寬處(南北耳室的長度)37.5米,最高處(中室的高度)6.8米,容積約計2 700立方米"。竇綰墓"總長 49.7 米,南北 65 米,最高處 7.9 米,容積 3 000 立方米"。① 而中山懷王劉脩的寢園,"城垣平面爲長方形,南北長 145 米,東西寬 127 米",墓爲豎穴土坑式木槨墓,平面 T 形,"土壙全長 31 米,寬 12.9 米"。② 因劉脩的墓是在平地開挖,難度顯然比依山鑿陵容易得多,但就這,僅就其墓壙的體積論,比起劉勝墓,也縮小了許多。劉勝墓出土了文物 5 509 件,如讓世人驚歎的金縷玉衣、銅錯金博山爐、錯金銀鳥篆文壺、鎏金銀蟠龍紋壺、鎏金銀鑲嵌乳釘紋壺等;竇綰墓出土文物 5 124 件,如聞名遐邇的長信宮燈等。比較之下,劉脩墓出土的文物不免遜色多了,僅"1 100 餘件"。③

再回過頭來審視中山墓出土的竹簡(此據《定縣 40 號漢墓出土竹簡簡介》),其整理出來的,共八種古籍:

一、《論語》,"約有傳本《論語》文字的一半",存量還是不少的。

二、《儒家者言》,"整理出《明主者有三懼》《孔子之周》《湯見祝網者》和佚文二十七章"。

三、《哀公問五義》,"此書見於《荀子》《大戴禮記》和《孔子家語》"。

四、《保傅傳》,"這部分殘簡內容,分別見賈誼《新書》和《大戴禮記》。前者又分別見於《保傅》《傅職》《胎教》和《容經》四篇之內"。

五、《太公》,"共發現篇題十三個,有《治國之道第六》《以禮義爲國第十》《國有八禁第卅》等"。這是關涉王國的治理之術。不過,七國之亂平定後,各諸侯王被剝奪了治理王國的權利;因此,這裏更多的當是爲了修身的需要。

六、《文子》,"已整理出與今本相同的文字六章,部分或係佚文"。據《漢書·藝文志》,屬道家著作。其釋文,見河北省文物研究所定州漢簡整理小組《定州西漢中山懷王墓竹簡〈文子〉釋文》。④

七、《六安王朝五鳳二年正月起居記》,據《竹簡簡介》,"記載漢宣帝五鳳二年(前 56 年),六安國繆王劉定到長安入朝的途中生活和入朝過程中的各項活動"。

八、《日書·占卜》等殘簡("多數不能通讀"),這是卜筮方面的書,是時人的共同信仰。

---

① 數據採自中國社會科學院考古研究所、河北省文物管理處《滿城漢墓發掘報告》(上冊),北京,文物出版社,1980 年,第 10、216 頁。
② 河北省文物研究所《河北定縣四〇號漢墓發掘簡報》,《文物》1981 年第 8 期。壙內葬前室(外藏)、後室(內藏)。
③ 《河北定縣四〇號漢墓發掘簡報》。
④ 《文物》1995 年第 12 期。

這能看出,中山懷王已明顯傾向於讀習儒家經典。昭帝始元五年(前82)六月,曾下詔自言其幼時"誦《保傅傳》《孝經》《論語》《尚書》"①等書。而此墓葬裏也有《保傅傳》《論語》,應是一時的風尚。又,後元二年(前87),劉弗陵立爲太子,時八歲。兩相對照,或許能説:隨着儒學地位的上升與普及,儒家經典已是那一時節一個太子或王侯所須著意重視的必讀書。

在《定州西漢中山懷王墓竹簡〈論語〉介紹》一文中,整理者提出:"在定州漢簡中和《論語》一起出土的,還有蕭望之的奏議。蕭望之在當時是皇太子的老師,是傳授《魯論》的大師。劉脩死後把《論語》同蕭望之的奏議放在一起,應不是偶然的。"從地域上看,《漢書》卷三〇《藝文志》載:

> 漢興,有齊、魯之説。傳《齊論》者,昌邑中尉王吉、少府宋畸、御史大夫貢禹、尚書令五鹿充宗、膠東庸生,唯王陽名家。(師古曰:"王吉字子陽,故謂之王陽。")傳《魯論語》者,常山都尉龔奮、長信少府夏侯勝、丞相韋賢、魯扶卿、前將軍蕭望之、安昌侯張禹,皆名家。張氏最後而行於世。

王吉,昭、宣時人,據《漢書》卷七二本傳:"琅邪(郡)皋虞人也。少好學明經,以郡吏舉孝廉爲郎,補若盧右丞,遷雲陽令。舉賢良爲昌邑(指昌邑王劉賀,屬山陽郡,今山東金鄉縣與巨野縣之間)中尉。"宋畸,昭、宣時人,曾任少府,②左馮翊。③ 貢禹,據《漢書》卷七二本傳,"琅邪(郡)人也。以明經潔行著聞,徵爲博士……舉賢良爲河南令(今洛陽、偃師、新鄭一帶)。……元帝初即位,徵禹爲諫大夫。"又,《漢書》卷八一《張禹傳》載其"從沛郡(今山東濉溪縣)施讎受《易》,琅邪王陽、膠東(指膠東國,今山東即墨、昌武一帶)庸生問《論語》,既皆明習",可見庸生一直在膠東傳授《論語》。夏侯勝,《漢書》卷七五本傳載,山東東平人,"少孤,好學,從始昌受《尚書》及《洪範五行傳》,説災異。後事蕳卿,又從歐陽氏問。爲學精孰,所問非一師也"。韋賢,魯國鄒人,《漢書》卷七三本傳載,"質樸少欲,篤志於學,兼通《禮》、《尚書》,以《詩》教授,號稱鄒魯大儒"。蕭望之,東海郡蘭陵人。據此,能看出《論語》傳授的主要地域爲魯地(琅邪郡、東海郡、膠東國,三郡國正彼此相連)。而且,張禹特地跑到琅邪、膠東從王陽、庸生學《論語》,説明這些傳習的地域基本上固定在一個區域,後來也漸趨形成了所謂的"師法"。還有一點是,這些人基本上都是昭、宣時人,也正印證這一時期儒學開始昌明興盛的事實。

---

① 《漢書》卷七《昭帝紀》,第 1 册,第 223 頁。
② 《漢書》卷七八《蕭望之傳》,第 10 册,第 3273 頁。
③ 《漢書》卷八九《黃霸傳》,第 11 册,第 3629 頁。

中山國,正毗鄰這一地域,耳濡目染,日久薰習,宜其儒學較爲興盛,儒家經典的傳習也可能較他地普遍、積極。

據《漢書》卷七八《蕭望之傳》,"是時,選博士諫大夫通政事者補郡國守相,以望之爲平原太守"。在蕭望之不滿意時,特派侍中成都侯金安勸説,"君前爲平原太守日淺,故復試之三輔"。平原郡,今山東德州。其距中山國(定縣)不過就二百公里(中間僅隔信都國、河間國)。這麽近的距離,蕭望之與中山國王也可能有過交往。① 劉脩是第六代中山王,謚號爲"懷",按《謚法解》"執義揚善曰懷","慈仁短折曰懷"。② 就"執義"二字言,其儒學的修養應當較深。這也與墓中竹簡多儒家思想相印證。當然,也不排除中山國王夤緣攀附蕭望之的因素,"望之遂見廢,不得相。爲太傅,以《論語》《禮服》授皇太子(指後來的元帝劉奭)"。③ 其以《論語》爲帝師,位望日隆,確實稱得上名家,時在五鳳二年(前56)。就本傳而言,共載八封蕭望之的奏議,這個比例是很高的,可見其奏議爲時人所激賞、欽重。這大約是因其熟讀《詩經》《論語》《尚書》《禮服》等儒家經典,奏議中引經據典,又多用對句,由此呈現出一種"通古今之誼,文章爾雅,訓辭深厚"④風貌的原因。所以墓中有其奏議,也實屬正常。

至於同墓出土的《六安王朝五鳳二年正月起居記》,亦可略論。事有湊巧,2006年3月至次年1月,六安(今安徽六安市)雙墩一號漢墓(六安第一代共王劉慶墓)發掘,揭開了六安王國的一些面紗。據《漢書》卷五三《景十三王傳》,武帝憐憫劉寄,在平定淮南王謀反後,特封劉慶爲六安王,寄寓"六地平安,永不反叛"之意。前83年,劉慶死後謚爲共王,共即恭,即"正德美容,敬順事上曰恭",就是説,德行、容顔舉止端正,能尊敬順從皇帝。這或許是六安國的一個傳統。其後,本始元年(前73)劉定立,甘露四年(前50)卒。六安國距離中山國甚遠,恐怕談不上有什麼交情。這樣看來,估計《起居記》很可能是作爲一個入朝覲見的範本被頒發到各個王國,以便遵從,當然也是爲了加強對各王國的控制。

二 竹簡《論語》的性質及其所反映的讀習情形

簡本《論語》與今本的差異,《定州漢墓竹簡〈論語〉介紹》中有較詳細的

---

① 地節三年(前67)夏,京師下雹,爲此蕭望之上疏,請求皇帝接見,當面申説災異。隨後,"歲中三遷,官至二千石",即一年的時間。而到元康六年(前65),已被徵入朝廷當了少府,其在平原太守的任上,估計就是一年左右,即"日淺"。
② 劉曉軍等點校《逸周書》,濟南,齊魯書社,2000年,第70頁。
③ 《漢書》卷七八《蕭望之傳》,第10册,第3282頁。
④ 《漢書》卷八八《儒林·公孫弘傳》中公孫弘言(第11册,第3594頁)。

說明,如"定州漢墓竹簡《論語》中的文字,差異很多,其中有的是抄寫者脱漏、抄錯或隨意簡寫的字,有的則是按底本上寫的字","還有一些與今本不同的詞句很特殊,如'如',今作'如有'、'如能'","一些與今本不同的字就更多了,其中有古老的寫法或用法,有假借或簡省字,也有誤字……但這些還不包括許多'之乎者也矣焉哉'等虛詞的或有或無,或多少的不同"等。①某種程度上,因2017年在南昌海昏侯墓葬又出土了大批的《論語》竹簡(初步認定爲《齊論》),②而進一步推升了當下《論語》研究的熱度。重要的是,實有必要仔細、深入辨析這一竹簡《論語》的性質——因爲它能讓我們對這一時期盛行的《齊》《魯》《古》的面貌、性質有一個更清晰的認識。

對簡本《論語》的性質,自1981年《文物》第8期刊發《定縣40號漢墓出土竹簡簡介》《河北定縣40號漢墓發掘簡報》,以及整理小組合編的《定州漢墓竹簡〈論語〉》③面世以來,不斷有學者對這一竹簡《論語》的性質進行廣泛、深入的探討。

最早,李學勤曾有推論,"張侯《論》在中山懷王時恐怕還没有形成,八角廊《論語》不可能是張禹的本子"。又,其分章與今傳本"存在不少差異","説明竹簡不會是《魯論》系統的本子。考慮到《古論》流傳不廣,《齊論》的可能性更大一些。"④但其所論,並没有進一步的展開論證,推測的成份不免大了些。

進入二十一世紀初,研究日趨深入。單承彬《定州漢墓竹簡本〈論語〉性質考辨》一文,則將其與《説文解字》中《論語》引文、《論語》鄭注本、東漢熹平石經本《論語》等比較後,認爲"此本不僅與許慎所見魯壁古文存在明顯差異,且與鄭玄用作校本的《古文論語》也顯然不同,應屬於今文《魯論》系統。從與熹平石經比勘的結果看,它與漢代有重大影響的《張侯論》也存

---

① 河北省文物研究所、定州漢墓竹簡整理小組《定州漢墓竹簡〈論語〉》,北京,文物出版社,1997年,第2至4頁。又,河北省文物研究所定州漢墓竹簡整理小組釋文(劉來成執筆)、北京大學儒藏編纂中心校勘(閆賢執筆)《定州漢墓竹簡論語》(載《儒藏》[精華編281册],北京大學出版社2007年),又有所更定。閆賢在《校點説明》中指出,本次整理以"對校爲主,兼採他人成果","校勘底本爲《定州漢墓竹簡〈論語〉釋文》(又經劉來成執筆恪訂)",通校本有正平本等(第126頁),顯示了在校勘方面進一步努力的結果。這也是討論其性質的一個堅實的基礎。
② 2017年,南昌西漢海昏侯劉賀墓考古的最新發現,對於出土的竹簡《論語》,《南昌市西漢海昏侯墓》一文有初步的推斷:"《論語》中發現《知道》篇,很可能屬於《論語》的《齊論》版本",並公佈了兩張《論語·知道》篇的竹簡圖片(江西省文物考古研究所、南昌市博物館、南昌市新建區博物館《南昌市西漢海昏侯墓》,見《考古》2016年第7期)。
③ 文物出版社1997年版。
④ 李學勤《八角廊漢簡儒書小議》,見《簡帛佚籍與學術史》,南昌,江西教育出版社,2001年,第391頁。又,其書最早爲1994年,臺灣時報出版公司以繁體字印行。

在某種程度的差異,這可能是源自不同師傳家法。此本原本殘缺,後來曾據別本補抄。"陳東《關於定州漢墓竹簡〈論語〉的幾個問題》一文,則據簡本避"邦"字、惠帝以下皆不避的情況,認爲是"《古論語》問世以前已經在漢代流傳的今文《論語》",是獨立於《古論》《魯論》《齊論》之外的一種《論語》。該抄本當是流行於漢初(高、惠、文、景時期)的《論語》,即《古論語》問世以前已經在漢代流傳的今文《論語》。①

以上二説,都無法迴避一個問題,即因與今所見他書徵引、能確定爲《古論語》的歧異較多(這當然有它的客觀難度,因至今仍未有能確信的《齊論》、《古論》的本子進行比較,只能是就一些例證推測),而不能很好地解釋。爲更好地解決這一問題,王素明確提出了"融合説",認爲在西漢時代《齊論》《魯論》融合的趨勢下,當時應有不少類似《論語》融合本的出現。"簡本《論語》是一個比《張侯論》更早的融合本……是以《魯論》爲底本,以《齊論》爲校本。不同的是,簡本《論語》的章句保存《魯論》原貌更多,而《張侯論》的章句主要是根據《齊論》"。② 李若暉認爲,漢代《論語》文本的出現不都在《古論》發現之後,漢武帝時期已經出現了以《魯論》爲主,《齊論》《魯論》融合的傾向,在劉脩去世之前可能早已産生《齊論》《魯論》的融合本了,並提出簡本《論語》"可能是與古、齊、魯三家《論語》並行而内容互有同異的一種文本"。③ 他的推斷比較謹慎。綜合而論,"融合説"無疑能對各種層出不窮的異文做出較好的解釋。

王澤強則從另一個角度思考,他據竹簡《論語》"幾乎不知道避諱","文本粗疏,不像出自學派名家之手。它用字較隨便,前後不統一,且脱、衍、訛現象嚴重。全書有近七百處異文",並舉例如"管仲"寫成"管中"、"管仲"、"菅仲";"閔子騫"寫成"黽子騫"、"閔子騫";"仲由"寫成"中由"、"仲由";"子路"有時寫成"季路",把兩個人搞混了等,進而推斷"如此不嚴謹的文本不可能是出自宫廷中學術名家之手,也不會是一時轉抄所誤",即"民間抄本"。④ 此推斷有一些道理,但不免有爭議,如對於避諱,簡中實際上有好多處諱"邦"字,不能視而不見;徑直判斷"不知道避諱",不能不説有失準確、客觀。至於異文,也不能一概説是"不嚴謹",因爲在漢代,同音替代、運用古

---

① 二文均見於《孔子研究》2002 年第 2 期。
② 王素《河北定州出土西漢簡本〈論語〉性質新探》,載李學勤、謝桂華主編《簡帛研究》(第三輯),桂林,廣西師範大學出版社,1998 年,第 468 頁。亦見王素《漢唐歷史與出土文獻》,北京,紫禁城出版社,2011 年,第 115 頁。
③ 李若暉《定州〈論語〉分章考》,《齊魯學刊》2006 年第 2 期。
④ 王澤強《中山王墓出土的漢簡〈論語〉新論》,《孔子研究》2011 年第 4 期。

字(即古今字)、通假字等是一個比較普遍的現象(其本人在文中也説了古今字的運用,"漢簡《論語》保留了大量的古字"。論見下),實是當日的一種書寫習慣。

就竹簡《論語》的長度而言,據《定州漢墓竹簡〈論語〉前言》"簡長一六點二釐米(約合當時的七點五寸)"。而當日法定的簡牘尺寸,"《論語》八寸策者,三分居一,又謙焉",① 可見是吻合當日禮制的尺寸,體現了竹簡製作的嚴謹——這也是我們能夠推論的一個前提。

但也顯然,在單一證據不能很好地解決問題時,勢必要盡可能地綜合考慮各種因素,然後衡判。爲此,至少可從四個方面綜合推斷:

首先,僅憑避諱並不能有效地解決問題。這是因漢代的避諱比較寬鬆,不是那麼嚴格,更不劃一,充其量只能是一種參考;即便考慮到墓主爲同姓封王,可能嚴格一些,但也不一定。② 陳垣先生曾就《史記》《漢書》中的諸帝諱,以及現存的東漢諸碑,"有避有不避"的情況,得出一個結論,"大約上書言事,不得觸犯廟諱,當爲通例。至若'臨文不諱,《詩》《書》不諱',《禮》有明訓";並總結"漢時避諱之法亦疏",告誡"漢時近古,宜尚自由,不能以後世之例繩之"。③ 這大約是時近,還依舊承襲周秦觀念的緣故,即《禮記·曲禮上》所説的"詩書不諱,臨文不諱",如《漢書》卷一二《平帝紀》就載元始二年詔曰:"皇帝二名,通於器物,今更名,合於古制"(平帝本名箕子,更名曰衎。箕,用器,故云"通於器物"),所謂"合於古制",就是符合《禮記·曲禮上》中的規定,"名字者,不以國,不以官,不以山川,不以隱疾,不以畜牲,不以器幣",即不以"器皿"、"國"、"官"等常見事物來命名,以免他人觸諱;鄭玄注也説"此在常語之中,爲後難諱(難以避諱)也",這説明是遵從《禮記》的規定。既如此,也自會"臨文不諱"。

最能説明問題的是漢碑所載的文字(没後人的更改)。洪适曾在備録殘存的漢《石經論語》後,總結了其避諱的規律:

> 漢人作文不避國諱,威宗諱志,順帝諱保,石經皆臨文不易。《樊毅碑》"命守斯邦",《劉熊碑》"來臻我邦"之類,未嘗爲高帝諱也。此碑"邦君爲兩君之好,何必去父母之邦",《尚書》"安定厥邦",皆書"邦"

---

① 彭林整理、賈公彦疏《儀禮注疏》卷二四《聘禮》"百名以上書于策,不及百名書于方"條下疏引鄭玄《論語序》,北京大學出版社,2000年,第522頁。
② 如陳東就曾認爲簡本避"邦"諱,但不避惠帝、文帝、武帝諱,並舉例。見陳東《關於定州漢墓竹簡〈論語〉的幾個問題》,《孔子研究》2003年第2期。
③ 陳垣《史諱舉例》卷一"避諱改字例"條、卷八中的"秦漢諱例"條,北京,中華書局,2004年,第3、108頁。

作"國",疑漢儒所傳如此,非獨遠避此諱也。①

作爲國家層面的規範文本,如若避諱制度嚴格的話,石經自是首當要嚴格遵從;但實際上卻如此地不謹嚴,更何況,始祖不祧,開國皇帝"邦"字是一定要避,這只能説當日的避諱確實是比較寬松。再如《隸釋》卷六《漢郎中鄭固碑》"邦後珍瑋,以爲儲舉",卷七《漢竹邑侯相張壽碑》"緩薄賦,牧邦畿,黎烝殷,四荒饑"等,"邦"字均不諱。窺其一斑,足以見漢人避諱的寬鬆。

這種寬鬆,近幾十年來出土的竹簡也能印證。在阜陽漢簡《詩經》中,不避"盈"字(惠帝名),即斯 097 云"印(殷)其盈誒,女曰觀吾,士曰既且"。②這是《鄭風·溱洧》中的一段文字。在阜陽漢簡《周易》三〇號竹簡上載有"上六大君有命啟邦囗",對此字形,韓自強曾下按語判斷:"'啟'字下面僅存右邊'邑'旁,'邦'字無疑。"他又在與今本及馬王堆帛書比較的基礎上總結道:"阜《易》没有避漢高祖劉邦諱,帛書避劉邦諱,改'邦'字爲'國'字。"再如《一號木牘儒家者言章題》一文,其三十四號竹簡云"囗公問萬邦子之病",即文帝時仍不避"邦"字。③ 又,成書在漢武帝或稍早時期的銀雀山漢墓竹簡,據《銀雀山漢墓竹簡情況簡介》,"這批竹簡有時似避'邦'諱,有時又不避,《孫臏兵法陳忌問壘》有'晉邦之將'一語。'盈'(惠帝名)、'恒'(文帝名)、'徹'(武帝名)諸字,竹簡常見。"④時避時否,也説明了問題的複雜,遠非是簡單劃一。因此,與其費盡心思去盡力彌縫各種缺陷,探尋避諱的規律,還不如説這種種情況正清楚揭示了漢人避諱的寬鬆。⑤

因此,僅且從避諱的角度去判斷,並不能作爲一個較有力的證據。

其次,從字體上看。景帝末年或武帝初年,魯共王(一作恭)壞孔子壁所得到的《古論語》的字體,據一同出土的《尚書》來看,是"周時科斗書"(孔穎達《論語疏》引鄭玄《書贊》)。"科斗書",指篆字(包括古、籀)手寫體的俗稱。因其起筆處粗,收筆處細,狀如蝌蚪,故名。這種"科斗書",今人仍能一窺其貌,如著名的商周時銘文《大盂鼎》《史墙盤》《虢季子白盤》《毛公鼎》

---

① 洪适《隸釋 隸續》,北京,中華書局,2012 年,第 155 頁。
② 胡平生、韓自強:《阜陽漢簡〈詩經〉研究·阜陽漢簡〈詩經〉初探》,上海古籍出版社,1988 年,第 71 頁。安徽雙古堆一號漢墓墓主是西漢第二代汝陰侯夏侯竈,西漢開國功臣夏侯嬰之子,卒於漢文帝十五年(前 165)。
③ 韓自強《阜陽漢簡〈周易〉研究》,上海古籍出版社,2004 年,第 49、105、154 頁。
④ 銀雀山漢墓竹簡整理小組《銀雀山漢墓竹簡》,北京,文物出版社,1985 年,第 5 頁。
⑤ 又,漢代的避諱情形,可參鍾書林《上博簡〈詩論〉"邦風"避諱説獻疑》,《文博》2008 年第 6 期。

等,再如上海博物館藏的《戰國楚竹書》所載的"見"、"而"字,①都是典型的頭大尾細。到漢代,通行隸書,如比較規範的《乙瑛碑》(永興元年,153年立)、《張景造土牛碑》(延熹二年,159年立)、《孔宙碑》(延熹七年,164年立)等。整體上,金文筆畫圓折,偏向柔潤;隸書則結字方正,略扁,特別是筆畫末尾的撇、捺,如《乙瑛碑》中的"於"、"子"、"大"等肥大、有力,與金文結尾細小恰好相反,截然有異。從"隨體詰詘"的曲綫改爲比較整齊、規範的隸書,即隸變,經歷了一個較長的歷史過程。王國維曾説:"自秦併天下,同一文字,於是篆隸行而古文、籀文廢。"②《漢書·藝文志》也言"是時(指秦)始建隸書矣"。從馬王堆出土的帛書(約漢文帝初年,前179年前後)看,上面的文字有使用小篆,也有使用隸書的——正處在一種駁雜的過渡狀態。一般認爲,武帝時期是古隸向漢隸的轉折時期,漢宣帝以後(前73),漢隸進入了成熟期(歷經了約一百四十餘年)。據此看竹簡《論語》的字體,如《河北定縣40號漢墓發掘簡報》所附的竹簡摹本,"子"、"志"、"孔"、"人"等字圓折處、捺等都較肥大,已呈現出隸書的典型形態。當然,東漢時期也有專用篆書刻碑的,如現存的東漢《袁安碑》(袁安卒於永元四年,92年),説明篆書在東漢仍有一定的市場,後來曹魏刻《三體石經》(古、篆、隸三體)也能證實這一點。可以想見,假如這一竹簡《論語》是西漢初抄寫的話,參照《戰國楚竹書》,估計還不會産生這麼較爲成熟的隸書,這是因爲《戰國楚竹書》是戰國晚期楚國貴族的墓葬,此時距高祖劉邦(前202至前195年在位)也不過幾十年或五六十年的光景(前221年秦始皇統一六國),對於一種字體形成後一般比較穩定的屬性來説,這個時間似乎短了些。可以説,竹簡《論語》的字體已呈現出隸書的典型形態,正與墓葬埋葬於漢五鳳三年(前55)後不久的時間相吻合,是能作爲一個抄寫時間的判斷依據。

　　當然,如有可能,還可與同墓出土的《儒家者言》《哀公問五義》《保傅傳》《太公》《文子》《六安王朝五鳳二年正月起居記》等的字體比較;但現在因原竹簡的遺失(據有關人士稱,至今仍未見有其竹簡圖片的公佈),已無從比核了。

　　再次,現今所能考知的《古論》,主要參考資料有《史記》、《説文》、何晏《論語集解》等所引,但以陸德明《經典釋文》卷二四《論語音義》③所載爲大宗,共記載從《古論》23條,今備列如下。又,爲便於比較、醒目,括號的内容

---

① 《戰國楚竹書》(第6册),上海古籍出版社,2007年,第138頁。
② 《觀堂集林》卷七《史記所謂古文説》,上册,第307頁。
③ 上海古籍出版社2013年版。據整理者説明,"此據北京圖書館藏宋刻本影印"。又,《四部叢刊初編》第十一册有此宋本《經典釋文》,原書影印自"通志堂刊本"。

爲竹簡《論語》、伯2510,以及吐魯番阿斯塔那363、184號墓(下分別簡稱"竹"、"伯"、"阿363"、"阿184")出土《論語鄭氏注》所用的字,筆者並作一定的按語。如無其字,則不比較。最後再注明竹簡《論語》用字從何本。

《學而》:傳不習乎。鄭注云:魯讀傳爲專,今從古。案:鄭校周之本,以《齊》《古》讀正,凡五十事,鄭本或無此注者,然《皇覽》引魯讀六事則無者,非也。

《公冶長》:崔子弒齊君。鄭注云:魯讀崔爲高,今從古。(阿363作"崔"。今按:以《左傳》崔杼事證之,《魯論》誤。)

《述而》:吾未嘗無誨焉。魯讀爲悔字,今從古。(阿184作"誨"。)

《述而》:五十以學易,可以毋大過矣。魯讀易爲亦,今從古。(竹作"亦"。伯2510作"易"。)魯

《述而》:正唯弟子不能學也。魯讀正爲誠,今從古。(竹作"誠"。伯作"正"。)魯

《述而》:君子坦蕩蕩。魯讀坦蕩爲坦湯,今從古。(竹作"君子靻蕩,小人長戚"。伯作"坦蕩蕩"。)古

《子罕》:冕衣裳者。鄭本作弁,云:魯讀弁爲絻,今從古。《鄉黨篇》亦然。(今按:竹簡本雖無其字,然同篇"麻冕"、《泰伯》"而致美乎黻冕"、《衛靈公》"服周之冕"、"師冕見"、"師冕出"等處"冕"字,竹均作"絻",則此章亦當作"絻"字。伯作"弁"。)魯

《鄉黨》:下如授。魯讀下爲趨,今從古。(伯作"下"。)

《鄉黨》:雖疏食菜羹瓜,祭。魯讀瓜爲必,今從古。(伯作"苾"。)

《鄉黨》:鄉人儺。魯讀儺爲獻,今從古。(伯作"儺"。)

《鄉黨》:君賜生。魯讀生爲牲,今從古。(伯作"牲"。)

《鄉黨》:車中不内顧。魯讀車中内顧,今從古也。(伯作"車中不内顧"。)

《先進》:仍舊。魯讀仍爲仁,今從古。(竹簡本作"舊貫而可,可必改作"。)

《先進》:舞雩而歸。鄭本作饋,饋酒食也。魯讀饋爲歸,今從古。(竹作"風乎舞雩,詠而歸"。)魯

《顏淵》:片言可以折獄者。魯讀折爲制,今從古。

《衛靈公》:好行小慧。魯讀慧爲惠,今從古。(竹作"惠"。)魯

《季氏》:謂之躁。魯讀躁爲傲,今從古。

《陽貨》:歸孔子豚。鄭本作饋,魯讀爲歸,今從古。

《陽貨》:古之矜也廉。魯讀廉爲貶,今從古。(竹作"廉"。)古

《陽貨》：天何言哉。魯讀天爲夫，今從古。（竹作"天"。）古

《陽貨》：惡果敢而窒者。魯讀窒爲室，今從古。（竹作"室"。）古

《微子》：已而已而，今之從政者殆而。魯讀期斯已矣，今之從政者殆，今從古。

《堯曰》：孔子曰：不知命，無以爲君子也。魯讀無此章，今從古。（竹有此章。）古

敦煌、吐魯番地區出土的《論語鄭氏注》殘卷（約三十件），僅見伯2510號《論語鄭氏注》殘卷載有三條：

《子罕》：弁衣裳者。注：魯讀弁爲絻，今從古。（按：此條與《釋文》重，但也説明了《釋文》所舉《古論》的正確性。）

《子罕》：沽之哉，沽之哉。注：魯讀"沽之哉"不重，今從古也。（竹作"賈"。）

《子罕》：不爲酒困。注：魯讀困爲魁，今從古。

此外，日本東北大學教授金穀治在爲國外散藏的五件唐寫本《鄭注》殘卷作的校勘記中，還引録了古寫本《經典釋文》中保存的另外兩條：

《述而》：抑爲之而不厭。魯讀抑爲意，今從古。（竹作"印"。）古

《泰伯》：侗而不愿。魯讀愿爲亂，今從古。（竹作"俑而不顧"。"俑"，假借爲"侗"。顧、愿或形近而誤，但此處簡本從古無疑。①）古

這也是現今所能見到的可以肯定從《古論》的全部條目。整體上，對以上《釋文》"從古"的文字，與整理的《定州漢墓竹簡論語》（文物出版社1997年版）比較，14條中除"《先進》'仍舊'"條不能判明、"《子罕》'沽之哉'"條均不同於《魯》《古》外，其餘12條，簡本有七條從《古論》，五條同"魯讀"。純就比例來看，《古論》占的比例更高一些；當然，《魯論》也占了不少，位次重要。這也能解釋爲什麽一些學者會認爲竹簡是以《魯論》爲主的原因。進一步，在五條同"魯讀"中，第一條，竹簡本作"五十以學，亦可以毋大過"，亦通，"亦"字強調了繼續求學，則可以到達"毋大過"的境界。第二條，《述而》中的"正唯弟子不能學"，竹簡本作"誠"，表示確實，語氣更謙下；第三條《子罕》中"冕衣裳者"，竹簡本作"絻"，據《論語》本文"見期衰者、冕衣裳者"，則"絻"（喪服，去冠，用布包裹髮髻）義勝；第四條《先進》"舞雩而歸"，竹簡本作"歸"，顯然比"饋"（贈送）更切合於真實情景，即一番鼓舞（舞蹈）、求

---

① 據金穀治《唐抄本鄭氏注論語集成》，平凡社昭和五十三年（1978）版，此轉引自王素《唐寫本論語鄭氏注校録》，《述而》注〔一四八〕、《太伯》注〔七二〕，北京，文物出版社，1991年，分別爲第90、101頁。

雨後歸來,與施行的主體"冠者五六人、童子六七人",以及"暮春者,春服既成"的景象吻合。此處《古》讀作"饋",反倒讓人有點不知所云了。第五條《衛靈公》"好行小慧",竹簡本作"惠",強調施行小的恩惠,顯然比耍小聰明更合於邏輯。又,另外一些不從《魯》卻從《古》的例子也存在這種情況,如《陽貨》"古之矜(謹慎)也廉(廉潔有守)","廉",《魯論》作"貶",於義難解。《陽貨》"惡果敢(固執)而窒(不通事理)者","窒",《魯論》作"室",顯然是因形近而誤。《陽貨》"天何言哉?四時行焉,百物生焉,天何言哉","天",《魯論》作"夫",判斷之下,顯然是"天"字義勝,即強調四時運行、萬物生長,都是上天不言而化、自然順生的結果,其側重點不是突出個人的感慨,而是突顯上天的主體地位和人對上天的敬畏之情,即敬天,這也是春秋戰國時期敬畏上天的一種普遍的時代思潮。

很明顯,這種切於事理——從《古》或改《魯》,特別是對不恰當地方改動、調整的事實,足以證明竹簡本是據某一版本進行了校改的結果,非僅是據某種本子;否則不會與各本或同或合,且選字較爲恰切的事實。如再結合下面所舉簡本中多有用古字形的實情,就能得出一個結論,與其說是據單一的某種《論語》爲底本,還不如說是以《古論》爲底本,融合了《魯論》的一個經過改動、調整的本子。

之所以説是以《古論》爲底本,基於以下三點事實:

第一,從簡本的具體內容看,簡本中多有用古字形之處,竹簡《論語》的整理者已有較仔細的説明(即"案"語),今按順序排列:①

《爲政》:"對曰:無違。"案:漢石經作"毋違"。《儀禮·士昏禮》"毋違"鄭玄注云:"古文'毋'爲'無'。"

《八佾》:"周監於二代,或或乎文哉!"案:"或或",今本作"鬱鬱"。《漢簡》云:"《古論語》'鬱'作'馘'。"《説文》段注:"'馘',古多假'或'字爲之。……今本《論語》作'鬱鬱乎文哉',古多作'或'。"

《公冶長》:"至於也國,則曰。"案:"也國",今本作"他邦"。上古"也"常作"他"用,如《墨子·小取》:"辟也者,舉也物而以明之者。"孫詒讓《墨子閒詁》引王念孫云:"'也'非衍字,'也'與'他'同。"《史記·韓非子傳》:"彼顯有所出事,乃自以爲也故。"王念孫《讀書雜誌·史記四》:"'也'讀爲'他'。'他故',他事也。""也"是較早的字形。

《公冶長》:"道不行,乘泡浮於海。""泡",整理者認爲是誤字,判斷不

---

① 説明:主要錄自《定州漢墓竹簡論語》的《校勘記》,個別的地方參閲了鄭春汛《從〈定州漢墓竹簡論語〉的性質看漢初〈論語〉面貌》(《重慶社會科學》2007 年第 5 期)一文。

確。《集韻》"泡,蒲交切,平肴並,幽部",《廣韻》:"桴,縛謀切,平尤奉,又芳無切,幽部",可見二字在上古屬同一韻部,且聲紐相近,"泡"爲"桴"的通假字,是較古的字形。

《述而》:"子曰:若聖與仁,則吾幾敢?卬爲之不厭,誨人不倦。""卬",整理者認爲"有誤",實際並不錯。羅振玉曾推斷,"卜辭'卬'字從爪、從跽形,象以手抑人而使之跽。……予意許書卬、抑二字爲一字"。①

《鄉黨》:"非帷常,必殺之。"案:常,今本作"裳"。《説文》:"常,下裙也。從巾,尚聲。常或從衣。"段注:"今字'裳'行而'常'廢矣。""常"爲古文。

《先進》:"莫春者,春服既成。"案:《説文》無"暮"字,簡本是較古老的寫法。

《先進》:"舊貫而可,可必改作。"案:"可",今本作"何"。

《子路》:"如善而莫之韋也。"案:"韋",今本作"違"。《説文》:"韋,相背也。"用"韋"表'違'是較古老的用法。②

《憲問》:"我無耐焉,仁者不憂,知者不惑。"案:耐,今本作"能"。《禮記·禮運》"故聖人耐以天下爲一家",鄭玄注:"耐,古'能'字。"又,《衛靈公》"知及之,仁耐守之",亦作"耐"字。

《衛靈公》:"女以予爲多學而志之者與?"案:"志",今本作"識"。《説文·心部》"志"字,段注云:"《周禮·保章氏》注云:'志,古文識。'蓋古文有'志'無'識'。"《史記·孔子世家》作"識",蓋已隸定。

《子張》:"夫子之員,不亦宜乎!"案:員,今本作"云"。《説文》段注云:"又假借爲云字,如《秦誓》'若弗員來',《鄭風》'聊樂我員',《商頌》'景員維河',(鄭)箋云:'員,古文云。'"

《堯曰》:"興滅國,繼絶世,舉洪民。"案:"舉今本'舉'"。《説文》"舉"字正如是,大概是較早的字形。

當然,以墓葬的時間爲界定,也自會使用一些較早或古老的字形;但這麼多古字形的出現,卻足以説明其參考《古論》的成分比較大。

第二,從《史記》卷六七《仲尼弟子列傳》所引文來看,竹簡本的用字多有相同者。如《公冶長》"之國,可使治其賦也"句,《經典釋文·論語音義》

---

① 羅振玉《增訂殷墟書契考釋》,北京,中華書局,1965年,第185頁。
② 對以上三字,裘錫圭曾有論證:"莫"是"暮"的初文,大概因爲被假借表否定詞"莫"一度很常用,故加注"日"旁分化出來"暮"字以表本義。"'韋'是'違'的初文","'韋'字大概是由於假借它來表示皮韋的'韋'一度很常用,所以加注'辵'旁分化出'違'來表示本義的。""疑問代詞'何',先借《説文》訓爲'肯'的'可'字表示(石鼓文'其魚佳可'讀爲'其魚惟何'。秦簡也借'可'表'何'),後來改借負荷之'荷'的本字'何'表示。"(裘錫圭《文字學概要》,北京,商務印書館,1988年,分別爲第154、228、191頁。)

中"《公冶長》篇"載:"孔云'兵賦也',鄭云'軍賦',梁武云'《魯論》作傳'",①而《史記》卷六七《仲尼弟子列傳》引正作"賦",即從《古論》。再如《雍也》:"命也夫!……而有斯疾也!命也夫!斯人也而有此疾也!"按:"命也夫"今本無重複,《史記》卷六七《仲尼弟子列傳》卻重複,同於竹簡本。再如《子路》:"何其正?""何"字,《史記》卷四七《孔子世家》同,今本則作"奚"字。之所以如此,是因爲《史記》所引《論語》,王國維曾指出其爲"古文":

> 然則太史公所謂古文,皆先秦寫本舊書,其文字雖已廢不用,然當時尚非難識,故《太史公自序》云'十歲則誦古文'。太史公自父談時已掌天官,其家宜有此種舊籍也。……至孔壁書出……《論語》《孝經》皆有古文。孔壁書之可貴,以其爲古文經故,非徒以其文字爲古文故也。②

至於"古文",王國維認爲是"行於齊、魯,爰及趙、魏"等的"六藝之書",又言"六國用古文"。③ 不過,王氏所論較爲簡略。司馬遷對古文情有獨鍾,除了世襲天官、持有舊籍外,還有以下證據:首先,司馬遷幼時已接觸到古文,並誦讀其文("十歲則誦古文"),其原因一如王氏所言,是世襲天官的結果。更進一步,其"十歲"時,可能已接觸到最新的出土資料——孔壁中書,因爲此際可能業已出土。司馬遷的生年,史無明文。王國維《太史公行年考》認爲生於景帝中元五年(前145),又一説生於武帝建元六年(前135)。據前考證,"壞孔子壁"可能在景帝末期,至遲在武帝初年,即武帝在位的十二年之前。因此,不管怎樣,司馬遷"十歲"至少已是武帝中期了——其長大後應能見到當日名動一時的孔壁中書(其在朝中任職,也有能知曉的便利),因爲孔壁文獻出土後,即由孔安國整理、收藏,最終獻給了朝廷。其次,司馬遷成人後,曾從孔安國問學,④有過一些直接交往,言談之下,也勢必會對壁中古文有較多、深入的了解。又,孔安國曾受詔又作過《古文尚書》《古文孝經》的傳釋,從事的是古文經學;司馬遷向其"問學",自然也是傾向於古文。再次,重要的是,司馬遷在撰寫《仲尼弟子列傳》時,已明言己採用"孔氏古文","則論言弟子籍,出孔氏古文近是。余以弟子名姓、文字悉取《論語弟子問》,並次爲篇,疑者闕焉",即源自孔壁古文本,是因其時代較近而近於真

---

① 陸德明《經典釋文》,北京,中華書局,1983年,第347頁。
② 《觀堂集林》卷七《史記所謂古文説》,上册,第309頁。
③ 《觀堂集林》卷七《戰國時秦用籀文六國用古文説》,上册,第305頁。
④ 《漢書》卷八八《儒林·孔安國傳》載"司馬遷亦從安國問故(故實)"(北京,中華書局,1964年,第11册,第3607頁)。

實("近是")。

　　退一步,即便考慮到《史記》的撰寫、引文往往有司馬遷一己的加工或增删,不一定能作爲嚴格的標準去衡判;但這種多處吻合情形的存在,也足以説明其"古文"份量的加重。

　　第三,竹簡《論語·堯曰》篇"子曰不知命"章與其他簡文明顯不同,"簡本在此用兩個小圓點間隔,以雙行小字書於此簡的下部"。① 在《堯曰》篇的章數簡上寫的是"凡二章[凡三百廿二字]",即指《堯曰》《子張問》兩章。就是説,至少抄寫者是對"子曰不知命"章作了有意區分。就字數來看,"三百廿二字"與今本的字數三百四十三字也比較接近。這表明"子曰不知命"章是獨立成篇的。據《漢書》卷三〇《藝文志》,《古論語》二十一篇,有兩《子張》。因《齊論》多《問王》《知道》,竹簡本沒有涉及,從篇目判斷可排除是《齊論》的可能。而《魯》《古》的區別主要就是兩《子張》,或者説,是章數的差異。因此,保守一點説,"子曰不知命"章的特殊處理正反映了可能是以《古論》爲基礎,但又有變更的事實(即作爲了附錄,以雙行小字書寫);或者説,這是《古論》有兩《子張》篇的遺留痕迹。又,前引《釋文》"魯讀無此章(指《堯曰》'孔子曰:不知命,無以爲君子也。'),今從古",即《古論》有"孔子曰"章,而且《集解》此章也是只引用《古論》孔安國、馬融的注釋,這就充分證明"孔子曰不知命"章確實是《古論》一個特有的標識。

　　桓譚曾在《新論》卷中《正經第九》中明言《古論》與《齊論》《魯論》的差異:"古《論語》二十一卷,與《齊》《魯》文異六百四十餘字"。② 而《論語》白文一共約11 700餘字,異文約占5%。因此,在原書散佚、不能全面、具體比核的前提下,上所揭示的三點,應該能比較充分地證實竹簡《論語》中《古論》占據的重要位次;或者徑直説,竹簡《論語》是以《古論》爲基礎。③

　　還能大體肯定的一點是,竹簡《論語》不是《齊論語》,因爲《齊論語》有二十二篇,多《問王》《知道》二篇,竹簡本沒有。且竹簡本的具體篇章也有區別:

　　　　《鄉黨》"食不厭精"至"鄉人飲酒",今本分爲二、三、五章的都有,而簡本只是一章;"雷風烈必變"與"升車",今本分爲二章,簡本也是一章。《陽貨》"子貢曰:群子有惡乎",今本別爲一章,而簡本則同上面

―――――――――
① 《定州漢墓竹簡論語》,北京,文物出版社,1977年,第99頁。
② 黄霖、李力校點,桓譚著《新論》,上海人民出版社,1977年,第35頁。
③ 又,邱居里曾得出一個結論,"只有在簡本是以《魯論》爲底本,而又據《古論》作過校改的情況下,才可能出現這樣的結果"(《〈論語〉"魯讀"再探討》,《歷史文獻研究》第二十七輯,上海,華東師範大學出版社,2008年,第127頁)。其實,就比例的大小論,明顯採用《古論》多,爲何不説是以《古論》爲底本,《魯論》爲參校本呢? 而要有先入爲主的嫌疑(以《魯論》爲底本)呢?

"子路曰"合爲一章。①

之所以要考慮篇章的分合,是因何晏《論語集解敘》直言"《齊論語》廿二篇,其廿篇中,章句頗多於《魯論》",即《齊論》的分章較多;皇侃《論語集解義疏·序》更進一步説"篇內亦微有異",由此能作爲一個較明顯的判斷標準。但這種分章的判斷實因竹簡的散亂而無法具體釐清。上所舉的執筆者劉來成亦僅是舉例的性質,其最終還是不得不把無法判斷的"章數簡"除能明確的"《堯曰》"一簡外,一股腦地全部附於書後。其中,高於三十章者計有五簡:第六一三簡"凡卅七章"、第六一五簡"凡[卅六]章"、第六一六簡"凡卅章"、第六一七簡"凡[卅]四章"、第六一八簡"[凡卅七章]"。而現存的章數,如據皇侃《論語集解義疏》,超過三十章的僅六篇。如此,即便考慮到竹簡的殘損、甚或滅失,但也顯然不能僅據劉來成所言。就是説簡本的分章並不比今本少,至少能平分秋色。這種簡數差距不大、但卻確實有一些分章少於現存章數的事實,或表明與其説是《齊論》,倒不妨説是不同《論語》融合的結果,即在分章上傾向於多分(因爲《論語義疏》已是一個定型的融合本)。

最後,再從當日《論語》傳承的特點、大勢來看。

進一步,上述不同於《古論》或《魯論》的情形也充分説明,竹簡《論語》應不是單純的某種《論語》。如果排除不斷鈔寫、口述等產生異文的因素(對西漢中期以前的古籍來説,因抄寫而產生異文的幾率應小得多,畢竟歷時短;而有些典籍還在生成、寫定之中),説明文本已有了較多的"煩惑"和紛爭。結合上一節的考證,《古論》出現在景帝末年,最遲在武帝初年[劉餘元朔元年(前128)卒];《魯論語》《齊論語》最遲在武帝天漢元年(前100)之前已產生。這樣,假如竹簡《論語》鈔寫於當下(指埋葬時),則距齊、魯、古三《論》至少有四五十年的歷史。這樣,竹簡本《論語》據《古論》,參校《魯論》也實屬正常,這是因爲:一、社會上早已流行至少有三種不同的《論語》文本,甚且業已造成了可能嚴重的"煩惑"和紛爭。因此,面對這些紛爭,確定一個可以信從的文本,以便讓世人有遵從的標準,這是時代提出的需求。二、這時社會上已出現對不同《論語》進行"左右采獲"、"具文飾説"和"潤飾"的風尚,如夏侯建、王式等人。爲此,甘露三年(前51)石渠閣議中,宣帝親自裁決異同,也説明整齊"煩惑"的經文使之統一,進而形成一個權威、可信的文本是一件迫切、重要,甚至不得不爲的事,整編、統一《論語》文本已提上了議事日程(具體可見本章第五節)。因此,這一時期《論語》融合本的出

---

① 《定州西漢中山懷王墓竹簡〈論語〉介紹》,第59頁;《定州漢墓竹簡〈論語〉》,北京,文物出版社,1977年,第2頁。

現是一件比較自然的事。

綜上所論,竹簡本《論語》應是以《古論》爲底本,融合《魯論》《齊論》等一個經過改動、調整的本子。

還能補充説明的是,中山王國的經濟實力雄厚,從具體出土的文物看,劉勝墓出土的多爲各類器物,如陶器、銅器、鐵器、金銀器、玉石器等,没見竹簡文書的出土,這也大體吻合前引劉勝"樂酒好内,有子百二十餘人",耽於逸樂的記載。其後代,因政治上朝廷鑒於七國之亂,一再削弱、擠壓各王國的實力,已明顯傾向於學術、文化,這也是定州漢墓多出土文書的一個重要原因。當然,順應時事,這也説明了這一代中山王劉脩比較勤奮、好學。這種心理下,也自會尋覓一個較好的最新的《論語》本子閲讀(畢竟王國有這個經濟實力和能力)。從地域上説,西漢時《論語》傳授的主要地域是魯地(指琅邪郡、東海郡、膠東國,三郡國正彼此相連)。中山國正毗鄰這一地域,也自是能方便找尋來各種不同的《論語》本子參閲、讀習。再從竹簡的實際情況看,抄寫者的態度也很認真、嚴謹,現存簡上還留存有刮去、脩改的痕跡,即《先進》篇中"賜[不受命],○貨殖焉","'增由與求○之問。所謂大臣○,以道[事君,不可][則]止。曰與求也,可[謂具臣]○。'○'然則從之者與?'"以及《衛靈公》篇"耕也,餒在其中○;學矣,食在其中○",共七處"原簡刮去某字而形成的空格"①(即"○"處)。如與正平版《論語集解》比較,除第二處外,依次爲"而"、"者"、"者"、"曰"、"者"、"者"字。這些刮去字的意義都比較虛,至少應不全是抄錯的原因,而有據他本校勘後有意修改的因素。既然是有過多的校改,就是融合了不同的《論語》文本。這也是"融合説"的一個最直接的證據。

這樣,這一融合性質竹簡《論語》的存在,正是一個精當的例證,證實了在宣帝甘露三年石渠閣裁議前後,各種《論語》文本紛然雜存且已有個別融合、改正的文本在流傳。從這一點説,石渠閣裁議不僅有必要,而且也有了一個較好的可據以討論的文本基礎。

第四節　漢代察舉、博士制度與《論語》章句之學

既然漢武帝在宏觀構想、意識形態上意欲尊崇儒術,就勢必要落實到一

---

① 《定州漢墓竹簡〈論語〉》,北京,文物出版社,1997年,第8頁。

定的制度上,以更好地推進、實現這一既定目標。從普及面的廣泛來說,莫如興學——畢竟,先秦以來,"學在官府",知識爲一定的階層壟斷,並不能促進整個社會上人才的大量湧現,還很容易固化、停滯;而現在,隨着整個漢帝國的日益興盛,無疑需要大量的各種人才,需要在社會各個階層中充分選拔。但是,如孔子般私人授徒也顯然行不通,因爲其沒能解決,也無法解決弟子們根本的人生出路問題。不過,政府卻可以把二者有機地結合起來,這就是專門設官教育子弟——沿襲秦朝的博士制度;但又增添了新的內容,即教育弟子,並與仕途銜接,從制度上解決學子未來出路的根本問題。後來的事實證明,這一因襲、創新並重的舉措確實爲帝國大量培養人才方面起到了極其重要的作用。博士設官,淵源較早,戰國時已有建置,"博士,秦官,掌通古今,秩比六百石,員多至數十人",①如《史記》卷一一九《循吏傳》"公儀休,魯博士,以高第爲魯相"等。秦時,博士"備問",身分也不甚高,所學也比較駁雜,治諸子百家之言、醫藥、占卜者等均可任博士。漢興,在繼承秦博士制度之餘,逐漸向專門方向發展,最早設立的是文帝時置的一經《詩》博士;②但博士的地位、執掌仍不很明確與穩定。此後,鑒於士人節操、素質的"不厲"、"不養",董仲舒建議興辦太學,置名師,在更大、更廣泛的範圍內"養天下之士"。③ 同時,儒家的一些書籍在民間本就有不同的傳本,經歷秦火後更是零落人間;這種情況下,只有先樹立有影響力的學派成爲官方認可的正宗,從而引得士人讀習,才能有利於思想的統一。元朔五年(前124)六月,武帝下詔讓丞相公孫弘、太常孔臧、博士平等討論太學的設置。隨即,公孫弘等提出了一整套較完整的構想:

> 爲博士官置弟子五十人,復其身,太常擇民年十八以上儀狀端正者,補博士弟子。郡國縣官有好文學,敬長上,肅政教,順鄉里,出入不悖,所聞,令相長丞上屬所二千石。(顏師古曰:"聞,謂聞其部屬有此人也。令,縣令。相,侯相。長,縣長。丞,縣丞也。二千石謂郡守及諸王相也。")二千石謹察可者,常與計偕,詣太常,得受業如弟子。一歲皆輒課,能通一藝以上,補文學掌故缺;其高第可以爲郎中,太常籍奏。即有秀才異等,輒以名聞。其不事學若下材,及不能通一藝,輒罷之,而請諸能稱者。臣謹案詔書律令下者,明天人分際,通古今之誼,文章爾雅,訓辭深厚,恩施甚美。小吏淺聞,弗能究宣,亡以明布諭下。以治禮掌故

---

① 《漢書》卷一九上《百官表上》,第3冊,第726頁。
② 這與趙岐《孟子題辭》的記載有歧異:"孝文皇帝欲廣遊學之路,《論語》《孝經》《孟子》《爾雅》皆置博士。"
③ 《漢書》卷五六《董仲舒傳》,第8冊,第2512頁。

以文學禮義爲官,遷留滯。請選擇其秩比二百石以上及吏百石通一藝以上補左右内史、大行卒史,比百石以下補郡太守卒史,皆各二人,邊郡一人。先用誦多者,不足,擇掌故以補中二千石屬,文學掌故補郡屬,備員。請著功令。它如律令。①

這一建議得到了武帝的批准,由此建立了西漢時官方的最高學府——太學。重要的是,建元五年(前136)武帝立五經博士後,博士由掌通古今變爲專經,並具教育職能,執教於太學——向專門傳授儒家經典轉化,博士"掌教弟子。國有疑事,掌承問對。本四百石,宣帝增秩"。② 這也構成了兩漢博士弟子以及令史(各級政府機構主管文書事務的低級官吏)制度的基本構架:一、設立博士弟子制度。規模上,弟子有定員,初期五十人,後漸趨增多,昭帝時一百人,元帝時一千人。東漢時則急遽膨脹,甚至在中期一度達到了三萬餘人。③ 來源上,兩個方面,太常直接選補與地方逐級選拔、薦舉,即由縣令、侯相、縣丞等報郡守及諸王相等,直接向窮巷、白屋開放,以在最廣泛的範圍内獲取、拔擢人才。標準上,年十八周歲以上,但太常與郡國的選送略有不同,太常所選要寬鬆許多,推測之下,太常所取主要爲帝京附近,關係所在,只講求"儀狀端正",而不涉及其他的才能;這是因爲東漢建武七年(31)太僕朱浮上疏建議推廣博士之選時,直接提到"唯取見在洛陽城者"。④ 待遇上,考核政績,"累功"達到一定的標準後,即可選拔任命爲官員。這一制度,足以把仍存有較濃厚的戰國游士之風,即活躍於民間或諸侯王國的大批士人吸納到中央政權中來,得到認可並效力於朝廷,這也是游士時代的終結。當然,某種程度上,也給私人授徒指明了一種方向與途徑,即可憑藉地方的舉薦而解決一己的最終出路問題。這也是漢代私人授徒日漸興盛的根本原因。同時,也在實際上溝通了兩漢盛行的主流選官制度——察舉制度,即能"補文學掌故缺;高第可以爲郎中,秀才異等,輒以名聞"等,取得了與察舉孝廉一樣的仕途出路,進而從制度層面上保證有一個寬廣的發展前景。二、令史的選任。這實際上關涉到整個漢帝國從上到下政府、政令的通暢運行,即需要一大批從事文書等具體事務的低級官員,建議中也明確認識到這一階層的重要。只是現今的"小吏"等"亡以明布諭下",不能

---

① 《漢書》卷八八《儒林傳序》,第11册,第3594頁。
② 《後漢書》卷一一五《百官志第二五》,北京,中華書局,1973年,第12册,第3572頁。
③ 《後漢書》卷七九上《儒林傳序》:"順帝感翟酺之言,乃更修黌宇,凡所造構二百四十房,千八百五十室。試明經下第補弟子,增甲乙之科員各十人,除郡國耆儒皆補郎、舍人。本初元年(146),梁太后詔曰:'大將軍下至六百石,悉遣子就學,每歲輒於鄉射月一饗會之,以此爲常。'自是遊學增盛,至三萬餘生"(第9册,第2547頁)。
④ 《後漢書》卷三三《朱浮傳》,第4册,第1144頁。

有效傳達上層的指令,宣喻民衆;爲此要重新簡擇、委任一批令史等,以確保整個漢帝國政令的通達與政府機構的有效運轉。

重要的是,此際漢帝國博士的地位與上升空間已有了很大的轉變,秩比六百石的博士除了躬自教育弟子外,其身分還從先前多是備問、侍從而轉到"與參政事",不僅能與二千石一起議論國政,甚且還能補爲尚書、刺史等高級官吏,能越來越多地奉使行視天下郡國。《漢書》卷八一《孔光傳》載:

> 成帝初即位,舉爲博士,數使録冤獄,行風俗,振贍流民,奉使稱旨,由是知名。是時,博士選三科,高(第)爲尚書,次爲刺史,其不通政事,以久次補諸侯太傅。光以高第爲尚書,觀故事品式,數歲明習漢制及法令。上甚信任之,轉爲僕射,尚書令。

孔光,孔子十五世孫,其父孔霸,世傳《尚書》學(孔安國爲其叔叔),事太傅夏侯勝。到了孔光,"經學尤明"。傳所言的"三科",其實就是博士的三種出路,最高者能任尚書,最不濟,待以時日,也是任諸侯王國的太傅。可見歷經五十五年的發展(昭、宣、元時期),到了成帝時,作爲國家知識階層最高代表的儒學博士,其出路遠較一般循資歷的升遷快得多。也爲此,在一個儒學日益普遍化的時代,這一國家最高的學術代表無疑也因此獲得了居高臨下的政治地位,能獲得較快的升遷,甚至能身居高位要職,形成了所謂"秩卑而職尊","清要之官,非同秩之文吏比矣"。① 也正基於此,以及因博士的特定地位與飽學的象徵,兩漢歷朝對選擇博士的要求都是極其嚴格。這可從西漢成帝陽朔二年(前23)九月薦舉博士的詔書中窺其一斑:

> 古之立太學,將以傳先王之業,流化於天下也。儒林之官,四海淵原,宜皆明於古令,溫故知新,通達國體,故謂之博士。否則,學者無述焉,爲下所輕,非所以尊道德也。"工欲善其事,必先利其器"。丞相、御史其與中二千石、二千石雜舉可充博士位者,使卓然可觀。②

要求博士學識上"明於古令",能"傳先王之業",知識淵博;能力上,能"溫故知新",舉一反三,不囿於所見;治理才幹上,能"通達國體",嫺於政治,明曉國家的治理;品德上,能"流化於天下",爲天下表率。這也大體吻合《漢舊儀》的記載:"武帝初,置博士,取學通行修,博識多藝,曉古文《爾雅》,能能屬文章者爲之。"③不過,又略有區別,即強調要"曉古文《爾雅》",通古文訓詁之學,能寫文章。這體現了不同時期對博士要求的變化。

---

① 《觀堂集林》卷四"漢魏博士考",上册,第200、217頁。
② 《漢書》卷一〇《成帝紀》,第1册,第313頁。
③ 《太平御覽》卷二三六《職官部·博士》引,北京,中華書局,1985年,第2册,第1117頁。

與此一脈相承的是在舉薦博士時，務必會寫明其所具有的條件。事有湊巧，今恰好還留存有這一舉薦保狀的史料：建武七年(31)，朱浮"又以國學既興，宜廣博士之選"，乃上書曰：

> 尋博士之官，爲天下宗師，使孔聖之言傳而不絶。舊事，策試博士，必廣求詳選，爰自畿夏，延及四方，是以博舉明經，唯賢是登。（李賢注：畿，王畿；夏，華夏也。《漢官儀》曰："博士，秦官也。武帝初置五經博士，後增至十四人。太常差選有聰明威重一人爲祭酒，總領綱紀。其舉狀曰：'生事愛敬，喪没如禮。通《易》《尚書》《孝經》《論語》，兼綜載籍，窮微闡奧。隱居樂道，不求聞達。身無金痍、痼疾，世六屬不與妖惡交通、王侯賞賜。行應四科，經任博士。下言某官某甲保舉。'"）①

朱浮亦強調了博士"爲天下宗師"，有極高的學術聲望和政治地位，目的就是"使孔聖之言傳而不絶"，能弘揚儒學；這是因爲元光元年（前134）董仲舒上《天人三策》時，已"罷黜百家，表彰六經"了，儒學得到了極大的尊崇和提高。從李賢注引的舉狀看：一、強調孝，"生事愛敬，喪没如禮"，漢代以孝治天下。二、學業上，通《易》《論語》等四經，且學識廣博，"兼綜載籍，窮微闡奧"。三、有高潔的志向，淡然處世，"隱居樂道，不求聞達"。《漢官儀》，應劭撰，成書於東漢末年。這一時期，隱逸之風已蔚然興盛，此處的"隱居樂道"就是當日風尚的反映。四、身體健康，無"金痍痼疾"。五、六代清白，"不與妖惡交通"。總之，"行應四科，經任博士"。"四科"指孔門中德行、言語、政事、文學，即品行、才能均能達到"四科"的標準，才能擔任博士一職。這雖然不免可能是行文的一種套語，但卻正見出對博士一職要求得嚴格，至少在上述五個方面都要出類拔萃。這應是漢代舉薦博士的通則。就此舉狀而言，博士要求掌握、熟習的經典中，《論語》是其一，説明熟習《論語》已是漢代儒生成爲博士的決定因素。這也吻合前所論《論語》是察舉、射策考試中的必考科目，即兼通《論語》。

不過，博士在實際政治中的作用，還要具體分析；因爲經學本身並不能决定自己的命運，某種程度上，用不用它，用多少，怎麽用，都是由高層統治者的實際需求和王朝的政治及其制度所决定，有一個歷史變遷：

> 大致政治盛平時，經學可作爲具文飾説的手段發揮作用；政治衰落時，太學與經學就不重要了，甚至被晾在一旁。就太學博士議政看，西

---

① 《後漢書》卷三三《朱浮傳》李賢注引《漢官儀》，第4册，第1144—1145頁。杜佑《通典》卷一三《選舉·歷代制上》"桓帝建和初"條亦有這一舉狀，不過，其稱爲"督郵版狀"（北京，中華書局，2003年，第1册，第319頁）；其"闡奧"下又有"師事某官，見授門徒五十人以上"。

漢從武帝到平帝凡 27 次,東漢僅 13 次,且 13 次中百廢俱興的光武朝就占去了 7 次(原注:《秦漢官職史稿》所附張漢東《論秦漢博士制度》)。東漢和帝以後博士議政的驟減,正反映了博士政治地位的跌降。從作爲官學的今文經學看,它對政治制度的干預,主要是通過儒生"援經立説"和皇帝"引經下詔"來實現的。這兩種情況在西漢非常普遍,到東漢則大大減少,大講災異、符瑞的讖緯倒大量充斥東漢政壇。讖緯本來是附驥於六經的東西,到了東漢竟至反嬪爲母,"幾乎有取代經學的趨勢"(原注:《讖緯論略·前言》),可見東漢以後,太學和經學的式微。[1]

東漢中後期博士參政、議政的驟減,正反應了博士實際政治地位的下降。這一歷程,與官方今文經學的極度衰頹是一致的。

與太學的開設並行的,是兩漢選官中一直居於主流地位的察舉制度。對此,以論讚甚爲自得的范曄曾在《後漢書·左周黃傳》中縱論兩漢的察舉制度:

> 漢初詔舉賢良、方正,州郡察孝廉、秀才,斯亦貢士之方也。中興以後,復增敦樸、有道、賢能、直言、獨行、高節、質直、清白、敦厚之屬。榮路既廣,馱望難裁。自是竊名僞服,浸以流競;權門貴仕,請謁繁興。自左雄任事,限年試才,雖頗有不密,固亦因識時宜。而黃瓊、胡廣、張衡、崔瑗之徒,泥滯舊方,互相詭駁,循名者屈其短,算實者挺其效。故雄在尚書,天下不敢妄選,十餘年間稱爲得人,斯亦實之徵乎?

具體而言,據《漢書》中的《文帝紀》《武帝紀》,文帝二年(前 178),詔"舉賢良、方正,能直言極諫者"。十五年(前 165),又詔"諸侯王、公卿、郡守舉賢良,能直言極諫者,上親策之,傅納以言"。元光元年(前 134),"初,令郡國舉孝廉各一人"。這樣,特舉類的舉賢良等(類於唐代的制舉,東漢時又增加了范曄概述的敦樸等諸科,以更全面、廣泛地拔擢政府所需的各類人才),以及舉孝廉、秀才的常科(即歲舉)在西漢初就已形成,並形成了策試的考核制度。這一察舉制度,到了東漢順帝陽嘉元年(132),發生了重大轉變:

> 初令郡國舉孝廉,限年四十以上,諸生通章句,文吏能牋奏,乃得應選。其有茂才異行,若顔淵、子奇,不拘年齒。[2]

這實際上是在尚書令左雄的建議下實施的。左雄的建議,今仍保留在

---

[1] 楊九詮《東漢熹平石經平議》,《文史哲》2000 年第 1 期。
[2] 《後漢書》卷六《順帝紀》,第 2 冊,第 261 頁。

《後漢書·左雄傳》中,"請自今孝廉年不滿四十,不得察舉。皆先詣公府,諸生試家法,文吏課箋奏,副之端門,練其虛實,以觀異能,以美風俗。有不承科令者,正其罪法。若有茂才異行,自可不拘年齒"。即承襲、確認西漢以來儒生、文吏兩大集團而採用不同的方式考核,儒生試東漢以來盛行的經學家法,文吏則試箋表奏記,也即文書寫作,提供案例使之裁斷以判斷才能高下。具體過程就是,先詣三公府加以考核,然後在端門復核。① 如元嘉三年(153)三月,魯相乙瑛申請爲孔子廟置百石卒史一人。在朝廷的要求下,後"察舉"(碑中直言)魯地的孔龢,"户曹史孔覽等雜試,龢修《春秋》嚴氏,經通高第,事親至孝,能奉先聖之禮,爲宗所歸"而得以任命,②正體現了儒生試經學家法(嚴氏《春秋》)的原則。至於端門,應當指尚書受理章奏之處。《資治通鑒》卷五一"陽嘉元年"胡三省注:

> 宮之正南門曰端門,尚書於此受天下章奏。令舉者先詣公府課試,以副本納之端門,尚書審核之。

或者説,之前舉孝廉等,其主要考核方式是策試,也即下引顔師古所説的"顯問以政事經義"。總之,至此變爲了"諸生試家法,文吏課箋奏"。陽嘉新制實行後不久,順帝漢安二年(143),黄瓊以爲"專用儒學文吏,於取士之義,猶有所遺",於是奏增"孝悌及能從政者爲四科",③變成了四科舉人。遺憾的是,黄瓊未言此兩科具體的考核方式。

這裏需著重討論一下對博士弟子、察舉的考核内容和方式,因爲這直接關涉到,或者説决定了《論語》等書的具體讀習方式。

按照上引的功令,博士弟子每年都要進行課試,"能通一藝以上,補文學掌故缺;其高第可以爲郎中",即甲、乙之科。反之,如不能通一藝,則罷免弟子的資格。平帝時,"歲課甲科四十人爲郎中,乙科二十人爲太子舍人,丙科四十人補文學掌故"。④ 就《史記·張丞相列傳》載匡衡"才下,數射策不中,至九,乃中丙科",以及《後漢書·文苑·高彪傳》"後郡舉孝廉,試經第一,除郎中,校書東觀"來看,這一制度確實得到了具體執行,並且有黜落。如陽嘉新制實行的第二年,"於是濟陰太守胡廣等十餘人皆坐謬舉免黜,唯汝南

---

① 閻步克《察舉制度變遷史稿》第三章《陽嘉新制》中考定此處的"副"字,當爲"覆"字,即"再次考察之意",北京,中國人民大學出版社,2009年,第59—60頁。又,《後漢書》卷六一《黄瓊傳》載,"又雄前議舉吏先試之於公府,又覆之於端門"(第7册,第2035頁)可證(即同卷《左雄傳》説的"文吏課箋奏,副之端門",第2020頁)。
② 洪适《隸釋 隸續》卷一《孔廟置守廟百石孔龢碑》,北京,中華書局,2012年,第17—18頁。
③ 《後漢書》卷六一《黄瓊傳》,第7册,第2035頁。又,此事,《資治通鑒》繫於漢安二年(143)。
④ 《漢書》卷八八《儒林傳序》,第11册,第3594、3596頁。

陳蕃、潁川李膺、下邳陳球等三十餘人得拜郎中"。① 東漢和帝以後，以口 20 萬舉孝廉 1 人，年舉孝廉約 228 人；②但此僅取三十餘人，則至少黜落了一百餘人，人數是相當多的，可見懲罰的嚴厲，令行禁止（當然，東漢後期察舉腐敗又是另一回事）。那麼，如何課試呢？《漢書·儒林傳論》云：

> 自武帝立《五經》博士，開弟子員，設科射策，勸以官祿，訖於元始，百有餘年，傳業者浸盛，支葉蕃滋，一經説至百餘萬言，大師衆至千餘人，蓋祿利之路然也。③

即以射策的方式考核。對此，顏師古在《漢書》卷七八《蕭望之傳》注中有明確解釋：

> 射策者，謂爲難問疑義書之於策，量其大小署爲甲乙之科，列而置之，不使彰顯。有欲射者，隨其所取得而釋之，以知優劣。射之，言投射也。對策者，顯問以政事經義，令各對之，而觀其（人）[文]辭定高下也。④

其核心語詞是"難問疑義"，即故意在一些難以理解以及意旨不明確、有歧意的地方設問考察。我們也能找到這樣的例證，如陽嘉新制實施後：

> 有廣陵孝廉徐淑，年未及舉（即未滿四十），臺郎疑而詰之。對曰："詔書曰有如顏回、子奇，不拘年齒，是故本郡以臣充選。"郎不能屈。雄詰之曰："昔顏回聞一知十，孝廉聞一知幾耶？"淑無以對，乃譴卻郡。⑤

徐淑未達到詔定的年齡，對此，臺郎直接發難。徐淑據詔令以答，也持之有據。但左雄的進一步駁詰，即詔令説的不拘年齒實質上僅是對才華出衆者，你能聞一知幾耶？頓時讓徐淑無言以對。這實際上也相當於策試，因能找到類似的稍晚一些東晉初年的例子：

> （孔坦）遷尚書郎。時臺郎初到，普加策試。帝手策問曰："吳興徐馥爲賊，殺郡將，郡令應舉孝廉不？"坦對曰："四罪不相及，殛鯀而興禹。徐馥爲逆，何妨一郡之賢！"又問："奸臣賊子弒君，汙宮瀦宅，莫大之惡也。鄉舊廢四科之選，今何所依？"坦曰："季平子逐魯昭公，豈可以廢仲尼也！"竟不能屈。⑥

徐馥，當時任吳興郡功曹。建興三年（315），司馬睿進位丞相，由此，這

---

① 《後漢書》卷六一《左雄傳》，第 7 册，第 2020 頁。
② 黄留珠《秦漢仕進制度》，西安，西北大學出版社，1985 年，第 112 頁。
③ 《漢書》卷八八《儒林傳序》第 11 册，第 3620 頁。
④ 第 10 册，第 3272 頁。顏氏注有不妥之處，《後漢書》卷六《順帝紀》載李賢注，"甲科，謂作簡策難問，列置案上，任試者投射，取而答之，謂之射策。上者爲甲，次者爲乙"（第 2 册，第 260 頁），則甲、乙爲對策等第，非是考前據試題難度的大小而區别爲甲乙。
⑤ 《後漢書》卷六一《左雄傳》，第 7 册，第 2020 頁。
⑥ 《晉書》卷七八《孔坦傳》，北京，中華書局，2003 年，第 7 册，第 2054 頁。

些"亡官失守之士","多居顯位,駕馭吳人,吳人頗怨"。① 當時南北士族摩擦不斷,義興的土著高門,也是武力强宗的周勰,結交徐馥,趁機反叛,討伐王導、刁協等僑姓高門。一度聲勢浩大,後被平。從直面現實的角度,這個問題相當尖銳、棘手,確實不易回答,也見出司馬睿内心的焦慮。但孔坦以"四罪不相及",即不株連,以及一郡之間,仍有賢良存在,畢竟僅是少數人在反叛來回答,就顯得相當機智和得體。以上兩例,足以見出策問時充分結合時政發難,即"難問"的特色。這不妨視爲對"政事"的策問。

至於"經義"的策問,可見永元十四年(102),時任司空徐防的上疏建議:

> 臣以爲博士及甲乙策試,宜從其家章句,開五十難以試之。解釋多者爲上第,引文明者爲高説;若不依先師,義有相伐,皆正以爲非。《五經》各取上第六人,《論語》不宜射策。雖所失或久,差可矯革。②

徐防疏中所説的"難"與顔師古説的"難問疑義"正相吻合,説明這正是當日考核的真實情況。考核的内容是策試"章句",這也與此後不久陽嘉新制確立的"通章句"等内容一致,説明陽嘉新制正是承襲舊制,藉助法令把先前可能不無隨意的考核方式固定下來,非是突發新變。至於判斷的標準,據徐防的上疏,主要有三點:一、對策試題,解釋得越多越好,即盡可能地詳盡、豐富和具體;二、引經文明確;三、以"先師"的解釋爲標準,遵從師法,不得妄自隨意解説。從"詔書下公卿,皆從防言"來看,這一建議也得到了朝廷、官員的一致認可。實際考核中也是這樣,這是因爲西漢、東漢初都一直是遵循師法,史書中也能找到這類例證:

> 甘露(前53—前50年)中,諸儒薦禹,有詔太子太傅蕭望之問,禹對《易》及《論語》大義。望之善焉,奏禹經學精習,有師法,可試事。③

對郡國舉薦的張禹(後爲成帝師),一代儒者蕭望之受詔考察,張禹"對《易》及《論語》大義",就説明了是要回答經書的意旨。蕭望之上奏稱張禹"有師法",也説明這是當日主流所認可的一種解經方式。

這裏需解釋一下章句的含義。漢人解經,有故、訓、傳、説、章句諸體,故、訓重疏通文義,傳、説則重徵引事實。章句的含義,可見《漢書》卷三六《劉歆傳》所載:

> 初,《左氏傳》多古字古言,傳者傳訓故而已。及歆治《左氏》,引傳

---

① 《晉書》卷五八《周勰傳》,第5册,第1574頁。
② 《後漢書》卷四四《徐防傳》,第6册,第1501頁。
③ 《漢書》卷八一《張禹傳》,第10册,第3347頁。

文以解經,轉相發明,由是章句義理備焉。

即"引傳文以解經","轉相發明"以解析義理。這從時人的一些言論中也能看出,如《後漢書》卷四四《徐防傳》載徐防語"發明章句,始於子夏。其后諸家分析,各有異説",卷二八上《桓譚傳》載桓譚"皆詁訓大義,不爲章句",李賢注云"《説文》曰:'詁,訓古言也。'章句謂離章辨句,委曲枝派也"等,大致涵括析句、分章、釋詞、解句等内容。包氏《論語章句》的旨趣,從馬國翰《玉函山房輯佚書·論語包氏章句》可窺其大略,其"所爲章句,蓋用(張)禹説,而敷暢其旨,廣其義例"。

再看時人對師法的持守:

  及今上即位(指漢武帝),趙綰、王臧之屬明儒學,而上亦鄉之,於是招方正賢良文學之士。自是之後,言《詩》於魯則申培公,於齊則轅固生,於燕則韓太傅(韓嬰)。言《尚書》自濟南伏生。言《禮》自魯高堂生。言《易》自菑川田生。言《春秋》於齊魯自胡毋生,於趙自董仲舒。①

申培公等這些人,也就是劉歆在《移書讓太常博士》中所斥稱的"先師"。這一史料還給予了一時間的界定,"皆起於建元之間"。到了漢武帝時,博士制度已漸趨穩定、成熟。隨着經學列於學官,傳授過程中便形成了各自的師法(後來演變爲家法)。師法與章句緊密相關,大致在昭、宣以後,因章句而產生了師法,也即《漢書》卷八八《儒林傳》所説的"由是《易》有施、孟、梁丘之學"。在同卷《胡毋生傳》中就載其弟子中,"唯嬴公守學不失師法,爲昭帝諫大夫"。錢穆曾據《儒林傳》所載的師承傳遞,考明"漢博士經學,分經分家而言'師法',其事實起於昭、宣之後"。"凡《儒林傳》所載'由是某經有某家之學'者,其事皆晚出,具如上舉。可證其先諸家説經雖有異同,未分派別,不成家數也。"②孟喜,主要生活在武帝、昭帝時期。在《漢書》卷八八《儒林·孟喜傳》中,記載了兩件不遵師説、後遭人反對的例子:一、蜀人趙賓好"小數書",即術數,曾增"飾《易》文"。對此變更《周易》師法的做法,其他《易》家雖不能辯駁、問難,但都以"非古法也"而加以否定。這裏的"古法"顯然是指師法。二、衆人推薦孟喜任博士,但"上聞喜改師法,遂不用喜",可見最高層仍是持守、遵從師法。這兩例恰能反映上層和普通士子持守、維護師法的一致心理。這種社會氛圍下,持守師法自然在西漢中後期得到了長足發展,西漢時只能見到數例變改師法的獨出行爲,就是這個道理。

---

① 《史記》卷一二一《儒林傳序》,北京,中華書局,1982年,第10册,第3118頁。
② 錢穆《兩漢經學今古文平議》中《兩漢博士家法考》,北京:商務印書館,2003年,第211、217頁。

至於左雄改制後的"諸生試家法",如結合上引《順帝紀》中"諸生通章句",以及《後漢紀·順帝紀》中陽嘉二年(133)五月張衡對策"辛卯詔以能宣章句、奏案爲限",①就當是考核諸生的經書章句,並以各自的家法(約東漢中期,師法已演變爲家法,具下)爲判斷標準。至於採用何種形式,推測之下,估計一如三十年前司空徐防的建議,採用背誦經書章句、言説意旨的方式——這類似於唐代明經科的帖經和問大義,純屬識記背誦,屬於早期一種比較粗淺的方式。這樣説並非無據,如當日的童子試,就是考察記誦,"太史試學童,能諷書九千字以上,乃得爲吏"。② 這樣,在東漢中後期,得以察舉的儒生也勢必要多多讀習、背誦經書的原文以及章句。

能説明的是,在漢代,習經要求兼通《論語》:

> 久之,(王)尊稱病去,事師郡文學官,治《尚書》《論語》,略通大義。③

據下文"初元(前48)中,舉直言"推斷,治《尚書》是宣帝末的事。這時,察舉考一經,王尊選擇的是《尚書》(之前爲"獄小吏"),但又讀習《論語》,正説明《論語》要兼通。

> 及(張)禹壯,至長安學,從沛郡施讎受《易》,琅邪王陽、膠東庸生問《論語》,既皆明習,有徒衆,舉爲郡文學。④

與王尊一樣,張禹也是選一經《周易》,並兼通《論語》。從"諸儒薦禹"來看,其走的也是察舉的路徑。這大約就是徐防要求《論語》"但通度"的原因。對漢代兼習《論語》,王國維曾有過論述,"漢人受書次第,首小學,次《孝經》《論語》,次一經";"漢時但有受《論語》、《孝經》、小學而不受一經者,無受一經而不先受《論語》《孝經》者"。⑤ 對《論語》而言,持守師法,也就是讀習官方認可的《齊論》《魯論》;至於《古論》,因一直没能獲得朝廷的肯定,只能是民間層面的讀習。

進一步,具體到《論語》的考察,徐防的建議是"不宜射策"。李賢注引《東觀記》又具體補充了徐防自己解釋的原因:"試《論語》本文章句,但通度,勿以射策。冀令學者務本,有所一心,專精師門,思核經意,事得其實,道得其真。於此弘廣經術,尊重聖業,有益於化。"其所言"通度",即知曉《論語》本文的各種章句、解説。如再結合"難問疑義"的考核方式,就不難明白

---

① 李興和點校、袁宏著《後漢紀集校》,昆明,雲南大學出版社,2008年,第225頁。
② 《漢書》卷三〇《藝文志》,第6册,第1721頁。
③ 《漢書》卷七六《王尊傳》,第10册,第3227頁。
④ 《漢書》卷八一《張禹傳》,第10册,第3347頁。
⑤ 《觀堂集林》卷四《漢魏博士考》,上册,分别見181、180頁。

《論語》的讀習,除了要熟悉文本外,還要知曉章句,即各種解釋,才能"務本","專精師門",應對"難問疑義",或者說難度極高的考核。之所以這樣,根本原因就是徐防說的此際士子對策時往往不依家法,隨意刪改,"不依章句,妄生穿鑿,以遵師爲非義,意說爲得理,輕侮道術,浸以成俗"。這也是隨着太學生不斷增多,競爭日趨激烈,進而導致各種違規之事發生的必然結果。

這一考核難度,隨着時間的流逝,考核制度的漸趨成熟、完善以及生員的激增而日漸增高。建和(147—149)年間,取消了甲乙等第,改爲四等:高第、上第、中第、下第,區分更趨細緻。永壽二年(156),改歲一考爲滿兩年一考,並以通經多少爲衡判標準,不合格者還可留校再考。① 這是一個重大改革。同時,還鼓勵多通經書(見下),由此在東漢中後期出現了兼通諸經的風尚。至於可"留校再考",更影響深遠,它使得屢次不中者極有可能耗費一生的心血精力去讀習經書,這也即初平四年(193)漢獻帝在一紙詔書中直言的"結童入學,白首空歸,長委農野,永絶榮望"。② 白首窮經,即便是身在其中的班固,也不由得感慨"蓋禄利之路然",言辭間不免摻雜較多的感傷、無耐和慨嘆。

東漢以後,因經學的教授日趨向家族發展,和帝時(79—105 年在位),師法逐漸向家法轉變。③ 在這一轉變歷程中,就以上分析,從制度層面,至少有兩個因素,直接導致了東漢末極其繁瑣的章句:一、就是永元十四年(102),司空徐防的上疏"解釋多者爲上第",即解釋得越多越好,盡可能地詳盡、豐富和具體;這必然直接導致章句的激增。二、直接按通經的多少而授予不同的官職。建和(147—149)年間改爲四等後,按照律令,通兩經者,補文學掌故;通三經者,爲太子舍人;通四經者,爲郎中。④ 這顯然是在鼓勵多通經書,同時又因不局於一隅,兼通諸經而會在注釋章句時引經據典,或

---

① 馬端臨著《文獻通考》卷四〇《學校考·太學》,第 1 册,北京,商務印書館,1936 年,第 386—387 頁。
② 《後漢書》卷九《獻帝紀》,第 2 册,第 374 頁。
③ 西漢到東漢時,由師法到家法的變遷,以及由此衍生出繁瑣章句的表述,可具體見第二章第一節的相關論述。
④ 《文獻通考》卷四〇《學校》載:永壽二年(156),"詔課試諸生,補郎、舍人";其後制,學生以兩歲爲界,"滿二歲,試通二經者,補文學掌故;……試能通三經者,擢其高第爲太子舍人;……已爲太子舍人,滿二歲,試能通四經者,推其高第爲郎中;……滿二歲,試能通五經者,推其高第補吏,隨才而用;其不得第者,後試隨輩試,第高者亦得補吏。"(同上書,第 387 頁。)據《後漢書》卷一一五(即《志》二十五)、一一七《百官志》,掌故,秩百石(太常屬官,"佐,十三人百石"。第十二册,第 3571 頁);太子舍人,秩二百石(第 3608 頁);郎中,秩比三百石(第 3575 頁),待遇是漸次增高。

左右逢源，旁徵博引，而帶來章句的增多。當然，其他因素，如一些經師的示範效用，當時博士的風氣已漸尚"具文飾說"，如唐長賓、褚少孫"自潤色之"，後語驚四座，夏侯建"左右采獲，牽引以次章句，具文飾說"①等；再如東漢時極度興盛、影響廣泛的讖緯之學，亦足以在整個社會培養、孕育一種穿鑿附會的心理，一味比附、解說之下，自然就增長了章句的篇幅。

章帝建初四年（79），議郎楊終奏議，欲求仿效西漢石渠閣會議，裁省繁瑣的章句，其核心的理由就是"章句之徒，破壞大體"，不勝其煩的章句已嚴重侵蝕了經書解讀的根本。這不是楊終一己的私見，或故意駭人聽聞；是因在這一年十一月的官方裁決詔令中，又重申了二十四年前，即中元元年（56）詔書提及的"《五經》章句煩多，議欲減省"。② 這種以官方最高等級的詔令頒示天下，背後的原因必然是章句流弊極其嚴重而不得不爲之的結果。思有以匡正的白虎觀會議的召開，正充分說明了這一情形。

爲此，通儒多不屑於章句之學，如桓譚"博學多通，遍習《五經》，皆詁訓大義，不爲章句"；③班固"所學無常師，不爲章句，舉大義而已"；④荀淑"博學而不好章句，多爲俗儒所非"；⑤王充"師事扶風班彪。好博覽而不守章句"；⑥盧植"少與鄭玄俱事馬融，能通古今學，好研精而不守章句"；⑦梁鴻"博覽無不通，而不爲章句"⑧等，明顯是反對官方極其繁瑣的經書章句。曹魏初，一代學者徐幹《中論·治學》亦對這類俗儒有精當的刻畫，"鄙儒之博學也，務於物名，詳於器械，矜於詁訓，摘其章句而不能統其大義之所極，以獲先王之心"，即一味只求名物訓詁，而不能統其大義，獲取經書所載的先王真正意旨。如此，"統其大義之所極"就漸漸成爲解讀經書的關鍵和主要目的。據此，義理之學已是衆望所歸了，也開始了魏晉經學玄學化的義理色澤。

隨着中央官學的發展，地方郡國學校及私學也發展較快。蜀地在文翁的教育下，"蜀地學于京師者比齊魯焉"，由此，武帝加以推廣，"乃令天下郡國皆立學校官，自文翁爲之始云"。⑨ 發展到平帝，元始三年（3年），令天下

---

① 《漢書》卷七五《夏侯勝傳》，第 10 册，第 3159 頁。
② 《後漢書》卷三《肅宗章帝紀》，第 1 册，第 138 頁。
③ 《後漢書》卷二八上《桓譚傳》，第 4 册，第 955 頁。
④ 《後漢書》卷四〇上《班固傳》，第 5 册，第 1330 頁。
⑤ 《後漢書》卷六二《荀淑傳》，第 7 册，第 2049 頁。
⑥ 《後漢書》卷四九《王充傳》，第 6 册，第 1629 頁。
⑦ 《後漢書》卷六四《盧植傳》，第 8 册，第 2113 頁。
⑧ 《後漢書》卷八三《梁鴻傳》，第 10 册，第 2765 頁。
⑨ 《漢書》卷八九《循吏·文翁傳》，第 11 册，第 3626 頁。

立郡縣官學,"郡國曰學,縣、道、邑、侯國曰校。校、學置經師一人。鄉曰庠,聚曰序。序、庠置《孝經》師一人"。① 至此,從郡國到縣、道、邑、侯國等都普遍建立了官學。如牟長,"自爲博士及在河內,諸生講學者常有千餘人,著録前後萬人。著《尚書章句》,皆本之歐陽氏,俗號爲《牟氏章句》"。②其時求學的盛況,一如《後漢書·儒林傳論》所言:"遊庠序、聚黌塾者,蓋布之於邦域矣。若乃經生所處,不遠萬里之路(李賢注:經生謂博士也。就之者不以萬里爲遠而至也),精廬暫建,贏糧動有千百,其耆名高義開門受徒者,編牒不下萬人,皆專相傳祖,莫或訛雜。"其直接的推動,説白了,就是察舉制度下利禄、功名的驅使,夏侯勝就常爲諸生直言"士病不明經術;經術苟明,其取青紫如俛拾地芥耳。學經不明,不如歸耕。"③班固也説"自武帝立五經博士,開弟子員,設科射策,勸以官禄,訖於元始,百有餘年,傳業者浸盛,支葉蕃滋,一經説至百餘萬言,大師衆至千餘人,蓋禄利之路然也"。④ 這都讓我們看到經學在興學、察舉制度下求學興盛的景況。

兩漢時《論語》的讀習就藴育在這樣一個政治、學術環境中。

第五節 《論語》經説的分歧與文本的初步統一

由前第二節的考論可知,從漢初到武帝初年,七八十年間,至少有五種差别比較大的《論語》文本,即《河間論》《齊論》《魯論》《古論》,以及定州、平壤漢墓竹簡《論語》等在不同的地域流傳。爲此,不妨再一次審視《漢書》卷八一《張禹傳》所載:

> 初,禹爲師,以上難數對己問經,爲《論語章句》獻之。始,魯扶卿及夏侯勝、王陽、蕭望之、韋玄成皆説《論語》,篇第或異。禹先事王陽,後從庸生,采獲所安,最後出而尊貴。

夏侯勝,據《漢書》卷七五《夏侯勝傳》,地節三年(前67)前後,遷太子太傅,受詔撰《論語説》,顔師古注云"解説其意,若今義疏也",強調逐句疏通字詞文意,大概是爲了更好地勸導、教育太子(地節三年,劉奭立爲太子。《夏侯勝傳》載本始四年後"復爲長信少府,遷太子太傅",兩相吻合,則大約

---

① 《漢書》卷一二《平帝紀》,第1册,第355頁。
② 《後漢書》卷七九上《儒林·牟長傳》,第9册,第2557頁。
③ 《漢書》卷七五《夏侯勝傳》,第10册,第3159頁。
④ 《漢書》卷八八《儒林傳序》,第11册,第3620頁。

就在此際)。王陽,即王吉,《漢書》卷七二有傳。"兼通《五經》,能爲騶氏《春秋》,以《詩》《論語》教授"。王陽教授的時間,當在宣帝繼位(前73)之初"謝病歸琅邪"時期,因其此時才有大量的閑暇時間。蕭望之,據《漢書》卷七八本傳,其"爲太傅,以《論語》《禮服》授皇太子",時在五鳳二年(前56年,見《漢書》卷一九下《百官公卿表下》)。韋玄成,《漢書》卷七三有傳,"(前51年)玄成受詔,與太子太傅蕭望之及五經諸儒雜論同異於石渠閣,條奏其對。及元帝即位(初元元年,前48年),以玄成爲少府,遷太子太傅,至御史大夫",其所解説《論語》,也當在這一時期。可見在昭、宣、元儒學急遽上升的時期,五十餘年間,《論語》的傳授稱得上是相繼不絶、波起雲湧。

還能考辨的是,這些不同《論語》本子的傳衍並非齊頭並進,而是間有衰歇。《漢書》卷三〇《藝文志》載當日《論語》的傳習情形,即傳《齊論》者有王吉、宋畸、貢禹、五鹿充宗、庸生,傳《魯論語》者有龔奮、夏侯勝、韋賢、扶卿、蕭望之、張禹。但到了《漢書·張禹傳》,提及的五人中,有四人是傳承《魯論》的專家(僅王陽傳《齊論》)。這只能暗示《齊論》的衰落。從具體的時間看,王陽的聲名鵲起在宣帝即位初年(劉賀被廢,其因諫言而得減死),如以定州漢墓下葬的55年算起,則有近二十年的時間——大廈將傾,非一維能繫,昔日《齊論》的光環在漸趨黯淡,進而遠離了講學中心而不再進入歷史記載的視野。

雖然,現在一時找不到比如《齊論》《魯論》傳人之間的論爭,但是能相信,這些不同文本的存在,或者説在關鍵章節或字詞上的歧異,勢必會讓人無所適從。今以陸德明《經典釋文》卷二四《論語音義》①所載從《古論》的條目爲例説明,如:

《陽貨》:"天何言哉。魯讀天爲夫,今從古。"(定州漢墓竹簡本《論語》作"天"。)

《陽貨》的原文是"天何言哉?四時行焉,百物生焉,天何言哉","魯讀天爲夫"即"《魯論》'天'作'夫'"。顯然,"天"、"夫"字都能説得通。但判斷之下,"天"字義勝,即強調四時運行、萬物生長,都是上天不言而化的結果,其側重點不是突出個人的感慨,而是突顯上天的主體和人對上天的敬畏之情。而這,與春秋時期的天命觀正相符合。

再如《述而》:"正唯弟子不能學也。魯讀正爲誠,今從古。""正"字,定州漢墓竹簡本《論語》作"誠"。伯2510作"正"。這裏,也是"正"、"誠"均通。但分析之下,作"誠"字,表示確實,語氣更謙下一些。

---

① 《經典釋文》,上海古籍出版社,2013年,"此據北京圖書館藏宋刻本影印"。

不僅字詞,其篇第、分章都也有差異(見前《紛然雜存》一節)。因此,不管怎樣,這些不同本子中字詞、篇第、分章等的不同,勢必要盡可能地統一,或規範,以便於講授和讀習;更何況,還多是教授、開導年幼的皇太子,自然要竭心盡力,進行充分、正確的選擇和解釋,特別是面對《論語》文本中不同的字詞,比如三《論》間字詞的差異,勢必是要確定一個可信的文本,給出一個明確的答案,以讓年幼的皇子易於接受。而且,上一節已論,士人入仕的一個重要環節——被察舉或在太學期滿考核時都要射策,考"難問疑義",即在難以理解以及意旨不明確、有歧異的地方設問考察。這樣,爲便於規範與評判,也必然要求文本的統一。這是時代提出的一個課題,也到了不得不加以解決的地步,即要確定一個可以信從的文本,以便整個社會的遵從。

就是在這一時期,面對經文的紛繁不定,最先推進這一進程的是宣帝主持召開的石渠閣會議。甘露三年(前51),詔當日的一流學者蕭望之、韋玄成、薛廣德、林尊、周堪、張山拊等儒生,以及治《易》的梁丘臨、施讎,治《公羊春秋》的嚴彭祖,治《穀梁春秋》的尹更始、劉向等在長安未央宮北的石渠閣殿中,"大議""五經"異同。① 會議由梁丘臨提問,諸儒回答,各申其説,太子太傅蕭望之平奏其議,宣帝親自裁決評判。蕭望之,是一位敢犯言直諫的諍臣,"望之堂堂,折而不撓"。② 這樣一位儒臣平奏其議,自是能客觀、公允一些,非盡出於宣帝一己的好惡恩怨。其議論場景、具體過程,由《通典》卷八一《禮四一·凶禮三》所載"石渠禮",能窺見一斑:

> 問:"諸侯之大夫爲天子、大夫之臣爲國君服何?"戴聖對曰:"諸侯之大夫爲天子當總繐,既葬,除之。以時接見於天子,故既葬除之。大夫之臣無接見之義,不當爲國君也。"聞人通漢對曰:"大夫之臣,陪臣也,未聞其爲國君也。"又問:"庶人尚有服,大夫臣食禄,反無服,何也?"聞人通漢對曰:"《記》云'仕於家,出鄉不與士齒',是庶人在官也,當從庶人之爲國君三月服。"制曰:"從庶人服是也。"③

對大夫之臣是否爲國君服喪,戴聖認爲因"無接見之義",不當爲國君服喪;聞人通漢則從"陪臣"的角度,進一步肯定其説。這是論爭的過程。對討論的結果,是"制曰",即宣帝制詔加以確定。石渠講論的奏疏經過彙集,輯成《石渠議奏》(又名《石渠論》)一書,共輯奏議155篇(今俱亡佚)。經過這次會議,博士中《易》增立"梁丘",《書》增立"大、小夏侯",《春秋》增立"穀

---

① 當時所參與者,分别見《漢書》卷八八《儒林傳》中所載,可考者有二十二人。
② 《漢書》卷七八《蕭望之傳論》,第10册,第3292頁。
③ 《通典》卷八一《禮四一·凶禮三》,北京,中華書局,1988年,第2208頁。

梁"。漢代博士經說的分家,除《詩》學原有魯、齊、韓三家外,其餘均始於石渠閣會議。① 據《漢書》卷三〇《藝文志》"《(論語)議奏》,十八篇(原注:石渠《論》)",可見是有《論語》的討論。

這次會議的歷史背景,簡言之,就是武帝置五經博士及弟子員後,因仕進的需要,說經者日多,經說也愈益詳密,當然,從另一個角度說就是分歧更多;爲此不得不官方出面,對分歧無定的各種經說進行整齊,欲求永爲定制。但也顯然,這一重大的學術問題遠不是一兩次官方討論就能裁決、劃定,就《論語》而言,《古論》《齊論》《魯論》等的整理有其學術自身的理路,還有很多的工作要做。因此,只能說,石渠閣議已構建了一個很好的基礎。這一後續進程,最終由六七年後一位早期聲名不甚顯赫的帝王師張禹來完成。

不無混亂、無所適從的情形自需統一,亦因特定機緣而推張禹於潮流之上。張禹受到名重一時的《魯論》大師蕭望之的推重,聲名鵲起後,初元(前48至45)前後,又受到《魯論》傳人鄭寬中的舉薦而爲太子師(漢成帝劉驁,前48年元帝繼位時立爲太子,時五歲)。"初,禹爲師,以上難數對己問經(皇帝幼小,難以多次向張禹請教),爲《論語章句》獻之。始,魯扶卿及夏侯勝、王陽、蕭望之、韋玄成皆説《論語》,篇第或異。禹先事王陽,後從庸生,采獲所安,最後出而尊貴。"②這也即《論語章句》形成的時間。

應當說,元帝時期,張禹並不怎麼受到重用。前33年,太子劉驁繼位(即成帝)後,才因帝師的緣故而時來運轉,賜爵關內侯,食邑六百户,地位急遽上升。河平四年(前25),又擔任丞相六年。書因人貴,《論語章句》取得了經典地位,號《張侯論》。還值得一提的是,漢成帝的詔書中也一再引用《論語章句》,如《漢書》卷一〇《成帝紀》中載陽朔二年(前23)九月,下詔言"工欲善其事,必先利其器",永始元年(前16)七月下詔"過而不改,是謂過矣"等。而且,第一次引用正是在張禹擔任丞相期間,不免讓人思考背後有張禹的影子。張禹拜相封侯,位極人臣,這自然對欲借經術以取青紫者有極大的示範和導向作用,由此流傳"欲爲《論》,念張文"。其結果就是"由是學者多從張氏,餘家浸微",③這直接打破了多家《論語》並行的局面。

對這一關涉《論語》結集史上重要路標的事件,不妨追溯一下張禹的師承;這是因爲對其寫定本的來源,《漢志》以來就頗有爭議。張禹早年的經歷,《漢書》本傳有明載,"至長安學,從沛郡施讎受《易》,琅邪王陽、膠東庸

---

① 記錄略詳一點的史料爲《漢書》卷八八《儒林傳》、杜佑《通典・禮典》(即卷七三、七七、八一、八三、八九、九十、九二、九六、九九、一百三,共保留了十二條。引作"漢石渠議")。
② 《漢書》卷八一《張禹傳》,第10册,第3352頁。
③ 《漢書》卷八一《張禹傳》,第10册,第3352頁。

生問《論語》,既皆明習"。王陽、庸生,據《漢書》卷三〇《藝文志》,都是《齊論》學者。張禹本應是《齊論》出身;但《隋志》卻言"後遂合而考之,刪其煩惑……從《魯論》二十篇爲定",即轉向了《魯論》,以《魯論》爲本定奪,與其所習《齊論》並不吻合。其間緣由,殆因漢元帝爲太子時從蕭望之受《魯論》,而教授太子劉驁事大,張禹未敢立異,甚或本就是迎合而從《魯論》。又因太子年幼(時七歲左右),自不可紛陳異說,必須以簡明、準確爲本,並且"難數對己問經",一"數"(屢次)字,足說明可能礙於宮中種種禮數、規矩,太子難以多次問疑。因此,面對繁多的歧文異義,張禹只能"刪其煩惑","采獲所安",以便年幼的太子讀習。這種轉向,也不無張禹見風使舵的因素,因爲之前昭、宣、元三朝擔任太子太傅的韋賢、夏侯勝和蕭望之三人都是《魯論》名家,教誨皇太子讀習《魯論》,也一直得到皇家的支持,《魯論》的傳播很廣。就《漢書·藝文志》而言,傳習《齊論》者,僅貢禹任御史大夫,五鹿充宗任尚書令,遠比不上習《魯論》者的地位顯赫,如丞相韋賢、前將軍蕭望之等。當然,這也可能出於前事之鑒,張禹早年從治《齊論》的王陽、庸生求學,甘露(前53至前50)中,蕭望之奏張禹"經學精習,有師法,可試事",但結果卻是"罷歸故官"。其間原因,殆因漢宣帝喜好魯學(以石渠閣會議爲標識)而罷歸。

一個重大的問題是,《齊論》《魯論》《古論》都有明顯的差異,如《齊論》最顯著的特點是特有《問王》《知道》二篇;對此,張禹該怎麼辦?史載其做法是"合而考之,刪其煩惑"。從革新的角度看,這一做法無疑是極其大膽而又有魄力。問題是,張禹這樣融彙、改做《論語》,不免是對師法的破壞;在一個極重師法的時代,張禹這樣做着實要冒很大的風險。因不遵從師法而受到皇帝的斥責、厭惡,也屢屢出現在史籍中。或者說,這些《齊論》或《魯論》的傳承者,是不是就一如今人所慣常理解的固守"師法"或"家法"(西漢重師法,東漢重家法)而一成不變呢?顯然不是,我們至少可以找到兩例在張禹前更改、融彙《論語》的例證。其一是夏侯建,據《漢書》卷七五《夏侯勝傳》,其曾"左右采獲,又從五經諸儒問與《尚書》相出入者,牽引以次章句,具文飾說",時在他師從夏侯勝、歐陽高之時。揆之夏侯勝的生平,始元元年(前68),昭帝即位,夏侯勝因被劾"非議詔書,毀先帝"而被繫下獄。四年,才被大赦,出爲諫大夫、給事中。地節三年(前67),遷太子太傅。作爲夏侯勝的本家侄子,夏侯建勢必會早一些接觸到《論語》(《論語》因其文字淺易,篇幅相對短一些,又多有教育意義,而多在幼年時期就開始攻讀)。因此,保守一點說,時間肯定在五鳳三年之前。又,夏侯勝本人所學,就已有駁雜的傾向,"少孤,好學,從始昌受《尚書》及《洪範五行傳》,說災異。後事蕳卿,又從歐陽氏問。爲學精執，所問非一師也"，估計這也直接影響了夏侯建。其一是山陽張長安、東平唐長賓、沛郡褚少孫等師事王式事。據《漢書》卷八八《王式傳》，三人曾"問經數篇，（王）式謝曰：'聞之於師具是矣，自潤色之。'不肯授"。對此，顏師古注曰"言所聞師説具盡於此，若嫌簡略，任更潤色"，即可就師説簡略甚或疏漏處自己發揮潤色。後來，唐、褚二人應博士弟子選，初露才華就語驚四座，也説明了這種"潤色"還產生了出其不意的效果——這也勢必會有更廣泛的示範效應。王式教授唐、褚等人，正是在昌邑王被廢（前74）作爲臣僚因受牽連而家居時期。再如王吉，身爲齊人，是《齊論》的大家；但其子王駿卻傳習《魯論》，有《魯王駿説》二十篇，即不再遵從家學。總之，夏侯建"左右采獲"、"具文飾説"，不正是一種綜合、融會各種《論語》章句的行爲。因此，《隋志》所言張禹"後遂合而考之，删其煩惑……從《魯論》二十篇爲定"，就不再是一種背叛師門的做法，也不是孤覺先明，某種程度上正是一種順應時代、在他人基礎上進一步整合的結果（張禹以《論語》授成帝是從元帝初元二年[前47]開始）。

總之，張禹對《論語》的最大貢獻，即在於據《齊論》《魯論》，"删其煩惑"，"采獲所安"，整理出一個較爲純粹的本子，文字由此基本固定下來了，因爲《問王》《知道》二篇，可能多附會、荒誕之辭，①而爲張禹所不采。重新整理、釐定後，也就成就了《論語》的第一個統一結集本。不過，張禹恐怕沒有料到：這樣的一個寫定的本子，此後竟風行天下，成爲替代三家本的權威結集本。

小　　結

秦時，《論語》的傳播隱而不彰，只能知道漢軍攻入咸陽後，蕭何特意保護、收存了宮中藏書，這可能含有《論語》。在民間，孔子的八世孫孔鮒因秦法峻急而藏書屋壁，由此構成了《古論》傳承可以追溯的最早源頭。

早期的《論語》文本紛然雜存。有史可憑據的是約前155年前後，河間獻王劉德所收集或整理的《論語》。之後，就是西漢景、武之際出現的《齊論》《魯論》。前132年至前122年之間，武帝初期略偏後一點，魯恭王壞孔

---

① 這是因爲《齊論》，從董仲舒以來，即好言陰陽災異，具見本章第二節。又，《江西南昌西漢海昏侯劉賀墓出土簡牘》，提到了可能是《齊論》（《文物》2018年第11期），但至今仍未見進一步的內容公佈。

子壁,而出土了《古論》。一時間,三家《論語》分立。但是,如考慮到1973年河北定州漢墓出土的《論語》是一融合本,二十世紀九十年代初朝鮮平壤(漢時屬樂浪郡)出土的《論語》是另一文本的事實,在西漢初至中期,已有多個不同的《論語》文本在不同的地域廣爲傳抄、讀習。

但《論語》地位的上升,還得憑藉一定的歷史機緣。其重要推動力是漢武帝以來日漸規範、興盛的博士弟子員以及察舉制度——順應大一統的奮發時代,最終從制度層面決定了《論語》讀習的持久興盛。這是一個艱辛、曲折的過程。要以一種新的方式來取代業已習慣的任子門蔭、軍功、納貲等出仕制度,或者說剥奪漢初武臣之後的既得利益,勢必會受到他們的一致反抗。這種情形最根本、徹底的轉變是在昭、宣時期,"不僅丞相御史大夫重職,乃爲儒生也。即庶僚下位,亦多名儒"。① 此也即後人所説的"以儒術緣飾吏治"。在這種尊崇儒術的氛圍下,出現了皇太子、王侯、普通士子等讀習《論語》的記載——一個新的儒學時代就這樣開啓了。同時,一些以吏能見長的官員轉向儒學——更足以見出整個社會對儒學的向心力,如昭帝時的黄霸、丙吉、路温舒等,都通過一己的努力,完成了身分的轉變,甚至最終躋身中央高層。儒生歷史地位的上升已不可遏抑。到了元、成、哀三朝,文士集團已走上了歷史舞臺。這一時期,依次擔任宰相的有韋玄成、匡衡、王商、張禹等,都是名儒出身,均已在高層政治舞臺上展示出這一集團力量的勃興。漢初法吏的天下,至此確實因儒學的推尊,在漸趨過渡到文儒的世界。在這一巨大的人生轉折中,通習儒學所帶來的實實在在的利益——無論是修養、處理政事上的文質彬彬、謙恭(更能獲得社會的認可,如鄉議),還是實際的政治利益(能較快地升達到核心官僚集團),都會使得他們不惜抛卻一些顧慮和坎坷,花費更多的精力和財力,以求更廣大的仕途。儒學業已形成了對整個社會強烈的號召力。這種情形下,一個人若想入仕且仕途通暢,他就不得不在這一規定的路徑上奮力拼搏,甚至直至終老,在理政中實現那一時節一個士人的遠大抱負和理想。

對博士弟子、察舉的考核内容和方式,直接決定了《論語》等書具體的讀習方式。博士弟子每年都要進行課試,即射策,並有黜落。射策主要是考察經書的"難問疑義",即故意在一些難以理解或意旨不明確、有歧異的地方設問考察。由此需細讀、甚且背誦《論語》的文本和章句,以應對問難、大義等的考察。但也顯然,多個《論語》文本以及多種注釋的存在,也帶來了紛繁、

---

① 錢穆《秦漢史》,第211、213頁。又,錢氏曾較詳細地列舉了昭、宣以下以儒術得任丞相、御史大夫者,可參看,見第210頁。

無定,也勢必會隨漢武帝中期儒家思想的一統而要求文本的確定和統一。甘露三年(前51),漢宣帝劉詢主持召開的集聚當日一流學者蕭望之、韋玄成、劉向等的石渠閣會議,爲文本的統一奠定了一個良好的基礎。之後,因特定的機緣而推張禹於時代潮流之上。承續六七年前國家高層對經説的裁定,爲更好地教育年幼的太子,張禹"采獲所安",以義理所安爲準則,以大刀闊斧的精神,"删其煩惑",糅合魯、齊二《論》,最終以一己之力完成了對《論語》文本的編定。順應了時代潮流,及書因人貴,《張侯論》最終脱穎而出,成爲了一個時人認可的替代多家本的權威結集本,"欲爲《論》,念張文"。①漢代重師法、家法。張禹這樣融彙、改做《論語》,不免是對師法的破壞;但這其實是那一時節"左右采獲"、"具文飾説"等風尚薰染下的一種必然結果。這也最終完成了《論語》文本的統一。

---

① 《漢書》卷八一《張禹傳》,第10册,第3352頁。

第二章　東漢時《論語》注釋的紛呈與初步融合

其實，在《論語》文本漸趨穩定、統一時，也開始了《論語》注釋的歷程。

今存關於《論語》注釋的記載中，最早可以追溯到西漢孔安國的注釋。這導源於《古論語》的出土而帶來的識讀困難。武帝初年(元朔元年，即前128年之前)，魯恭王壞孔子宅，孔壁所藏的《論語》文獻出土。因其爲蝌蚪文，"時人莫有能言者"，而由時任博士，或者説出於對先祖名山事業的敬重，"竊懼先人之典辭將遂泯滅"，①孔子十二世孫孔安國進行了整理、收藏，"考論古今文字，撰衆師之義，爲《古文論語訓解》十一篇"。② 最終，天漢(前100—前97)之後得以獻給朝廷。但後"遭巫蠱事，未列於學官"。③ 巫蠱事在征和元年至三年間(前92—前90)。此後一直收藏在宫中，直到宣帝時才因"時尚稱書難曉"，仍舊不甚明曉，而加以"隸寫以傳誦"，④即改用當時通用的隸書傳寫，以便士人閱讀。

就"考論古今文字，撰衆師之義"與"爲之今文，讀而訓傳其義"⑤來看，孔安國進行的整理，至少兩個方面：一、變古文"科斗"爲今文字，即武帝時的隸書(估計近於2015年11月江西南昌市海昏侯墓出土漆器上書寫的"昌邑九年"、"昌邑十一年"等秦隸)；但仍不大好識認，以致宣帝時持續改定隸書以傳誦。二、綜合各位經師的解説，因難讀而側重於字詞意義的解釋。而今，就留存在何晏《論語集解》中孔注的條目(約460條，占總條目的42.2%)看，也正重在文意的疏通。對"訓解"二字，皇侃解釋爲"訓亦注

---

① 《〈孔子家語〉後孔安國序》，見楊朝明、宋立林主編《孔子家語通解》，濟南，齊魯書社，2009年，第579頁。
② 《〈孔子家語〉後孔安國序》，第580頁。
③ 《漢書》卷三〇《藝文志·小序》，北京，中華書局，1964年，第6册，第1706頁。
④ 《論衡校釋》卷二八《正説篇》，第4册，第1138頁。
⑤ 孔衍上書，見《〈孔子家語〉後孔安國序》，第581頁。

也。……訓説者,文字解之耳",①即側重字詞句義的解釋。從《論語集解》中所引的孔注看,確實這樣,如:

《學而》"賢賢易色"下,孔注:"子夏,弟子卜商也,言以好色之心好賢則善也。"

《學而》"慎終追遠,民德歸厚矣"下,孔注:"慎終者,喪盡其哀也。追遠者,祭盡其敬也。人君行此二者,民化其德而皆歸於厚也。"

《學而》"三年無改於父之道,可謂孝矣"下,孔注:"孝子在喪,哀慕猶若父在,無所改於父之道也。"

《爲政》"四十不惑,五十而知天命"下,孔注:"不疑惑也。知天命之終始也。"

《爲政》"吾與回言終日,不違,如愚"下,孔注:"回,弟子也,姓顔,字子淵,魯人也。不違者,無所怪問。於孔子之言,默而識之,如愚也。"

《八佾》"君子無所争,必也射乎"下,孔注:"言於射而後有争也。"

除字詞、名物的解釋外,上面也能看出,對句意,孔注也有較詳細的解釋,這大約就是"訓傳其義"的真實含義。顯然,這也是早期識讀困難下的一個必然結果;而且,作爲早期的開拓者,一般都解釋得較爲簡潔,遠没有後來的崇飾增繁。

繼往開來,這是一個很好的開端。同時,這也説明《〈孔子家語〉後序》的記載並没有厚誣後人。

至於東漢時較具體一些的《論語》讀習情形,大的方面,從經書獲得官方認可、爲置博士的歷程看,最早文帝時置一經《詩》博士,武帝時設立五經《書》《禮》《易》《春秋》《公羊》博士,宣帝時增設大、小夏侯《尚書》、大小戴《禮》等八家,元帝時立京氏《易》,平帝時又立《左氏春秋》《毛詩》《逸禮》《古文尚書》等於學官。其設立進程,可具見《漢書》卷八八《儒林傳讚》。但均不言有《論語》博士,這是有原因的:不是《論語》不重要,而是有特殊情況,即《論語》《孝經》均需兼習的緣故,不需再特意設置。甘露三年(前51),石渠閣議中有《論語》,也即《漢書》卷三〇《藝文志》所載的"《(論語)議奏》,十八篇(原注:石渠論)"。《論語》總計二十篇,這裏有十八篇,可見是逐篇討論的結果,這當然也見出最高層對《論語》的極度重視。建初四年(79),再一次由皇帝——"扶進微學,尊廣道藝"的章帝召集相關官員、儒生

---

① 陳蘇鎮等校點、皇侃著《論語集解義疏》,見《儒藏》(精華編第104册)"經部四書類",北京大學出版社,2007年,第211頁。下引例同出此書。

會聚白虎觀,考問、裁定五經的異同,並"親稱制臨決",①因時更宜,進而確立一個統一的文本。熹平四年(175),為避免"俗儒穿鑿,疑誤後學",②以及"私行金貨,定蘭臺柒書經字,以合其私文",③而刻石作為標準,立於太學門外,這就是赫赫有名的熹平石經。最終在漢朝行將崩潰的前夕,完成了儒學內部的統一,並以此昭告天下。這兩件事,充分證實從公元前51到175年,二百二三十年間,《論語》一直受到最高層的器重。化之所下,這時業已成為一項規範、穩定的選舉制度——因察舉所能給予一個人的利祿和功名,進而極大地改變一個人人生際遇的驅動,《論語》在東漢的讀習自是非常普遍,日益深廣;同時,在師法、家法的轉向、變異中,而日益趨向繁瑣。但極盛之下,又出現了一個簡省章句的潮流。

這是當日的整體氛圍。東漢時的《論語》學就蘊育在這種特定的政治生態和文化環境之中。

因此,這一章也就著力解決以下四個問題:

一、作為決定士子未來命運的核心制度——博士弟子員、察舉制度日益發展,其對東漢士人的影響究竟怎樣?同時,考察清楚這一考核方式的具體情形,以此明了《論語》讀習在怎樣的一個宏觀背景中。

二、古文經與今文經抗衡,最終是如何崛起的?這一崛起對《論語》注釋有怎樣的影響。

三、與漢武帝時孔安國注《論語》遙相呼應,順應時代,東漢末的一代學者鄭玄綜合今古文,而成一代之作《論語注》。其具體的做法、價值和地位又如何?

四、與之伴生的,是東漢末到曹魏時期石經的鏤刻,這一歷史情形又怎樣?這是因為作為早期官方定型後的文本,無論學術還是文物等方面都有不可替代的價值。

第一節　經學化的深廣發展與
　　　　師法、家法的變異

王莽天鳳(14—19)中,一位二十餘歲的青年,受盡了路途的磨難,"資

---

① 《後漢書》卷《章帝紀》,第1冊,第138頁。
② 《後漢書》卷六〇下《蔡邕傳》,第7冊,第1990頁。
③ 《後漢書》卷七九上《儒林傳序》,第9冊,第2547頁。

用乏,與同舍生韓子合錢買驢,令從者僦,以給諸公費",風塵僕僕地從南陽趕往長安,最終從中大夫廬江許子威受《尚書》,"略通大義"。① 這一情形,應是當日無數遠離家鄉的士子到帝京求學的一個縮影。不同的是,這個人是劉秀,後來成了東漢的開國皇帝。但是,儘管後來的人生發生了翻天覆地的變化,但卻沒抹去這青年時代浸染的儒學印記;或者說,反而更日日滋生,並憑藉政權的力量,開始了一個與在秦代絕學氛圍中成長的不無粗鄙、少文的遠祖亭長劉邦迥然不同的面貌——儘管時仍戰亂、動盪不已,但在他的周圍,業已聚集了一批有才華的好學、飽學之士,如鄧禹,年十三就能誦《詩》;寇恂,在建武三年(27),戰爭尚未結束,就修鄉校,爲未來人才的培育竭盡心力;馮異,也有通習經書的知識背景。光武帝"厭武事",甚至經常"講論經理,夜分乃寐"。② 這種儒雅氛圍的出現,與其說是劉秀的遠大卓識,還不如說是西漢官方提倡,一代代、一批批士人前赴後繼承傳、濡染經術的結果。即位之初,劉秀最先招致的,就是以經書、學行著稱的卓茂:

  前密令卓茂,束身自修,執節淳固,誠能爲人所不能爲。夫名冠天下,當受天下重賞,故武王誅紂,封比干之墓,表商容之閭。今以茂爲太傅,封褒德侯,食邑二千户,賜几杖車馬,衣一襲,絮五百斤。③

  時卓茂已七十餘歲,到了風燭殘年。"爲人所不能爲",如孔子般"知其不可而爲之",自然是儒者的一種極高風範,能爲天下士人的準則。"封比干之墓,表商容之閭",既是光武對賢人比干、商容的敬奉、景仰,言辭中流露出求賢如渴的坦誠與懇切,也不妨是對施行者周武王的一種效法,力圖開創一個清明、鼎盛的國家。卓茂被封爲褒德侯,而同一時節,元始元年(1)六月,孔子後裔孔均封爲褒成侯,孔子也僅是追諡褒成宣尼公,④比較之下,可見對卓茂的極度推崇。

  不僅如此,光武還把太子、諸王的教育上升到是一個士人最大功業的高度,光武清楚地意識到,"教訓太子及諸王侯,非大功耶",⑤並接受班彪的建議,"博選名儒有威重明通政事者,以爲太子太傅,東宮及諸王國,備置官屬",⑥這是一個高遠的規劃,也由此構建了一個全面發展的教育格局。

  及光武中興,愛好經術,未及下車,而先訪儒雅,採求闕文,補綴漏

---

① 《後漢書》卷一上《光武帝紀》,第1册,第1頁。
② 《後漢書》卷一下《光武帝紀》,第1册,第85頁。
③ 《後漢書》卷二五《卓茂傳》,第4册,第871頁。
④ 《漢書》卷一二《平帝紀》,第1册,第351頁。
⑤ 《後漢書》卷七九下《儒林·鍾興傳》,第9册,第2580頁。
⑥ 《後漢書》卷四〇上《班彪傳》,第5册,第1328頁。

逸。先是四方學士多懷協圖書,遁逃林藪。自是莫不抱負墳策,雲會京師,范升、陳元、鄭興、杜林、衛宏、劉昆、桓榮之徒,繼踵而集。於是立五經博士,各以家法教授。①

在史家不勝嚮往的追述中,概述出了東漢立國之初就截然有異的崇儒重學的風尚。同時,東漢帝國也自有一種弘大的氣度,以此吸納、會聚了來自四面八方的優秀學子雲集京師。這一情形,在此後的承平歲月裏,更因承位的明帝、章帝的持續努力而進一步發揚光大、激昂蹈厲。

在儒學中浸潤的明帝承襲了光武未竟的事業。首先,就《後漢書》卷七九上《儒林傳序》看,明帝把儒學教育的落實擴大到了整個帝京的統治階層,"其後復爲功臣子孫、四姓末屬別立校舍,搜選高能以受其業,自期門、羽林之士,悉令通《孝經》章句",②甚且還擴展到四夷,"匈奴亦遣子入學"。也由此,據《後漢書·光武十王列傳》《宗室四王三侯列傳》,劉姓的王侯,其經學文化修養和專門成就,甚且一度讓人歎爲觀止。與這一舉措緊密相連的,是崇建宣明政教、施展教育即禮樂教化的場所——太學、明堂、辟雍。"太學、明堂、辟雍者,禮樂之府,詩書之林",③其地位不容置疑。明帝構建了一個很好的物質基礎,也《儒林傳》所載的中元元年(56),"初建三雍","備三雍之教"。而在一代才士班固的手中,在《兩都賦》描述中,"觀明堂,臨辟雍。揚緝熙,宣皇風","俯仰乎乾坤,參象乎聖躬",儘管是極其簡略的語詞,仍能依稀窺見時日明堂、辟雍宏偉、壯麗的身姿;而且,班固也是把一個時代的盛事設定在永平時代("將語子以建武之治、永平之事"),④表達了一個文學士子對這個時代由衷的敬意和歎服。其次,明帝還以帝尊的身分親自坐而論道,主持講論經義的活動,表現出了帝王間少有的熱忱和激情,"饗射禮畢,帝正坐自講,諸儒執經問難於前,冠帶縉紳之人,圜橋門而觀聽者蓋億萬計"。"蓋億萬計",顯然是一個前所未有,極其弘大、壯觀的場面。不僅如此,明帝還親自撰寫了《五家要說章句》,並令世傳《尚書》學的桓鬱"校定于宣明殿",⑤又像是一介儒生,想要藉此在經學史上留下一己的印記,這顯示了一個帝王對儒學的傾情和投入。再次,是突破了尊卑界限,以帝王之尊給予其師傅桓榮極大的禮遇和尊崇。據《後漢書》卷三七《桓榮傳》,建武

---

① 《後漢書》卷七九上《儒林傳序》,第9册,第2545頁。
② 《後漢書》卷二《明帝紀》載:"永平中崇尚儒學,自皇太子、諸王侯及功臣子弟,莫不受經。"(第1册,第113頁。)
③ 《全後漢文》卷二三班彪《奏事》,北京,中華書局,1999年,第1册,第599頁。
④ 李善《文選·兩都賦》注引《東觀漢記》,"永平三年正月,上宗祀光武皇帝於明堂,禮畢,升靈臺。三月,上初臨辟雍,行大射禮"。
⑤ 《後漢書》卷三七《桓榮傳》,第5册,第1254—1255頁。

十九年(43),劉莊爲太子時,桓榮以《尚書》教誨太子。劉莊登基後,"尊以師禮,甚見親重"。一次幸桓榮府第,大會百官,"天子親自執業,每言輒曰'大師在是'",並大加賞賜。這一次不無偶然性,更經常的是,"每大射養老禮畢,帝輒引榮及弟子升堂,執經自爲下説"。明帝給予了那個時代一個師傅所能受到的最高禮遇,向世人表明師道尊嚴的可敬,也以其具體、切實的舉措樹立了一個示範。這無疑是一種號召,在一個極重師法的社會,實有着更爲深廣、普泛的示範和標桿意義。

也爲此,明帝以一己全面、切實、執著的努力,營造了一個幾乎讓後人無限神往的禮樂社會,即永平時代:

> 至孝明皇帝,兼天地之姿,用日月之明,庶政萬機,無不簡心,而垂情古典,游意經藝,每饗射禮畢,正坐自講,諸儒並聽,四方欣欣。雖闕里之化,夔相之事,誠不足言。又多徵名儒,以充禮官,如沛國趙孝、琅邪承宫等,或安車結駟,告歸鄉里;或豐衣博帶,從見宗廟。其餘以經術見優者,布在廊廟。故朝多皤皤之良,華首之老。每讌會,則論難衎衎,共求政化。詳覽群言,響如振玉。朝者進而思政,罷者退而備問。小大隨化,雍雍可嘉。期門、羽林介胄之士,悉通《孝經》。博士議郎,一人開門,徒眾百數。化自聖躬,流及蠻荒,匈奴遣伊秩訾王大車且渠來入就學。八方肅清,上下無事。是以議者每稱盛時,咸言永平。①

"四方欣欣","小大隨化,雍雍可嘉","八方肅清"等,樊準從明帝親自講論、徵召名儒、博選儒士、擴大教育等方面,簡略卻又極爲準確地陳述出了一個儒學盛世的時代。

接下來的章帝,"少寬容,好儒術",②比起威儀盛美、吏治嚴刻的明帝,顯然要樸素、寬大,但卻更切實一些,因爲他把儒家的一些原則、理念貫穿到具體的政治治理當中,也就是行寬厚仁和之政。元和二年(85)秋,章帝根據《春秋》《月令》,制詔:"朕咨儒雅,稽之典籍,以爲王者生殺,宜順時氣。其定《律》,無以十一月、十二月報囚。"③即十一、十二月不斬殺犯人,在具體的律條中體現了儒家的仁者之相。某種程度上,對其父明帝的"苛切"之政也以經術進行了糾偏,並一一在切實的措施中體現出來:

> 章帝素知人厭明帝苛切,事從寬厚。感陳寵之義,除慘獄之科。(李賢注:寵時爲尚書,以吏政嚴切,乃上書除慘酷之科五十餘條,具本

---

① 《後漢書》卷三二《樊準傳》,第4册,第1125—1126頁。
② 《後漢書》卷三《章帝紀》,第1册,第129頁。
③ 《後漢書》卷三《章帝紀》,第1册,第152—153頁。

傳也。)深元元之愛,著胎養之令。(李賢注:元和二年令,諸懷妊者賜穀,人三斛。)奉承明德太后,盡心孝道。割裂名都,以崇建周親。(周,至也。)平徭簡賦,而人賴其慶。又體之以忠恕,文之以禮樂。故乃蕃輔克諧,群後德讓,謂之長者,不亦宜乎!①

也由此,章帝被稱爲一位敦厚、寬大的"長者",這也是由仁義充實而輝光,進而到達的一種極高的儒者氣象。重要的是,建初四年(79),在甘露二年(前52)宣帝石渠閣會議後,章帝又一次以皇帝之尊,召集相關官員、儒士會聚白虎觀,"親稱制臨決",再一次對經學進行了整齊、統一;就當日章句已繁瑣的主流情形看,估計更多的是側重章句的簡省、明了。

應當説,光武、明帝、章帝前赴後繼,在開國後的六十多年間,從制度上——以經術察舉的制度已廣泛、普遍地施行;禮樂教化上——太學、明堂等也已成規制,可以説,經學在此際已深深地浸入到了士人的血液之中,甚且成了一種生活的常識。這不僅是因爲此後僅是一些持續發展,少見創新、鼎革;還是因爲這之後才出現了一些普通或者説下層士子勉勵讀習經書的故事。最典型,也最爲世人熟知的就是樂羊子之妻以斷織爲喻,苦勸其夫"積學","以就懿德"。同樣,也是一位女性,吕榮多次流涕規勸爲賭徒的丈夫許升就學,後許升感激自勵,"乃尋師遠學,遂以成名"。② 這些甚且失卻姓名的普通女性不僅承擔繁重的家務、教養子女;還要忍受丈夫不在身邊的無盡孤獨和寂寞,但卻以堅毅、近乎義無反顧的執念全力支持丈夫在外遊學——這不能不説是功名觀念普遍浸潤下的一種心態折射,民間的普通士人的迴響、呼應無疑是最具有説服力的了,藉經學以成就或宏達確實成了一個時代普通人潛藏在心底、揮之不去的深深印記。再如身爲亭長卑職的逢萌不堪拜往迎來的驅使,歎曰"大丈夫安能爲人役哉",③遂決意去長安讀習《春秋》經,以圖宏達,改變身分。

與儒學對整個社會深廣、普遍的滲入相關的,是經學傳授的方式,即綿延於西漢的早期師法也出現了變異,並進而傳導到政治結構和生態中,終東漢一代,最終促使了强梁、雄霸一方的豪强大族向道德爾雅、擁有較顯赫政治地位的世家大族的轉换。

對於師法、家法,經學史家皮錫瑞有一簡明的概括:

前漢重師法,後漢重家法。先有師法,而後能成一家之言。師法

---

① 《後漢書》卷三《章帝紀》,第1册,第159頁。
② 《後漢書》卷八四《列女傳》中"樂羊子妻"、"許升妻"條,第10册,第2792—2793頁;第2795頁。
③ 《後漢書》卷八三《逸民·逢萌傳》,第10册,第2759頁。

者,溯其源;家法者,衍其流也。師法、家法所以分者,如《易》有施、孟、梁丘之學,是師法;施家有張、彭之學,孟有翟、孟、白之學,梁丘有士孫、鄧、衡之學,是家法。家法從師法分出,而施、孟、梁丘之師法又從田王孫一師分出者也。①

即西漢重師法,是"溯源";後漢重家法,是"衍流",是從師法而來。如果對《漢書》《後漢書》中師法、家法的材料統計,"師法"在《漢書》中出現了八次,《後漢書》中出現了三次。而且,《後漢書》卷二七《吳良傳》中載其"治《尚書》,學通師法",還是強調對西漢師法的通習。這僅是個別特例,而被史書載入,可見西漢時"師法"的流行。不過,皮氏却没有具體剖析師法嚮家法轉變的深層原因。

師法的產生與漢初特定的典籍環境有關。漢初,儒家的一些典籍,在經歷秦火後散佈、零落民間,因口耳相傳,而有了不同的傳本。面對紛繁無定的傳本,也只有先樹立有影響力的學派,讓其成爲官方認可的正宗,才能更好地引導士人讀習,進而利於思想的統一,而與大一統的帝國治理體系相適應。儒家的經典也正需要以師承關係爲依據來判斷經文的真實性、權威性和解説的可靠性,師法應運而生。隨着博士弟子的設置,師法也是維護博士官學地位和延續學脈的有力手段。這一做法,也是先秦重師法的一種延續,如《吕氏春秋》卷四《勸學篇》就説"君子之説也,説義必稱師以論道,聽從必盡力以光明,聽從不盡力,命之曰背,説義不稱師,命之曰叛。背叛之人,賢主弗内之於朝,君子不與交友",強調了對師説的遵從和信守,否則就是"叛"逆。這種觀念,西漢時多有例證,如王式回答弟子問題時説"聞之於師具是矣",②高堂隆解釋"物故"一詞時説"聞之先師,物,無也;故,事也。言死者無所能於事也",③"唯嬴公守學不失師法,爲昭帝諫大夫",④張子儒、鄭寬中"守師法教授"⑤等,都一再持守了對師説的遵從。

整體上,師法的稱呼流行於西漢中後期,東漢仍有使用,但已少見;而家法的稱呼興起於東漢中後期及魏晉南北朝。其間轉變的關鍵,就是經學已漸趨成爲經師謀取利禄、仕進的工具和手段,爲了家族的利益,也爲了使一己的家族不再局限於一個狹小的地域或基層,或不僅是強梁、雄踞一方的豪強大族,而勢必要膨脹、衝出鄉土地域,以謀求更大的政治利益;這時,就會

---

① 皮錫瑞著、周予同注釋《經學歷史·經學極盛時代》,北京,中華書局,2004年,第91頁。
② 《漢書》卷八八《王式傳》,第11册,第3610頁。
③ 《後漢書》卷七九上《儒林·牟長傳》李賢注引,第9册,第2557頁。
④ 《漢書》卷八八《胡母生傳》,第11册,第3616頁。
⑤ 《漢書》卷七五《李尋傳》,第10册,第3179頁。

放開視野,以整個家族子弟爲教育對象,不斷發掘、培育有才華的子弟,以維持或增進家族的勢力,由此出現了累世的經學世家,如汝南袁氏、弘農楊氏、瑯琊伏氏等;這也直接促使了在東漢末期出現的以文化(儒學)爲標識、累代顯宦的世家大族。如瑯琊伏氏,最早源自漢文帝時仍傳《尚書》學的濟南伏生。其後,據《後漢書》卷二六《伏湛傳》,伏生的八世孫伏理,當世名儒,以《詩》授成帝,爲高密太傅;其子伏湛,光武帝建武三年(27)任大司徒,封楊都侯。伏湛孫伏無忌亦傳家學,博物多識,順帝時爲侍中、屯騎校尉。永和元年(136),曾受詔校定中書《五經》、諸子百家、藝術等。伏無忌子伏質官至大司農,孫女爲漢獻帝伏皇后,伏氏幾乎與兩漢王朝相伴始終。再如歐陽《尚書》學,據《後漢書》卷七九上《歐陽歙傳》,最早傳自西漢初年伏生的《尚書》學,"自歐陽生傳伏生《尚書》,至歙八世,皆爲博士"。建武中,歐陽歙因連坐死於獄中。因其子尚幼,遂絕傳。按理,歐陽歙"在郡,教授數百人,視事九歲",弟子衆多,不可能絕其學;這種情況下,家學只能是專指家族子孫間的傳承。經學已蛻變成了某一家族的一家之學。從這個角度説,東漢中後期開始出現了一些大的世家大族,也正是經學由師法轉嚮家法的直接產物。

接着,再看家法演變的具體歷程。"及光武中興,愛好經術。……於是立《五經》博士,各以家法教授",①"其後,(魯恭)拜爲《魯詩》博士,由是家法學者日盛"。②"其後",據傳,爲和帝時期(88—105年在位)。就是説,史書所認定的後漢極重家法的傳統在和帝時才較爲興盛。范曄在《後漢書》卷三五《張純、曹褒、鄭玄傳論》中,亦是界定在東漢,其時家法開始興盛:

> 及東京,學者亦各名家,而守文之徒,滯固所稟,異端紛紜,互相詭激,遂令經有數家,家有數説,章句多者或乃百餘萬言,學徒勞而少功,後生疑而莫正。

對漢代經學的家法,《四庫提要》卷一《經部總敍》曾有一影響至深的評論:"其初專門授受,遞稟師承。非惟訓詁相傳,莫敢同異;即篇章字句,亦恪守所聞。其學篤實謹嚴,及其弊也拘。"但實際並非如此嚴格,西漢時期就已有破壞師法的少數例證,如上一章第五節所舉王式説的可就師説簡略甚或疏漏之處自己發揮潤色。再如夏侯建"自師事(夏侯)勝及歐陽高,左右采獲(師古曰:'言於勝及高兩處采問疑義而得。')又從《五經》諸儒問與《尚書》相出入者,牽引以次章句,具文飾説。""具文",即備具原文而一一解説,

---

① 《後漢書》卷七九上《儒林傳序》,第9册,第2545頁。
② 《後漢書》卷二五《魯恭傳》,第4册,第878頁。

一旦遇有不可解説之處，則不免"飾説"潤色，甚至不得不"左右采獲"、曲解。雖然這一做法遭到了夏侯勝非議，鄙視此爲"章句小儒，破碎大道"，①但也足以説明師説、家法並非神聖不可侵犯，當時博士自行潤色、闡釋的風氣已漸開啟。也可想見，"具文飾説"、"左右采獲"等，直接帶來的一個後果就是章句數量的急遽膨脹，如《漢書》卷八八《張山傳》載"（秦）恭增師法至百萬言"，對此，顏師古注："言小夏侯本所説之文不多，而秦恭又更增益，故至百萬言。"即指小夏侯建傳的《尚書》學。從"增師法百萬言"來看，膨脹了許多，比較繁瑣，這也是小夏侯學的一個鮮明的特色。而秦恭，因師從夏侯建的弟子張山，且在甘露三年（前51）石渠閣會議之後，也就是西漢中期已開始了這種傾向。章句的膨脹，西漢末年，劉歆在《移書讓太常博士》就直斥帶來的惡劣結果，"分文析字，煩言碎辭，學者罷老且不能究其一藝"。不過，章帝建初四年（79）十一月，下詔論定光武之前的官學"此皆所以扶進微學，尊廣道藝也"，②可説是在高層的許可下促使了解説的惡性膨脹；這是因爲既然各種"微學"都需扶持，也自然都在可徵引、注釋之列。

但也顯然，經書章句的急遽膨脹，在一個主要靠竹簡、木牘來傳承的時代（帛書比較昂貴，一般人承受不起），勢必會直接造成攜帶、讀習的極爲不便，時竟有累死燭下的記載；③也必然會出現了一個删減章句的潮流。就是説，這一章句膨脹的歷程，大約持續到了東漢中期。

這一删省章句的潮流，王莽時已經出現，"王莽之時，省《五經》章句皆二十萬"。④ 光武時，曾詔令鍾興"定《春秋》章句，去其複重，以授皇太子"，⑤也對"複重"繁雜的章句進行了删省。此後，又下詔議論如何簡省，"中元元年（56）詔書，《五經》章句煩多，議欲減省"。到了東漢中後期，隨著章句的日益繁瑣，删省、更改的情形更趨增多。章帝永平元年（58），長水校尉南陽樊儵又上奏，"先帝大業，當以時施行。欲使諸儒共正經義，頗令學者得以自助"。⑥ 其本人曾就侍中丁恭受《公羊嚴氏春秋》，後"删定《公羊嚴氏春秋》章句，世號'樊侯學'，教授門徒前後三千餘人"。⑦ 而樊儵的弟子，

---

① 《漢書》卷七五《夏侯勝傳》，第10冊，第3159頁。
② 《後漢書》卷三《章帝紀》，第1冊，第138頁。
③ 《論衡校釋》卷十三《效力篇》載"博士弟子郭路，夜定舊説，死於燭下，精思不任"，第2冊，第583頁。
④ 《論衡校釋》卷十三《效力篇》，第2冊，第583頁。
⑤ 《後漢書》卷七九下《儒林·鍾興傳》，第9冊，第2579頁。
⑥ 《後漢書》卷三《章帝紀》，第1冊，第138頁。
⑦ 《後漢書》卷三二《樊儵傳》，第4冊，第1125頁。

蜀郡張霸又嫌樊氏的章句"尤多繁辭",再次"减定"爲二十萬字,更名爲張氏學。① 兩次删省後還剩二十萬字,可見《公羊春秋》的注釋一時間膨脹得是多麽厲害,據下三例來看,估計至少也是四、五十萬字。這在一個靠竹簡讀習的時代,確實是繁瑣至極。沛郡桓榮"受朱普學章句(指《尚書歐陽章句》)四十萬言,浮辭繁長,多過其實。及榮入授顯宗(漢明帝劉莊),减爲二十三萬言。(桓)鬱復删省定成十二萬言。由是有桓君大、小《太常章句》"。② 敦煌張奂"少遊三輔,師事太尉朱寵,學《歐陽尚書》。初,《牟氏章句》浮辭繁多,有四十五萬餘言,奂减爲九萬言"。③ 琅邪伏黯"以明《齊詩》,改定章句,作《解説》九篇。……父(伏)黯章句繁多,(伏)恭乃省减浮辭,定爲二十萬言。"④樊儵、桓榮、伏恭等,都是東漢初人;張奂,桓帝時人,曾辟大將軍梁冀府。或者説,這些大刀闊斧删减章句、背離家法的行爲,從東漢初至末年,一直斷續不絶。東漢末年,荆州學派的主持人劉表,"深愍末學,遠本離質",也曾令諸生删减五經章句,"删剗浮辭,芟除煩重。贊之者用力少,而探微知機者多"。⑤ 又,《論衡·明雩篇》載"漢立博士之官,師弟子相呵難",可見弟子也可以抵呵詰難老師,這一行爲也勢必促使對章句的革易。可以説,東漢中期以後,經學章句的删繁就簡已成爲一種學術發展的潮流。

與删繁就簡相聯繫的,是經學古今文的融彙。因爲不管是出自攻擊對方,還是爲廣充一己的章句,都需熟悉或借鑒對方,這也在事實上促使了章句的不斷融合。當然,隨着古文經學從西漢劉歆以來,一些著名學者前後相繼不斷的努力、爭取,古文經也漸趨走進了士人關注的視野,而使得今文經學者不能再以昔日的眼光去蔑視或小覷。

章句的不斷删减、變更,其實就是家法不斷衰落的過程。《後漢書》卷四四《徐防傳》載其上疏:

> 伏見太學試博士弟子,皆以意説,不修家法,私相容隱,開生姦路。每有策試,輒興訟,論議紛錯,互相是非。……今不依章句,妄生穿鑿,以遵師爲非義,意説爲得理,輕侮道術,浸以成俗,誠非詔書實選本意。……專精務本,儒學所先。臣以爲博士及甲乙策試,宜從其家章句,開五十難以試之。解釋多者爲上第,引文明者爲高説;若不依先師,

---

① 王先謙等《後漢書集解》(外三種)(一)卷三六,上海古籍出版社,2006年,第612頁。
② 《後漢書》卷三七《桓榮傳》,第5册,第1256頁。
③ 《後漢書》卷六五《張奂傳》,第8册,第2138頁。
④ 《後漢書》卷七九下《伏恭傳》,第9册,第2571頁。
⑤ 嚴可均《全三國文》卷五六所收《劉鎮南碑》,北京,中華書局,1999年,第1362頁。

義有相伐,皆正以爲非。《五經》各取上第六人,《論語》不宜射策。雖所失或久,差可矯革。

這與《後漢書》卷七九上《儒林傳序》所載,適能互相發明:

及鄧后稱制,學者頗懈。時樊準、徐防並陳敦學之宜,又言儒職多非其人,於是制詔公卿妙簡其選,三署郎能通經術者,皆得察舉。自安帝覽政,薄於藝文,博士倚席不講,朋徒相視怠散,學舍頹敝,鞠爲園蔬,牧兒蕘豎,至於薪刈其下。順帝感翟酺之言,乃更修黌宇,凡所造構二百四十房,千八百五十室。試明經下第補弟子,增甲乙之科員各十人,除郡國耆儒皆補郎、舍人。本初元年(146),梁太后詔曰:"大將軍下至六百石,悉遣子就學,每歲輒於鄉射月一饗會之,以此爲常。"自是遊學增盛,至三萬餘生。然章句漸疏,而多以浮華相尚,儒者之風蓋衰矣。黨人既誅,其高名善士多坐流廢,後遂至忿爭,更相言告,亦有私行金貨,定蘭臺桼書經字,以合其私文,熹平四年(175),靈帝乃詔諸儒正定《五經》,刊於石碑,爲古文、篆、隸三體書法以相參檢,樹之學門,使天下咸取則焉。

徐防的上疏在永元十四年(102)。兩相比核,能看出經學衰落、變遷的階段:和帝時期,"博士弟子,皆以意說,不修家法","不依章句,妄生穿鑿,以遵師爲非義,意說爲得理"等,顯示出修家法、遵章句已開始衰變、敗落的史實。這一點,如結合家學內部亦多有"省減浮辭"、"改定"章句的情形,如上所論的樊鯈、桓榮、伏恭等都是東漢初人的事實,就能看出家法的變異、紊亂早已有之。不過,初期還不甚嚴重。對此弊端,徐防的建議是策試中"從其家章句,開五十難以試之",即遵其家法,策試句意解釋("章句")掌握的程度,"解釋多者(解說廣博)爲上第","引文明(引文明晰,準確說明出處)者爲高說"。徐防的實質是要嚴格遵行家法,肯定家法的至上權威。朝廷的具體舉措則是嚴格其選,但某種程度上還是給予了地域上的優待,即京師"三署郎能通經術者",皆得察舉,考核後授予官職。但安帝時,因最高統治者的漠視,"薄於藝文",由此帶來了一個災難性的後果,即"博士倚席不講,朋徒相視怠散",甚至最高太學的學舍"頹敝",一片荒蕪,"鞠爲園蔬",竟變成了一個栽種果蔬的園子(博士爲養家糊口)。太學極度衰落的情形,雖在順帝時期一度扭轉,甚至不無興盛、繁榮的景象;但表面上的硬件設施遠遠提升不了經學的質量,也挽救不了經學分歧、衰落的命運。因爲經學的生命力本就在於要隨時更易,融會進新鮮血液,賦予新的內涵,而不是一成不變地固守,更不是一味牽強附會、繁瑣釋經,如秦近君般解說《堯典》的篇目"曰若稽古"就有三萬言。或者說,家法的權威性在持續不斷的紛爭中被消解、淡化,甚至最終被棄之不顧。在"章句漸疏",且"多以浮華相尚"的背景下,章句者所注重的就是憑藉"浮華相尚",結黨營私,以謀求出仕或更大的政治利益——自不需再苦心費力地讀習、潛究經學的準確解釋和意藴,經學的解説和發展被擱置在一邊。甚且,爲了確定一己(或一家)經學的權威,甚至不惜"私行金貨,定蘭臺柒書經字,以合其私文"。這反過來又引起了更大的紛爭,紛爭的結果,就是憑藉國家權力在熹平四年(175)詔定《五經》,刊於石碑,立在國家最高的學術機構太學邊,示以規範與準則。但最根本的章句之學,或者説今文經學確實是無可奈何地衰落下去了,與之對照的則是古文經學的勃興。

對東漢時經學的特點,皮錫瑞曾有揭示,並詳細地列舉了一些例證:

> 後漢經學勝於前漢者,有二事。一則前漢多專一經,罕能兼通。經學初興,藏書始出;且有或爲雅、或爲頌,不能盡一經者。若申公兼通《詩》《春秋》,韓嬰兼通《詩》《易》,孟卿兼通《禮》《春秋》,已爲難能可貴。夏侯始昌通《五經》,更絕無僅有矣。後漢則尹敏習歐陽《尚書》,兼善《毛詩》《穀梁》《左氏春秋》;景鸞能理《齊詩》《施氏易》,兼受河洛圖緯,又撰《禮内外説》。何休精研六經,許慎五經無雙,蔡玄學通五經。此其盛於前漢者一也。一則前漢篤守遺經,罕有撰述。章句略備,文采未彰。《藝文志》所載者,説各止一二篇,惟《災異孟氏京房》六十六篇爲最夥。……何休作《公羊解詁》,又訓注《孝經》《論語》,以《春秋》駁漢事六百餘條,作《公羊墨守》《左氏膏肓》《穀梁廢疾》。許慎撰《五經異義》,又作《説文解字》十四篇。賈逵集《古文尚書同異》三卷,撰齊、魯、韓《詩》與毛氏異同,並作《周官解故》。馬融著《三傳異同説》,注《孝經》《論語》《詩》《易》《三禮》《尚書》。此其盛於前漢者二也。①

即一,東漢時人多能兼通經學。二,後漢多有著述,部頭也較大。最終發展至鄭玄遍注諸經,立言百萬,集漢學之大成,達到了一個時代注經的高峰。這中間,强有力的推動者就是當日的察舉制度。據《文獻通考》卷四〇《學校》載永壽二年(156)後,學生以兩年爲界,"試通二經者,補文學掌故……試能通三經者,擢其高第爲太子舍人……試能通四經者,推其高第爲郎中……試能通五經者,推其高第補吏,隨才而用"。據《後漢書》卷一一五、一一七《百官志》二、四,掌故,秩百石;太子舍人,秩二百石;郎中,秩比三百石,待遇漸次增高。比之先前,永壽二年提高了通經標準,以通二經爲起

---

① 皮錫瑞著、周予同注釋《經學歷史·經學極盛時代》,北京,中華書局,2004 年,第 84—85 頁。

點。這固然提高了入仕的門檻,卻明確鼓勵通三經、四經,甚至五經,即兼通諸經。這已在東漢的後期,由此,這一時期出現了兼通諸經的風尚,顯然與此密切相關(可與第一章第四節互參)。

兼通的結果,就是打破了古、今文的界限,即第三個特點:

乃有賈逵、許慎,專以古學名者也。而逵則兼通五家《穀梁》之說,又以大夏侯《尚書》教授;慎之《五經異義》,其說"九族",則不從古《尚書》說,而從今《禮》戴、《尚書》歐陽說,其論諸侯無去國之義,則不從《左傳》說,而從《公羊》說。李育、何休,專以今學明者也。而育既頗涉獵古學;休之《公羊解詁》,亦多本《毛詩》,兼引佚《禮》。至於鄭玄,更大破古今之界。初造太學受業,師事京兆第五元先,通京氏《易》、公羊《春秋》,又從東郡張恭祖受《周官》《禮記》《左氏春秋》《韓詩》《古文尚書》,因涿郡盧植事扶風馬融,從質諸疑義,故其注《儀禮》則並存古今文,注《周禮》則多用《王制》,箋《毛詩》則多用三家之說,注古文《尚書》則多用《尚書》歐陽氏說,以今文注古文,蓋又前此諸儒所未有也。①

東漢時,經學已從專經——持守一經,而漸趨發展到兼通一經中的各家解說,進而因各家解說有古文、今文,而打破、混同古今文的界限。這是一個日漸發展的歷程。就是說,古文學者爲了爭立學官而借鑒今文,或爲了更好地反對而潛究今文等,都會促使今、古的融會。②

其實,皮、馬二人還沒有説出的一個特點,即東漢經學附著的讖緯神學觀念亦堪注意。據《後漢書》卷五九《張衡傳》,圖讖起於成、哀,成於哀、平之際。這種仿佛來自不可抗拒的神聖力量前瞻性的預言,在亂世時成了位勢低下者最易於憑藉的一種口實,一時間大行其道。如西漢末年大亂之際,公孫述夢有人語之,"八厶子系,十二爲期",③又以光耀爲符瑞,遂自立爲天子。再如河南郡新城縣張滿祭祀天地,自云當王,終爲漢兵所執,臨終前哀歎"讖文誤我"。④這都可見讖語運用的普遍與複雜。到了光武時期,這種迎合時務的人爲製作更是在一系列的政治事件中推波助瀾,"初,光武善讖,及顯宗、肅宗,因祖述焉。自中興之後,儒者爭學圖緯,兼復附以妖言",⑤也

---

① 馬宗霍著《中國經學史》,北京,商務印書館,1998年,第45—46頁。
② 又,李學勤《〈説文〉前敘稱經説》《今古學考與〈五經正義〉》二文,對廖平《今古學考》(見《古文獻論叢》,上海遠東出版社,1996年,第278—283頁;第318—328頁)所言"今古之分,至鄭君(鄭玄)一人而斬"的説法進行了辯駁,認爲是無根之談,可以參閱。
③ 《後漢書》卷一三《公孫述傳》,第2册,第535頁。
④ 《後漢書》卷二〇《祭遵傳》,第3册,第739頁。
⑤ 《後漢書》卷五九《張衡傳》,第7册,第1911頁。

最終成就了東漢政治史上的一道特別的風景,甚且左右社會輿論,彌漫成了一種社會思潮,一個時代的基調和底色。① 這種思潮下,即就孔子而言,也充溢着各種比附(當然也是漢人的一種構建和解讀),因爲至少到現在,從東漢末期靈帝建寧二年(169)三月《魯相史晨祠孔廟奏銘》,就可窺其一斑:

> 臣伏念孔子,乾坤所挺,西狩獲麟,爲漢制作。(故《孝經援神契》曰"玄丘制命,帝卯行"。又《尚書考靈燿》曰"丘生倉際,觸期稽度爲赤制")故作《春秋》,以明文命。綴紀撰書,修定禮義。臣以爲素王稽古,德亞皇代。……
> 昔在仲尼,汁光之精,大帝所挺,顏母毓靈。承敝遭衰,黑不代倉。周流應聘,嘆鳳不臻。自衛反魯,養徒三千。獲麟趣作,端門見徵,血書著紀,黃玉響應。主爲漢制,道審可行。乃作《春秋》,復演《孝經》,刪定六藝,象與天談。鈎《河》摘《雒》,却揆未然。巍巍蕩蕩,與乾比崇。②

因是嚮尚書省奏請祭祀孔廟,史晨自是要謹重萬分,不敢隨意造次比附;但也顯然,因其雜用了較多的讖緯觀念,使得語意極爲晦澀;爲此,茲疏解如下(爲便於理解,謹按內容,不按語句的順序):

一、"顏母毓靈",指孔子母顏徵在"野合",誕育了孔子,一如劉媼息止大澤,"夢與神遇"而產下漢高祖般,是應世感生,也即文中聲稱的"乾坤所挺"。"玄丘",指孔子被稱爲"玄聖素王"。楊應階即說:"孔子祖殷玄王,爲黑帝精。又孔子感黑帝精而生,爲玄聖,故吹律定姓名得羽。羽爲水,水色黑也。"③而"羽爲水"也與文中"汁光之精"對應。孔子是商人(即殷)後裔,殷在五行中屬黑帝(北方,即玄武)。"玄",本有幽、黑之義。即孔子爲黑帝水精。

二、"西狩獲麟",見《春秋·哀公十四年春》。面對麒麟的落難、毀傷,孔子落淚,並極其悲痛,"吾道窮矣";還曾作歌:"唐虞世兮麟鳳遊,今非其時來何求?麟兮麟兮我心憂"。即麟出非時,預示着天下必有大的災難、變動,"深閔民之離(同罹,遭遇)害甚久"(何休注),故泣。其具體情形,緯書《孝經右契》有較詳細的載說:

> 孔子夜夢三槐之間,豐沛之邦,有赤氣起。乃呼顏回、子夏侶往觀

---

① 今所見關涉緯書的全面集錄,可見上海古籍出版社所編的《緯書集成》(上海古籍出版社1994年版),是書"較日本安居香山、中村璋八所編《緯書集成》更爲完備"(湯志鈞《前言》,第4頁)。其中,所錄清黃奭《通緯》(後集入《黃氏逸書考》)後出轉精,"是清後期輯緯諸作中之佼佼者"(《例言》第4頁),並注明了出處。
② 洪适《隸釋 隸續》卷一《魯相史晨祠孔廟奏銘》,北京,中華書局,2012年,第23—24頁。
③ 清黃奭輯《通緯·春秋演孔圖》,見《緯書集成》(下册),上海古籍出版社,1994年,第1799頁。

之。驅車到楚西北范氏之廟,見芻兒捶麟,傷其前左足,束薪而覆之。孔子曰:"兒,汝來,姓爲誰?"兒曰:"吾姓爲赤松,名子喬,字受紀。"孔子曰:"汝豈有所見邪?"曰:"吾所見一禽巨,一如麕,羊頭,頭上有角,其末有肉,方以是西走。"子曰:"天下已有主矣,爲赤劉,陳、項爲輔。五星入井,從歲星。"兒發薪下麟,示孔子。孔子趨而往麟,蒙其耳,吐三卷圖,各廣三寸,長八尺,每卷二十四字。其言赤劉當起,文曰:周姬亡□□,赤氣起,□□□,大耀興,□□□,玄丘制命,帝卯金。①

按戰國時業已出現的終始五行説,秦處西方,爲白帝,高祖南方楚人,南方之神爲朱雀,即爲赤帝,也即《史記·高祖本紀》明載的高祖(赤帝子)夜斬白蛇(白帝)説的觀念來源。所以漢也稱"赤劉"。所謂的"帝卯金",是讖語,預言劉("卯金"合成"劉")姓爲帝,這與文中"帝卯行"是一個意思。孔子既然爲"玄聖水精",自有做王的可能;不過,因失時("遭衰")而不得。這一點,《孝經援神契》有清楚的表達,"丘爲制法,主黑緑,不代蒼黄",②"言孔子黑龍之精,不合取代周家木德之蒼也"。③ 按照天道運行、五行終始的原則,木需金德以克,孔子爲水德,在當時自然不能取代周朝(蒼)而做了王。這也即文中"承敝遭衰,黑不代倉",以及"倉際"的含義。

三、"爲赤制",即文中一再揭示的"爲漢制作"。"有德無位"是孔子一生真實的寫照,爲此尊奉爲"素王";素王爲漢制作憲法。孔子爲黑帝水精,即水德,是尚法的象徵。秦始皇定秦爲水德,就是取其"剛毅戾深,事皆決於法……然後合五德之數"。④ 更何況,孔子曾做過魯國的司寇,本就掌管、熟習律法。因此,董仲舒在《春秋繁露·五行相生》就直言,"北方者水('玄冥'屬北方,與'玄武'對應),執法司寇也……孔子是也"。所以孔子被派來人世,制定憲法,闡釋天命,以推行教化,即水勝火(漢,火德,尚赤)也。對此,孔子本人也有明確的自覺,"文王既没,文不在兹乎",亦有擔當大道的自信。具體而言就是"作《春秋》,以明文命"。對《春秋》在當日的功用,司馬遷有過一簡潔、精當的解釋:

夫《春秋》,上明三王之道,下辨人事之紀,别嫌疑,明是非,定猶豫,善善惡惡,賢賢賤不肖,存亡國,繼絶世,補敝起廢,王道之大者也。⑤

---

① 清黄奭輯《通緯·孝經右契》,見《緯書集成》(下册),第1990—1991頁。
② 清黄奭輯《通緯·孝經援神契》,見《緯書集成》(下册),第2022頁。
③ 《禮記正義》卷五十二《中庸》"故大德者必受命"下孔穎達注引《援神契》,北京大學出版社,1999年,第1436頁。
④ 《史記》卷六《秦始皇本紀》,北京,中華書局,1982年,第1册,第238頁。
⑤ 《史記》卷一三〇《太史公自序》,第10册,第3297頁。

"春秋二百四十二年,亡國五十二,弒君三十六",①在這個大動亂、"高岸爲谷,深谷爲陵"顛覆一切的時代,作爲歷史的鑒戒,《春秋》足以擔當起弘揚王道的重任。這在讖緯中也有明確的表述:"孔子在庶,德無所施,功無所就。志在《春秋》,行在《孝經》。""孔子云:欲觀我褒貶諸侯之志,在《春秋》;崇人倫之行,在《孝經》。"②也正是因對《春秋》的高度重視和意識明確,孔子説,"後世知丘者以《春秋》,而罪丘者亦以《春秋》"。③

這有其特定的歷史背景。西漢時,至少在史官方面,作爲太史令的司馬遷就曾以紹續《春秋》《易》經爲己任,"孔子卒後至於今五百歲,有能紹明世,正《易傳》,繼《春秋》";④而在經學內部,通經學、善屬文的劉歆,在引進董仲舒天道循環的"天統説"後,創建了"三統曆",其明言:"經元一以統始,《易》太極之首也。……故《易》與《春秋》,天人之道也。……是故元始有象一也,《春秋》二也,三統三也。"⑤與司馬遷一樣,也是推尊核心的經典《易》與《春秋》。這是有原因的。漢武帝以來,董仲舒以治《公羊春秋》,而走上了高層的政治舞臺;一介布衣公孫弘也因學《春秋》雜説,舉賢良高中后,一路走到了丞相的高位。這無疑都有強烈的示範效應。同時,時代彌漫着以"《春秋》決獄"(也即"引經斷獄",賦予了經典極高的法律效力)的社會思潮,更是助推了《春秋》在整個社會的普及。至於《周易》,主要是因其能與陰陽五行相連,進而演繹、構建出天人之道以及相應的術數、讖緯之術,以用於政治操作與教化。至於《孝經》,誠然在漢文帝時已有《孝經》博士;但其真正崛起、普及要滯後一些,這是因其伴隨着察舉制度中"舉孝廉"的穩定與規範(漢武帝時孔安國已有《古文孝經注》),才漸次受人推重,而走嚮了歷史的前臺。但直到元始三年(3),安漢公王莽才廣立庠序,"鄉曰庠,聚曰序。序、庠置《孝經》師一人",⑥才可能更廣泛地普及"孝"的觀念。《周易》《孝經》《春秋》在漢代受到了推尊,追溯源頭,自是抬升、神化了孔子。

除此銘外,這一時期關涉孔子的一些碑銘,如《孔廟置守廟百石孔龢碑》"孔子作《春秋》,制《孝經》,□□(原注:闕二字)五經,演《易·繫辭》,經緯天地,幽贊神明";《魯相韓敕造孔廟禮器碑》"顏育空桑,孔制元孝。俱祖紫宮,大一所授。前闓九頭,以什言教,後制百王,獲麟來吐。制不空作,承天

---

① 劉文典撰、馮逸點校《淮南鴻烈集解》卷九,北京,中華書局,1989年,第313頁。
② 喬松年輯《緯攟》卷九《孝經鉤命決》,見《緯書集成》(下冊),第1510—1511頁。
③ 《史記》卷四七《孔子世家》,第六冊,第1944頁。《孟子》卷六下《滕文公下》作"知我者,其惟《春秋》乎! 罪我者,其惟《春秋》乎!"
④ 《史記》卷一三〇《太史公自序》,第10冊,第3296頁。
⑤ 《漢書》卷二一上《律曆上》,第4冊,第981、983頁。
⑥ 《漢書》卷一二《平帝紀》,第1冊,第355頁。

之語。……三陽吐圖,二陰出讖";①等等。這些對孔子功績論定的相似,與格調的一致性,都足以讓我們領略、想象到讖緯在當日彌漫一時的情形,以及漢人對"玄聖素王"孔子形象、功績的解讀。不過,這些讖緯,因曹魏以來屢次禁止,初唐時就已亡佚了很多。就《論語》而言,其留存條目最多的,就是初唐博學的李善《文選》注,茲舉數條:

《論語撰考讖》曰:"下學上達,知我者其天乎! 通精曜也。"(《文選》卷一四《赭白馬賦》注)

《論語摘輔象讖》曰:"曾子未嘗不問安親之道也。"《論語糾滑讖》曰:"漸漬以道,廢消乃行。"(《文選》卷二三《幽憤詩》《拜陵廟作》注)

《論語比考讖》:"仲尼曰:'吾聞帝堯率舜等升首山,觀河渚,乃有五老遊渚。'五老:'河圖將浮,龍銜玉苞,刻版題命可卷,金泥玉檢封書成,知我者重瞳黃姚。'視,五老飛爲流星,上入昴。"注曰:"入昴宿則復爲星。"《論語素王受命讖》曰:"王者受命,布政易俗,以御八極。"(《文選》卷三六《宣德皇后令》《永明十一年策秀才文》注)

《論語比考讖》曰:"殷惑女妲己,玉馬走。"宋均曰:"女妲己,有美色也。玉馬,喻賢臣奔去也。"《論語陰嬉讖》曰:"庚子之旦,金版克書出地庭中,曰:'臣族虐王禽。'"宋均曰:"謂殺關龍之後,庚子旦,庭中地有此版異也。龍同姓,稱族,王虐殺我,必見禽也。"(《文選》卷四〇《百辟勸進今上箋》注)

《論語素王受命讖》曰:"河受圖,天下歸心。"(《文選》卷四七《漢高祖功臣頌》注)

《論語比考讖》曰:"以俟後聖垂基也。"(《文選》卷五四《五等論》注)

《論語讖》曰:"仲尼云:'吾聞堯率舜等遊首山,觀河渚,一老曰:河圖將來告帝期。'"(《文選》卷四六《三月三日曲水詩序》注)

從"通精曜"、"河圖將浮"、"王者受命"、"地有此版異"、"後聖垂基"等語詞,都能看出前所解釋內容的翻版;只不過,因《文選》選文的文學性,時過境遷,李善所徵引的內容,讖緯的神秘性又削弱了不少。重要的是,從各種不無混雜、繁多的稱名,如《論語讖》《論語比考讖》《論語素王受命讖》《論語摘輔象讖》等,②不難窺知這些各類繁多的"詭爲隱語,預決吉凶"的讖語在當日興盛的情形。《隋書》卷三二《經籍志》即言"言《五經》者,皆憑讖爲說",這是一個時代的氛圍,東漢末年尤甚,如古文家許慎在其《說文解字》

---

① 洪适《隸釋 隸續》卷一《孔廟置守廟百石孔龢碑》,北京,中華書局,2012年,爲第17、19頁。
② 鍾肇鵬、蕭文郁點校《七緯》附錄有馬國翰所輯《論語讖》,可一覽。(北京,中華書局,2012年,第765—790頁)。

中就多引讖緯,一代儒士馬融亦"集諸生考論圖緯",①文士宗均更是有注《論語讖》八卷。以上也不難看出,除了陳述至高的神秘力量的預言,如"河圖將浮,龍銜玉苞",預示着受命之王的出現;"玉馬走",暗示王必被擒;"河圖將來告帝期",即河圖預示帝堯的逝世日期等。這些旁引曲取,以遷就其説,其間充滿了不無牽强、粗鄙、淺陋的比附。而這些比附,一旦離開了當日特定的政治環境和社會心理,就不免要落下帷幕,成爲無源之水、無本之木,最終水乾涸了,木也凋落了——甚且在曹魏時期,讖緯就在嚴禁下急遽地走上了衰落之路;隋時,則已完全衰歇、敗落了。

第二節　不同士人集團的抗衡與古文經學的興起

對古文的收集,見於記載的,最早可推到河間獻王劉德所搜聚的古文。劉德"修學好古",曾不遺餘力地搜聚各種典籍,"所得書皆古文先秦舊書"。② 不過,没見劉德有整理的舉措。學界一致肯定的是漢武帝初年,魯恭王壞孔子舊宅以廣宫室而得到的古文經,③但《漢書·景十三王傳》没提到是何經。《漢書·藝文志》、王充《論衡》卷二八《正説篇》都提及這一批古文中有《論語》,王充説得更具體,"至武帝發取孔子壁中古文,得二十一篇。《齊》《魯》二,《河間》九篇,三十二篇"。

這一《古論語》的下落,《〈孔子家語〉後序》的記載最爲詳細:

(安國)年四十爲諫議大夫,遷侍中、博士。天漢(前100—前97)後,魯恭王壞孔子故宅,得壁中《詩》《書》,悉以歸子國。子國乃考論古今文字,撰衆師之義,爲《古文論語訓解》十一篇、《孝經傳》二篇、《尚書傳》五十八篇,皆所得壁中科斗本也。

時魯恭王壞孔子故宅,得古文科斗《尚書》《孝經》《論語》,時人莫有能言者。安國爲之今文讀而訓傳其義。又撰次《孔子家語》,既畢訖,會值巫蠱事起,遂各廢,不行於時。然其典雅正實,與世所傳者不可同

---

① 《後漢書》卷三五《鄭玄傳》,第5册,第1207頁。
② 《漢書》卷五三《景十三王·河間獻王德傳》,第8册,第2410頁。
③ 對古文經學,王國維《觀堂集林》卷七《漢書所謂古文説》有過論説,即"後漢之初,所謂'古文'者,專指孔子壁中書,蓋自前漢亦然。……而《志》(指漢書藝文志)於諸經外書皆不著古今字,蓋經名之冠以'古'字者,所以别其家數(即今文經學家或古文經學家),非徒以其文字也(非漢代以前的古文字)。……於是'古文'二字遂由書體之名而變爲學派之名。"(上册,第312—313頁。)具體説,"今文",就是指立爲官學的今文經學。

日而論也。光禄大夫(劉)向以爲其時所未施之,故《尚書》則不記於《别録》,《論語》則不使名家也。①

也可信從。就"時人莫有能言者"看,説明因時代久遠,對"壁中科斗本",當時能識讀者極少;或者説,此際古文經學確實是比較冷落、寂寞。即便是孔安國經過一番努力,"爲之今文讀而訓傳其義",也没見能流傳開來;這是因爲曹魏時何晏《論語集解序》明言"《古論》惟博士孔安國爲之訓解,而世不傳"。這裏的"世不傳",不是説没有傳本,而是指没有人能傳其學,絶了師説,這也即《孔衍上書》説的"值巫蠱事起,遂各廢,不行於時"。之所以這樣解釋,是因西漢重師法,没了師徒間的傳承,自然就是"不傳"了。

之後,宣帝甘露三年(前51)召開石渠閣會議,初步統一了《齊論》《魯論》等不同文本間的差異。六七年後,不無特定的機緣而推張禹於潮流之上。借任太子劉驁(後來的漢成帝,時五歲)老師的機遇,張禹完成、整理了一個符合讀習的《論語》注本,即《張侯論》(詳見第一章第五節)。值得關注的是,張禹傳早年從琅邪王陽、膠東庸生問《論語》,"皆明習"。王陽、庸生,據《漢書》卷三〇《藝文志》,都是《齊論》學者。而張禹所定,卻是以《魯論》爲基本。考慮到漢元帝爲太子時從蕭望之受《魯論》,這一時節官方認可的是《齊論》、《魯論》,一般則已轉嚮於《魯論》。或者説,西漢中後期,《魯論》居於主流的地位無人能撼動,孔安國的《論語訓解》只能潛伏在民間了。

巫蠱之禍發生在武帝征和二年(前91)。沉寂了八九十年後,直到西漢末年,在王莽推崇、復興古文經學的大背景下,這些古文典籍才受到了一些重視,此得力於劉歆。哀帝建平(前6—前3)初期(賈逵言,見下引《後漢書》卷三六《賈逵傳》),"貴幸"的劉歆借"復領《五經》"、②整理群籍的有利條件,請求立古文經《左氏春秋》《毛詩》《逸禮》《古文尚書》於學官,語見《移書讓太常博士》。在這篇書中,劉歆不惜用一系列極其激烈的措辭,表達了内心對太常博士們的極度不滿,"欲保殘守缺,挾恐見破之私意,而無從善服義之公心,或懷妒嫉,不考情實,雷同相從,隨聲是非",甚至"深閉固距","欲以杜塞餘道,絶滅微學"。這在根本上就是黨同伐異,"黨同門,妒道真",扼殺了古文經學。但這一求立舉措遭到了既得利益的博士們的集體反對、深拒而作罷,劉歆本人也被排擠外任爲河内太守。對於這次經今古文的論争,《漢書》卷八八《房鳳傳》亦有概述:

(劉)歆白《左氏春秋》可立,哀帝納之,以問諸儒,皆不對。歆於是

---

① 見楊朝明、宋立林主編《孔子家語通解》,濟南,齊魯書社,2009年,第580、582頁。
② 《漢書》卷三六《劉歆傳》,第7册,第1967頁。

數見丞相孔光，爲言《左氏》以求助，光卒不肯。唯(房)鳳、(王)龔許歆，遂共移書責讓太常博士，語在歆傳。大司空師丹奏歆非毀先帝所立，上於是出龔等補吏，龔爲弘農，歆河內，鳳九江太守，至青州牧。

透過簡潔的字眼，如"數見(多次拜見)丞相孔光"以求內助，"卒不肯"，師丹奏"非毀先帝所立"，以及最後一並貶職外放等表述的史實，實可見當日論爭、衝突的激烈。之所以會這般激烈，根子裏，就是一旦立古文經於官學，就能招收弟子，也就打開另一條入仕的門徑或坦途；而這無疑擠占了今文經學派既得利益者的空間，並最終會直接損害或動搖今文經學的地位。這當然是已站在臺上的今文經學派所不願見到的，因此產生激烈抗爭也在所難免。從"諸儒"均不加理睬，丞相孔光拒絕聲援，大司空師丹更直接奏言劉歆"非毀"先帝所立的經書，性質惡劣，甚且蔑視犯上等看，這一今文經學派顯然已是一個龐大的占據主流的學派，日積月累，早已分佈在朝廷的各個部門，占據要職，能從各個方面對古文經進行強烈反擊甚至直接封殺。劉歆當日任騎都尉(比二千石)、奉車光祿大夫一職，光祿大夫，"比二千石。凡大夫、議郎皆掌顧問應對，無常事，唯詔令所使。凡諸國嗣之喪，則光祿大夫掌吊"，①是一個能時時接近皇帝、傳達政令的"貴幸"職務。河內郡(今鄭州、焦作一帶)太守雖然亦爲二千石，但實際職權、位望要小得多。不過，雖然在官學體系中不能擠占一角空間，一騁宏願，私下裏卻能大有作爲——劉歆對《左氏傳》情有獨鐘，不滿於先儒的僅傳"故訓"(訓詁字句)，而持續對其進行整理、潤飾，"引傳文以解經，轉相發明，由是章句、義理備焉"。② 其父劉向也把古文經用於實際的校勘，如以"中《古文易經》校施、孟、梁丘、費氏經文"，以"中古文(《尚書》)校歐陽、大小夏侯三家經文"。③ 這可說向、歆父子二人已構建了一個很好的學術基礎；但前行的道路仍很艱難。

七十餘年後，建初元年(76)，一代儒士賈逵在給漢明帝條奏《左氏傳》的優點時，曾總結劉歆失敗的原因：

建平中，侍中劉歆欲立《左氏》，不先暴論大義，而輕移太常，恃其義長，詆挫諸儒，諸儒內懷不服，相與排之。④

就是說，策略上，劉歆沒能先申明《左傳》的"大義"(在賈逵看來，就是要先言明"存先王之道"，能"理上安民"，即對國家治理的重要性)；方式上，劉歆以己所長，肆意地詆毀、攻擊今文博士。這都勢必會遭到他們一致強烈

---

① 《後漢書》卷一一五《百官志二》，第 12 冊，第 3577 頁。
② 《漢書》卷三六《劉歆傳》，第 7 冊，第 1967 頁。
③ 《漢書》卷三〇《藝文志》，第 6 冊，第 1704、1706 頁。
④ 《後漢書》卷三六《賈逵傳》，第 5 冊，第 1237 頁。

的反對。在賈逵看來，有效的策略就是存異求同——儘量不去觸動或動搖今文經學已有的地位和利益，進而在一個合理的空間謀得一席之地。

在此，也能舉一個相反的例證，即甘露三年（前51），宣帝石渠閣議時增立《穀梁》博士的艱難歷程，實可見當日立學的不易。這一歷程的詳細情形，見《漢書》卷八八《儒林·顏安樂傳》所載：戾太子劉據私善《穀梁》，但"其後浸微（式微）"。只是魯榮廣王孫、皓星公二人受焉。此後，蔡千秋從二人學《穀梁》，"爲學最篤"。宣帝（戾太子之孫）繼位後，出於"廣學"的目的，以及可能雜含對祖父愛好的緬懷而預爲綢繆，曾問經學通達的丞相韋賢、長信少府夏侯勝等人，認爲"宜興《穀梁》"。這時，蔡千秋已做了郎官，宣帝召見，"與《公羊》家並說"——當然有論爭的意義。結果可能是宣帝比較滿意，拔擢蔡千秋爲諫大夫給事中。不料起了波折：器重的蔡千秋不幸病死，繼任者江博士復死，於是特徵周慶、丁姓二人維持殘局。後經過一番不懈努力，"自元康（前65—前61）中始講，至甘露元年，積十餘歲，皆明習"，終於培養了一批《穀梁》的傳人。至此，宣帝感到時機成熟了，決定與《公羊》論辯，一爭高下。"乃召五經名儒太子太傅蕭望之等大議殿中，平《公羊》《穀梁》同異，各以經處是非。"最初，雙方各派代表四人，結果是"《公羊》家多不見從"。可能是見形勢不妙，《公羊》一派請求增加人選，即請内侍郎許廣參與——他應是一位較爲厲害的學者。雙方一共"議三十餘事"，可見辯難的激烈和反覆。作爲裁判，宣帝委派的太子太傅蕭望之等十一人"各以經誼對"，即嚴格以經義覆按、裁決，結果是"多從《穀梁》"。經過這一番艱難的角逐，《穀梁》最終脱穎而出，立爲官學，獲得了世人的認可，"由是《穀梁》之學大盛"。① 學《穀梁》者自是取得了做官的憑藉，後來，丁姓做了中山傅，申章昌做了長沙太傅，尹更始爲諫大夫，甚且傅咸做到了大司農，翟方進做了丞相。《穀梁》學以一種強勁的發展勢頭展露在士人面前。顯然，歷經十餘年的不懈努力，最終使得《穀梁》浮出了水面。② 這是一個艱難、曲折的歷程。而就這，還當是宣帝一手有意栽培、極力促成，長期經營的結果。

建武四年（28）正月，在漢光武帝的授意下，范升反對立《左傳》，與韓歆及太中大夫許淑等互相辯難；其"日中乃罷"，③亦可見辯難的激烈程度。其後，陳元又與范升論辯。最終，《左傳》雖一時得立但最終還是被廢。

章帝時，因其"降意儒術，特好《古文尚書》《左氏傳》"，這一舊案又被重

---

① 《漢書》卷八八《儒林·顏安樂傳》，第11册，第3617—3618頁。
② 《漢書》卷三六《劉歆傳》亦載"宣帝時，詔（劉）向受《穀梁春秋》，十餘年，大明習"（第7册，第1967頁），也是"十餘年"。
③ 《後漢書》卷三六《范升傳》，第5册，第1228頁。

新翻起。建初元年(76),章帝授意賈逵撰寫《左傳》優於《公羊》《穀梁》之處。四年,詔與諸儒論《五經》于白虎觀,李育以《公羊》義難賈逵,史載其"往返皆有理證,最爲通儒",①但也顯然,或因帝意的堅決,或因時人已對古文經在漸趨接受,與范升、陳元二人言辭的激烈相比,這次論爭並沒受到更多的阻礙。八年(83),"乃詔諸儒各選高才生,受《左氏》《穀梁春秋》《古文尚書》《毛詩》,由是四經遂行於世"。② 古文經學終於取得了合法的地位,開始了在士人中間盛行的歷程。這中間,賈逵功不可没。賈逵,據《後漢書》卷三六本傳,其父賈徽,從劉歆受《左氏春秋》,兼習《國語》《周官》,又受《古文尚書》於塗惲,學《毛詩》於謝曼卿,學的都是古文經。賈逵"悉傳父業"。大約是與"降意儒術,特好《古文尚書》《左氏傳》"的章帝心有戚戚焉,而頗受寵幸,如入講北宮白虎觀、南宮雲臺,並多次受詔令比較諸家經説的異同,還特意多加賞賜,以方便其照顧經常生病的老母。這些,無形中讓備受恩寵的賈逵在學術上有更大的發言權。當然,這也得力於章帝的堅決支持,因在83年立古文經的詔令中,章帝直接表達了對現實中經説廢絶的隱憂,"恐先師微言將遂廢絶,非所以重稽古、求道真也"。③ 可以説,在今文經學盛極一時的背景下,西漢末、東漢初期,古文經學一直隱伏在民間,僅靠經師的個别傳授才得以綿延不絶。而後,經過三次大的論爭,直到東漢章帝時期,才開始倔然挺立於經學之林。至於東漢末年,鄭玄與何休有過論爭,"玄乃發《墨守》,鍼《膏肓》,起《廢疾》。休見而歎曰:'康成入吾室,操吾矛,以伐我乎!'"④何休的感歎,正説明這只是不同學者之間的分歧;其更大範圍的意義,最多只能是經學論爭的餘波而已。

當然,古文經學的復興,實得力于賈逵的策略,即建初元年,賈逵在給漢明帝條奏《左氏傳》與《公羊》《穀梁》的優點時所説的:首先,鑒於劉歆的前車之覆,賈逵首先言明《左氏》"崇君父,卑臣子,强幹弱枝,勸善戒惡,至明至切,至直至順",由此"存先王之道",能"理上安民",即《左傳》對治理國家的重要性。對此,别人自然不易或不能反駁。其次,"至光武皇帝,奮獨見之明,興立《左氏》、《穀梁》,會二家先師不曉圖讖,故令中道而廢"。就是説,光武帝時,韓歆、許淑等先師因不能引用圖讖而遭到了封殺。對此,賈逵説,"《五經》家皆無以證圖讖明劉氏爲堯後者",但《左傳》"獨有明文"證實;同時亦能證明堯爲火德——爲漢火德、尚赤找到一個令人信服的遠源依據。

---

① 《後漢書》卷七九下《李育傳》,第9册,第2582頁。
② 《後漢書》卷三六《賈逵傳》,第5册,第1239頁。
③ 《後漢書》卷三《章帝紀》,第1册,第145頁。
④ 《後漢書》卷三五《鄭玄傳》,第5册,第1208頁。

顯然，賈逵有意拋棄了援史證經的傳統策略，而不無曲意阿附，以當日已漸興盛的讖緯來證明，並且還特意點明永平(58至75)中已"上言《左氏》與圖讖合者"。這當然是一種明智之舉。再次，賈逵又説，"若復留意廢學，以廣聖見，庶幾無所遺失矣"，即從"廣學"的目的，"以扶微學，廣異義焉"①——而不是與今文經學一爭高下，爭地位，也是極有意義和價值的。辭氣卑下，語意委婉，自然能達到很好的效果。

或者説，在經學史上，這一論爭的意義，古文經學的上升不止意味着官方的認可和舉薦、功名途徑的開闢；更能凸顯這一重訓釋字詞典章的傳統，即進一步彰顯漢學在學術史上的價值和意義。畢竟，今文經學自董仲舒以"微言大義"的方式去解説，給以君權神授的正當性；但同時也以天人感通、天降災異等構成了對無限膨脹的君權的限制等，展示意旨、比附的重要性後，這一主流解經方式不僅有可能使經書的真實意旨遭到閹割、遮蓋；還可能因一味比附而流於庸俗、淺薄。

但是，古文經也不是立於學官後就能一勞永逸，實還有好長的路要走——即從經學本身的整理、注解，甚且解説來説，都還遠遠有待於一代代學者的努力，才能比較完善、明朗和準確。對東漢時古文經的興起，范曄在《後漢書》卷三五《鄭玄傳》中有過概括：

初，中興之後，范升、陳元、李育、賈逵之徒争論古今學，後馬融答北地太守劉瓌及玄答何休，義據通深，由是古學遂明。

馬融，字季長，扶風茂陵人。馬融對東漢末年古文經學的興起到了關鍵的作用。由"義據通深"、"特多回冗"來看，其更多地對古文經的義理進行了深度掘發，也進行了删減，才最終使得古學明朗於天下，即從學術的角度進行掘發和整頓。至於其弘揚古文經的功績，鈎沉《後漢書》中的史傳，還有以下事實：

《盧植傳》載："植乃上書曰：'臣少從通儒故南郡太守馬融受古學，頗知今之《禮記》特多回冗。'"

《儒林傳》中："陳元、鄭衆皆傳《費氏易》，其後馬融亦爲其傳"，"扶風杜林傳《古文尚書》，林同郡賈逵爲之作訓，馬融作傳，鄭玄注解，由是《古文尚書》遂顯於世。""中興後，鄭衆、賈逵傳《毛詩》，後馬融作《毛詩傳》，鄭玄作《毛詩箋》》"，"中興，鄭衆傳《周官經》，後馬融作《周官傳》，授鄭玄，玄作《周官注》"。

《費氏易》《毛詩》《周官》《古文尚書》均爲古文經，則馬融所治爲古文

---

① 《後漢書》卷三《孝章帝紀》建初八年(83)的詔令，第1册，第145頁。

經，且以其教授弟子，由此"古學遂明"。就是說，經衛宏、賈逵、馬融等遞爲增補、訓注，古文說漸趨風行於世。這樣，何晏、陸德明所言馬融注爲《古論語》正確。

據《後漢書》本傳，馬融早年隨從隱於南山、名重關西的京兆摯恂讀習經書，遂"博通經籍"。但這只是一個基礎。馬融的仕途比較曲折，其信念、操守與現實慾望的衝突一直在影響着他的人生抉擇，有時亦因當權者的脅迫而不斷地依違勢位而轉換立場。永初四年（110），馬融拜爲校書郎中，詣東觀典校秘書。是時，鄧太后臨朝，鄧騭兄弟輔政。對此職任，馬融一度"感激"涕零，以爲"文武之道，聖賢不墜"。這種心境下實可想見馬融努力校書、勤奮以廣見聞的情形，因爲東觀正是東漢帝國藏書的重鎮，馬融的高足涿郡盧植就曾記下一己願在東觀研求典籍的熱望：

> 臣少從通儒故南郡太守馬融受古學，頗知今之《禮記》特多回冗。臣前以《周禮》諸經，發起粃謬，敢率愚淺，爲之解詁，而家乏，無力供繕[寫]上。願得將能書生二人，共詣東觀，就官財糧，專心研精，合《尚書》章句，考《禮記》失得，庶裁定聖典，刊正碑文。①

不過，馬融後因上《廣成頌》諷諫，忤了鄧氏，爲此滯於東觀，十年不得調。但這反倒成就了馬融的學術，即本傳中所評的"才高博洽，爲世通儒"。

當然，馬融孜孜求學還有其家族的背景。馬融父馬嚴，東漢名將馬援兄馬餘的兒子。漢明帝明德皇后爲馬援之女，史稱其"能誦《易》，好讀《春秋》《楚辭》，尤善《周官》、董仲舒書"。② 馬融的父親馬嚴曾"從平原楊太伯講學，專心墳典，能通《春秋左氏》，因覽百家群言"。③ 馬嚴的弟弟馬敦，即馬融的叔叔，曾將其女嫁與太僕趙岐：

> （趙）岐娶馬敦女宗姜爲妻。敦兄子融嘗至岐家，多從賓與從妹宴飲作樂，日夕乃出。過問趙處士所在。岐亦厲節，不以妹婿之故屈志於融也。與其友書曰："馬季長雖有名當世，而不持士節，三輔高士未曾以衣裾撇其門也。"岐曾讀《周官》二義不通，一往造之，賤融如此也。④

雖然趙岐敦厲節操，對馬融宴飲作樂的做派十分不滿，但一有疑難問題，還是不得不求教於博學的馬融，以資切磋。趙岐曾著《孟子章句》，是漢末的一位著名學者。可見扶風馬氏是有較濃鬱的讀習經書傳統，宜其馬融早年就從京兆摯恂求學問道。

---

① 《後漢書》卷六四《儒林·盧植傳》，第 8 册，第 2116 頁。
② 《後漢書》卷一〇上《明德馬皇后傳》，第 2 册，第 409 頁。
③ 《後漢書》卷二四《馬嚴傳》，第 3 册，第 858 頁。
④ 《後漢書》卷六四《趙岐傳》李賢注引《三輔決錄》，第 8 册，第 2121 頁。

與這一古文經學興起的時代背景相應,是《古論》受到了重視。就約編定於正始六年(245)的何晏《論語集解》來看,在《論語集解敘》中,何晏肯定了《張侯論》,包氏、周氏《章句》,孔安國《訓解》,馬融、鄭玄的注,以及陳群、王肅、周生烈等的《義説》,一共九家。① 其中,如據確鑿的早期《論語集解》寫本,即吐魯番阿斯塔那363號墓8/1號著名的卜天壽寫本統計,孔氏《訓解》(共75條,占41.2%),是不折不扣的古文。馬融(注共15條,占10%)② 也是古文大師,其所治爲古文經。在馬融、鄭玄等人的努力下,"古學遂明"。③ 陳群,《集解》取陳説僅三節,可忽略不計。王肅,《三國志》卷一三有傳。"初,肅善賈、馬之學,而不好鄭氏,采會同異",編撰《論語解》。也爲此,其多與鄭注乖異背離,或趁機發難。至於周生烈,事跡無考。又,既然包咸(包氏注共42條,占33.1%)入授皇太子,則勢必爲列於官方的今文經學。包氏《章句》也爲此尊顯,"每進見,錫以几杖,入屏不趨,贊事不名。經傳有疑,輒遣小黄門就舍即問"。④ 今《石經論語》殘碑於"賈之哉"下云"包、周",於"而在於蕭牆之内"下云蓋、毛、包、周,⑤均説明包氏、周氏《章句》的成就,受到了高層的肯定,甚且作爲重要的校勘文本列在法定文本之後。與《張侯論》一樣,這都屬於今文經學。可見,何晏《集解》所録曹魏之前的,主要是古文經,並占了較高的比例,這足以彰顯了東漢末以來古文經興起的歷史史實。

　　除此之外,接續古文經重視訓釋字詞典章的傳統,《論語》的章句、訓釋也出現了新的面貌。從縱的歷史進程看,《張侯論》,《漢書》卷三〇《藝文志》載"《魯安昌侯説》二十一篇",何晏《論語集解·叙》載"安昌侯張禹本受《魯論》,兼講《齊説》,善者從之,號曰《張侯論》,爲世所貴,包氏、周氏《章句》出焉"。就"説"一詞推斷,張禹對《論語》應有較多的解説,這也吻合其教育時僅五歲的太子劉驁的接受特點。此後,包氏、周氏又在此基礎上撰寫

---

① 但實際上只録了八家,即没《張侯論》。之所以不録,恐怕是因張禹"删其煩惑,除去《齊論》《問王》《知道》二篇,從《魯論》二十篇爲定"(《隋書》卷三二《經籍志一》,第四册,第939頁),更多的只是篇章、文字的整齊、删定,殊少"訓解",也即何氏説的"前世傳授,師説雖有異同,不爲訓解",故不録。
② 此具體的統計見第五章第三節。陳金木曾據正平本《論語集解》統計各注的數量,即孔注460條、包注189條、馬注131條、周氏注0條、鄭注104條、陳注3條、王注38條、周生烈注14條、何晏自注150條,合計1089條。見《唐寫本論語鄭氏注研究——以考據、原、論釋爲中心的考察》,臺北,臺灣文津出版社,1996年,第217—218頁。二者統計的比例基本一樣。
③ 《後漢書》卷三五《鄭玄傳》,第5册,第1208頁。
④ 《後漢書》卷七九下《儒林·包咸傳》,第9册,第2570頁。
⑤ 洪适《隸釋 隸續》,北京,中華書局,2012年,第155頁。

了《論語章句》。考《後漢書》卷七九下《包咸傳》，包咸"建武中(26至55)，入授皇太子《論語》，又爲其章句"。《後漢書·明帝紀》載劉莊於建武十九年(43)立爲太子，時十六歲；則包氏撰作《章句》在建武後期，上距《張侯論》，約八十年。既然也是因教授太子而撰作《論語章句》，也勢必要竭盡心力，至少要在《張侯論》的基礎上有所發明，才能不負太子師的重任，今就馬國翰《玉函山房輯佚書·經編·論語類》所輯的兩卷《論語包氏章句》(主要輯自何晏《論語集解》、《文選》、韓愈《論語筆解》等，共197條)看，其重視在解釋字詞、典章制度的基礎上申講文意，如《論語·八佾》"相維辟公，天子穆穆，奚取於三家之堂"，何晏《論語集解》只取了包氏的注釋：

  辟公，謂諸侯及二王之後也。穆穆，天子之容也。《雍》篇歌此曲者，有諸侯及二王之後助祭也。今三家但家臣而已，何取此義而作之於堂耶？

包氏解釋了詞義，同時也疏通、解説了原因，訓釋得比較全面、切當。但也顯然，這是何晏比較、權衡之下擇優的結果，不能完全反映包氏注的整體水平，即只能通過這一特例來看其注釋的傾向。事有湊巧，恰好敦煌寫卷留存有鄭玄此注的殘句：

  淑(叔)孫氏、季孫氏。《雍》，《州(周)頌》[篇]。(下殘缺)二王之後，天子之容穆穆(下殘)。①

儘管鄭注解釋出了"三家"、《雍》爲《周頌》的篇目；但還是爲何晏所不取，這是因包氏還進一步解釋清楚了關鍵內容，即孔子引《雍》詩的意圖，是諷刺家臣不得僭越、擁有天子的禮樂。

到了皇侃《論語義疏》，對包氏注只是進行了一些增飾性的解説：

  穆穆，敬也。奚，何也。孔子云：此詩曲言時助祭者，有諸侯及二王者後，而天子容儀盡敬穆穆然。今三家之祭，但有其家臣而已，有何諸侯、二王後及天子穆穆乎？既無此事，何用空歌此曲於其家之廟堂乎？②

或者説，在與曹魏之前他人的注釋比較中，何晏以注釋的準確性而選擇包氏注(共197條，除引孔安國舊注470餘條，包注爲何晏所引舊注條目最多者)；約三百年後，皇侃在義疏時，雖略有自己的解釋，但還是跳不出包注解釋的意旨。總之，可以斷言，包氏又進一步推進了《論語》的注釋。也可想見，又因都爲帝師的緣故，書因人貴，受時人的推崇而流行於當日《論語》讀

---

① 吐魯番阿斯塔那363號墓出土的卜天壽《論語》"鄭氏注"寫本，見唐長孺主編《吐魯番出土文書》，第3册，北京，文物出版社，1996年，第574—575頁。
② 《儒藏》(精華編281册)中《論語集解義疏》，北京大學出版社2007年4月第1版，第248頁。又，原文標點爲"孔子云：此詩曲言時助祭者，有諸侯及二王者後，"今改。

習的主要領域。

包氏、周氏之後,按照何晏《論語集解・敘》的觀點,有價值的注釋就是馬融《論語訓說》和鄭玄《論語注》。整體上,不管後人如何評價馬、鄭二注,二人注釋的整體傾向卻是很明顯的,即重在字詞、典章制度的解釋,以及句意的準確闡釋,沒有較多的附會或微言大義。這也就是後人每每提及的重訓詁的漢學。之所以注釋歸結到句意的準確闡釋,是與當日察舉考核制度密切關聯的一個結果。前已論,博士弟子要考試射策,即考"難問疑義";士人被察舉後,要對《論語》"大義"。總之,都要求解釋清楚文句的意義(詳見第一章第四節)。這種考核制度下,附著於《論語》上的各種偏解、不無牽強附會的讖語等就只得剝離,而歸於文本原意的鈎沉與探求——漢學訓詁的價值也恰好就在於此。當然,這也與東漢末期古文經學地位的上升直至列於學官而帶來的時人對語詞、故訓的認可和重視直接相關。

第三節　繼往開來:融彙《論語》今古文——鄭玄的卓越貢獻

作爲一代大儒,特別是融彙經今古文,鄭玄做出了那個時代卓越的貢獻。鄭玄是不幸的,因爲他生活在一個宦官、外戚、豪強紛爭專政,甚且整個社會因此大廈將傾、紛然崩潰的時代,遊走於權貴時常遇的各種碰壁(其曾被禁錮十四年)、權謀奸詐、反復無常,以及黃巾起義的阻隔、動盪等時代的深重苦難,都讓他對前途深深失望,進而不得不絕意於仕進;鄭玄又是幸運的,他生活在一個今古文交錯,各種注釋紛然雜存卻又充分展露、爭鳴的時代,這無形中提供了一個海納百川、總結開拓的際遇,身處其間,自是能一顯身手。

鄭玄,字康成,北海高密(今山東高密)人。其傳記資料,主要見《後漢書》卷三五本傳。他早年的求學經歷如下:

> 玄少爲鄉嗇夫,得休歸,常詣學官,不樂爲吏,父數怒之,不能禁。遂造太學受業,師事京兆第五元先,始通《京氏易》《公羊春秋》《三統曆》《九章算術》。又從東郡張恭祖受《周官》《禮記》《左氏春秋》《韓詩》《古文尚書》。以山東無足問者,乃西入關,因涿郡盧植,事扶風馬融。融門徒四百餘人,升堂進者五十餘生。融素驕貴,玄在門下,三年不得見,乃使高業弟子傳授於玄。玄日夜尋誦,未嘗怠倦。會融集諸生考論圖緯,聞玄善算,乃召見於樓上,玄因從質諸疑義,問畢辭歸。融喟

然謂門人曰："鄭生今去,吾道東矣。"①

"不樂爲吏",在一個經學日益深入人心、藉經學察舉的時代,一介小吏——最基層的鄉嗇夫自是没有更通暢、廣闊的前景。② 這也顯示了鄭玄少時的高遠志向。但也能想象,他從家鄉高密遠到八百公里外的洛陽求學,自不是一件容易的事,需要毅力、忍耐才能克服種種障礙或磨難。與大多數人一樣,順應時代的潮流,鄭玄早期師事第五元先,讀習今文經;但之後,從張恭祖,雖今、古文經兼習,卻已明顯傾嚮於古文經(《周官》《左氏春秋》《古文尚書》爲古文經)。至於扶風馬融,則以古文經學著稱(見前)。可見鄭玄並不專守一師之説,尊一家之言,而是博學多師,兼收並蓄,但這也形成了鄭玄較爲駁雜的學術風貌。就《論語鄭氏注》而言,其以《魯論》爲底本,但也有《古論》的影子(分析見下)。而且,到了鄭玄生活的東漢末年,流行"本受《魯論》,兼講《齊》説"(何晏《論語集解·敘》)的《張侯論》,而且"周氏、包氏爲之章句",③從《張侯論》出,也較盛行(包咸亦爲帝王師)。顯然,鄭玄對這幾家注釋進行了整合,糅合了《古論》《齊論》和《魯論》,進而使三家注在漢末走上較徹底的合流之路。

這一遊學過程,據本傳,共十餘年。然後返歸故里,時爲延熹九年(166),鄭氏四十歲。這一歷程,其《戒子益恩書》亦有所載。④ 此後,鄭玄開始廣爲授徒,"家貧,客耕東萊,學徒相隨已數百千人";建寧四年(171),黨錮之禍時遭禁錮,遂杜門著述,遍注諸經。中平元年(184)四月,黄巾起義爆發,漢靈帝怕黨人一同作亂,遂大赦天下,解除禁錮。六十歲時,"弟子河內趙商等自遠方至者數千"。建安五年(200)六月,鄭玄卒時,"自郡守以下嘗受業者,縗絰赴會千餘人",可見其門徒衆多,幾奔走於天下,確實爲"儒生所仰,群士楷式"。就是在歸隱時期,鄭玄產生了一個愈發強烈的願望:或許是"三不朽"觀念的影響,也或許是弟子間日日討論,一如孔子、孟子與門人、弟子以道義相激蕩,而孜孜於探求學問,整齊百家,"吾自忖度,無任於此,但

---

① 第5册,第1207頁。又,清畢沅、阮元編《山左金石志》卷二〇《後漢大司農鄭公之碑》,爲金承安五年(1200)所修,史料基本不出《後漢書》本傳。至於鄭玄著述以及受業弟子、門人情況,可參見鄭小同編、錢東垣校訂《鄭志(兩種)》(《叢書集成初編》本,北京,中華書局,1985年)。
② 具體背景可見本章第一節。
③ 《隋書》卷三二《經籍志一·小序》,第4册,第939頁。
④ "吾家舊貧,爲父母群弟所容,去斯役之吏,遊學周、秦之都,往來幽、并、兖、豫之域,獲覿乎在位通人,處逸大儒,得意者咸從捧手,有所受焉。遂博稽'六藝',粗覽傳記,時睹秘書緯術之奧。年過四十,乃歸供養,假田播殖,以娱朝夕。遇閹尹擅埶,坐黨禁錮,十有四年,而蒙赦令,舉賢良方正有道,辟大將軍三司府。公車再召,比牒並名,早爲宰相。"(第5册,第1209頁。)

念述先聖之元意,思整百家之不齊,亦庶幾以竭吾才,故聞命罔從",①而意欲整齊百家之言。因與此對應的是典籍殘缺、整理水平的低下,"所好群書率皆腐敝,不得於禮堂寫定,傳與其人",爲此而遺憾、憤然不平,進而發奮,"覃思以終業"。在無常、板蕩的亂世中,在閑居安性中,鄭玄以一己努力求得了一種從容平和、高遠宏闊的心境。這也是儒學自身的一種價值,鄭玄最終完成了生命與心靈的自我安頓與自適。

生逢亂世,鄭玄的身後是無比的凄涼,據《後漢書》本傳及李賢注,鄭玄唯有一子鄭益恩,孔融在北海時舉爲孝廉;後爲黄巾軍所圍,赴難殞身。益恩有遺腹子鄭小同,魏高貴鄉公時曾爲侍中,因忤司馬昭而被毒殺。

對鄭玄的經學成就,時人已多有讚譽:當時京師稱鄭玄爲"經神",何休爲"學海"。②

  王粲稱伊、洛已東,淮、漢之北,一人而已,莫不宗焉。咸云先儒多闕,鄭氏道備。……(張)融稱玄注淵深廣博,兩漢四百餘年,未有偉於玄者。③

鄭氏著述頗豐,今人王利器《鄭康成年譜》則統計其著述約八十種。故皮錫瑞《經學歷史·經學中衰時代》中極爲推尊,"鄭君康成,以博聞強記之才,兼高節卓行之美;著書滿家,從學盈萬。當時莫不仰望……自來經師未有若鄭君之盛者也。"

至於鄭玄《論語注》的時間,其曾有自述:"遭黨錮之事,逃難注《禮》;黨錮事解,注《古文尚書》《毛詩》《論語》,爲袁譚所逼,來至元城,乃注《周易》。"④據前,171年黨錮之禍時遭禁錮,遂杜門著述。184年黨錮解時,雖爲何進逼迫任職,但又"一宿逃去,時年六十",回到了故居,"弟子河内趙商等自遠方至者數千",可見在教授弟子,同時也潛心著述。又,鄭玄生於永建二年(127),則六十歲爲中平三年,其時鄭玄注《論語》,已到了人生的暮年,當然也是學術積淀最豐厚的時期。

鄭玄《論語》注有宗主古文的傾向。古文經學在漢武帝時已見端倪,"言五經者,皆憑讖爲説。唯孔安國、毛公、王璜、賈逵之徒獨非之,相承以爲妖妄,亂中庸之典。故因漢魯恭王、河間獻王所得古文,參而考之,以成其

---

① 《戒子益恩書》,見《後漢書》卷三五《鄭玄傳》,第5冊,第1209頁。
② 王嘉《拾遺記》卷六"何休木訥多智"條。
③ 《舊唐書》卷一○二《元行沖傳》,北京,中華書局,1975年,第10冊,第3180、3181頁。
④ 王溥編《唐會要》卷七七《貢舉下》"論經義"條,上海古籍出版社,2006年,下冊,第1663頁。

義,謂之'古學'"。然而,"當世之儒又非毁之,竟不得行",①傳習不廣。王莽時,因立古文經學博士,古文已嶄露頭角。東漢時,一方面,鑒於今文經學繁瑣的流弊,一方面在朝廷的獎掖、鼓勵下,古文經學開始漸趨興盛,並出現了融會貫通的趨勢,如桓譚"博學多通,遍習《五經》,皆詁訓大義,不爲章句";②班固"遂博貫載籍,九流百家之言,無不窮究。所學無常師,不爲章句,舉大義而已";③盧植"少與鄭玄俱事馬融,能通古今學,好研精而不守章句"。④ 這裏所説的"不爲(不守)章句",就是指不嚴格持守今文經學。再如賈逵"悉傳父業,弱冠能誦《左氏傳》及《五經》本文,以《大夏侯尚書》教授,雖爲古學,兼通五家《穀梁》之説。"⑤今、古文互相滲透,最後出現了二者的合流、會通,即集大成者馬融、鄭玄的出現,爲此"經學至鄭君一變"。⑥

　　鄭注《論語》有一己的特色,特別注意解釋孔子言行的背景,非是一如東漢時盛行的各種《論語》讖所比附、神化的那樣(見第二章第一節),而是一位切切實實、活潑生動、言語藹如的長者形象,一個更趨真實的孔子形象。這對準確理解孔子顯然具有重要意義。如《雍也》:"子謂子夏曰:'女爲君子儒,無爲小人儒。'"鄭注:"儒主教訓,爲師也。子夏性急,教訓君子之人則可,教訓小人則慍恚,故戒之。"對孔子因材施教的一番苦心、循循善誘揭示得極爲精練、傳神,一個"戒"字,點明了孔子的全部意旨和苦心。反過來看孔安國注"君子儒,將以明道。小人爲儒,則矜其名",僅是一板一眼地解釋"君子儒"、"小人儒"的區別,一爲"明道",一爲"矜名",雖頗爲準確,可備一説,卻終究是少了些血肉和生氣。再如《公冶長》:"孟武伯問:'子路仁乎?'子曰:'不知也。'"鄭注:"問仁而曰不知者,譏武伯不能用仁,而空(下缺)問之。"《集解》引孔注曰:"仁道至大,不可全名也。"顯然,孔注的重心在"仁"的内涵,即"仁道至大",不可完全稱名。鄭注則突顯孔子此話的言外之意,"譏武伯不能用仁",以此彰顯孔子對弟子的委婉教誨。再如《述而》:"子曰:'加我數年,五十以學《易》,可以無大過矣。'"鄭注:"加我數年,年五十以學此《易》,其義理可以無大過。孔子時年卅五六,好《易》,習讀不敢懈倦,汲汲然,自恐不能究竟其意,故云然也。"《集解》何晏自注:"《易》'窮理盡性以至於命'。年五十而知天命,以知命之年讀至命之書,故

---

① 《隋書》卷三二《經籍志》,第 4 册,第 941 頁。
② 《後漢書》卷二八上《桓譚傳》,第 4 册,第 955 頁。
③ 《後漢書》卷四〇上《班固傳》,第 5 册,第 1330 頁。
④ 《後漢書》卷六四《儒林·盧植傳》,第 8 册,第 2113 頁。
⑤ 《後漢書》卷三六《賈逵傳》,第 5 册,第 1235 頁。
⑥ 周予同注釋、皮錫瑞著《經學歷史·經學中衰時代》,北京,中華書局,2004 年,第 101 頁。

可以無大過。"魏晉時,何晏、王弼崇尚玄談,潛究"三玄"(《周易》《老子》《莊子》)意旨,因此明顯蒙上了一層義理的色彩,即"窮理盡性",以"知天命",還有意無意地附著了一些撲朔迷離的神化色澤。鄭注則强調孔子"習讀不敢懈倦","汲汲然,自恐不能究竟其意",而帶來的對未來的一絲隱憂和恐懼,這更符合孔子的生活實際,也爲此把孔子從雲間拉到地下,是一位靄如的智者。再如《公冶長》:"子在陳曰:歸與!歸與!吾黨之小子狂簡,斐然成章,不知所以裁之。"《集解》引孔安國曰:"孔子在陳,思歸欲去,曰:吾黨之小子狂者,進取於大道,妄穿鑿以成文章,不知所以裁制,我當歸以裁之耳。遂歸也。"皇疏、邢疏同,即理解爲孔子要對這些狂而無避、妄生穿鑿的"吾黨小子"進行裁抑。鄭玄是在"吾黨之小子"後斷句,並解釋爲"吾黨之小子,魯人爲弟子(從)孔子在陳者,欲與之俱歸於魯也。狂者進取而簡略於時事,謂時陳人皆高談虛論,言非而博,我不知所以裁制而止之,毁譽於日衆,故欲避之歸爾。"(以上俱見阿斯塔那363號墓出土的《論語》寫卷,出處見下)即"魯人爲弟子在陳者","皆高談虛論,言非而博",孔子不知如何裁制、抑止,且毁譽日衆,不得已而逃離陳國。結合史實來看,鄭注更切於孔子"厄於陳、蔡,從者七日不食"(《孔子家語·在厄》)的艱苦遭際,即一定程度上不知如何是好,而採取了迴避的態度。可能是後人如皇侃、邢昺等認爲這有污於聖人的形象,而不取鄭玄的解釋。但也正是鄭注,讓我們看到了一位坦誠、真實的孔子。

爲更好地彰顯鄭注的特色,今兹選取吐魯番阿斯塔那363號墓8/1號寫本,即著名的卜天壽寫本與何晏《論語集解》[1]進行比較(鄭注今已散佚),這是因爲:一、其原卷標明"鄭氏注",是鄭注已確鑿無疑。二、《集解》共徵引鄭注十四處,有十處與此寫卷完全相同,其餘的四處,雖個別用詞略有差異,但文意相同(也有可能是傳抄中不同寫本的疏忽、誤抄所致)。這此足以佐證其確爲鄭玄注。三、這一寫卷較長(含《爲政》部分,以及《八佾》《里仁》《公冶長》的全部),保存得較完整,能更好地見出特色。

整體上看,鄭玄對《論語》意旨的闡釋沒有《集解》所引諸注簡明、準確,還多留有西漢以來繁瑣解經的尾巴,實有繁而不殺、不省淨的弊病。對於何晏的自注,最足以彰顯其注釋觀念,即其所自言的"有不安者,頗爲改易",如《里仁》中"朝聞道,夕死可矣","君子之於天下也,無適也,無莫也,義之與比","德不孤,必有鄰";《公冶長》中"夫子之文章","夫子之言性與天道,

---

[1] 何晏撰,李方校點《唐寫本〈論語集解〉》,載《儒藏》(精華編281冊),北京大學出版社2007年版。此本內容與李方《敦煌〈論語集解〉校證》(江蘇古籍出版社1998年版)基本一致。

不可得而聞"等處何注：

> 言將至死不聞世之有道也。
>
> 言君子於天下,無適、無莫,無所貪慕也,惟義之所在。
>
> 方以類聚,同志相求,故必有臨也。是以不孤也。
>
> 章,明也。文彩形質著見,可得以耳目脩(聞?)也。
>
> 性者,人之所受以生也。天道者,元亨日新之道也。深微,故不可得而聞也。

第一處,鄭注爲"言臺子渴道,無有醉飽之心,死而後已也",以一比喻來凸顯對道的渴求,應該説比較切合原意;但何晏不取,而自注"至死不聞",是以一批判現實的角度,這是因爲在何晏集注的正始年間,時風已放蕩無檢。這顯示了何晏的批判精神。第二處,鄭注爲"適,定也。莫,無也。君子志乎於天下,無常定偶,無所貪慕,惟義所在"。這一處,何注可説是從鄭注中點化而來,文意相同,但捨棄了鄭注中不無晦澀的"無常定偶",而呈現簡明的態勢。第三處,鄭注爲"……則德來,德相近",雖前殘,但文意尚明。顯然,何注更嚴謹、精確,可説解釋出了此句的真正含義。第四處,鄭注爲"文章,謂藝之美也"。簡明是簡明了,但不易把握。何注則釋爲"文彩形質著見",要準確、深入一些。第五處,鄭注爲"性謂仁(即'人',同音替代)受血氣以生。賢愚右(即'有',同音替代)凶。天道,謂七政變動之占"。七政,古天文術語,亦稱七曜、七緯,①這是源自《易·繫辭》的一個觀念,"天垂象,見(現)吉凶,聖人象之。此日月五星,有吉凶之象,因其變動爲占,七者各自異政,故爲七政。得失由政,故稱政也"。② 顯然,這一解釋恰可説是漢代盛行的讖緯觀念的遺存。這一點,爲何晏直接捨棄。本來,何晏與夏侯玄、王弼等祖述《老》《莊》,競事清談,開出一時風氣,是魏晉玄學的創始者之一。其立論以無爲本,因此"貴無"而"賤有",並因聖人無喜怒哀樂、無累於物,而主"聖人無情"説,即思想上重"自然"而輕"名教",對"性"與"天道"可説是有深入的體認和探究,也是其擅長的領域,但其並没有洋洋灑灑、率意陳來,而是不無節制——用盡可能簡潔、明晰的語言解釋清楚二者的内涵後,再以"深微"一詞,言簡意賅地解釋出了"不可得而聞"的原因,稱得上是簡潔有力。

這五處,實際上也充分體現了《集解》注釋盡可能簡明、準確一些的特

---

① 古人將太白星(金星)、歲星(木星)、辰星(水星)、熒惑星(火星)、鎮星(土星)稱爲五星,又稱五曜,再加上太陽星(日)、太陰星(月),合稱七曜。

② 顔師古注曰:"七政,日、月、五星也。"(《漢書》卷二一上《律曆志》,第4册,第969頁。)

色,進一步擺脫了漢代繁瑣解經的籠罩。在這一點上,晚於鄭玄《論語注》六七十年的何晏①走得更遠一些。這實有時代風尚和個人思想觀念的因素。東漢末年,經解雖仍慣性地承襲"解經萬言"的繁瑣傳統,但這種意識已在漸趨鬆動。因此,儘管鄭玄已在盡力簡化,但身處其間,一時間也未能割捨净盡。六七十年後,到了何晏生活的正始年間,東漢末以來日趨盛行的清議已漸趨演變爲清談,即談玄——以"三玄"爲中心,何晏更是開了這一時代風尚。而談玄,正崇尚簡明,言簡意賅,直達本旨。顯然,這直接影響了《集解》注釋的整體風貌,即雅尚簡明、準確。還能説明一點,從注釋本身來説,隨着資料的不斷發掘、闡釋,總會後來居上,這是因爲在比較、鑒別中,總是能容易判斷出一注釋的好壞,進而裁斷其高下。

鄭玄擅長禮學,年少時曾"從東郡張恭祖受《周官》《禮記》",後來又注《儀禮》《禮記》。② 爲此構建了一個龐大的禮學體繫,並以《周禮》作爲文獻徵引的一個核心。這一擅長,也體現在《論語》注中,即對《論語》所涉及的相關禮學問題,鄭玄總是進行了較爲詳細的注解,如吐魯番阿斯塔那184號墓出土的《論語》鄭注寫卷,"汝爲君子儒,無爲小人儒"下鄭注,就引《周禮》"儒以道得民"加以解釋。這一情形也體現在卜天壽的寫卷中,如《八佾》"射不主皮"下,鄭玄就對這一出自《儀禮·鄉射禮》的儀式進行了詳細的解釋。再如同篇中"反坫"的禮節,以及"林放問禮之本"等,也都是用了較長的篇幅進行解説。但也顯然,這很易滋生一個弊端,即僅是典章制度的繁瑣注解,以致不能更好地隨文釋義、切合上下文意,即有時不能解釋清楚其在文中的具體含義,這是因爲典章故實的出處是一回事,具體含義則是另一回事。鄭注還有一個傾向,就是偏重於語詞的訓詁,這大概是早期注經的一個普遍風尚,因爲只有字詞的意義明晰了,才談得上内涵的準確揭示。

對鄭注而言,其自身還仍不免存在這樣、那樣的不足:

一、一些注釋較繁瑣,甚至反而造成了文意的費解。這也即《後漢書》卷三五本傳所直言的"玄質於辭訓,通人頗譏其繁"。這只能是東漢繁瑣解經下的一個印記。當然,整體上,鄭氏下注的語段偏長,這也是一個客觀原因。如《八佾》"'知其説者之於天下也,其如示諸斯乎!'指其

---

① 延熹九年(166),鄭玄遊學返歸故里,時四十歲。大約在"假田播殖,以娱朝夕"(鄭玄《戒子益恩書》)、廣爲授徒之際,鄭玄撰寫了《論語注》。建安五年(200)六月,鄭玄卒。何晏,正始十年(249)被殺。其《論語集解》約作於正始六年(245)(見下一章第三節何晏《論語集解》的相關考證)。中間相隔約六七十年。
② 《後漢書》卷三五《鄭玄傳》,第5册,第1207頁。

掌"下鄭注：

> 孔子啓手指掌曰：月(疑爲衍文)或仁(人)知大祭之說者,其人於□□中之物。然言其無不明達,蓋斥聖人不答其敏(即"問",同音替代),爲□之也。

其核心的意思即人如"知大祭之說",無不明達,據此指斥聖人不答其問;不過,其意義不僅因語詞的繁瑣而難以琢磨,不夠顯明,解讀還有一定的偏差。這一句,《集解》則引苞咸注,"孔子謂或人,言知禘禮之說者,於天下之事,如指示以掌中之物,言其易了也",指出能知禘禮之說,則能易了天下之事,由此解釋得層次分明、意義確鑿。二注比較,優劣自見。

再如《八佾》"周人以栗,曰使民戰慄"下鄭注：

> 主,田主,謂社。哀也(公)失御臣之權,臣……見社無教令,於仁而人事之,故……樹之田主,各以其地所宜木,遂以爲社與其野。然則州(周)公社以慄木者,是乃土地所宜木。宰我言使仁(人)戰慄,媚耳,非其□(或爲"宜")。

《集解》則引孔安國注,"凡建邦立社,各以其土所宜之木(所宜生長之樹)。宰我不本其意,妄爲之說,因周用栗,便云使民戰慄之也"。兩相比較,二注的意思基本相同;但鄭注明顯要繁瑣一些。進一步,孔注明確表示了對儒家的重要代表人物——"孔門十哲"之一宰我的嚴詞批評,斥之爲妄說;鄭注只是輕描淡寫地說了"示媚"一詞。何晏肯定了孔注,大約是曹魏以來時風"薄湯、武而伐周、孔"下的一個産物。

再如《爲政》"舉直錯諸枉,則民服"下鄭注：

> 措,猶投也。諸之……投之於枉者之上……諸之言於謂投之於措者之上位。

《集解》則徵引苞氏注:"措,置也。舉用正直之人,廢置邪枉之人,則民服其上也。"這樣,雖然寫卷略有殘缺,但其大致文意則彰顯無疑,即"投之枉上"。比較之下,鄭注顯然不如苞注明晰、準確,更易於理解。

二、一些注釋,實際上僅是經文的擴寫,較爲淺易,這相當於沒提供新的解讀信息。這雖能便於初學(因《論語》的讀習一般均在幼年或少年時期),但隨時光的推移,勢必也會因過於淺易而被淘汰。如《公冶長》"由也,千乘之國,可使治其賦也,不知其仁也"下鄭注：

> 問仁而曰不知者,譏武伯不能用仁(即"人")而空問之。賦,軍賦。可史(即"使")治之者,言其才任爲□。

這是孟武伯發問下孔子的回答。鄭注僅是對經文文意的簡略陳述,由此而爲《集解》所不取。《集解》只是引孔注"賦,兵賦也",而略去了注解——顯然也是認爲此比較淺易而不需注解。

再如《公冶長》"子在陳曰：'歸與！歸與！吾黨之小子'"下鄭注：

> 吾黨之小子，魯仁（即"人"）爲弟子也。孔子在陳者，欲與之俱歸於魯。

這一注釋，也基本上是經文文意的增擴與改寫，不免有畫蛇添足的嫌疑。對此，《集解》亦沒有作注，也當是因淺顯的緣故。

再如《公冶長》"吾亦欲無加諸人"下鄭注：

> 諸之言於。加於我者，謂以加非義之士（即"事"）也。

《集解》則引馬融注，"加，凌也"。可以説，鄭注解釋這麼多，遠沒有這一"加，凌也"解釋得簡短、明確，且有力度。與此類似的還可舉一例，如《里仁》"訥於言而敏於行"，鄭注爲"言欲難，行欲疾"，文意仍不免有所晦澀；《集解》引苞咸注，"訥，遲鈍也。言欲遲鈍而行欲敏也"，用"遲鈍"和"敏（捷）"來釋義"訥"與"敏"，顯然比單純用"難"和"疾"要準確多了。

再如《公冶長》"晏平仲善與人交，久而敬之"下鄭注：

> 晏平仲，齊大夫晏嬰平仲，姓（即"性"）謙讓，而與仁（即"人"）交久，久而益敬之。

這一注釋，幾乎就是經文的擴寫。《集解》則引周生烈注，"齊大夫。晏，姓也。平，謚也。名嬰也"，只是簡明地解釋出晏嬰的姓、謚、名。

還能説明一點，有時，儘管鄭玄已注出了一些内容，但因對上下文意的忽略，而導致了文意的隱晦、不明確，如《八佾》"入太廟，每事問"下兩處注釋，儘管鄭注都同於苞注、孔注，但最終因缺少《集解》所引孔注的結論性的判斷，"雖知之，當問，慎之至也"，而不能完整闡釋。孔注以一"慎之至"解釋出孔子"每事問"的真正動機，確實是極其簡明、準確。

三、還有一部分，其實是沿襲前人如孔安國、苞咸、馬融等人的注，這也在某種程度上不免削弱了其注釋獨立性的價值。這一殘卷，《爲政》中"何爲則民服"；《八佾》中"汝不能救與"，"吾不與祭，如不祭"，"入太廟，每事問"（共兩處，均同），"爲木鐸"；《里仁》中"不患莫己知，求爲可知也"，"喻以利"，"則以懼"，"恥躬之不逮"；《公冶長》中"吾斯之道未能信"等十一處，均與《集解》所引苞注（共五處）、馬注（一處）、孔注（共五處）等相同。不僅如此，還有一些注釋類似、或部分相同，如《八佾》中"我愛其禮"，《公冶長》中"魯無君子者，斯焉取斯"，"糞土之牆不可杇也"等，分別近於苞注（兩處）、王注。總之，以孔、苞注居多。這不是注釋的竄亂，而是恰好反映了鄭注集成的史實。《論語集解序》説："漢末，大司農鄭玄就《魯論》篇章，考之《齊》、《古》，爲之注。"《經典釋文·敍錄》也説"鄭玄就《魯論》張、包、周篇章，考之《齊》《古》，爲之注焉"。既然如此，號稱集大成者的鄭注裹含有孔、包、馬等注的内容,在一個根本没有版權意識的時代,實不足爲奇,也不必過於苛責。或者説,之所以有注釋的混淆、雜糅(在後人看來),恰好反映了集大成者的鄭注廣泛借鑒前人孔、苞、馬等注的史實。

當然,僅舉三四例證似不足以説明,但這種傾向確實存在。二注比較,在義理闡釋的簡明、準確方面,《集解》確實有它的優勢。

又,對鄭注《論語》的個別謬誤處,一代大家黄侃亦有所批評:

> 鄭君注經,度越千古。然亦有矛盾處,有謬誤處。……《論語》"予小子履"本引《湯誓》之文,鄭則釋爲舜事。……元魏孝文篤信鄭學,於"予小子履"之訓亦依鄭氏,雖不失漢師傳學之真,終難免襲謬之誚矣。①

不過,其所指出的錯誤極少。但不管怎樣,鄭玄以一己注釋《論語》的實績,繼往開來,影響深遠;在此後直到唐玄宗時期的六百年間(其間的變遷見第四章第四節、第五章第三節),鄭注《論語》都一直在北方盛行、不斷傳衍,是北地主流的解經風尚。

第四節　傳之久遠:漢魏時期《論語》石經的刊刻

東漢靈帝熹平四年(175)石經的刊刻,注定是一件人心振奮、意義深遠的大事。

在一個没有印本的時代,要想廣泛地傳播某一文本,也就只有兩種方式:手抄與刻石(刻石如刻碑,秦時已有,東漢末已普遍);但爲了能傳之久遠,也勢必非刻石不可。不過,也能想見,把五經文本刻石,儘管只是白文,也是一個極其龐大的工程(如唐開成石經就刻了114塊,正反面均有,共刻了7年),這對一個承平時代的封建國家,都將是一筆龐大的開支;更何況對一個業已危機四伏、行將崩潰的國家。從這個意義上説,其願意刻石,也勢必有他不得不爲,或倍加重要的原因。又,靈帝時,任職時需交納巨額的"修宫錢"已是常態,這也説明吏治腐敗到了何種地步。一代名士崔烈入錢五百萬才被拜爲司徒,被拜之日,靈帝竟對親幸者説"悔不小靳(再稍微吝惜一下),可至千萬",②一片追悔之情溢於言表。而幼年"宿貧"的靈帝喜好聚

---

① 見張暉編《量守廬學記續編·黄侃的生平和學術》,北京,生活·讀書·新知三聯書店,2006年,第7頁。
② 《後漢書》卷五二《崔寔傳》,第6册,第1731頁。

斂,在整個封建時代都是赫赫有名。這種情形下,讓他花費巨資來刻石,可想象一下靈帝當日的複雜心境。

對熹平四年石經記載較詳細的是《後漢書》卷六〇下《蔡邕傳》:

(蔡)邕以經籍去聖久遠,文字多謬,俗儒穿鑿,疑誤後學,熹平四年(175),乃與五官中郎將堂谿典、光祿大夫楊賜、諫議大夫馬日磾、議郎張馴、韓説,太史令單颺等,奏求正定六經文字。靈帝許之。邕乃自書册丹於碑,使工鐫刻,立於太學門外。(李賢注:《洛陽記》曰:"太學在洛城南開陽門外,講堂長十丈,廣二丈。堂前《石經》四部。本碑凡四十六枚:西行,《尚書》《周易》《公羊傳》十六碑存,十二碑毁;南行,《禮記》十五碑悉崩壞;東行,《論語》三碑,二碑毁。《禮記》碑上有諫議大夫馬日磾、議郎蔡邕名。")於是後儒晚學,咸取正焉。及碑始立,其觀視及摹寫者,車乘日千餘兩,填塞街陌。

以及卷七九上《儒林傳序》:

自是遊學增盛,至三萬餘生。然章句漸疏,而多以浮華相尚,儒者之風蓋衰矣。黨人既誅,其高名善士多坐流廢,後遂至忿争,更相言告,亦有私行金貨,定蘭臺漆書經字,以合其私文。熹平四年,靈帝乃詔諸儒正定五經,刊於石碑,爲古文、篆、隸三體書法以相參檢,樹之學門,(李賢注:謝承《書》曰:"碑立太學門外,瓦屋覆之,四面欄障,開門於南,河南郡設吏卒視之。"楊龍驤《洛陽記》載朱超石與兄書云:"石經文都似碑,高一丈許,廣四尺,駢羅相接。")使天下咸取則焉。

就此能考見一些基本史實:因浮華相尚,士人多不潛心於讀習經書,甚至賄賂學官,"定蘭臺漆書經字,以合其私文";這是因考試時可以據其所學的家法來判定其對誤。而且,在經籍長久流傳中,也確實存在如蔡邕所言的"文字多謬,俗儒穿鑿"不利經學讀習、傳播的情形。爲避免這種紛争,而詔令刊刻六經本文,一代名士蔡邕多有書碑。刻成後立於太學門前,"瓦屋覆之"。石碑共四十六塊,刻的經書有《周易》《尚書》《魯詩》《禮記》《春秋》《春秋公羊》《論語》等七種,其中《論語》三塊,均以隸書刊刻,因此又俗稱"一體石經"。① 至其效果,"自後五經一定,争者用息",②達到了一統經學文字、"取則"的目的。這也是刊刻石經的重要目的。

熹平石經的刊刻,不是一時的心血來潮,實因之前已有不斷校書、整理

---

① 朱彝尊《經義考》卷二八七考定,石經文字僅隸書一種,而非古文、篆、隸三體。出土的熹平石經也早已證實了這一點。此處范曄的記載恐有問題,當是與曹魏正始時刊刻的三體石經弄混淆了。

② 《後漢書》卷七八《宦者·吕強傳》,第9册,第2533頁。

的基礎,某種程度上,也不妨說是水到渠成的結果。東漢中後期,曾不止一次地進行較大規模的校書、整理經典。其過程,具見於下述史料:

> 永初四年(110)二月乙亥,詔謁者劉珍及五經博士校定東觀五經、諸子、傳記、百家藝術,整齊脱誤,是正文字。①

> 太后自入宫掖,從曹大家受經書,兼天方、算數。畫省王政,夜則誦讀,而患其謬誤,懼乖典章,乃博選諸儒劉珍等及博士、議郎、四府掾史五十餘人,詣東觀讎校(經書)傳記。事畢奏御,賜葛布各有差。②

> 元初四年(117),帝以經傳之文多不正定,乃選通儒謁者劉珍及博士良史詣東觀,各讎校漢家法,令倫監典其事。③

> 歲餘,徵拜議郎,與諫議大夫馬日磾、議郎蔡邕、楊彪、韓説等並在東觀,校中書《五經》記傳,補續《漢記》。④

> 永和元年(137),詔(伏)無忌與議郎黄景校定中書《五經》、諸子百家、藝術。⑤

東漢中後期,這不斷開展的一系列校書,一個根本原因,就是徐防在和帝永元十四年(102)上疏中提及的博士弟子策試時因文字差異而不斷產生諍訟:"伏見太學試博士弟子,皆以意説,不修家法,私相容隱,開生姦路。每有策試,輒興諍訟,論議紛錯,互相是非。"當然,這也有"漢承亂秦,經典廢絕,本文略存,或無章句",⑥即文本傳衍本身致誤的因素。這樣,通過校書給一定本就成了解決這一現實問題的重要手段和目的(至於能否解決,解決多少,則是另一問題了)。永初四年,在掌權的鄧太后的授意下,下詔諸博士五十餘人在東觀校定《五經》、諸子等,謁者劉珍掌其事。七年後,元初四年,又詔令勘校不同家法的經書,縮小了範圍,蔡倫典其事——順應時情,這自然是爲一統分歧無定的家法而進行充分的準備。二十年後,即永和元年,又進行了一次大規模的校定。這樣一再校定經書、整合時日盛行的家法,除了高層的重視外,一個重要原因就是經書的文字,因各種紛繁家法的存在,甚且爲一己私利而行賂蘭臺以合私文,而分歧無定。這樣發展下去,自然是謀求刻石——藉那個時代所能做到的最公開、傳之久遠的方式,以頒定五經文本,進而解決這一嚴重的學術同時也是政治問題。這也就是熹平四年刻石

---

① 《後漢書》卷五《安帝紀》,第1册,第215頁。
② 《後漢書》卷一〇上《鄧皇后紀》,第2册,第424頁。
③ 《後漢書》卷七八《蔡倫傳》,第9册,第2513頁。
④ 《後漢書》卷六四《盧植傳》,第8册,第2117頁。
⑤ 《後漢書》卷二六《伏湛傳》,第4册,第898頁。
⑥ 《後漢書》卷四四《徐防傳》,第6册,第1500頁。

出臺的文化背景和校勘基礎。①

石經的尺寸,范邦瑾《〈熹平石經〉的尺寸及刻字字數補證》,②曾據藏於上海博物館的兩塊《周易》殘石(見圖九),以及馬衡《漢石經集存》所錄的與之相關的四塊,一同排比,得出一個結論:"石經原石約寬94釐米","高約196釐米",加上"碑座高35釐米",整個"高達231釐米,約合建初尺九尺八寸強",與《洛陽記》載"碑高一丈許,廣四尺"基本吻合。據《隋書》卷三二《經籍志》載"《一字石經論語》一卷",《論語》白文爲一萬二千七百多字,恰好能爲一卷;但僅刻正文,没有注(共三碑),宋時亦有《論語》石經殘字的出土(見下)。

進一步,石經《論語》所據是何本子呢？對此,只能暫從《隸釋》所錄的有限文字加以推斷:

[君子正其衣冠],尊其瞻視,儼(缺三字)[然人望]而畏之,斯不亦威而不猛乎？(下缺。已上《堯曰》篇。)

凡廿篇,萬五千七百一(缺一字)字。

賈(板本作沽),諸賈之哉。包、周(缺四字)。蓋肆乎其肆也(缺一字)。

周(下缺)曰言(缺一字)。而在於蕭墻之内,蓋、毛、包、周無,於(下缺)(説明:括號内的文字均爲洪适原注,方括號内爲筆者據《論語》補充的文字。)③

據《漢書》卷三〇《藝文志》,"《論語》古二十一篇。出孔子壁中,兩《子張》。(如淳曰:'分《堯曰》篇後子張問何如可以從政已下爲篇,名曰《從政》。')《齊》二十二篇,多《問王》《知道》。《魯》二十篇"。這裏明確提到"廿篇",可見是《魯論》系統。又,洪适小字注的"已上《堯曰》篇",其實是不準確的,因爲"斯不亦威而不猛乎",是《子張曰》以下的内容,而且,也没有單獨成篇,所以構不成對《魯論》的否定。這也吻合前面

---

① 有學者認爲,漢武帝定立了儒術獨尊的地位,宣帝則以石渠閣會議明確了今文經學的官學地位。白虎觀會議則是因"章句之徒,破壞大體"而起,任務是補苴今文經學暴露出來的嚴重缺陷。調停内部門户的紛爭,章帝尚能如石渠故事"稱制臨決"。到了靈帝時的熹平石經,《後漢書·蔡邕傳》載蔡邕諸人"奏求正定六經文字,靈帝許之"。一個"許"字,顯示了靈帝"非急務"的心態。"蔡邕、盧植諸人的熱情,挽救不了石經空掛官學之名的形式化的命運"。由此,"彼時石經之刻立到底還有多大的意義"？(楊九詮《東漢熹平石經平議》,《文史哲》2000年第1期。)此論有一定的道理,但對石經在當日的價值,恐怕還是估計得過低。因爲至少這樣一而再、再而三地校訂經籍,就顯然不是純粹的無意義之舉,而有其實際的社會功用。
② 《文物》,1988年第1期。
③ 洪适《隸釋 隸續》,中華書局,2012年,第155頁。

《漢初各種〈論語〉文本的紛然雜存》一節中考訂的《魯論》占讀習主流的情形。

又，"周（下缺）曰"以下文字，"諸賈之哉"，見《論語·子罕》"沽之哉！沽之哉！我待賈者也"；"而在於蕭牆之内"，見《論語·季氏》"而在蕭牆之内也"，相當於校勘記——估計是因某些文字的歧異一時無法決斷，而一併附列於後，作爲核對、判斷正誤的標準。這裏，提到了"蓋、毛、包、周"四人，蓋、毛二人已不可考，包、周顯然是指何晏《論語集解·敘》中說的"號曰《張侯論》，爲世所貴，包氏、周氏《章句》出焉"。或者說，既然提到了這四人，就必然是參校，而非刻碑的底本。因包、周所傳皆《張侯論》章句，則石經所用底本或爲西漢成帝以來盛行的《張侯論》，也即時人所宣稱的"欲爲《論》，念張文"。① 目前對熹平石經《論語》所能討論的深度，估計也就止於此了。

此後，經歷了東漢末年的黄巾起義、各路軍閥豪强的爭奪火併，帝都洛陽首當其衝，受到了西漢立國後四百餘年來最嚴重的災難，"城門失火，殃及池魚"，樹立在太學邊上、昭示一代文治的石碑也遭到了損毁，據前引西晉時的《洛陽記》載"《尚書》《周易》《公羊傳》十六碑存，十二碑毁；……《禮記》十五碑悉崩壞；……《論語》三碑，二碑毁"，可見殊爲嚴重。爲此，爲了彰顯一個新王朝的開端，以及新王朝的文化盛世，② 至少在曹魏的皇初二年（220）就已開始修補"石碑之缺壞"了。或者說，因石經的營建成本極大，而對損壞的石碑進行整治、修補，以便重新利用（節約成本），也是情理中事，畢竟刊刻是一項費時、耗財的浩大工程。之後，正始年間，順應當日重古文的學風，又補刻了其所無的古文經，即《尚書》《春秋》《左傳》，③ 也是勢在必行、理所當然的了。又，這一次非是全部重新刻石（多有學者認爲未完工），這一點亦需特別說明。

魏時刻的"三體石經"，《三國志》卷一三《王肅傳》裴注引魚豢《魏略·序》有一段不無粗略的記載：

---

① 《漢書》卷八一《張禹傳》，第 10 册，第 3352 頁。
② 當然，作爲"魏之三祖"之一的曹丕，其文學成就已爲世公認，更說過"蓋文章，經國之大業，不朽之盛世"一類的話；這種對文學、或者說學術的推崇，無疑會產生刻石以傳至久遠的想法，也會藉助政權的力量把這一想法付諸實施。
③ 因漢石經皆爲今文（漢時立於學官者均爲今文經學，作爲官方統一標準的石經，自不能刻未立於官學的古文經），而隨着古文經在東漢後期的崛起與興盛（詳見本章第二節），魏初便刻此經以彌補漢石經的不足。據《舊唐書》卷四六《經籍志》載："《三字石經尚書古篆》三卷、《三字石經左傳古篆書》十三卷。"又宋洪适《隸續》録洛陽蘇望所刊魏石經遺字，除《尚書》《春秋》外有《左傳》，即能肯定者爲《尚書》《春秋》《左傳》。

至黃初元年(220)之後,新主乃復,始掃除太學之灰炭,補舊石碑之缺壞,備博士之員録,依漢甲乙以考課。申告州郡,有欲學者,皆遣詣太學。太學始開,有弟子數百人。

黃初年間"補舊石碑之缺壞",即對焚毀的漢石經進行補刻。① 至於其所刊立石經,是在其後的正始年間,1975年6月西安市青年路西段出土的魏石經殘石有"始二年三"②字樣,可知至遲在正始二年(241)已經刊刻上石了。三體石經爲古文、篆書、隸書三體:

魏初傳古文者,出於邯鄲淳。敬侯(指衛覬)寫淳《尚書》,後以示淳,而淳不别。至正始中,立三字石經,轉失淳法。因科斗之名,遂效其法。③

陳留邯鄲淳亦與(張)揖同時,博古開藝,特善《倉》、《雅》、許氏字指、八體六書,精究閑理,有名於揖,以書教諸皇子。又建《三字石經》於漢碑之西,其文蔚炳,三體復宣。校之《説文》,篆、隸大同,而古字少異。④

據此,魏時所立石經顯爲"三體",也即酈道元《水經注·穀水注》所明言的"魏正始中,又立古、隸、篆《三字石經》,樹之堂西",即在漢熹平石經的西邊。或者説,深植於當日書學極爲興盛的背景,如當日的大家鍾繇、張芝、衛覬、邯鄲淳等,而特立三體以昭示。因其刻的是補充性質的古文經,勢必要先列古文字體,但古文經多戰國蝌蚪文,西漢時就已辨識不易,而需補充後來易於識别的字體,即篆、隸二體,以爲釋文。這就構成了三體。三體石經刻字的排列方式,就遺存的石經看,有二種:三字直下式(圖樣見書前插頁)與品字式(即一格之中,上列古文,而以篆、隸二體並列於下);但不管哪一種,都是古文書於上。

不過,現所存的石經拓本遠不統一,甚且是紛繁無章:

正始間立三字石經,所重者在古文而不在經文。當時寫古文與注

---

① 今按:此次所補,非是新立,因爲一,現存史料都明言正始(240至249)時刻;二,黃初(220至226)距正始年間有二十餘年,僅刻了《春秋》《尚書》和部分《左傳》(因爲這幾部經書的文字不多),絶不可能用這麼長的時間。

② 參《魏三體石經在長安出土》,《文物參考資料》1957年第9期,第78頁。又,殘石存《尚書·梓材篇》,"文十行三十字,首行存'予罔歷'之'罔'字,末行存'欲至萬年'之'欲'字,左下方刻'第十七石'(殘)四大字,右邊有'始二年三'直書小字。背面刻春秋公元年二年殘文十行五十字,起首行'無冰'二字,止末行'邾人'之'邾'字"。又,此石現存於西安碑林博物館。

③ 《三國志》卷二一《韋誕傳》裴注引衛恒《四體書勢序》(第3册,第621頁),《晉書》卷三六《衛恒傳》載同(北京,中華書局,2003年,第4册,第1061頁)。

④ 《魏書》卷九一《術藝·江式傳》,第6册,第1963頁。

釋篆、隸者非出一人之手,故續刻之石經傳三體多有未備。傳世拓本有三字直下者,有古文一體者,有篆文一體者,有隸書一體者,有古、篆二體者,有品字式者。①

對此,馬衡認爲三體不全之石,是刻工"試刻","除兩面經文外,往往有刻工試刻之字。意當時刻工對通行之隸書已有把握,而古文、小篆二體,非所素習,不能不以他石先行試刻"。馬氏舉了三點依據:"一、試刻之文多爲古、篆二體,或古文一體,罕見三體完具者;二、試刻之文不必爲《書》與《春秋》,如'蟗六'一石,蟗字見《漢簡》虫部,注云'蟗,在則切,古《禮記》',又有一石有《論語》首文,一石有《急就章》首文,不得目爲《禮記》《論語》《急就章》皆立於太學也。三、此類試刻之單詞隻句,大都不按每行六十字排列,隨意書寫。"②但這種推斷有一個關鍵問題,因刻碑一般採用摹勒上石,即將要刻的文字先寫在紙上,在紙的背面以朱紅顏料依次勾出筆道輪廓,然後將紙覆於石上(朱紅筆道緊貼石面),接着矽磨,使朱紅筆道印在石上後施刻;或直接寫在石上,再用鑿子一筆一畫鑿上去。南朝梁以前,多用後一種方式。但不論哪一種,都是先有寫好的樣稿,似沒必要再節外生枝——先行試刻。其所遺存,尚可於洪适《隸續》卷四"魏三體石經左傳遺字"③見之。

言邯鄲淳書石,是依據上所引的《魏書》卷九一《江式傳》。但胡三省《通鑑》注對此進行了否定:"魏碑以正始年中立,《漢書》言元嘉元年(151)度尚命邯鄲淳作曹娥碑時,淳已弱冠,自元嘉至正始(240—249)亦九十餘年,謂淳所書非也。"即正始時邯鄲淳已一百一十多歲了,這種可能性不大。《晉書》卷二一《衛恒傳》裴注載:"魏初傳古文者,出於邯鄲淳。恒祖敬侯(衛)覬寫淳《尚書》,後以示淳,而淳不別。至正始中立三字石經。"衛恒是衛覬的末孫,記其祖衛覬曾受古文寫法於邯鄲淳,並據此以書石經,其距書石僅數十年,又爲言石經書寫者最早之人。王國維、馬衡等皆認爲其言可信,故可依據。因此,推測之下,魏石經古文傳自邯鄲淳一系,其具體的書寫字勢,則由衛覬完成。不過,魏石經也非僅由衛覬一人寫成,這是因留存的三體石經,所書字體非一。馬衡曾細審原石後判定,"其二經未必爲同一人所書,即每字三體亦未必出自一手,此可由現存字中體驗而知者也"。④與衛覬同時揮毫者,可考者,據《北史·江式傳》"韋誕似與此碑關係甚密,當

---

① 孫海波《魏三字石經集錄·例言》,北平虎坊橋大業印刷局,1937年,第1頁。
② 馬衡《凡將齋金石叢稿》卷六《魏石經概述》,北京,中華書局,1996年,第222—223頁。
③ 洪适《隸釋 隸續》,北京,中華書局,2012年,第310—312頁。
④ 馬衡《凡將齋金石叢稿》,北京,中華書局,1996年,第221頁。

時臺觀榜題寶器之銘,悉是誕書",還可能有韋誕。從《漢魏洛陽故城太學遺址新出土的石經殘石》看,"在藝術風格上都存在明顯差異","應係由多位書法家分別擔任不同經目的書丹工作所致",就是說,考古也證實了多位書丹者的存在。

宋代以來,石經殘塊多有出土(見下),無疑極大地促進了對漢魏石經研究的廣度、深度。這些殘石也至少還能證明一個事實,即熹平石經絕非蔡邕一人所書。其最有力的證據就是這些出土的熹平一體石經的字體差別較大,絕非一人所書。著名書法家啟功曾研判過,說:"以今出土之熹平石經諸殘石觀之,書體風格,每每不同,且無一石與世傳蔡書諸碑相似者,然則何碑爲蔡書且不得知,況復辨其爲真蔡僞蔡乎?"[1]其實,最可能的一種情形就是,一如北魏時的江式所言,"左中郎將陳留蔡邕采李斯、曹喜之法爲古今雜形,詔於太學立石碑,刊載《五經》,題書楷法,多是邕書也",[2]蔡邕僅是書寫了碑額("題書楷法"部分),及部分字體,以此作爲樣板,給書寫人一個明確的參照標準。亦或者,後因事而中斷了書寫;這是因爲熹平四年下詔後三年,即光和元年(178),蔡邕就因上疏陳事,被黜戍邊,流放到朔方,緊接著因忤了中常侍王甫,不得已亡命江湖,"往來依太山羊氏,積十二年,在吳"。[3]這樣,如據《水經注》卷一六《穀水》載"光和六年(183),刻石鏤碑"爲刻成的年代,則至少有五年時間蔡邕是不可能參與題寫碑文的。

漢、魏太學,因在一地,且前後相繼,都刻過石經,因此後人往往弄錯"一體石經"和"三體石經"的歸屬,因此需分別清楚。

【附】二十世紀以來,有幸的是,漢魏石經的殘石屢有出土,今錄如下:

第一次發現殘石較多的是宋代,對其內容,洪适曾過錄在《隸釋·隸續》中,即卷一四所錄《石經魯詩殘碑》《石經儀禮殘碑》《石經公羊殘碑》《石經論語殘碑》(其次列"學師宋恩等題名"),[4]以及黃伯思《東觀餘論》中的前四篇《學而》《爲政》《八佾》《里仁》,以及後四篇《陽貨》《微子》《子張》《堯曰》中。洪适在一一列舉碑文後,又總論其體制、特色、刻書人等。

王昶《金石萃編》卷一六《石經殘字》,[5]其中涉及《論語》的"《爲政》八行、《微子》八

---

[1] 啟功《〈郭太碑〉跋》,見《啟功書法論叢》,北京,文物出版社,2003年,第140頁。
[2] 《魏書》卷九一《江式傳》,第6冊,第1962頁。
[3] 《後漢書》卷六〇下《蔡邕傳》,第7冊,第2003頁。
[4] 見《隸釋 隸續》,第149—157頁。
[5] 見國家圖書館善本金石組編《歷代石刻史料彙編》(全十六冊),第1冊,北京圖書館出版社,2000年,第708—710頁。

行,《堯曰》四行","《論語》篇末識語三行(即'蓋、毛、包、周無','詔書與博士臣左立郎'①)",即熹平石經。

清光緒二十一年(1895),洛陽龍虎灘得三體石經《尚書·君奭》殘石,共11行,222字。羅振玉《魏三字石經〈尚書〉殘石跋》有記載:"正始石經《尚書·君奭》篇殘字百二十言,全字百有十,半字十有二。光緒中葉出洛陽,尋歸黃縣丁氏。三體石經之傳人間者僅此片斷耳。"

民國十一年(1922),洛陽再次出土三體石經《尚書·君奭》《尚書·無逸》,與《春秋·僖公》《春秋·文公》(即前附圖片)經殘石。不久,又得《尚書·多士》與《春秋·文公》經殘石,均係表裏書。這是迄今爲止石經出土最多也是最重要的一次。更爲難得的是,《尚書》殘石,恰與光緒年間出土的石經殘石相銜接。殘石藏河南省博物館。羅振玉《魏正始石經殘字跋》:"此石以壬戌秋出於距洛陽城東三十里之大郊東朱家坎墳,乃全石上半截,廣約四尺一寸強,高不及五尺,乃農家耕地得之,以售於賈人。賈欲秘運入城,而石重大,懼爲人所知,乃中剖爲二,以便轉攜,致損字一行。此石既中剖,前半僖公十五行,《尚書》十六行歸張某,他半歸洛陽縣署。"②

二十世紀二三十年代出土的石經殘字,見羅振玉《漢熹平石經殘字集錄》,有三千餘字;③馬衡《漢石經集存》④收錄最爲完備,共約八千字。

1945年,西安市土廟街首次發現三體石經《尚書·康誥》殘石一塊,僅表刻,無背刻,共35字,其中古文11字。1957年,在距此不遠處,又發現殘石一塊,石之正面爲《尚書·梓材》篇,10行30字,反面爲《春秋》成西元年、二年,經10行50字。這一殘石的内容見《魏三體石經在長安出土》。⑤劉安國《西安市出土的"正始三體石經"殘石》⑥一文,據《唐六典》《長安志》《唐兩京城坊考》諸書,考證出土殘石的西安青年路就是唐時中書内省,而秘書省隸屬中書,證實史書所載石經遷入長安置於秘書内省,魏徵藏石於秘書監是可信的。

1978年,河南偃師焦村又發現三體石經殘石一塊,該石僅一面有字,現存完整者12字,殘缺者7字,共19字,内容爲《尚書·無逸》篇開頭,遺憾的是殘石拓本仍未公佈,僅見趙振華、王學春《談偃師焦村出土魏石經〈尚書·無逸〉殘石》。⑦

與"多崩敗"相聯繫、一致的,是1980年,在漢魏洛陽故城太學所在地(原在開陽門外御道東,今河南偃師縣佃莊公社東大郊大隊太學村)"出土石經殘石600餘塊","有字殘石96塊","皆隸書,共存366字","初步查對,殘石所載内容,包括《儀禮》《春秋》《魯詩》《論語》以及《儀禮》校記、《魯詩》校記、太學贊碑等,而以《儀禮》占絶大多數"。其

---

① "立",或爲"中"字,因北魏時的江式所言"左中郎將陳留蔡邕",見下頁注釋所引。
② 國立北京大學《國學季刊》一卷三號。
③ 可見《羅振玉學術論著集》,上海古籍出版社,2013年。
④ 上海書店出版社2014年版。
⑤ 《文物參考資料》,1957年第9期,第78頁。
⑥ 《人文雜誌》1957年第3期。
⑦ 《古籍整理研究學刊》2005年第5期。

出土地層在第二、第三堆積層,"約當西晉末至北魏前期"。① 至於《論語·八佾》篇殘石,筆者辨認所附圖片,爲"對曰:夏……樹塞門……曰:君子……不敬……"等11字。

小　　結

　　東漢是一個儒學昌明、興盛的時期。承襲西漢時一代代、一批批士人前赴後繼地傳承經術的傳統,東漢初,就展現了一個與在秦代絶學氛圍中成長的不無粗鄙、少文的遠祖亭長劉邦開國時迥然不同的面貌。光武帝構建了一個全面發展的教育格局,以此吸納、會聚了來自四面八方的優秀學子,展示了一種弘大的氣度。明帝以一己全面、切實、執著的努力,營造了一個幾乎讓後人無限神往的禮樂社會,即永平時代。章帝則把儒家的一些原則、理念貫穿到具體的政治治理當中,行寬厚仁和之政,被稱爲一位敦厚、寬大的"長者"。三帝前後相繼,在開國後的六十多年間,從制度上——以經術察舉的制度已廣泛、普遍地施行,禮樂教化上——太學、明堂等也已成規制,經學在此際已深深地浸入到了士人的血液之中,甚且成爲了一種生活的常識。這不僅是因爲此後僅是一些持續發展,少見創新、鼎革;還是因爲這之後才出現了一些普通或者説下層士子勉勵讀習經書的故事。最典型,也最爲世人熟知的就是樂羊子之妻以斷織爲喻,苦勸其夫"積學","以就懿德"。這些甚且失卻姓名的普通女性不僅承擔繁重的家務、教養子女;還要忍受丈夫不在身邊的無盡的孤獨和寂寞,但卻以堅毅、近乎義無反顧的執念全力支持丈夫在外遊學——這不能不説是功名觀念普遍浸入下的一種心態折射。藉經學以成就或弘達確實成了一個時代普通人潛藏在心底、揮之不去的深深印記。

　　與此相伴,是經學傳授的方式,即綿延於西漢的早期師法也出現了變異,爲了家族的利益,維持或增進家族的勢力,以整個家族子弟爲教育對象,由此出現了經學世家,如汝南袁氏、弘農楊氏、琅琊伏氏等;並進而傳導到政治結構中,最終促使了在東漢一代强梁、雄霸一方的豪强大族向道德爾雅、擁有較顯赫政治地位的世家大族的轉换,即在東漢末期出現的以文化(儒學)爲標識、累代顯宦的世家大族,並直接影響了此後魏晉的政治格局。經學已蜕變成了某一家族的一家之學。

---

①　中國社科院考古研究所洛陽工作隊《漢魏洛陽故城太學遺址新出土的石經殘石》,《考古》1982年第4期。

物極必反。到了東漢中後期,出現了一個刪減章句、背離家法的潮流。家法的權威性在不斷的紛爭中被消解、淡化,甚至最終被棄之不顧。在"章句漸疏",且"多以浮華相尚"的背景下,章句者所注重的就是憑藉"浮華相尚",結黨營私,以謀求更大的政治利益——自不需再苦心費力地讀習、潛究經學的解釋和意蘊,經學的解釋和發展被輕輕地擱置在一邊。最根本的章句之學,或者説今文經學確實是無可奈何地衰落下去了,與之對照的則是古文經學的勃興。

從兩漢以來的經學大勢看,古文經學,最早發源於漢武帝初年魯恭王坏孔子舊宅時出現的一批古文經。但直到西漢末年,在王莽推崇、興復古文經學的大背景下,古文典籍才得到了一些重視。此後,儘管經歷了三次大的經今古文論爭,但在今文經學盛極一時的背景下,東漢初、中期,古文經學一直隱伏在民間,靠經師的個別傳授才得以綿延不絶。直到東漢末期,才開始倔然挺立於經學之林。這中間,經衛宏、賈逵、馬融等遞爲增補、訓注——前後相繼、不絶的努力,古文説漸趨風行於世,"古學遂明"。① 馬融的《古文論語訓説》,充分體現了古文經學的特色,即重名物典制、語詞的解釋;不過,受時風影響,對今文經學所慣用的引讖緯、陰陽五行來證明其説的手法亦多採用。這種看似矛盾的做法,恰好是其在打通、融彙經今古文時所留下的痕跡。

在東漢讖緯之學彌漫的氛圍中,也出現了專以讖緯來解釋的宗均《注論語緯》。孔子也一度被讖緯神化。東漢末,出現了一代通儒鄭玄,使經今古文在漢末徹底走上了合流之路。對《論語注》,鄭玄有意拋棄了東漢以來繁瑣解經的弊病,開始呈現簡明、疏朗的風貌,但仍殘留有繁瑣解經的尾巴。

---

① 《後漢書》卷三五《鄭玄傳》,第 5 册,第 1208 頁。

第三章　魏晉時《論語》注釋的整合與創變

魏晉時,《論語》的興盛依舊,因爲《論語》生存的環境——選官制度依舊存在,僅僅是名稱由察舉制變爲九品中正制而已。這一時節,《論語》已明確列爲學官,且有博士傳習。①

對曹魏時的《論語》學者而言,已經累積了豐富的史料:經文上,鄭玄融彙古今文,以及作爲範本的熹平石經業已鐫刻,昭示天下,文本已基本固定下來了;而且因鄭注在北方的廣泛傳習,已漸趨成了主流文本。注文方面,從元朔元年(前128)前後第一位注釋《論語》的孔安國算起,到曹魏建立的220年,350年間,可考的《論語》注釋至少有28家(見拙著《漢唐〈論語〉學史料集考》,待刊)。其中,不乏專門的注釋,如針對《魯論》的《魯論語夏侯(夏侯勝)説》、王駿《魯論語説》,針對《古論》的馬融《古文論語訓説》,以及名目繁多的鄭衆《論語傳》、周氏《論語章句》、宋均《注論語緯》、何休《論語注訓》等,如何對待這些豐富的學術資源,或者説,對這些已有的《論語》注釋成就進行總結,凸顯新時期《論語》學的實績,就成了一個切實、亟待解決的問題。另一方面,又不能停止不前,要開拓創新,即以新的思想與視野來解釋,賦予新的思想内涵,甚或對先前一些歧異、不無矛盾的地方進行新的界定、解説。這是時代賦予的重任。正始六年(245)前後,何晏等上《論語集解》正順應了這種時代的呼喚和要求。

這種彙集、總結的潮流方興未艾,一直没有停止,如崔豹《論語集義》、李充《論語集注》等,經過一百七十餘年,直到東晉末年,仍有孫綽

---

① 據《三國志》卷一三《王肅傳》:"肅爲《尚書》《詩》《論語》《三禮》《左氏》解,及撰定父朗所作《易傳》,皆列於學官。"(北京,中華書局,2002年,第2册,第419頁。)不過,曹魏正始(240—249)年刊刻的《三體石經》,據東晉戴延之《西征記》以及宋洪适《隸續》録洛陽蘇望所刊魏石經遺字的記載,僅有《尚書》《春秋》《左傳》三種,没見《論語》,大約其"二碑毁"已修補完畢,不需再刻的緣故(詳見上一節)。

《論語集解》、江熙《論語集解》等。這也顯示了新生的集解體的强大生命力。

這一時期,政治上的一個突出特點就是憑藉九品中正制,家族、門閥勢力日益膨脹,甚且一度凌駕於皇權之上。沿襲東漢末年的清議,魏晉時更爲熾熱,並進一步嚮玄虛、空無等哲學本體意義方嚮發展,這就是兩晉一百五十餘年間一直蔚爲興盛的玄談。因與九品中正制的結合,玄談成了名士的標識,也是一個家族維持或增進勢力的一個重要因素。東晉中後期一度崛起的陳郡謝氏家族,其發跡,就得力於過江的謝鯤、謝尚等人的"勝情遠概"、放曠和玄學造詣,謝鯤還是當日的"八達"①之一。同時,司馬氏以卑劣、殺戮等手段奪得了政權,實際上也閹割了建安以來因遭時亂離而帶來悲壯、昂揚的進取、報國之心。這種政治生態的複雜,時代的變遷以及對一個士人前途的影響,都需要深入、具體分析。如寒門子弟入仕的艱難。寒士鮑照就發出仕途艱難的無限感慨:"對案不能食,拔劍擊柱長歎息。……自古聖賢盡貧賤,何況我輩孤且直!"又曾對臨川王劉義慶慷慨陳辭:"千載上有英才異士沉没而不聞者,安可數哉!"②而《論語》學也因時代產生了新變。研究這一時期的《論語》學,有時更因注釋者本人較深的玄學造詣,當時有關《論語》的著作濡染了較濃的玄學風貌,如郭象《論語體略》、孫綽《論語集解》等。這也是《論語》注釋的一種開拓和創變。

還能提出的是,對彙通今古文的鄭玄《論語注》以及總括一個時代注釋的何晏《論語集解》,因東漢末以來即在北方、南方廣泛流傳,而留下了數量較多的唐人寫本,即敦煌藏經洞、吐魯番阿斯塔那墓葬出土的各種《論語》文本。這些珍稀文物的出土極大地促進了對二注的深入研究,特別是鄭玄注,唐末就已失傳,而今卻能重見天日,無疑是一件很值得慶幸的事。著名的《論語》學研究專家王素在其整理的《唐寫本〈論語鄭氏注〉》中就直言:經過多年多家的輯佚和整理,目前雖然仍未能夠完全恢《論語鄭氏注》的原貌,但是,"大致已有半部完整的《鄭注》爲我們所知了。"③而對這衆多《論語》寫卷的研究,至今仍方興未艾,仍需進一步探究。

---

① 余嘉錫箋疏《世説新語箋疏》卷中之下《品藻》第17條"明帝問謝鯤",北京,中華書局,2007年,中册,第608頁。
② 《南史》卷一三《鮑照傳》,第2册,第360頁。
③ 《唐寫本〈論語鄭氏注〉‧校點説明》,見《儒藏》(精華編281册)中《唐寫本〈論語鄭氏注〉》,北京大學出版社,2007年4月第1版,第351頁。

第一節　別一種格調：曹魏時經學的
　　　　 特色與魏晉清談

一代飽學之士葛洪曾在《抱朴子外篇·審舉》中批評察舉制度在東漢中後期的破壞：

> 漢之末葉，桓、靈之世，柄去帝室，政在奸臣，網漏防潰，風頹教沮，抑清德而揚諂媚，退履道而進多財。力競成俗，苟得無恥……或父兄顯貴，望門而辟命。

"舉"即是指察舉。葛洪以一位後來者的身分審視東漢政治衰敗、世風澆漓的原因。在他看來，西漢以來的察舉制度在桓、靈之世就遭到了徹底的破壞，其表現就是被舉薦的主體已由以"清德"、"履道（學問）"爲標識的士人讓位於以"諂媚"和"多財"爲特色的投機鑽營者和富商大賈。西漢高祖以來，一直施行抑商國策，但在桓、靈之世，朝廷公開賣官鬻爵，拜職需先納錢成了官場的慣例而一批商人富賈公然挺胸走進了朝堂。① 如陽嘉二年（133），"今之進者，唯財與力"；②建和元年（147）後，"時權富子弟多以人事得舉，而貧約守志者以窮退見遺"。③ 官僚隊伍素質的日益低下、目光短淺，以及直接助長了的官吏的貪婪、夤緣附勢，等等，都無疑對朝廷選舉的有效性、公正性以及國家機器的正常運轉構成了直接的侵敗和腐蝕。在一個浮華的時代，這一結果繼續發展，就是道德、學問在漢末被蔑視，踩在腳下，甚或被棄之如敝履。進一步發展到曹魏，經學就呈現了一種極度衰敗的景象。

大亂之後，魏國初建之黃初年間（220—226），關於孝廉察舉是否試經曾有一場重要的論辯：

> 三府議："舉孝廉，本以德行，不復限以試經。"歆以爲"喪亂以來，六籍墮廢，當務存立，以崇王道。夫制法者，所以經盛衰。今聽孝廉不以經試，恐學業遂從此而廢。若有秀異，可特徵用。患於無其人，何患

---

① 《後漢書》卷七《桓帝紀》載：延熹四年（161）七月，"占賣關內侯、虎賁、羽林、緹騎營士、五大夫錢，各有差"（第 2 册，第 309 頁）。卷八《靈帝紀》載：光和元年（178），"初開西邸賣官，自關內侯、虎賁、羽林，入錢各有差。（李賢注：《山陽公載記》曰：'時賣官，二千石二千萬，四百石四百萬，其以德次應選者半之，或三分之一，於西園立庫以貯之。'）令左右賣公卿，公千萬，卿五百萬。"（第 2 册，第 342 頁）中平四年（187），"賣關內侯，假金印紫綬，傳世，入錢五百萬"（第 2 册，第 355 頁）。
② 《後漢書》卷六三《李固傳》，第 8 册，第 2074 頁。
③ 《後漢書》卷六一《黃琬傳》，第 7 册，第 2040 頁。

不得哉?"帝從其言。①

"三府"即指三公,因其均可開府,此代指最高行政機關(時華歆任司徒,參與論議)。顯然,這裏的核心是討論喪亂之下,舉孝廉是否仍舊試經(漢代察舉試經,見第一章第四節)。華歆認爲,儘管喪亂以來,圖籍墮廢,士人的經學水準有限,但不可以此爲藉口;反而更要試經以考察其才能,如此,始能興起讀經的氛圍,進而尊崇王道。《北堂書鈔》卷七九亦載:"王朗論考試孝廉云,'臣聞試可乃已,謂試之以事,非謂試之以誦而已'。"據《三國志·王朗傳》,王朗爲司空在文帝時,此又明言"論考孝廉",即同爲三府議的内容。在王朗看來,應試之以"事",即試以職事,以能取人,反對"以文取人"、記誦經書的考試。論爭的結果,是華歆占了上風。明帝太和二年(228),更以詔令的形式固定下來,"申敕郡國,貢士以經學爲先"。② 這是曹魏爲提振、興復經學而構設的一項關鍵性的制度。這一努力,此後也得到了貫徹、執行,如嘉平初年(249—254),魏舒舉孝廉,宗黨勸其可以不就,然後爲高,以增身價。魏則答:"若試而不中,其負在我,安可虛竊不就之高,以爲己榮乎!"就明確提及舉孝廉要試經,如不學,則有不中之虞。魏舒"於是自課,百日習一經,因而對策升第"。③ 魏舒的言行,足以說明當日試經已經成了一項穩定的制度。不管怎樣,曹魏初期經學極度衰頹的情形才得以漸次好轉。反過來,針對東漢末以來因清議而形成的"浮華交游"之風,曹操與魏文帝都進行了否定與打擊,要求崇本抑末、循名責實;這樣,勢必就會要求經術,以此恢復因大亂而帶來的社會思想、秩序的混亂。

對這一時期的經學,清末唐晏《兩漢三國學案·凡例》曾有論:

> 三國之際,經學已成弩末。況值馬(融)、鄭(玄)之後,多變今(文)從古(文)。然此風於曹魏尤甚。若蜀、吳地僻,今學尚未盡漓,故虞氏之《易》出於孟、楊,仲通之《書》本於歐、夏,餘亦多出今文。惟《詩》一派,蜀、吳多從毛、鄭,而魏尚存魯說。此又不可不知也。

唐晏陳明了兩點特色:一、處於東漢末年大亂之後,曹魏時期,經學的元氣大傷,極爲衰落。雖高層努力去恢復、提振經學,如掃除太學的灰燼、修補殘壞的石碑等,但一時間也無濟於事。《三國志》卷一三《王肅傳》裴注引魚豢《魏略》也道出了這一點:

> 從初平(190—193)之元,至建安(196—220)之末,天下分崩,人懷

---

① 《三國志》卷一三《華歆傳》,第 2 册,第 403 頁。
② 《三國志》卷三《明帝紀》,第 1 册,第 94 頁。
③ 《晉書》卷四一《魏舒傳》,第 4 册,第 1186 頁。據此傳,魏舒太熙元年(290)卒,時年八十二,則其生於建安十四年(209),"年四十餘",則爲齊王曹芳嘉平初年(249—254)。

苟且，綱紀既衰，儒道尤甚。至黃初元年(220)之後，新主乃始掃除太學之灰炭，補舊石碑之缺壞，備博士之員錄，依漢甲乙以考課。申告州郡，有欲學者，皆遣詣太學。太學始開，有弟子數百人。至太和(227—233)、青龍(233—237)中，中外多事，人懷避就。雖性非解學，多求詣太學。太學諸生有千數，而諸博士率皆粗疏，無以教弟子。弟子本亦避役，竟無能習學，冬來春去，歲歲如是。又雖有精者，而臺閣舉格太高，加不念統其大義，而問字指、墨法、點注之間，百人同試，度者未十。是以志學之士遂復陵遲，而末求浮虛者各競逐也。正始(240—249)中，有詔議圜丘，普延學士。是時郎官及司徒領吏二萬餘人，雖復分佈，見在京師者尚且萬人，而應書與議者略無幾人。又是時朝堂公卿以下四百餘人，其能操筆者未有十人，多皆相從飽食而退。嗟夫！學業沈隕，乃至於此。是以私心常區區貴乎數公者，各處荒亂之際，而能守志彌敦者也。①

儒道的急劇衰頹，直接導致了即便是最高學府——太學的博士，其水平也極為一般，"率皆粗疏"，弟子就更不用說了。並且是歲歲如此，無甚好轉。人才極度匱乏的結果就是在曹魏立國後二三十年，正始中，在詔議圜丘的國家大典上，堂堂一兩萬人的官員隊伍中，幾乎找不到能參與論議和操筆撰寫章程者，豈非怪事。此足以見出曹魏時經學讀習因戰亂而極為衰頹的情形，也即《序》中所感歎的"學業沈隕，乃至於此"。

二、黃初(220—226)之際，古文已取代了今文，成了經學的主流。對此，王國維《漢魏博士考》一文曾有詳論：

　　古文學之立於學官，蓋在黃初之際。……蓋不必有廢置明文，而漢家四百年學官，今文之統已為古文家取而代之矣。試取魏時諸博士考之：邯鄲淳傳《古文尚書》者也；樂詳、周生烈傳《左氏春秋》者也；宋均、田瓊皆親受業於鄭元(玄)，張融、馬照亦私淑鄭氏者也；蘇林、張揖通古今字指，則亦古文學家也。餘如高堂隆上書述《古文尚書》《周官》《左氏春秋》，趙怡、淳于峻、庚峻等亦稱述鄭學。其可考者如此，則無考者可知。又以高貴鄉公幸太學問答考之，所問之《易》則鄭注也，所講之《書》則賈逵、馬融、鄭玄、王肅之注也，所問之《禮》則《小戴記》，蓋亦鄭玄、王肅注也。《王肅傳》明言其所注諸經皆列於學官，則鄭注五經亦列於學官可知。然則魏時所立諸經，已非漢代之今文學，而為賈、馬、鄭、

---

① 第2冊，第420—421頁。

王之古文學矣。①

王氏指出，東漢末葉，中平五年，所徵的博士，雖名爲今文，其實多有是古文學家，如周防、盧植等——已出現名不符實的情形。這種駁雜情形進一步蔓延，黃初之際，今文博士已失其官守，古文學開始立於學官，即"爲賈（逵）、馬（融）、鄭（玄）、王（肅）之古文學矣"。這是一個重大變遷。古文取代了今文，王氏例舉邯鄲淳、樂詳、周生烈、宋均、田瓊、張融、馬照、蘇林、張揖、高堂隆等博士爲證。不僅如此，高貴鄉公幸太學考問（亦見下引），以及《王肅傳》所言其注諸經皆列於學官等，均可爲證。東晉元帝初，荀崧上疏，提到西晉初所立的博士情形：

　　太學有石經古文先儒典訓。賈、馬、鄭、杜、服、孔、王、何、顔、尹之徒，章句傳注衆家之學，置博士十九人。②

在所立的博士中，

　　《易》有鄭氏、王氏，《書》有賈、馬、鄭、王氏，《詩》及三禮鄭氏、王氏，《春秋左傳》服氏、王氏，《公羊》顔氏、何氏，《穀梁》尹氏，適得十九家，與博士十九人之數相當。……此十九博士中，惟《禮記》《公》《穀》三家爲今學，餘皆古學。於是西京施、孟、梁丘、京氏之《易》，歐陽、大小夏侯之《書》，齊、魯、韓之《詩》，慶氏、大戴之《禮》，嚴氏之《春秋》，皆廢於此數十年之間，不待永嘉之亂而其亡可決矣。學術變遷之在上者，莫劇於三國之際，而自來無能質言之者，此可異也。③

於是，在時代變革潮流的挾裹、沖刷下，兩漢時所立的今文博士已紛紛被棄置，"不待永嘉之亂而其亡可決"。對此，王氏最後歸結爲變遷劇烈，"學術變遷之在上者，莫劇於三國之際"。這中間，較典型的例子是經學家王朗（王肅的父親），"師太尉楊賜"，④而楊賜，少習家學，治歐陽《尚書》《京氏易》，是不折不扣的今文學派；但王朗後來卻轉向了古文學，如《春秋左氏傳》《春秋左氏釋駁》等。這一劇變，還可從黃初元年刻的"三體石經"中看出，因其所刻的《春秋》《尚書》及《左傳》均爲古文經，且每碑刻字都以古文居首。這也正凸顯了官方的意志。

這時又有一事，陳國的袁徽曾與尚書令荀彧書，推薦交阯儒生士燮：

　　交阯士府君，既學問優博，又達於從政。處大亂之中，保全一郡，二十餘年，疆場無事……官事小闋，輒玩習《書》傳，《春秋左氏傳》尤簡練

---

① 《觀堂集林》卷四《漢魏博士考》，上册，第188—190頁。
② 《晉書》卷七五《荀崧傳》，第7册，第1977頁。
③ 《觀堂集林》卷四《漢魏博士考》，上册，第190—191頁。
④ 《三國志》卷一三《王朗傳》，第2册，第406頁。

精微。吾數以諮問傳中諸疑,皆有師説,意思甚密。又《尚書》兼通古今,大義詳備。聞京師古今之學,是非忿爭,今欲條《左氏》《尚書》長義上之。①

荀彧爲尚書令,據《三國志》卷一〇本傳,時在建安元年(196),十七年卒。因此,還沿襲東漢以來的今古文之爭,"京師古今之學,是非忿爭"是在這一時期。士燮所學,《左傳》爲古文,《尚書》有《古文尚書》,因士燮欲一併條列《左氏》《尚書》的勝義上之,在紛爭之際,自不好古、今雜糅,應傾向於古文。但不管怎樣,一個"忿"字,足以見出東漢末年古、今文紛爭依舊激烈。不過,再經過二三十年的論爭,最終到黃初年間塵埃落定,這是一個合理的進程。除此之外,還有一個更爲重要的變遷,即與當日實際政治形勢、立身出處密切相關的,是何晏、王弼創始的玄學與貴戚王肅爲代表的學術相抗衡(詳見本章第四節),某種程度上,經學開始了玄學化的傾向,並以此沿襲到隋朝,三百餘年間,強烈地衝擊了鄭學,並最終占了主導地位,奪了鄭席。這是一個影響深遠的經學走向。

《三國志》卷四《三少帝紀》載:

> 甘露元年(256)四月,帝幸太學,問諸儒:"鄭玄曰'稽古同天,言堯同於天也。'王肅云'堯順考古道而行之'。二義不同,何者爲是?"博士庾峻對曰:"先儒所執,各有乖異,臣不足以定之。然《洪範》稱'三人占,從二人之言'。賈、馬及肅皆以爲'順考古道'。以《洪範》言之,肅義爲長。"帝曰:"仲尼言'唯天爲大,唯堯則之'。堯之大美,在乎則天,順考古道,非其至也。今發篇開義以明聖德,而舍其大,更稱其細,豈作者之意邪?"

高貴鄉公曹髦駕臨太學,咨問諸儒一些問題,表面看似乎僅是一些細枝末節的經學問題,無關痛癢,實質上卻有其明確的政治意圖,其一再咨詢的,如對《周易》,"聖人幽贊神明,仰觀俯察……凡斯大義,罔有不備","黃帝、堯、舜垂衣裳而天下治","聖人化天下,何殊異爾邪";對《尚書》一些義理的發問,"堯之大美,在乎則天","夫大人者,與天地合其德,與日月合其明,思無不周,明無不照","知人則哲,能官人",對《禮記》,"太上立德,爲治何由而教化各異,皆修何政而能致於立德"等,都一一顯示出對三代聖人治理、化育天下的方式、賢君應具何種品德,以及如何察知臣賢、官人,如何施政、立德等切近於現實政治問題的熱切關注。這是有原因的,到了高貴鄉公曹髦時期,形勢業已明朗,即皇帝已是一個司馬氏可以隨意擺弄、甚且隨時抹去

---

① 《三國志》卷四九《士燮傳》,第5册,第1191—1192頁。

的棋子。但曹髦心實不甘,還拼死要作一番最後的抗爭,其《帝集》中載其自敘"始生禎祥"時的表述,以及面對危如累卵、早已岌岌可危的國勢,發出"伊予小子,曷敢怠荒? 庶不忝辱,永奉烝嘗(永遠奉祀祖先)"①的痛切呼聲,可見此際曹髦急迫、焦躁的心境。耐人尋味的是,曹髦直接否定了王肅"順考古道"的解釋,肯定鄭玄"堯之大美,在乎則天"的注解。這是因爲作爲司馬氏一黨的王肅(晉武帝司馬炎是王肅的外甥),勢必會在經學上爲世家大族張本立説,維護其利益。鄭玄則是強調君權秩序的神聖性,如《禮記‧檀弓下》"臣弑君,凡在宫者,殺無赦",鄭玄注"言諸臣子孫無尊卑皆得殺之,其罪無赦",明顯表現了對君權神聖性、權威性的肯定。與"在乎則天"一脈相承的,是鄭玄在國家的核心問題之一即禮學的祭祀體系上,以祭祀昊天上帝爲最重要的祭禮,肯定天道,即帝王的神聖性;與"順考古道"相連的,是王肅強調承襲對祖宗的敬意,主張以宗廟大祭爲首禮。所以後來晉朝立國強調"孝",不強調與君權神聖性相連的"忠",從這裏也能找到根源。鄭、王之爭的根本點也正在於此,有明顯的政治傾向。但不管怎樣,鄭氏的解釋無疑最契合於此際皇權極度衰落下曹髦的心靈深處。對博士庾峻的回答,《晉書》卷五〇《庾峻傳》是這樣記載,"屬高貴鄉公幸太學,問《尚書》義於峻,峻援引師説,發明經旨,申暢疑滯,對答詳悉。遷秘書丞"。可以説,庾峻極好地維護了王學的權威,而被執掌實權的司馬氏遷升到清貴的秘書丞。當然,在《晉書》不動聲色的記敘中,也見出了鄭、王之學的激烈紛爭。這都見出了經學與當日政治的密切聯繫,有其實際的政治功用。這也是一再推動經學發展的一種動力。

　　與政權的更迭,即由曹魏向司馬氏過渡相聯繫的,是這一時段世所罕見的以血腥和殺戮著稱。正始十年(249),高平陵政變,司馬懿殺曹爽;嘉平三年(251),殺揚州刺史王淩、曹彪;嘉平六年(254),司馬師殺太常夏侯玄、中書令李豐、皇后父光禄大夫張緝,廢魏主曹芳,立高貴鄉公曹髦;正元二年(255),殺鎮東大將毌丘儉;甘露三年(258),司馬昭殺征東大將諸葛誕;甘露五年,殺魏主曹髦,立曹奂;咸熙二年(265),司馬昭廢掉魏主曹奂,自立爲帝,國號晉。這樣,前後歷時不過十五六年,交織着血腥與殘酷,司馬氏最終奪得了曹魏的天下。特別一提的是,對於膽敢反對者,司馬氏一般都以"誅夷三族"來對待,毫不手軟;史載"屬魏晉之際,天下多故,名士少有全者",②正可説是極其準確的概述。

---

① 《三國志》卷四《三少帝紀》裴注引,第1册,第138頁。
② 《晉書》卷四九《阮籍傳》,第5册,第1360頁。

這種血腥、酷烈和伎倆,對於魏明帝時代開始成長的一代人來說,實不啻於一場噩夢。據陸侃如《中古文學繫年》載,明帝太和元年(227),夏侯玄十九歲,傅嘏十九歲,阮籍十八歲,皇甫謐十三歲,賈充十一歲,傅玄十一歲,羊祜七歲,杜預六歲,嵇康四歲,鍾會三歲,王弼二歲。他們有的感受到了建安那如火如荼、慷慨悲壯的時代大潮;但更多的,對他們而言,建安時期的慷慨、悲涼,以及因此而激發的強烈政治抱負,似乎都已成了一曲遙遠的不可企及的遺響,在這個卑污、殺戮的時代,蒼涼、無奈的心緒顯而易見。東漢末年,"逮桓靈之間,主荒政繆,國命委於閹寺,士子羞與為伍,故匹夫抗憤,處士橫議,遂乃激揚名聲,互相題拂,品核公卿,裁量執政",①最終招致黨錮之禍,士人的愛國激情散滅在流放、監禁的暴雨之下。時隔四五十年,魏晉之際,已漸漸遠逝的建安時期悲壯和為國之志還沒來得及留下更多的印跡,就被這突如其來的災難,卷襲到了滔滔洪流之中。忠節、正直,一時間被摧剝得體無完膚,幾近蕩然無存。魏晉禪代之際,唯一敢站起來宣稱"大魏之純臣"的也只是司馬氏陣營中的人——司馬孚;而且還只能以哭泣表達一絲無奈、無力的抗爭。人的操守一旦被剝得一乾二淨時,剩下的怕也只能是骯髒與卑污。因此,當東晉明帝在渡江之初,聽宰相王導"敘宣王創業之始,誅夷名族,寵樹同己,及文王之末誅高貴鄉公事",明帝不由得羞愧滿面,覆面著床曰:"若如公言,祚安得長?"②發出了一個溢滿愧疚、惶恐不安的感嘆。

南渡之際,唯一揮戈與劉淵、石勒抗衡的,只是在北方孤軍奮戰的劉琨、祖逖;當日朝廷所給予劉琨的支持,只是一個空頭的并州刺史的稱號,劉琨途中募得千餘人,一路坎坷,轉戰至晉陽。祖逖也是得到一個豫州刺史的稱號,自己招募士兵。這且不說,劉琨最終窮蹙而亡,喪生於王敦的密使之下;祖逖也受到了來自朝廷的牽制,"感激發病"而亡。而這一時節的王導,卻正在對感歎"風景不殊,正自有山河之異"的過江士人慷慨陳詞:"當共戮力王室,克復神州,何至作楚囚相對!"③言辭之間又是何等的慷慨激昂、擲地有聲——這又稱得上怎樣的"戮力神州"呢?!歷史的事實是,終元帝、王導之世,都沒有組織過一次北伐。當壯烈、忠心被視作灰塵,可以輕輕抹去時,誰還願意為國效力呢!之後,雖然一度有桓溫三次北伐(分別為354、356、363年),劉裕也曾連續收復了洛陽、長安,滅南燕(410)、後秦(417);一時間可謂聲威赫赫,大快人心;然而卻沒有激起士人一絲雄心和抱負。隨同大軍南

---

① 《後漢書》卷六七《黨錮傳序》,第8冊,第2185頁。
② 余嘉錫箋疏《世說新語箋疏》卷下之下《尤悔》第7條"王導、溫嶠俱見明帝",北京,中華書局,2007年,下冊,第1054頁。
③ 《世說新語箋疏》卷上之上《言語》第31條"過江諸人",上冊,第109—110頁。

下,一代才學之士傅亮也僅在《爲宋公至洛陽謁五陵表》中表示了並不深痛的悲傷,"入洛陽謁五陵,宋公百世一日也。表文無痛哭之談,識者先知其非心王室(指晉室)矣"。① 這種情形下,又遑論他人! 説白了,這也正是高門只以一家利益爲轉移的必然結果。而自私、卑微、縱逸,缺乏高尚的人格,無疑深刻地影響到了這一時期的士人心態。它只能導致視野的狹窄,導致對廣闊、豐富社會現實的忽略,缺乏遠大的理想和高尚的胸襟,只是一味地淺酌低吟、縱情享樂。這是一個大的歷史走向。

這直接帶來了思想界的一個變遷,即從東漢末年的清議到曹魏時的清談,再到後來的談玄。本來,魏晉時的清談與當日的時事緊密相連,但在西晉時已漸趨遠離實際政治,不敢再以清議的方式品核執政,對抗朝廷;而更多的淪爲只是一種玄談、一種名士身分的標識。中間轉變的主因,就是這血淋淋的殺戮,一時間士人噤若寒蟬,不敢站起身來。其間敢"輕肆直言,遇事便發"、"非湯武而薄周孔"②的嵇康,最終也只能以一曲淒婉的《廣陵散》永久地告别這血色的黄昏。也正是這樣,在《思舊賦》的無限哀思中,徘徊、遊移再三,向秀最終還是走向了司馬氏。面對文帝司馬昭的責難,也只能以"巢(父)、許(由)狷介之士,未達堯心,豈足多慕"③來給自己尋找一個冠冕堂皇的理由。現實中鮮活的生命似乎遠比慷慨、悲壯更重要;是非、操守的界限早已在血色中變得模糊了,誰還會刻意持守、譴責呢? 士人們會牢牢記住,司馬氏是以孝來治理天下,而不以忠來號令——又何處忠君呢?

一時間,名士們都沉溺於清談,忘卻、淡漠世事。這種情形,在《世説新語》及《晉書》中有較多的記載。概括地説,這種"放蕩恣情的風氣,一直到晉惠帝時更爲流行";④"(清談)至東晉時代,則成口頭虚語,紙上空文,僅爲名士之裝飾品而已。"⑤實際上,清談的蜕化、變異,在惠、懷(290—313)時期就已開始,這時西晉亂亡的徵兆已萌。這些都可不論,值得注意的是時人對清談的批評。從之前的劉靖、董昭,到裴頠、傅玄,甚至到東晉時的葛洪、王羲之等,都對此有程度不同的批判。這些放蕩恣情的行爲,"或亂項科頭,或裸袒蹲夷,或濯腳於稠衆,或溲便於人前,或停客而獨食,或行酒而止所親",⑥甚至讓當時清談内的名士——樂廣也看不下去了,"名教内自有樂

---

① 張溥《漢魏六朝百三家集題辭注·傅光禄集》,北京,人民文學出版社,1981年,第166頁。
② 嵇康《與山巨源絶交書》。
③ 《晉書》卷四九《向秀傳》,第5册,第1375頁。
④ 唐長孺《魏晉南北朝史論叢·魏晉玄學之形成及其發展》,北京,生活·讀書·新知三聯書店,1955年,第331頁。
⑤ 陳寅恪《金明館叢稿初編·陶淵明之思想與清談之關係》,第195頁。
⑥ 楊明照《抱朴子外篇校箋》(下册),北京,中華書局,1997年,第29頁。

地,何必乃爾"!① 然而,這種温和的批評,或大聲疾呼的斥責,其聲音實在是太微弱,也太稀少。大家依舊故我,全然沒有注意到——甚至也根本不去注意,建立在松軟泥土上的大廈已在搖搖欲墜,少數清醒者的呼聲是無濟於事的。王衍臨死前的懺悔與省悟,"嗚呼,吾曹雖不如古人,向若不祖尚浮虚,戮力以匡天下,猶可不至今日",②也似乎太晚了些。

這種清談,當日有"三玄"之目,即談《老子》《莊子》和《周易》。對於清談與當日政治的密切關係,一代史學家陳寅恪論之甚詳,兹摘引如下:

> 當魏末西晉時代即清談之前期,其清談乃當日政治上之實際問題,與其時士大夫之出處進退至有關係,蓋藉此以表示本人態度及辯護自身立場者,非若東晉一朝即清談後期,清談只爲口中或紙上之玄言,已失去政治上之實際性質,僅作名士身分之裝飾品者也。
>
> 大抵清談之興起由於東漢末世黨錮諸名士遭政治暴力之催壓,一變其指實之人物品題,而爲抽象玄理之討論,起自郭林宗,而成於阮嗣宗,皆避禍遠嫌,消極不與其時政治當局合作者也。
>
> 夫自然之旨既在養生遂性,則嗣宗之苟全性命仍是自然而非名教。又其言必玄遠,不評論時事,臧否人物,則不獨用此免殺身之禍,並且將東漢末年黨錮諸名士具體指斥政治表示天下是非之言論,一變而爲完全抽象玄理之研究,遂開西晉以降清談之風派。然則世之所謂清談,實始於郭林宗,而成於阮嗣宗也。故自然與名教相同之説所以成爲清談之核心者,原有其政治上實際適用之功用。
>
> 清談在東漢晚年曹魏季世及西晉初期皆與當日士大夫政治態度實際生活有密切關係,至東晉時代,則成口頭虚語,紙上空文,僅爲名士之裝飾品而已。夫清談既與實際生活無關,自難維持發展,而有漸次衰歇之勢。③

其《書世説新語文學類鍾會撰四本論始畢條後》亦有進一步的申論,"東漢中晚之世,其統治階級可分爲兩類人群。一爲内廷之閹宦。一爲外廷之士大夫。閹宦之出身大抵爲非儒家之寒族,所謂'乞丐攜養'之類","士大夫出身則大抵爲地方豪族,或間以小族,然絶大多數則爲儒家之信徒"。而曹操則以求才三令,認爲有才者未必有德,或負有不仁不孝貪詐之污名,

---

① 《晉書》卷四三《樂廣傳》,第 4 册,第 1245 頁。
② 《晉書》卷四三《王衍傳》,第 1238 頁。
③ 《陶淵明之思想與清談之關係》,見《金明館叢稿初編》,北京,生活・讀書・新知三聯書店,2001 年,分別爲第 201、202、207—208、210、217 頁。

即"才性異"來"摧陷廓清"儒家思想的巨大籠罩。① 這是一個時代的思潮。

總之,玄學是在東漢末清談基礎上蘊育生成的一代經學學風,討論有無、名教與自然、得意忘言等問題,辨名析理,講求辭致深遠、宅心玄遠,以"清通簡要"、"辭約旨達"爲貴,即思維方法上尊重理性,人性論上要求"自然",政治上要求君主"無爲",這是一場新的全方位的思想變革,也即時人和後世每每神往的"正始之音",其中,以何晏、王弼、裴頠、王衍、衛玠等爲中堅。不過,陳氏所論的"清談"與玄學還是有一定的區別,東晉以後玄談成了"口頭虛語,紙上空文,僅爲名士之裝飾品"也實有爭議。這是因東晉時士族的地位還没凝固,士人還需要努力,以躋入士流,維持或增進家族地位,這中間的一個重要手段,就是由儒入玄,如陳郡謝氏家族地位的上升。也能想見,並不是所有的西晉士族都決心過江,只是"(司馬)越府聚集的名士,構成了以後江左門閥士族的基礎";② 而過江的士族,也要貪緣際遇,借助一定的政治時機,才有可能維持或增進家族的士族地位。由儒入玄是促進家族地位上升的一個必要條件。③ 但陳氏所揭示的玄學與政治的密切關係,卻至爲深刻;上所論曹髦談論的經學問題,也反映了這一情形。

第二節　魏、西晉時對孔子以及儒學的尊崇——以出土石碑爲例

西漢成帝以來,直到魏、西晉,對孔子的尊封有一個漫長的發展歷程。東漢時,朝廷對孔子的尊封,較詳細的記載可見《後漢書》卷七九上《儒林·孔僖傳》:

> 元和二年(85)春,帝(章帝)東巡狩,還過魯,幸闕里,以太牢祠孔子及七十二弟子,作六代之樂,大會孔氏男子二十以上者六十三人,命儒者講《論(語)》。僖因自陳謝。帝曰:"今日之會,寧於卿宗有光榮乎?"對曰:"臣聞明王聖主,莫不尊師貴道。今陛下親屈萬乘,辱臨敝里,此乃崇禮先師,增輝聖德。至於光榮,非所敢承。"帝大笑曰:"非聖者子孫,焉有斯言乎!"遂拜僖郎中,賜褒成侯(孔)損及孔氏男女錢帛,詔僖從還京師,使校書東觀。

---

① 見《金明館叢稿初編》,分別爲第 48、51 頁。
② 田餘慶《東晉門閥政治》,北京大學出版社,2005 年,第 276 頁。
③ 詳細內容可參閱《魏晉南北朝駢文史論》中《因談餘氣,流成文體:玄風彌漫下的清麗》一節,成都,巴蜀書社,2012 年,第 111—113 頁。

永元四年(92),徙封褒亭侯。損卒,子曜嗣。曜卒,子完嗣。世世相傳,至獻帝初,國絶(也即下《魏修孔子廟碑》中所說的遭黄巾之亂,"絶而莫繼")。(李賢案語:"獻帝後至魏,封孔子二十一葉孫羨爲崇聖侯,晉封二十三葉孫震爲奉聖亭侯。")

對孔子的尊奉,最早可追溯到成帝綏和元年(前8),下詔封孔子世爲殷紹嘉公;①不過,這是在梅福反復上疏後才争取到的。元始元年(1)六月,封孔子後孔均爲褒成侯,奉其祀。追謚孔子曰褒成宣尼公。② 但東漢時,雖照常一再過魯祭孔,孔子的封號卻由公降爲侯。隨着古文派在東漢的聲勢日增,"先聖"便成了周公的專稱,孔子只好屈居第二,成爲傳達周公意旨的"先師",孔僖對章帝稱言"崇禮先師"正是這一封號的真實反映。但這些仍不免是一種略存梗概的粗綫條描述,有幸的是,一些石碑的面世,爲我們打開了一扇能仔細窺視實情的大門。

據《孔廟置守廟百石孔龢碑》,③孔子十九世孫孔麟廉請置百石卒史一人,以掌領孔廟中的禮器,因爲褒成侯(孔子後裔封號)四時來祠時,"事已即去",需要專人照看。爲此,魯相乙瑛言之於朝。元嘉三年(153)三月廿七日,司徒吴雄、司空趙戒奏於上,詔可。之後,詔下郡國,命選年四十以上、通一經者任之。六月,魯後相平翔朝廷回報,已選中孔龢,因其修嚴氏《春秋》,經通高第,事親至孝,能奉先聖之禮,符合條件。爲此,還特意造作了一處百石吏舍。這一措施得到了切實執行,《韓敕碑》陰即載"守廟百石魯孔恢聖文千"。

再結合《魯相韓敕造孔廟禮器碑》《韓敕修孔廟後碑》《魯相史晨祠孔廟奏銘》等碑,進一步看出:置百石卒史一人後,永壽二年(156),魯相韓敕造置了一些祭祀的禮器,如鐘磬瑟鼓、罍洗觴觚、爵鹿柤桓、籩柸禁壺等,並初步整修了宅廟,其内容包括設置帷坐、薦席,疏浚壇井,改畫聖象等。這次造置和整修,就碑陰及兩側的題名來看,是用當地人士所捐的善款。一年後,即永壽三年時已"宅廟悉修"。但魯相乙瑛所說的祭祀時"財出王家錢"並没有一直得到貫徹,因爲至少十餘年後,建寧元年(168)史晨任魯相時,已無公錢助祭(即"無公山酒脯之祠"),爲此史晨上疏尚書省請求撥款。這得到了允許,而後進行了大饗,共有907人參與,可見一時祭典的盛况。饗後,又

---

① 《漢書》卷六七《梅福傳》,第9册,第2927頁。
② 《漢書》卷一二《平帝紀》,第1册,第351頁。
③ 全文可見洪适《隸釋 隸續》卷一《孔廟置守廟百石孔龢碑》,北京,中華書局,2012年,第17—19頁。又,下文所論的《魯相韓敕造孔廟禮器碑》《韓敕修孔廟後碑》《魯相史晨祠孔廟奏銘》,亦見卷一,不再説明。

進行了整飭,補修毀壞的牆垣,作屋塗色,修通大溝,種植梓樹,置守冢四人等。至此,經過十餘年的努力,孔廟四時祭祀所需的禮器、內外的整修,以及相關的管理人員都已安置完畢。總之,碑志的記載,具體而微地見出了這一時節對孔子的遵奉、祭祀以及孔廟的修繕情形。

與此尊崇孔子相聯繫的,是東漢中晚期以來,可能存有畫孔子及七十二弟子的畫像以表彰、推尊的傳統,如"光和元年,遂置鴻都門學,畫孔子及七十二弟子像"。① 這一內容,在今遺存關涉祭祀的漢祠堂、墓室壁畫、畫像石中屢見不鮮,如 1951 年,四川新津縣寶資山出土的孔子入周問禮圖像殘石函。老子坐於左側,昂首向右上方看,正上有榜題"老子"。右側孔子躬身向左,拱手行禮,頭後方有榜題"孔子"。② 1977 年,山東嘉祥縣西南桃園公社齊山村北出土的一塊東漢畫像石,上層畫面爲孔子見老子圖,有"老子也"、"孔子也"等隸書榜題。兩位老者之間,是一童子,手推小輪車,應是項橐。③ 1983 年,山東嘉祥縣紙坊鎮敬老院出土東漢早期畫像石,有兩幅孔子見老子圖。其中一幅帶有"老子""孔子"榜題。亦是兩者相向而立,均頭戴冠,躬身、老子執曲杖,目光向下,看着中間的小童子,即項橐。④ 這也最終積淀成了關涉孔子畫像的經典式樣,即孔子畢恭畢敬地站立,面向老子請教,身著長袍的老子則拄一彎曲的柺杖躬身而立,中間是一童子,即孔子的老師項橐。孔子身後,是其弟子,或者説是其足以自豪的顏淵。著名的山東武氏祠西闕畫像上層就典型地展示了這一形象。⑤ 文獻中也有此類記載,如酈道元《水經注》載漢司隸校尉魯峻墓前的祠堂裏,均有此類畫像。⑥

這種圖像的出現不是偶然的,是社會心理的呈現。其故事原型,可見《史記》卷四七《孔子世家》所載:

    魯南宮敬叔言魯君曰:"請與孔子適周。"魯君與之一乘車,兩馬,一

---

① 《後漢書》卷六十下《蔡邕傳》,第七册,第 1998 頁。
② 原拓本見聞宥集撰《四川漢代畫象選集》,北京,中國古典藝術出版社,1956 年,圖 43。此采自王繡、霍宏偉著《洛陽兩漢彩畫》,北京,文物出版社,2015 年,第 82—83 頁。有霍宏偉拍攝的圖片,彩色圖版,清晰度高。
③ 山東省博物館、山東省文物考古研究所編《山東漢畫像石選集》,濟南,齊魯書社,1982 年,《圖版説明》第 25 頁,"圖版七九"中圖 179(原書没再標頁碼)。又,同書載嘉祥縣宋山畫像石亦有這一類似構圖,即《圖版説明》第 27 頁,"圖版八二"中圖 186。
④ 賴非主編《中國畫像石全集》第二卷《山東畫像石》,濟南,山東美術出版社,2000 年,第 107 頁,圖 115。
⑤ 傅惜華、陳志農編輯,陳沛箴整理《山東畫像石彙編》,濟南,山東書畫出版社,2012 年,第 391 頁。
⑥ 《水經注》卷八《濟水》:"漢司隸校尉魯峻……冢前有石祠石廟,四壁皆青石隱起,自書契以來忠臣孝子貞婦、孔子及弟子七十二人形像,像邊皆刻石記之,文字分明"。

竪子俱,適周問禮,蓋見老子云。辭去,而老子送之曰:"吾聞富貴者送人以財,仁人者送人以言。吾不能富貴,竊仁人之號,送子以言。"

這是孔子適周拜見老子一事的梗概。《孔子家語》卷三《觀周》更載明了孔子欲拜見老子的原因:

孔子謂南宮敬叔曰:吾聞老聃博古知今,通禮樂之原,明道德之歸,吾師也。今將往矣。……於是喟然嘆曰:"吾今乃知周公之聖,與周之所以王也。"……自周反魯,道彌尊矣。遠方弟子之進,蓋三千焉。①

孔子感於守藏史老子博學、知曉禮儀的魅力,決意不惜遠涉千里西行求教。至於項橐,生七歲而爲孔子師。或者説,這一繪畫,在充分表現對知識的推崇外,也竭力彰顯了孔子不恥下問、一意渴求真知的好學精神。從孔子後來的感歎、學業的精進,以及返魯後弟子激增的情形看,這稱得上是孔子一生中一個關鍵的轉折點,也是其人生境界一次大的提升。因此,在東漢這樣一個儒學濃郁、興盛的氛圍中,没有什麽能比這一體裁、内容能更好地、較全面地彰顯聖王好學、多師(也即孔子所激賞的"三人行,必有吾師")、進取的精神,而被引入了當日極爲普遍的畫像石中,在廣泛傳播。

除此之外,另一大宗就是墓葬中的壁畫。1971年發掘的和林格爾漢墓是"東漢晚期"的墓葬。② 其"著重描繪死者從'舉孝廉'、'郎'、'西河長史'、'行上郡屬國都尉'、'繁陽令'到'使持節護烏桓校尉'的仕途經歷"。③ 建武二十五年(49),"始置校尉於上谷寧城(今張家口南),開營府,並領鮮卑,賞賜質子,歲時互市焉"。④ 烏桓校尉,秩兩千石。在墓室的中室南、北、西三面壁上,畫著許多聖賢、忠臣、孝子、勇士、烈女、賢妻等人物和故事,共八十多則。其中,西壁繪有孔子及其弟子畫像,以及"閔子騫"父子、"曾參"母子等,這些人與"舜"並列,顯然是那一時代所認可的古聖先賢。⑤ 無獨有偶,在被定名爲"孔子師項橐與入周問禮圖"(壁畫摹本)旁有題字,從右至左分别爲"顔淵""孔子""項橐""老子"等。⑥ 這一構圖模式、繪畫風格與上舉畫像石中如出一轍。顯然,這是當時的一個傳統。這些題字,能確定無疑地指向好學、問禮的内涵;或者説,正是憑藉這一精神的鼓舞和一己的努力,才使得墓主能在并州定襄郡一萬多人中脱穎而出,"舉孝廉"(三年始能舉

---

① 楊朝明、宋立林主編《孔子家語通解》,濟南,齊魯書社,2009年,第124—125頁。
② 内蒙古自治區文物考古研究所編《和林格爾漢墓壁畫》,北京,文物出版社,2007年,第1、5頁。
③ 《和林格爾漢墓壁畫》,第10頁。
④ 《後漢書》卷九〇《烏桓傳》,第10册,第2982頁。
⑤ 《和林格爾漢墓壁畫》,第24頁。此與後面《壁畫情况一覽表》(第34頁)略有差異。
⑥ 《和林格爾漢墓壁畫》,第140頁(彩圖見第93頁)。

薦一人),並最終遷升到主管一方的大員"使持節護烏桓校尉"。①

　　與此類似,還有1957年在洛陽老城西北郊燒溝漢墓區東南方發掘的西漢壁畫墓M61。② 在主室隔牆的橫梁上最左側,也就是處在居高臨下的位置,有兩老者相向而立,頭戴冠,穿一藍紫長衣,略微俯身,面對一童子,鼓掌而笑,這應是孔子。另一老者頭戴冠,著紫色長衣,執彎曲黑杖,凝視前方,應是老子。中間一童子,抬首望孔子,應是項橐。③ 對此畫像的意蘊,繆哲認爲:"'孔子見老子'畫像,乃本於漢代'王者有師'說的經義與實踐。……他所師的老子,亦非黃老的鼻祖,或道家的先師,而是'王者師'的符號。其間的項橐,……並與老子一道,以'一老一小'爲象徵,概括了聖王的'好學'與'多師'。"④解釋得頗有道理和深度。或許能這樣說,以孔子爲象徵的"王者師",一直是現實中的一個激勵——激勵芸芸儒士以一己不斷的切實努力,一如西漢時張禹、東漢時的鄧禹等,來實現那一時節一個儒士最高的理想,即"帝王師",進而揮斥方遒,兼濟天下。

　　從地域上看,當日學術、文化比較發達的帝都洛陽、孔子家鄉魯地等黃河流域,以及長江上游——西漢景帝文翁時即已興教的蜀地,都較廣泛地出現了這一內涵基本相同的畫像,實足以說明孔子在當日被尊崇、禮敬的普遍情形。

　　曹魏時的具體情形,今恰好有《魏修孔子廟碑》能考見。⑤ 據碑文,從黃初元年(220)上推"卅餘年",在東漢中平二年(185)前後。靈帝光和七年(184)爆發了聲勢浩大的黃巾農民起義。這也就是碑中所說的"遭天下大亂,百祀墮壞,舊居之廟毁而不修,褒成(孔子後裔的封號)之後絶而莫繼,闕里不聞講誦之聲,四時不睹蒸嘗(祭祀)之位",由此致使"大道衰廢,禮學滅絶"。此可見當日經學式微、衰落,即這一時段因戰亂致使禮樂廢棄的情形(下引《三國志》卷一三《王肅傳》亦可見)。再從魏朝的建立看,建安元年(196)八月,曹操迎漢獻帝,遷都許昌,從此"挾天子以令諸侯";建安五年(200)十月,官渡之戰,大破袁紹;建安十年正月,曹操攻滅袁譚,平定冀、青二州,基本上統一了北方。建安十三年,赤壁之戰敗後,採取措施穩定內部,局勢開始穩定下來了,即碑中所言的"受命以來,天人咸和,神氣煙煴"。又,

---

① 與刺史同一級別,"秩二千石,擁節監領之",見《後漢書》卷九〇《烏桓傳》。
② 內容可見河南省文化局文物工作隊《洛陽西漢壁畫墓發掘報告》,《考古學報》1964年第2期。
③ 此參王繡、霍宏偉著《洛陽兩漢彩畫》,北京,文物出版社,2015年,第79—82頁。有王繡的摹繪本。
④ 繆哲《孔子師老子》,見巫鴻、鄭巖主編《古代墓葬美術研究》第一輯,北京,文物出版社,2011年,第104頁。
⑤ 洪适《隸釋 隸續》卷一九《魏修孔子廟碑》,北京,中華書局,2012年,第190—191頁。

《晉書》卷九一《禮志上》載"魏文帝黃初二年正月,詔以議郎孔羨爲宗聖侯,邑百户,奉孔子祀,令魯郡修舊廟,置百户吏卒以守衛之",其言"二年",似與此牴牾;其實,審碑文語氣,"黃初元年"領起下文,並不一定言所有的事都在此年;或者説,黃初元年十月曹丕稱帝,始有意祭拜孔廟,然一時未得施行,直到兩月後,即黃初二年才得以詔令進行。因漢獻帝時"國絶",曹魏又重新封崇聖侯——這與東漢末封的褒亭侯級别一樣,百户吏卒也是維持原樣,不同的是增封了百户的食邑,賦予徵收封邑内民户賦税的權力。這足以見出曹魏初對祭祀孔子的重視,直接超越了東漢末年。又,《全三國文》卷六文帝《敕豫州禁吏民往老子亭禱祝》中又提到"老聃賢人,未宜先孔子,不知魯郡爲孔子立廟成未",可見是有一定的擔憂。

對這一時期經學的發展情形,《三國志》卷一三《王肅傳》裴注引《魏略》亦有記載:

> 自魏初徵士敦煌周生烈。……從初平之元(190),至建安(196—220)之末,天下分崩,人懷苟且,綱紀既衰,儒道尤甚。至黄初元年之後,新主乃始掃除太學之灰炭,補舊石碑之缺壞,備博士之員録,依漢甲乙以考課。申告州郡,有欲學者,皆遣詣太學。……至太和、青龍(227—237)中,中外多事,人懷避就。雖性非解學,多求詣太學。太學諸生有千數,而諸博士率皆粗疏,無以教弟子。弟子本亦避役,竟無能習學,冬來春去,歲歲如是。……嗟夫!學業沈隕,乃至於此。

綜合以上,能見出魏文帝爲振興儒學,至少做出了多方面的努力:魯郡修孔子廟,置吏守衛,以孔羨爲宗聖侯,奉祭孔子;徵召敦煌儒士周生烈;掃除太學中遭受戰爭踩躪、破壞的痕跡,修補熹平石經的缺壞等;重要的是備博士之員,依漢甲乙等第來考課,以此恢太學的教育等。這一切,都表明了對儒學的重視,一定程度上,經由戰亂帶來的學業沉隕開始有興復的希望,儒學漸趨走上了軌道。但並不能解決因漢末黨錮之禍以及戰亂而帶來的儒學人才嚴重不足的問題,因此,黃初三年(222)正月,又進一步發佈詔令,"其令郡國所選,勿拘老幼,儒通經術,吏達文法,到皆試用",[1]結合選官制度,從根本上調動讀習經書的積極性,以此培育更多的儒學人才。之所以如此,與曹丕一己的成長經歷密切相關。曹丕生長於軍旅之間,"上以世方擾亂,教余學射;六歲而知射,又教余騎馬,八歲而能騎射矣。以時之多故,每征,余常從"。[2] 其成年後,又多次與儒生討論問題,"所著《典論》、詩賦,蓋

---

[1] 《三國志》卷二《文帝紀》,第 1 册,第 79 頁。
[2] 《典論·自叙》,見《三國志》卷二《文帝紀》(第 1 册,第 89 頁)。

百餘篇,集諸儒於肅城門內,講論大義,侃侃無倦",又傾慕漢文帝"爲君寬仁玄默,務欲以德化民,有賢聖之風",而特意撰寫《太宗論》,認爲其"弘三章(原指劉邦入咸陽時,與父老約法三章,後代指法律)之教,愷悌之化,欲使曩時累息之民,得闊步高談,無危懼之心",賈誼雖然才敏,籌畫國政,有"賢臣之器,管、晏之姿",但沒有漢文帝的"大人之量"。並且還"以素書所著《典論》及詩賦餉孫權,又以紙寫一通與張昭",①明顯仿效漢文帝,意欲不戰而威服東吳。這都可見出其儒家思想的浸潤。因此,其繼位初始,勵精圖治,有這一系列的舉措也實屬正常。

但是,一時間,興復儒學的實際效果並不理想,不僅太學的弟子不多,僅"數百人",而且受制於"太和、青龍中,中外多事",實際上仍無暇顧及。太和、青龍,是魏明帝曹叡的年號,此際魏、蜀、吳三國鼎立,一直征戰不休,如黃初七年八月,孫權攻江夏;太和元年(227),孟達反,遣司馬懿進討;太和二年,諸葛亮一直進攻邊境,秋九月,曹休與吳將陸議戰於石亭;青龍二年(234),又與諸葛亮相持於渭南。同時,內部也因明帝青龍三年大興土木,"大治洛陽宮,起昭陽、太極殿,築總章觀",②致使百姓耕作失時、民怨沸騰。而一些"性非解學"的人"多求詣太學",目的則是爲了逃避各種徭役。這顯然不能從根本上提升太學的質量。太和六年,董昭曾上疏陳末流之弊,"竊見當今年少,不以學問爲本,專更以交遊爲業;國士不以孝悌清修爲首,乃以趨勢遊利爲先",③就能窺出當日的學業傾向,根本不以讀書爲意。杜恕也說過類似的話,"今之學者,師商、韓而上法術,競以儒家爲迂闊,不周世用",④認爲其疏略、迂闊,可見內心深處儒家的實際地位低落到了何種地步。這也恐怕是《魏略序》所感歎"操筆者未有十人,多皆相從飽食而退"的真實原因。

不過,文帝至齊王曹芳(舉措見下)等一系列的努力,雖因曹魏、司馬氏政權的更迭,時間短暫,對曹魏沒起太多的作用,卻無疑是"楚才晉用",爲"晉才實多"奠定了一個良好的基礎。

西晉時的情形,可見《大晉龍興皇帝三臨辟雍皇太子又再蒞之德隆熙之頌碑》(又簡稱《晉辟雍碑》),⑤1931年洛陽東偃師縣西南十二公里東大郊

---

① 《三國志》卷二《文帝紀》,第1册,第89頁。
② 《三國志》卷三《明帝紀》,第1册,第104頁。
③ 《三國志》卷一四《董昭傳》,第2册,第442頁。
④ 《三國志》卷一六《杜恕傳》,第2册,第502頁。
⑤ 碑首和碑身由整石鑿成,碑高322釐米、寬110釐米、厚30釐米。碑首約占碑身的三分之一,兩邊有蟠龍伏繞,碑額隸書23字,正文隸書30行,行55至56字,字徑3釐米。無撰書人姓名。目前碑身已與碑座合一,歸河南省博物院。河南省博物院在其原處偃師縣東大郊村安置了鐵栅欄保護,又在其外建築了一座碑亭。

村北部西晉太學故址出土，碑立於咸寧四年（278）十月。碑文不僅記錄了武帝三臨辟雍的盛況，還記載了當時是皇太子的惠帝再蒞辟雍之事。

據碑文，能排比出泰始登禪即司馬炎即位後重視教化、多次幸臨辟雍的時間和情形：

泰始元年（265），遣史光、劉毅等詣學，延博士、學生，諮詢讜言。並讓諸葛緒、劉熹、段溥等人造作弦歌。

泰始三年十月，始行鄉飲酒、鄉射禮。官方施行鄭（玄）、王（肅）、馬（融）三家之義。縉紳之士始睹揖讓之節、金石之音。

泰始六年正月，劉熹、段溥等又奏行大射禮。十月，武帝躬臨，行鄉飲酒禮。延王公卿士，博士、助教、治禮、掌故、弟子、門人等。班饗大燕，各賞賜有差。

咸寧三年（277），太常劉寔命博士段暢、崔豹講肄大禮。十一月，行鄉飲酒禮。

咸寧四年二月，皇太子司馬衷親臨，行大射禮於辟雍。侍從有太尉魯公賈充、太傅侍中司空齊王司馬攸、詹事給事中光禄大夫關内侯挑等。

辟雍、太學是否爲同一機構，至少現在的考古發現能證實，①西晉時應是兩個機構。《晉尚書大事》載："按《洛陽圖》，宫南自有太學，國子、辟雍不相預也。"②時人潘岳在《閒居賦》中亦明言"兩學齊列，雙宇如一，右延國胄，左納良逸"，所延"國胄"，即國子學；"納良逸（有才華的士人）"，即太學，承襲西漢以來的傳統，招納賢良。不僅如此，兩學在建築風貌上一致。據碑中的記載，"行鄉飲酒、鄉射禮……然後罍樽列於公堂，俎豆陳於庭階"，"又奏行大射禮……行鄉飲酒禮，皇帝躬臨幸之"，"行大射禮於辟雍"，明顯看出辟雍是皇帝施行禮儀，如鄉飲酒、鄉射禮、大射禮等，進行教育、宣示教化的地方。之所以離太學比較近，殆是因爲行這些禮儀對象正是太學的學生及其職掌人員，即碑中明言的"博士、助教、治禮、掌故、弟子"等，爲教育方便、便捷的緣故。這也體現在碑陰衆多的題名上，如管理人員太常、散騎常侍等，教職人員博士、司業、主事、司成等，以及學員如禮生、弟子、門人、散生、寄生等多達四百餘人，聲勢龐大。這些人員都是與太學、教育有關。至於鄉飲酒、鄉射禮、大射禮，據《禮記·射義》，"鄉飲酒禮者，所以明長幼之序

---

① 中國社會科學院考古研究所《漢魏洛陽故城南郊禮制建築遺址》第三章《辟雍遺址》、第四章《太學遺址》可參看（北京，文物出版社，2010 年，第 126—344 頁）。又，王銀田、曹臣明、韓生存《山西大同市北魏平城明堂辟雍遺址》可參看，1995 年發掘，文載《考古》2001 年第 3 期。又，辟雍爲一圓形結構，外面環繞一圈池水。

② 《太平御覽》卷五三五《禮儀部·庠序》引，第 3 册，第 2426 頁。

也"。"天子以射選諸侯",孔穎達疏:"天子以射禮簡選諸侯以下德行能否。"①《周禮》卷一二《鄉大夫》:"退而以鄉射之禮五物詢衆庶。"②可見這些禮儀一方面是申明長幼之序,即"老吾老以及人之老,幼吾幼以及人之幼"的儒家理念,另一方面則强調薦賢舉能。這是因爲禪代之始,一個政權爲凝聚人心而不得不爲的一件事。總之,是爲教化的目的,充分體現了西晉時期朝廷對禮樂教化的高度重視。

皇帝(或太子)臨幸辟雍,在當日是一件極其重要的大事,東晉初年,侍中馮懷就認爲"天子修禮,莫盛於辟雍"。③

至於碑中所言的"鄭(玄)、王(肅)、馬(融)三家之義,並時而施",則牽涉到一個經學問題。王肅是東海郡郯縣的世家大族,晉武帝爲其外孫(王肅女兒王元姬嫁與司馬昭,生下司馬炎)。王肅的妻子與司馬師的妻子同樣出自泰山羊氏家族。如此聯姻,西晉初建之際,王肅義就備受尊崇,自在情理之中。馬融從事古文經,鄭玄則兼通今古文;而且,爲了取代鄭玄,王肅不僅撰《聖證論》譏刺鄭玄,還在著述中多與鄭玄的解釋、説法針鋒相對。三者的經學解釋顯然不能有效融合、彙通,現在卻竟一併施行,這只能有一種解釋,即高層以此顯示一種開闊、寬廣的胸襟,以容納天下四方的賢人士子,以此爲新朝效力,不必局限於一人一時之經解。當然,在實際的政治生活中,在泰始登禪之初,王義就居於主導地位:

> 是時(指泰始元年十二月)宣皇未升,太祖虚位,所以祠六世,與景帝爲七廟,其禮則據王肅説也。

> (泰始二年)十一月,有司又議奏,古者丘郊不異,宜并圓丘、方丘於南北郊,更修立壇兆,其二至之祀合於二郊。帝又從之,一如宣帝所用王肅議也。④

即均用王肅義來指導國家的禮制建設。

魏晉以來,高層對《論語》的推尊也可從釋奠時的講學中看出,《晉書》

---

① 龔抗雲整理、鄭玄注、孔穎達疏《禮記正義》卷六二《射義》,北京大學出版社,1999年,下册,第1640、1643頁。
② 趙伯雄整理、賈公彦疏、鄭玄注《周禮注疏》,北京大學出版社,2000年,第350頁。
③ 《晉書》卷三九《荀顗傳》,第四册,第1161頁。又,關於此碑的内涵,童嶺《晉初禮制與司馬氏帝室——大晉龍興皇帝三臨辟雍碑勝義蠡測》(《學術月刊》2013年第10期),認爲晉武帝司馬炎之所以破古例,親自臨辟雍行士大夫之禮——鄉飲酒禮等,是爲了取得門閥士族的支持,同時也爲下一代帝王司馬衷大力拉攏士族;王東洋《晉辟雍碑·碑陰所反映的幾個問題》(《重慶社會科學》2007年第2期),則利用儒生籍貫,推測出各地儒學發展狀況,揭示了晉初統治者在經學學派上的相容並蓄,可參看。
④ 《晉書》卷一九《禮志上》,第3册,第603、583—584頁。

卷一九《禮志上》載：

  禮，始立學必先釋奠於先聖先師，及行事必用幣。漢世雖立學，斯禮無聞。魏齊王正始二年二月，帝講《論語》通……惠帝元康三年(293)，皇太子講《論語》通。元帝太興二年(319)，皇太子講《論語》通。太子並親釋奠，以太牢祠孔子，以顏回配。①

  齊王曹芳時期，尊崇經學的舉措一度比較興盛，這是因爲曹芳時期，正始十年(249)，司馬懿在發動高平陵政變、誅殺了執政的曹爽後，完全掌握了曹魏的軍政大權。十七歲的曹芳這時已是一位不折不扣的傀儡皇帝了。但曹芳仍想奪回政權，某種程度上就借敦崇儒術來收拾、凝聚人心，以與司馬氏抗衡。而西晉時對儒學的尊崇，不妨説是曹魏時的一種延續。至於晉武帝，泰始三年十一月，"改封宗聖侯孔震爲奉聖亭侯。又詔太學及魯國四時備三牲以祀孔子"，②以及上所舉的其親臨辟雍以及皇太子講《論語》等情形，均足以證明。

  這種講經的情形，亦可從《世説新語》《玉海》的記載窺其一斑：

  (東晉)孝武將講《孝經》，謝公兄弟與諸人私庭講習。車武子(指車胤)難苦問謝，謂袁羊曰："不問則德音有遺，多問則重勞二謝。"袁曰："必無此嫌。"車曰："何以知爾？"袁曰："何嘗見明鏡疲於屢照，清流憚於惠風？"③

  寧康三年(375)九月九日，帝講《孝經》，僕射謝安侍坐，吏部尚書陸納侍講，侍中卞耽執讀，黃門侍郎謝石、吏部郎袁宏執經，車武子與丹陽尹王混摘句，時論榮之。④

  因都提到講《孝經》，牽涉的人物也前後一致(謝氏兄弟即謝安、謝石)等；所以這兩則史料恰好是指同一件事，能互相釋證。孝武帝372年即位，時僅十一歲，寧康三年其十三歲，正是要努力讀習經書的時候，宜其會多加講論、磨煉，以提升水平。謝安、謝石先於"私庭講習"，説明爲侍講前要做一番充分的準備。車胤有些擔心，特地向袁羊咨詢，是不是該向謝氏兄弟多提問發難；經袁羊的一番解釋后，方才釋懷。正式開講時，各自分工明確，有侍講、執讀、執經等。一番講經畢，他人可摘句問難，或問所疑；對此，侍坐者可

---

① 按：《三國志》卷四《魏書·齊王芳紀》亦載："正始二年春，二月，帝初通《論語》，使太常以太牢祭孔子於辟雍，以顏淵配。七年十二月，講《禮記》通，使太常以太牢祀孔子於辟雍，以顏淵配。"(第1册，第119、121頁。)
② 沈約撰《宋書》卷一七《禮志四》，北京，中華書局，1974年，第2册，第484頁。
③ 余嘉錫箋疏《世説新語箋疏》卷上之上《言語》第90條"孝武將講《孝敬》"，上册，第171頁。
④ 《玉海》卷二六"晉講孝經"條，上條劉注引《續晉陽秋》亦載。

最後補説一點，魏晉南朝時期，因《論語》相對淺易，且能及早奠定修身養性、理家治國等行爲、思想的根基，所以讀習一般都在幼年時期：

> 夫人性矜嚴，明於教訓，(鍾)會雖童稚，親見規誨。年四歲授《孝經》，七歲誦《論語》，八歲誦《詩》，十歲誦《尚書》，十一誦《易》，十二誦《春秋左氏傳》《國語》，十三誦《周禮》《禮記》，十四誦成侯《易記》，十五使入太學問四方奇文異訓。①

> 帝(指晉恭帝)時年八歲，雖幽厄之中，超猶口授《孝經》《論語》。②

> (王)絢字長素，早惠。年五六歲，讀《論語》至"周監於二代"。③

> (陸)雲公五歲誦《論語》《毛詩》，九歲讀《漢書》，略能記憶。從祖倭與沛國劉顯質問十事，雲公對無所失，顯歎異之。④

> (伏)挺幼敏寤，七歲通《孝經》《論語》。⑤

> (謝)貞時年七歲……母王氏授以《論語》《孝經》，讀訖便誦。⑥

> (劉歊)六歲誦《論語》《毛詩》，意所不解，便能問難。⑦

> (馬)樞數歲而孤，爲其姑所養。六歲，能誦《孝經》《論語》《老子》。及長，博極經史，尤善佛經及《周易》《老子》義。⑧

> (蕭恢)幼聰穎，七歲能通《孝經》《論語》義，發摘無遺。⑨

> (蕭脩)九歲通《論語》，十一能屬文。⑩

> 太子(蕭統)生而聰睿，三歲受《孝經》《論語》，五歲遍讀《五經》，悉通諷誦。⑪

> 蕭大圜，梁簡文帝之子也。幼而聰敏，神情俊悟。年四歲，能誦《三都賦》及《孝經》《論語》。⑫

何謂諷、誦？鄭玄釋爲"背文曰諷，以聲節之曰誦"，⑬即背誦、吟讀。這

---

① 《三國志》卷二八《鍾會傳》裴注引，第 3 册，第 785 頁。
② 《晉書》卷七〇《劉超傳》，第 6 册，第 1876 頁。
③ 《南史》卷二三《王絢傳》，第 2 册，第 636 頁。
④ 《南史》卷四八《陸雲公傳》，第 4 册，第 1199 頁。
⑤ 《梁書》卷五〇《文學·伏挺傳》，第 3 册，第 719 頁。
⑥ 《南史》卷七四《孝義下·謝貞傳》，第 6 册，第 1846 頁。
⑦ 《南史》卷四九《劉歊傳》，第 4 册，第 1224 頁。
⑧ 《南史》卷七六《馬樞傳》，第 6 册，第 1907 頁。
⑨ 《南史》卷五二《蕭恢傳》，第 4 册，第 1294 頁。
⑩ 《南史》卷五二《蕭脩傳》，第 4 册，第 1298 頁。
⑪ 《南史》卷五三《梁武帝諸子·蕭統》，第 5 册，第 1308 頁。
⑫ 《周書》卷四二《蕭大圜傳》，第 3 册，第 756 頁。
⑬ 《宋刊明州本六臣注文選》卷四二《與吳季重書》，北京，人民文學出版社，2008 年，第 650 頁。

些例證證實,從曹魏以來,直到梁陳時南方士子讀習《論語》時的年齡,大體上是六、七歲。古人讀書就學的時間不一,《大戴禮記·保傅》載,"古者年八歲而出就外舍,學小藝焉,履小節焉";《尚書大傳·略說》則稱"古之帝王者,必立大學、小學……十有三年始入小學",《論語》則載"十有五而志於學"。不管怎樣,與這些時間相比,上面史書所特意列舉、標榜的確實都是比較早的,這也恐怕是史書特意記載的一個重要原因。也能速成,如邴原,"十一歲而喪父,家貧","一冬之間,誦《孝經》《論語》"。① 有時,也正因《論語》相對淺易,成年後如再讀書學習,一般都是從《論語》《孝經》開始,如這一時期的清河著姓崔琰,"少樸訥,好擊劍,尚武事",二十三歲,鄉里移爲里正,"始感激,讀《論語》《韓詩》"。② 再如南齊時的張敬兒:

> (張)敬兒始不識書,及爲方伯,乃習學讀《孝經》《論語》。初徵爲護軍,乃潛於密室中屏人學揖讓答對,空中俯仰,妾侍竊窺笑焉。③

張敬兒,出生在一個不無粗鄙的武人家庭(其原名苟兒,父張丑),憑藉善戰而在蕭道成時期身居高位。後感受到了習書識禮的重要,而中途發憤讀書。據此,《顏氏家訓·勉學》中曾總結:"士大夫子弟,數歲以上,莫不被教,多者或至《禮》《傳》,少者不失《詩》《論》。"即最低限度都要讀習《論語》,《論語》是修身、就學的基礎,必不可少。這一讀習《論語》的行爲一直貫穿了整個魏晉南北朝、隋唐(此可與第四章第五節北朝的內容相參核)。

第三節 《論語》學史上的里程碑——何晏《論語集解》

何晏,曹操娶其母爲妾,爲曹操所喜愛,後娶曹操女金鄉公主。在曹氏、司馬氏鬥爭中廁身曹魏一黨,陷入了政治紛爭的漩渦,在正始十年(249)被司馬氏所殺。他作爲一代名士、玄學家,注定了其在曹魏時的學術地位。現在看,何晏最重要的貢獻之一就是編輯《論語集解》,對漢魏時的《論語》學的成就作了那一時代最好的總結;當然,也有開拓。對此,下面分兩個部分論述。

---

① 《三國志》卷一一《邴原傳》裴注引,第2冊,第351頁。
② 《三國志》卷一二《崔琰傳》,第2冊,第367頁。
③ 《南史》卷四五《張敬兒傳》,第4冊,第1139頁。

一　何晏等上《論語集解》的時間、撰者和編撰背景

何晏等上《論語集解》的時間，劉汝霖《漢晉學術編年》卷六《考證》，認爲其最晚亦必在正始六年。惜其未能詳論。今從上《集解》的結銜來看，鄭沖、孫邕時爲光禄大夫。《後漢書》卷一一五《百官志二》"光禄大夫"條注引《漢官》曰"三人"，《三國志·職官表》"光禄大夫"條云青龍（233—237）年間改設爲左、右光禄大夫。《三國志》卷四《齊王芳紀》載正始元年（240）二月，"加侍中中書監劉放、侍中中書令孫資爲左右光禄大夫"。六年八月，"以左光禄大夫劉放爲驃騎將軍，右光禄大夫孫資爲衛將軍"。① 則鄭沖、孫邕任光禄大夫必在其後。又據《三國志》卷九《何晏傳》，正始以後，何晏因依附於曹爽，才得以重用，任吏部尚書，賜爵爲列侯。因此，據何晏結銜"尚書、駙馬都尉、關内侯"，則上《論語集解》自然是正始六年以後的事。但也不會太遲，因何晏在正始十年元月高平陵政變後即被殺（至於下限，一些學者亦有推論，但推測的成分太重，暫不舉）。

這一點，從當日的政治形勢看，也極有可能。魏晉以來，曹魏高層對《論語》一直比較推尊，《三國志》卷四《齊王芳紀》載：

> 正始二年春，二月，帝初通《論語》，使太常以太牢祭孔子於辟雍，以顔淵配。（《晉書》卷一九《禮志上》又多出了"禮，始立學必先釋奠於先聖先師，及行事必用幣。漢世雖立學，斯禮無聞。"）

據《魏修孔子廟碑》以及黃初二年春的尊孔《詔令》，"以議郎孔羨爲宗聖侯，邑百户，奉孔子祀。令魯郡修起舊廟"等措施，能看出文帝繼位初期，就開始了對儒家教化的重視（具體見上節所論）。而魏武帝以來，主流思想是法、術馭下，"近者魏武好法術，而天下貴刑名"；② 約在景初（237—239）、正始（240—249）初年，杜恕在上疏論考課之制時曾言"今之學者，師商（商鞅）、韓（韓非子）而上法術，競以儒家爲迂闊，不周世用，此最風俗之流弊，創業者之所致慎"。③《文心雕龍·論説篇》也説"魏之初霸，術兼名法"。這也能理解，處在亂世、社會動盪之際，勢必要以嚴刑峻法來整飭、治理天下。至於杜恕所説的時人"競以儒家爲迂闊"，實際更牽涉到東漢末以來儒家思想被嚴重動搖、崩潰的現實。當日，對儒學之士以刻情修容、矯飾等手

---

① 《三國志》卷一四《劉放、孫資傳》亦能印證，（第 2 册，第 459 頁）。
② 《晉書》卷四七《傅玄傳》載上晉武帝語，第 5 册，第 1317 頁。
③ 《三國志》卷一六《杜恕傳》，第 2 册，第 502 頁。因傳中言"恕在朝八年"，"出爲弘農太守，數歲轉趙相"，後受征北將軍程喜的劾奏，"免爲庶人，徙章武郡，是歲嘉平元年（249）"，故推斷在這一時期。

段獲致虛名的現象，時人多有批評：

> 盡孝悌於父母，正操行於閨門，所以爲烈士也。今多務交游以結黨助，偷世竊名，以取濟渡，夸末之徒，從而尚之，此逼貞士之節而銜世俗之心者也。①

> 靈、獻之世，閹官用事，群姦秉權，危害忠良。臺閣失選用於上，州郡輕貢舉於下。……故時人語曰："舉秀才，不知書；舉孝廉，父別居；寒素清白濁如泥，高第良將怯如雞。"②

不知書的秀才、父別居的孝廉、選舉中出現的絕對紊亂等，這些矯情妄作，盜竊虛名，在《風俗通義·愆禮》中有極其豐富、生動的描摹和揭示。爲此，范曄曾在《後漢書》卷八二上《方術傳論》中一針見血地綜論漢末欺世盜名的現象：

> 漢世之所謂名士者，其風流可知矣。雖弛張趣舍，時有未純，於刻情修容，依倚道藝，以就其聲價，非所能通物方，弘時務也。及徵樊英、楊厚，朝廷若待神明，至竟無它異。英名最高，毀最甚。李固、朱穆等以爲處士純盜虛名，無益於用，故其所以然也。然而後進希之以成名，世主禮之以得衆，原其無用亦所以爲用，則其有用或歸於無用矣。

本以爲有無上才華，望之若渴，待之若神，誰知至卻一無所用，純是虛譽高張。"原其無用亦所以爲用，則其有用或歸於無用"，有用、無用混爲一體，看似調達的語氣卻頗多痛惜和無奈。爲此，曹魏時期就出現了一些要求循名責實、名實相符的言論，如徐幹《中論·考僞篇》所載：

> 大道陵遲，人倫之中不定。於是惑世盜名之徒，因夫民之離聖教日久也，生邪端，造異術，假先王之遺訓以緣飾之，文同而實違，貌合而情遠，自謂得聖人之真也。各兼說特論，誣謠一世之人，誘以僞成之名，懼以虛至之謗，使人憧憧乎得亡，愯愯而不定，喪其故性而不自知其迷也，咸相與祖述其業而寵狎之。……苟如此，則處道之心不明，而執義之意不著，雖依先王，稱《詩》《書》，將何益哉！以此毒天下之民，莫不離本趣末，事以僞成，紛紛擾擾，馳騖不已。其流於世也，至於父盜子名，兄竊弟譽，骨肉相詒，朋友相詐，此大亂之道也。

"大道陵遲"，"生邪端，造異術"，甚至"誣謠一世之人"，"以此毒天下之民"，"骨肉相詒，朋友相詐"等，痛惜、激切的話語下，卻正可見時俗風尚，儒學、世風頹喪、衰敗到了何種境地！就魏文帝曹丕本人來說，修孔子廟，徵召

---

① 《潛夫論箋校正》卷一《務本篇》，北京，中華書局，2011年，第20頁。
② 楊明照《抱朴子外篇校箋》，北京，中華書局，1996年，第393頁。

儒生,開太學等(見前),也意欲恢復一度被中斷的儒家孝悌治理天下的傳統。這種氛圍下,何晏集注《論語》,不妨理解爲作爲皇室中的一個重要成員,其配合高層努力的一個切實舉措,畢竟《論語》是儒家思想的源頭與根本。但遺憾的是,曹丕崇儒的舉措,終因積重難返,一時並沒多大的效果,不僅《魏略·序》感慨"弟子本亦避役,竟無能習學,冬來春去,歲歲如是","是以志學之士,遂陵遲",①更受到之後以阮籍、嵇康爲代表的正始名士放曠、不羈等觀念和行爲的强烈衝擊而大爲削弱。

正始八年,吏部尚書何晏進奏:"善爲國者必先治其身,治其身者慎其所習。所習正則其身正,其身正則不令而行;……放鄭聲而弗聽,遠佞人而弗近,然後邪心不生而正道可弘也。……可自今以後,御幸式乾殿及遊豫後園,皆大臣侍從,因從容戲宴,兼省文書,詢謀政事,講論經義,爲萬世法。"②在國勢日趨危險、艱難之際,身爲吏部尚書的何晏挺身而出,建言獻策,一意尋求治國的良策。其所言"講論經義",勢必是有所持而發。或者説,這也是《論語集解》業已撰成的一個旁證。何晏任重職吏部尚書,是景初三年明帝崩後,年幼的齊王曹芳即位,曹爽(受明帝托孤,時任侍中)受到重任後一手提拔的結果。但爲時已晚(正始十年與曹爽一起被殺),無濟於事了。又,據《三國志》卷二八《鍾會傳》,"正始中,黄門侍郎累缺。晏既用賈充、裴秀、朱整,又議用(王)弼",雖未果,但其有意拉攏一些人來維持曹魏政權,卻是一望即知。

還能補充一點,《三國志》卷四《三少帝紀》載正始二年春二月,"帝初通《論語》,使太常以太牢祭孔子於辟雍,以顏淵配"。這裏的帝指齊王曹芳,時十歲,正處在受教育的年齡。其讀《論語》並祭祀孔子,正顯示出對儒家的尊奉。這種情形下,何晏等人組織編撰《論語集解》,以使年幼的皇帝更好地理解、接受,卻也是極有可能,順理成章的,西漢的蕭望之、張禹,東漢的包咸等,都是這樣。而且,《論語》中有多處都直接表現了忠君思想,並對現實可能有所影射,如《學而》篇中"事君能致其身"(引孔安國注"盡忠節不愛[吝惜]其身"),《八佾》篇中"事君盡禮(引孔注'時事君者多無禮')。……君使臣以禮,臣事君以忠",《顏淵》篇中"君君、臣臣、父父、子子"(引孔注"當此時,陳桓制齊,君不君,臣不臣"),《衛靈公》篇中"事君,敬其事而后其食(引孔注'先盡力,然後食其禄')"③等,都强調了對君有發自内心的"忠"、

---

① 《三國志》卷一三《王肅傳》裴注引,第2册,第421頁。
② 《三國志》卷四《魏書·齊王芳紀》,第1册,第122—123頁。
③ 正平版《論語集解》,孫欽善校點,見《儒藏》(精華編·四書類論語屬),第104册,北京大學出版社,2013年,四處分别爲第110、117、154、171頁。以下文本均採自此書。

"敬"與"盡力",雖然這還要求君要做到"使臣以禮"、禮遇臣下等;但在正始初年君權就已旁落岌岌可危的情況下(共同輔政的司馬懿早已虎視眈眈),要求權臣知曉敬懼,卻更有其直接切實的現實意義。

因王肅《論語》注的成書和立學官都在《集解》之前,因此《集解》在正始年間並未立於學官。①

對《論語集解》的撰者,略有爭論,或言定自鄭沖,或言何晏。其公允之言,可見劉毓崧《通義堂筆記》所載:

> 唐宋時,臣下上表結銜,皆尊者居後。此序末列銜,亦是由下逆數。蓋平叔官最顯要,故最居後,專《集解》之名也。

其專稱何晏,大概是何晏出力最多,位高,又最後董理其事的結果。何晏此時任位高權重的吏部尚書,召集一些人如孫邕、鄭沖、荀顗等董編輯《論語》,也是很自然的事。推測之下,當是共同商議的結果。《郡齋讀書志》卷四《論語》類"何晏注《論語》十卷"條即載其"據……八家之説,與孫邕、鄭同、曹羲、荀顗集諸家訓解爲之"。② 這大概就是事實。

二 《集解》的體例和價值

對"集解"一詞,劉寶楠《論語正義》有釋:"集解者,集諸家解《論語》之義。杜預注《春秋左傳》,合經、傳諸文,比其義類,亦名'集解'。與此言同旨異。"③即集諸家之義。此後,"集解"之名蔚爲興盛。從縱的歷程看,意欲會通今古文,溝通章句、訓説、義説三種注釋體例,在馬融時就已出現,鄭玄更推進了一步。到了曹魏末,面對不同的師説、訓解,異説紛呈(何晏《論語集解敘》即説"中間爲之訓解,至於今多矣"),何晏諸人"集諸家之善",對《論語》的古注進行了彙集;同時"改易"其不安者,使得《論語》的注釋更爲精湛、準確,便於學者使用,這也體現了《論語集解》里程碑式的價值,是現存第一部集大成的《論語》注本。

據《敘》,何晏肯定了《張侯論》,包氏、周氏《章句》,孔安國訓解,馬融、鄭玄的注,以及陳群、王肅、周生烈等的《義説》,一共九家,但實際上只錄了八家,即没《張侯論》。之所以不錄,恐怕是因張禹"删其煩惑,除去《齊論》

---

① 王葆玹曾考辨、推斷何晏《論語集解》立於學官的時間可能在宋齊之際,可參看。見王葆玹《正始玄學》第十章第三節《〈論語集解〉立學官的時間》,濟南,齊魯書社,1988年,第425—427頁。
② 孫猛校證、晁公武撰《郡齋讀書志校證》,上海古籍出版社,2011年,第130頁。
③ 見高流水點校、劉寶楠撰《論語正義》卷二四《論語序》,下册,北京,中華書局,2007年,第786頁。

之《問王》《知道》二篇,從《魯論》二十篇爲定",①更多的只是篇章、文字的整齊、刪定,殊少"訓解",也即何晏自己説的"前世傳授,師説雖有異同,不爲訓解",故不録。就選録的八家而言,情況也比較繁雜,一定程度上反倒能看出《集解》的傾向。孔氏訓解,是不折不扣的古文。馬融也是古文大師,其所治爲古文經(參第二章第二節),在馬融、鄭玄等人的努力下,"古學遂明"。② 至於包氏《章句》,據《後漢書》本傳,"建武中(26—55),入授皇太子《論語》,又爲其章句",既然其入授皇太子,則勢必爲列於官方的今文經學。包氏《章句》也爲此尊顯,"每進見,錫以几杖,入屏不趨,贊事不名。經傳有疑,輒遣小黄門就舍即問"。③ 今《石經論語》殘碑於"賈之哉"下云"包、周",於"而在於蕭牆之内"下云"蓋、毛、包、周",④均説明包氏、周氏《章句》的成就,受到了高層的肯定,甚且作爲重要的校勘文本列在法定文本之後。鄭玄"就《魯論》篇章,考之《齊》《古》,而爲之注",顯然是融會了今古文。陳群,《三國志》卷二二有傳。但《集解》僅取陳説三節,可忽略不計。陳群青龍四年(236)薨,時任司空,録尚書事,位高權重,大概是出於敬重而録其數節,因爲陳氏《論語義説》除此《叙》之外,別無記載。王肅,《三國志》卷一三有傳。"初,肅善賈、馬之學,而不好鄭氏,采會同異",編撰《論語解》。也爲此,其多與鄭注乖異背離,或趁機發難。更重要的是,據本傳,王肅"正始元年出爲廣平太守","頃之,爲侍中,遷太常",依舊受到曹魏高層的重視(此際曹魏高層與司馬氏的爭權還没完全顯露),實不能因其太和五年(231)嫁女於司馬昭,就謂其與何晏分屬兩派,水火不容。至少,何晏《集解》中還是録了王肅不少的《論語》注釋。至於周生烈,事跡無考。可見,何晏《集解》並不限於古今文,採取的是兼容並蓄的態度。雖然王肅與鄭玄的觀點有衝突、不一致的地方,但都據以採納,也没有門户之見。有時,在不能確定優劣時,還兩存其注,如對《論語·學而》"導千乘之國"的注解,《集解》既采馬融注,又録包咸注,然後附言説明:"馬融依《周禮》,苞氏依《王制》《孟子》,義疑,故兩存焉。"因此,這種客觀、求實的態度十分難得。當然,這種泯然爲一在某種程度上也結束了兩漢以來經今古文的紛争,畫了一個圓滿的句號。

　　《論語集解》開創了魏晉以後"集解"的體例,如衛瓘《集注論語》(八卷)、崔豹《論語集注》(八卷)、孫綽《集解論語》(十卷)、江熙《集解論語》

---

① 《隋書》卷三〇《經籍志一》,第4册,第939頁。
② 《後漢書》卷三五《鄭玄傳》,第5册,第1208頁。
③ 《後漢書》卷七九下《包咸傳》,第9册,第2570頁。
④ 洪适《隸釋 隸續》,北京,中華書局,2012年,第155頁。

(十卷)等。這些"集解"之著,常有後來居上之勢,處於競爭狀態。

對何晏《集解》,今人孫欽善有評價:

> 何晏等人對於諸家之說並非客觀地羅列無遺,而是擇善而從,反映了集解者的見解。有時還不限一說,往往兼存兩義。……各有所長。……凡注中不標舉姓氏者皆何晏等人新注。這些新注並不僅限於改易舊說之不安者,拾遺補缺之處也不少。總的看,新注是注重訓釋和串釋的,如《衛靈公》"在陳絶糧"章,於"君子固窮,小人窮斯濫矣"下注云:"濫,溢也。君子固亦有窮時,但不如小人窮則濫溢爲非。"……但也有闡發義理的地方。新注在闡發義理時,或據儒家思想立說,如《雍也》"子見南子"章注云:"孔安國等以爲:'南子者,衛靈公夫人,淫亂,而靈公惑之。孔子見之者,欲因以說靈公,使行治道。矢,誓也。子路不悦,故夫子誓之。'行道既非婦人之事,而弟子不說,與之祝誓,義可疑也。"這裏維護孔子的聖人形象及師道尊嚴的倫理關係,完全是儒家的正統觀點。①

孫氏強調《集解》的"擇善而從"、"兼存兩義",以及"拾遺補缺"和"闡發義理"。這其實也正是處在分界時期《論語》的注釋特點:一方面,仍在很大的程度上承襲了漢注系統,重視字詞的訓詁和句義的闡釋,即"義解",畢竟,正始初年距漢注的代表中平三年(186)鄭玄《論語注》不過五十餘年。之所以重視"義解",也可稱是這一時期對兩漢解經方式的一種反動。這是因爲以名物、典章制度的訓詁爲主要特色的漢學,最大的弊端,就是往往會遮蔽或忽視經文所含括的思想意義,或者說,名物訓詁只是一種工具。這也是經學內部的一種自我更新。另一方面,又表現出了一些新的傾向:

第一,整體上,"集諸家之善"的《集解》畢竟拋棄了漢代繁瑣的章句、訓詁之學,很少引用先秦、漢代的典籍,呈現出了一種簡明的風尚,注釋能言簡意賅、簡約分明。這種例證甚多,茲隨舉一例,如《學而》"人不知而不愠"、"好犯上者,鮮矣"下注:"愠,怒也。凡人有所不知,君子不愠也","鮮,少也。上,謂凡在己上者。言孝悌之人必有恭順,好欲犯其上者少也"。② 這也是《集解》的一個最主要特色。這一點,比五十年前鄭玄的《論語注》走得更遠。

第二,東漢以來,《論語》的注釋往往浸染有較多的讖緯、神異色彩,甚至還出現了專門的《論語讖》。對於讖緯,《集解》基本上已完全拋棄了,不再徵引讖緯之說。這有時代的印記,即東漢末以來已在禁止讖緯之學:

---

① 《中國古文獻學史》,北京,中華書局,1994年,第205—206頁。
② 正平版《論語集解》,見《儒藏》(精華編),第1頁。

(建安)二十二年(217),(吉茂)坐其宗人吉本等起事被收。先是科禁內學及兵書,而茂皆有,匿不送官。及其被收,不知當坐本等,顧謂其左右曰:"我坐書也。"①

(泰始三年,267)十二月,禁星氣讖諱之學。②

內學,即讖緯之學。建安末已開始禁止,泰始三年更詔書天下禁止,力度可能更大一些。這樣,如從建安二十二年算起,到編撰《集解》的正始初年,二十餘年,正是科禁讖緯業已深入人心、普遍認可的時候,一定程度上,官方色彩較濃的《集解》自不可能率先突破這一禁令。

第三,已經體現了以玄理注釋《論語》的新風尚。如清陳澧《東塾讀書記》卷二載:

何注始有玄虛之言,如"子志於道",注云"道不可體,故志之而已";"回也其庶乎屢空",注云"一曰空猶虛中也"。自是以後,玄談競起。③

即論"道體"以及玄談特有的"虛中"觀念(見下),是據玄理注《論語》的一個明證。對此,亦有肯定者,如錢大昕所評:

予嘗讀其疏,以爲有大儒之風,使魏主能用斯言,可以長守位而無遷廢之禍。此豈徒尚清談者能知之而能言之者乎!……自古以經訓專門者列於儒林,若輔嗣(王弼)之《易》,平叔之《論語》,當時重之,更歷千載不廢。方之漢儒,即或有間,魏晉說經之家,未能或之先也。(范)寧既志崇儒雅,固宜尸而祝之,顧誣以罪深桀、紂,吾見其蔑儒,未見其崇儒也。論者又以王(弼)、何好《老》《莊》,非儒者之學。然二家之書俱在,初未嘗援儒以入《莊》《老》,於儒乎何損?且平叔之言曰:"鬻莊軀,放玄虛,而不周於時變;若是,其不足乎莊也。"亦毋庸以罪平叔矣。④

錢氏論斷,一反傳統之論,言何晏有"大儒之風",如能一用其言,則能長守魏國,非一味崇尚清談的人能比。范寧認爲清談者"罪深桀、紂",只能是"蔑儒"的一種表現(錢未釋原因)。至於何《解》"初未嘗援儒以入《莊》《老》",即未嘗多引《老》《莊》,不損儒家之實。不過,卻也迴避不了《集解》的玄學因素。畢竟,正始玄學始於何晏、王弼,其"祖述《老》《莊》,立論以爲:'天地萬物皆以無爲爲本。無也者,開物成務,無往不存者也。陰陽恃以

---

① 《三國志》卷二三《常林傳》,第3冊,第660頁。
② 《晉書》卷三《武帝紀》,第1冊,第56頁。
③ 陳澧《東塾讀書記》,北京,生活・讀書・新知三聯書店,1998年,第223頁。
④ 《潛研堂文集》卷二"何晏論"條。陳文和主編《嘉定錢大昕全集(增訂本)》,南京,鳳凰出版社,2016年,第9冊,第51—52頁。

化生,萬物恃以成形,賢者恃以成德,不肖恃以免身。故無之爲用,無爵而貴矣。'"①《集解》附染了一些其所擅長的玄學,也很自然。如《論語·公冶長篇》"夫子之言性與天道,不可得而聞也已矣。"何注:"性者,人之所受以生者也,天道者,元亨日新之道也,深微,故不可得而聞也。"即天道深微,不可得聞。《衛靈公篇》"賜也,汝以予爲多學而識之者歟?……非也,予一以貫之",何注:"善有元(當爲'玄'字,因避諱改,下同),事有會,天下殊塗而同歸,百慮一致。知其元,則衆善舉矣。故不待多學,一以知之也。"即知其玄,一以總之,則能舉衆善。這與何晏所主張的儒玄一家、名教與自然一致的觀念相吻合。再如《論語·先進》:"回也,其庶乎,屢空。賜不受命,而貨殖焉,憶則屢中。"何晏注:"屢,猶每也。空,猶虛中也。以聖人之善道,教數子之庶幾,猶不至於知道者,各内有此害也。其於庶幾每能虛中者,唯回懷道深遠。不虛心,不能知道。子貢雖無數子病,然亦不知道者,雖不窮理而幸中,雖非天命而偶富,亦所以不虛心也。"顯然,何晏推尊至高的"道",要想接近和理解"道",必須"虛中",即虛心,也即《老子》第十六章"致虛極,守靜篤。萬物並作,吾以觀其復"。但世人往往不能虛心,因而有"愚(愚笨、樸拙)、魯(遲鈍)、僻(固執、執著)、喭(粗魯,剛猛)"(《論語義疏》注)等弊端,而不能接近至高的道。所以批評子貢雖富達,但仍不是"虛心"。《文心雕龍·論説》曾評"輔嗣之兩《例》,平叔之二《論》,並師心獨見,鋒穎精密,蓋人倫之英也"。就此來看,其邏輯性强,論證嚴謹,確有其《道德論》的論辯色彩。這也能看出《集解》偏重申發義理的特點,雜有不少玄學的意味。當然,這也出現了玄注《論語》的端倪。

不過,何注究竟只是《集解》中的一小部分,單從注釋的數量而言,《集解》中十之七八均是徵引前人或時人舊注。如與王弼比,明顯弱了許多(具體見本章第六節)。錢氏所言,"初未嘗援儒以入《莊》《老》",一個"初"字,也道出量少的事實。重要的是,錢氏引何晏自己的話,肯定其"周於時變",揆之歷史,確實道中了何晏逼迫之下不無見風使舵的品行:

  初,宣王使晏與治爽等獄,晏窮治黨與,冀以獲宥。宣王曰:"凡有八族。"晏疏丁、鄧等七姓。宣王曰:"未也。"晏窮急,乃曰:"豈謂晏乎!"宣王曰:"是也。"乃收晏。②

但何晏卻非殺不可,因爲其不僅任侍中、尚書等要職,更是曹操的"假子"(文帝曹丕稱),尚公主,是曹氏家族的重要成員。其被殺的日子,是正

----

① 《晉書》卷四三《王衍傳》,第 4 册,第 1236 頁。
② 《三國志》卷九《何晏傳》裴松之注引《魏氏春秋》,第 1 册,第 293 頁。

始十年元月,在北方的洛陽,正是一個寒風呼嘯、新舊交替的日子。

本來,高平陵政變後,何晏被殺,其領銜主編的《論語集解》極有可能因人廢言、受到牽連和冷遇;但卻也有特殊情況,這牽涉到《論語集解》在兩晉時的流傳。一、《集解》引了王肅的注,隨着王肅經學的漸趨上升,勢必不可忽略;不過,《集解》引王肅注不多,約三十餘條,僅占總數的約三十分之一。二、參與編撰的鄭沖、荀顗在魏晉禪代之際,依舊蟬聯高位。鄭沖,據《晉書》卷三三本傳,"武帝踐阼,拜太傅,進爵爲公",其逝後,"與安平王孚等十二人皆存銘太常,配食於廟"。荀顗,出自潁川荀氏家族,魏太尉荀彧第六子。據《晉書》卷三九本傳,荀顗魏時以父勳除中郎,並不怎麼受司馬懿的器重;但禪代之際,因一己的努力最終獲得司馬氏的信任而飛黃騰達:這是因曹爽專權時,"何晏等欲害太常傅嘏,顗營救得免",而傅嘏正是司馬氏一黨;高貴鄉公曹髦立,荀顗曾對司馬師說:"今上踐阼,權道非常,宜速遣使宣德四方,且察外志",要做充分的準備。果然,毌丘儉、文欽不服,舉兵反。荀顗因"預討儉等有功,進爵萬歲亭侯"。後"文帝輔政,遷尚書。帝征諸葛誕,留顗鎮守。顗甥陳泰卒,顗代泰爲僕射,領吏部"。這勢必會對其出力編撰的《集解》的流播有所助益,至少不會因人事而打入冷宮。

第四節　荆州學派與王肅經學的官方凸顯

在東漢末年的戰亂中,荆州(今河南新野,湖北武漢、襄陽、荆州一帶)一地無疑具有重要的戰略地位:向北,毗鄰皇帝的故鄉南陽郡,再北上,不遠就能抵達東漢的核心區域帝都洛陽;向南,毗鄰南方的門户,也是兩漢以來發展一直較好的襄陽;向東,則能以豫州爲跳板,俯視江南的廣大地域,一代名僧釋道安,在東晉穆帝永和十年(354)南下,就是沿新野一路到襄陽,然後再折而向東,最終到達東晉的都城建康;向西,也能較快地逼近西蜀。三國時,荆州更因"南接五領,北據漢川,地方數千里"咽喉般的地理位置,而一度成爲魏蜀吳三國傾力的必爭之地。顯然,這一地域的便利讓荆州成了扼守一方的重要門户和戰略要地。再加上時爲荆州牧劉表(190—208)的虛懷若谷,廣爲接納賢人才士,"招誘有方,威懷兼治……愛民養士,從容自保",一時間各方士人紛紛雲集,"頃遭荒亂,人民流入荆州者十萬餘家";[①]更有飽

---

① 《三國志》卷二一《衛覬傳》,第 3 册,第 610 頁

學之士,"關西、兗、豫學士歸者蓋有千數",①荊州成了亂世中士人願意落腳的一片世外桃源(時北方關中、關東的軍閥混戰正酣)。這些"學士"的紛至沓來,也勢必會紛紛在儒學上貢獻他們一己的聰明才華。物以類聚,某種相同或相近思想的碰撞、交流和融彙,因時間的久長,其形成一個較穩定的學派,也自在情理之中。

就曹魏、西晉時的經學而言,這一時期,能攘臂一呼、聳動天下的,自當是蟬聯高位、一代經學家王肅。王肅,甘露元年(256)去世。其經學著述,《三國志》卷一三《王肅傳》有明載:

初,肅善賈(逵)、馬(融)之學,而不好鄭氏,采會同異,爲《尚書》《詩》《論語》《三禮》《左氏》解,及撰定父朗所作《易傳》,皆列於學官。

也正因陳壽"不好鄭氏"的記載,近人在評價王肅經學時,一度認爲其刻意與鄭玄注乖異背離,或故意發難。對此,皮錫瑞有一論點:

鄭學出而漢學衰,王肅出而鄭學亦衰。肅善賈(逵)、馬(融)之學,而不好鄭氏。賈逵、馬融皆古文學,乃鄭學所自出。肅善賈、馬而不好鄭,殆以賈、馬專主古文,而鄭又附益以今文乎?按王肅之學,亦兼通今古文。肅父朗師楊賜,楊氏世傳歐陽《尚書》;洪亮吉《傳經表》以王肅爲伏生十七傳弟子,是肅嘗習今文;而又治賈、馬古文學。故其駁鄭,或以今文説駁鄭古文説,或以古文説駁鄭之今文。不知漢學重在專門;鄭君雜糅今古,近人議其敗壞家法;肅欲攻鄭,正宜分別家法,各還其舊,而辨鄭之非;則漢學明,鄭學自廢矣。乃肅不惟不知分別,反效鄭君而尤甚焉。②

這有兩層意思:一、王肅反駁鄭玄學説;二、王肅兼學今、古文,且比鄭玄"尤甚"。皮氏認爲駁斥鄭學最好的方法是"分別家法,各還其舊",則"鄭學自廢",以此納悶王肅怎不知分別(這一點卻是在開歷史的倒車)。其實,王肅在融彙今古文上走得更遠,正是順應了融彙的歷史潮流。王肅爲駁斥鄭注,甚且"不憚改經",一改前人故訓,以申其獨見。③ 其實,皮氏斤斤於今古文之辨,並不合於事實。至少,王肅本人業已清楚地意識到這一點,而在《孔子家語解序》中特意辯解:

鄭氏學行五十載矣,自肅成童,始志於學,而學鄭氏學矣。然尋文責實,考其上下,義理不安,違錯者多,是以奪而易之。世未明其款情,

---

① 《後漢書》卷七四下《劉表傳》,第9册,第2421頁。
② 周予同注釋、皮錫瑞著《經學歷史·經學中衰時代》,北京,中華書局,2004年,第105—106頁。
③ 清阮元、王先謙編《清經解》卷三八九,上海書店,1988年,第831頁。

而謂其苟駁前師,以見異於人。乃慨然而嘆曰:"予豈好難哉?予不得已也。"聖人之門方壅不通,孔子之路枳棘充焉,豈得不開而辟之哉!若無由之者,亦非予之罪也。是以撰經禮申明其義,及朝論制度,皆據所見而言。

"鄭氏學行五十載",説明鄭氏學盛行於世已五十年了。王粲就曾稱説:"伊、洛已東,淮、漢之北,一人而已,莫不宗焉。咸云先儒多闕,鄭氏道備。"①可見一時流傳地域之廣。爲此,王肅從"成童"時期就開始研讀這一時下正流行的解經文本。但隨着研讀的深入,卻漸次發現了鄭注的缺陷,即"尋文責實,考其上下,義理不安,違錯者多"。基於對正確義理的尊奉,也有意糾正"違錯者多"的情形,王肅"奪而易之",另起爐灶,更易其注。對聖門壅塞不通、孔子之路充滿荊棘的現實,王肅極爲痛心、憂慮。一句話,"予豈好(辯)難哉",實在是不能容忍其錯誤,不得已而爲之,並非是故意立異。王肅深究過鄭氏學,《三國志》卷一三本傳亦明言"受學鄭玄之門"。這中間最根本的原因,當是王肅不滿東漢以來經學繁瑣的訓詁(可參第二章第一節),而欲以"大義"來矯正其弊。《世説新語·言語》第七十二條:

> 王中郎(王坦)令伏玄度(伏滔)、習鑿齒論青、楚人物。臨成,以示韓康伯。康伯都無言,王曰:"何故不言?"韓曰:"無可無不可。"(劉孝標注:馬融注《論語》曰:"唯義所在。")

劉注引馬融"唯義所在"來釋"無可無不可",實際上正説明了東漢末以來解經的一個傾向,即用今文或古文已是"無可無不可",不再是關鍵問題,重要的是探尋、鉤求意旨,即"唯義所在"。虞翻在上奏吴王孫權時,稱鄭玄"所注《五經》,違義尤甚者百六十七事,不可不正",其"行乎學校,傳乎將來,臣竊恥之",②也是重在"違義"。因此,王肅陳説"義理不安,違錯者多",強調了不堪"義理不安"的錯誤,實非一家之言。下引太學中博士庾峻的回答"以《洪範》言之,肅義爲長",在官方層面,也肯定了王肅經學以義旨見長的特色。這是當日的解經大勢。王學與鄭學立異,實際上一方面源自家學,即上面皮氏所言的其父王朗的經學;另一方面則有時人經學風尚的影響:

> 變漢儒之學者,始於劉表,大於王肅,而極於杜預、王弼、范寧、徐邈。劉表在荆州,集綦毋闓、宋衷、司馬徽諸儒,爲《五經章句後定》。是反康成(鄭玄)、異漢説者,莫不淵源於荆州,而子雍(王肅字)其最也。

---

① 《舊唐書》卷一〇二《元行沖傳》,第 10 册,第 3180 頁。
② 《三國志》卷五七《虞翻傳》,第 5 册,第 1323 頁。

杜預、韋昭而下,集解之風大倡,莫不撿取衆家之長,而定一是之説。專家之學息,而異説紛起。江左以來,遂滔滔莫之能止。①

蒙氏所言的"莫不淵源於荆州",雖不免有點絕對,但王肅確實與荆州學派關係密切,《王肅傳》就載王肅青壯年時期,"年十八,從宋衷讀《太玄》而更爲之解"。宋衷,是荆州學派重要的代表人物。劉玉建曾概括"宋衷(原作宋忠,避隋文帝父楊忠改)解《易》的宗旨是闡明義理,其重視義理的《易》學特徵是顯而易見的"。② 湯用彤亦曾言三國時的《易》學,"荆州一派見解最新,江東一帶也頗受這種新經義的影響",③都是強調了義的解讀。

那荆州一派新學風是怎樣的呢?可借《劉振南(劉表)碑》一文道之:

> 篤志好學,吏子弟、受禄之徒蓋以千計。洪生巨儒,朝夕講誨,閶闔如也。雖洙、泗之間,學者所集,方之蔑如也。深愍未學,遠本離質,乃令諸儒改定五經章句,删剗浮辭,芟除煩重。贊之者用力少,而探微知機者多。又求遺書,寫還新者,留其故本。於是古典墳集,充滿州閭。④

"洙、泗之間,學者所集",當指鄭玄、孔融爲北海相時前後相繼形成的一個學術中心,也稱青州學派。據《後漢書》卷七〇《孔融傳》,靈帝中平元年(184)黃巾起義後,孔融受排擠外任北海相,在任期間,"更置城邑,立學校,表顯儒術,薦舉賢良鄭玄、彭璆、邴原等";同時還禮敬鄭玄,屢履造門,申告高密縣爲其特立一鄉,名"鄭公鄉"。⑤ 由此形成了在洙、泗故地,在戰亂不已的情形下尚能安定的一個文化中心。而今,荆州一地能與其媲美,就是得力於劉表任荆州刺史的十九年間不斷的努力。又,東漢末年,都城洛陽以及附近黃河流域持續的軍閥混戰致使士人紛紛大量就近避難毗鄰的尚屬安定的荆州,這也是"學者所集"的另一個原因。《後漢書》卷七四下《劉表傳》即載"表招誘有方,威懷兼洽……關西、兗、豫學士歸者蓋有千數,表安慰賑贍,皆得資全。遂起立學校,博求儒術,綦毋闓、宋忠等撰立《五經》章句,謂之後定",可見一時間歸附的士人確實較多,一代文士王粲就是在初平二年(192),南下依附劉表。劉表還專門設立了學校,王粲《荆州文學記官志》對其有較詳細的記載:

> 乃命五業(即《五經》之業)從事宋衷(亦作宋忠)新作文學,延朋徒焉,宣德音以贊之,降嘉禮以勸之。五載之間,道化大行,耆德故老綦毋

---

① 蒙文通《經史抉原》,成都,巴蜀書社,1995年,第269頁。
② 劉玉建《兩漢象數易學研究》,桂林,廣西教育出版社,1996年,第609頁。
③ 《魏晉玄學論稿》,上海古籍出版社,2001年,第113頁。
④ 見宋人編《蔡中郎集》,亦見嚴可均編《全三國文》卷五六。
⑤ 《後漢書》卷三五《鄭玄傳》,第5冊,第1208頁。

闓等負書荷器，自遠而至者三百有餘人。於是童幼猛進，武人革面，總角佩觽，脱介免冑，比肩繼踵，川逝泉涌，亹亹如也，兢兢如也。遂訓六經，講禮物。①

"自遠而至者三百有餘人"，人數確實不少。學校的生徒，有官吏子弟、低級的官吏（"受祿之徒"）以及脱下甲冑的"武人"、"童幼"等，人員類型的混雜也説明了學校收人的廣泛與興盛。碑中，"深愍末學，遠本離質"，大概就是批評東漢以來末學一味地借今文來"微言大義"，或俗儒"具文飾説"以致章句極端繁瑣（"一經説至百餘萬言"②）。由此需要對《五經》章句進行删省，即"删剗浮辭，芟除煩重"，以簡省、直截（"探微知機"）的方式解釋經文，使程度不同的學者能短時間内知曉經文，"用力少"，不至皓首窮經。這也構成了當時荆州官學的經學教材。建安時期，荀彧就曾向曹操建議"集天下大才通儒，考論六經，刊定傳記，存古今之學，除其煩重，以一聖真"，③也是"除其煩重"。其提及的"諸儒"，據《三國志》卷六《劉表傳》裴注引《英雄記》，就是綦毋闓、宋忠、司馬徽等人。又，這種學術傾向，可從《三國志》卷四二《尹默傳》的記載窺其一斑：

> 尹默，字思潛，梓潼涪人也。益部多貴今文而不崇章句，默知其不博，乃遠游荆州，從司馬德操（即司馬徽）、宋仲子（即宋忠）等受古學。皆通諸經史，又專精於左氏《春秋》，自劉歆條例，鄭衆、賈逵父子、陳元方、服虔注説，咸略誦述，不復按本。

尹默特意離開不崇章句、只貴今文的益州，東游荆州求學，就是欲從司馬徽、宋忠等"受古學"，即繼承賈逵、馬融等的古文經學。此傳又載其同鄉李譔一同去荆州求學，"著古文《易》《尚書》《毛詩》《三禮》《左氏傳》《太玄指歸》，皆依准賈、馬，異於鄭玄"，可見學的確實是"古文"。這裏還透露了一個重要信息，即依准賈逵、馬融，而與鄭玄相異。從這一點來説，王肅從荆州學派的代表人物宋忠學習，其主張與鄭玄有異，也至爲正常。重要的是，李譔與王肅並沒有交往（二人"殊隔"），也未覽其著述，但二人卻"意歸多同"。④ 這種殊途同歸，只能是同一師門、學風下的結果。或者説，除卻"芟除繁重"，重視意旨的闡發這一重要特色外，依準"古學"，重視字詞的訓詁，就是另一重要特點。王肅解經時簡省章句的傾向正與此一脈相承。

---

① 汪紹楹校、歐陽詢撰《藝文類聚》卷三八《禮部上·學校》，第 2 册，上海古籍出版社，1982 年，第 693 頁。
② 《漢書》卷八八《儒林傳贊》，第 11 册，第 3620 頁。
③ 《三國志》卷一〇《荀彧傳》裴注引，第 2 册，第 318 頁。
④ 《三國志》卷四二《李譔傳》，第 4 册，第 1027 頁。

再從"等"字看,說明非僅是司馬徽、宋忠等傳授,還多有他人,荊州一地實盛行賈逵、馬融等傳授的古學。至於荊州一派的發展情形,可參唐長孺《漢末學術中心的南移與荊州學派》。① 不過,建安十三年(208),劉表病死,曹操南征荊州,士人星散,多歸附於曹操。於是,一個在亂世中成長起來的學術中心就這樣隨着士人的嚮北流徙而煙消雲散。這也在實際上標志着漢末經學的結束。

其時,多有一些學者不滿鄭學。如前所提及奔赴荊州的王粲,其實還是一位經學家,因"鄭氏(玄)道備",而"求其學"。王粲對鄭玄《尚書注》"所疑之者,猶未喻(明白)焉。凡有兩卷,列于其集"。② 這也就是《顔氏家訓·勉學》中所說的"《王粲集》中難鄭玄《尚書》事"。還能說明的是,王粲流寓荊州時,"著書數十篇。荊州壞,盡焚其書"。③ 其"數十篇",就當多指其經學著述,後來可能不滿意而焚毀。又如一代名士孔融,"雖重(鄭)玄而講學則與玄有異者",不僅與鄭玄的旨趣不同;還在與他人的書信中直言,"鄭康成多臆說,人見其名,學謂有所出也。證案大較,要在五經四部書,如非此文,近爲妄矣"。④ 即其多"臆說",不能尋校出處;假如在當日的知識寶庫"五經四部書"中尋覓不到的話,就近於"妄"注了,批駁可謂甚是嚴厲。另一吴地的飽學之士、世代治《孟氏易》得其大成的虞翻,甚至直接上奏,宣稱"鄭玄解《尚書》違失事",又説"北海鄭玄、南陽宋忠,雖各立注;忠小差玄,而皆未得其門,難以示世"。之所以難示以軌轍,就是因"玄所注《五經》,違義尤甚者百六十七事",違誤甚多,甚至到了"不可不正"的嚴重地步。⑤ 王粲、孔融、虞翻三人在當日都是赫赫有名之士,卻不約而同地質疑、駁斥鄭學,可見反駁鄭學的觀念本也有一定的市場。

至於王肅,還有另外一個顯著特色。對《家語·五帝》"天有五行,水、火、金、木、土,分時化育,以成萬物,其神謂之五帝",王肅注:"五帝,五行之神,佐生物者,而讖緯皆爲之名字,亦爲妖怪妄言"。這是對讖緯的明確否定(這也與何晏一致)。東漢初以來,讖緯因統治者的不斷提倡,而日漸熾盛,整個社會彌漫了一層濃濃的讖緯神霧。但這一情形,隨着曹魏政權的極力

---

① 見《唐長孺社會文化史論叢》,武漢大學出版社,2001年,第4—11頁。還可見王志平《漢末至三國的經學流變(上)》一節中的"荊州學派",見《中國學術史》(三國兩晉南北朝),南昌,江西教育出版社,2001年,第20—34頁。
② 《舊唐書》卷一〇二《元行沖傳》,第10冊,第3180—3181頁。
③ 李昉等撰《太平御覽》卷六〇二《文部·著書下》引《金樓子·雜篇》,第3冊,北京,中華書局,1985年,第2710頁。
④ 《太平御覽》卷六〇八《學部二·敘經典》引孔融《與諸卿書》,第3冊,第2736頁。
⑤ 《三國志》卷五七《虞翻傳》,第5冊,第1323頁。

遏制,幾番禁令之下,降溫了不少。王肅這一思想,也不妨視爲這一思潮下的產物。問題在於,東漢末以來,《論語》本就有名目繁多的讖語。① 在這一思路下,遠接荆州新學"芟除煩重"的原則,王肅自會一併刪除。現在看,留存比較全面的王肅《孔子家語》注,就相當簡潔——甚至"簡省"的不可思議,如下節所舉的能確證爲王肅注的斯 1891 號寫卷,整個《五行解》第卅也僅有十四處注,並且還有六處僅是寥寥數語的字詞解釋,如"祭,群小祀","饗帝,祭天"等。同時,也確實没了讖緯思想的夾雜,呈現出簡淨的面貌。

至於王肅經學在當日的地位,《三國志》卷四《三少帝紀》的記載可窺一斑:

> 甘露元年(二五六)四月,帝幸太學,問諸儒:"鄭玄曰'稽古同天,言堯同於天也',王肅云'堯順考古道而行之'。二義不同,何者爲是?"博士庾峻對曰:"先儒所執,各是乖異,臣不足以定之。然《洪範》稱'三人占,從二人之言'。賈、馬及肅皆以爲'順考古道'。以《洪範》言之,肅義爲長。"

"稽古"是《尚書》裏的文句。據《三國志·王肅傳》,王肅爲《尚書》解,列於學官。高貴鄉公曹髦特意問諸儒鄭、王二義不同,何者爲是,就直接證明了其確實列於學官,甚且皇帝都比較熟悉。博士庾峻回答,肯定王肅的解釋,且認爲"肅義爲長",也側見王肅經學在時人心中還是比較有地位,被時人認可和看重。又,庾峻言"賈、馬及肅皆以爲'順考古道'",前言王肅"善賈、馬之學,而不好鄭氏",也可見王肅是繼承了賈逵、馬融的學術觀點。今核檢孔穎達《尚書正義》,引王肅《古文尚書注》約二百餘條,鄭玄與王肅共注約一百餘條,其中約五十條同,七十條異,可知王注確實多不同於鄭注。其不好鄭學,且鄭、王之爭也側窺一目。其中,王肅多有與其辯難的,如《尚書正義·堯典》"日中,星鳥,以殷仲春":

> 鄭注:日長者日見之漏五十五刻,日短者日見之漏四十五刻。
>
> 王難云:知日見之漏減畫漏五刻,不意馬融爲傳已減之矣。因馬融所減而又減之,故日長爲五十五刻,因以冬至反之,取其夏至夜刻,以爲冬至晝短,此其所以誤耳。②

王肅認爲日長時是五十五刻,鄭玄取夏至夜刻,因此弄錯了。再如,《舜典》"殛鯀於羽山,四罪而天下咸服":

---

① 具體可見第二章第一節末尾的相關論述。
② 廖名春、陳明整理,孔穎達正義《尚書正義》卷二《堯典》,北京大學出版社,2000 年,第 41 頁。

鄭注：禹治水事畢，乃流四凶。

王難云：若待禹治水功成，而後以鯀爲無功殛之，是爲舜用人子之功，而流放其父，則禹之勤勞適足使父致殛，爲舜失五典克從之義，禹陷三千莫大之罪，進退無據，亦甚迂哉！

王肅則辯難曰：一、舜肯定禹治水的功績，卻因此流放了禹的父親鯀，此反倒造成了禹之勤勞適足使其父被殺的悖論；或者說，禹是因人（鯀）成事，但卻促使殺了有功者鯀。二、鯀被殺，適足以使舜陷於不義、禹陷於不孝的境地（"五典克從"，出自《書·舜典》，五典即五常，即父義、母慈、兄友、弟恭、子孝。"三千莫大"指不孝）。因此，鄭玄這種解釋，確實是"甚迂哉"。不過，王肅據後世儒家的綱常來反駁鄭玄的注解，明顯有狡辯的因素。

因此，王肅據以反駁、辯難鄭玄注確實是一個不爭的事實，不過也的確有一己的道理。

然而，王學上升的歷史進程，也並非想象的一路高歌猛進，而是坎坷不斷。據《三國志》卷一三《王肅傳》，以及《舊唐書》卷一〇二《元行沖傳》，大約在王注立於官學之時，就有了爭議。首先決然挺身的，是鄭玄弟子孫叔然，駁斥王肅"譏短"鄭玄的《聖證論》。同時，對這一揭示鄭注錯誤高達"數十百件"的《聖證論》，中郎馬昭也上書辯駁，博士張融亦"案經論詰"，即據經詰問、質疑，一時間使得王肅很難堪，疲於應付，即"酬對，疲于歲時"，估計是幾乎下不了臺。中書侍郎王基對王肅"改易鄭玄舊說"也極爲不滿，爲此"據持玄義，常與抗衡"。① 這都見出論爭的激烈，也可見維持師門，仍是一個深厚、傳之久遠的傳統，仍有東漢經學的遺風。然而，事情並未到此爲止。入晉，雖然其人已逝，且面對王肅的外孫，今已成了皇帝的司馬炎，仍有人在挺身而出，即徐州從事陳統夏難孫（叔然）申鄭（見《經典釋文序錄》）。對此論爭，余嘉錫認爲是"魏晉之世，固已異議蜂起，未能定於一尊也"；固"未嘗以其爲晉室外祖，稍存顧忌。則肅注之立博士，亦不過自爲一家，與鄭並行"。②

不過，這其實只是一種餘音。王學一統的腳步已無可阻遏了，已占據了主流的視野。泰始二年（266），有司奏立七廟，對這關涉國家祀典的大事，"一如宣帝所用王肅議"，即據王肅說。太康（280—289）初，面對鄭、王不一

---

① 《三國志》卷二七《王基傳》，第3册，第751頁。又，其提到"散騎常侍王肅著諸經傳解及論定朝儀"，而據卷一三《王肅傳》，王肅太和三年（229）拜散騎常侍，時三十五歲，正當壯年。即較早就撰就一些經傳。這時距其去世還有27年。

② 余嘉錫《晉辟雍碑考證》，見《余嘉錫文史論集》，長沙，嶽麓書社，1997年，第145頁。

的喪制,尚書郎摯虞奏請"依準"王肅撰寫的《喪服變除》,"詔可其議"。①或者說,王肅經注列於學官,固然有外戚之重(司馬炎的外祖)的因素,但更重要的是因"與康成互有短長",即各有所長,而不能並廢的緣故。至於當時孫叔然、馬昭、張融,以及西晉時陳統夏等人能盡意問詰、辯難,可證在所立官學中,王肅僅是一家。這種情形,在出土的《晉辟雍碑》中也有明顯的表現,即在朝廷的大射之禮上,仍"左右采獲",襲用鄭義,而不是一味袒護王肅的觀點(見本章第二節)。即非如後人所理解的"定於一尊"。這當是曹魏以來思想尚較開放、通脫的緣故。就是說,要客觀地評價王注在西晉一朝的學術地位,而不應拔擢過高。

總之,由荆州學派帶來的新的解經習尚,以及何晏、王肅等的發揚光大,最終開拓、接續在了曹魏以來玄化的思潮上,進而演繹成了影響深遠的一代玄注風尚(見本章第六節)。何晏、王肅開風氣之先,實際上也開啟了一代解經風尚的蛻變之旅。

第五節　從《孔子家語》看魏晉之際孔子史料的進一步開掘

研究孔子生平、思想的史料,除了《論語》外,其實還有一部重要史籍,即《孔子家語》(下簡稱"《家語》")。但對《家語》一書,曹魏以來,實有一樁公案:即以《家語》爲王肅僞作。僞作的觀念,最早來自與王肅基本同一時期馬昭的話,即孔穎達《禮記·樂記正義》卷三八以及《通典》卷九一所引的馬昭語:

案《聖證論》引《尸子》及《家語》難鄭云:"昔者舜彈五弦之琴,其辭曰:'南風之薰兮,可以解吾民之愠兮;南風之時兮,可以阜吾民之財兮。'鄭云:'其辭未聞,失其義也。'今按馬昭云:'《家語》,王肅所增加,非鄭所見。'又'《尸子》雜説,不可取證正經,故言未聞也。'《家語》之言,固所未信。"

以時代先後言,鄭玄言"其辭未聞",即未知其義。對此,王肅在《聖證論》中引《尸子》及《家語》,載明其義,即南風的孕育、化成之功。此後,鄭學的支持者馬昭進行了反駁,説出了一句關鍵的話,即"王肅所增加,非鄭所見"。後人遂據此論爲王肅僞作。清時,崔述《洙泗考信錄》卷一更據具體

---

① 上兩例,均見《晉書》卷一九《禮志上》,第3册,第584、582頁。

例證進一步做實此事：

> 《家語》一書本後人所僞撰，其文皆採自他書而增損改易以飾之：如《相魯篇》採之於《春秋傳》《史記》，《辨物篇》採之於《春秋傳》《國語》，《哀公問政》《儒行》兩篇採之於《戴記·曲禮》；《子貢》《子夏》《公西赤問》等篇採之於《戴記》《春秋傳》；以至《莊》、《列》、《説苑》、讖緯之書無不採，未有一篇無所本者。然取所採之書與《家語》比而觀之，則其所增損改易者，文必冗弱，辭必淺陋，遠不如其本書，甚或失其本來之旨，其爲剿襲，顯而可按。而世不察，以爲孔氏遺書，亦已惑矣！①

崔氏認爲《家語》一書，全係采自他書"增損改易"而成，由此造成"文必冗弱，辭必淺陋"的風貌，最終失去了"本來之旨"。孫志祖亦撰《家語疏證》六卷（刻入《校經山房叢書》），力證《家語》爲王肅僞造。

但清儒的這一觀念，今不免受到了嚴重的質疑：

一、馬昭爲鄭學之人，不免有回護鄭玄的嫌疑。從其認爲"《尸子》雜説，不可取證正經"來看，只是出於維護經書神聖性的目的。這其實很難立住腳，比如作爲"正經"的《禮記》，也只是"七十子後學者所記也"，②且"後人通儒各有損益"，③並不是那麼純正。某種程度上，在早期，《尸子》作爲一家，反倒可與之平起平坐。其實，就王肅本人的生平經歷、學術實績來看，王肅是司徒（三公）王朗的兒子，爲此得以與司馬氏結成姻親（後又成了晉武帝的外祖父），政治地位已極高崇，實沒有必要與一介儒生鄭玄（玄先居鄉"十餘年"，黨錮起，又亡命於江湖）一爭高下；經學上，據《三國志》卷一三《王肅傳》以及《隋書·經籍志》，王肅至少有十五種經書注解，《尚書》《詩經》《春秋》三傳、三"禮"等均有，是魏晉經學的代表，經學地位也較尊崇，實沒有必要再編造一部《家語》與鄭玄較勁爭雄，況且，在那一時節，在時人眼中，《家語》也算不上典正的經學著述。

二、就其所舉的力證——同時代馬昭的言語，也只是明言"王肅所增加"——即增加了一部分，並未説全是僞作。至少，在《史記》卷一《五帝紀》即載"孔子所傳宰予問《五帝德》及《帝系姓》，儒者或不傳④"，已提到了一些單獨流傳的篇章（漢時書籍以篇單行的情況較多，如劉向校書時就多以篇

---

① 崔述《洙泗考信錄》卷一，見顧頡剛編訂、崔述著《崔東壁遺書》，上册，上海古籍出版社，2013年，第264—265頁。
② 《漢書》卷三十《藝文志》，北京，中華書局，1964年，第6册，第1709頁。
③ 陸德明《經典釋文》卷一《序錄》，上海古籍出版社，1984年，第43頁。
④ "傳"，讀zhuàn，應指對經書的注解，即經傳義。非是司馬貞《索隱》説的"以二者皆非正經，故漢時儒者以爲非聖人之言，故多不傳學"。

論),因《五帝德》正見於今本《家語》卷五。

三、據孔安國《家語·後序》,《家語》的流傳有一個完整、清晰有序的歷程:秦昭王時,荀子入秦,昭王問儒術,荀子"以孔子之語及諸國事、七十二弟子之言凡百餘篇與之,由此秦悉有焉"。漢高祖克秦,"悉斂得之,皆載於二尺竹簡,多有古文字",後被吕不韋收藏。吕氏誅滅後,《家語》散在民間,被好事者"以意增損其言",導致"同是一事而輒異辭"。景帝末,募求天下禮書,由此送官。最後,由孔安國整理"錯雜妄辭",按"事類相次",編訂爲四十四篇(更具體的流傳過程,見下)。這一過程,流傳有緒,情理上能完全説得通,恐怕不能説全是向壁虛構,必有其事實依據,王肅本人也説其經説以及朝論制度,"皆據所見而言"。① 而且,崔述即便是在反駁,也不得不陳述出一個事實,即"未有一篇無所本者",皆有所本、所出,就足以否定完全僞作之説。其實,王肅本人在《序》中已交代的很清楚,"恐其將絶,故特爲解,以貽好事之君子",是有一定的解釋在内。而崔述據内容的相似來辯駁,這本身也有問題:即也可以説是他書抄自《家語》,因先秦典籍並沒有版權意識,多抄來襲去,即章學誠所言的"言公"理論。② 或言其有共同的來源,也未始不可。總之,與其説是王肅僞作,或部分僞作,還不如説是王肅在進一步整理時而進行了必要的剪裁、潤飾和加工,是傳衍過程中的正常情形;它一如西漢末劉向整理當日流傳的典籍一樣,面對紛繁甚且蕪雜的史料而不得不如此的一種正常行爲。

四、先秦古籍在流傳中文字有一些差異,是很正常的一件事。據王肅《孔子家語解序》,"孔子二十二世孫有孔猛者,家有其先人之書,昔相從學,頃還家,方取以來,與予所論,有若重規疊矩",則其本取自孔猛家藏本,一些内容,鄭氏未見或馬昭"未聞",也是有可能的。而且,先秦的典籍大多都有一個不斷增删的過程,口耳相傳也加劇了這一變異;所以,一些地方容或有異,也是很正常的事。同樣的道理,《漢書·藝文志》已著録,雖與後來的卷次不同,但古籍在流傳中喪失一部分内容,也很自然;恐怕不能因此懷疑《孔子家語》的真實性,至少證據不充分。

五、前人認爲《家語》棄精取粗,文字淺陋(如崔述所言),是經師家説經的語氣,一如孔《序》所説的"屬文下辭,往往頗有浮説、煩而不要者"。但這也站不住腳,不僅因孔安國亦爲之辯解過,"猶七十二子各共叙述首尾,加之

---

① 楊朝明、宋立林主編《孔子家語通解》,濟南,齊魯書社,2009年,第582頁。
② 章學誠《文史通義》卷二《言公上》載"古人之言,所以爲公,未嘗矜於文詞,而私據爲己有也"。葉瑛校注《文史通義校注》,北京,中華書局,2004年,第169頁。

潤色,其材或有優劣,故使之然也",是不同弟子加工"潤色"、材藝優劣高下的結果。更重要的是,如把《家語》與《禮記》《荀子》等典籍比較,會發現其文辭並不淺弱、鄙陋。

六、假如《家語》爲王肅僞作,那麽,就不怕當時人,如孔子的後人孔猛,或孔氏的其他人出於維護孔門經典神聖性的目的而挺身而出揭穿嗎?但史籍中並無這樣的史料(只是出現了馬昭的一面之辭)。

七、就《家語》本身的内容來看,不僅一些觀念與王肅有異,如郊祀,《禮記·郊特牲》載王肅說魯郊祀,"以魯冬至郊天,而建寅之月又郊以祈穀",即一年兩次;但《家語·郊問》卻明載"魯無冬至大郊之事",即僅一次郊祀,與前截然有異。而且,在《家語注》中,王肅表示懷疑或勘正的地方就有十多處,如《王言解》"千步爲井,三井爲埒",王肅注"此說里數,不可以言井,井自方里之名,疑此誤"。再如《六本》"榮聲期行乎郕之野",王肅注"聲,宜爲啟,或曰榮益期"等。這些情況的存在,似可説明《家語》非是王肅僞作。如是其僞作,自不會與其觀念自相牴牾、矛盾如此,也不必大費周章地添加這些審慎、客觀的按語以質疑。

八、更有力的證據,是當代考古發現的印證。1973年發掘的河北定縣八角廊漢墓《儒家者言》[1]及1977年安徽阜陽雙古堆一號漢墓[2]中發現有與《家語》類似的内容。

對此,李學勤曾有精當的推斷:"兩者(筆者:指八角廊墓竹簡、阜陽雙古堆簡牘)應該都是《家語》的原型"。"在西漢前期的雙古堆簡牘和西漢晚期的八角廊竹簡中,都存在《家語》發展的一定鏈環"。與今本古文《尚書》《孔叢子》等一樣,《家語》"很可能陸續成於孔安國、孔僖、孔季彦、孔猛等孔氏學者之手,有着很長的編纂、改動、增補過程","是漢魏孔氏家學的產物"。因此,要説"僞造整部《家語》,恐怕是不可能的"。[3] 這裏,還能補充説明一點,據王肅《孔子家語解序》,其已明言"孔子二十二世孫有孔猛者,家有其先人之書",即孔氏世代保存;那麽,此書在流傳過程中孔氏後人對其如有改動、增補,也是很正常的,孔《序》中亦明言"好事亦各以意增損其言",至少沒刻意隱晦這一點。

胡平生則推斷《家語》的編集者就是孔安國。至於《家語》在流傳過程

---

[1] 可參見"定州漢墓竹簡《論語》"條。
[2] 可參國家文物局古文獻研究室、安徽省阜陽市博物館阜陽漢簡整理組《阜陽漢簡簡介》,見《文物》1983年第2期。
[3] 《簡本〈家語〉與漢魏孔氏家學》,《孔子研究》1987年第2期。後又入《李學勤集》,哈爾濱,黑龍江教育出版社,1989年,第372—379頁。

中有亡佚、改易、增益等,皆屬傳世古籍所遭遇的普遍問題,實不足以定其爲僞書。胡氏還認爲:

> 過去説王肅僞造孔序,恐是不對的。前已説明,在古先秦有無成書上,《王序》與《孔序》不全一致,假如王肅僞造《孔序》,爲何他不將兩序統一口徑,彼此呼應,偏偏自相矛盾?另外,王肅可以根據孔氏後人提供的資料寫出孔氏的家世譜系和安國的生卒,可是大概很難編造《孔序》所述的"孔子之語及諸國事、七十二弟子之言凡百餘篇"簡書入秦、歸漢的流傳經過。且《孔序》所言先秦漢初,竹簡雜亂、雜相傳抄流傳的情况,也已被近年來地下出土文獻如阜陽雙古堆漢簡所證明。①

質疑十分有力,可爲不刊之論。至於雙古堆漢墓,整理者認爲:"舊説以爲《孔子家語》,王肅僞作,今阜陽漢簡木牘證明早在西漢初期,已有類似的書籍","一號木牘正、背兩面各分三行書寫,今存篇題四十六條,内容多與孔子及其門人有關,如'子曰北方有獸'、'孔子臨河而嘆'、'衛人醢子路'等等。這些篇題的内容大多能在今本《孔子家語》中見到";"這些簡牘應當就是孔《序》所説的'百餘篇'中的一部分,它們在文帝中已'散在人間'——在諸侯王府内輾轉傳抄,後來到景帝末被送進了秘府。劉向編《説苑》《新序》,用的是這一批材料;孔安國編《家語》用的也是這一批材料"。② 又,上海博物館藏戰國楚竹書中,有一篇被定名爲《民之父母》,對此研究后,學者龐樸認爲:"以前我們多相信,《家語》乃王肅所僞作,雜抄自《禮記》等書;《禮記》乃漢儒纂輯,非先秦舊籍,去聖久遠,不足憑信。具體到'民之父母'一節,則認爲,其'五至三無'之説,特别是'三無'之'無',明顯屬於道家思想,絶非儒家者言,可以一望而知。現在上博藏簡《民之父母》篇的再世,轟然打破了我們的成見。對照竹簡,冷靜地重讀《孔子家語·禮論》和《禮記·孔子閒居》,不能不承認,它們確係孟子以前遺物,絶非後人僞造所成。"③

再一就是英藏敦煌斯1891號《孔子家語》王注卷第十寫本的公佈,④也爲問題的解決提供了有力的證據。此卷殘存73行,起《郊問篇》"喪者不

---

① 《阜陽雙古堆漢簡與〈孔子家語〉》,見《國學研究》第七卷,北京大學出版社,2000年,第528頁。
② 《阜陽漢簡簡介》,《文物》1983年第2期。
③ 龐樸《話説"五至三無"》,見《文史哲》2004年第1期。
④ 圖版可見《英藏敦煌文獻》(漢文佛經以外部分),第三卷,成都,四川人民出版社,1990年,第170—171頁。整個寫卷字體規整、清晰,卷面整潔。其在正文"有犯不孝之獄者,則飭朝覲之","飭"旁,小字添注:"喪祭之禮。有犯詴(即弑)上□(疑爲之)獄者(因前文談'故雖有詴上之獄而無陷刑之民')則飭"(對"飭"的解釋,是王肅注文。第171頁),此足以説明抄寫者較認真,有過校正,是規範的寫卷(整個寫卷僅此一處)。

敢",迄《五刑解》末"退而記之也"。中間有篇題"《五行解》第卅,《孔子家語》,王氏注"(係王肅注本),篇末有"《家語》卷第十"。殘卷字體整潔、清晰。這一寫卷,"世"、"民"、"治"字均不諱,"天"、"地"、"人"等非采用武則天時所造的新字,如排除蕃占時期,就可能爲六朝寫本。① 其第60行"下官不識",王肅注:

> 識,宜爲職,言其下官不稱其職,不斥其身。②

這一自然段,是冉有向孔子咨詢"大夫犯罪,不可加刑"的疑問。對此,孔子解釋,"有坐罷(即疲)軟不勝任者,則曰下官不識"。顯然,在這個語境下,只能是説官員"不勝任",即不勝其職。"識"屬形近而誤。問題是,對這一能確實的錯誤,王肅不是徑改,而是極爲審慎地用一"宜"字,作了一個推測性的判斷。王肅一字之慎尚且如此(類似的共有19處),其又如何能去肆意僞造整部《家語》呢?

進一步,就這一殘卷看,《家語》的語言表述確實與《論語》用語凝練、豐厚有較大差異,可稱得上是西漢初以來比較成熟的議論體,有馳騁縱橫之風。這也是兩漢時的論文風格。這一情形的形成,應當就是李學勤等所持論的"層累"地構成,即孔氏家族孔安國、孔僖、孔季彥、孔猛等不斷加工、增飾的結果,由此文風與《論語》截然有異。當然,最主要加工者還是孔安國。現在看,《家語》在編次上,大體遵循孔子的生平,即從仕魯開始(《相魯》),經任大司寇(《始誅》)、《觀周》、《在厄》、見魯哀公(《本命解》)、《終記解》等次第;篇題上,雖然仍沿襲了《論語》篇題取首二字慣例的印跡,但《家語》篇章的命名,已能統領整篇文章的内容,即都是圍繞某一中心話題展開;内容上,每篇都集中意義相近的章節,一同論述一個相對比較集中的話題,體現了系統性。這些都見出後來加工、整齊的痕跡。這一情形的形成,應主要歸功於孔安國的系統整理。當然,也自不可就此認爲孔安國隨意改動,一個最主要原因就是《家語》的大多數内容都分別見於《大戴禮記》《韓詩外傳》《國語》《説苑》《新書》等,絶不是向壁虚構。因此,從這個意義上,同一内容,《家語》與其他史籍有别,也是正常的一件事,是史籍流傳中一種較正常的語句修飾與改動,自不可據此否認《家語》,更不構成整體上對《家語》的全面否定。

順延這一思路,寧鎮疆通過與阜陽雙古堆一號木牘所見章題、《説苑》的比較,認爲今本《家語》實有"改動"、"重組"的特點,並且"'系統性'非常

---

① 王重民僅言"'民'字不諱,殆爲六朝寫本"。見《敦煌古籍敍録》(1958年撰),北京,中華書局,1979年,第149頁。
② 《英藏敦煌文獻》(漢文佛經以外部分),第三卷,第171頁下。

強",有"把一項要求貫徹始終,擁有明顯的'全域'意識"。這種改動絕不是由於文本自然流傳,而是出於"無意識"的點滴"修補",是"一項非常用心的工作"。"這種'用心'尤其體現在它重組章句,以及捏合多章成一章的努力上。這就使得今本《家語》在古書形成的梯次上處於較晚一個梯次,體現出明顯的'層累性'"。① 不過,對此,楊朝明、魏瑋有不同的意見,《説苑》是在具體目的指導下編撰成書,即以儒家思想來統籌編排,爲統治者提供教育,表現出了一定的體系性。並舉《説苑·建本》解釋説明、排列材料證明,表明"經過全盤審慎思考",而《家語》把同類材料無序的統一在一個篇題之下的做法顯然更爲原始。在具體材料運用的手法上,《説苑》經過了更多的修改。重要的是,《説苑》簡略敘事,並附以更多議論的方式,其實也是故事被轉述之後才能發生的情形,即是其晚出的一個證據。② 可見,這一論爭因文本本身的複雜性,以及早期古書形成的"層累"性等一時並不能很好解決。

但不管怎樣,應該走出"疑古時代",也不要把後人必要的典籍整理説成是有意的主觀作僞,更不要率意、輕易地否定古籍。

其實,《家語》在此際出現,並非無因,實有其浮出的理由和社會背景。

《家語》,據孔安國《後序》《孔安國序》(有孔衍上書的那一篇),是"當時公卿士大夫及七十二弟子之所咨訪交相對問言語",然後各記所問,把其"正實而切事者"編爲《論語》;剩餘的一些不無駁雜,"往往頗有浮説、煩而不要者",則編爲《孔子家語》,這是《家語》的最初來源。戰國之世,"唯孟軻、孫卿守其所習"。後荀卿入秦,把"孔子之語及諸國事、七十二弟子之言,凡百餘篇"獻給秦昭王。漢初,"散在人間";一些好事者"以意增損",使得"同是一事而輒異辭",出現了混雜、錯亂。景帝時,在歸藏秘書府時,又因"與《曲禮》衆篇亂簡",而出現了更大的變亂。出於對先祖事業的敬重,儒學才華之士孔安國"竊懼先人之典辭將遂泯滅",而多方募求副本,按一定的規範"以事類相次",撰集爲四十四篇,完成了《家語》文本的初步定型。

今從具體篇章上看,孔《序》曾明言《家語》的核心内容是"孔子之語及諸國事、七十二弟子之言,凡百餘篇"。以此爲發端和標準,今本四十篇以下,以前被人誤解、妄加改編的四篇,其實正反應了"諸國事"(即第四十一篇《正論解》,"正論",政論也)"七十二弟子之言"(第四十二篇《曲禮子貢問》、第四十三篇《子夏問》、第四十四篇《公西赤問》共六十九章,均與禮制有關,以禮制爲核心;以及孔子與弟子問答之辭)的編排方式。進一步,孔氏

---

① 《〈家語〉的"層累"形成考論》,《齊魯學刊》2007年第3期。
② 楊朝明、魏瑋《〈孔子家語〉"層累"形成説考辨》,《古籍整理研究學刊》2009年第1期。

鑒於《家語》"與諸國事及七十二子辭妄相錯雜",爲此對其進行了特殊處理——即類於附錄,一並附在卷次的末尾。因此,今本《家語》一一吻合於孔《序》中所反映的編排方式,正可說明孔安國是《家語》的主要編定者。

這一時節,據孔安國自言,在武帝元封時期(前110—前105)。因遭巫蠱事(即戾太子事,時在征和元年至三年間[前92—前90]),寢不施行。此後,《家語》一書便没了關注的身影。四十餘年後,直到元帝初元元年(前48),光禄大夫劉向領校《五經》時才又浮出水面。這是因孔安國的孫子孔衍上書,請求辨明《家語》"典雅正實"的質性,希冀給以應有的學術地位,並呼吁立於學官。但在一個雖然儒學有了較大發展,今文經學仍占主導地位的西漢末時代,這一較多"浮説"、繁雜、不那麽純正的《家語》仍没有得到時人的認可,"《論語》則不使名家",即不使其列爲官學,成爲一家。最終"不果立"。此後,《家語》便徹底地沉寂下去了。

讓《家語》再一次走進時人關注的視野,是時隔二百七八十年後曹魏正始時期的王肅。王肅憂懼"聖人之門,方壅不通;孔氏之路,枳棘充焉,豈得不開而辟之哉?"①通往孔氏之門的途路佈滿了荆棘,途路坎坷艱辛——儒學是如此衰落。這讓滿懷崇敬之心的王肅不由得憂心忡忡,坐卧不安。爲此,需"開而辟之",即開疆拓土,最好能進一步集中拓展孔子的史料。這樣,敬懼之心讓他特意從與之交好的孔子二十二世孫孔猛處取來了一直久藏於家的先人典籍《家語》,並爲"天未喪斯文"而萬分慶幸。王肅這樣做,實有其時代背景。

本章第二節已論,對孔子的尊奉,最早可追溯到成帝綏和元年(前8),下詔封孔子世爲殷紹嘉公。元始元年(1)六月,封孔子後孔均爲褒成侯,奉其祀。追謚孔子曰褒成宣尼公。但東漢時,雖照常一再過魯祭孔,孔子的封號卻由公降爲侯(永元四年[92],徙封褒亭侯);而且,隨着古文派在東漢的聲勢日增,"先聖"成了周公的專稱,孔子只好屈居第二,成爲傳達周公意旨的"先師",孔僖對章帝稱言"崇禮先師"正是這一封號的真實反映。不僅如此,甚至到"獻帝初,(封)國絶"。與此一脈相承的是現今所能見到關涉祭祀孔子的碑刻史料,最早就是《孔廟置守廟百石孔龢碑》,②即桓帝元嘉三年

---

① 以上所徵引的序文,均録自楊朝明、宋立林主編《孔子家語通解》後所附的孔安國《孔子家語·後序》《孔安國序》、王肅《孔子家語解序》,濟南,齊魯書社,2009年,第578—583頁。其中,"《孔安國序》"的定名略有不當,因這一序中,提到了孔安國孫子孔衍上書一事,顯非孔安國序。

② 全文可見洪适《隸釋 隸續》卷一《孔廟置守廟百石孔龢碑》,北京,中華書局,2012年,第17—19頁。又,下文所論的《魯相韓敕造孔廟禮器碑》《韓敕修孔廟後碑》《魯相史晨祠孔廟奏銘》,亦見卷一,不再説明。

(153)三月,孔子十九世孫孔麟廉請置百石卒史一人,以掌領孔廟中的禮器。顯然,這之前對孔子的祭祀已無人照看,也可説處於一種荒廢狀態。詔可後,才特意造作了一處百石吏舍(級别也較低)。永壽二年(156),魯相韓敕造置了一些祭祀的禮器,如鐘磬瑟鼓、雷洗觴觚、爵鹿俎桓、籩枳禁壺等,並初步整修了宅廟,其内容包括設置帷坐、薦席,疏浚壇井,改畫聖象等。這次造置和整修,就碑陰及兩側的題名來看,還是用當地人士所捐的善款。一年後才"宅廟悉修"。但魯相乙瑛所説的祭祀時"財出王家錢"並没有一直得到貫徹,因爲至少十餘年後,靈帝建寧元年(168)史晨任魯相時,已無公錢助祭(即"無公出酒脯之祠",經濟拮据;不得已,自己墊付,即"自以奉錢"),爲此史晨上疏尚書省請求動用"王家穀"(官錢)。這得到了允許,而後170年進行了大饗,有907人參與,可見一時祭典的盛况。饗後,又進行了整飭,補修毁壞的墙垣,造作屋室,塗色(粉刷),修通大溝,種植梓樹,置守冢四人等。至此,孔廟四時祭祀所需的禮器、内外的整修,以及相關的管理人員才基本安置完畢。置身其間遥想,這一整修工程以及購買一些必需的禮器,委實算不上什麽重大事件(反倒竟不免有絲絲寒磣的感覺);但卻刻碑以紀其事(一如竇憲大敗北匈奴後,勒石燕然,銘記功勛般),即至少有前後相續的《魯相韓敕造孔廟禮器碑》《韓敕修孔廟後碑》《魯相史晨祠孔廟奏銘》等四碑,卻足以彰顯冷遇之後官府已開始重視,積久之下,孔門後裔不禁感激涕零的心態。不過,一時間,表面的熱鬧喧囂終究遮掩不了實質性的衰頽與冷落。能説明的是,幼年"宿貧"的靈帝喜好聚斂、慳吝,公開賣官鬻爵,任職時需交納巨額的"修宫錢"已是常態,一代名士崔烈入錢五百萬才被拜爲司徒,被拜之日,靈帝竟對親幸者説"悔不小靳,可至千萬",[1]一片追悔之情溢於言表。民不聊生,社會矛盾激化,最終在獻帝184年爆發了黄巾起義。這種情形下,史晨上疏請求撥款,不僅難度可想而知,其撥款的數量估計也不怎麽寬裕。與此相聯繫的,就是五十年後,220年,孔子祠廟已完全傾圮、毁壞,"遭天下大亂,百祀墮壞,舊居之廟毁而不修",[2]估計更多是質量不怎樣的緣故,因爲在一個尊崇儒學的時代,即便是戰争,一般也不會肆意破壞聖人的祠廟。同時碑文也感歎"大道衰廢,禮學滅絶卅餘年",據此上推,正是在184年黄巾起義天下大亂之後。

　　與東漢時的遭受冷遇相對應的,孔子後裔也自不大可能向朝廷提出重視《家語》或立於學官等請求,只能是潛伏於民間,静待時機。更何况,據孔

---

[1] 《後漢書》卷五二《崔寔傳》,第6册,第1731頁。
[2] 《隸釋 隸續》卷一九《魏修孔子廟碑》,第190—191頁。

安國、王肅《序》,均没言東漢時孔子後裔的世系——這不是不載,而當是這一時期孔氏無傑出後裔的結果,某種程度上已無力藉其經學實績或職位、影響力來振興、張大孔門。孔子後裔進入正史記載視野的,也就是前所説的孔僖,但也僅是拜蘭臺令史(秩六百石)、章帝祭拜孔廟時接見、校書東觀等數事,①只是一介文士。這時是東漢中期,已近末期了。

　　不過,曹魏時卻加快了這一敬重的進程。據《魏修孔子廟碑》,黄初元年(220),剛登上帝位的曹丕就封孔子廿一世孫議郎孔羨爲宗聖侯,以奉祀孔子。這雖與東漢末封的級别一樣,百户吏卒也是維持原樣,但增封了百户的食邑,賦予征斂封邑内民户賦税的權力,直接增加了收入。同時,又重修被戰争毁壞的孔子舊廟,並"於其外廣爲屋宇,以居學者",培養更多的儒學之士。魏文帝之所以這樣做,根子裏就是要復興儒學,以廣教化。正始六年(245)前後,何晏等上《論語集解》,更順應了時代彙集、統一《論語》經注的呼唤和要求。文帝以及齊王曹芳等最高層興復太學等的一系列的努力,都明顯形成了一個尊崇孔子、競讀《論語》的良好社會氛圍。晉武帝泰始三年(267)十一月,"改封宗聖侯孔震爲奉聖亭侯。又詔太學及魯國四時備三牲以祀孔子",②以及其親臨辟雍與皇太子講《論語》等情形,都足以證明對孔子的尊奉正隨着國家一統、穩定發展而蒸蒸日上。這種復興、尊奉的壯大態勢,作爲高層中一員的王肅,自然能心領神會,也勢必會以一己的才學作出呼應與努力。或者説,這一時期,③有意收聚孔子的相關記載,有效擴大孔子的影響,即進一步開掘孔子的史料,無形中就成了一件呼應時代的有意義的事。兹再一次審核王肅《孔子家語解序》的相關言論:

> 孔子二十二世孫有孔猛者,家有其先人之書。昔相從學,頃還家,方取以來。與予所論,有若重規迭矩。……今或者天未欲亂斯文,故令從予學,而予從猛得斯論,以明相與孔氏之無違也。斯皆聖人實事之論,而恐其將絶,故特爲解,以貽好事之君子。

"昔相從學",説明孔猛曾師從於王肅,有過較多的交往,情誼較深,值得

---

① 《後漢書》卷七九上《儒林·孔僖傳》,第9册,第2561—2562頁。同時,李賢注亦述及此後至貞觀十一年封褒聖侯的孔倫,但均無特出事跡,亦僅寥寥數語帶過。
② 《宋書》卷一七《禮志四》,第2册,第484頁。
③ 王肅《孔子家語解序》載"鄭氏學行五十載矣",鄭氏指鄭玄,即鄭玄的各種經學注解。據《後漢書》卷三五《鄭玄傳》,延熹九年(166),鄭玄學成返歸故里,客耕東萊,開始廣爲授徒,時四十歲。建寧四年(171),黨錮之禍時遭禁錮,遂杜門著述。"但念述先聖之元意,思整百家之不齊,亦庶幾以竭吾才,故聞命罔從(不再應徵辟)"(第5册,第1209頁),而徧注諸經。184年才蒙敕令解除。建安五年(200)六月,鄭玄卒。考慮到著述、傳播均需要時間,也至少應在正始(240—249)時期了,即與何晏《集解》在同一個時期。

託付。"與予所論,有若重規迭矩",即之前已對此有過較多的探究,否則談不上"所論"(《三國志》卷一三本傳載其有"《論語》解";《隋書》卷三二《經籍志》載王肅"《論語》注"十卷,《論語釋駁》三卷)。這樣,因比較熟悉,甚且暗合,删減、整飭起來自是比較容易。也正因爲比較熟習,又恐微言將絶,而"特爲解"——特意盡一己的最大努力去解説。不過,這一解説,據前所提到的斯1891號寫卷,並不是很多(約一卷,僅十五處,有疏釋字詞處,但重在疏通、闡釋文意)。目的是"恐其將絶",而有意留存聖人孔子的"微言"。這些"微言",在王肅看來,都是"聖人實事之論",即切實、有益身行之論。如斯1891號寫卷《五刑解》篇,分别討論了三皇時不用五刑而民化,"大罪有五,煞人爲下",以及"刑不上大夫"的真實含義。這裏的"五刑"是指"奸耶(即邪)竊盜靡法安(當爲衍文)忘(即妄)行"、"不孝"、"試(指弑)上"、"鬥變"與"淫亂"五種犯法情形。顯然,這有别於上古時期的墨、劓、刖、宫、大辟等五刑,而是指當日重要的普遍的五種違法行爲。對此,孔子認爲,只要"上有制度","明喪祭之禮","尊卑有序",明"鄉飲酒之禮",以及明"婚禮聘享"之儀,就能很好地解决這些社會問題,也即《家語·始誅》所説的"必教而後刑也"。這顯然都是關涉社會治理、已身行事的切實之論,非虚言泛論。可以説,是相當全面地探究了犯法情形、重刑以及刑罰處置準則(即"刑不上大夫,禮不下庶人"),儼然有一個完整的體系。這有其時代背景。隨着東漢末年法律、規範的失衡,士人的縱恣、不檢等充溢着整個社會。積弊極衰之下,曹操崇尚嚴刑峻法,"治定之化,以禮爲首;撥亂之政,以刑爲先";①"魏武好法術,而天下貴刑名"。② 由此,形成了一種風尚,即身置其中,名士杜恕所陳説的"今之學者,師商、韓而上法術",但也産生了流弊,"競以儒家爲迂闊,不周世用"。③ 或者説,承平時期,法律應擱置在何等位次,在當日是有一番的争論。王肅正生活在這一時期(其甘露元年[256]去世)。對此,《家語》的編者是以教爲先,對刑罰,藉助於古人所崇尚的三代之制給予了明確的回應,也側見對時代熱點問題的關注。重要的是,這些内容,基本不見於《論語》(至少没有這般完整、清晰地表述),但卻吻合孔子的觀念,如"刑不上大夫"、"尊卑有序",敬懼"喪祭之禮"等。

再如,《家語》的許多篇章都涉及了禮儀制度,如綱領性的討論,見《問禮》《論禮》;具體的一些重要禮儀,如《觀鄉射》《郊問》《禮運》(參與魯國重

---

① 《三國志》卷二四《高柔傳》,第3册,第683—684頁。
② 《晉書》卷四七《傅玄傳》載泰始元年(265)傅玄的上疏(第5册,第1317頁)。
③ 《三國志》卷一六《杜恕傳》,第2册,第502頁。

大的祭祀活動臘祭);生活中循禮的一些細節,即《曲禮子貢問》《曲禮子夏問》《曲禮公西赤問》等。這也有積極的現實意義。因爲東漢末年到魏初,是一個禮儀、儒學極度衰歇的時期。"漢末凌遲,禮樂崩壞,雄戰虎争,以戰陣爲務,遂使儒林之群幽隱而不顯"。① 與這一情形對應的例子甚多,如黄初元年(220)太學初立時,"博士十餘人,學多褊狹,又不熟悉",只是"備員而已"。② 再如黄初四年(223),王肅上疏言"自是陵遲,朝禮遂闕",③正始中(240—249),"有詔議圜丘,普延學士",見在京師者萬人,卻没"幾人"能應詔參與議論。④ 這都可見禮儀衰落到了何種境地。與此幾乎能直接對應的,是《郊問》還直接談論如何進行郊祭,《禮運》中亦對郊社、宗廟、五祀等提出了一些原則性的建議,都可説能直接回應現實社會中的一些需求。與此同時,《家語》還指明了循禮、尊禮的重大意義,"禮指所興,與天地並",上升到與天地同不朽的高度;甚且,"如有不由禮而在位者,則以爲殃",⑤即不循禮則必受其害。這些,無疑都有積極的現實意義和價值。或者説,這些内容的增加,⑥足以推進孔子的思想向深度、廣度發展。

從物質載體來説,曹魏時期正處在簡帛嚮紙張轉變的關鍵環節中,紙張的使用已駸駸乎張大,大有取代之勢。從有明確記載的元興元年(105),東漢中期蔡倫改良、發明"蔡侯紙","自是莫不從用焉","天下咸稱",⑦到曹魏王肅生活的正始時期(240—249),至少已有一百三十年。在這一比較漫長的發展歷程中,一定程度上,紙張已成了書寫載體的主流。如"楊修爲魏武主簿,嘗白事,知必有反覆教,豫爲答數紙",⑧説明紙張已進入了莊重、正式的公文領域。曹操亦曾下《掾屬進得失令》曰:"自今諸掾屬侍中、别駕,常以月朔各進得失,紙書函封。主者,朝常給紙函各一。"⑨曹操要求用紙書寫、封函,上報一己的得失;爲此,朝廷特意出臺支持政策,即官家給紙、函的優惠。這除了説明曹操在大力推進紙張的應用外,還足以證實紙張已從卑下的身分躍上了政府認可的行列。很顯然,這一載體的革新,"攬之則

---

① 《三國志》卷二四《高柔傳》,第3册,第685頁。
② 《三國志》卷一六《杜恕傳》裴注引,第2册,第507頁。
③ 《三國志》卷一三《王肅傳》,第2册,第415頁。
④ 《三國志》卷一三《王肅傳》,第421頁。
⑤ 楊朝明主編《孔子家語通解·禮運》,第365頁。
⑥ 整體上,《家語》涉及的禮儀規範、細節,雖在《論語·鄉黨》有較多的揭示,但其系統性、内容的豐富、不同層級等方面,《論語》遠不比《家語》。
⑦ 《後漢書》卷七八《宦者·蔡倫傳》,第9册,第2513頁。
⑧ 《藝文類聚》卷五八《雜文部四·紙》引《文士傳》,第2册,第1053頁。
⑨ 《曹操集》卷二《求言令》,北京,中華書局,1974年,第36頁。

舒,舍之則卷,可屈可伸,能幽能顯",①勢必極大地推進書寫內容的急遽擴張(書寫方便)、讀書的便捷,以及讀、寫嚮普通民眾的普及。東漢末年馬融、鄭玄等廣覽載籍、精通今古文,普通文士的迅速增多,②以及這一時期較大部頭的"集注"體、類書《皇覽》等的集中出現,都可說是這一革新的必然結果。因此,在書寫載體革新的基礎上,部頭數倍於《論語》的《家語》也勢必能夠方便地推出——即在技術上業已成爲可能。

因此,這種開拓,再如對國家的治理(集中反映在《王言解》《辯政》《正論解》等)、民庶修身(即最後三篇《曲禮子貢問》《曲禮子夏問》《曲禮公西赤問》)等,若論其社會意義,亦有重要的規範與指導意義。這也吻合王肅作爲高層執政者中一員的身分、思想和願望("若重規迭矩")。不管怎樣,《家語》受到了器重,並再一次浮出了水面。所以,在這一時節,作爲對孔子史料的進一步開掘,以其更切實的內容爲治理國家、教化民眾、立身行事等提供一種聖人的思路或準則,拓展《論語》內容的邊界,進而迎合這一時代需求,就是一件很自然的事了。

不過,整體上,對《家語》所載史料,還是應慎重區別、考判,《家語》與《論語》的真實性是有區別等差的,即有些內容淵源有自,有些卻可能出自依託。③ 西漢時,學者就已謹慎地對待這一問題,《史記·五帝本紀》載"孔子所傳宰予問《五帝德》及《帝系姓》,儒者或不傳","儒者或不傳"正道出了其時學者對《家語》記錄孔門師生言論可信性的謹慎態度。對此,司馬貞《索隱》解釋爲:"《五帝德》及《帝系姓》皆《大戴禮》及《孔子家語》篇名。以二

---

① 《藝文類聚》卷五八《雜文部四·紙》引傅咸《紙賦》,第1053頁。
② 可見《後漢書》卷七九上下《儒林傳》、卷八十上下《文苑傳》,第九冊,第2545—2593頁。
③ 亦有學者對這兩篇孔《序》的真實性提出了質疑。王化平認爲《孔安國序》有兩大疑點:一、《序》中提及的"《孔子家語》與諸子同列,故不見滅",與《史記》卷六《秦始皇本紀》《儒林傳》中明言的"天下敢有藏《詩》、《書》、百家言者,悉詣守、尉雜燒之……所不去者,醫藥、卜筮、種樹之書",明顯背離。二、兩《序》中對《家語》的來源陳述有矛盾,這可能說明王肅根本沒見過這兩篇《序》。由此,可能"是在魏晉以後的傳抄過程中被人加進去"。至於《後孔安國序》,其所載的一些事,如劉向《別錄》不使孔安國整理的《論語》名家與事實不符,孔衍的身分存疑,所述的孔氏世繫與《史記》《漢書》有明顯出入,孔衍奏書不明西漢著述慣例(即對不同書本間相同或相近內容不必要刪除),與其經學博士的身分太不相稱等,據此推斷"有可能是魏晉時代擁護王學的人所爲"(《論語注〈孔子家語〉兩篇"後序"是魏晉時人偽撰》,《西南大學學報(社科版)》,2013年第3期)。但整體上,因史料的匱乏,其推斷的成分不免大了些;但可備一說。如其所說的焚書一事,其實就理解得不夠準確,因爲官方所焚燒的,是非博士所攜藏的書;就是說,博士所藏的百家之言不在焚毀之列。而博士,應說是當日藏書較爲豐富的一個群體(始皇時,博士員七十人),其留存有一些諸子言論的書,也未始不可(具體可見第一章第一節《〈論語〉的原始結集與秦時的流傳劫難》的相關論述)。

者皆非正經,故漢時儒者以爲非聖人之言,故多不傳學也。"至於王肅是否對《家語》動過一些手腳,或有過何種改動,在現有的材料下,已很難坐實這個在文本流傳中極易出現的問題了;不過,如前所論,無甚動機的王肅一字之慎尚且如此,其故意改動的可能性委實小之又小。

第六節　兩晉時《論語》注釋玄學化的風尚

玄學是在東漢末清議、清談基礎上蘊育生成的一代經學新學風,[①]討論有無、名教與自然、得意忘言等問題,辨名析理,進而講求辭致深雅、宅心玄遠,以"清通簡要"、"辭約旨達"爲貴;表面上似是忘懷世事,淡泊俗務,其實卻深陷其中的政治糾葛,是"當日政治上之實際問題,與其時士大夫之出處進退至有關係,蓋藉此以表示本人態度及辯護自身立場者"。[②]

這種風尚,更因一些《論語》注釋者本身就是玄學家,如王弼、郭象等,而附染了較深的玄學色彩。某種程度上,也構成了一種示範——即披荆斬棘,在仰視漢人《論語》注釋的基礎上,開辟出了一條注釋《論語》的新途徑。這種傾向,正始時期何晏的《論語集解》已出現了一些端倪(見本章第三節),幾乎與其同時的王弼(226—249),在其短暫的生命歷程中,仍以其深厚、真淳的玄學造詣而將這一風尚發揚光大。王弼的著述《論語釋疑》,開啓了《論語》注釋玄學化的一代風尚。吳承仕《經典釋文序録疏證》在"皇侃撰《論語義疏》行於世"條下即言:"自何氏《集解》以迄梁、陳之間,説《論語》者,義有多家,大抵承正始之遺風,標玄儒之遠致,辭旨華妙,不守故常。不獨漢師、家法蕩然無存,亦與何氏所集者異趣矣。"[③]其所"異趣",就在於玄學風尚。

[①] 魏晉玄學的發展,大體經歷了四個時期:第一,曹魏正始時期(240—249),以何晏、王弼爲代表,以《易》《老》爲理論依據,倡言"貴無"、"言不盡意",主張"名教出於自然",代表士族的利益;第二,西晉初(265)至元康(291—299)時期,以竹林名士阮籍、嵇康爲代表,思想上與何、王學派對立,主張"越名教而任自然",代表庶族寒門的利益;第三,西晉元康時期,以裴頠爲代表,提倡"崇有論",反對"貴無論";第四,永嘉(307—313)時期,以向秀、郭象爲代表,是玄學的綜合和完成時期,同時也使之成了一種時代精神。魏晉玄學崇尚老、莊自然,衝擊儒家名教。
[②] 陳寅恪《陶淵明之思想與清談之關係》,見《金明館叢稿初編》,北京,生活·讀書·新知三聯書店,2001年,第201頁。這種一代風尚,東晉時依舊興盛,並依舊活躍在現實的政治生活中,詳細內容可參閱拙著《魏晉南北朝駢文史論》中《因談餘氣,流成文體:玄風彌漫下的清麗》一節(成都,巴蜀書社,2012年,第111—117頁)。
[③] 《經典釋文序録疏證》,北京,中華書局,1984年,第146頁。

王弼最負盛名的觀念,就是提出"名教出於自然",①開了一代學術新風。從本源上看,是其對本體"道"的解釋,即《述而》"子曰志於道"的注釋。這也最能展露王弼玄學的特色。東漢末,大儒鄭玄注爲"道,謂師儒之所以教誨者"(見斯6121號寫本),即儒家傳授的"人倫日用之間所當行者"。王弼則注爲"道者,無之稱也,無不通也,無不由也,況之曰道。寂然無體,不可爲象。是道不可體,故但志慕而已。"②即釋"道"爲"無","寂然無體,不可爲象",因此只能"志慕"而已。進一步,"聖人體無,無又不可以訓,故言必及有;老、莊未免於有,恒訓其所不足。"③在此,王弼採取會通孔、老的方式,把"道"釋爲"玄之又玄"的"無",它"寂然無體,不可爲象",充斥、彌漫在宇宙間,無所不在;這樣,王弼就把現實中孔子就事論事的"道"提升到玄學的層次上,發掘其深層的哲學意義,使"道"具有了宇宙本體論上的意義。

　　而在《里仁》"參乎,吾道一以貫之"中,王弼注亦凸顯了"一"即"道"的本體意義:

　　　　故得其歸,事雖殷大,可以一名舉;總其會,理雖博,可以至約窮也。譬猶以君御民、執一統衆之道也。

　　"一"既是表現,又是本體,即可以"一"來統攝萬物,以至於無窮。王弼又説,"能盡理極,則無物不統。極不可二,故謂之一也",④亦可稱反復申論致意。

　　進一步,王弼又提出了"道同自然"的核心觀念,見《論語釋疑·泰伯》"大哉,堯之爲君也! 巍巍乎唯天爲大,唯堯則之,蕩蕩乎民無能名焉"下注:

　　　　聖人有則天之德。所以稱唯堯則之者,唯堯於時全則天之道也。蕩蕩,無形無名之稱也。夫名所名者,生於善有所章而惠有所存。善惡相須,而名分形焉。若夫大愛無私,惠將安在? 至美無偏,名將何生? 故則天成化,道同自然,不私其子而君其臣。凶者自罰,善者自功;功成而不立其譽,罰加而不任其刑,百姓日用而不知所以然,夫又何可名也! ⑤

　　王弼認爲,若能"大愛無私"、"至美無偏",則源自私心、有偏的"惠"、"名"就不會產生,日用而不知其然,又何可需"名"也。由此自然之性,王弼

---

① 嵇康反對,在《難張遼叔自然好學論》中曾提倡"自然",在《養生論》中提出"越名教而任自然"的觀念。
② 樓宇烈校釋《王弼集校釋》,北京,中華書局,1980年,第624頁。
③ 余嘉錫箋疏《世説新語箋疏》卷上之上《文學》第8條"王輔嗣弱冠詣裴徽"條,上册,第235頁。
④ 樓宇烈校釋《王弼集校釋》,第622頁。
⑤ 《論語釋疑·泰伯》,見樓宇烈校釋《王弼集校釋》,第626頁。

推衍出聖人體認、達到的至高境界,即"則天成化,道同自然"。只要做到了這一點,處理紛繁的人事、社會就能一如天地萬物般自然順適、暢達無礙。對這一句,何晏注爲"則,法也。美堯能法天而行化也",試圖從具體的歷史語境中解釋堯的功績,比較平實、客觀。雖然,何晏在《無名論》中推尊"無名",但其玄言、哲理的成分明顯弱了許多。而王注中無有之辯、玄言思辨的成分無疑更濃。

如何體認"道"呢?在《陽貨》"子曰:予欲無言"下,王弼注:

予欲無言,蓋欲明本。舉本統末,而示物於極者也。夫立言垂教,將以通性,而弊至於湮;寄旨傳辭,將以正邪,而勢至於繁。既求道中,不可勝御,是以修本廢言,則天而行化。以淳而觀,則天地之心見於不言;寒暑代序,則不言之令行乎四時,天豈諄諄者哉。①

在王弼看來,"立言垂教,將以通性","寄旨傳辭,將以正邪",其初衷都是好的,但結果卻不免於"湮"和"繁",原因就在於未能"明本",即明"天地之心"。因爲寒暑代序,四時運行,都是自然而然、無言以化的結果。所以,與其"立言垂教","寄旨傳辭",毋寧"修本廢言,則天行化",透過紛繁物象來體認自然無言的天地之心。這其實與王弼"得象忘言"的觀念密切相關:

夫象者,出意者也;言者,明象者也。盡意莫若象,盡象莫若言。言生於象,故可尋言以觀象。象生於意,故可尋象以觀意。

意以象盡,象以言著。故言者所以明象,得象而忘言;象者所以存意,得意而忘象。②

在"言意之辨"中,王弼主張"意"作爲最高宗旨。爲了"意",可捨棄表達的憑藉"言"與"象"。這是王弼玄學的一個重要觀念。

重要的是,人的"情"、"性"是有區別的。在《陽貨》"性相近"下,王弼注:

不性其情,焉能久行其正,此是情之正也。若心好流蕩失真,此是情之邪也。若以情近性,故云性其情。情近性者,何妨是有欲。若逐欲遷,故云遠也;若欲而不遷,故曰近。但近性者正,而即性非正;雖即性非正,而能使之正。……今云近者,有同有異,取其共是。無善無惡則同也,有濃有薄則異也,雖異而未相遠,故曰近也。③

性,秉性,即本然存在的狀態;情是後天蘊育而實現的。以性來節制情,

---

① 《論語釋疑·陽貨》,見樓宇烈校釋《王弼集校釋》,第634頁。
② 樓宇烈校釋《王弼集校釋》中《周易略例·明象》,第609—610頁。
③ 樓宇烈校釋《王弼集校釋》,第631—632頁。

就能"行其正",故曰"近性"。反之,若一味放蕩情欲,"流蕩失真",則是"情之邪"。進一步,如"逐欲遷",即追逐欲望而遷移了秉性,則是"遠",非是"近"。或者說,既爲外物所感,則習以性成——是後天的染習構成了人與人之間的區別,即"習相遠"。

這樣,王弼通過一系列觀念的闡釋,就構建了一個比較精緻細密、層級遞進的玄學本體體系。

林麗真曾從兩晉、南朝的學術背景,評價王弼《釋疑》是"玄化的先聲",並直至影響了整個南朝的《論語》注疏:

> 何晏的《集解》始雜玄言,但分量極少,且不甚明顯;嚴格說來,這只不過代表兩漢今古文《論語》學的大集結而已。若論玄化的先聲,則與何晏《集解》同期出現的王弼《釋疑》,應該是更具有關鍵性的地位的。根據《隋書·經籍志》的著錄,魏晉六朝時代的《論語》學著作,在何晏《集解》與王弼《釋疑》之後,尚有四五十家之多;而經皇《疏》引錄而見存者,據馬國翰《玉函山房輯佚書》中所輯,則有衛瓘(220—229)、顧歡(420—483)等二十六家。論時代,這二十六家皆在王弼之後;其經皇《疏》引錄者,除江熙、李充(約 323 左右在世)、范寧三家外,都不及王弼之多(原按:皇《疏》共引王弼《釋疑》39 條)。可見王弼身在魏晉經學蛻轉的時代,當他插手於治《論語》時,竟也不知不覺地成爲直領當代《論語》學玄風的先驅。雖然《論語釋疑》不如《易》《老》二注之洋洋大觀,但他的煽動力卻也非同小可。我們從今日僅存的南北朝儒學經疏——皇侃《義疏》中,發現其中所載錄的郭象、孫綽、李充、蔡謨、張憑、繆協、江熙、殷仲堪、顧歡、太史叔明等人的話,都是基於《老》《莊》,甚或佛典,把"道"解作"無",把"性"解作"氣質",把"禮樂"歸本於"自然",把"政刑"置之度外而大倡"因任無爲",於是孔子便被描繪成一個忘仁、去藝、遺智、坐忘,甚或無心、無想、無情、無欲、無夢、全空的聖人了,這些都是因循王弼玄化《論語》的故智,所作的進一步的發展。[1]

王弼是引領當代《論語》學玄風的先驅,揭示得較爲有力。不過,林麗真言說在大量玄言的充斥下,孔子被描繪成一個"忘仁、去藝","無心、無想、全空的聖人",未免誇大了注釋中的玄學因素。究其實,王弼最擅長的就是《易》注,這也是何劭《王弼傳》所一再凸顯的,"弼注《易》,潁川人荀融難弼《大衍義》。弼答其意,白書以戲之曰","注《易》,往往有高麗言","太原王

---

[1] 林麗真《王弼》,臺北,東大圖書股份有限公司,1988 年,第 179 頁。

濟好談,病《老》《莊》,常云:'見弼《易》注,所悟者多'"等。① 王弼《易》注受到了時人的極度推崇。這樣,王弼以其擅長的《易》注,把一些釋辭與觀念融彙在《論語釋疑》中,也是極自然的事。

又,《鍾會傳》裴注亦引《博物記》載:

> 初,王粲與族兄凱俱避地荊州,劉表欲以女妻粲,而嫌其形陋而用率,以凱有風貌,乃以妻凱。凱生業,業即劉表外孫也。蔡邕有書近萬卷,末年載數車與粲,粲亡後,相國掾魏諷謀反,粲子與焉,既被誅,邕所與書悉入業。業字長緒,位至謁者僕射。子宏字正宗,司隸校尉。宏,弼之兄也。

王弼的父親正是王業。據此能知:一、王弼與荊州學派的關係密切,即其父王業是劉表的外孫,親受其炙。二、既然王業擁有傳自蔡邕的大量藏書,勢必會多加讀習而有助於一己學業的進步,其能任職謁者僕射(秩比千石,掌朝廷禮儀與傳達使命),就可能與其過人的才華有關。耳濡目染,其子王弼也勢必會盡閱家藏,不斷地提升自己。

王弼之後,持續發揚光大的是郭象(約252—312)。

現存的郭象《論語體略》,見皇侃《論語集解義疏》,不過只有九節。今試舉例論析,以見其特色:

《論語·爲政》:"子曰:'爲政以德,譬如北辰,居其所而衆星拱之。'"

郭象注:"萬物皆得性謂之德。夫爲政者奚事哉?得萬物之性。故云德而已也。得其性則歸之,失其性則違之。"

《論語·爲政》:"子曰:'導之以政,齊之以刑,民免而無恥;導之以德,齊之以禮,有恥且格。'"

郭象注:"政者,立常制以正民者也。刑者,興法辟以割制物者也。制有常則可矯,法辟興則可避。可避則違情而苟免,可矯則去性而從制。從制外正而心內未服,人懷苟免則無恥於物。其於化不亦薄乎?故曰'民免而無恥'也。德者,得其性者也。禮者,體其情也。情有所恥,而性有所本。得其性則本至,體其情則知恥。知恥則無刑而自齊,本至則無制而自正。是以'導之以德,齊之以禮,有恥且格'。"

這裏,郭象對儒家道德的核心"德"、"禮"進行了闡釋,即"萬物皆得性謂之德";禮則"體其情",即體萬物之情。進一步,"得其性則本至,體其情則知恥。知恥則無刑而自齊,本至則無制而自正",自然而然,如能"得性"、

---

① 《三國志》卷二八《鍾會傳》裴注引,第3冊,第796頁。

"體情",就能"無刑"、"無制",不需要刑法、制度的特意約束、限制,實現國家、社會的治理。也顯然,郭象並没有完全拋棄儒家觀念。這裏需了解郭象的"性分"理論。繼承先秦孔子性相近説、孟子性善論,以及荀子、韓非的性惡論等關於人性共性的討論,西漢時期,已開始探討人的個性、特殊性,如董仲舒的性三品説。三國時,曹植在《典論·論文》中也提出"雖在父兄,不能以移子弟",認爲人的秉性有異。在這一歷史進程中産生了郭象的性分理論。"性分"這一概念,是郭象在《莊子注》中提出來的,"言物之自然,各有性也",①"物各有性,性各有極",②因了萬物有各自區别的性分,即一己的特性,而"物物自分,事事自别"、"群分而類别"、"萬物萬形,各止其分"。又因這種氣秉是先天決定,人後天無法改變,"天性所受,各有本分,不可逃,亦不可加",③即人只能順適而無法人爲變更,這種命定,不免有更多消極的成分。郭象的《莊子注》受到了時人的推遵,正如《經典釋文序録》所言"惟子玄所注,特會莊生之旨,故爲世所重"。郭象依舊重視儒家的"德"與"禮",但有了自己的體認,或者説變更,強調"得其性"、"體其情",即順適其天生的秉性,或性分,由此達到"知恥",由此"本至",最終使國家"自齊"、人"自正"。這也是郭象對當日征戰不已、已瀕臨崩潰邊緣的國家提出的一種基本治理主張。

再如《論語·泰伯》"子曰:'禹,吾無間然矣'"的注:

> 堯、舜、禹相承,雖三聖故一堯耳。天下化成則功美漸去,其所因修常事而已,故史籍無所稱,仲尼不能間,故曰"禹,吾無間然矣"。

肯定堯、舜、禹三聖一貫,即三代時能做到讓天下自然化成,摒棄人爲的功作,只是修習常事而已。這實際上也是推尊順從自然,無以人爲而傷害心性。

作爲玄學家,雖某些方面給人一種玄虚、無關涉世事的印象;但可能是時事所迫(其人在永嘉大亂中去世),濡染之下,郭象還是對現實投入了較多的關注,如《論語·述而》"子在齊,聞《韶》樂,三月不知肉味",其注爲"傷器存而道廢,得有聲而無時",就不妨認爲是有感而發,因爲禮器雖存,但古人所敬慕的三代之道,因戰亂、干戈已蕩然無存,即到了"廢"的地步。這是因西晉中後期,各種亂象業已萌生,不能不給人以警醒。

此後,東晉時聲名卓著的就是文學家兼玄談家的孫綽。

---

① 《莊子·天運》注。
② 《莊子·逍遥遊》注。
③ 《莊子·養生主》注。

孫綽，東晉初、中期人。曾撰寫《賀司空循像贊》："若其好學之性，不勸而成。弱不珍玩，雅好博古。慨洙泗之邈遠，悼禮樂之不舉。於是覃思深講，銳精幽贊，雖齊孝之歸孟軻，漢王之宗（董）仲舒，無以加焉。"[1]賀循，《晉書》卷六八有傳，會稽山陰土著高門。"其先慶普，漢世傳《禮》，世所謂慶氏學"，賀循承襲家傳《禮》學，"朝廷疑滯皆諮之於循，循輒依經禮而對，爲當世儒宗"，對東晉一代禮學的構建起到了重要作用。"慨洙泗之邈遠"句，孫綽明顯是感歎東晉儒學的衰頹，也即贊文中所言的"禮樂藏器，《詩》《書》蒙塵"，甚且洙泗之學也斷流了（"仰觀洙泗，揚波絕津"）；但現在因了賀循的存在和努力，儒學得到了較大的張揚和復興，也即故實中所引的齊宣王多次請教孟子、漢武帝一再器重一代儒學之士董仲舒等，都無以加焉。可見孫綽對儒學衰頹的憂慮及對賀循的高度讚揚，這當然也見出孫綽對儒學的重視與傾慕。在此心境下，其集解《論語》，以此發揚儒學也是自然而然、情理中的事了。

不過，對東晉的清談也需要考慮一個現實因素，即時人對西晉因清談敗亡的反思：

> 壼幹實當官，以襃貶爲己任，勤於吏事，欲軌正督世，不肯苟同時好。然性不弘裕，才不副意，故爲諸名士所少，而無卓爾優譽。明帝深器之。……時貴游子弟多慕王澄、謝鯤爲達，（卞）壼厲色於朝曰："悖禮傷教，罪莫斯甚！中朝傾覆，實由於此。"欲奏推之。王導、庾亮不從，乃止，然而聞者莫不折節。[2]

卞壼，明帝去世前任尚書令，與王導等俱受顧命輔助幼主成帝。成帝時，與庾亮"對直省中，共參機要"。性格剛直不阿，勤於吏事。其對王澄、謝鯤等放達縱逸行爲進行言辭激切的斥責，固有其剛直個性的夾雜，但卻是東晉以來時人對西晉清談亡國深刻反思的一種表現。卞壼是中央執政高層反對玄化、放達最爲激烈的人。"聞者莫不折節"，也表明時人對這一批判行爲的高度認可，說明這類反思的言論實有廣泛的市場和社會基礎。再如東晉初年的陶侃，亦曾斥責清談："《老》《莊》浮華，非先王之法言，不可行也。君子當正其衣冠，攝其威儀，何有亂頭養望，自謂宏達邪！"[3]潁川庾氏家族的掌權者庾翼亦曾貽書時將北伐的殷浩（永和五年準備，九年北伐），指責"正當抑揚名教，以静亂源。而乃高談《莊》《老》，説空終日，雖云談道，實長華競"，[4]實在是不

---

[1] 《藝文類聚》卷四七《職官部三》"司空"條引，第2冊，第840頁。
[2] 《晉書》卷七〇《卞壼傳》，第6冊，第1871頁。
[3] 《晉書》卷六六《陶侃傳》，第6冊，第1774頁。
[4] 《晉書》卷七七《殷浩傳》，第7冊，第2044頁。

應該。東晉中後期的儒學人士范寧,更直言時俗"浮虛相扇,儒雅日替",根源就在於王弼、何晏,"飾華言以翳實,騁繁文以惑世",並最終造成了中原的傾覆,"遂令仁義幽淪,儒雅蒙塵,禮壞樂崩,中原傾覆","二人之罪深於桀、紂","利口之覆邦,信矣哉"!① 總之,"這種反省與批判思潮","貫穿於東晉一代"。② 這種風尚下,又因孫綽傾心於弘揚此際已較衰頹的儒學,勢必會一定程度上削弱《論語》注釋的一味玄化色彩。

　　孫綽精於玄談,其玄談的清新雅致,宋時檀道鸞《續晉陽秋》、梁時《詩品》都有論斷稱讚,"正始中,王弼、何晏好《莊》《老》玄勝之談,而世遂貴焉。至江左李充尤盛。故郭璞五言始會合道家之言而韻之。(許)詢及太原孫綽轉相祖尚,又加以(佛教)三世之辭,而詩、騷之體盡矣。詢、綽並爲一時文宗,自此作者悉體之"。③ "永嘉時,貴黃、老,尚虛談。於時篇什,理過其辭,淡乎寡味。爰及江表,微波尚傳。孫綽、許詢、桓、庾諸公詩皆平典似道德論。建安風力盡矣。"④這都指出了其詩風玄言的質性,並且影響了一代詩風。《詩品》卷下即評孫綽詩,"世稱孫(綽)、許(詢),彌善恬淡之詞"。其存詩,《藝文類聚》卷六九《扇部》錄《竹扇》一首,"良工眇方林,妙思觸物騁。篾疑秋蟬翼,團取望舒景",妙思觸物而發,詩風清雅,明顯有重思理的清幽傾向。《文選》卷三一江淹擬孫綽詩"亹亹玄思得,濯濯情累除",也直接點明了"玄思"的特色,且能滌蕩心胸,除卻世間的情累。孫綽亦曾自言,"余少慕老、莊之道,仰其風流久矣,卻感於陵賢妻之言,悵然悟之。乃經始東山,建五畝之宅,帶長阜,倚茂林,孰與坐華幕、擊鐘鼓者同年而語其樂哉"。⑤ 於陵,即陳仲子,事見《高士傳》,楚王聞其賢,想聘請爲相。陳仲子征詢妻子,其妻曰:"夫子左琴右書,樂在其中矣。結駟連騎,所安不過容膝;食方丈於前,所甘不過一肉。今以容膝之安、一肉之味,而懷楚國之憂,亂世多害,恐生不保命也。"於是一同逃去,爲人灌園。當然,孫綽認爲山林、廟堂殊途同歸,並無二致。謝萬曾作《八賢論》,"其旨以處者爲優,出者爲劣"。孫綽難之,認爲"體玄識遠者,出、處同歸"。⑥ 整體上,"没了'遒勁',没了壯懷激烈、萬千波瀾,心態内斂,在玄學高曠、傲俗的映襯下,剩下的只是清,

---

① 《晉書》卷七五《范寧傳》,第 7 册,第 1984—1985 頁。
② 王永平《東晉時期對玄化任誕士風的反省與批判思潮》,《江蘇大學學報(社科版)》2010 年第 6 期。
③ 劉義慶著、余嘉錫箋疏《世説新語箋疏》卷上之下《文學》第 85 條"簡文稱許掾(許詢)"下劉孝標注引,上册,第 310 頁。
④ 曹旭集注《詩品集注·自序》,上海古籍出版社,2011 年,第 28 頁。
⑤ 《世説新語箋疏》卷上之上《言語》第 84 條"孫綽賦《遂初》"劉注,上册,第 167 頁。
⑥ 《世説新語箋疏》卷上之下《文學》第 91 條"謝萬作《八賢論》"劉注,上册,第 319 頁。

是雅,是淡。所以,東晉文中,除少數的篇章外,多是以清麗、韻致見長"。①因此,正因其嫻熟的玄談水平和時風的影響,孫綽《集解論語》自然而然地蒙上了較多的玄思色彩,表現出了一種臻於高境的清麗文風,化育成了另外一種清新、高雅的格調,如:

《論語·子罕》:顔淵喟然歎曰:"仰之彌高,鑽之彌堅,瞻之在前,忽焉在後。夫子循循然善誘人,博我以文,約我以禮。欲罷不能,既竭吾才,如有所立卓爾。遂欲從之,末由也已。"

孫綽注:"夫有限之高,雖嵩岱可陵,有形之堅,雖金石可鑽。若乃彌高彌堅,鑽仰不逮,故知絶域之高堅,未可以力至也。馳而不及,待而不至,不行不動,孰能測其所妙哉!既以文章博我視聽,又以禮節約我以中,俯仰動止,莫不景行,才力已竭,猶不能已。罷,猶罷息也。常事皆循而行之,若有所與立,卓然出乎視聽之表,猶天之不可階而升,從之將何由也,此顔、孔之絶處也。"②

《論語》本意是顔淵慨歎夫子的至高境界,雖一心嚮往,卻無由能至。但在孫綽的注中,卻有意區分了有限之高,如嵩、岱可陵,進而襯托出夫子之絶域高堅,如無限之高,未可憑力而至;進而用一比喻,"卓然出視聽之表,猶天之不可階而升",強調了無形之域更難以企及。這裏的"有限之高"、"絶域之高堅,未可以力至",顯然烙印上了玄學中"有"、"無"之辨的印記。重要的是整個行文中,如"有形之堅"、"馳而不及,待而不至"、"卓然出乎視聽之表"等,明顯是極富哲理、思辨色彩的玄學語言,這種融會貫通、泯然無跡也足以表明玄學浸入的深切。或者説,隨着玄談的日益熟練、純熟,雖然在哲理、哲思方面不及西晉王弼、郭象等深入、鋒穎獨見,不再孜求於義理的精深,但在融彙、傳達新奇、清麗的辭藻,淡雅情致,以及對經文義理的闡發等方面,確實達到了一個高度。這也是東晉時在玄談浸潤下《論語》注釋的一個鮮明特色。

《論語·爲政》:子曰:"吾十有五而志於學,三十而立,四十而不惑,五十而知天命,六十而耳順,七十而從心所欲不逾矩。"

孫綽注:"大《易》之數五十,天地萬物之理究矣。以知命之年,通致命之道,窮學盡數,可以得之,不必皆生而知之也,此勉學者之至言

---

① 可參拙著《魏晉南北朝駢文史論》第三章第二節《因談餘氣,流成文體:玄風彌漫下的清麗》,成都,巴蜀書社,2012年,第113頁。
② 見《儒藏》(精華編104册·經部四書類)中整理本皇侃《論語集解義疏》,北京大學出版社2007年第1版,第151—152頁。又,因孫綽《論語集解》早已亡逸,故只能就皇侃《論語集解義疏》中所引來判斷。

也。""耳順者,廢聽之理也,朗然自玄悟,不復役而後得,所謂'不識不知,順帝之則'也。"①

"大《易》之數五十",出自《周易·繫辭》,言其承載天地萬物之理。孫綽注釋,並没有一一闡釋各個年齡階段所達到的人生境界,而是强調在知命之年,"窮學盡數",就能通致命之道,進而勸勉學者。這裏的"道",顯然是玄學中藴生天地萬物、自然恒常的"道"。"耳順"的注釋中又提到了"理",也有玄理的影子。"朗然玄悟",更是在運用玄學的思維,頓然體悟。"不識不知,順帝之則",出自《列子·仲尼》,而《列子》也是關涉道家的一種典籍。這種融會貫通和語詞運用的嫻熟,確然是到了一個至高的境界。爲此,馬國翰在輯《論語孫氏集解》一卷後,曾加以品評:"此注藴味宏深,而詞饒清麗,晉客吐屬,别有一種風韻。"②"藴味宏深"、"清麗"、"風韻"等語詞的準確界定,正可謂深得其中三昧。

第七節　國家儒學教育的衰頹與世族高門教育的興盛

對東晉一代儒學的興廢,《晉書》卷九一《儒林傳序》曾這樣概述:

> 元帝運鐘百六,光啓中興,賀、荀、刁、杜諸賢並稽古博文,財成禮度。雖尊儒勸學亟降於綸言,東序西膠未聞於弦誦。明皇聰睿,雅愛流略;簡文玄嘿,敦悦丘墳,乃招集學徒,弘獎風烈,並時艱祚促,未能詳備。

> 有晉始自中朝,迄於江左,莫不崇飾華競,祖述虚玄,擯闕里之典經,習正始之餘論,指禮法爲流俗,目縱誕以清高,遂使憲章弛廢,名教頹毁,五胡乘間而競逐,二京繼踵以淪胥,運極道消,可爲長歎息者矣。

賀、荀、刁、杜諸賢分别指賀循、荀崧、刁協和杜夷。賀循,會稽山陰人,吴地土著高門,以《禮》學傳家,"其先慶普,漢世傳《禮》,世所謂慶氏學",時"朝廷疑滯皆諮之於循,(賀)循輒依經禮而對,爲當世儒宗"。③ 荀崧,據《晉書》卷七五本傳,出自潁川荀氏高門,魏太尉荀彧玄孫。這一家族有熟習經書的傳統,是文化士族,如荀彧的第六子荀顗"博學洽聞","明《三禮》",知

---

① 見《儒藏》(精華編 104 册·經部四書類)中整理本皇侃《論語集解義疏》,第 20 頁。
② 《玉函山房輯佚書》第 3 册"經編《論語》類",揚州,廣陵書社,2004 年,第 1792 頁。
③ 《晉書》卷六八《賀循傳》,第 6 册,第 1824、1830 頁。

朝廷大儀",曾"爲魏少帝執經"。① 荀爽的曾孫荀勖"博學,達於從政",以撰《中經簿》、整理汲冢書著稱,是目錄學史上一位重要人物。元帝踐阼,征拜尚書僕射,使荀崧與刁協"共定中興朝儀"。刁協,渤海人,《晉書》卷六九有傳。在元帝初期,"於時朝廷草創,憲章未立,朝臣無習舊儀者。協久在中朝,諳練舊事,凡所制度,皆禀於協焉,深爲當時所稱許",②以諳習中朝禮儀著稱。杜夷,《晉書》卷九一有傳,廬江人,"世以儒學稱,爲郡著姓",建武(317—318)中任國子祭酒,皇太子曾三至其第執經問義,"國有大政,恒就夷諮訪",③地位甚爲尊崇。這四人均以禮學擅長,也都參與構建了東晉初期的各種禮儀制度,因此史臣稱爲"財成禮度"。

至於"尊儒勸學"之言,東晉以來一直未絶。最早可追溯到時任驃騎將軍的王導,建武元年,在兵戈紛擾、凡百草創之際,王導就建言興學:

> 自頃皇綱失統,頌聲不興,于今將二紀矣。傳曰"三年不爲禮,禮必壞;三年不爲樂,樂必崩",而況如此之久乎! 先進忘揖讓之容,後生惟金鼓是聞,干戈日尋,俎豆不設,先王之道彌遠,華僞之俗遂滋,非所以端本靖末之謂也。……誠宜經綸稽古,建明學業,以訓後生,漸之教義,使文武之道墜而復興,俎豆之儀幽而更彰。④

鑒於"皇綱失統,頌聲不興","俎豆不設",禮樂荒廢日久的現實,王導提議應急切興復學校,因這是培養大批人才的根本措施。這一點,在"干戈日尋"、立國未穩的情況下似爲不急之務;但王導還是以一位政治家的遠見卓識,洞察到興學的深遠影響,因爲一旦"庠序設,五教明",就能"德禮洽通,彝倫攸敘,而有恥且格,父子兄弟夫婦長幼之序順,而君臣之義固矣",整個社會就能重新回到穩定、有序的軌道上來;重要的是,還能化人至深、威德遠佈。同時,散騎常侍戴邈也附議興學,其亦痛心於"目不睹揖讓升降之禮,耳不聞鐘鼓管弦之音,文章散滅胡馬之足,圖讖無孑遺於世",認爲只要"明主唱之於上,宰輔篤之於下",就能興學有望。與此同時,對立何經博士也有爭議。在太常賀循、車胤等的建議下,最後立《周易》王氏、《尚書》鄭氏、《古文》孔氏、《毛詩》、《周官》、《禮記》、《論語》、《孝經》鄭氏、《春秋左傳》杜氏、服氏,等各置博士一人;⑤其《儀禮》《公羊》《穀梁》及鄭《易》,皆從省,不置博士。爲此,太常荀崧上疏認爲應增置《儀禮》等博士,以傳其學。對王導

---

① 《晉書》卷三九《荀顗傳》,第4册,第1151、1150頁。
② 《晉書》卷六九《刁協傳》,第6册,第1842頁。
③ 《晉書》卷九一《儒林·杜夷傳》,第8册,第2353、2354頁。
④ 《晉書》卷六五《王導傳》,第6册,第1748頁。
⑤ 《通典》卷五三《禮十三》"太學"條,北京,中華書局,2003年,第2册,第1465頁。

的建言,元帝雖"深納之",對荀崧的提議也認爲是"經國大務,而爲治所由",但終究都沒有付諸任何實質性的舉措,"會王敦之難,事不施行",一個事實是,直到二十年後袁瓌上疏時仍稱"國學索然,墳卷莫啟"。這也就是"東序西膠未聞於弦誦"的具體所指。之後,東晉一代的興學仍舊一波三折,也可說一直萎靡不振。成帝咸康三年(337),國子祭酒袁瓌、太常馮懷又上疏言興立國學,但仍未果。《宋書》解釋的原因是"世尚《莊》《老》,莫肯用心儒訓。穆帝永和八年(352),殷浩西征,以軍興罷遣,由此遂廢"。太元九年(384),尚書謝石又陳請興復國學,這一建議得到了孝武帝的許可,並一定程度上得到了實施,"其年,選公卿二千石子弟爲生,增造廟屋一百五十五間",但效果遠不如人意,"品課無章,士君子恥與其列",①也等於名存實亡。甚至還出現了極端的情形:"太元十年正月,立國子學。學生多頑嚚,因風放火,焚房百餘間,是後考課不厲,賞黜無章"。② 對此,近人呂思勉也止不住感慨:"風紀敗壞至此,其人尚可教乎?"③這也正如時人殷茂所言:"自學建彌年,而功無可名。憚業避役,就存者無幾,或假託親疾,真僞難知,聲實渾亂,莫此之甚。臣聞舊制,國子生皆冠族華胄,比列皇儲。而中者混雜蘭艾,遂令人情恥之。"對此,《梁書》卷四八《儒林傳序》亦言:"江左草創,日不暇給,以迄於宋、齊,國學時或開置,而勸課未博,建之不及十年,蓋取文具,廢之多歷世祀,其棄也忽諸。鄉里莫或開館,公卿罕通經術,朝廷大儒,獨學而弗肯養衆,後生孤陋,擁經而無所講習,三德六藝,其廢久矣。"可見是當日的公論。顯然,這種情形下想促進學術的發展,確實難乎其難。④ 太興(318—321)初,元帝欲拜周顗爲太子少傅,周以"學不通一經,智不效一官"而上疏辭讓;對此,元帝卻認爲"望之儼然",讓人不肅而敬,"斯不言之益,何學之習邪"——又要學習做什麼呢?⑤ 本來,太子少傅自需有滿腹經文以教育、誘導太子,但元帝卻認爲沒這個必要。這雖是一時權宜之計,卻正見出儒學之士的匱乏,不得已而出此下策。對此衰落情形,荀崧就曾言"自喪亂以來,儒學尤寡,今處學則闕朝廷之秀,仕朝則廢儒學之俊"。⑥ 這雖是東晉初年,

---

① 按:謝石上疏的時間,《宋書》卷一四載爲太元九年(第二冊,第364頁),《通典》卷五三載爲九年。據《晉書》卷七九《謝石傳》,淝水戰後,謝石始遷中軍將軍、尚書令,而《宋書》明言"尚書謝石",則當在九年。《宋書》卷三二《五行志三》亦明言建議的結果,"太元十年正月,立國子學"。劉汝霖《東晉南北朝學術編年》列爲元年,失考。
② 《宋書》卷三二《五行志三》,第3冊,第935頁。
③ 呂思勉《兩晉南北朝史·晉南北朝學術》,上海古籍出版社,1983年,第1338頁。
④ 以上引文除注明外,均見《宋書》卷一四《禮志一》,第3冊,分別爲第359、360、362、363、365頁。
⑤ 《晉書》卷六九《周顗傳》,第6冊,第1850頁。
⑥ 《晉書》卷七五《荀崧傳》,第7冊,第1977頁。

但其匱乏情形仍可窺見一斑。

東晉興學一事之所以一再不了了之,實有其不得已、深刻的社會背景。封建時代,學校,特別是太學、國學本就是不斷爲國家治理培養、提供後備人才,其發展總是與選官制度息息相關。東漢初以來,隨着經學憑藉察舉制度而日益普及到社會的各個層面,經學已深深地浸入到了士人的血液之中,甚且成爲了一種生活常識,師法也不斷向家學轉變(具體見第二章第一節),最終在東漢中後期促使了西漢末就已出現的强梁、雄霸一方的豪强大族向道德爾雅、擁有較顯赫政治地位的世家大族的轉換,如弘農楊氏、汝南袁氏(均四世三公)、瑯琊伏氏等。這種世家大族,曹魏時依舊活躍在政治舞臺上,特別是憑藉政府的優待,盡可能利用一己優越的家族勢位來分割權勢。這樣,奢侈享受,手持塵尾,清談玄理,就成了一種新式的文化貴族兼政治貴族。其主要憑藉,就是因"軍中倉促",雖一時權立但後來卻穩定、制度化的九品中正制。即由司徒府選授大中正(郡中正則由州中正薦舉,并上報司徒府),一般由中央官兼任;然後中正品第,評次人才高下,提供品狀("品",以敍德行高下;"狀"兼敍才行所任)作爲依據,吏部再加以選用。其本意是沿襲漢時察舉制度成功的一面,即"鄉論"能了解實情,"清議"甚且能"品核公卿,裁量執政",有激濁揚清的監督、制約作用。但在實際執行中卻出現了變異,即這一制度的核心"中正"的任職由朝官兼任,但早已出仕、遠離鄉里的朝官事實上是難以徵知地方士子的德行、才華等實情,荀勖在《讓豫州大中正表》中就直言"臣與州閭鄉黨初不相接",[1]既不相接,自然無從準確察知。這也即劉毅所批判的"不謂一人之身,了一州之才",其結果只能是"既非鄉老紀行之譽",没了"鄉議"的精神實質,"又非朝廷考績之課",也不是對其執政能力、治理實情的考核。而且大亂後,世人流徙無定,本身也難以識斷。或者説,民間的"清議",事實上已轉變爲中正官僚個人的權利,其品第,則"隨世興衰,不精才實,衰(指門第衰微)則削下,興則扶上",[2]一切以門第、位勢爲轉移;他們甚至"高下任意,榮辱在手,操人主之威福,奪天朝之權勢"。[3]由此最終頹變、形成了世人所熟知的"上品無寒門,下品無士族"——士族占據了選官的主流渠道。

比較一下西晉和東晉時人對選官議論的焦點能看出,西晉時,劉寔《崇讓論》"同才之人先用者,非勢家之子,則必爲有勢者之所念也",[4]段灼"今

---

[1] 《太平御覽》卷二六五《職官部·中正》引《荀勖集》,第 2 册,第 1243 頁。
[2] 《晉書》卷四五《劉毅傳》,第 4 册,第 1274 頁(劉毅的話均見此頁)。
[3] 《晉書》卷四五《劉毅傳》,第 4 册,第 1273 頁。
[4] 《晉書》卷四一《劉寔傳》,第 4 册,第 1192 頁。

臺閣選舉,徒塞耳目,九品訪人,唯問中正。故據上品者,非公侯之子孫,則當塗之昆弟也",①劉毅"隨世興衰,不顧才實,衰則削下,興則扶上,一人之身,旬日異狀"等,其批評的着眼點都在中正品第的不公與制度的弊端上。這種批評的聲音雖不無激烈,有時甚且有較大的影響,但已很難從根子上撼動業已膨脹、坐大的家族勢力。這樣,在曹魏末、西晉就形成了一種"清途"觀念,即能不任職事,卻又能較快升遷的職位受到了青睞;這是因爲積久之下,高門子弟已不屑於由州郡掾吏一步步升遷,且又懶得治事的緣故。由此,"黃散"之職興起,即散騎常侍、散騎侍郎、黃門郎等既無明確職事,又不必煩勞心神的職位受到了貴勢的追捧,其員額在不斷膨脹。最終,"員外侍郎及給事冗從,皆是帝室茂親,或貴游子弟",②成了一個特定的社會現象和事實。

　　到了東晉,時人批評的着眼點已完全轉變了。從齊高帝建元二年(480)虞玩之上表"凡受籍,縣不加檢合,但封送州,州檢得實,方卻歸縣","今建元元年書籍,宜更立明科,一聽首悔,迷而不反,依制必戮",③到蕭子良"今左民所檢,動以萬數,漸漬之來,非復始適,一朝洗正,理致沸騰",④沈約"凡粗有衣食者,莫不互相因依,競行奸貨,落除卑注,更書新籍,通官榮爵,隨意高下。以新換故,不過用一萬許錢,昨日卑微,今日仕伍",⑤蕭衍"且夫譜牒訛誤,詐僞多緒,人物雅俗,莫肯留心。是以冒襲良家,即成冠族","自今選曹宜精隱括,依舊立簿,使冠屨無爽,名實不違"⑥等,時人的焦點已集中在"冒籍"或"改籍"上,即着力於士族隊伍的清理,審核祖先官爵、籍注不實等方面。之所以有這種轉變,就是因爲這一時期九品中正制業已固定、僵化,"門閥專政的史實大概從漢末開始暴露,發展於魏晉而凝固於晉宋之間,以後漸趨衰落"。⑦東晉時期,中正定品已蜕變爲一種例行公事,只看父祖的官爵,即閥閱;就是說,一旦因祖上三代的官爵成了士族,就自然地擁有了二品的品第,即"二品系資",也就是沈約所說的"凡厥衣冠,莫非二品",⑧中正的品第已無足輕重了。正是因爲有來自高層的優待和制度上的保障,"晉朝

---

① 《晉書》卷四八《段灼傳》,第 5 册,第 1347 頁。
② 《太平御覽》卷二二一《職官部·給事中》引《束晢集》,第 2 册,第 1054 頁。
③ 《南齊書》卷三四《虞玩之傳》,第 2 册,第 608—609 頁。
④ 《南齊書》卷四十《蕭子良傳》,第 2 册,第 695 頁。
⑤ 《通典》卷三《鄉黨》,北京,中華書局,2003 年,第 1 册,第 59—60 頁。
⑥ 《梁書》卷一《武帝紀》,第 1 册,第 22—23 頁。
⑦ 唐長孺《魏晉南北朝史論叢·九品中正制試釋》,石家莊,河北教育出版社,2000 年,第 114 頁。
⑧ 《宋書》卷九四《恩幸傳序》,第 8 册,第 2302 頁。

南渡,優借士族",①由此直接帶來一個惡果,即士族子弟居官,大多不以事務爲重,"居官無官官之事,處事無事事之心",②不以事務縈心。最典型的莫如《世説新語·簡傲》第 11 條所載的一流高門琅邪王徽之,面對長官桓伊的質問作何公干時,竟振振有詞地回答"不知何署,時見牽馬來,似是馬曹","未知生,焉知死"等,全然没有一絲處理政務的觀念,並還隱然以此爲高、自傲。《梁書》卷三十七《何敬容傳》亦載"自晉宋以來,宰相皆以文義自逸","敬容獨勤庶務,爲世所嗤鄙",也充分反映了這種情况。"嗤鄙"的背後,正看出時人對"庶務"的不屑一顧。士族子弟能平流進取,甚且坐致公卿(當然還享有其他的利益,如按官品占田蔭客、免除徭役等),這種情形下,又有誰還會去絞盡腦汁、耗費時日苦讀經書呢? 至於出現頑嚚之徒因風放火,焚燒國子學舍百餘間,也實屬正常了。

除此之外,國學屢興不起還有一個現實因素,即東晉政權實際上一直處於内憂外患之中,特别是内憂,一定程度上確實是無暇、無精力顧及國學的興建了,上所言的"會王敦之難,事不施行",以及"殷浩西征,以軍興罷遣,由此遂廢"等,都道出了這一史實。永昌元年(322),都督江揚荆湘交廣六州軍事的王敦,隨着權力慾望的膨脹而在長江上游的武昌舉兵向闕,王敦一度攻陷了建康,並遥控朝廷,取得了主動權;但天不遂人願,後因病重而逝,失去了機遇而於太寧二年(324)失敗。東晉政府集中對付内亂,却又導致了外患,即後趙乘隙奪取了東晉兖州、徐州和豫州的大片土地。殷浩西征一事,亦有其複雜的背景。當日權臣桓温已占據上游,擁有荆、梁等八州,意圖篡奪。爲制衡桓温,加上永和五年(349),後趙皇帝石虎病死,諸子争位而致關中大亂,東晉政府决意西征以絶桓温借口。永和八年(352),殷浩奉命西征,攻打許昌、洛陽。但次年即因前鋒姚襄倒戈而徹底失敗,桓温趁機上表彈劾,殷浩被廢爲庶人,流放東陽。這實際上是當軸士族與皇族司馬氏争權的結果。這種紛争,終東晉一代,一直綿延不絶,前後當軸的士族琅邪王敦、流民帥高平郗鑒、潁川庾亮、譙郡桓温、陳郡謝安等,爲維持或增進家族勢力,基本上一直與晉室摩擦不斷,甚且擁兵自重、憑陵晉室。這也即田餘慶所揭示的皇權政治的變態——士族與皇權共執朝政的門閥政治。③ 這些無疑都極大地内耗了東晉的國力和經濟實力,是没過多的精力、財力去顧及教育了。

---

① 王利器集解、顔之推撰《顔氏家訓集解》卷四《涉務》,北京,中華書局,2011 年,第 317 頁。
② 《晉書》卷七五《劉惔傳》,第 7 册,第 1992 頁。
③ 可見《東晉門閥政治》一書(北京大學出版社 2005 年版)。

既然國學無力承擔教育，其重任就不得不落到家族的肩上，這是因其本身要培養人才，以增進、提升家族的地位。東晉時，固然士族制度業已固化，但這也只是就整個士族格局而言，即士族參與、主宰當下的政治，甚至使皇權也萎靡不振。一旦具體到某一個士族，就要具體而論，以當日的當軸士族來說：如潁川庾氏，在庾亮、庾懌、庾冰、庾翼死後，家族勢力迅速削弱、式微，後經由桓溫的排擠、殺戮，其家族幾盡滅絕。高平郗氏，在郗愔、郗曇死後，也迅速地退出了高層政治領域。同樣，琅邪王氏在王導、王允之死後，政治影響也一落千丈。咸康(335—342)、建元(343—344)之際，庾翼遺書殷浩時說"當今江東社稷安危，內委何、褚諸君，外托庾、桓數族"，①估計政局時王氏不再被人提及，勢力顯然衰落了不少。陳郡謝氏，淝水戰後一度如日中天，但好景不長，當謝安、謝石、謝玄紛紛去世後，其對政局的影響力亦在急遽衰退，隆安四年(400)，謝琰戰敗被殺，謝氏的門戶力量就更衰了，一時間，謝家不得不韜光養晦，另尋機遇。穆帝、孝武帝時，譙郡桓氏勢力一度崛起，桓溫以北伐赫赫聲威挾持朝廷，其後，桓玄又移晉鼎，改國號楚，但在東晉末年劉裕的攻殺下，桓氏就寂滅無聞了。這樣，即便是當軸士族，其地位也是不穩定的，也必須時刻努力維持或增進門戶勢力；況且，家族的存亡興衰往往與某一傑出人物息息相關，一旦此人去世，家族門戶又無人支撐時，其地位就無法繼續，也勢必為其他門戶所取代。這是殘酷的現實。所以，"當軸士族在擇定其門戶的繼承人時，往往是兼重人才而不專重嫡嗣，寧重長弟而不特重諸子"。② 這樣，為門戶計，在一個家族內部，勢必要慎擇子弟，又勢必要著力培養後繼人才，這是客觀情勢所逼。正因為此，這種對家族中某一個人特別寄予厚望(即振興家族)的記載，在整個東晉，甚至南朝，一直屢見不鮮：

  及祥死之日，以刀授弟覽曰："吾兒凡，汝後必興之，足稱此刀，故以相與。"③

  (樂)廣時年八歲，(夏侯)玄常見廣在路，因呼與語，還謂方曰："向見廣神姿朗徹，當為名士。卿家雖貧，可令專學，必能興卿門戶也。"④

  (范)汪少孤貧，六歲過江，依外家新野庾氏。荊州刺史王澄見而奇之，曰："興范族者，必是子也。"⑤

---

① 《晉書》卷七七《殷浩傳》，第7冊，第2044頁。
② 田餘慶《東晉門閥政治·孝武帝與皇權政治》，第217頁。
③ 《文選》卷四六任昉《王文憲集序》注引何法盛《晉中興書》，北京，中華書局，2005年，第652頁。
④ 《晉書》卷四三《樂廣傳》，第4冊，第1243頁。
⑤ 《晉書》卷七五《范汪傳》，第7冊，第1982頁。

族叔(顧)榮雅重之(顧和),曰:"此吾家麒麟,興吾宗者,必此子也。"①

　　王覽、樂廣、范汪、顧和等被宗族寄予厚望,自會受到整個宗族的特別關照;夏侯玄的建議"可令專學",也表明了這一點。而光大門第,對士族而言,至少需兩個方面的努力:一、不廢事功。東晉時,前後當軸的士族,王與馬共天下、庾亮北伐、桓溫北伐、謝氏在淝水大捷後如日中天等事件,都充分説明了事功的重要。後來劉裕也是借滅南燕、後秦的赫赫威勢,才最終取代了晉。二、作爲門閥、士族,重要的是要有文化的積淀和優勢。一個家族可能因某種際遇迅速上升,躋進權力中樞,但卻不一定能成爲時人公認的士族,紀僧真受寵幸於齊武帝,曾向武帝"乞作士大夫",武帝説"由江斆、謝瀹,我不得措此意,可自詣之"。僧真造詣江斆,剛登榻坐定,江斆便命左右"移吾床(當日的一種坐榻)讓客",不得已,僧真喪氣而退,告訴武帝,並由此明了一個事實,即"士大夫故非天子所命"。②説穿了,士族之所以爲士族,就在於文化的優勢。陳寅恪在《崔浩與寇謙之》中曾論:"故東漢以後學術文化,其重心不在政治中心之首都,而分散於各地之名都大邑。是以地方之大族盛門乃爲學術文化之所寄託。中原經五胡之亂,而學術文化尚能保持不墜者,固由地方大族之力,而漢族之學術文化變爲地方化及家門化矣。"③陳氏推崇的地方家族傳承文化,就在於此。就東晉來看,文化的優勢可以表現在以下方面,如儒學、玄談、書法、繪畫、文學等。這中間,時人最高看、器重的是清談,這一點,從《世説新語·文學》所載東晉以來依舊比比皆是的清談情形就能看出。爲此,由儒入玄甚至成了一個家族在東晉上升的一個必要條件。除了清談,重視其他藝術才能的培養,也是一個家族器重、著力的事。這裏可借王氏家族對王羲之、謝氏對家族對文學才華的刻意培養爲例説明:

　　(王羲之)深爲從伯敦、導所器重。時陳留阮裕有重名,爲敦主簿。敦嘗謂羲之曰:"汝是吾家佳子弟,當不減阮主簿。"④

　　羲之少朗拔,爲叔父廙所賞。⑤

　　王羲之書法歷代備受推崇,其實不妨説是家族全力培養的結果。王羲

---

① 《晉書》卷八三《顧和傳》,第 7 册,第 2163 頁。
② 《南史》卷三六《江斆傳》,北京,中華書局,1975 年,第 3 册,第 943 頁。
③ 《金明館叢稿初編》,北京,生活·讀書·新知三聯書店,2001 年,第 147—148 頁。
④ 《晉書》卷八〇《王羲之傳》,第 7 册,第 2093 頁。
⑤ 余嘉錫箋疏《世説新語箋疏》卷上之上《言語》第 62 條"謝太傅語王右軍"條注引《文字志》,上册,第 144 頁。

之受到了長輩王導、王敦、王廙的器重、賞識,這些人都特別擅長書法:王導"甚有楷法,以師鍾、衛,好愛無厭"(王僧虔《論書》),"崔瑗、張芝……王敦……千百年間得其妙者,不越此數十人。各能聲飛萬里,榮耀百代"(張懷瓘《書議》),王廙"能楷書,謹傳鍾法"(《采古來能書人名》)。因此,王羲之在書法上的造詣,就不是孤峰特出的現象。至於謝氏,在培養子侄方面,由現存的史料看,似乎更突出一些:

  謝太傅寒雪日内集,與兒女講論文義。俄而雪驟,公欣然曰:"白雪紛紛何所似?"兄子胡兒曰:"撒鹽空中差可擬。"兄女曰:"未若柳絮因風起。"公大笑樂。①

  謝公因子弟集聚,問《毛詩》何句最佳?遏稱曰:"昔我往矣,楊柳依依;今我來思,雨雪霏霏。"公曰:"訏謨定命,遠猷辰告。"謂此句偏有雅人深致。②

  謝安"於土山營墅,棲館林竹甚盛,每攜中外子侄往來游集,肴饌亦屢費百金,世頗以此譏焉,而安殊不以屑意"。③一個"每"字、"屢"字,都點明聚會歡宴的次數是相當多的;正是在宴飲歌吹之餘,謝安強化了謝氏子弟的文學才華。上兩例,編撰者都特意提到"因子弟集聚"、"寒日内集",當不是無意的巧合,而是因冬日内閒暇時間多;再結合"遊集"、"宴集"字句,它正可説明,謝安有意在閒暇時,如宴飲歌吹後,集聚子弟、磨礪其文學才華。《詩經》,漢以來一直推崇其温柔敦厚、"雅正"的詩風;但謝玄的回答已明顯脱離傳統詩教,傾向於作品中濃厚的文學色彩。謝道韞的詠雪詩句,風姿綽約,意境高遠,更給人一種丰神空靈的美感。這種摘句賞析是一種頗爲有效的提高方式,特别是賞析"片言"、"警策","一字之書,必共詠讀;一句之文,無不研讀"(王微《以書告弟僧虔靈》)。精細的切磋、賞析中,謝氏子弟的文學才華無疑得到了砥礪而迅速提升。這時節出現的謝氏子弟謝朗與司馬道子的論辯,就足以佐證這種賞析的效果:司馬道子以"月夜明净"爲佳,謝重則脱口而出:"意謂乃不如微雲點綴。"④"微雲點綴"就是一種别致的極富審美藴涵的意境。晉安帝隆安(397—402)後,謝混是謝家的頂梁柱,在不遺餘力地培養子侄方面,充當了謝安的角色。《南史》卷二十《謝弘微傳》載:

  混風格高峻,少所交納,唯與族子靈運、瞻、晦、曜、弘微以文義賞

---

① 《世説新語箋疏》卷上之上《言語》第71條"謝太傅寒雪日内集"條,上册,第155頁。
② 《世説新語箋疏》卷上之下《文學》第52條"謝公因子弟集聚"條,上册,第278頁。
③ 《晉書》卷七九《謝安傳》,第7册,第2075—2076頁。
④ 《晉書》卷七九《謝朗傳》,第7册,第2088頁。

會,常共宴處,居在烏衣巷,故謂之烏衣之游。混詩所言"昔爲烏衣游,戚戚皆親姓"者也。

謝混所自豪的"烏衣之游",本質上正是對謝安重視"文義賞會"的繼承;"常共宴處",也説明多在宴飲之餘進行。劉師培先生也曾説:"自江左以來,其文學之士,大抵出於世族,而世族之中,父子兄弟各以能文擅名"。[①]

整體上看,這種對家族子侄的刻意培養,東晉中後期才較爲明顯,這一定程度上也是南渡士人漸安於明麗的江南以及經濟繁興的結果;不過,孝武帝時特定的政治環境也不可忽視。這一時節,當軸士族後繼乏人,正是皇權振興的一個大好時節。寧康元年(373),桓温死;太元九年(384),繼任者桓沖死;太元十年,謝安死;太元十三年,謝玄、謝石相繼去世,當軸士族已無突出的人物來控制政局。這一時節崛起的太原王氏,因無特出的人才與事功,亦只能依附於皇權而不能超越。這樣,孝武帝就有足夠的力量來支配、把控政局。這是因爲,門閥勢力雖是其統治的根基,但在門閥士族過多地壟斷、侵蝕,甚至左右皇權,損害君主權威時,皇帝也勢必會採取種種措施,如振興察舉、興復學校等,以一種公平與理性,從制度上充分發揮賢才的作用,以此構成對士族的牽絆或限制。

太元十六年(391),范弘之與會稽王司馬道子箋:"晉自中興以來,號令威權多出强臣,中宗、肅祖斂衽於王敦,先皇受屈於桓氏。今主上親覽萬機,明公光贊百揆,政出王室,人無異望,不於今大明國典,作制百代,不審復欲待誰?"[②]"今主上親覽萬機"、"政出王室"就充分説明了不同於昔日的政治格局,皇權在日漸復興、崛起。孝武帝要振興皇權,一個最直接有效的措施,就是振興儒學、重用儒生而爲己所用——使權力向更廣泛的人群開放,以此確保政權的良性、有序與高效運行。這也是宋齊以來察舉制度再度興起的一個主要原因和背景。[③]

及孝武帝始覽典籍,招延儒學之士,邈既東州儒素,太傅謝安舉以應選。……初,范寧與邈皆爲帝所任使,共補朝廷之闕。[④]

---

① 劉師培《中古文學史·宋齊梁陳文學總論》,第83頁。
② 《晉書》卷九一《儒林·范弘之傳》,第8册,第2365頁。
③ 閻步克《察舉制度變遷史稿》第十章《南朝察舉之復興及其士族化》中第一節《察舉與學校的復興》,其據正史排比晉、宋、南齊、梁時察舉的人數,以此可見變遷,可參考(瀋陽,遼寧大學出版社,1997年,第199—204頁)。這一歷程持續發展,到劉宋中期,就出現了"主威獨運"的情形,"孝建、泰始,主威獨運,官置百司,權不外假"(《宋書》卷九四《恩倖傳論》,第八册,第2301—2302頁)。
④ 《晉書》卷九一《徐邈傳》,第8册,第2356、2357頁。

孝武甚親敬王國寶、王雅。雅薦王珣於帝,帝欲見之。嘗夜與國寶及雅相對,帝微有酒色,令喚珣。①

范寧、徐邈、王雅都非一流高門,但都以儒學事孝武帝;特別是范寧,更以崇儒、興學著稱(可參下節)。范氏認爲當日浮虛相扇,儒雅日替,根源在於王弼、何晏等興起的玄談,"二人之罪深於桀紂",爲此著論"崇儒仰俗"。"(桓)溫薨(373)之後,始解褐爲餘杭令,在縣興學校,養生徒,潔己修禮,志行之士莫不宗之。期年之後,風化大行。自中興已來,崇學敦教,未有如寧者也"。② 這也似可說明孝武帝有意對一流高門戒備,或排斥的心理,以此徐圖皇權的振興。又,《儒林傳序》所説的"簡文玄嘿,敦悦丘墳,乃招集學徒,弘獎風烈",據《晉書》卷九《簡文帝紀》,其確實比較重視儒學,"留心典籍,不以居處爲意,凝塵滿席,湛如也"。這方面的記載,《世説新語》中也有較多。這本能大有作爲,較好地促進學術的發展,但遺憾的是其繼帝位僅一年,便因桓溫的擅權、威逼憂憤而卒,即《儒林傳序》所感慨、惋惜的"時艱祚促,未能詳備"。

東晉一代的學術、文化就藴育、發展在這個特定的環境和氛圍中。

第八節　地緣與階層視野下江州
　　　　一地經學的崛起

與東晉末年儒學的復興相呼應,對東晉時江州一地因范宣、范寧二人前後相繼而帶來的經學崛起,亦需有所闡發。

江州,以潯陽、豫章爲中心,正處在上游的荆州以及下游的揚州之間,是東晉荆揚之爭的關鍵與緩衝地帶。③ 從大的形勢看,永嘉大亂後,北方逃難的士族,爲避免摩擦或損害江東大族的利益,北來的士族避開吳地士族的鋒芒,轉而開發毗鄰的東土——浙、閩,即在會稽、永嘉一帶修築莊園,此爲徜徉。或者説,某種程度上,東晉初的江州,又因遠離漢魏以來北方的政治中

---

① 余嘉錫箋疏《世説新語箋疏》卷下之下《讒險》第 3 條下册,第 1045 頁。同時劉注引《雅别傳》曰:"雅字茂建,東海沂人,少知名。《晉安帝紀》曰:'雅之爲侍中,孝武甚信而重之。王珣、王恭特以地望見禮,至於親幸,莫及雅者。上每置酒燕集,或召雅未至,上不先舉觴。時議謂珣、恭宜傅東宫,而雅以寵幸,超授太傅、尚書左僕射。'"(北京,中華書局,2007 年,下册,第 1045 頁。)
② 《晉書》卷七五《范寧傳》,第七册,第 1985 頁。
③ 江州在東晉政治中的重要地位,可參周一良《魏晉南北朝劄記》中,北京,中華書局,1985 年,第 77—78 頁;以及田餘慶《東晉門閥政治》,北京大學出版社,2005 年,第 96—106 頁。

心長安、洛陽等,關注的視野所及,其開發度遠不及吳地的江浙一帶。但也恰如此,其所保留的,更多的是漢時的解經傳統,没受到較多的玄學浸染。這一地域,漢魏時已不乏儒學之士,如程曾,字秀升,豫章南昌人,"受業長安,習《嚴氏春秋》,積十餘年,還家講授,會稽顧奉等數百人常居門下"。①不過,這種授徒,一時間也没見什麽多的影響。

　　江州一地的開發和重視,較早可追溯到南渡之際過江的士族温嶠。據《晉書》卷六七《温嶠傳》,咸和(326—334)初,代應詹爲江州刺史,"鎮武昌,甚有惠政,甄異行能,親祭徐孺子之墓"。徐孺子,即徐穉,豫章南昌人,東漢末年的名士,也即《滕王閣序》所言的"人傑地靈,徐孺下陳蕃之榻",事見《後漢書》卷五三《徐穉傳》,時以名德著稱。延熹二年(159),尚書令陳蕃、僕射胡廣等上疏薦穉等"德行純備,著於人聽"。除此之外,據李賢注引謝承《後漢書》,徐孺"學《嚴氏春秋》《京氏易》《歐陽尚書》,兼綜風角、星官、算曆、《河圖》、《七緯》、推步、變易",也是一名儒士。可見温嶠對儒學之士的推尊。只不過,329年温嶠即以暴疾去世,還没能有效地加以經營。之後,江州轉入武人陶侃手中,但没幾年(陶侃死於咸和九年,334年),又到了庾亮的手中。據《晉書》卷七三《庾亮傳》,雖然庾亮有過一些舉措,如重視學校,曾下《武昌開置學官教》,但效果不甚理想。或者說,處在與一流高門王氏爭鬥的縫隙間,庾亮無暇過多地顧及文教。這是因爲江州一地,是荆、揚之爭的緩衝地帶——也自是高門明爭暗鬥要侵奪、控制的地域。此後,謝氏曾以西府之重插手江州,隆安(397—401)中,桓氏(桓脩、桓玄)一攬荆、江之重。不過,都不見這些人對江州文教方面的經營。② 這時已到東晉末年了。

　　《晉書》卷九一《范宣傳》載:

　　　年十歲,能誦《詩》《書》。……少尚隱遁,加以好學,手不釋卷,以夜繼日,遂博綜衆書,尤善《三禮》。……宣雖閑居屢空,常以講誦爲業,譙國戴逵等皆聞風宗仰,自遠而至,諷誦之聲,有若齊、魯。太元中,順陽范寧爲豫章太守,寧亦儒博通綜,在郡立鄉校,教授恒數百人。由是江州人士並好經學,化二范之風也。

　　這些弟子中,今可知者有被稱爲"潯陽三隱"之一的周續之,"豫章太守范寧於郡立學,招集生徒,遠方至者甚衆,續之年十二,詣寧受業。居學數

---

① 《後漢書》卷七九下《程曾傳》,第9册,第2581頁。
② 事見《晉書》卷九九《桓玄傳》,第8册,第2588—2590頁。

年,通五經並緯候,名冠同門,號曰顏子"。① 其中"通《五經》"正與《晉書》卷七五本傳所載"課讀五經"吻合,學的內容較爲全面。就"緯候"來看,學的是包括讖緯在內的今文經學。這一點,與魏晉以來的新學迥異,可看出范寧仍固守西漢以來的舊傳經學。

范宣,太尉郗鑒曾詔征爲太學博士、散騎郎,並不就。郗鑒任太尉,據《晉書》卷七《成帝紀》,在咸康四年(338)五月,五年八月郗鑒卒。可見范宣生活的時代,要比約太元十五年(390)左右任豫章太守的范寧早約五十年。范宣沒有出仕。"齊、魯"指洙泗之風。范宣以誦讀和人格魅力,吸引他人自遠而至,而漸趨普及、張揚儒風。或者說,日漸熏習之下,才有了興儒的土壤,才有了後來范寧"在郡立鄉校"舉措的成功。這是因爲傳記明確指出"江州人士並好經學",是"化二范之風"的產物。但也能看出,這是一個不短的時日(至少有四五十年的時光)。之所以如此緩慢,還有一個重要原因,就是江州士人的出仕遠比長江下游的揚州一帶困難。東晉時期,門閥制度已基本凝固,出仕只看你的"閥閱",即三代的仕履。東晉時的高門有兩類,即北來士族和南方土著高門。爲避免摩擦,或損害江東大族的利益,北來的士族轉而在會稽、永嘉一帶修築莊園。而東吳以來的土著高門,如吳郡的顧、陸、朱、張四姓,會稽郡的賀氏等,都是居住在今江、浙一帶。陸機《吳趣行》裏就說"屬城咸有士,吳邑最爲多。八族未足侈,四姓實名家"。這些人在出仕上顯然有優勢,因爲他們一直是東晉王朝拉攏、依靠的對象。積而久之,也產生了一個現象,即江州一地多隱居之士,如《晉書》卷九四《隱逸傳》中提及的武昌人孟陋、潯陽人翟湯、家於臨川的郭翻,以及師事豫章范宣的戴逵等;最有名的就是"潯陽三隱",即陶淵明、周續之和劉遺民。實際上,范宣本人也是一名隱士。這些隱居之士,固然可能是真心傾慕自然,但出仕艱難以及心理陰影恐怕也是一個重要因素。又,寧康元年(373)道安分遣徒眾,一代高僧慧遠南下潯陽時,望"廬峰清靜,足以息心",然後"仍石壘基,即松栽構",②才得以居止。人煙十分稀少,也較爲蠻荒,實可側見其時江州的一些荒涼情形。

范宣之後的四五十年,范寧接續他的脚步,走上了興學的歷史舞臺。

范寧,《晉書》卷七五《范寧傳》載:

> (桓)溫薨之後,(范寧)始解褐爲餘杭令,在縣興學校,養生徒,潔己脩禮,志行之士莫不宗之。期年之後,風化大行。自中興已來,崇學

---

① 《宋書》卷九三《隱逸·周續之傳》,第 8 冊,第 2280 頁。
② 湯用彤校注《高僧傳》,北京,中華書局,1997 年,第 212 頁。

敦教,未有如寧者也。在職六年,遷臨淮太守,封陽遂鄉侯。……

初,寧之出,非帝本意,故所啟多合旨。寧在郡又大設庠序,遣人往交州采磐石,以供學用,改革舊制,不拘常憲。遠近至者千餘人,資給衆費,一出私禄。並取郡四姓子弟,皆充學生,課讀《五經》。又起學臺,功用彌廣。江州刺史王凝之上言。

寧康元年(373)七月,桓溫薨,范寧任餘杭令。太元四年(379)遷臨淮太守。之後,因受王國寶以及執政的會稽王司馬道子的排擠,在太元八年九月至十年八月間,補豫章太守。據以上,能看出范寧興學的舉措:

一、在郡"大設庠序",構築"學臺"。據江州刺史王凝之的言論,在豫章郡所在地南昌"私立下舍七所",又下十五屬縣興立學舍,"皆使左宗廟,右社稷,準之太廟",①以一種高規格構建。這一舉措,應當有任餘杭令期間經驗累積的借鑒。而且,東晉時期,在地方上興學,就現存史料來看,除范寧外,僅有咸康元年(335),時任江、荆、豫三州刺史的庾亮在鎮武昌時曾下教立學,但還未果(因庾亮不久即去世)。這樣,范寧在郡興學的舉措可説是一枝獨秀。可能也正因極爲罕見,遭到其頂頭上司——江州刺史王凝之的上表駁斥而罷官。

二、"改革舊制"。首先是解決學校的經費問題,即派人遠到廣州采購磐石(色澤美觀可做盆景的石頭,又稱靈璧石,貢品)販賣,以供學用。至於學生的個人資費,則從范寧個人的俸禄中開支。其次,又多聘請教授,"教授恒數百人"。在教學上,一反時人推重的玄學風尚,尊崇漢末的鄭玄,授"鄭氏家法":

王父豫章君每考先儒訓經,而長於(鄭)玄,常以爲仲尼之門,不能過也。及傳授生徒,並專以鄭氏家法云。②

這裏的"王父",即范曄的祖父范寧。這一"改革舊制"的做法,使得在東晉玄學特色下又有了秉承先秦儒家、兩漢經學傳統的一面,有一定的回歸。之所以崇尚漢學,以具體的興學實踐竭力復興業已斷續的這一傳統,也是有原因的。在思想上,范寧一直在廓清玄談浮虚的惡劣影響。據范寧本傳,其個性耿直、骨鯁,"指斥朝士,直言無諱"。面對時俗"浮虚相扇,儒雅日替"的社會思潮,范寧認爲其源始於王弼、何晏,"飾華言以翳實,騁繁文以惑世",並最終造成了中原的傾覆,"遂令仁義幽淪,儒雅蒙塵,禮壞樂崩,中原傾覆","二人之罪深於桀、紂","利口之覆邦,信矣哉"!這都可見范寧疾惡如仇、耿直的個性。對過江士人把清談之風帶到江左亦是極爲痛恨,這是因爲浮華清談和一味放曠帶來的惡習甚且醜行,直接導致了社會風氣的衰

① 《晉書》卷七五《范寧傳》,第 7 册,第 1988 頁。
② 《後漢書》卷三五《鄭玄傳論》,第 5 册,第 1213 頁。

落和江河日下,進而侵蝕了社會穩定的思想根基。范寧的言論並不是危言聳聽,而是有時代的反思氛圍(見本章第六節)。范寧所說的"騁繁文以惑世","廻百姓之視聽",就是這個道理。這種情形下,其《論語注》自不會濡染西晉以來的玄風,絶少引《老》《莊》之言。一定程度上,范寧在盡力恢復被何晏、王弼、郭象等加以玄解所遮蔽的儒家真義,並試圖抬升儒家的地位。當然,這也是固守兩漢傳統的經注方式。唐長儒曾據《隋書·儒林傳序》"大抵南人約簡,得其英華,北學深蕪,窮其枝葉",而論"'約簡'與'深蕪'也許可以解釋爲南學重義解,北學重名物訓詁,這正是魏晉新學風和漢代學術傳統的區別所在。"①

三、擴大生員。上一節已論,此際的國學或者官學已無力承擔教育的重任,士人子弟也多不就學。對此,范寧可能採取了一定的强制措施,讓四姓子弟均來就學。這無疑有極大的示範效應。

總之,如從太元十二年算起,范寧涖郡執政約四年。雖僅有短暫的四年,其興學的舉措不一定能很好地落地生根,但也當有一定的效用,至少興學的精神可以綿延,這也即《晉書》卷九一《范宣傳》中所稱讚的"由是江州人士並好經學,化二范之風也"。江州一地的經學得到了較大的凸顯和張揚,由此出現了一個儒學教育頗爲興盛的地域。

在經學史上,范寧聲名卓著的是撰《春秋穀梁傳集解》,"初,寧以《春秋》穀梁氏未有善釋,遂沉思積年,爲之集解。其義精審,爲世所重。既而徐邈爲之注,世亦稱之。"對其傳集過程,可見其撰寫的《春秋穀梁傳集解序》:

升平(357—361)之末,歲次大梁,先君北蕃迴軫,税駕於吴,乃帥門生故吏、我兄弟子姪,研講六籍,次及三《傳》。《左氏》則有服、杜之注,《公羊》則有何、嚴之訓。釋《穀梁傳》者雖近十家,皆膚淺末學,不經師匠,辭理典據,既無可觀,又引《左氏公羊》以解此傳,文義違反,斯害也已。於是乃商略名例,敷陳疑滯,博示諸儒同異之説。昊天不弔,太山其頽,匍匐墓次,死亡無日,日月逾邁,跂及視息。乃與二三學士,及諸子弟,各記所識,並言其意。業未及終,嚴霜夏墜,從弟彫落,二子泯没。天實喪予,何痛如之! 今撰諸子之言,各記其姓名,名曰《春秋穀梁傳集解》。

就文中"從弟彫落,二子泯没"言,當是范寧晚年的口吻,即直到晚年仍在撰寫《春秋穀梁傳集解》。這也吻合傳中"免官,家於丹陽,猶勤經學"的記載。《穀梁傳集解》凝聚了范氏家族三代的心血,是衆多人一直奮力的成果。因此,如大膽推測,估計范寧也會用這些"門生故吏、兄弟子姪",在"研

---

① 《魏晉南北朝隋唐史三論·南北學風的差異》,武漢大學出版社,2013年,第168頁。

講六籍，次及三《傳》"之餘，進行了《論語》的注釋。或者說，考慮到無官一身輕，又有較多的閑暇，在晚年家居時節，范寧撰寫了《論語注》；畢竟，《論語》的篇幅不大，易於成功。

對於注經，范寧有一己的準則，"凡傳以通經爲主，經以必當（切當、切實）爲理"，並且進一步概括爲"爲經之旨"和面對歧異時"擇善而從"的原則，即"贊人道之幽變，舉得失以彰黜陟，明成敗以著勸誡，拯頹綱以繼三五，鼓芳風以扇遊塵"，強調德義，"德之所助，雖賤必伸，義之所抑，雖貴必屈"，"夫至當無二，而三傳殊說，庸得不棄其所滯，擇善而從乎？"①可以說，這一原則也體現在其《論語》注中。

整體上，與范寧試圖抬升儒家地位，竭力恢復一度被何晏、王弼等玄解所遮蔽的《論語》注釋相一致，范寧承繼了漢末鄭玄的注釋傳統，表現了樸實解經的風貌。范寧重視字詞的訓詁，解釋得也比較切實、具體，如《論語·泰伯》"泰伯，其可謂至德也已矣"，皇侃《疏》引范寧注："泰，善大之稱也。伯，長也。周太王之長子，故號太伯，其德宏遠，故曰至德也。"②與王肅注相比，王注不免有繁瑣的弊病，如注出與之無關的"次弟仲雍，少弟曰季歷。季歷賢，又生聖子文王昌"等，范注則呈簡明的態勢。再如《論語·顏淵》"出門如見大賓，使民如承大祭"，范寧注："大賓，君臣嘉會也。大祭，國祭也。仁者舉動，使民事如此也。《傳》稱'臼季出門如賓，承事如祭，仁之則也'。"③也是要言不煩。並在解釋中徵引經典，特意彰顯了這一文句的含義，歸結到最高的道德規範"仁之則"上。這也表現了其注切近人事、崇尚儒家固有的仁、義、孝、德等精神，不再是王弼、郭象般的高邈玄遠。再如《論語·里仁》"君子之於天下也，無適也，無莫也，義之比也"，范寧注："適、莫，猶厚、薄也。比，親也。君子與人，無有偏頗厚薄，唯仁義是親也"。④ 在強調君子無有"偏頗厚薄"品德時，仍指向、歸結到"仁義是親"這一重要的儒家處世、待人原則。這種重視揭示文意的做法，也表現了魏晉以來重"義解"的新學風對其注釋的滲入。

與疾毀王、何玄言相連的，是范氏推重、高揚儒家的仁義精神，堅守着傳統的儒家陣地，《論語·學而》"子貢問曰：'貧而無諂，富而無驕，何如？'子曰：'可也。未若貧而樂道、富而好禮者也。'"范寧注："不以正道求人爲

---

① 《春秋穀梁傳序》，見李學勤主編《十三經注疏·春秋穀梁傳注疏》，北京大學出版社，2000年，第8、11頁。
② 文字據陳蘇鎮、李暢然等校點《論語義疏》，見《儒藏》（精華編·四書類論語屬），北京大學出版社，2005年，第130頁。
③ 陳蘇鎮等校點《論語義疏》，第209—210頁。
④ 陳蘇鎮等校點《論語義疏》，第274頁。

諂","孔子以爲不驕不諂,於道雖可,未及臧也",①強調要正道求人,或者說正道直行,肯定"貧而樂道,富而好禮"。《論語·公冶長》"子使漆雕開仕。對曰'吾斯之未能信',子說",范寧注:"開知其學未習究治道,以此爲政,不能使民信己。孔子悅其志道之深,不汲汲於榮禄也。"②所說的"治道",指儒家的理國脩身之道,不是汲汲於榮禄功名。范注有明確的價值指向,而鄭玄只是簡單地注爲"善其志道深也",不易把握、領悟。

同時,范寧亦痛心於世人的薄行和道德意識的淪喪,如對《論語·里仁》"我未見好仁者,惡不仁者",其注:"世衰道喪,人無廉恥,見仁者既不好之,見不仁者亦不惡之。好仁惡不仁,我未睹其人也。"③此雖爲注釋,亦當是有感而發。

小　　結

黄初(220—226)之際,古文已取代了今文,成爲經學的主流。這是一個重大變遷。對曹魏時期的學者而言,如何處理漢人豐富的《論語》學遺產,已上升爲一個切實且重要的問題。同時,衆多的經解與歧異也讓人無所適從,爲此最好確定一簡明、精善的注解(熹平四年的石經《論語》已確定了其文本)。出於廣泛借鑒、便宜讀習的目的,《論語》的集注已提上議事日程,並在曹魏正始年間(240—249)出現了何晏的《論語集解》。《集解》進一步擺脱了漢代繁瑣解經以及讖緯的籠罩,採取兼容並蓄的態度,對《論語》的注釋進行了較好總結。從縱的歷史進程看,《集解》提供了一個注解的範本,具有里程碑的意義。這種泯然爲一在某種程度上也最終結束了兩漢以來經今古文的紛爭,畫上了一個圓滿的句號。

漢魏之際是《論語》注釋發展史的一個分水嶺。漢末以前,即從西漢孔安國"訓傳"《論語》以來,到馬融、鄭玄,《論語》注釋一直是重視名物訓詁,即重在依經解釋、疏通文本的"原義",而不在發揮、詮釋義理。這一情形到了曹魏,則明顯發生了轉向。隨着魏晉期間人的覺醒,主體意識的增強,注家一己個性的張揚,在注釋中明顯滲入了一些較強的主觀意識,即在"微言大義"的探究中,開始尋求經典中關涉治亂興替、道德修養等現實政治的意義。這也即何晏明言的陳群、王肅、周生烈等人開創的"義説"體例。

---

① 陳蘇鎮等校點《論語義疏》,第16頁。
② 陳蘇鎮等校點《論語義疏》,第74頁。
③ 陳蘇鎮等校點《論語義疏》,第62頁。

西漢成帝以來,直到魏、西晉,二百年來,對孔子的尊封實有一個漫長的發展歷程。但史書的記載仍不免是一種粗獷的綫條,而一些石碑的面世,則打開了一扇扇能細窺實情的大門。

　　與政權的更迭,即由曹魏向司馬氏過渡相聯繫的,是這一時段世所罕見的以血腥和殺戮著稱。在這個卑污、殺戮的時代,忠節、正直,一時間被摧剥得體無完膚,幾近蕩然無存。士人噤若寒蟬,不敢站起身來評議朝政。這直接帶來了思想界的一個變遷,即從東漢末年的政治清議到曹魏時的清談,再到西晉興盛的玄談。東晉時,玄談更多的淪爲一種談論、一種名士身分的標識。這是一個影響深遠的變遷,它直接決定了東晉南朝士人國家之念淡漠,以家族爲慮的心態。但辨名析理,講求宅心玄遠,"辭約旨達"的思維方式卻帶來了《論語》注釋格調的轉換,即從西晉以來一直到齊梁都很興盛的玄學化傾向。而清言、淡然心態與此際盛行的隱逸之風深深契合,也確實帶來了注釋中清麗、淡雅的風神與格調。

　　東晉初,爲避免摩擦,或損害江東大族的利益,北來的士族轉而開發東土——浙、閩,即在會稽、永嘉一帶修築莊園,此爲徜徉。這些人在出仕上顯然有優勢,因爲他們一直是東晉王朝拉攏、依靠的對象。積而久之,就產生了一個現象,即長江下游的揚州一帶因是當日的政治文化中心,仕進比較容易;相形之下,江州一地則艱難了許多,這一地多隱居之士,如孟陋、翟湯等。這些隱居之士,固然可能是真心傾慕自然,但出仕艱難以及心理陰影恐怕也是一個重要因素。而江州一地儒學的發展,實得力於范寧、范宣的大力培育,前後相繼,持之卓絶,"由是江州人士並好經學,化二范之風也",出現了一個儒學教育頗爲興盛的地域。

　　從經學發展的歷程看,南方的《論語》學,以郭象《論語體略》爲發端(西晉時,王弼《論語釋疑》已開啟了《論語》注釋玄化的傾向)。郭象是永嘉(307—313)時期清談第四階段的代表,也最終使之成了一種時代精神。但最終還是因世積亂離,切膚之痛,郭象對現實亦投入了較多的關注,沒有完全拋棄儒家家國觀念,這一點很難得。同一時期,李充又一次回到了漢儒解經的思路和準則,是比較純粹的持守儒家思想者。與李充一脈相承,東晉末期的范寧注《論語》重視字詞的訓詁,解釋得也比較切實、具體。范寧在盡力恢復被何晏、王弼、郭象等玄解所遮蔽的儒家真義,並試圖抬升儒家的地位,作出了一己切實的努力。儒家思想的高揚,也構成了東晉時期《論語》學的另一個特色。但這一類人比較少見,可爲特例。

　　在無力突破漢魏的《論語》注釋時,東晉已到了一個總結的時代,注釋出現了多元化的趨勢。

第四章　梁陳時《論語》注釋的重要轉向及北朝《論語》的讀習

　　假如,我們能有幸回到梁朝,生活在虎踞龍盤的建康,就一定能感受到東晉過江以來,歷經近二百年重新孕育生成的一個如火如荼的奮發時代。國學走上了正軌,還特意辟建五館,以分門别類教育士子;寒門也可以一改昔日踡縮、壓抑的境地,而意氣風發、一展身手了,因爲保障士族特權的九品中正制已在多次詔令下開始了破冰之旅;士子也盡可在朝堂上慷慨激昂,數陳己見,如郭祖深般在"帝溺情内教,朝政縱弛"時,詣闕上疏,指斥時政,①言辭極其尖鋭、犀利。還有賀琛,批判起來更是不留情面。郭祖深陳事約在普通(520—527)初年,②賀琛陳"四事"約在中大同(546—547)前後。③普通初年,蕭衍近六十歲,到賀琛陳事時,已近八十,垂垂老矣;又焉能聽進勸告,又焉得不勃然大怒! 但也止於大怒、疏遠,而没貶謫,甚至一殺了之。再如范縝宣揚神滅論,否定因果輪迴,可説直接否定了佛教存在的根基,這當然事態嚴重;但梁武帝並没有一砍腦袋了事,而是親率一幫大臣,與其展開了一場前所未有的激烈辯論。有時,梁武帝在接見使臣後,甚至親自與其展開論辯,如天平四年(537),接見東魏使臣李業興後,就多次就一些儒學問題進行辯論。④ 當然,"南朝四百八十寺,多少樓臺煙雨中",在梁武帝的强力支持下,佛教在當時大爲興盛,鱗次櫛比的寺塔巍然聳立,可説占據了蕭梁的半壁江山。這也是一道特别的風景。崇尚宗教却又允許其它思想的碰撞,思想氛圍寬鬆而活躍,學術興盛,士人奮争,自會孕育、産生出跨時代的

---

① 如"各競奢侈,貪穢遂生"。原因是"陛下寵勛太過,馭下太寬",甚且"廉潔者自進無途,貪苟者取入多徑,直弦者淪溺溝壑,曲鈎者升進重遷。飾口利辭,競相推薦,訐直守信,坐見埋没。勞深勳厚,禄賞未均,無功倖入,反加寵擢"等,見《南史》卷七十《循吏·郭祖深傳》(第 6 册,第 1720 頁)。

② 《南史》卷七十《郭祖深傳》,郭氏文中提到"陛下皇基兆運二十餘載"(第 1721 頁)。《梁書》卷三八《賀琛傳》亦載"自普通以來,二十餘年"(第 2 册,第 546 頁)。

③ 武帝敕責賀琛時提到"朕有天下四十餘年"(第 2 册,第 546 頁)。

④ 《北史》卷八一《儒林·李業興傳》,第 9 册,第 2724—2725 頁。

傑作，皇侃的《論語集解義疏》就是這樣。

也正因爲此，與梁比較，宋、齊時的《論語》注釋因無甚特色，而暫不多論。

皇《疏》並不是橫空出世。由傳到注是一個不斷增進的歷史進程，這一歷程，經由西漢孔安國，即第一位注釋《論語》者元朔元年（前128）前後，到皇侃生活的梁初，六百餘年的發展，已大體完成，梁時已難以度越。而且隨着時代的變遷，漢魏人的注理解起來也不免有些隔閡、晦澀；這樣，就有必要對經，特別是歧異的地方進一步補注，以及對漢魏舊注進行審視、疏解，甚或考核、補充辯證一些問題，以全面、具體、深入地解釋文意。到了皇侃時期，"集解"類著作已大量出現，如衛瓘《集注論語》（八卷）、崔豹《論語集注》（八卷）、孫綽《集解論語》（十卷）、江熙《集解論語》（十卷）等，也勢必要推陳出新，融彙貫通，以一種新的體例來闡釋、注解《論語》。再如這一時節興盛的佛教講經方式亦給予了較深的影響。義疏體應運呼之而出。這都是在梁武帝構建的興儒重學的氛圍中孕育。總之，這是《論語》注釋的一個重要轉向。

義疏體是這一個時代鮮明的特色。

因南北分隔的存在，就地域來看，南方顯然是《論語》學發展的中心，其注疏無疑要深入許多；北方，則因從十六國時期少數民族入主中原以來就一直混戰不斷，干戈盡陳，而帶來了經學、文化的急遽衰落，建立在鄉堡塢壁間的學術生命力無疑因客觀上的封閉、甚或主觀上的故步自封等受到了極大的遏制。北方的經學交流極爲不暢，北魏時一代大儒劉遵明，對鄭玄《論語序》的"書以八寸策"誤作"八十宗"，而"曲爲之説"。這還不是孤立的現象，"其僻也如此。（劉）獻之、（張）吾貴又甚焉"。① 劉遵明與劉獻之、張吾貴均在河北聚徒教授，史載，對劉遵明，"海内莫不宗仰"，對張獻之，"莫不高其行義，希造其門"，對張吾貴，"世人競歸之"，皆爲一時宗仰，尚且如此，則其時經學固守漢儒遺義，不甚溝通、交流等極端封閉、故步自封的情形，也確然可想。

這些，都需要仔細鈎沉、考辨一些史料，進而盡可能地陳明這一時期的發展情形。特別是北方十六國以後《論語》學的發展、傳播情形，至今因學者研究的稀少而一直未能明了。而且，唐朝經學的一統，其實也是建構在南北經學發展的基礎之上；因此，這一時期南北經學發展的具體情形、特色，都要進一步探明清楚，以此明了融合、一統的必然性和基礎。

---

① 《北史》卷八一《劉遵明傳》，第9册，第2720頁。

第一節　梁武帝推動經學的舉措及其歷史意義

在整個東晉南北朝，梁代可說是一個學術文化較爲繁盛的朝代，"自江左以來，年逾二百，文物之盛，獨美於兹"。① 而論梁朝的學術，也不能不首推梁武帝的作用，因其意志和要求，往往表現爲某種政治力量，甚至形成制度，進而產生巨大的影響。這一點，也得到了時人和初唐史臣的肯定：

> 自中原沸騰，五馬南度，綴文之士，無乏於時。降及梁朝，其流彌盛。蓋由時主儒雅，篤好文章，故才秀之士，焕乎俱集。②

> (高祖)興文學，修郊祀，治五禮，定六律，四聰既達，萬機斯理，治定功成，遠安邇肅。……三四十年，斯爲盛矣。……雖歷數斯窮，蓋亦人事然也。③

李延壽和姚察都肯定了梁武帝"儒雅，篤好文章"，即"人事"的作用。一般而論，改朝換代之際，帝都總會因是政治文化的中心而首當其衝，往往受到戰火的強烈衝擊而帶來典籍的大量損毀。梁初就是如此。不過，武帝的過人之處就是在百廢待興之際即下詔徵求如陳農般的人才，廣泛徵集各種典籍，查漏補缺，進而整理、校訂，體現了對學術、文化載體——典籍的高度重視：

> 齊永元末，後宫火，延燒秘書，圖書散亂殆盡。(王)泰爲丞，表校定繕寫，高祖從之。④

> 令：近災起柏梁，遂延渠閣。青編素簡，一同煨燼，緗囊緹帙，蕩然無餘。故以痛深秦末，悲甚漢季，求之天道，昭然有徵。……今雖百度草創，日不暇給，而下車所務，非此孰先。便宜選陳農之才，采河間之闕，懷鉛握素，汗簡殺青，依秘閣舊録，速加繕寫。便施行。⑤

陳農，漢成帝時曾被委派求天下遺書。河間，指河間獻王劉德，喜好聚書。這當是針對王泰的上表而下的詔令。爲此，盡選當日的一流學者任昉爲秘書監、殷均爲秘書丞校訂秘閣四部書。《梁書》卷一四《任昉傳》載其天

---

① 《南史》卷七《梁武帝紀論》，第1册，第226頁。
② 《南史》卷七二《文學傳序》，第6册，第1762頁。
③ 《梁書》卷三《武帝紀論》，北京，中華書局，1973年，第1册，第97—98頁。
④ 《梁書》卷二一《王泰傳》，第2册，第324頁。
⑤ 任昉《爲梁武帝集墳籍令》，見《文館詞林》卷六九五。

監二年(503)整理典籍,"自齊永元(499—501)以來,秘閣四部篇卷紛雜,昉手自讎校,由是篇目定焉"。"天監初,拜駙馬都尉,起家秘書郎,太子舍人,司徒主簿,秘書丞。鈞在職,啟校定秘閣四部書,更爲目錄。"①《隋書》卷三二《經籍志》曾評"梁武敦悦詩書,下化其上,四境之内,家有文史",點出梁武帝"敦悦詩書"的作用;結果是"四境之内,家有文史"。考之載籍,這的確是實情,就《宋書》《南齊書》《梁書》《南史》的記載看,私人聚書達萬卷以上的,基本上都出自梁朝,如王僧孺、任昉、沈約、張緬、張纘、蕭綸等。劉宋時私家藏書見於記載的,僅有三例:褚淵、王曇首和謝混,數目也只有數千卷。② 據《揮麈録·後録》卷七引唐著作郎杜寶《大業幸江都記》載:

隋煬帝聚書至三十七萬卷,皆焚於廣陵,其目中蓋無一帙傳於後代。

煬帝廣陵焚書,極可能是其剛繼位時的事。從元帝江陵焚書到煬帝廣陵焚書,前後不過五十年;這五十年間,南方竟能再次聚集到高達三十七萬卷的書籍,其數目之巨,可見一斑。這些書,很大程度上只能是梁代私家藏書的遺存;畢竟,歷經簡文帝、元帝焚書,官藏已所剩無幾。從這個角度看《隋書·經籍志》"家有文史"的記載,就不再是一味的虚誇。這也看出南方私藏的巨大潛力與梁代學術文化的發達。與整個北朝相比,南朝文化學術的發達是毋庸置疑的。這也怕是煬帝喜愛南方文化的一個重要原因。在楊廣看來,江南是"天下名都","自平陳以後,碩學通儒,文人才子,莫非彼至"。③ 梁代學術、教育的興盛就孕育在這等的文化氛圍之中。

概括而言,梁武帝對經學的推動,主要表現在三個方面:

一、興復學校。據《梁書》卷四八《儒林傳序》、《南史》卷七一《儒林傳序》,宋齊以來,國學時開時廢,建之不能持續十年,一直没能走上正軌,由此造成了一個較嚴重的後果,"鄉里莫或開館,公卿罕通經術";甚且,即便有一些飽學之士,也只是"獨學",且不願意教誨諸生,即"養衆",使得儒生徒有經書而無得從師讀習。這一情況,到了梁武帝初年,才有了根本性的轉變:

天監四年,詔曰:"二漢登賢,莫非經術,服膺雅道,名立行成。魏、晉浮蕩,儒教淪歇,風節罔樹,抑此之由。朕日昃罷朝,思聞俊異,收士得人,實惟酬獎。可置《五經》博士各一人,廣開館宇,招内後進。"於是以平原明山賓、吴興沈峻、建平嚴植之、會稽賀瑒補博士,各主一館。館

---

① 《梁書》卷二七《殷鈞傳》,第 2 册,第 407 頁。
② 更具體的情形,可參拙著《魏晉南北朝駢文史論》第六章第一節《梁武帝與文學》,成都,巴蜀書社,2012 年,第 209—211 頁。
③ 嚴可均《全隋文》卷五《敕責寶威崔祖濬》,北京,中華書局,1999 年,第 4043 頁。

有數百生,給其餼廩,其射策通明者,即除爲吏。十數年間,懷經負笈者雲會京師。又選遣學生如會稽雲門山,受業于廬江何胤。分遣博士祭酒,到州郡立學。①

這一置五館情形,可與普通六年,徐勉《上修五禮表》中所論參核:

> 請五禮各置舊學士一人,人各自舉學士二人,相助抄撰。其中有疑者,依前漢石渠、後漢白虎,隨源以聞,請旨斷決。乃以舊學士右軍記室參軍明山賓掌吉禮,中軍騎兵參軍嚴植之掌凶禮,中軍田曹行參軍兼太常丞賀瑒掌賓禮,征虜記室參軍陸璉掌軍禮,右軍參軍司馬褧掌嘉禮,尚書左丞何佟之總參其事。②

《儒林傳》中五館少一人,今據徐勉言,或可補上"吳郡陸璉"。陸璉,《梁書》卷二五載其編修五禮時掌軍禮,《隋書》卷三三《經籍志》亦載其撰《軍儀注》一百九十卷,可見其擅長軍禮。即五館所主,是以吉、凶、軍、賓、嘉五禮爲基礎構建。鈎沉史籍,個人所長,確係如此。明山賓,《梁書》卷二七、《南史》卷五〇有傳。其"七歲能言名理,十三博通經傳,居喪盡禮",以明禮見長,曾著《吉禮儀注》二百二十四卷,《禮儀》二十卷,《孝經喪禮服義》十五卷。沈峻,《梁書》卷四八、《南史》卷七一有傳。其"家世農夫,至峻好學,與舅太史叔明師事宗人沈麟士,在門下積年",一直苦學,"晝夜自課,時或睡寐,輒以杖自擊,其篤志如此",遂博通五經,尤長三《禮》,特別精通《周官》。吏部郎陸倕曾與僕射徐勉舉薦沈峻,稱"比日時聞講肆,群儒劉喦、沈宏、沈熊之徒,並執經下坐,北面受業,莫不嘆服"。嚴植之,《梁書》卷四八、《南史》卷七一有傳。植之博學,一人精通數經,"少善《莊》《老》,能玄言,精解《喪服》《孝經》《論語》。及長,遍治鄭氏《禮》《周易》《毛詩》《左氏春秋》"。又,據傳中"有司奏植之治凶禮","撰《凶禮儀注》四百七十九卷",其擅長凶禮。賀瑒,《梁書》卷四八、《南史》卷六二有傳。賀瑒少習家傳三《禮》學。據傳中"有司舉治賓禮","《賓禮儀注》一百四十五卷",其長於賓禮,亦是事實。又,《隋書》卷三三《經籍志》載"梁明山賓撰《吉儀注》二百六卷,嚴植之撰《凶儀注》四百七十九卷,陸璉撰《軍儀注》一百九十卷"。這都是一時特出的禮學人才。因此,開五館實際上偏向於禮學。

至於五館的生徒規模,亦可約略推測。嚴植之"館在潮溝,生徒常百數。植之講,五館生必至,聽者千餘人"。沈峻"於館講授,聽者常數百人"。③ 這

---

① 《梁書》卷四八《儒林傳序》,第3册,第662頁。
② 《梁書》卷二五《徐勉傳》,第2册,第381頁。
③ 《梁書》卷四八《嚴植之傳》《沈峻傳》,第3册,分別爲第671、679頁。

樣算來,每館的生徒爲數百人,合起來統共一千餘人("五館生必至",正説明是五館生基本全到,非是一館就有千餘人)。這是一個相當多的人數,①也受到了各地儒生的青睞。

同時,又"分遣博士祭酒,到州郡立學"。這一點,比之東晉、宋、齊,實有很大的進步,因爲東晉以來史載州郡立學的,僅有庾亮欲立學武昌("未竟"),范寧於餘杭令、豫章太守任上"在縣興學校,養生徒","在郡又大設庠序",②永泰元年(498)曹思文上表請"郡縣有學,鄉間立教"③等屈指可數的几次。天監七年,又下詔擴大學校的規模,"宜大啟庠學,博延胄子",使得"陶鈞遠被",即遠近遐邇均能接受教育。同時,一大批皇室、貴胄的子女也開始接受教育,"於是皇太子、皇子、宗室、王侯始就業焉",如《梁書》卷四四《太宗十一王》中就載此年南郡王蕭大連"與南海王(指蕭大臨)俱入國學",後"射策甲科,拜中書侍郎"。天監九年(510)三月,武帝親幸國子學後,又下詔強調"皇太子及王侯之子,年在從師者,可令入學",④這大約是七年的詔令不甚理想,又進一步申明的原因。或者説,這些習慣了高高在上的貴胄並不怎麼願意與寒門混雜,所以又特地立國子學來滿足。但不管怎樣,此顯示了學校教育漸次在全國範圍内廣泛深入開展的事實。比較東晉、宋、齊三代的興學,武帝的興學無疑是成功的,其根本原因就在於:第一,不僅是立國學,州郡也立學,這樣能在更廣泛的地域内有效吸納各地人才,也能使詔令中舉薦"牛監羊肆,寒品後門"等舉措落到實處(見下),最大限度突破國子學多貴族子弟(要求官五品以上)的弊端和局限;畢竟,培育人才的主戰場是各級學校。對此舉措,《隋書》卷二六《百官志上》還特意點明,"舊國子學生,限以貴賤,帝欲招來後進,五館生皆引寒門俊才,不限人數",即特意對寒門開放。第二,更重要的是,此並非單一地限於推行、發展學校教育,而是與選舉制度緊密結合,即這些學子,能通過一己的讀習、舉薦,進而參與到政權中來,即"學以從政,禄在其中",⑤"其射策通明經者,即除爲吏";⑥而不是先前依靠門第、"冢中枯骨"來做官,某種程度上也開啟了隋唐打破門第、科

---

① 《册府元龜》卷四九《帝王部·崇儒術》載:仁壽元年(601),隋文帝下詔稱"國學胄子垂將千數",於是裁減,"國子學唯留學生七十人"(第1册,北京,中華書局,1982年,第555頁)。可見發展至隋時,才一度高達千人。

② 分别可見《晉書》卷七五《范寧傳》(第7册,第1985頁)、《宋書》卷九三(第8册,第2280頁)、《南史》卷七五《周續之傳》(第6册,第1865頁)。

③ 但"不立",見《南齊書》卷九《禮志上》(第1册,第145頁)。

④ 《梁書》卷二《武帝紀中》,第1册,第50頁。

⑤ 《梁書》卷二《武帝紀中》,第1册,第49頁。

⑥ 《南史》卷七一《儒林傳序》,第6册,第1730頁。

舉取士的大門。這兩者互相促進，拔擢優秀人才進入官員隊伍，會對人才的培育有極大的促進、示範作用；反過來，優秀人才的充實又能保證官員隊伍的優化和整體治理水平的提升。

二、與此配合而行，是對察舉制度的變更：

(天監)四年春正月，詔曰："今九流常選，年未三十，不通一經，不得解褐。若有才同甘、顏，勿限年次"。①

這一詔令有重要意義，已有意對形成士庶天隔的九品中正制進行改革，強調士人的才華在薦舉中占主要位次。甘指甘羅，其十二歲時因勸説張唐相燕，後周旋燕、趙間，不費一兵一卒取得趙國五座城池，而受到任命上卿的賞賜。事見《史記》卷七十一《樗里子甘茂列傳第十一》。顏指顏回，據《論語·雍也》，"年十三，入孔子門"，以"一簞食，一瓢飲，在陋巷，人不堪其憂，回也不改其樂"著稱。隨孔子周遊列國，很受孔子的器重，"吾與回言，終日不違，如愚。退而省其私，亦足以發，回也不愚"。② 二人都是以早慧盛名一時。十二三歲與三十歲自然有很大的差距，可見詔令不限年次、察舉人才的決心。劉宋以來，限年三十入仕。③ 齊末，蕭衍曾上表，"且聞中間立格，甲族以二十登仕，後門以過立(三十)試吏"。④ 爲此，採取了折衷的辦法，即二十五歲入仕，⑤對普遍入仕的年齡限制有所突破。這些舉措，吸引了大量的人才，"十數月間，懷經負笈者雲會京師"。

但更重要的，是對曹魏以來形成的"士庶天隔"的選官制度進行釐革。前已言，五館生多對"寒門俊才"開放。當然，這只是開始破冰，革除魏晉以來九品中正制的某些弊政，並僅限於特例，不甚普遍。天監七年則明確要求"無膏粱寒素之隔"，⑥即著重打破士庶天隔的森嚴界限，強調了膏粱、寒素不再有嚴格的區別，要一視同仁，下層、庶民都可以被薦舉。這個範圍，顯然比四年的詔令又擴大了很多。次年，即天監八年五月，又發佈了一個詔令：

學以從政，殷勤往哲，禄在其中，抑亦前事。朕思闡治綱，每敦儒術，軒闈辟館，造次以之。故負帙成風，甲科間出，方當置諸周行，飾以

---

① 《梁書》卷二《武帝紀中》，第 1 册，第 41 頁。
② 《論語·爲政》。高尚榘校點《論語義疏》，北京，中華書局，2014 年，第 31—32 頁。
③ 《南史》卷二〇《謝莊傳》："初，文帝世，限年三十而仕郡縣，六周乃選代，刺史或十年餘。至是皆易之，仕者不拘長少，莅人以三周爲滿。宋之善政於是乎衰。"(第 2 册，第 555—556 頁。)
④ 《梁書》卷一《武帝紀上》，第 1 册，第 23 頁。
⑤ 《梁書》卷三八《朱异傳》載："舊制，年二十五方得釋褐。時異適二十一，特敕擢爲揚州議曹從事史。"(第 2 册，第 537 頁)時約在天監初年。
⑥ 《通典》卷十四《選舉二·歷代制中》，中華書局，2003 年，第 1 册，第 335 頁。不過，這有可能是撰寫者杜佑的評價，但其核心精神則一致，吻合於時代進展。

青紫。其有能通一經、始末無倦者,策實之後,選可量加敘録。雖復牛監羊肆,寒品後門,並隨才試吏,勿有遺隔。①

又進一步放寬要求,不論人才多麼卑賤、低微,"雖牛監羊肆,寒品後門",均可薦舉拔擢。這在史書中也能找到實例,如幼時冥頑的朱异,據《梁書》卷三八本傳,"既長,乃折節從師,遍治五經,尤明《禮》《易》"。②"舊制,年二十五方得釋褐。時异適二十一",其二十一歲在天監元年。"尋有詔求异能之士,《五經》博士明山賓(其當已任職五館)表薦(朱)异",可見其出仕正是受惠於詔令。再如"孤貧"的山陰人孔子祛,"耕耘樵采,常懷書自隨,投閑則誦讀。勤苦自勵,遂通經術",也是在這一時節。③ 並且,從制度上也明確規定通一經即可量加敘録("量授"),放寬了對經書讀習的要求。④ 這一切都爲一個目的,即對魏晉以來早已固化、凝滯的九品中正制進行較爲全面、徹底的改革。這也顯示了梁武帝非同一般的膽識和革新勇氣,其下詔的頻繁、氣度,歷史上聲名顯赫的漢文、魏武也不過如此。

同時,對東晉以來任官上形成的"安流平進"、"坐致公卿",即士族享受的特權,也進行了革易,加强了對才能的考察——上引"射策通明者,即除爲吏",要求必須通一經,且射策通過,已成了常規性的要求。這樣的例證較多,如賀瑒博士所主的館中,"館中生徒常百數,弟子明經對策至數十人";⑤嚴令之下,梁朝的貴游子弟"明經求第,則顧人答策",⑥雖然不無投機取巧,說明時風不正,但作爲一項制度,已完全穩定下來了。

現在的關鍵是如何對策或射策? 因這對理解、解讀這一時期的經學讀習有至關重要的影響。

從縱的歷史進程看,晉安帝義熙七年(411),鑒於州郡舉薦的秀孝"多非其人",時執掌軍政實權的劉裕建議恢復策試制度,"公表天子,申明舊制,依舊策試"。⑦ 劉裕稱帝後,永初二年(421),還曾親幸延賢堂,"策試諸州郡秀才、孝廉"。而到了孝建元年(454),孝武帝更詔令明確舉薦者所承擔的責任,"若有不堪酬奉,虛竊榮薦,遣還田里,加以禁錮"。⑧ 總之,"凡州秀

---

① 《梁書》卷二《武帝紀中》,第 1 册,第 49 頁。
② 朱异太清二年(548)卒,年六十七,則其生於建元四年(482)。其"年二十,詣都"策試,則爲中興元年(501)。
③ 《梁書》卷四八《儒林·孔子祛傳》,第 3 册,第 680 頁。據傳,其中大同元年(546)卒,年五十一,則建武四年(497)生。
④ 杜佑《通典》卷十四《選舉二》,北京,中華書局,2003 年,第 1 册,第 335 頁。
⑤ 《梁書》卷四八《儒林·賀瑒傳》,第 3 册,第 672 頁。
⑥ 王利器集解《顔氏家訓集解》卷三《勉學》,第 148 頁。
⑦ 《宋書》卷二《武帝紀中》,第 1 册,第 28 頁。
⑧ 《宋書》卷六《孝武帝紀》,第 1 册,第 114 頁。

才、郡孝廉,至皆策試,天子或親臨之",①策試在劉宋時已走向正規,成了一項穩定的制度。

明帝泰始三年(467),都令史駱宰議"策秀才考格,五問並得爲上,四、三爲中,二爲下,一不合與第"。②後詔從宰議。至於具體的策試考試,可從《文選》卷三六所錄王融齊永明九年(491)、十一年《策秀才文》(均爲五道)中側窺一斑。大體上,時人看重的秀才策試,考五問,內容仍是沿襲漢代董仲舒"天人三策"關注現實的精神,側重對現實中理政問題的設問,如以何求治?富人"兼貧擅富,浸以爲俗",變更土地制度是否合宜?如何善求法令,奠定理國的根本等。這也是對策的應有之義。但如何考核經學生,則需從另一途徑。

上面的詔令言"射策"入仕。對射策,顔師古注:"射策者,謂爲難問疑義書之於策,量其大小署爲甲乙科,列而置之,不使彰顯。有欲射者,隨其所取得而釋之,以知優劣。射之,言投射也。對策者,顯問以政事經義,令各對之,而觀其(人)[文]辭定高下也。"③這雖是言漢制,但師古距梁陳很近,也有梁陳時制度的印記。

(岑之敬)年十六,策《春秋左氏》《制旨孝經義》,④擢爲高第,御史奏曰:"皇朝多士,例止明經,若顔、閔之流,乃應高第。"梁武帝省其策,曰:"何妨我復有顔、閔邪?"因召入面試,令之敬昇講座,敕中書舍人朱异執《孝經》,唱《士孝章》,武帝親自論難。之敬剖釋縱橫,應對如響,左右莫不嗟服。乃除童子奉車郎,賞賜優厚。⑤

這一事例能說明:一、通一經即可,此也吻合天監八年的詔令"有能通一經"。岑之敬就是通過明一經,即《春秋左氏傳》及第。至於《制旨孝經》,梁武帝撰,應屬兼讀的性質(漢代即是)。中大通四年(532),蕭子顯上表"置《制旨孝經》助教一人,生十人,專通高祖所釋《孝經》義",⑥可見《制旨孝敬》一書在當日比較推尊。二、分別考試,方式是射"策"。推測之下,就是梁武帝面試時的方式,即一人執經,以當面核實;選某一章節(如《士孝章》)發問,考生則需闡釋回答。岑之敬"剖釋縱橫,應對如響",以致"左右莫不嗟服",是一種很高的水平。三、考核內容,是策問經史中的事、義(即

---

① 《通典》卷十四《選舉二》,第1冊,第333頁。
② 《南齊書》卷三六《謝超宗傳》,第2冊,第635頁。
③ 《漢書》卷七八《蕭望之傳》"望之以射策甲科爲郎"下顔注,第10冊,第3272頁。
④ 中華書局標點本původně爲"制旨《孝經》義",實際應爲"《制旨孝經義》",因據《梁書》卷三《武帝紀下》載武帝撰有"《制旨孝經義》"一書(第1冊,第96頁)。
⑤ 《陳書》卷三四《文學·岑之敬傳》,第2冊,第461—462頁。
⑥ 《梁書》卷三《武帝紀下》,第1冊,第76頁。

顏師古所說的"問以經義",意義或義理的辨析,否則,自不需"剖釋縱橫"、"剖析如流"),特別是典章故實,即顏師古說的"射策"(唐時稱"帖經")。

（天監）七年,（南郡王蕭大連）與南海王（蕭大臨）俱入國學,射策甲科,拜中書侍郎。①

時生徒對策,多行賄賂,文豪請具束脩,（袁）君正曰:"我豈能用錢為兒買第耶?"學司銜之。及（其子袁）憲試,爭起劇難,憲隨問抗答,剖析如流。……（到溉）謂君正曰:"昨策生蕭敏孫、徐孝克,非不解義,至於風神器局,去賢子遠矣。"尋舉高第。②

天監十七年,詔諸生答策,宗室則否。帝知（蕭）暎聰解,特令問策,又口對,並見奇。謂祭酒袁昂曰:"吾家千里駒也。"③

袁憲"隨問抗答,剖析如流",正如岑之敬所做,可見是策試的通則。"答策",即口問,對經義或某一章句的背誦。這樣理解並非無因,是因為這一時節,士人在閑暇之際,總是以策試故實為樂:

尚書令沈約命駕造焉,於坐策（劉）顯經史十事,顯對其九。④

（陸）雲公五歲誦《論語》、《毛詩》,九歲讀《漢書》,略能記憶。從祖（陸）倕、沛國劉顯質問十事,雲公對無所失,顯歎異之。⑤

（韋載）年十二,隨叔父棱見沛國劉顯。顯問《漢書》十事,載隨問應答,曾無疑滯。⑥

（虞荔）年九歲,隨從伯闡侯太常陸倕,倕問五經凡有十事,荔隨問輒應,無有遺失,倕甚異之。⑦

這顯然是真實策試在生活中的印記。其以"十事"為常,⑧也自當是策試時以此為限的反映。劉顯、陸雲公等所對答的"十事",顯然是指五經中的故實或某一具體內容的背誦（下舉關於錦被、板栗的故實能更清楚地證實這一點）。又,口試有較大的隨意性,有時還有筆答,如梁武帝曾看到岑之敬的答策。這種不穩定性也顯示了當時是射策考察的初期。這裏,還能找到一個例子側面佐證,即《隋書》卷七五《儒林·房暉遠傳》所載:

---

① 《梁書》卷四四《太宗十一王列傳》,第 3 冊,第 615 頁。
② 《陳書》卷二四《袁憲傳》,第 2 冊,第 312 頁。
③ 《南史》卷五二《梁宗室下·蕭暎傳》,第 4 冊,第 1302 頁。
④ 《梁書》卷四〇《劉顯傳》,第 2 冊,第 570 頁。
⑤ 《梁書》卷五〇《文學下·陸雲公傳》,第 3 冊,第 724 頁。
⑥ 《陳書》卷一八《韋載傳》,第 2 冊,第 249 頁。
⑦ 《陳書》卷一九《虞荔傳》,第 2 冊,第 256 頁。
⑧ 《北史》卷八一《儒林傳序》即載這一時期北朝"射策十條,通八以上,聽九品出身"（第 9 冊,第 2706 頁）。

(開皇初,581—600)會上(隋文帝)令國子生通一經者,並悉薦舉,將擢用之。既策問訖,博士不能時定臧否。祭酒元善怪問之,(房)暉遠曰:"江南、河北,義例不同,博士不能遍涉。學生皆持其所短,稱己所長,博士各各自疑,所以久而不决也。"祭酒因令暉遠考定之,暉遠覽筆便下,初無疑滯。或有不服者,暉遠問其所傳義疏,輒爲始末誦之,然後出其所短,自是無敢飾非者。所試四五百人,數日便决,諸儒莫不推其通博,皆自以爲不能測也。

一時間,博士不能裁定考生的正誤、優劣,掌管策問的祭酒元善感到很奇怪。對此,房暉遠解釋了其間的原因,原來是"江南、河北,義例不同",這根源於南北習經,即房暉遠要特意問明"義疏"的差異,也即《隋書》卷七五《儒林傳序》所説的"南北所治,章句好尚不同","江左《周易》則王輔嗣,《尚書》則孔安國,《左傳》則杜元凱。河、洛《左傳》則服子慎,《尚書》《周易》則鄭康成。《詩》則並主於毛公,《禮》則同遵於鄭氏"。爲此,"通博"、融貫經書的房暉遠憑一己之才,言其所傳義疏的始末、短長,進而裁决紛争,所向披靡。這一過程,正充分展示出策問的内容是關涉義疏的解釋和例證。隋時,國子生射策已日趨正規、制度化,且距梁時較近,也勢必是在昔日的基礎上進一步發展而來。

進一步,從前引"明經求第,則顧人答策",以及"時生徒對策,多行賄賂"看,當日對考生身分的審查應比較寬鬆——這也是區别於隋唐科舉制的一個重要因素,即處在草創時期,遠没有從較爲嚴格、周全、穩定的制度去在程序上保障策試的公平、公正,一切還不無隨意性。但也顯然,此際已有了科舉制度的萌芽。

  武帝每集文士策經史事,時范雲、沈約之徒皆引短推長,帝乃悦,加其賞賚。曾策錦被事,咸言已罄,帝試呼問峻,(劉)峻時貧悴冗散,忽請紙筆,疏十餘事,坐客皆驚,帝不覺失色。自是惡之,不復引見。及峻《類苑》成,凡一百二十卷,帝即命諸學士撰《華林遍略》以高之,竟不見用。①

  先此,約嘗侍讌,值豫州獻栗,徑寸半,帝奇之,問曰:"栗事多少?"與約各疏所憶,少帝三事。出謂人曰:"此公護前,不讓即羞死。"帝以其言不遜,欲抵其罪,徐勉固諫乃止。②

---

① 《南史》卷四九《劉峻傳》,第 4 册,第 1219—1220 頁。
② 《梁書》卷十三《沈約傳》,第 1 册,第 243 頁,《南史》卷五七《沈約傳》同(第 5 册,第 1413 頁)。

不僅如此,貴爲帝王的蕭衍還"每集文士策經史事",即以隸事多少來考校學問,更成了一時的風尚。甚且"范雲、沈約之徒皆引短推長,帝乃悦"。史載的"引短推長",大致不外乎推崇、拍馬逢迎梁武帝。但梁武帝還真的很在意,劉峻多疏了十餘事,就爲此忤了梁武帝。沈約也因説"此公護前,不讓即羞死"等不中聽的話,差點受到了嚴重的責罰。不僅如此,梁武帝甚至還組織一班人馬編修《華林遍略》六百二十卷,欲以此與劉峻編的《類苑》一争高下。這都足以説明與策試、選拔相關的隸事在梁武帝心中的重要地位。從整個東晉南朝的察舉制度看,舉孝廉在日益衰歇,舉秀才卻日趨上升;而是否有文學才華,是舉秀才的一個重要標準。從薦舉后的實際任職看,舉孝廉後的任職均不高,沈約在《宋書》卷九十一《孝義傳序》中也不得不承認,在"權利相引,仕以勢招"的情況下,孝廉的"汲引之途多闕"。察舉秀才卻直綫上升,且舉秀才後多授予清要之職,難怪時人要對舉秀才高看一眼。①

不過,"寒門俊才"明經及第後所任的官職,多爲濁選,也即史書常言的"署吏"、"補吏",以及詔令説的"隨才試吏"等的真實含義,即授予吏職,一種類於兩漢時的刀筆小吏——各郡縣低級的從事事務性的小官,遠不如國子生任用優越,仍難以側身清級。這一點,與劉宋以來士族不屑庶務,而使寒人掌機要,即多從事具體的政務相一致。鍾嶸就直言,"若吏姓寒人,聽極其門品,不當因軍,遂濫清級",②即這些寒人雖然已被署吏,門品可以提高一些,但仍不當因軍功而厠於清流,即士族。鍾嶸的言論有代表性,因他本人就出自潁川鍾氏高門。

三、更進一步,梁武帝又特別推崇儒學。這有以下數端:首先,武帝本人身體力行,《梁書·武帝紀》《隋志》中所列梁武帝名下的諸多儒家經典,如撰《制旨孝經義》《周易講疏》《毛詩答問》《春秋答問》《尚書大義》《中庸講疏》《孔子正言》《老子講疏》等,"凡二百餘卷",能見出其努力與志趣所在。史臣的評價是"並正先儒之迷,開古聖之旨",可見是有一些功底和價值的,非是泛泛而述。還能一提的是,梁武帝甚且還遣派儒生顧越還吴,"敷揚講説"其撰制旨新義,以擴大影響。③ 其子蕭綱亦曾"於玄圃述武帝所制《五經講疏》,聽者傾朝野"。④ 武帝還下國學"宣制旨義",⑤使博通經書的孔子

---

① 具體可參拙著《魏晉南北朝騈文史論》第四章第二節《東晉南朝察舉制度與文學》,第131—145頁。
② 《梁書》卷四九《文學上·鍾嶸傳》,第3册,第694頁。
③ 《南史》卷七一《儒林·顧越傳》,第6册,第1753頁。
④ 《南史》卷八《簡文帝紀》,第1册,第233頁。
⑤ 《陳書》卷二四《袁憲傳》,第2册,第312頁。

祛"檢閱群書,以爲義證"。① 蕭衍本人也付諸實踐,如其父蕭順之亡後,竟至銷毀骨立,"每哭輒歐血數升"。② 其子蕭統,不僅在丁其母丁貴妃憂時居喪過禮,且作爲皇位的繼承人,也受到了較嚴格、系統的儒學教育,"三歲受《孝經》《論語》,五歲遍讀五經,悉通諷誦"。③ 又如武帝第九子蕭恢"幼聰穎,年七歲,能通《孝經》《論語》義,發摘無所遺"。④ 其次,藉助政權的力量在全國大力推尊儒術。天監四年正月,梁下詔置五經博士各一人。同時,鑒於"比歲學者殊爲寡少,良由無復聚徒,故明經斯廢",故選遣學生何子朗、孔壽等六人如會稽雲門山從廬江何胤受業。⑤ 何胤,據《何胤傳》,宋司空何尚之孫,是晉宋以來的高門,"家本甲族,親姻多貴仕"。梁武帝曾與其兄何點有舊。何胤曾師事沛國劉瓛,受《易》《禮記》及《毛詩》。齊時貴顯,永明十年,遷侍中,後轉爲國子祭酒。與其兄何點隱逸不同,何胤一直在政壇上馳騁。高祖建霸府時,引爲軍謀祭酒,可見很早就站在了蕭衍的陣營,爲此也得到了蕭衍的親幸。因其爲"儒宗",再加上"德素"而被武帝認爲是傳授儒學的最佳人選。接着,尊崇儒學、興復學校已取得了一定的效果,"負帙成風,甲科間出",天監八年五月下詔時,就強調了對學業的具體要求,即"其有能通一經、始末無倦者,策實之後,選可量加敘錄"。⑥ 這一拔擢標準,如與唐代明經科的要求相比,顯然低了許多。如《唐六典》卷二《尚書吏部》注文載:"諸明經試兩經,每經十帖。《孝經》二帖,《論語》八帖。每帖三言。通六已上。然後試策:《周禮》《左氏》《禮記》各四條,餘經各三條,《孝經》《論語》共三條,皆錄經文及注意爲問。其答者須辨明義理,然後爲通。"可見唐代明經至少要讀習多種經典,並且還考對策(可參第五章第三節)。

　　總之,在武帝的多種舉措下,儒學確實得到了長足進展,由是"濟濟焉,洋洋焉,大道之行也如是",⑦出現了一派繁興的景象。不過,要補充說明的是,梁武帝重視儒術,是與宋、齊縱向相較,如橫向從有梁一代的整個生館、察舉制度看,某種程度上梁武帝更重文學才華,特別崇尚文學、知識:

　　　　每所御幸,輒命群臣賦詩,其文善者,賜以金帛,詣闕庭而獻賦頌者,或引見焉。其在位者,則沈約、江淹、任昉,並以文采,妙絕當時。至若彭城到沆、吳興丘遲、東海王僧孺、吳郡張率等,或入直文德,通謴壽

---

① 《梁書》卷四八《孔子祛傳》,第 3 册,第 680 頁。
② 《梁書》卷三《武帝紀》,第 1 册,第 96 頁。
③ 《南史》卷五三《梁武帝諸子傳》,第 1308 頁。
④ 《梁書》卷二二《太祖五王》,第 2 册,第 350 頁。
⑤ 《梁書》卷五一《處士・何胤傳》,第 3 册,第 737—738 頁。
⑥ 《梁書》卷二《武帝紀中》,第 1 册,第 49 頁。
⑦ 《梁書》卷四八《儒林傳序》,第 3 册,第 662 頁。

光,皆後來之選也。①

　　梁武帝雅好辭賦,時獻文章於南闕者相望焉。②

　　時高祖著《連珠》,詔群臣繼作者數十人,(丘)遲文最美。天監三年,出爲永嘉太守,在郡不稱職,爲有司所糾,高祖愛其才,寢其奏。③

"每所御幸,輒命群臣賦詩",一個"每"字,一個"輒"字,説明命群臣賦詩是很普遍的一件事。"時獻文章於南闕者相望",更反映了時人的熱衷和趨之若鶩。不僅如此,如若文章寫得好,甚至還可以借此免去罪責,上舉丘遲的事例就説明了這一點。還能舉一例,如極度躁虐驕縱、喜怒無常的武帝第六子蕭綸,因其賦詩"方同廣川國,寂寞久無聲",不僅沒受到懲罰,反而大受武帝的贊賞,"旬日間,拜郢州刺史"。④

還能補説一點,梁武帝爲撰《孔子正言》,⑤"專使(孔)子袪檢閱群書,以爲義證"。⑥ 大同八年(542),武帝的《孔子正言章句》撰畢後,詔下國學,宣制旨義,甚至還爲此徵召國子《正言》生,如袁憲,時年十四;⑦或策試,如戚袞,對策高第。⑧ 這無疑都直接擴大了這一儒學教材,或者説《論語》在整個社會的影響。

第二節　梁陳間《論語》注釋的重要轉向

從縱向大的經注發展歷程看,漢人重視字詞、故實的訓詁,即以章句明經,曹魏時開始轉向"義解",重視對經義的闡發與揭示,梁陳間則進一步推重注文意旨的深入闡發,即義疏體的出現(此論出現的原因,皇《疏》的具體表現見下節,以此互相補充)。這一轉變歷程,經學家馬宗霍有一個集中的概述:

　　蓋漢人治經,以本經爲主,所爲傳、注,皆以解經;至魏晉以來,則多以經注爲主,其所申駁,皆以明注。即有自爲家者,或集前人之注,少所折衷;或隱前人之注,跡同攘善。其不依舊注者,則又立意與前人爲異

---

① 《梁書》卷四九《文學傳序》,第 3 册,第 685—686 頁。
② 《南史》卷七二《袁峻傳》,第 6 册,第 1777 頁。
③ 《梁書》卷四九《丘遲傳》,第 3 册,第 687 頁。
④ 《南史》卷五三《梁武帝諸子傳》,第 5 册,1323 頁。
⑤ 《隋書》卷三二《經籍志》載二十卷(第 4 册,第 937 頁)。
⑥ 《梁書》卷四八《孔子袪傳》,第 3 册,第 680 頁。
⑦ 《陳書》卷二四《袁憲傳》,第 2 册,第 312 頁。
⑧ 《陳書》卷三三《戚袞傳》,第 2 册,第 440 頁。

者也。至南北朝，則所執者更不能出漢魏諸家之外，但守一家之注而詮釋之，或旁引諸説而證明之，名爲經學，實即注學，於是傳注之體日微，義疏之體日起矣。緣義疏之興，初蓋由於講論。兩漢之時，已有講經之例，石渠閣之所平、白虎觀之所議，是其事也。魏晉尚清談，把塵樹義，相習成俗，移玄談以談經，而講經之風益盛。南北朝崇佛教，敷坐説法，本彼宗風，從而效之，又有昇座説經之例。初憑口耳之傳，繼有竹帛之著，而義疏成矣。①

即漢人爲傳、注以解經，魏晉以來，則以明注(闡明注的意義)爲主，少所折衷、評判。到了南北朝，則因不能超越漢魏諸家的解説，而持守一家之注，廣征博引諸家解説，同時，充分發掘注文的意旨，以實現在這一注釋領域的新突破。爲此，"傳注"之體日趨衰微，"義疏"之體("義疏"，就名而論，其實就是疏解經、注義)則日益興盛。這也是齊梁諸儒所著力開拓的一個注釋方向。馬氏又考辨了義疏體的遷變，即最早出於講論，如兩漢時石渠閣、白虎觀平議；魏晉時尚清談，則移其術以談經；南北朝時崇佛，又浸染上佛教的講經之風，於是形成了義疏之體。就是説，這三個方面的融合，最終促使了義疏體的產生。不過，馬氏雖在其後舉了一些例證，如"宋明帝集朝臣於清暑殿之講《周易》，齊高帝幸國學之聽講《孝經》"等，但僅止於例舉性質，實未能深入剖析。② 今試在此基礎上按圖索驥，進一步補苴、申發，以明了義疏產生的社會背景。

對石渠閣議的影響，可從《後漢書·魯丕傳》中窺其一斑：

和帝因朝會，召見諸儒，丕與侍中賈逵、尚書令黄香等相難數事，帝善丕説，罷朝，特賜冠、幘、履、襪、衣一襲。丕因上疏曰："……臣聞説經者，傳先師之言，非從己出，不得相讓；相讓則道不明，若規矩權衡之不可枉也。難者必明其據，説者務立其義，浮華無用之言不陳於前，故精思不勞而道術愈章。法異者，各令自説師法，博觀其義。"③

《資治通鑑》卷四八"和帝永元十一年"條，胡三省在其奏下注，更申其説：

漢儒專門名家，各守師説。故發難者，必明其師之説以爲據；答難

---

① 馬宗霍《中國經學史》第八篇《南北朝之經學》，上海書店，1998年，第85—87頁。
② 對此，今人洪湛侯《詩經學史》亦有所論，基本本於馬氏上論："'義疏'的產生，是經學由簡約轉向繁瑣的重大轉變，這一轉變，有它的時代原因。第一是由於講經風氣的發展；第二是佛教敷座説法的影響；第三，講究玄學的風氣，也影響到儒家的經學。"(洪湛侯《詩經學史[上册]》，北京，中華書局，2002年，第234—235頁。)不過，洪氏仍沒再深入論斷。
③ 《後漢書》卷二五《魯丕傳》，第4册，第884頁。

者,亦必務立大意以申其師之説。

顯然,"相難數事",以各自的師説互相論難,是當日的一個風尚。魯丕所説,就是要持守師説,傳達先師的論説;因不是談論一己的見解("非從己出"),論辨時自不用"謙讓",否則,一味謙讓只會使"道不明"。並且,魯丕還陳明師説不可變更,一如規矩權衡等不可曲折,即要"明師之説"、"申師之説"。再結合"相難數事"看,這種發難、答難至少是有好幾個回合,也能見出論難的激烈。這一論難,六朝時仍有遺存,而且在時人熱衷的玄談中更趨緊張、激烈。這種"互爲客主"、反復辯難的情形,在《世説新語·文學》中有大量、具體的例證。就談玄辯難酷烈的程度來看,也是以東晉爲最,甚且夜以繼日,論難精苦,如"既共清言,遂達三更。丞相(王導)與殷(浩)共相往反,其餘諸賢,略無所關"(第22條);"孫安國(盛)往殷中軍(殷浩)許共論,往反精苦,客主無間。左右進食,冷而復暖者數四。彼我奮擲麈尾,悉脱落,滿餐飯中。賓主遂至莫忘食"(第31條);支道林與始在總角的謝朗辯難,"遂至相苦",致使其母王夫人不得不抛頭露面,"流涕抱兒以歸"(第39條)等,其酷烈的程度都遠遠超過西晉。西晉最多的只是發問,"每至共語,有爭而不相喻"(第9條),或"時人攻難之,莫能折"(第12條)之類的——這一切不能不讓人看到東晉時論難的酷烈程度。爲此,作爲一流高門琅琊王氏子弟王僧虔,在劉宋末曾一再誡示子孫,千萬不要輕易涉足玄談,因爲一着不慎,就可能身敗名裂,"汝開《老子》卷頭五尺許,未知輔嗣(王弼)何所道,平叔(何晏)何所説,馬(馬融)、鄭(鄭玄)何所異,《指》《例》何所明,而便盛於麈尾,自呼談士,此最險事",①就是鑒於論難的激烈和談玄在當日的極大影響。因此,皇《疏》中問答的形式就當是導源於西晉以來現實生活中普遍的談玄的問答論難。

當然,到了皇侃生活的梁朝,當時儒家的講經方式也值得注意。

時(齊)明帝不重儒術,(伏)曼容宅在瓦官寺東,施高坐於聽事,有賓客輒升高坐爲講説,生徒常數十百人。②

比日時聞講肆,群儒劉岳、沈宏、沈熊之徒,並執經下坐,北面受業,莫不嘆服,人無間言。③

梁武帝省其策,曰:"何妨我復有顏、閔邪?"因召入面試。令之敬升講坐,敕中書舍人朱異執《孝經》,唱《士孝章》,武帝親自論難。之敬剖

---

① 《南齊書》卷三三《王僧虔傳》,第2册,第598頁。
② 《梁書》卷四八《伏曼容傳》,第3册,第663頁。
③ 《梁書》卷四八《沈峻傳》,第3册,第679頁。

釋從橫,左右莫不嗟服。①

（梁邵陵王蕭）綸時自講《大品經》,令（馬）樞講《維摩》《老子》《周易》,同日發題,道俗聽者二千人。王欲極觀優劣,乃謂衆曰:"與馬學士論義,必使屈服,不得空立客主。"於是數家學者,各起問端。樞乃依次剖判,開其宗旨,然後枝分派別,轉變無窮,論者拱默聽受而已,綸甚嘉之。②

互相參核,即可見當日儒家講經的方式:先坐定位次,講者升高坐,聽者執經下坐,"北面受業";特殊時,比如皇帝測試,則可使一人執經書發問,同時也備核實解說的準確性。講經時,可立賓主(源自魏晉清談時的假立賓主,見上所舉)進行問答辯難,甚或一起發問。具體講解時,就《馬樞傳》看,其"依次剖判,開其宗旨,然後枝分派別,轉變無窮",如對應經書的解釋,就是逐次辨析章節,闡明宗旨含義;這與義疏依次一一解釋文辭、故實以及句意實是同一邏輯思路。而且,其能做到"轉變無窮",即充分、反復解釋,也見出義疏繁瑣解說的影子。而從一般儒士,到皇帝、王侯等,均熱衷不懈,說明在當日甚是普遍。因此,不妨說義疏重依次闡明主旨、反復解說,正是這種儒家說經方式的書面體現。

下面,再着重看一下佛教講論對義疏體的促進作用。對這一關係闡述較深入的推牟潤孫《論儒釋兩家之講經與義疏》一文,在充分展示儒家、釋氏最早的經疏、"釋氏之講經與撰疏","論釋氏講經儀式中三事與講經時之辯難"等情形後,作者得出了一個結論:

撰疏一事,非僅爲詁經之書創辟新體例,即在我國學術史上、思想史上亦爲大事因緣,影響至爲深遠。至於其中關鍵所繫,厥爲儒家講經之採用釋氏儀式一端。僧徒之義疏或爲講經之記錄,或爲預撰之講義,儒生既采彼教之儀式,因亦仿之有記錄有講義,乃制而爲疏。講經其因,義疏則其果也。③

一句話,即義疏源自模仿佛教僧徒的講經記錄,是其果。但是也毋庸諱言,其論述未免有些晦澀,且一些重要情形仍需進一步發掘,如東晉末佛教就已出現的"義疏"體及特點,實沒能論明,不免有遺珠之憾。今試補論如下:

佛教之有義疏,最早見《高僧傳》卷四《竺法崇傳》:

---

① 《南史》卷七二《岑之敬傳》,第 6 冊,第 1788 頁。
② 《南史》卷七六《隱逸·馬樞傳》,第 6 冊,第 1907 頁。
③ 牟潤孫《注史齋叢稿》(增訂本),北京,中華書局,2009 年,上冊,第 88 頁。

篤志經記,而尤長《法華》一教。……崇後卒於山中,著《法華義疏》四卷云。

　　法崇,傳不言何時人,但置於道遂、法義之間。而道遂是法蘭弟子,二人同死於交趾,一代名僧支道林(即支遁)曾爲其制銘,支遁卒於太和元年(366)。則法崇爲東晉末年人。不過,其時義疏的體例不易確知,僅能就相關的蛛絲馬跡略作推測:

　　(法)汰形解過人,流名四遠。開講之日,黑白觀聽,士女成群。……汰所著《義疏》,並與郗超書《論本無義》,皆行於世。①

　　(竺僧敷)西晉末亂,移居江左。止京師瓦官寺,盛開講席,建鄴舊僧莫不推服。……後又著《放光》《道行》等義疏。②

　　故因紙墨以記其文外之言,借衆聽以集其成事之說,煩而不簡者貴其事也,質而不麗者重其意也。其指微而婉,其辭博而晦,自非筆受,胡可勝哉?是以即於講次,疏以爲記,冀通方之賢不咎其煩而不要也。③

　　僧叡,《高僧傳》卷六有傳,東晉末年僧人。據此序,其"義疏"有以下特色:一、集衆說("借衆聽以集其成事之說"),甚至到了"煩"的地步("煩而不簡"、"不咎其煩而不要");二、按次序一一疏解("即於講次,疏以爲記");三、重文意的解說,語言較爲質樸("質而不麗者重其意")。能看出這些特點,實際就是"義疏"體的三個主要特點;或者說,梁時興盛的"義疏"體特色,在東晉末年佛教僧人的義疏中就已有了明顯的體現。而且,由法汰"開講之日"、僧敷"盛開講席"等來看,其佛經的義疏也是當日講經的直接產物。

　　而同一時期,儒家的講習只是用"講議"、"集議"等字眼。《晉書》卷八《穆帝紀》載"永和十二年(356)二月辛丑,帝講《孝經》。……升平元年(357)三月,帝講《孝經》"。對這一講經情形,《唐會要》卷七七所載較詳:"晉穆帝永和十一年及孝武帝太元元年(367),再聚群臣,共論經義,有荀茂祖者撰集《孝經》諸說,始以鄭氏(鄭玄)爲宗"。更詳的是《世說新語》《玉海》的記載:

　　(東晉)孝武將講《孝經》,謝公兄弟與諸人私庭講習。車武子(指車胤)難苦問謝,謂袁羊曰:"不問則德音有遺,多問則重勞二謝。"袁

---

① 湯用彤校注《高僧傳》卷五《竺法汰傳》,北京,中華書局,1997年,第193頁。
② 湯用彤校注《高僧傳》卷五《竺僧敷傳》,第196、197頁。
③ 僧祐《出三藏記集》卷八僧叡《毗摩羅詰堤經義疏序》,北京,中華書局,1995年,第312頁。

曰:"必無此嫌。"車曰:"何以知爾?"袁曰:"何嘗見明鏡疲於屢照,清流憚於惠風?"①

寧康三年(375)九月九日,帝講《孝經》,僕射謝安侍坐,吏部尚書陸納侍講,侍中卞耽執讀,黃門侍郎謝石、吏部郎袁宏執經,車武子與丹陽尹王混摘句,時論榮之。②

這些史料能互相釋證,即這一時期,穆帝、孝武帝都多次集講《孝經》,眾人之間可相互提問發難,甚至故意"難苦"、"多問",即刁難講者。如略去年代的細微差異,參與的人有荀昶(字茂祖)、謝安、謝石、袁宏等當日一流的清談家。這些集議的成果,《隋書》卷三二《經籍志》中仍可領略一斑:

《集解孝經》一卷,謝萬集。

《集議孝經》一卷,晉中書郎荀勗撰,亡。

《集議孝經》一卷,晉東陽太守袁敬仲集。又有晉給事中楊泓,處士虞槃佐、孫氏,東陽太守殷仲文,晉陵太守殷叔道,丹陽尹車胤,孔光各注《孝經》一卷。

據姚振宗《隋志考證》,荀勗應爲荀昶,即荀茂祖,袁敬仲應爲袁彥伯,即袁宏。就是說,這些集講是以"集議"來命名,還沒出現"義疏"的名稱。可見儒家義疏的出現,是比佛教要遲一些的。

總之,義疏體並非橫空出世,而是有其特定的社會土壤。它是對漢儒重訓詁、曹魏重義理的全面繼承和融彙,但又是一種突破——在著力尋求一種更精當的方式全面、準確地解說,以此突破漢魏注釋的籠罩。從格式上看,義疏體會通經典義理,窮明原委,以及"區段次第",疏不破注的注解方式,是一種創新。

對義疏的特點,牟潤孫曾論:"義疏之爲書,自其文體上言,儒釋亦顯類似之點。所可論者,蓋有二事焉:一爲其書之分章段,二爲其書中之有問答。"③牟氏所論的分章段,就是對經文進行解構,分成若干章、節、段落,講解時先論一章大義,然後再分段講論。而當日區分章段的講經方式,是能找到例證的,《南史》卷七一《嚴植之傳》載:"植之館在潮溝,生徒常百數。講說有區段次第,析理分明。每當登講,五館生畢至,聽者千餘人。"所謂"區段次第",就是按段落次第講解,如《論語·學而》"學而時習之"章,皇疏:

就此一章,分爲三段,自此至"不亦悦乎"爲第一,明學者幼少之時

---

① 余嘉錫箋疏《世說新語箋疏》卷上之上《言語》第90條"孝武將講《孝經》",上册,第171頁。

② 《玉海》卷二六"晉講孝經"條,上條劉注引《續晉陽秋》亦載。

③ 牟潤孫《注史齋叢稿》(增訂本),上册,第147頁。

也。學從幼起,故以幼爲先也。又從"有朋"至"不亦悦乎"爲第二,明學業稍成,能招朋聚友之由也。既學已經時,故能招友爲次也,故《學記》云"一年視離經辨志,三年視敬業樂群,五年視博習親師,七年視論學取友,謂之小成"是也。又從"人不知"迄"不亦君子乎"爲第三,明學業已成,能爲師爲君之法也。先能招友,故後乃學成爲師君也。故《學記》云:"九年知類通達,强立而不反,謂之大成。"又云"能博喻然後能爲師,能爲師然後能爲長,能爲長然後能爲君"是也。今此段明學者少時法也。①

《論語·雍也》"智者樂水"章,皇《疏》引陸特進曰:

此章極辨智仁之分也,凡分爲三段。自"智者樂水,仁者樂山"爲第一,明智仁之性。又"智者動,仁者静"爲第二,明智仁之用。先既有性,性必有用也。又"智者樂,仁者壽"爲第三,明智仁之功。已有用,用宜有功也。②

對"學而時習之"章,分爲"幼小之時","學業稍成,能招友",以及"學業已成,能爲師爲君之法"等三段,這也是三個漸次的進程,説明各個時段所學,疏解清楚了"學而時習之"的含義。"智者樂水"章,分三段,即明"智仁之性"、"智仁之用",以及"智仁之功",依次闡釋。這樣,就把一個較爲抽象、不易把握的"智者樂水"的内涵解釋得比較具體、明了。顯然,這樣一種層層抽絲剥繭般的解析,明了、深入,特別是對於讀習《論語》的幼童而言,也更易於準確理解其内涵,這也當即《嚴植之傳》中所説的"析理分明"。整個來看,在皇《疏》之前,至少能知陸特進、嚴植之、賀瑒(皇侃師)等都採用過這種"區段次第"方式,似乎讓人看到這種方式在當日的盛行。"區段次第"的解經方法,到中唐時期,依然能看到其延續的影子。歐陽詹在《太學張博士講〈禮記〉記》時説貞元十四年(798)張博士講解時,"先申有禮之本。次陳用禮之要,正三代損益得失,定百家疏義長短,鎔乎作者之意,注乎學者之耳,河傾於懸,風落於天,清泠灑蕩,幽遠無泥,所昧鏡徹於靈臺,所疑冰釋於心泉",其講解的詳細過程,是先引申,陳説有禮之本、用禮之要,講變遷,"正三代損益",接着比較、評説各家注釋的長短,最後闡説文意,顯然類於"區段次第"的方式。太極元年(712),皇太子李隆基行釋奠禮時曾極不客氣地批評當時一些人的講授不針對問題,唯以章旨爲主,浮詞泛説爲能,"爰自近

---

① 高尚榘校點、皇侃著《論語義疏》,北京,中華書局,2013年,第2頁。標點略有改變,下同。
② 高尚榘校點《論語義疏》,第143—144頁。

代,此道漸微。問《禮》言《詩》,惟以篇章爲主;浮詞廣説,多以嘲謔爲能",①其着意篇章的講解,大約也類於"區段"方式。或者能説講解篇章、疏通文意是當日比較盛行的一種講經方式。這也深刻地影響了《論語義疏》的結構方式,即據區段次第進行經營佈局,一如其在首篇《學而》所開宗明義、闡示的那樣:

> "論語"是此書總名,《學而》爲第一篇別目,中間講説,多分爲科段矣。侃昔受師業,自《學而》至《堯曰》凡二十篇,首尾相次,無別科重。而以《學而》最先者,言降聖以下皆須學成,故《學記》云"玉不琢不成器,人不學不知道",是明人必須學乃成。此書既遍該衆典,以教一切,故以《學而》爲先也。②

可見,其基本構架是"中間講説,多分爲科段(一段一段的内容)"。據皇侃自言,這種據"區段次第"講疏的方式,受之於業師賀瑒,即"首尾相次,無別科重"。賀瑒,據《梁書》卷四八本傳,其著有"《禮》《易》《老》《莊》講疏"。既然有這麼多的"講疏",則確實是熟習"義疏"類的解説方式,宜其能傳於皇侃。又,這裏的"重",應爲"重複"之意,即科段没有重複的。具體來説,首先,章旨歸納在篇題之下,以"此言……"、"明……"等概述;之後,是數量不等的科段,按段落逐次串釋、疏解。疏解時,先釋詞,再解意;如何晏没注,則另辟一"注",附於章句之尾進行解説。凡諸家注有"可採者",即有參考價值的,"亦附而申之","別有通儒解釋,於何《集》無妨者,亦引取爲説,以示廣聞"(皇侃《論語集解義疏序》)。有質疑者,則用"或問曰"、"答曰"的方式標識,以示時人對此問題的探究。這樣,眉目清晰、不枝不蔓,又因解題的存在而能綱舉目張,且一一闡釋,自然極便於理解,這也見出了皇侃構架《義疏》的慘淡經營和一片苦心(具體見下節)。

至於問答,就是疏文關於講經過程中問難答辯的真實記録(包含之前的),而不是預先設置的"自設問,自解答"。這種情況在《論語義疏》中亦有不少,此舉兩例來説明(其他的可參下節),如《泰伯》"曾子言曰:'鳥之將死,其鳴也哀。'",皇疏:

> 或問曰:"不直云曾子曰,而云言曰,何也?"答曰:"欲重曾子臨終言善之可録,故特云言也。"③

即用一"言"字,比單純的"曰"更莊重、正式,不僅強調説這個動作,還

---

① 《册府元龜》卷二六〇《齒胄》,北京,中華書局,1982 年,第 3 册,第 3092 頁。
② 高尚榘校點《論語義疏》,第 1 頁。
③ 高尚榘校點《論語義疏》,第 188 頁。

突出"言"的具體內容,由此凸顯對字詞含義的準確解讀和領會。

再如《爲政》"所損益,謂文質三統也",皇疏:

> 舊問云:"三正爲正,是三王,爲上代已有。"舊通有二家,一云:"正在三代,三代時相統,故須變革相示也。"又一家云:"自從有書籍而有三正也。伏羲爲人統,神農爲地統,黃帝爲天統。少昊猶天統,言是黃帝之子,故不改統也。顓頊爲人統。帝嚳爲地統。帝堯是爲嚳子,亦爲地統。帝舜爲天統,夏從人統,殷爲地統,周爲天統,三正相承,若連環也。"今依後釋。所以必爲人爲始者,三才須人乃成,是故從人爲始也。而《禮》家從夏爲始者,夏是三王始,故舉之也。又不用建卯、建辰爲正者,於時萬物不齊,莫適所統也。①

對"三正"指三王的"舊問"(昔日的一個疑問),舊有兩家解釋。第一種,以三代時次相續、變革相統爲三統。第二種,"從有書籍"以來,以伏羲、神農、黃帝爲三統,即人統、地統、天統。之後三正綿延,循環相承,即夏、殷、周"三統"循環。這也是戰國時期即流行的五行終始觀念的滲透。之所以以"人"爲始,是因"三才須人乃成",《禮》也是"從夏爲始"。顯然,第二種解釋更完備、準確,所以爲皇侃採用。這是對舊有的疑難問題進行解釋。

這一時期,"義疏"的主要目的在於明注,解釋已漸趨陌生或深邃的注文。這一點,與漢代重經文的解釋,"傳先師之義"者的固守深拒大相異趣。對於"注",皇侃有明確的解釋:

> 注者,自前漢以前解書皆言"傳",去聖師猶近,傳先師之義也。後漢以還,解書皆言"注",注己之意於經文之下,謙不必是之辭也。②

"傳"的特點是"傳(轉述)先師之義",師傅、家法是"傳"的主要特點及可靠性的保證。漢人作傳解經,只是轉錄師説,或推闡其意,以信從、恪守家法爲特徵,對基本觀點不能懷疑,不能有己説,也即王肅《論語集解序》説的"前世傳受師説,雖有異同,不爲訓解"。相對於"傳"而言,"注"是"解書",主要不是因襲師説、家法,而是有一己的觀點,即"己之意";"不必是"也表明了解説者的自信。整個來看,皇《疏》的"明注"體現在每句必釋,以及對注文欠缺或無注的地方進行補釋,或闡發旨意,或評論,或糾謬,或並列異説,充分體現了注釋的全面和解讀的深入。當然,明注也體現了對漢人傳經的尊敬和肯定,但皇侃並不盲從,《義疏》中注文、疏文相牴牾之處還是有一些的。

---

① 高尚榘校點《論語義疏》,第43—44頁。
② 高尚榘校點《論語義疏·論語序》,第13頁。

到了皇侃撰《論語集解義疏》時,一方面,"集解"類著作已大量出現,如衛瓘《集注論語》(八卷)、崔豹《論語集注》(八卷)、孫綽《集解論語》(十卷)、江熙《集解論語》(十卷)等;另一方面,"義疏"類的著作也在在多有,如張略《論語疏》(八卷)、褚仲都《論語義疏》(十卷)、闕名《論語義疏》(八卷)等,這些注疏本都並行於世,實際上處在一種萬船齊發、競爭的態勢。大約到了隋唐之際,情況發生了顯著變化,《隋書》卷三二《經籍志》載:"梁、陳之時,唯鄭玄、何晏立於國學,而鄭氏甚微。周、齊,鄭學獨立。至隋,何、鄭並行,鄭氏盛於人間。"就是說,經過時光的歷練、淘汰,隋唐之際,集注本以何晏首屈一指,單注本以鄭玄獨占鰲頭。不過,大約因部帙繁重、繁瑣解經等弊端,皇侃的疏本在唐時可能不怎麼流行,敦煌只出土了一個關涉義疏的殘卷(即伯3573),並且還是刪減、更改過的一個本子,①就是一個明證。

雖然後人對採"義疏體"疏解儒家典籍有"雜而不醇"、"雜博"之譏(此節與下一節舉的例子,都能見出繁瑣之病);然而,這種疏經方式,畢竟能以最大的篇幅,有助於將儒、釋、道三教思想加以融合、創新,一如皮錫瑞所言:"夫漢學重在明經,唐學重在疏注;當漢學已往,唐學未來,絕續之交,諸儒倡為義疏之學,有功於後世甚大。……今自皇(侃)、熊(安生)二家見採於《禮記疏》外,其餘書皆亡佚。然淵源有自,唐人五經之疏未必無本於諸家者。論先河後海之義,亦豈可忘篳路藍縷之功乎!"②

第三節 《論語義疏》對漢魏以來注釋的總結與創變

皇侃,《梁書》卷四八有傳,其涉及儒學的關鍵內容如下:

> 起家兼國子助教,於學講說,聽者數百人。撰《禮記講疏》五十卷,書成奏上,詔付秘閣。頃之,召入壽光殿講《禮記義》,高祖善之,拜員外散騎侍郎,兼助教如故。性至孝,常日限誦《孝經》二十遍,以擬《觀世音經》。丁母憂,解職還鄉里。平西邵陵王欽其學,厚禮迎之,侃既至,因感心疾,大同十一年(545),卒於夏首,時年五十八。

據其卒年逆推,皇侃生於南齊永明六年(488)。又,據梁時一般起家任

---

① 具體見下章第四節。
② 周予同注釋《經學歷史‧經學分立時代》,北京,中華書局,2004年,第130頁。

職的年齡["以過立(三十)試吏"①],約天監十六年(517)開始入仕,起家爲國子助教。這一時期,梁武帝興復學校的各種舉措正緊張有序地開展(見本章第一節)。爲此,因他儒學的才華,如撰《禮記注疏》、講《禮記義》等,而受到武帝的青睞("善之")也就極其正常了。又,國子助教,國子監裏的學官,協助國子祭酒和國子博士教授生徒。從這一點説,《論語義疏》的編纂也很可能在這一時期,這樣不僅有助於講課,其也有時間和精力。重要的是,《論語義疏》能集魏晉以來的各家注疏,恐怕很大程度上還得力於任國子助教時,能較方便地查閲各種國家藏書。②

時至今日,因《論語義疏》已多有研究,今重新審讀,則盡可能在一個新的高度,不避繁難,擇取精當的例證並深入剖析,全面、簡明概述皇《疏》特點,及其彰現的系統性等。其特色,或者説融彙與創新,在形式、體制上,至少有以下四點:③

一、在何晏、江熙《集解》的基礎上,進一步擴大集解的數量,據皇侃本人自序,是以何晏《論語集解》爲基礎,兼採江熙《論語集解》以及"別有通儒解釋"者,"亦引取爲説,以示廣聞"。共增至四十八家,④數量遠遠超越何、江。或者説,在"諸人有可采者"、采"通儒解釋"以"廣聞"的原則下,一並納入了集録的視野,超越了前古——這可説是那一時段所能收聚到的《論語》注解的最大量值,也是東晉以來《論語》注釋激增的一個反映。因此稱是漢魏六朝《論語》注疏的集大成,並不爲過。

二、充分借鑒先儒的章句體、注體、集解體等體式的優點,推陳出新,如調整"章指"的位次。漢時盛行的章句體,以句爲解釋單位,疏通文字,最後總結一章大義,即"章指"。皇氏承襲、恪守了這一觀念和原則,就是説,《論語義疏》的核心仍是疏通文字——這一注釋、訓詁學最根本的准則;但又有突破,即把原先居於末尾的"章指"調至篇首,以更好地開宗明義。這當然有現實的需求,即這一時期無論是讀習《論語》,還是秀才策試,都是重意旨,要

---

① 《梁書》卷一《武帝紀上》,第1册,第23頁。
② 梁時的藏書分佈及數量,可參拙文《〈金樓子·聚書〉所反映蕭繹藏書及齊梁間書籍流通》,《文獻》2010年第3期。
③ 説明:這一内容,與本章上兩節的内容互相補充,即上一節没有的内容,這裏會詳述;反之,則簡略,以使條理明晰,同時也節省筆墨。
④ 何晏共集録魏以前的孔安國、包咸、周氏、馬融、鄭玄、陳群、王肅、周生烈等八家,江熙共集衛瓘、繆播、欒肇、郭象、蔡謨、袁宏、江惇、蔡系、李充、孫綽、周瓌、范寧、王珉等魏晉以來十三家。皇侃則除此之外,還集有東晉、劉宋以來"通儒"的解釋,如熊埋、賀瑒、王弼、張馮、顧歡、梁覬、沈居士、顏延之、沈峭、王朗、殷仲堪、張封溪、秦道賓、釋惠琳、太史叔明、季彪、繆協、虞喜、苞述、陸特進、褚仲都、江長、劉歆、庾翼、樊光、范升、蔡克等,共四十八家。

求通"大義"。而且,表明章指的用語,也比較靈活,如《公冶長》篇下"此篇明時無明君,賢人獲罪者也",《鄉黨》篇下"明孔子教訓在於鄉黨之時也"等。① 當然,更多的是遍佈其間的對句意、原因的疏解,即直接用判斷句的,如"此封人請見之辭也","此説當時失德之君也","此謂在家接待賓客之裘也","故特明之"②等,顯示出了一種靈動性,非是如一般注釋容易陷入的板滯、呆板等。

直接增添一己的按語判斷。就何晏《論語集解》看,是没有這一體制(只是直接注釋)。如《八佾》"禮:人君每月告朔於廟……故欲去其羊也"下皇疏:

> 告朔之祭,《周禮》謂爲朝享也。鄭注《論語》云:"諸侯用羊,天子用牛矣。"侃案:魯用天子禮,告朔應用牛,而今用羊者,天子告朔時帝,事大,故用牛。魯不告帝,故依諸侯用羊也。

皇侃,據《梁書》本傳,師從數代一直擅長禮制的五經博士會稽賀瑒,"盡通其業,尤明三《禮》","所撰《論語義》十卷,與《禮記義》並見重于世,學者傳焉"。因此,對鄭玄僅是簡單地注明"諸侯用羊"等不滿意,而進一步申發,即以按語的形式,言明魯地因特殊情形(周公的封地),而准許用天子禮;但此處未用,是因告朔之禮非是大祭(指祭祀上帝),而依諸侯例用次一等的羊。這樣,通過補釋,皇侃對其禮制、原因就解釋得一清二楚。

整體上,這種最能彰顯一己見解的按斷秉持疏不破注的原則,③但偶爾也有突破。如《鄉黨》"君子不以紺緅飾",孔安國注:"紺者,齋服盛色,以爲飾,似衣齋服也。緅者,三年練,以緅飾衣,爲其似衣喪服,故皆不以飾衣也。"對孔氏注,皇侃加按語:

> 然案孔以紺爲齋服盛色,或可言紺深於玄,爲似齋服,故不用也。而禮家三年練,以纁爲深衣領緣,不云用緅。且檢《考工記》"三入爲纁,五入爲緅,七入爲緇",則緅非復淺絳明矣。故解者相承,皆云孔此注誤也。

這一段文字因牽涉的典制時代久遠,頗爲晦澀。《説文解字·糸部》"紺,深青揚赤色",即深青中泛紅色。《玉篇·糸部》"緅,青赤色",也即鄭玄在《儀禮·士冠禮》"爵弁"所注的"其色赤而微黑"。在孔氏看來,因以紺

---

① 高尚榘校點、皇侃著《論語義疏》,北京,中華書局,2013 年,第 233 頁。
② 高尚榘校點《論語義疏·八佾》,第 78、80 頁;《鄉黨》,第 245、245 頁。
③ 對"疏不破注"原則的持守,可舉一典型的例證,即《子罕》篇"歲寒,然後知松柏之後彫"皇疏,"而此云'歲寒然後知松柏之後彫'者,就如平叔之注意"(高尚榘校點《論語義疏》,第 230 頁),明確點明吻合何晏的注釋。

裝飾,太亮麗而似齋服,用緅裝飾,則似喪服,因此均不用。對此,深於禮制的皇侃先舉明"三年練",是以縓(帛赤黃色)爲深衣領口的裝飾,不用緅。然後舉《考工記》作證,即"五入爲緅"。所説的"五入",即絲帛染一次叫一入,五入,即染五次,色度只能是越染越深,"七入"就成了黑色了。因此"緅非復淺絳",即不是淺紅色。對這一錯誤,皇侃的話比較委婉,言是"解者相承",都認爲孔誤——即自己只是指明而已,不無一點誠惶誠恐之情。

再如《顔淵》"舜有天下……不仁者遠矣"下,孔安國注:"言舜、湯有天下,選擇於衆,舉皋陶、伊尹,則不仁者遠矣,仁者至矣。"皇疏加按語:

案:蔡氏(指此處的蔡謨注)之通,與孔氏無異,但孔氏云"不仁者遠",少爲紆耳。若味而言之,則遠是遠其惡行,更改爲善行也。①

即蔡氏解釋與孔氏無異,但若細細品味,孔氏的解釋不免有些"紆曲",没能直言其義,而略有不滿。在皇侃看來,最好指明所"遠"的内涵,即"遠其惡行,改爲善行"。當然,這裏的"遠",其實還是蔡氏解釋的"能使枉者去",即"化之也",受到感化而去枉邪。

三、具體注釋體式上,一方面,對大量的字詞釋義,基本上變更了漢儒訓釋"某,某也"的格式,而代之"某,言某某","某,謂某某"的格式,或徑直稱"言某某",強調對整個句意、原因的彰顯。特别的,在每一篇前,總是用一"章指"來解説大意,並説明排次的原因,如《八佾》篇下,皇疏:"此篇明季氏是諸侯之臣,而僭行天子之樂也。所以次前者,言政之所裁,裁於斯濫,故《八佾》次《爲政》。"這一解説大意的方式,也體現在具體某一章下及文中的注釋,即"故曰"、"故云"等内容(見下)。

另一方面,《論語集解》是一條條備列他人或一己的解釋,對這一昔日主要的注釋體式,皇侃也進行了變更,如《八佾》"子曰:《關雎》樂而不淫"下,皇疏:

《關雎》者,即《毛詩》之初篇也。時人不知《關雎》之義,而横生非毁,或言其淫,或言其傷,故孔子解之也。《關雎》樂得淑女以配君子,是共爲政風之美耳,非爲淫也,故云"樂而不淫"也。故江熙云:"樂在得淑女,疑於爲色,所樂者德,故有樂而無淫也。"又李充曰:"《關雎》之興,樂得淑女以配君子,憂在進賢,不淫其色,是樂而不淫也。"

即先串釋一己的解釋,因"時人不知《關雎》之義",引得横議紛紛而需解釋澄清。用一"故云",陳述一己的解釋。接着,例舉江熙、李充的注釋來進一步證明。但注意的是此處皇侃的用辭,即"故江熙云"、"又李充曰",顯

---

① 高尚榘校點《論語義疏》,第320頁。

然是承接一己的解釋,而構成了一個完整的解釋語群——即把要徵引的他人注釋,完全融合在一己的陳述話語中(而不是《集解》的分離狀態),是一己有機的一個部分。這都是一種創變。

這樣處理的結果,就是漢魏時本居於重心的字詞、典章故實的解釋(其時句意的闡釋尚不甚普遍),某種程度上,已明顯居於一個次要的地位了;而留在核心位次的,是句意、原因(特別是孔子這樣做的道理)的解說和揭示。

這兩個方面的有機融合、貫通,也就構成了皇《疏》注釋遠遠有別於《集解》的基本體式和格調,呈現了不一般的疏解風貌。或者說,在具體注釋上,它極大地突破了漢魏諸儒或簡略、或缺省的注釋,幾乎是一句一釋,甚且不厭其煩,而完成了對《論語》最詳盡、完整的注釋,爲此部頭也一下子增大了許多。

四、借鑑當日佛教的俗講,以及儒家的講經等方式,創設問答式的體例。這些問題,並非是隨意而問,而多是現實中的一些棘手問題,或西漢以來綿延下來的一些疑難問題。如《學而》第一"子曰:'父在觀其志,父沒觀其行'"句,皇疏:

或問曰:"若父政善,則不改爲可。若父政惡,惡教傷民,寧可不改乎?"答曰:"本不論父政之善惡,自論孝子之心耳。若人君風政之惡,則冢宰自行政,若卿大夫之惡,則其家相、邑宰自行事,無關於孝子也。"

案此節皇疏引孔安國的注,"父在,子不得自專,故觀其志而已",即父親在,不得專自行事——當然也是贊同孔的觀點,即遵從父親的意見。但問題是,如若父親所行不正,即"政惡",那作爲子的,又該如何對待呢?在爲尊者諱的時代,顯然是一個極其棘手但也是一個很現實的問題。對此疑惑,皇氏略有迴避,先強調"論孝子之心",然後話鋒一轉,提到如若人君政惡,則輔佐的大臣冢宰可自行執政,即不必嚴格遵從。言外之意,孝子可一如冢宰、家相邑宰般,按一己正確的意見去做,而不必去一味地愚孝。在東漢《白虎通義·三綱六紀》就已提出"三綱者,何謂也?君臣、父子、夫婦也"的時代,這顯然體現了皇侃進步的思想觀念。

與此一脈相承的是《里仁》"苞氏曰:見志者,見父母志有不從已,諫之"下皇疏:

或問曰:"《春秋傳》晉魏戊告於閻没、女寬,言父之過,此豈不亦言乎?"答:"《春秋》之書非復常準,苟取權宜,不得格於正理也。"又父子天性,義主恭從,所以言無犯,是其本也。

那麼,對魏戊言父之過,又該如何裁斷呢?皇疏認爲,《春秋》之書,不得做爲"常準",因其間變詐百出,非一可準。這只能是一時的"權宜"之計(也即《孟子·離婁上》所說的"嫂溺,援之以手,權也"),不得認爲是"常準",更不得據此違背"正理",即下所言的父子天性,"義主恭從",所以要言辭無犯——這是做兒子的根本。下又引《檀弓》的話"事師無犯無隱"以佐證;所以然,是因"師常居明德,無可隱",既然無可隱,就談不上"犯"。這一論述,正可回答"若父政惡",子該如何做的問題。某種程度上,也顯示了《義疏》前後內容的一致性。

再如《八佾》"子曰:'相維辟公,天子穆穆。'奚取於三家之堂"下,皇疏:

或問曰:"魯祭亦無諸侯及二王後,那亦歌此曲耶?"答曰:"既用天子禮樂,故歌天子詩也。"或通云:"既用天子禮樂,故當祭時則備設此諸官也。"或云:"魯不歌此《雍》也,季氏自僭天子禮,非僭魯也。"

既然陪祀魯祭的不是諸侯及二王後代,又怎能演奏《雍》這一天子之樂呢?對此疑問,皇疏首先肯定魯因周公的原因而能使用天子的禮樂,也自是能演奏天子的詩歌。又進一步引"或云",解釋是作爲魯國上卿的季氏僭越,用天子禮樂,是禮崩樂壞的表現,非是僭越魯地的天子禮樂。顯然,對這一重大的祭祀原則,皇侃認爲不可變通,秉持的是正統的儒家思想觀念。這也與下所論相吻合。

內容上,就其所彰顯的思想看,主要有以下三點特色:

一、持守先秦以來的儒家正統思想。首先要說明的是,這是《論語義疏》的主流,畢竟是對儒家經典的訓釋,有一種基本的限制與規範。《論語義疏》的訓解,除了仍舊承襲漢儒重視字詞訓釋和曹魏時開始重句意的解釋(即"義解")外,在儒家學說的關鍵內容,如"仁恕"、忠、孝、理、義等,總會詳細地進行解說,甚至不厭其煩,倒頗有漢儒繁瑣解經的傾向,如《論語·學而》中"其爲人也孝悌,而好犯上者,鮮矣;不好犯上而好作亂者,未之有也。君子務本,本立而道生。孝悌也者,其爲仁之本與"一章,皇疏用了大量的文字加以闡述:

其,其孝悌者也,善事父母曰孝,善事兄曰悌也。

好,謂心欲也。犯,謂諫爭也。上,謂君親也。鮮,少也。言孝悌之人,必以無違爲心,以恭從爲性。若有欲犯其君親之顏諫爭者,有此人,少也。然孝悌者,實都不欲。必無其人,而云少者,欲明君親有過,若任而不諫,必陷於不義。不欲存孝子之心,使都不諫,故開其少分令必諫也。故熊埋云:"孝悌之人,志在和悅,先意承旨。"君親有日月之過,不得無犯顏之諫。雖然屢納忠規,何嘗好之哉!今實都無好,而復云"鮮矣"者,以"好"見開,則生陵犯之慚;以"犯"見塞,則抑匡弼之心。必宜微有所許者,實在獎其志分,彌論教體也。故曰"而犯上者鮮矣"。

熊埋曰:"孝悌之人,當不義而争之,尚無意犯上,必不職爲亂階也。"侃案:熊解意是言既不好犯上,必不作亂,故云"未之有也"。然觀熊之解,乃無間然,如爲煩長。既不好犯上,理宜不亂,何煩設巧明?今按師説云:"夫孝者不好,心自是恭順;而又有不孝者,亦有不好,是願君親之敗。"故孝與不孝同有不好,而不孝者不好,必欲作亂;此孝者不好,必無亂理,故云"未之有之也"。(下略)①

"孝悌,爲仁之本",這一儒家的基本準則;對此,共用598字(後省略了183字),幾稱得上是一字一釋,極爲重視。從層次上看,承襲漢儒的傳統,先一一解釋字詞,再釋句意,闡明孝悌"以無違爲心,以恭從爲性",這樣就不會犯上;之所以説"少",是因爲君親亦有過,有時不得不犯顔勸諫,或諫争(這一觀念和原則,也貫穿在以後的解釋中,見上)。同時徵引熊埋的解説加以佐證,即要在"生陵犯之慚"和不"抑匡弼之心"之間權衡,以正確處理。但對熊埋解釋不合理的地方,即"煩長"處,直接加按語批駁,認爲"既不好犯上,理宜不亂(亂了分寸)",不必再費心解釋。爲證實這一點,又徵引其師賀瑒的言論,即"師説"。這樣反復申説,最後歸結到"孝悌"是"仁"之本上。由此,對這一章節的含義以及這一儒家核心的觀念"孝悌"進行了委曲詳盡的解釋,顯示對這一觀念的極度重視。當然,詳盡、精微之餘,亦凸顯了注釋的繁瑣。推測之下,可能與當日皇侃任國子助教時講經的風尚有關,即需一一陳明,甚且反復辯難,而便於學生的理解,是當日講經的具體展示,上引嚴植之在館給生徒講經時,"講説有區段次第,析理分明",②以及上一節所舉的儒家解經方式都能佐證這一事實。

再如《論語·學而》中"弟子入則孝,出則悌"的注疏:

弟子,猶子弟也,言爲人子弟者,盡其孝悌之道也。父母閨門之内,故云"入"也;兄長比之疏外,故云"出"也。前句已決子善父母爲"孝",善兄爲"悌"。父"親",故云"入",兄疏,故云"出"也。③

依舊逐次一一解釋。本來,"孝悌"這樣簡明的字眼根本無需再這般解釋,更何況,前面已有了解釋。之所以如此,就當是因爲這是儒家的一個根本思想,所以不厭其煩。但也顯然,末尾的解釋"父'親',故云'入',兄疏,故云'出'";因前面已有"出"、"入"的解釋而純屬多餘,顯示了繁瑣的弊端。

這些觀念,都持守、維護了漢以來的儒家正統思想。

---

① 高尚榘校點《論語義疏》,第5—6頁。
② 《南史》卷七一《嚴植之傳》,第3册,第6頁。
③ 高尚榘校點《論語義疏》,第11頁。

皇侃的這一做法，不僅正切合於當日整體的社會氛圍，也吻合其國子助教，即在最高學府教育貴族子弟的身分。皇侃本人精通儒學，"師事賀瑒，精力專門，盡通其業，尤明三《禮》《孝經》《論語》"。① 從本章第一節《梁武帝推動經學的舉措及其歷史意義》能知，儘管梁武帝在歷史上一度以捨身佞佛著稱，但其不僅不廢棄儒學，且仍極爲推崇，如其培養未來的皇位繼承人蕭統，就純以儒家思想來訓誘、教導。還能說明的是，如果《論語義疏》是在天監十六年左右編定的話，這一時期，遠沒有到達梁武帝佞佛、興佛的高潮，②即佛教還沒有到達席捲天下、盡掃一切的境地。又，梁武帝曾在《述三教詩》中說他自己"少時學周孔"，"中復觀道書"，"晚年開釋卷，猶月映衆星"，最後達到"至理歸無生"的認識，這一寫於晚年的作品，實際上也是"三教兼弘"。既然皇帝都這樣了，其他的人也自可三教兼採了，不需要什麼顧忌。

不管是從內容還是解釋方式上，這一點，也是對漢魏時期《論語》古訓的一種繼承。

二、較濃的玄學色彩。《論語義疏》略於傳統的章句訓詁和名物制度，多有以《老》《莊》玄學解經的地方，如《論語·學而》"君子不重則不威，學則不固"，皇侃解爲"重爲輕根，靜爲躁本，君子之體，不可輕薄也"。這與漢儒說經相去甚遠，明顯表現出正始以來濡染的玄學新學風。整體上，因西晉以來玄學風尚的浸染，以及對當日玄學色彩較濃的王弼、郭象、孫綽等人的注釋也有較多的徵引，皇《疏》的玄學因素明顯比何晏《論語集解》更加豐富。這都無形中增強了玄學的色澤。如《論語·先進》中"子曰：'回也其庶乎，屢空'"句，何晏《集解》爲：

言回庶幾聖道，雖數空匱，而樂在其中矣。……空，猶虛中也。以聖人之善道，教數子之庶幾，猶不至於知道者，各內有其害也。其於庶幾每能虛中者，惟回懷道深遠。不虛心，不能知道。③

在承襲何晏"每能虛中"、"懷道深遠"等玄解的基礎上，皇《疏》走得更遠，解釋得更加詳密：

又一通（承上指王弼）云：空，猶虛也。言聖人體寂，而心恒虛無累，故幾動即見。而賢人不能體無，故不見幾，但庶幾慕聖，而心或時而虛，故曰"屢空"。其虛非一，故"屢"名生焉。故顏特進云："空非回所體，故庶而數得。"故顧歡云："夫無欲於無欲者，聖人之常也；有欲於無

---

① 《梁書》卷四八《皇侃傳》，第 3 冊，第 680 頁。
② 天監十六年，才初去宗廟犧牲；十年後，即大通元年(527)三月，興駕幸同泰寺，才第一次捨身。可參拙文《梁武帝天監三年"舍道歸佛"辨》，《宗教學研究》2009 年第 1 期。
③ 高尚榘校點《論語義疏》，第 281 頁。

欲者,聖人之分也。二欲同無,故全空以目聖;一有一無,故每虛以稱賢。賢人自有觀之,則無欲於有欲;自無觀之,則有欲於無欲。虛而未盡,非'屢'如何?"太史叔明申之云:"顏子上賢,體具而微,則精也,故無進退之事,就義上以立'屢'名。"按:其遺仁義,忘禮樂,墮肢體,黜聰明,坐忘大通,此亡有之義也。忘、有頓盡,非空如何?若以聖人驗之,聖人忘忘,大賢不能忘忘;不能忘忘,心腹爲未盡。一未一空,故"屢"名生也焉。①

本來,據《論語·雍也》"賢哉,回也。一簞食,一瓢飲,在陋巷,人不堪其憂,回也不改其樂",所說的"回也其庶乎,屢空",是説顏回生活窘迫,甚至乏食到"屢空"的境地。但對這一實際情形的表述,何晏注已引申,偏向於形而上的玄學解釋,即"庶幾"抵達聖道,強調要"虛中";最終,只有做到"虛心",才能"知道"。顯然,這裏的"道",不是儒家的仁義之道,而是道家的坐忘天下之"道",是以"無"、"虛"爲根本。這也是曹魏、西晉玄談時強調的"貴無"觀念,"無"是根本,"無"中孕育一切。但此解最終還是有"樂在其中"的現實影子,還沒有徹底的玄化。在此基礎上,皇侃又進一步徵引、申發,即王弼、顏特進、顧歡、太史叔明四人的注解。在王弼看來,與"虛"相連的是"寂","心恒虛"則"無累"。不僅如此,賢人"不能體無,故不見幾"。由此要"屢空",才能"見幾",預見事物的細微徵兆。這顯然已是純粹的玄學哲理思辨。顏特進則強調"空"本非顏回所體認,因此僅是"庶幾"得到。顧歡則從"無欲"、"有欲"的角度,即自有、無觀之,"虛而未盡",由此需"屢"次努力,才能到達"無欲",即"空"的狀態。太史叔明則進一步申明,顏回天縱聖思,能"體具而微",因此無進退之事,僅是就"義"上立名。皇侃則直接以按語的形式提出一己的判斷,即"忘、有頓盡,非空如何"———一切盡除,不是"空",又是什麽呢?!重要的是,皇侃又直接徵引《莊子·大宗師》的原話,凸顯"坐忘",最終達到"忘忘",即連忘卻也要忘卻的地步,擯棄一切思慮,徹底的"坐忘",直至到達玄學上至高的"空"的虛無境界。由此,玄學"無"的本體論在此得到了淋漓盡致、多層次的展示。但也顯然,經歷了二百四五十年玄談的發展,皇《疏》體現的玄學思辨,明顯比曹魏時的何晏精緻、細密了許多,也豐富了許多。

再如,《論語·公冶長》中"夫子之文章,可得而聞也",皇疏:

> 文章者,六籍也。六籍是聖人之筌蹄,亦無關於魚兔矣。②

---

① 高尚榘校點《論語義疏》,第279—280頁。
② 高尚榘校點《論語義疏》,第110頁。

王弼曾在其《莊子·外物》中提出著名的"得意忘言"的理論（其在《周易略例·明象》中也提出了這一觀點），即"筌者所以在魚，得魚而忘筌。蹄者所以在兔，得兔而忘蹄。言者所以在意，得意而忘言"。① 這裏，皇侃認爲，世人所視爲神聖的六籍只是一種憑藉、一種手段，即"筌蹄"，而不是目的，即不能得到"魚兔"。這顯然是以玄學的理論來加以裁斷。而且，這種觀念與曹魏時期嵇康所說的"秕糠六籍"可說是一脈相承，在當日也夠驚世駭俗的。

再如前所提及的《顏淵》"舜有天下……不仁者遠矣"，皇疏先引蔡謨注，蔡氏只是解釋孔子"能使枉者去"，是"化之"的緣故，以此贊美皋陶、伊尹之"致治"。之後，卻話鋒一轉，轉到"言遠者，豈必足陟遐路，身適異邦"，即對"遠"由"離去"義而轉到"遠方遐路"義，對意義進行了偏解，進而上升到人的秉性層面，"賢愚相殊，是亦遠矣，故曰'性相近，習相遠也'"，即引到性習上去了。或者說，是性分不同，而造成此間的差異（"遠"）。② 這顯然是玄談家的口吻和思路，是玄學濡染下一種潛意識的結果。

三、有一些佛教的影子，即濡染了一些的佛教色彩。黄侃曾言："皇氏《論語義疏》所集，多晉末舊說，自來經生持佛理以解儒書，殆莫先於是書也。其中所用名言，多由佛籍轉化。"③皇《疏》確實有一些佛教用語的襲用和轉化，但也明顯不多，如：

> 外教無三世之義，見乎此句也。周、孔之教，唯說現在，不明過去、未來，而子路此問事鬼神，政言鬼神在幽冥之中，其法云何也。此是問過去也。……此又問當來之事也。言問今日以後事云日何也。④

鬼神的觀念最易見出受何種宗教思想的影響。此處疏文，一再出現"外教（以佛家的觀點來看俗世的典籍）"、"三世"、"現在"、"過去"、"未來"、"幽冥"等佛教語詞，即以佛教的概念、思想去解說，足以見其潛意識中影響的深入，已沉澱爲一種生活常識。這也是其時佞佛風氣下的一種反映。其實，即便是"義疏"一詞，也源自佛家對經典的解釋，郭在貽認爲"所謂義疏，也是一種傳注形式，其名源於六朝佛家的解釋佛典，以後泛指會通古書義理，加以闡釋發揮的書"。⑤ 陳寅恪更具體論述《公冶長》篇"子謂公冶長可

---

① 王孝魚點校、郭慶藩撰《莊子集釋》卷九上《外物》，下册，北京，中華書局，2010年，第936頁。
② 高尚榘點校《論語義疏》，第320頁。
③ 《黃侃論學雜著·漢唐玄學論》，上海古籍出版社，1980年，第486頁。又見《中國現代學術經典·黃侃卷》，石家莊，河北教育出版社，1996年，第388頁。
④ 高尚榘點校《論語義疏·先進》"季路問事鬼神"條下注，第273頁。
⑤ 郭在貽《訓詁學》，北京，中華書局，2005年，第126頁。

妻也"中皇《疏》引一生動故事解釋的緣由,認爲"南北朝佛教大行於中國,士大夫治學之法亦受熏習者","惟皇侃《論語義疏》引《論釋》以解'公冶長'章,殊類天竺《譬喻經》之體,殆六朝儒學之士漸染於佛教者至深,亦當襲用此法,以詁孔氏之書耶"?①

不過,這種佛教語詞究竟不是特別多,徐望駕曾對《論語義疏》中的佛源詞進行了統計,一共找出"當來"、"方便"、"覺悟"、"染著"、"外語"、"外教"、"忘忍"、"印可"、"圓足"、"圓通"等十個語詞。② 這對一部煌煌巨著來説,能説有多大、多深的影響呢? 其實從根本上説,因《論語》中可直接關涉佛教的内容不是很多,就從根本上決定不會有濃郁的佛教色彩。因此,只能概述爲"有一些佛教的影子"。

這是新開闢的領域。

以上儒、玄、釋三者在《義疏》中的體現,也表現了"三教兼弘"的思想。這也是當日的一種社會思潮,如上所言的梁武帝晚年三教兼重的思想。

在此,附帶討論一下《論語義疏》的流傳。

《梁書》卷四十八《儒林·皇侃傳》載:"所撰《論語義》十卷,與《禮記義》並見重於世,學者傳焉。"貞觀十四年(640),太宗下詔曰:"梁皇侃、褚仲都,周熊安生、沈重,陳沈文阿、周弘正、張譏,隋何妥、劉炫等,並前代名儒,經術可紀。加以所在學徒,多行其疏,宜加優異,以勸後生。可訪其子孫見在者,録名奏聞,當加引擢。"③即因推崇其人、其《疏》而訪其子孫加以擢引。在唐時,"侃《疏》雖時有鄙近,然博極群言,補諸書之未至,爲後學所宗"。④但這一情形,到了宋代,因邢昺《論語疏》的集大成,不免遭到了一定的冷遇,有一些衝擊,《四庫提要》卷三五"《論語正義》二十卷"條載:"晁公武《讀書志》稱其亦因皇侃所采諸儒之説刊定而成。今觀其書,大抵翦皇氏之枝蔓,而稍傅以義理,漢學、宋學茲其轉關。是《疏》出而皇《疏》微,迨伊洛之説出而是《疏》又微。"但宋《崇文總目》《中興館閣書目》《國史藝文志》《郡齋讀書志》,乃至南宋尤袤《遂初堂書目》仍有著録,説明南宋中期其書還有流傳。不過,陳振孫《直齋書録解題》開始失去記載,此後,文獻目録都没了皇《疏》的影子。《論語義疏》約南宋中期亡佚於國内。後汪鵬航海至日本,購買以歸。鮑廷博刻印於《知不足齋叢書》中,書始常見,時乾隆五十三年(1788)。

---

① 陳寅恪《論語疏證序》,見楊樹達《論語疏證》,上海古籍出版社,2013年,第2頁。
② 《皇侃〈論語義疏〉中的佛源詞》,《中山大學學報論叢》2005年第4期。
③ 《舊唐書》卷一百八十九上《儒學上·序》,第15册,第4941—4942頁。
④ 《四庫提要》卷三五"《論語義疏》十卷"條引宋《國史志》言。

第四節　西晉十六國時期的政局與
　　　　鄭玄《論語注》在北地的傳衍

　　如果說,鄭玄廣泛求學、注經的經歷,某種程度上順應了當日今文經漸衰、古文經日漸興盛的趨勢,成了融貫今古文的大家;那麼,鄭玄學成以後,其廣爲授徒的史實亦頗堪注意,因爲它直接關涉到鄭學的接受地域,以及在此後魏晉、十六國、北朝的流傳和衍變。今細考之,又有分別:

　　玄質於辭訓,通人頗譏其繁。至於經傳洽孰,稱爲純儒,齊、魯間宗之。其門人山陽郗慮至御史大夫,東萊王基、清河崔琰著名於世。又樂安國淵、任嘏(裴注:慮字鴻豫。基字伯輿,魏鎮南將軍安樂鄉侯。琰字季珪,魏東[西]曹掾,遷中尉。淵字子尼,魏司空掾,遷太僕。嘏字昭先,魏黃門侍郎也),時並童幼,玄稱淵爲國器,嘏有道德,其餘亦多所鑒拔,皆如其言。①

　　樂安孫叔然(即孫炎),受學鄭玄之門,人稱東州大儒。征爲秘書監,不就。(王)肅集《聖證論》以譏短玄,叔然駁而釋之,及作《周易》《春秋例》《毛詩》《禮記》《春秋三傳》《國語》《爾雅》諸注,又注書十餘篇。②

　　程秉,字德樞,汝南南頓人也。後逮事鄭玄,後避亂交州,與劉熙考論大義,遂博通五經。③

　　先帝(指劉備)亦言吾周旋陳元方、鄭康成間。④

　　又,據《鄭志》《鄭記》,⑤能考知的鄭玄門人有冷剛、張逸、孫皓(一作顥)、劉掞(一作炎)、炅(一作靈)模、田瓊、王瓚、焦氏、崇精、王權、鮑遺、任厥、氾閎、崇翱、劉德、陳鑠(一作鏗)、桓翱等。此可見其門人的確衆多。只不過,這些弟子的史實大多都已無考了。但其弟子門人衆多,則是史實。

　　鄭玄故居爲北海國高密縣,正毗鄰青州、兗州、魯國,鄭玄一直在故鄉高密授徒,宜其本傳稱"齊、魯間宗之",這是鄭玄影響最直接、持久,也是徒衆

---

① 《後漢書》卷三五《鄭玄傳》,第 5 册,第 1212 頁。
② 《三國志》卷一三《王肅傳》,第 2 册,第 419—420 頁。
③ 《三國志》卷五三《程秉傳》,第 5 册,第 1248 頁。
④ 《三國志》卷三三《後主劉禪傳》裴注引《華陽國志》載諸葛亮言,第 4 册,第 903 頁。
⑤ 今均佚。皮錫瑞曾據袁鈞《鄭書遺書》本作《鄭志疏證》八卷,附《鄭記考證》一卷。《四庫提要》謂"《鄭志》皆玄與門人問答之詞,《鄭記》皆其門人互相問答之詞"。今有輯佚的《鄭志(兩種)》(見《叢書集成初編》,北京,中華書局,1985 年)。

最多的區域。職由此故,鄭玄卒時,才能"縗絰赴會千餘人"。① 至於本傳所列諸人,郗慮,山陽高平人,屬兗州。建安十三年(208)八月,獨攬大權的曹操拜郗慮爲御史大夫,權重一時。這一支脈,到其玄孫郗鑒,則發揚光大,成了東晉初期名重一時的宰執大臣。王基,字伯輿,東萊曲城人,屬青州。《三國志》卷二七有傳。王基與司馬懿、司馬師、司馬昭等交好,在平定毌丘儉、文欽之亂中立下汗馬功勞,也爲此贏得了執政高層的信任,封安樂鄉侯。傳載"王肅著諸經傳解及論定朝儀,改易鄭玄舊說,而基據持(鄭)玄義,常與抗衡",即爲維護師尊之見而敢於駁斥王肅的論說。《隋書》卷三三《經籍志》載"《毛詩駁》一卷,魏司空王基撰",可能就是駁斥王肅《毛詩義駁》八卷、《毛詩奏事》一卷的產物。《經義考》卷一〇一在著録王基《毛詩駁》時舉了一例,即對《毛詩·國風》中的《芣苢》篇,②王肅引《周書》"芣苢如李,出於西戎"作注,王基則駁曰"遠國異物,非周夫人所得採",強調夷夏之別的正統觀念,正針鋒相對。國淵,字子尼,樂安郡蓋縣人,屬青州。《三國志》卷一一有傳。曹操辟爲司空掾屬,後遷魏郡太守。任嘏,樂安博昌人。《三國志》卷二七有不無簡略的傳記。世爲著姓,魏文帝時累遷東郡、趙郡、河東太守。《隋書》卷三四《經籍志》載"《任子道論》十卷,魏河東太守任嘏撰"。這些人都屬齊、魯之地。因此,本傳言"齊、魯間宗之",確系實情,由此可窺見鄭學興盛的地域。例外的是清河崔琰。崔琰,字季珪,《三國志》卷一二有傳。曾任曹魏時尚書、中尉。崔琰有二子:崔諒、崔欽。這一支脈到了十六國、北魏時期,漸趨成爲北方的一流士族,如崔諒曾任晉中書令,諒子崔遇爲後趙特進;崔遇之子崔瑜,爲黃門郎;崔瑜之子崔逞,曾任前秦齊郡太守、北魏御史中丞等職。崔琰的從兄弟崔林的七世孫即是赫赫有名的北魏權臣崔浩。又可想見,《鄭玄傳》所載,必是鄭門高足或位高權重之人,這些人對鄭學的傳播當然會起到重要的作用。還能說明的是,涿郡盧植,曾與鄭玄同事扶風馬融,並相友善。③ 據《後漢書》卷六四本傳,其"通古今學,好研精而不守章句",學成後歸鄉教授,在河北一帶影響很大,"名著海內,學爲儒宗,士之楷模,國之楨幹"。盧植曾著《尚書章句》《三禮解詁》。④ 子盧毓,仕魏至侍中、吏部尚書,而盧毓子盧欽"清虛淡泊,動(疑爲勤)修禮典",⑤欽子盧浮

---

① 鄭玄卒後,最初葬於劇東(今山東益都境內),後又歸葬於高密縣西北五十里劉宗山下的厲阜。今此地仍存有唐代墓碑和鄭玄祠廟。
② 《山海經》《周書·王會》載"芣苢,木也,實似李,食之宜子。出於西戎"。
③ 《三國志》卷二二《盧毓傳》裴注引盧植與"鄭玄同門相友",第3冊,第650頁。
④ 《三國志》卷二二《盧毓傳》作"《禮記解詁》",第650頁。
⑤ 《三國志》卷二二《盧毓傳》裴注引,第653頁。

後任晉國子博士,遷祭酒,可見均能傳承其家學。後來,這一支脈在北朝世代以儒業顯,成了一流的高門,如盧偃、盧邈"皆以儒雅稱",盧伯源"敦尚學業",盧道將"涉獵經史,頗有文才,爲一家後來之冠",其子盧思道是北魏著名的文人。盧道虔"好《禮》學,難齊尚書令王儉《喪服集記》七十餘條"。盧景裕曾注《周易》《尚書》《孝經》《論語》《禮記》《老子》等,是一代大儒。周文帝以盧誕"儒宗學府,爲當世所推,乃拜國子祭酒"。爲此,傳論范陽盧氏"子孫繼迹,爲世盛門",之所以"見重於時,聲高冠帶",是因其"德業儒素有過人者",[1]也道出了儒業傳家的事實。或者能說,北朝經學的傳承,正是端賴鄭玄的門人弟子(不管其門人弟子如何流移播遷,總之基本上在今山東、河南北部、河北一帶傳習),以及一流盛族清河崔氏、范陽盧氏等,也爲此烙印上了較濃厚的古文經學特色,即重名物典制、語詞的解釋,因爲他們的初師馬融本就是古文經學大師,鄭玄、盧植都精於此道。《鄭玄傳》就載"初,中興之後,范升、陳元、李育、賈逵之徒爭論古今學,後馬融答北地太守劉瓌及(鄭)玄答何休,義據通深,由是古學遂明";《盧植傳》亦載其自言:"臣少從通儒故南郡太守馬融受古學,頗知今之《禮記》特多回冗"。而冀州一帶,"人性多敦厚,務在農桑,好尚儒學,而傷於遲重",[2]無疑又直接強化了固守漢魏經學傳統的傾向。

當然,鄭注地位的上升也有一個曲折的歷史進程。太武帝拓跋燾時,"常非馬融、鄭玄解經失旨,志在著述《五經》"的儒生陳奇,受到了"贊扶馬、鄭"時任秘書監游雅的責難,不僅不敘用,甚至還憑藉一己的職權,因告京師後生不要再聽陳奇的傳講。[3] 這種激烈的衝突雖然不免夾雜有個人的好惡和恩怨,但也正説明了非議馬融、鄭玄解經儒士的存在。還有一儒者張吾貴,"兼讀杜、服,隱括兩家,異同悉舉",但這種"義例無窮,皆多新異"——即頗多新意的解經方式,實際上也是不被時人認可,張吾貴傳經的最後結局是"業不久傳"。[4] 這種頗多新意的解經方式,實際上與魏晉的新學倒有較多的相似。相形之下,能承兩漢遺風,或者説古學的解經方式,多能獲得士人的普遍認可,如劉蘭"推經、傳之由,本注者之意,參以緯候及先儒舊事,甚爲精悉","學徒前後數千,成業者衆"。[5] 所謂的"經、傳之由"是指經、傳的本源,這只能推源到先秦和兩漢;"注者之意"指漢儒注釋的意旨,即字詞的

---

[1] 均見《北史》卷三〇《盧玄等傳》,第 4 册,第 1071、1073、1074、1078、1109、1109、1110 頁。
[2] 《隋書》卷三〇《地理志中》"冀州"條(第 3 册,第 859 頁)。
[3] 《魏書》卷八四《儒林·陳奇傳》,第 5 册,第 1846—1847 頁。
[4] 《魏書》卷八四《儒林·張吾貴傳》,第 1851 頁。
[5] 《魏書》卷八四《儒林·劉蘭傳》,第 1851 頁。

訓詁;"參以緯候",更是漢儒解經的一個特色,因讖緯的興盛,多好引用緯書以解經。至於"先儒舊事",只能是較爲久遠一些的兩漢故實。學徒衆多、成業者衆也進一步説明這種傳經方式的興盛實有廣泛的社會基礎。

鄭義與王肅"新義"還在朝堂上有過一些公開的争議。太和十三年(489)五月,詔群臣議禘、祫,即宗廟祭祀之禮,尚書、中書等各據鄭玄、王肅義論争,最後由孝文帝裁決,因各有精當之處,分别取之,"今互取鄭、王二義。禘祫並爲一名,從王;禘是祭圜丘大祭之名,上下同用,從鄭"。① 但此事還没有終結,景明二年(501)六月,秘書丞孫惠蔚上書,又提到了此事。孫據《禮記·王制》鄭玄注中祫、禘分祭義,提出"取鄭舍王",以代替王肅的祫、禘合一。② 這一建議,後經八坐、五省、太常、國子等衆議,得到了認可。這也是王肅義漸趨被排斥出實際執政的一個具體例證。還不僅如此,還有一件事能看出鄭、王之學的論争。延昌二年(513)春,偏將軍乙龍虎喪父,給假二十七月。乙龍虎並數閏月,詣府求仕。元珍據鄭注"二十七月而禫(除去孝服時舉行的祭祀)",認爲其未盡三年之喪,違制應刑。崔鴻則據王(肅)、杜(預)之義辯駁,認爲並不違制。不過,多次辯駁後,某種程度上,崔鴻也不得不認可鄭義,"喪事尚遠日,誠如鄭義。龍虎未盡二十七月而請宿衛,實爲忽忽,於戚之理,合在情責"。③ 雖然,史書並未明言争辯的結局,但鄭義明顯占了上風。當然,這種論辯的背後可能還有人事的影子。據《魏書》卷六三《王肅傳》,太和十七年(493),王肅(此非三國時王肅)自建康來奔。王肅景明二年七月薨於壽春,年三十八(月份據《魏書》卷八《宣武帝紀》)。而王肅因孝文帝等"器重禮遇,日有加焉",甚至有"猶玄德之遇孔明"的譬喻,以及本人"明練舊事",諳習典儀,使得"朝儀國典,咸自肅出"。④ 雖時間不長,但因在孝文帝大力推行漢化的關鍵時期,且本人官居高位,而影響甚大。⑤ 就奔魏的王肅來看,史書載其"自謂《禮》《易》爲長",雖"亦未能通其大義",但因來自南方,受南方學術氛圍的熏陶,也自必會青睞、維護曹魏時王肅的新義,更何況還是同一名字呢,不排除惺惺相惜的可能。據《三國志》卷一三《王肅傳》,其"爲《尚書》《詩》《論語》《三禮》《左氏》解,及撰定父朗所作《易傳》,皆列於學官。其所論駁朝廷典制、郊祀、宗

---

① 《魏書》卷一〇八之一《禮志一》,第 8 册,第 2743 頁。
② 《魏書》卷一〇八之二《禮志二》,第 8 册,第 2760 頁。
③ 《魏書》卷一〇八之四《禮志四》,第 8 册,第 2798 頁。
④ 《北史》卷四二《王肅傳》,第 5 册,第 1540 頁。
⑤ 説明:上所言關涉鄭、王義的論争,是指曹魏時的王肅,非此際奔魏的王肅。這是兩個不同時代的人。

廟、喪紀、輕重,凡百餘篇",確實擅長禮制。王肅不好鄭氏,每爲此駁斥,也是學人熟知的史實。所以,一時間王肅義得到了彰顯,如太和十九年五月,太子行冠禮。事後,孝文帝認爲有"三失",其依據之一就是王肅所編的《孔子家語·冠頌篇》,且言"《家語》雖非正經,孔子之言與經何異",①即推尊《孔子家語》。但好景不長,隨着景明二年(南方次年即爲梁天監元年)七月王肅的逝世,曹魏時的王肅義,甚且王肅本人也黯然失色了。《魏書》卷六五《邢巒傳》載,"少爲《三禮》鄭氏學,明經有文思"的邢虬,在孝文帝駕崩時,對尚書令王肅的"多用新儀",就加以駁斥,"往往折以五經正禮"。

當然,這只是一個過渡階段,一段波瀾。到了一代大儒徐遵明時期,則有了長足發展。徐遵明在河北教授,講說鄭玄注《周易》《尚書》《論語》《三禮》等,②因其徒衆甚多,"束脩受業,編録將逾萬人","學徒至今,浸以成俗。遵明講學於外二十餘年,海内莫不宗仰",③而使得鄭注在北土廣爲傳播,也在實際上形成了北朝的主流習經風尚。④《北齊書》卷四四《儒林傳序》就明言"凡是經學諸生,多出自魏末大儒徐遵明門下"(北朝的習經風尚參下一節)。

《魏書》卷八四《儒林傳序》載:

> 漢世鄭玄並爲衆經注解,服虔、何休各有所説。玄《易》《書》《詩》《禮》《論語》《孝經》,虔《左氏春秋》,休《公羊傳》,大行於河北。王肅《易》亦間行焉。晉世杜預注《左氏》,預玄孫坦、坦弟驥於劉義隆世並爲青州刺史,傳其家業,故齊地多習之。

《北史》卷八一《儒林傳序》亦載:

> 大抵南北所爲章句,好尚互有不同。江左,《周易》則王輔嗣,《尚書》則孔安國,《左傳》則杜元凱。河洛,《左傳》則服子慎,《尚書》《周易》則鄭康成。《詩》則並主於毛公,《禮》則同遵於鄭氏。南人約簡,得其英華;北學深蕪,窮其枝葉。(《隋書》卷七五《儒林傳序》所載同)

服虔《左傳》注,據《世説新語》卷上《文學》第二條,鄭玄在客舍邊聽服虔論《左傳》意,因與己意暗合,遂拱手相讓一己的成果,"今當盡以所注與君","遂爲服氏注"。即北人所遵守,實主鄭玄注。鄭玄注能"大行於河

---

① 《魏書》卷一〇八之四《禮志四》,第2810頁。
② 其弟子通直散騎常侍李業興上表亦言其"擬高蹤於北海(指鄭玄)",見《魏書》卷八四《儒林·徐遵明傳》,第5册,第1856頁。
③ 《魏書》卷八四《儒林·徐遵明傳》,分别爲第1856、1855頁。
④ 據《魏書》本傳,徐遵明永安二年(529)卒,時五十五歲,前推"二十餘年",正在太和(477—499)末年到景明(500—504)初年,即王肅卒後,在北土趙魏一帶廣爲傳播。

北",固然與其博學多師、兼採今文以附益古文,宏通博大,甚且無所不包,便於讀習等因素有關;但衆多弟子的廣爲傳播,也無疑有甚大的作用。問題是,這些本在齊魯地域的鄭玄門人,在流血、紛争的十六國、北魏時期又是如何流轉、傳播到整個北方,進而成了北方經學的主導或權威注釋? 這與此一時期士人的流徙有很大關聯。《晉書》卷一〇八《慕容廆載記》載:

> 時,二京傾覆,幽、冀淪陷,廆刑政修明,虛懷引納,流亡士庶多襁負歸之。廆乃立郡以統流人,冀州人爲冀陽郡,豫州人爲成周郡,青州人爲營丘郡,并州人爲唐國郡。於是,推舉賢才,委以庶政,以河東裴嶷、代郡魯昌、北平陽耽爲謀主,北海逄羨、廣平遊邃、北平西方虔、渤海封抽、西河宋奭、河東裴開爲股肱;渤海封弈、平原宋該、安定皇甫岌、蘭陵繆愷以文章才俊任居樞要,會稽朱左車、太山胡毋翼、魯國孔纂以舊德清重引爲賓友,平原劉讚儒學該通,引爲東庠祭酒,其世子皝率國胄束脩受業焉。廆覽政之暇,親臨聽之。於是,路有頌聲,禮讓興矣。

永興元年(304),匈奴貴族劉淵起兵於離石(今屬山西省)。永嘉四年(310),劉淵死,子劉聰繼立。次年四月,其將石勒於苦縣寧平城(今河南鹿邑)盡殲西晉軍主力十餘萬人,並俘殺太尉王衍等人。同年又遣呼延晏攻洛陽,屢敗晉軍。六月,呼延晏到達洛陽,與劉曜會合,攻破洛陽,史稱"永嘉之亂"。大難來臨,整體而言,士人避難流徙的方向,主要有三:即東北方向,託庇於鮮卑慕容氏;西北方向,歸依涼州的張軌;江南方向,僑居於孫吳故壤,依附後來的司馬睿政權。八王之亂的末期,齊、魯一帶,處在東海王司馬越的掌控之下。擁護司馬越的幽州刺史王浚,以及并州刺史劉琨也都在興晉的旗號下進行不屈不撓的抗争。由此,在早期階段,因地域的毗鄰,齊、魯一帶的士人多有投奔劉琨或王浚的,魏郡黃泓就是一個典型的例證:

> 永嘉之亂,(黃泓)與渤海高瞻避地幽州,説瞻曰:"王浚昏暴,終必無成,宜思去就,以圖久安。慕容廆法政修明,虛懷引納,且讖言真人出東北,儻或是乎? 宜相與歸之,同建事業。"瞻不從。泓乃率宗族歸廆,廆待以客禮,引爲參軍,軍國之務動輒訪之。泓指説成敗,事皆如言。廆常曰:"黃參軍,孤之仲翔(指三國時政治家、經學家虞翻,字仲翔)也。"①

魏郡,今河北磁縣,屬司州;渤海郡,今河北滄州,屬冀州,均毗鄰幽州,宜其與渤海高瞻避地近鄰的幽州,即投奔擁晉的王浚。但王浚"昏暴",因此不得不謀議投奔更遠一些的已在遼東、遼西一帶日漸興起、思賢若渴的鮮卑

---

① 《晉書》卷九五《藝術·黃泓傳》,第 8 冊,第 2492—2493 頁。

慕容氏。而建興二年(314)王浚被石勒殺害,太興元年(318),劉琨亦被段匹磾所殺。因此,先前投奔劉琨或王浚的士人就多走趨慕容氏了。正是這個原因,慕容氏集聚了大量的士人,而不得不別立郡縣來治理流人,東晉元帝敕封慕容廆"都督遼左雜夷流人諸軍事",①從職銜中"流人"一語,也不難看出在遼東地區流人激增的史實,史載"流人之多舊土十倍有餘"。② 還能說明的是,《宋書》卷三五《州郡志》"南徐州刺史"條載"晉永嘉大亂,幽、冀、青、并、兗州及徐州之淮北流民,相率過淮,亦有過江在晉陵郡界者",即仍有大量的士人選擇南奔,渡過淮河,最終抵達江左。但這一部分人,更多的是琅琊王導一系,因爲在司馬越的早期規劃中,一旦失利,便可憑藉由在江東的司馬睿以及徐州的王衍、王導等構築的兩道防綫逃生,即徐州一道,再後撤,就是在冷兵器時代能憑藉長江天險的江左一綫。後來的事實——即"王與馬,共天下"的政治偏安格局也證實了司馬越的遠見卓識。史籍中如黃泓般避難於遼東者,還能找到一顯例:

> 天下大亂,聞公孫度令行於海外,(管寧)遂與(邴)原及平原王烈等至於遼東。度虛館以候之。既往見度,乃廬於山谷。時避難者多居郡南,而寧居北,示無遷志,後漸來從之。③

管寧,北海人,原指邴原,與管寧同縣,都在齊、魯之地。"避難者多居郡南",除了表明流人多之外,也説明了流移之人多懷故土之望,並無長久定居遼東的打算,只是暫懷苟且,一旦遇到合適的機遇就會重返故里。公孫度割據遼東的時間(190年爲遼東太守,204年病逝)比慕容氏遷居遼西、漸趨稱雄的時間(慕容廆,307年自稱鮮卑大單于,321年都督幽、平二州東夷諸軍事)要早八九十年。這也説明流民移居遼西已持續了較長的時間,甚且有一個傳統。

至於"泓乃率宗族歸廆",也道出了另一個事實,即千里奔波,面對時刻遠不能逆料的各種危險和困苦,只有聚族遷徙,才有可能到達目的地;而且,要想在寄居之地的政權獲得相應的地位,也惟有藉助大規模的宗族勢力才能獲得。"王與馬,共天下"之所以能形成,琅琊國(今山東臨沂)毗鄰江東、族人在永嘉亂前已大量過江也是一個重要因素。高平郗鑒也是這樣。據《晉書》卷六七《郗鑒傳》,元帝初鎮江左,任郗鑒兗州刺史,後因其"衆至數萬",形成了一支遠不可忽略的軍事力量,而拜其都督兗州諸軍事,鎮合肥。

---

① 《晉書》卷一〇八《慕容廆載記》,第9册,第2805頁。
② 《晉書》卷一〇九《慕容皝載記》,第9册,第2823頁。
③ 《三國志》卷一一《管寧傳》,第2册,第354頁。

之後,郗鑒便往來於合肥、建康之間。之所以如此,就是因郗鑒爲流民帥,朝廷要羈縻、籠絡;而郗鑒本人要維持一己的政治地位,也自不可喪失其可依恃的部曲實力(能最終抵達江南,一般皆爲身强力壯之人,也就是謝玄整編京口的流民爲北府兵的力量憑藉與真實原因),而需頻繁聯繫。郗鑒是流民帥,《真誥》卷一五《闡幽微第一》注言郗鑒"永昌元年(322)率諸流民來渡江東",其所率部曲,就是在"推(郗)鑒爲主,舉千餘家俱避難於魯之嶧山"的基礎上形成的。

黄泓是一介儒士,從父黄沈受業,"精妙逾深,兼博覽經史,尤明《禮》《易》。性忠勤,非禮不動"。

再從上引《慕容廆載記》所言的士人地域看,河東郡、廣平郡屬司州,代郡、北平郡屬幽州,渤海郡、平原國屬冀州,西河國屬并州,北海郡屬青州,太山郡、魯國屬兖州;這都是今山東、河北一帶的地域。慕容廆所任用的這些人,基本上都是當地的高門,如河東裴氏,據《晉書》卷三五《裴秀傳》,裴秀的祖父裴茂,漢尚書令。父裴潛,魏尚書令。裴秀晉武帝時任司空。其子裴頠更盛名一時,亦任尚書左僕射,侍中。高位一直蟬聯不斷,裴氏盛名於魏晉之世,爲此時人曾以"八裴"方於"八王"(指一流高門琅琊王氏)。安定朝那皇甫氏,據《後漢書》卷七一《皇甫嵩傳》,皇甫嵩,度遼將軍規之兄子。父節,雁門太守。皇甫嵩靈帝時任北地太守,後因平定黄巾起義而聲名鵲起,時人曾爲歌讚譽,"天下大亂兮市爲墟,母不保子兮妻失夫,賴得皇甫兮安居"。這也奠定了安定皇甫氏的家族地位。會稽的土著高門,一直有顧、陸、朱、張之稱。從《載記》中以"文章才俊任居樞要","舊德清重引爲賓友","儒學該通,引爲東庠祭酒"等來看,儒生、文士受到了慕容氏的高度重視,這實際上也開始了鮮卑慕容氏的漢化進程。它可溯源到慕容廆之子慕容皝,"賜其大臣子弟爲官學生者號高門生,立東庠於舊宫,以行鄉射之禮,每月臨觀,考試優劣。皝雅好文籍,勤於講授,學徒甚盛,至千餘人。親造《太上章》以代《急就》,又著《典誡》十五篇,以教胄子",①即開始了鮮卑慕容氏上層全面漢化的歷程。可以想見,隨着前燕的第二任皇帝慕容儁入據中原、移都鄴城,也就普及開了原居齊、魯一帶的文化士族的影響。不過,好景不長,395年參合陂一役,北魏俘虜慕容氏大軍數萬步騎,以及"文武將吏數千人,器甲輜重、軍資雜財十餘萬計",②又於俘虜之中,拔擢有才識者賈彝、賈閏、晁崇等與參謀議。這實際上也是楚才晉用,慕容氏所依恃的儒士轉而到了

---

① 《晉書》卷一○九《慕容皝載記》,第9册,第2826頁。
② 《魏書》卷二《道武帝拓跋珪紀》,第1册,第27頁。

北魏政權,①對北魏的漢化進程起到了一定的推進作用。

此後,士人的流移、轉徙,以及對經學的影響,則見下章第一節。

第五節　北朝《論語》的讀習情形

因對北朝《論語》讀習的情形,一直乏人探討,今據相關史料,盡可能深入地討論一下其時《論語》讀習的情形。不過,因南北的阻隔,而各自在一不同的地域、文化裏發展,而需先明了一下這一時期北地習經的風尚——以此知曉《論語》讀習是在怎樣的一個大的經學氛圍之中。

對當日北地的習經風尚,浸潤在南方經學氛圍中的顔之推在入北後,身臨其境,實有更深一層的感慨和喟歎:

> 末俗已來不復爾,空守章句,但誦師言,施之世務,殆無一可。故士大夫子弟,皆以博涉爲貴,不肯專儒。梁朝皇孫以下,總帅之年,必先入學,觀其志尚,出身已後,便從文史,略無卒業者。冠冕爲此者,則有何胤、劉瓛……等,兼通文史,不徒講説也。洛陽亦聞崔浩、張偉、劉芳,鄴下又見邢子才:此四儒者,雖好經術,亦以才博擅名。如此諸賢,故爲上品,以外率多田野閒人,音辭鄙陋,風操蚩拙,相與專固,無所堪能,問一言輒酬數百,責其指歸,或無要會。鄴下諺云:"博士買驢,書券三紙,未有驢字。"……夫聖人之書,所以設教,但明練經文,粗通注義,常使言行有得,亦足爲人;何必"仲尼居"即須兩紙疏義,燕寢講堂,亦復何在?以此得勝,寧有益乎?光陰可惜,譬諸逝水,當博覽機要,以濟功業;必能兼美,吾無間焉。②

南北朝以來,沿襲東漢末博學的傳統,經學上都強調"博涉",但南北又有不同:南方是"兼通文史",視野更開闊,"如牖中窺日";③北方則不出經學之外,只是兼通數經。至於"博士買驢,書券三紙","問一言輒酬數百",則明顯是承襲東漢末時已極其繁瑣的解經習慣,仍遵從、持守漢時的解經傳統。對此,到蕭梁時已歷經了近三百年的發展變遷,早已能站在更高層次上

---

① 關於青齊地區的士族,唐長孺先生在《北魏的青齊士民》一文中有詳細的論述,載《魏晉南北朝史論拾遺》,北京,中華書局,1983 年。近年來,有許多學者在這一基礎上有進一步的解釋,比較有代表的是韓樹峰《南北朝時期淮漢迤北的邊境豪族》,北京,社會科學文獻出版社,2003 年。
② 王利器集解《顔氏家訓集解》卷三《勉學》,北京,中華書局,2013 年,第 213—214 頁。
③ 余嘉錫箋疏《世説新語箋疏》卷上之下《文學》第 25 條"褚季野語孫安國",上册,第 237 頁。

審視的南方士人顏之推自然深爲不滿，認爲應"博覽機要"——陳明核心內涵，會其"指歸"，"以濟功業"。這顯然是在南方"清通"、"簡要"玄風浸潤下的一種正常反映和識見。爲此，顏氏以"率多田野間人，音辭鄙陋，風操蚩拙"來概述這一經學群體的整體風貌。那整體水平呢？"俗間儒士，不涉群書，經緯之外，義疏而已"，視野窄狹不說；更重要的，顏氏接着舉了兩件讓他尤其不堪忍受的事，一是"諸儒"竟認爲王粲文集中不能載其論經學的文章；一是代表儒學最高水準的博士們竟公然譏笑、質疑"未聞《漢書》得證經術"，即哪得徵引《漢書》來議論宗廟事（後看了《漢書·韋玄成傳》中"議罷郡國廟"後才心悅誠服）。則其時"俗儒"、"博士"的水準和孤陋寡聞可以確然而想。

顏之推可謂一針見血。就史書的記載來看，北朝時讀習經書，至少有以下三個特點：一、書籍散亂殊爲嚴重，讀書自是不易。北魏宣武帝時，時任秘書丞的飽學之士孫惠蔚上疏，就較詳細地陳明了當日情形：

> 觀、閣舊典，先無定目，新故雜糅，首尾不全。有者累帙數十，無者曠年不寫。或篇第褫落，始末淪殘；或文壞字誤，謬爛相屬。篇目雖多，全定者少。①

沒能按甲乙丙丁四部編目，新、舊書籍雜糅在一起；存量多寡不一，有的書，"累帙數十"，寫本很多了，有的書卻曠年不寫一本；殘缺不全，如篇第脫落，首尾不全等；文字錯謬，以及篇目也未能整齊、排定。對這一繁雜情形，更因"經記浩博，諸子紛綸，部帙既多，章篇紕繆，當非一二校書，歲月可了"，而極大地增添了校書、整理的難度。按照孫惠蔚的設想，可依據盧昶所撰的《甲乙新錄》查漏補闕，"損併有無，校練句讀，以爲定本，次第均寫"，目的是"永爲常式"——構建一個能傳之久遠的規則和範例。由此請求"四門博士及在京儒生四十人，在秘書省專精校考，參定字義"，以便更好地完成這一宏大的文化工程。這一殘缺情形，在他處也多有記載，如李業興"愛好墳籍，鳩集不已，手自補修"。② 宣武帝時，漢化已進行得如火如荼，其典籍卻如此散亂不整、殘缺錯謬，可見北方較貧弱的書籍氛圍，其間習經的難度、成就自然可以想見。

二、固守漢儒的經學傳統。如當時"生徒甚盛，海内稱焉"的經學家劉蘭：

> 先是，張吾貴以聰辨過人，其所解説，不本先儒之旨。唯蘭推經、傳

---

① 《魏書》卷八四《儒林·孫惠蔚傳》，第5冊，第1853—1854頁。
② 《北史》卷八一《儒林上·李業興傳》，第9冊，第2725頁。

之由,本注者之意,參以緯候及先儒舊事,甚爲精悉。自後經義審博,皆由於蘭。蘭又明陰陽,博物多識,爲儒者所宗。瀛州刺史裴植征蘭講書于州城南館,植爲學主,故生徒甚盛,海内稱焉。①

"本注者之意""先儒舊事",即是漢儒的解説。如結合《北史》卷八一《儒林傳序》的概述,"玄《易》《詩》《書》《禮》《論語》《孝經》,虔《左氏春秋》,休《公羊傳》,大行於河北",就多是指鄭玄注。而"緯候",即讖緯神學觀念,更是東漢以來解經時所附著、盛行的一個重要特色,②即遵守漢儒的故訓。這一解經習尚,"爲儒者所宗",又門徒熾盛,顯然是得到時人的認可與推崇,是主流的風尚。再如北周太祖時的樊深,"經學通贍,每解書,嘗多引漢、魏以來諸家義而説之"。③再如"學爲儒宗"的大儒熊安生,北齊時,對"宿疑碩滯者,皆莫能詳辨"幾十條經文,能"一一演説,咸究其根本",④進而引得尹公正的深爲歎服。其所謂"根本",自然是漢魏的故訓舊義。它的反例,就是引文中提到的張吾貴。張吾貴本無甚學術,"先未多學",僅"從酈詮受《禮》,牛天佑受《易》",在他們"粗爲開發",自己"覽讀一遍"後,"便即別構户牖",設壇開講了。或者説,就是憑藉一時的聰慧機巧和雜糅之功,"兼讀杜(預)、服(虔),隱括兩家,異同悉舉",而吸引了一些徒衆。但這種一時的新奇,"義例無窮,皆多新異",以及"以辯能飾非,好爲詭説",最終還是不能掩蓋一己經學根底的粗疏,"由是業不久傳"。⑤顯然,"不本先儒之旨"的"新異"風尚不被時人所認可。

三、奔波、流徙於各地求學。但因多在鄉間塢壁,而較封閉、蔽塞,缺乏有效的溝通、交流,視野受到了很大的限制,而產生了"鄙野""無儀範"等弊端,經學水準也有待提高。對北地讀習經書的士人,大體能分兩類:一類是貴胄之門,但這一貴胄子弟,因"聲色之娛""犬馬之好"等的誘惑,而"罕聞强學",整個文化較發達的北齊一代,"胄子以通經仕者唯博陵崔子發、廣平宋游卿而已,自外莫見其人",⑥這與南朝經學、文化多出世家子弟迥然有異。第二類就是貧寒之家的儒生。這些遍布在鄉間里野、塢壁之間大多失

---

① 《魏書》卷八四《儒林・劉蘭傳》,第5册,第1851頁。《北史》卷八一《儒林上・劉蘭傳》亦載(第9册,第2715頁)。
② 可參第二章第一節。又,天平四年(537),李業興出使南朝,在公開回答梁武帝的辯難時,還依舊引用了《孝經援神契》《靈威仰》《葉光紀》等讖緯(見《北史》卷八一《李業興傳》,第9册,第2723頁)。而南朝此際早已禁止讖緯的傳播。
③ 《周書》卷四五《儒林・樊深傳》,第3册,第811頁。
④ 《北史》卷八一《熊安生傳》,第9册,第2744頁。
⑤ 《魏書》卷八四《儒林・張吾貴傳》,第5册,第1851頁。
⑥ 《北齊書》卷四四《儒林傳序》,第2册,第582頁。

卻姓名的儒生,"負笈從宦之徒,不遠千里,伏膺無惓,善誘不倦",甚至默默忍受、克服各種難以想見的飢寒、困苦等,"入閭里之內,乞食爲資;憩桑梓之陰,動逾千數",隨便憩息在樹蔭下、閭巷內即可過夜,由此遊走各地,風塵僕僕,展現出一路求學的堅貞、執著與坎坷。由此也形成了經學史上一道特別的風景。這一廣大衆多的支撐起整個北朝經學傳承的士人,"齊、魯、趙、魏,學者尤多,負笈追師,不遠千里,講誦之聲,道路不絕"。①

這一主流習經群體,多奔波、遊學於他地以尋求不同的老師教授,轉益多師,今據《魏書》卷八四《儒林傳》所載:

> 惠蔚年十三,粗通《詩》《書》及《孝經》《論語》。十八,師董道季講《易》。十九,師程玄讀《禮經》及《春秋三傳》。周流儒肆,有名於冀方。

> (徐遵明)乃詣平原唐遷,納之,居於蠶舍。讀《孝經》《論語》《毛詩》《尚書》《三禮》,不出門院,凡經六年,時彈箏吹笛以自娛慰。又知陽平館陶趙世業家有《服氏春秋》,是晉世永嘉舊本,遵明乃往讀之。

> (董徵)好古學尚雅素。年十七,師清河監伯陽,受《論語》《毛詩》《春秋》《周易》,就河內高望崇受《周官》,後於博陵劉獻之遍受諸經。數年之中,大義精練,講授生徒。

一如漢時經師的傳授,這一時期北地儒學的傳授,據相關的傳記,基本都能排列出著名學者的師承,即仍秉習漢學的傳統,即師法。也爲此,《北齊書》卷四四《儒林傳序》就排列出了一個較完整的傳承譜系。師法傳承有序,或可使學術較爲醇正,但也造成了視野比較窄狹。這是因爲有限的幾位經師,勢必不能多加切磋、交流與溝通,以此相激發、碰撞,而帶來經學的新鮮血液,或解讀的深入;而且,因居於鄉間塢壁,有時連最基本的典籍也閱讀不易。如北魏時一代大儒劉遵明,對鄭玄《論語序》的"書以八寸策"誤作"八十宗",而"曲爲之説"。史臣由此撰論"其僻也如此。(劉)獻之、(張)吾貴又甚焉"。② 劉遵明與劉獻之、張吾貴均在河北聚徒教授,史載對劉遵明,"海内莫不宗仰",對劉獻之,"莫不高其行義,希造其門",對張吾貴,"世人競歸之",皆爲一時所宗仰。這頂尖的三人尚且如此,則其時經學家固守漢儒遺義,不甚溝通、交流等極端封閉、固步自封的情形,也確然可想。再如馮偉,"後還鄉里,閉門不出,將三十年,不問生產,不交賓客",③這也可稱得上是其時的一個特色,它反映了南北朝時期,因戰爭、動亂的阻隔,北方經學

---

① 《隋書》卷七五《儒林傳序》,第6册,第1706頁。《北齊書》卷四四《儒林傳序》亦載"燕、趙之俗,此衆尤甚"(第2册,第582頁)。
② 《北史》卷八一《儒林上·劉遵明傳》,第9册,第2720頁。
③ 《北史》卷八一《馮偉傳》,第9册,第2727頁。

的交流極爲不暢的現實。由此,顏之推論爲"率多田野閒人,音辭鄙陋,風操蚩拙",確實非爲南人的偏見。對此,《隋書》卷七五《儒林傳序》亦曾一針見血地兩次以"鄙俗"來概指:

> 逮乎近古,巨儒必鄙俗。……近代左右邦家,咸取士於刀筆。縱有學優入室,勤逾刺股,名高海內,擢第甲科,若命偶時來,未有望於青紫,或數將運舛,必委棄於草澤。……今之學者,困於貧賤,明達之人,志識之士,安肯滯於所習,以求貧賤者哉?此所以儒罕通人,學多鄙俗者也。……非夫聖明御世,亦無以振斯頹俗矣。

"左右邦家,咸取士於刀筆",即重用有治理經驗的明習文法、達於吏治的文吏階層。由此嚴重擠壓了儒士的生存空間,使得命運坎坷,"未有望於青紫","困於貧賤",最終大多數被遺棄在荒野草萊間,默默地結束了一己努力卻普通的一生。這也是這一時期整個北土儒士階層命運的寫照。這一粗鄙情形,史書也多有記載,甚至有時還成了別人的笑柄,如天平四年(537),"家世農夫,雖學殖,而舊音不改"的李業興,在梁武帝問其"宗門多少"時,竟以方言作答,"薩(應爲三)四十家",一個"薩"字,語音讓人頗感粗鄙。爲此,遣使歸來後,孫騰竟當面詢問、嘲笑,"何意爲吳兒所笑"?對此,李業興反唇相譏道:"業興猶被笑,試遣公去,當著被罵",①即你的水準還更低呢。再如"出自微賤"的郭遵,"宮門逢諸貴,輒呼姓字,語言佈置,極爲輕率",②渾然不重視禮儀、規範,也最終以此敗亡。再如一代重臣高允曾對掌管秘書監的游雅,徑直稱儒士陳奇爲"野儒",並勸游雅根本不必與此人辯論章句,探究學問。③ 而隋文帝時的靈暉,"坐衣冠不整,配防江南"。④ 這一"鄙野"、"無儀範"的情形,最典型的代表,是隋文帝初年從青、齊之地徵召來的馬光、張仲讓、孔籠、竇士榮、張黑奴、劉祖仁等"六儒":

> 然皆鄙野,無儀範,朝廷不之貴也。士榮尋病死。仲讓未幾告歸鄉里,著書十卷,自云此書若奏,我必爲宰相。又數言玄象事。州縣列上其狀,竟坐誅。孔籠、張黑奴、劉祖仁未幾亦被譴去。唯光獨存。⑤

其實,這些人被"譴去"甚且"坐誅"的淒涼遭際,固然有其外形、禮節方面的因素;根子上還是經學的水準問題,至少就《隋書》沒載出他們的傳記這一事實看(僅孔光有傳),遠不能出類拔萃。如上所提及的李業興,就有一次

---

① 《北史》卷八一《儒林上·李業興傳》,第9冊,第2724—2725頁。
② 《北史》卷八一《郭遵傳》,第9冊,第2736頁。
③ 《魏書》卷八四《儒林·陳奇傳》,第5冊,第1847頁。
④ 《北史》卷八一《靈暉傳》,第9冊,第2719頁。
⑤ 《隋書》卷七五《儒林·馬光傳》,第6冊,第1717頁。

與南方經學直接論衡的機會。作爲北人辛術上奏所稱讚"碩學通儒,博聞多識"的李業興,被特意簡拔代表國家出使梁朝。但面對蕭衍不無咄咄逼人的發難,"儒玄之中,何所通達"？李業興只得老老實實地回答,"少爲書生,止讀五典。至於深義,不辨通釋",坦然承認一己知識的缺陷。對業興回答的"自堯以上,《書》典不載,實所不知",蕭衍即刻反駁道："'寅賓出日',即是正月。'日中星鳥,以殷仲春',即是二月。此出《堯典》。"何得稱不知?! 而對蕭衍提到的"《易》曰太極,是有無"這一涉及南方盛行的玄談,業興更無還手之力,勉強回答"素不玄學,何敢輒酬"。① 準此,刻意簡拔的代表北方出使的人才在經學上的如此疲軟、狼狽的表現,只能是北方經學水準低一層級的一種反映。重要的是,這時他們還面臨因一統而入北的南方經學家,如蕭該、何妥等人的強有力競爭。隋文帝初年,一次,在洛陽的皇室後裔、内史侍郎元善,在準備畢集諸儒講論《左傳》前,曾私下對國子博士、襄城縣公何妥説,"名望已定,幸無相苦",即名望已定,實没必要相苦辯難。何妥也答應了,但卻在開講時依舊發難,"引古今滯義以難",一時間元善全面失防,幾乎無以抗衡。② 又,隋文帝時,蕭該、何妥均被封爲公(山陰縣公、襄城縣公),拜爲國子博士,都顯示了高層對其經學或者説南方經學水準的認可。北方經學勢必要面臨南方的強大衝擊,爲此統一於南方經學(因南方本就重義理),也自在情理之中(具體可參下一章第一節)。

當然,也有以鄉里"寡文籍",而游京師以廣見聞,"讀所未見書",如李鉉、③劉晝④等。

不過,不管怎樣,一如前所引的"齊、魯、趙、魏,學者尤多,負笈追師,不遠千里,講誦之聲,道路不絶",呈現出一種較濃的樸質的讀書風尚。當然,其讀習的根本動力還是來自統治者的提倡,即建學以儒家經典教育民衆以及察舉人才的需要：

> 魏道武初定中原,雖日不暇給,始建都邑,便以經術爲先。立太學,置《五經》博士生員千有餘人。天興二年(399)春,增國子太學生員至三千人。……太和(477—499)中,改中書學爲國子學,建明堂、辟雍,尊三老五更,又開皇子之學。及遷都洛邑,詔立國子、太學、四門小學。孝文欽明稽古,篤好墳籍,坐輿據鞍,不忘講道。劉芳、李彪諸人以經書進,崔光、邢巒之徒以文史達。其餘涉獵典章,閒集詞翰,莫不縻以好

---

① 《魏書》卷八四《儒林·李業興傳》,第5册,第1863—1864頁。
② 《隋書》卷七五《元善傳》,第6册,第1708頁。
③ 《北史》卷八一《李鉉傳》,第9册,第2726頁。
④ 《北史》卷八一《劉晝傳》,第9册,第2729頁。

爵,動貽賞眷。於是斯文鬱然,比隆周、漢。

(東魏)時初遷都于鄴,國子置生三十六人。至興和、武定(539—550,孝靜帝元善見時期)之間,儒業復盛矣。……齊制,諸郡並立學,置博士、助教授經。學生俱差逼充員,士流及豪富之家皆不從調。備員既非所好,墳籍固不關懷。又多被州郡官人驅使,縱有游惰,亦不檢察。皆由上非所好之所致也。諸郡俱得察孝廉,其博士、助教及游學之徒通經者,推擇充舉。射策十條,通八以上,聽九品出身;其尤異者,亦蒙抽擢。①

北魏初期,就有了一個良好的開端,"立太學",生徒千有餘人。之後慢慢孕育,八九十年後,一個關鍵的轉折點就是在孝文帝時,在大力漢化的背景下,不僅各類學校,如國子、太學、四門小學等激增,更大肆重用儒生,如劉芳、李彪、崔光、邢巒等,一時間"斯文鬱然,比隆周、漢"。東魏初期,則有很大的削弱,末期,雖"儒業復盛",但估計也好不了多少。到了北齊,雖然有制度上的設置,但因"上非所好",士族、富豪之家的子弟僅是"備員"充數,效果自然打折、遜色了許多。隋時,則有了明顯的轉折,"設好爵以縻之,於是四海九州,強學待問之士,靡不畢集焉",儒學有了很大的提升。總之,北魏、東魏等興復儒學,建國子學,就是以儒學教化、治理天下。從"令州郡各舉才學"、"諸郡俱得察孝廉"、"射策十條,通八以上"等來看,確實稱得上是漢代察舉制度的翻版。不過,這一時節貧寒士人仕途偃蹇、困頓,卻也非一般人所想象,而需言明。如開皇中,儒士王孝籍召入秘書,幫助王劭修國史,其艱辛情形,借用他給時任吏部尚書牛弘的信所言,就是"一介貧人,七年直省,課役不免,慶賞不沾",七年了,不僅不能升遷,"沉淪東觀,留滯南史",②還竟需要承擔各種來自家鄉的徭役賦稅,情形確實淒涼。但這封言辭懇切、飽含淚點的信件仍沒能打動牛弘,王孝籍"竟不得調"。

《論語》的讀習就蘊育在這種氛圍之中。

一般而論,因《論語》量少,以及重要性,求學早期,大多都是從讀習《論語》開始,這一點南北無異。如孫惠蔚"惠蔚年十三,粗通《詩》《書》及《孝經》《論語》",③王頍"年二十,尚不知書,為其兄顒所責怒。於是感激,始讀《孝經》《論語》,晝夜不倦";④武川人雷紹,年十八,尚不知書,見京都洛陽

---

① 《北史》卷八一《儒林傳序》,第9册,第2704—2706頁。
② 《隋書》卷七五《儒林・王孝籍傳》,第6册,第1724、1725頁。
③ 《魏書》卷八四《儒林・孫惠蔚傳》(第5册,第1852頁)。《北史》卷八一《孫惠蔚傳》載其"年十五,粗通"(第9册,第2716頁)。
④ 《北史》卷八四《孝行・王頒傳附》,第9册,第2836頁。

"禮義之美"後始發憤讀書,"經年,通《孝經》《論語》"。① 好一點的則是再加讀其他經書,如常景"少聰敏,初讀《論語》《毛詩》,一受便覽";②宇文震"幼而敏達,年十歲,誦《孝經》《論語》《毛詩》";董徵,頓丘衛國人。"年十七,師清河監伯陽受《論語》《毛詩》《春秋》《周易》"。③ 最典型的是隋朝的宗室楊智積,恐怕兒子將來因才華致禍,對五個男孩"止教讀《論語》《孝經》",④這足以說明《論語》是立身、德教最基礎的讀物,必不能捨棄。上述事例,也說明讀習《論語》確實是一個普遍的現象,"諸學徒莫不通講"(見下)。不過,也有一個現象值得注意,如與南方比較,北人讀書似比較遲,如上所舉,一般都在十餘歲後,如孫惠蔚,其家"以儒學相傳",有家學的基礎,也是十三歲後始讀習《論語》。再如李謐十三通《孝經》《論語》《毛詩》《尚書》,州閭鄉黨有"神童"之號,⑤這也反過來說明一般讀書比較遲。而南方,如梁宗室後裔蕭大圜"年四歲,能誦《三都賦》及《孝經》《論語》"。⑥ 貴族子弟伏挺"幼敏寤,七歲通《孝經》《論語》",⑦陸雲公"五歲誦《論語》《毛詩》,九歲讀《漢書》,略能記憶"⑧等,年齡顯然小多了。

　　從更普泛的意義上看,讀習《論語》,多是爲立身修養。如北魏時,時人多從大儒劉獻之問學,獻之輒對他們說:"人之立身,雖百行殊途,准之四科,要以德行爲首。君若能入孝出悌,忠信仁讓,不待出戶,天下自知。"倘若不這樣,"雖復下帷針股,躡屩從師",一意苦學,儘管學得"博聞多識",還是不能從根本中來,"其於立身之道有何益乎"? 即學習的根本目的就是要付諸實踐,提升德行、品性的修養。劉獻之還告誡,"孔門之徒,初亦未悟",要是等到"見皋魚之歎,方歸而養親",不是已經很晚了。⑨ 而"四科"以德行爲首,就是源自《論語·先進》中"德行:顏淵,閔子騫,冉伯牛,仲弓"的觀念。因"疑滯咸決於(劉)獻之"爲一代經師的極高地位,以及徒衆衆多,可以想見這一觀念在當日的影響力。其實,這也是北方因生存條件的艱辛而蘊育出的實踐品性,如同爲佛教,北方重修行、功德(如雲岡開鑿的洞窟、造像

---

① 《北史》卷四九《雷紹傳》,第 6 册,第 1807 頁。
② 《魏書》卷八二《常景傳》,第 5 册,第 1800 頁。
③ 《北史》卷八一《儒林上·董徵傳》,第 9 册,第 2721 頁。
④ 《北史》卷七一《隋宗室諸王·蔡景王整傳》,第 8 册,第 2450 頁。
⑤ 《魏書》卷九〇《逸士·李謐傳》,第 6 册,第 1938 頁。
⑥ 《周書》卷四二《蕭大圜傳》,第 3 册,第 756 頁。
⑦ 《梁書》卷五〇《伏挺傳》,第 3 册,第 719 頁。
⑧ 《梁書》卷五〇《陸雲公傳》,第 3 册,第 724 頁。
⑨ 《魏書》卷八四《儒林·劉獻之傳》,第 5 册,第 1849—1850 頁。《北史》卷八一《儒林·劉獻之傳》同(第 9 册,第 2713—2714 頁)。

等),南方則重義理。

　　與此相連,是對《論語》中的某些話深有感觸,作爲指導思想而付諸實際行動。如李鉉鑒於經書的"文字多有乖謬","感孔子'必也正名'之言",而有"刊正之意",下定決心去改變這一現狀。事實上其也最終做到了,"删正六藝經注中謬字,名曰《字辨》"。①

　　當然,更多的還是借《論語》中的某些言論,爲一己立論張本。如"博通諸經,周覽百氏"的李謐,在其《明堂制度論》中,就引孔子言"賜也,爾愛其羊,我愛其禮",去申明"隆政必須其禮,豈彼一羊哉",以增強説服力。②

　　進一步,在讀習、明了"大義"之後,對《論語》的注釋、義理也多有開拓。《北史》卷八一《儒林傳序》載:

　　　　漢世,鄭玄並爲衆經注解,服虔、何休,各有所説。玄《易》《詩》《書》《禮》《論語》《孝經》,虔《左氏春秋》,休《公羊傳》,大行於河北。王肅《易》,亦間行焉。……《論語》《孝經》,諸學徒莫不通講。諸儒如權會、李欽、刁柔、熊安生、劉軌思、馬敬德之徒,多自出義疏。雖曰專門,亦皆相祖習也。③

　　《論語》在北朝得到了普遍的讀習,即"諸學徒莫不通講",背誦《論語》,④通其"大義"。能够想見,日日涵濡之下,自是有一些見解。對其注釋,主要是讀鄭玄《論語》注。其"大行於河北",正説明讀習的興盛。由此,讀習之外,亦不乏學者對《論語》進行注釋,如河北人氏陳奇:

　　　　少孤,家貧,而奉母至孝。齠齔聰識,有夙成之美。……愛玩經典,博通墳籍,常非馬融、鄭玄解經失旨。志在著述五經,始注《孝經》《論語》,頗傳於世,爲搢紳所稱。⑤

　　陳奇對馬融、鄭玄的解經,即主流風尚頗不滿意,認爲没能很好地闡釋、傳達經中意旨,而矢志注釋五經。從其注成的《論語》爲"搢紳所稱"看,應當有一定的發明,也即傳中所稱説的"其義多異於鄭玄"。

　　除此之外,就是多"自出義疏",即上舉的權會、李欽等人。這些儒士,除

---

① 《北齊書》卷四四《儒林·李鉉傳》,第 2 册,第 585 頁。
② 《魏書》卷九〇《李謐傳》,第 6 册,第 1933 頁。
③ 第 9 册,第 2708—2709 頁。這一内容,《北齊書》卷四四《儒林傳序》亦載(第 2 册,第 584 頁)。
④ 這種例證甚多,兹舉兩個佛教弟子的例子,如梁時釋慧約"七歲便求入學,即誦《孝經》《論語》"。乃至史傳,披文見意"。再如釋道融,年十二出家,"厥師愛其神彩,先令外學。往村借《論語》,竟不齎歸,於彼口誦。師更借本覆之,不遺一字",竟能一字不差地背下來(均見《續高僧傳》卷六《義解篇二、三》)。
⑤ 《魏書》卷八四《儒林·陳奇傳》,第 5 册,第 1846 頁。《北史》卷八一《儒林上·陳奇傳》亦載(第 9 册,第 2712 頁),基本同。

熊安生生活到北周宣政元年(578)外,其餘均是北齊時人,傳記均見《北齊書》卷四四《儒林傳》(《北史》中的"諸儒"句是抄自《北齊書》)。據傳記,李鉉"便自潛居,討論是非,撰定《論語》……義疏"。刁柔"綜習經史,尤留心禮儀";劉軌思,"説《詩》甚精";馬敬德,州舉秀才,策問時,"唯得中第",但經業中,"問十條並通",可見是長於經學。不過此三人皆未見有注疏流傳。能説明的是,北齊時,南朝正是學術、文化比較興盛的蕭梁時期,義疏在這一時期比較盛行(見本章第三節)。從南北交流的實情,以及南方在義理方面的優勢看,這些人的"義疏",當多是借鑒齊梁以來興起的義疏體制,進而在《論語》注釋方面的一種開拓。客觀上,這也是注釋累積發展的必然結果;因爲當經、注趨於一定時,也勢必要對因時間的遠隔時人已不甚能解讀的經注加以訓解。也正是這個原因,推測之下,這些北方的《論語》義疏,也當一如皇侃《論語義疏》的逐級體制,逐句訓釋。只不過,他們撰寫的"義疏",有可能比較粗疏,《北齊書》即説"雖曰專門,亦皆粗習(《北史》爲'祖習')也"。最終,這些注疏基本上都被淘汰,亡佚了,今人已無緣得見。

小　　結

在整個東晉南北朝,梁代是一個學術文化最爲繁盛的時期。這首先歸功於梁武帝的執著努力,其對經學的推動,主要表現在切實的制度上,即興學重儒與察舉制度的變更兩個方面,進而極大地促進了這一時期經學的繁興與發展。這一時期,時人看重的是秀才策試,考五問,內容仍是沿襲漢代董仲舒"天人三策"關注現實的精神,側重對現實中理政問題的關注,實際已有了科舉制度的萌芽。可以説,義疏體的出現與這一時節儒學的發達關係密切,它直接推動了士子們以一己的才華去努力開創一個《論語》注釋的新時代,即義疏體。

魏晉以來,《論語》的注釋以明注爲主,少所折衷。到南北朝,則因不能超越漢魏諸家的解説,一般會廣徵博引諸家解説,充分發掘注文的意旨(即"義解")。這種"重義解"的新學風在江南進一步發展,就是出現了"義疏"的體例。最終,在梁朝中期,出現了集大成的皇侃《論語集解義疏》。這一體例,除了在微言大義、推闡一己對經義的理解外,某種程度上,更是對漢魏至梁六百多年來《論語》注釋、解説的一種總結和集大成。整個來看,皇《疏》每句必釋,對注文欠缺或無注的地方進行補釋,或闡發旨意,或評論,或糾謬,或並列異説,充分體現了注釋的全面和解讀的深入,也是魏晉新學風和漢代學術傳統的區別所在。這是一個大的發展趨勢。皇《疏》基本上完成了《論語》經文、注、疏的定型，此後，遠至宋邢昺《論語注疏》，都是據此爲基礎加以整理。

鄭玄故居爲北海國高密縣，正毗鄰青州、兗州，鄭玄一直在故鄉高密授徒，宜其《後漢書》本傳稱"齊、魯間宗之"，這是鄭玄影響最直接、持久，也是徒衆最多的區域。在鄭玄衆多的弟子或同門中，即崔琰值得特別注意——某種程度上，他直接影響或決定了鄭注在北地的傳播。崔琰，曹魏時任尚書、中尉。這一支脈到了十六國、北魏時期，漸趨成爲北方的一流士族，如崔琰的從兄弟崔林的七世孫即是赫赫有名的北魏權臣崔浩。又可想見，《鄭玄傳》所載，必是鄭門高足或位高權重之人，在師法傳錄中，這些人對鄭學的傳播當然會起到重要的作用。或者能說，北朝經學的傳承，正是端賴鄭玄的門人弟子（不管其門人弟子如何流播遷移，總之基本上在今山東、河南北部、河北一帶傳習），以及一流盛族清河崔氏、范陽盧氏等，也爲此北方經學烙印上了較濃厚的古文經學特色，即重名物典制、語詞的解釋，因爲他們的初師馬融本就是古文經學大師，鄭玄、盧植都精於此道。這種情形，到了一代大儒徐遵明時期，更有了長足發展。徐遵明在河北教授，講說鄭玄注《周易》《尚書》《論語》《三禮》等，因其徒衆甚多，"束脩受業，編錄將逾萬人"，"二十餘年，海內莫不宗仰"，[①]進而使得鄭注在北土廣爲傳播，也在事實上形成了北朝的主流習經風尚。

南北朝時期，因戰争、動亂的阻隔，流行於鄉間塢壁的北方經學的交流極爲不暢，對北魏時的一代大儒劉遵明，史論"其僻也如此，（劉）獻之、（張）吾貴又甚焉"。[②] 劉遵明與劉獻之、張吾貴均在河北聚徒教授，對劉遵明，"海內莫不宗仰"，對張獻之，"莫不高其行義，希造其門"，對張吾貴，"世人競歸之"，皆爲一時所宗仰，尚且如此，則其時經學固守漢儒遺義，不甚溝通、交流等極端封閉、故步自封的情形，也就確然可想。這一士人整體"鄙野"、"無儀範"的情形，直到隋時依舊存在。問題是，歷史似乎開了個玩笑：北朝的經學水準如此，甚且不濟，但在政權上，最終卻是北方統一了南方，建立了大隋王朝。這樣，對於經學如何一統，顯然是一個比較難以處理的棘手問題。

[①] 《北史》卷八一《儒林上·徐遵明傳》，第9冊，第2720頁。
[②] 《北史》卷八一《劉遵明傳》，第2720頁。

第五章　隋唐時經學的一統及《論語》讀習的具體情形

如果從永嘉之亂(307—313)、308年匈奴貴族劉淵稱帝建立前趙算起，到589年隋滅陳統一中國，其間有二百七八十年的南北紛爭、對峙時期。這一時期，因南北不同政權的阻隔而形成了不同的經學特色，這也即一代魏晉南北朝史專家唐長孺先生所概括的"南學重義解，北學重名物訓詁，這正是魏晉新學風(南地)和漢代學術傳統(北地)的區別所在"。①

但是，南北也不是沒有交流，只不過比較艱難而已，士人之間的儒學溝通和交流一直存續不絕。這一交流情形，特別是到了齊梁時，因與當日的魏、北齊間的通使交流而日益頻繁，"齊梁兩朝七十餘年中，南北衝突較少，聘使往來較之劉宋時爲多。南北皆妙選人才充使，以誇耀文化修養之高。"②而且，北朝對此尤其重視。③周一良先生把時間追溯到齊梁時期是很有道理的，具體說就是北魏孝文帝進行漢化改革，進而掀起了在更廣的範圍內借鑒、學習南朝文化的浪潮，這自然促進、加快了南北文化的交流。孝文帝漢化改革時，南方正是一度繁盛的南齊永明時期。

通使交流是當日的主流。南北士人間也有主動學習的，如北方文士邢邵和魏收都極力模仿南土沈約、任昉的文章。這都促使了南北學術的融合。這一融合潮流隨着隋的統一中國而加快了進程。再進一步，就是唐初泯滅南北經學的地域界限而重歸一統。具體來看，面對儒學多門、章句繁雜、文字訛謬等問題，唐初《五經正義》的編訂者孔穎達、顏師古等，基本上都是站在南方經學的立場，也即皮錫瑞所感歎的"經學統一，北學反並於南，此不隨

---

① 《魏晉南北朝隋唐史三論·南北學風的差異》，武漢大學出版社，2013年，第168頁。
② 周一良《魏晉南北朝史劄記》"王敦桓溫與南北民族矛盾"條，北京，中華書局，1985年，第104—105頁。"酉陽雜俎記魏使入梁事"也可參看，第277—279頁。
③ 可參見趙翼《廿二史劄記》卷十四"南北朝通好以使命爲重"條，又，對通使交流的情形，可參張承宗《魏晉南北朝時期的南北交往》一文，見《中國史研究》1994年第3期。

世運爲轉移者也"。① 這是當日的整體經學氛圍。因政權變更頻繁、地域廣闊複雜、南北阻隔等，而需對這一整體氛圍深入剖析，以見出在一個比較動盪的時代經學發展和融合的特色。

到了大唐，至少有兩件事能讓我們一睹當日《論語》的讀習情形：

第一件，李邠，生活在中唐一個業已落没的蜀州晉原縣尉家庭，幼時即喪父，由姑姑代爲養育。一日，在知其身世後而"默默獨處，曰：'吾獨無父母，不力學問自立，不名爲人'"，於是發憤以學，"年十四五，能闇記《論語》《尚書》《毛詩》《左傳》《文選》，凡百餘萬言，凜然殊異"。② 據墓誌，李邠的這一才能傳到了"諸父"的耳朵後，致使諸父感泣淚下，"吾兄尚有子耶"，"迎歸而坐問之，應對縱橫無難"，都清楚顯示伯父們的期待，以及借科舉弘揚門庭的強烈意願。其後，李邠應明經科，所走的正是這一條路，"以朝邑員外尉選，魯公真卿第其所試文上等，擢爲同官正尉。……其後，以書判拔萃，選爲萬年尉"。萬年，爲京師的赤縣，從八品下，③比其他四個赤縣（洛陽、河南、太原、晉陽）更緊要，有較好的仕途前景。一般爲中制舉後，且由畿縣尉遷轉而來，極爲不易。李邠的所作所爲，正可看出那一時節一介貧寒子弟憑藉讀習《論語》等而步入仕途的具體經歷。問題是，李邠爲什麼要背誦《論語》呢？有這個必要嗎？這實際上牽涉到科舉制度中明經科對《論語》的考核要求。

第二件，秋胡，與妻子告別後，即攜書遠遊，"服得十帙文書，並是《孝經》《論語》《尚書》《左傳》《公羊》《穀梁》《毛詩》《禮記》《莊子》《文選》，便即登逞（程）"。這一事件，大約在晚唐大和、開成（827—840）以後。④ 此事雖然是小説家言，容或虛構，但從另一個角度看，這一細節正反映出當日應明經科必讀《論語》的史實。

還有，無一例外地，《論語》都排列在讀習經書的前面，這又是爲何呢？

某種程度上，梁皇侃《論語集解義疏》實代表了説《論語》注釋的極高水準。這是一座高峰，短期內已無可超越。或者説，前後相承的三部較爲厚重的《論語》注釋——鄭玄《論語注》、何晏《論語集解》、皇侃《論語集解義

---

① 皮錫瑞著、周予同注釋《經學歷史·經學統一時代》，北京，中華書局，2004年，第135頁。
② 韓愈《中大夫陝府左司馬李公墓志銘》，《全唐文》卷五六三，第6册，第5706頁。又，據墓誌，長慶元年（821）卒，春秋七十三，則生於天寶八年（749）。
③ 《唐六典》卷三十"京縣"條，北京，中華書局，2017年，下册，第750頁。又，關於唐代縣尉的級別，以及入仕條件、仕途前景，可參賴瑞和《唐代基層文官》第三章《縣尉》一節，北京，中華書局，2008年，第99—155頁。
④ 拙著《唐宋〈文選〉學史論》第二章第三節《秋胡變文中秋胡攜〈文選〉事考釋》，上海人民出版社，2015年，第184頁。

疏》,唐人更多的是因襲與仰望,注釋上的創新業已較少。因此,討論這一時期的《論語》學,主要就是《論語》讀習的情況及其受重視的原因等。

時至今日,對這一《論語》具體的讀習情形,仍没見有學者能具體鈎沉史料、深入考證。唯一論及這一時段的,是唐明貴《論語學史》中第四節《隋唐時期的〈論語〉學》,但只有三小節,即論"《論語》研究的中衰"、《論語音義》和《論語筆解》;①不過,不無遺憾的是,其對當日《論語》讀習的變遷進程、與科舉的密切關係以及敦煌、吐魯番出土的《論語》寫卷所負載的讀習觀念等重要内容均未能涉及(視角不同)。而且,二十世紀以來,敦煌、吐魯番出土的各種唐寫本中,一些寫卷也有再進一步深入討論的必要,如阿斯塔那 27號唐墓出土的一些與《論語鄭氏注》有關的對策殘卷,以期能更具體一點明了寫卷産生的整體文化背景和原因,以及寫卷的性質、評價等。從這兩個方面説,唐代二百九十年間的《論語》學史仍有可供開掘的廣闊空間,需多加努力,深入探究。

第一節　隋時南北儒學的地緣衝突與溝通、交流

隋朝雖是一個短促的王朝,但其前後的官方意識形態、制度構設,特别是學術風貌所發生的巨變,卻對有唐一代産生了深遠影響;或者説,處於承前啓後的隋朝,在儒學史上有其獨特的價值與地位。其儒學發展的大致歷程,可見《隋書》卷七五《儒林傳序》:

> 自正朔不一,將三百年,師説紛綸,無所取正。高祖膺期纂曆,平一寰宇,頓天網以掩之,黄旌帛以禮之,設好爵以縻之,於是四海九州强學待問之士,靡不畢集焉。……博士……考正亡逸,研覈異同,積滯群疑,渙然冰釋。於是超擢奇雋,厚賞諸儒,京邑達乎四方,皆啟黌校。齊、魯、趙、魏,學者尤多,負笈追師,不遠千里,講誦之聲,道路不絶。中州儒雅之盛,自漢、魏以來,一時而已。及高祖暮年,精華稍竭,不悦儒術,專尚刑名,執政之徒,咸非篤好。暨仁壽間,遂廢天下之學,唯存國子一所,弟子七十二人。煬帝即位,復開庠序,國子郡縣之學,盛於開皇之初。徵辟儒生,遠近畢至,使相與講論得失於東都之下,納言定其差次,一以聞奏焉。于時舊儒多已凋亡,二劉拔萃出類,學通南北,博極今古,

---

① 見《論語學史》,北京,中國社會科學出版社,2009 年,第 233—267 頁。

後生鑽仰,莫之能測。所製諸經義疏,搢紳咸師宗之。①

這一段內容較爲概括,需進一步闡釋,以明了隋時的經學大勢與情形。

因南北爭戰持續不斷,積久之下,北周以來已形成了一種"尚武"精神,②即關隴豪強崇尚武功、重事功的進取精神。一時間,行伍出身的人多占據、甚且把持了朝中各顯要職位,"周代公卿,類多武將",③"刺史多任武將",④"時諸功臣多爲本州刺史"。⑤但這顯然不利於和平、一統時期的治理與教化,因憑馬上治天下並不現實,必須另尋出路。這中間,最重要的舉措就是廢除九品中正制與施行科舉,這二者又互相促進。爲有效地控制地方割據勢力,開皇三年(583)詔:"皆吏部除授,每歲考殿最。刺史、縣令,三年一遷,佐官四年一遷。"⑥即把地方官的任命收歸中央,且實行輪番制,以防止地方士族壟斷部從鄉曲。這樣,以察舉地方士人爲職的中正自然失去了作用和市場,中正的廢除是遲早的事。開皇七年,文帝明令廢除了已沿襲近四百年的九品中正制;次年,設"志行修謹(德)"、"清平幹濟(才)"兩科察士——給士族壟斷地方鄉曲從制度上關上了大門,門第不再是做官的唯一條件,才華,隨着替代而起的科舉制的施行而漸趨上升到了一個重要的因素。九品中正制退出了歷史舞臺。但既然要開科取士,也不能完全割斷與傳統的聯繫。於是,一方面,仍留存南北朝以來業已興盛的秀才察舉制度,另一方面,又開設新的科目,最重要的就是明經、進士二科,以獲得賢能之士治理國家。但不管怎樣,都需要重視儒學之士,這是時代提出的要求。"貢旌帛以禮之,設好爵以縻之",即徵召儒學之士。隨着天下一統,爲獲得士人的認可和大族的支持,徵招士人或大族的代表就成了當務之急,或不得不爲之事。隋時,集中徵招儒學之士有兩次,即文帝的開皇五年(585)和煬帝的大業初年:

開皇初,高祖徵山東義學之士,光與張仲讓、孔籠、竇士榮、張黑奴、劉祖仁等俱至,並授太學博士,時人號爲六儒。然皆鄙野,無儀範,朝廷不之貴也。士榮尋病死。仲讓未幾告歸鄉里,著書十卷,自云此書若

---

① 按:《北史》卷八一《儒林傳序》所載同(第9册,第2707頁)。又,《隋書》傳記部分,始纂於貞觀三年,成於貞觀十年。《北史》則爲李延壽編修於貞觀十七年至顯慶四年。故此系延壽襲用。
② 《隋書》卷五一《長孫晟傳》:"時周室尚武,貴游子弟咸以相矜,每共馳射,時輩皆出其下"(第5册,第1329頁)。
③ 《隋書》卷四六《張奫傳》,第5册,第1261頁。
④ 《隋書》卷六二《柳彧傳》,第5册,第1481頁。
⑤ 《周書》卷三六《令狐整傳》,第3册,第644頁。
⑥ 《隋書》卷二八《百官志下》,第3册,第792頁。

奏,我必爲宰相。又數言玄象事。州縣列上其狀,竟坐誅。孔籠、張黑奴、劉祖仁未幾亦被譴去。唯光獨存。……光剖析疑滯,雖辭非俊辨,而理義弘贍,論者莫測其淺深,咸共推服,上嘉而勞焉。山東《三禮》學者,自熊安生後,唯宗光一人。①

大業初,禮部侍郎許善心舉(徐)文遠與包愷、褚徽、陸德明、魯達爲學官,遂擢授文遠國子博士,愷等並爲太學博士。時人稱文遠之《左氏》、褚徽之《禮》、魯達之《詩》、陸德明之《易》,皆爲一時之最。文遠所講釋,多立新義,先儒異論,皆定其是非,然後詰駁諸家,又出己意,博而且辨,聽者忘倦。②

與北周相比,北方的文化中心顯然在北齊,其治下的兗州、青、齊一帶,堪稱是北方的學術中心地帶。這是因爲漢魏以來,青、齊一帶一直就是儒學較爲興盛的地域:遠源上,是戰國以來孔子儒學所能直接教化的廣大地域;近源上,在北魏滅北涼之後,大批的涼州士人來到了東部地區,充實了部分力量。魏獻文帝皇興三年(469)時,又乘劉宋王室內亂、邊鎮外叛之機,趁機奪取了劉宋淮河以北的徐、兗、冀、青四州及豫州的淮西諸郡,以及青州、齊州,即"平齊民"中有一些飽學之士被迫來到了河朔平城(詳下)。同時,孝文帝遷都洛陽以及進行的漢化,影響所及,也主要在東部一帶。《隋書》卷三〇《地理志中》"冀州"條所載毗鄰的信都郡、清河郡等,即齊州一帶"好尚儒學",又言"正東曰青州","崇尚學業",就是一個證明。比較《周書·儒林傳》所載的北周經學家,本也多是河朔或江南人,如盧誕、盧光,均爲范陽涿人;沈重,吳興武康人;樊深、樂遜,均爲河東猗氏(今山西永濟縣)人,等等。因此,在這一地域,出現足以影響北朝經學走向的一代大儒熊安生(熊曾師事一代名儒徐遵明,徐氏晚年曾客於任城,後徙居兗州,殆於此際,熊安生"事徐遵明,服膺歷年"③),就是很自然的事了。因此隋文帝稱帝伊始,就下詔從文化積澱深厚的"山東"即青、齊一帶徵召儒生,也再正常不過了。但這些被徵聘來的儒生,命運卻頗爲坎坷,即上引所顯示的,因爲"鄙野"、"無儀範",或者説無力撐起儒學教化的重任,而不爲朝廷所重,其結局不是被誅,就是被譴去。這六人,據《周書》卷四五《熊安生傳》,馬光、孔籠、竇士榮、張黑奴等四人均爲熊安生的門人。而熊安生的另一門人孫萬壽,在隋初也是

---

① 《隋書》卷七五《儒林·馬光傳》,第6冊,第1717—1718頁。《隋書》卷一《高祖紀上》載開皇五年四月徵招(第一冊,第22頁)。
② 《舊唐書》卷一八九上《徐文遠傳》,第15冊,第4943頁。
③ 《周書》卷四五《熊安生傳》,第3冊,第812頁。

因爲"衣冠不整"而被"配防江南"。① 這當然不是説熊安生的弟子都出於邊鄙，或較爲貧窮，而是有其背後更深的原因。據《周書》卷四五、《北史》卷八二的傳記，即便是一代儒生熊安生也没受到重任，其北齊的經歷僅是簡略的幾筆——僅是知其爲國子博士，偶有一次機遇與周人尹公正談論《周禮》——這只能説明其在北齊長期受到了冷遇。或者説，熊安生及其門人一直屈沉下僚，隱伏在民間，並没有因飽習經書而改變一己的政治地位，或出居高位（更具體的可參上一章最後一節）。也正如《北齊書》卷四四《儒林傳論》所概言的北齊"國學博士，徒有虚名"，"胄子以通經仕者唯博陵崔子發、廣平宋遊卿而已，自外莫見其人"，這實際上與北齊統治者的文化素質有密切關係。北齊的統治者高歡、高澄、高洋等，本以六鎮軍人崛起立國，又鑒於北魏的衰落，因此傾心於本已衰落的鮮卑文化中的尚武風習，清人趙翼就譏諷其"適還其爲猴"，②《北齊書·孝昭紀》亦稱"源其指歸而不好辭彩"。③《北齊書》卷四四《儒林傳序》也説除了廢帝高殷外，"自餘多驕恣傲狠，動違禮度"，缺乏必要的文化修養，"世胄之門"也"罕聞强學"。周圍奔走之人的文化水準也往往較低，如身邊常自勤王、威望甚重的厙（或作庫）狄干"不知書，署名爲'干'字，逆上畫之，時人謂之穿錐。又有武將王周者，署名先爲'吉'而後成其外，二人至子孫始並知書"。④ 再如曾任北齊涇州刺史、驃騎大將軍、儀同三司、石安縣開國公的厙狄業，不僅其墓誌粗糙（"砂石質"），而且"墓誌撰刻相當粗陋"，如"'食永洛縣幹'違反常例置於墓誌銘末尾，顯然是後補的"，"漏述了其父事跡和墓主人早期行狀，以至於三代人的記述混淆難分"，缺字、混雜等，顯然也是文化水準有限的表現。⑤ 厙狄業葬於天統三年（567），正在後主高緯初年。只是到了後主高緯時期，才有了一定的改觀，因爲後主"頗好詠詩，幼時嘗讀詩賦，語人云：'終有解作此理不？'"甚且鍾愛梁代的輕豔詩，畫在屏風上，大約是便於朝夕觀覽吟誦。⑥ 馬光與張仲讓等既然基本上一直隱伏在民間，出身寒微，某種程度上就會出現"鄙野"、"無儀範"的情形，也宜其爲出身高門士族、把持學術話語的官方學者所看不慣，而遭到了排擠。

---

① 《隋書》卷七六《文學·孫萬壽傳》，第 6 册，第 1735 頁。
② 王樹民校證，趙翼撰《廿二史劄記》（增補本）卷十四，北京，中華書局，1984 年，第 307 頁。
③ 《北齊書》卷六《孝昭紀》，第 1 册，第 79 頁。
④ 《北齊書》卷十五《厙狄干傳》，第 1 册，第 198 頁。
⑤ 太原市文物考古研究所《太原北齊厙狄業墓》，《文物》2003 年第 3 期，第 36 頁。又，疑此厙狄業與上文所引的厙狄干或爲同一族人（《魏書》多處提到高車種厙狄部，部族以厙狄爲姓），因厙狄干活到天保（550—559）初，與厙狄業時代臨近。
⑥ 《北齊書》卷四五《文苑傳序》，第 2 册，第 603 頁。

這一推崇青、齊一代士人的情形,到了隋煬帝,又發生了大的改變。"煬帝時,徵天下儒術之士,悉集内史省,相次講論"。① 對於這一次廣泛徵召,《舊唐書》卷一八九上《儒學·陸德明傳》明載爲"大業中,廣召經明之士",且"四方至者甚衆",人數衆多。以此來復興仁壽間所廢的太學、國子學等,"開庠序,國子郡縣之學"。可見煬帝意在以儒學來治理國家,大力培養儒士來充實到政府的不同層次以及各個機構。南方士人開始大步走向權力核心,参衡機要,也最終在朝廷上形成了一個以位居高層核心的虞世基、裴蘊爲代表的南方士人群體。同時,也極大地推進了南學的北漸。就是在這一潮流下,禮部侍郎許善心大力舉薦了一些士人,②任職學官。其所舉薦的包愷、褚徽、魯世達的傳記,均見《隋書》卷七五《儒林傳》,包愷,東海人。褚徽,吴郡人,以《三禮》學稱於江南。魯世達,餘杭人。徐文遠、陸德明均見《舊唐書》卷一八九上《儒林傳》,陳司空徐孝嗣玄孫,父徐徹,梁秘書郎。值江陵陷,被虜於長安。陸德明,蘇州吴人,初受學於周弘正。陳亡,歸鄉里。這些士人,除去包愷的活動地域不詳外,都是受南方文化的熏習、浸潤,即南方士人占據了絕對的優勢。這種情形的存在,實際上也體現、傳達了北方對南方儒學和文化的歆羨心理。當然,根子裏與最高統治者——隋煬帝的早年經歷和思想觀念息息相關。開皇八年(588)十月,隋文帝命晉王楊廣率軍五十一萬,兵分八路攻打陳朝。平陳後,任揚州總管,鎮江都,每歲一朝。直到二十年(600)十月被立爲太子(前太子楊勇被廢),楊廣一直駐守在江都。十餘年的悉心經營,自然非同一般。"仁壽初,奉詔巡撫東南",③也是因他對江南的熟悉。煬帝一即位,大業元年八月,就行幸江都;十月,敕令給予揚州特別的照顧,"赦江淮已南。揚州給復五年,舊總管内給復三年"。④ 煬帝的另一重要舉措是大業四年(608)至七年鑿通、疏浚河道,開通京杭大運河,更直接加强了江都在南北漕運中經濟、航運中心的位置。這不是煬帝的一時心血來潮,在他之前,魏高祖就曾對寵臣李沖説過要修通從洛水到淮河的通道,以便南伐。⑤ 因爲在當時,"交通以水路爲便,自無疑義,而轉漕尤

---

① 《隋書》卷七五《儒林·褚輝傳》,第 6 册,第 1723 頁。
② 亦見《隋書》卷五八《許善心傳》,第 5 册,第 1427 頁。
③ 《隋書》卷三《煬帝紀》,第 1 册,第 60 頁。
④ 《隋書》卷三《煬帝紀》,第 1 册,第 65 頁。
⑤ 《魏書》卷五十三《李沖傳》:"高祖自鄴還京,凡舟洪池,乃從容謂沖曰:'朕欲從此通渠於洛,南伐之日,何容不從此入洛,從洛入河,從河入汴,從汴入清,以至於淮? 下船而戰,猶出户而鬥,此乃軍國之大計。今溝渠若須二萬人以下、六十日有成者,宜以漸修之。'"(北京,中華書局,1974 年,第 1185 頁。)

甚",①水路交通特别受到青睐。煬帝的這些舉措,不管是個人的偏好還是國家層面的政治運作,都無疑迅速促進了江都的急遽發展,一時間,江都超越了京口、帝京建業,成了江南的政治、經濟中心。"因晉王(楊廣)之弘法,江都爲南方僧人北游駐錫之地。"②楊廣曾作《江都宫樂歌》"揚州舊處可淹留,臺榭高明復好遊。風亭芳樹迎早夏,長皋麥隴送餘秋。渌潭桂檝浮青雀,果下金鞍躍紫騮。緑觴素蟻流霞飲,長袖清歌樂戲州",③也能看出其眼中的江都確實是一個值得時時淹留、傾賞的地方,臺榭亭閣、芳樹吐香、長皋餘秋、流霞清歌、長袖飄飄等,確實有着美麗的景致。不管出於何種目的(如與太子楊勇争奪太子位時,各自籠絡心腹),楊廣爲晉王時就注意籠絡文士,當日,一些一流文士,如柳晉、諸葛穎、虞世南、王胄、潘徽、杜正玄等人先後進入晉王府,即歸入揚州。《資治通鑒》卷一八二"大業十一年"條也載"帝好讀書著述,自爲揚州總管,置正府學士至百人,常令修撰,以至爲帝,前後近二十載,修撰未嘗暫停:自經術、文章、兵、農、地理、醫、卜、釋、道乃至蒲博、鷹狗,皆爲新書,無不精洽,共成三十一部,萬七千餘卷",足以看出其對書籍、文士的重視和喜好。耳濡目染,日久熏習,對江南風土和士人的認識自然深入。在這種經歷和喜愛的心理下,注意栽培和提攜舊日江都臣僚的煬帝接受許善心所舉薦的南方士人,也就是很自然的一件事了。同時,更從制度上予以傾斜、保障,大業五年二月,"制魏、周官不得爲蔭",④從制度上直接掐斷了關隴集團門蔭、世襲的可能(大業三年,已誅殺了關隴勳舊高熲、賀若弼、宇文弼等,籍没其家,給了在奪嫡中擁護楊勇的關隴勢力以致命的打擊),而代之以開科取士,這無疑讓有較高文化水準和優勢的江南士子能脱穎而出,參與到中央政權中來,由此提供了一個極其難得的歷史契機。

再從另一方面看,這一時期南北雖因不同政權的存在而阻隔,但士人之間的儒學溝通和交流,不管是主動還是被動,仍一直存續不絶,至少有三種情況值得注意:

一、南北争戰不斷,而處於邊界的一些地區(其中,淮河一綫是雙方争戰、拉鋸的主要地區,沿綫都派有重兵防守),因屬不同的政權,往往帶來士人的流徙,進而被動地促使了經學的交流。這是當時士人遷徙的最主要原因和表現,即被動遷移。又,秦漢以來,戰争勝利者都往往大量驅趕、遷徙被征服地區的民衆,以從事各種艱辛的勞役等。如天興元年(398),魏王拓跋

---

① 吕思勉《兩晉南北朝史》,上海古籍出版社,2005年,第1085頁。
② 湯用彤《隋唐佛教史稿·隋朝》,南京,江蘇教育出版社,2007年,第4頁。
③ 逯欽立《先秦漢魏晉南北朝詩·隋詩卷三》,北京,中華書局,1998年,第2664頁。
④ 《隋書》卷三《煬帝紀上》,第1册,第72頁。

珪在滅中山國後,"徙山東六州民吏及徒何、高麗雜夷三十六萬,百工伎巧十萬餘口,以充京師",①數量是極其驚人的。這一時期的遷徙,大的方面有四次:第一次,晉安帝元興三年(404),桓玄廢帝自稱,國號楚;之後,劉裕自京口起兵討桓玄,玄挾安帝還江陵,江南大亂,"流民繈負而奔淮北,行道相尋"。② 第二次,即上所說的皇興三年(469)被劫掠到平城的"平齊民"。③ 這中間,就有一些大家子弟、飽學之士。當然,也有一部分儒士如平原郡明僧紹、④濮陽郡吳苞、⑤平原郡劉孝標⑥等選擇了南歸。而青、齊一地的學術,因一度歸屬劉宋,學術文化上有濃郁的南朝氣息,據《北史》卷八一《儒林傳序》,多傳習杜預《左氏傳》、王弼《周易》注,即新學。⑦ 這也可說是隋一統天下時北方經學改習杜、王之學,鄭玄、服虔之學衰頹的一個重要原因。因爲經學的傳承多出於世家望族,既然已"悉徙"於代,就勢必會讓杜、王之學傳衍到北方。這也有例證可尋,《魏書》卷八四《儒林傳序》載"高祖(孝文帝)欽明稽古,篤好墳典,坐輿據鞍,不忘講道。劉芳、李彪諸人以經書進,崔光、邢巒之徒以文史達"。其提到的劉芳、崔光,據《魏書》卷五五《劉芳傳》"慕容白曜南討青州,梁鄒降,芳北徙爲平齊民,時年十六",以及《魏書》卷六七《崔光傳》"慕容白曜之平三齊,(崔)光年十七,隨父徙代",都是平齊民。特別是一代儒士彭城劉芳,如孝文帝葬禮的各種儀式,"皆芳撰定";並"入授世宗(宣武帝元恪)經";議定律令、朝儀等,"斟酌古今,爲大議之主,其中損益,多芳意也。世宗以朝儀多闕,其一切諸議,悉委芳修正。於是朝

---

① 《魏書》卷二《太祖道武帝紀二》,第 1 册,第 32 頁。
② 《魏書》卷二《太祖道武帝紀二》,第 42 頁。
③ 《魏書》卷四八《高允傳》載"顯祖平青、齊,徙其族望於代。時諸士人流移遠至,率皆饑寒"(第 3 册,第 1089 頁);《資治通鑑》卷一三六"齊武帝永明五年"條載"顯祖(獻文帝)平青、徐,悉徙其望族於代"。對這些人,統治者給予不同待遇,即第一等"客",一般指有一定級別、地位的官員;第二等"平齊民",即"二城民望",青、齊兩地的豪強、儒士;最下等則是作爲戰利品,賞賜給將領和百官作奴婢。文獻見《魏書》等。"及歷城、梁鄒降,法壽、崇吉等與崔道固、劉休賓俱至京師。以法壽爲上客,崇吉爲次客,崔、劉爲下客"(《魏書》卷四三《房法壽傳》,第 3 册,第 970 頁)。"送(崔)道固(時任冀州刺史)、(劉)休賓(時任兗州刺史)及其僚屬于京師。後乃徙二城(指升城、歷城)民望於下館(《資治通鑒》卷一三二'宋明帝泰始五年五月'條載爲'桑乾'),朝廷置平齊郡,懷寧、歸安二縣以居之。自餘悉爲奴婢,分賜百官"(《魏書》卷五〇《慕容白曜傳》,第 3 册,第 1119 頁)。
④ 《南齊書》卷五四《高逸·明僧紹傳》:"淮北没虜,乃南渡江。"(第 2 册,第 927 頁)
⑤ 《南齊書》卷五四《高逸·吳苞傳》:"宋泰始中,過江聚徒教學。"(第 945 頁)
⑥ 《梁書》卷五〇《劉峻傳》:"宋泰始初,青州陷魏,峻年八歲,爲人所略至中山","更徙之桑乾","齊永明中,從桑乾得還"。(第 3 册,均爲第 701 頁)
⑦ "晉世,杜預注《左氏》。預玄孫坦,坦弟驥,於宋朝並爲青州刺史,傳其家業,故齊地多習之","河南及青齊之間,儒生多講王輔嗣所注,師訓蓋寡"。

廷吉凶大事,皆就諮訪焉"。其一同入北的侄子劉懋也"皆與參量"。① 適逢其會,在這些事關重大的朝儀、律令等方面,劉芳不折不扣地起到了主導作用。崔光也在漢化進程中發揮了重要作用。而東晉梅賾所獻的偽《古文尚書》,大約就是這個時候傳入北方的。② 因此,在前後相繼的漢化洪流中,這一流亡群體在構建整個國家的朝儀、禮樂、律令等上層制度方面的重要作用就於此盡顯。第三次,西魏恭帝元年(554)十月,宇文泰遣于謹、宇文護等領兵五萬進攻梁元帝占據的江陵,"擒梁元帝,殺之,並虜其百官及士民以歸。没爲奴婢者十餘萬,其免者二百餘家。立蕭詧爲梁主,居江陵,爲魏附庸。"③"十餘萬",可見人數衆多,這也是當日整個荆州城的人口,即同書卷四八《蕭詧傳》說的"闔城長幼,被虜入關"。這"二百餘家"裏面有梁的宗室,也即《北史》卷八二所說的"荆州平,(蕭該)與何妥同至長安"。如何妥,"周武帝尤重之,授太學博士",委以重任;其後,又考定鐘律,"正定"南北分歧的經史。只不過,因與蕭該"各執所見,遞相是非,久而不能就",而無結果。④ 第四次,隋文帝開皇九年(589),"平陳,江南士人悉播遷入京師"。⑤ 不僅如此,還一再遷徙宗室,發配到更偏遠、荒寒的隴右(即天水郡、隴西郡、平涼郡等)及河西諸州⑥(即今蘭州以西的廣大地域)。不過,在文帝時代,出於對江南的敵意以及文化、心理隔閡等,江南的士人並未受到重用(少能進入權力的核心層),某種情况下,僅是出於招攬人才的角度,象徵性地在禮數上有一些表示。如文帝在朝堂上公然大言"我平陳國,唯獲此人(許善心)",以及"我平陳唯得此一人(姚察)",對許、姚二人似欲委以軍國重任,實際却僅是授許善心秘書丞,整理秘閣散亂的圖籍,"與牛弘等議定禮樂";對姚察,也只是詔敕伴晉王楊昭侍讀,"訪以文籍","及改易衣冠,刪正朝式,切問近對",⑦即表面上的優容而已。骨子裏還是傾向關中本位政策,"尚關中舊意",⑧維持關隴集團的利

---

① 《魏書》卷五五《劉芳傳》附,第 4 册,第 1229 頁。
② 見曹道衡《讀賈岱宗〈大狗賦〉兼論偽〈古文尚書〉流行北朝的時間》,《中古文學史論文續集》,臺北,文津出版社,第 340—346 頁。
③ 《周書》卷二《文帝紀下》,第 2 册,第 36 頁。
④ 《隋書》卷七五《蕭該傳》,第 6 册,第 1715 頁。
⑤ 《隋書》卷二一《天文志下》,第 2 册,第 612 頁。
⑥ 《陳書》卷二八《世祖九王》載:"及六軍敗績,相率出降,(陳君範)因從後主入關。至長安,隋文帝並配於隴右及河西諸州,各給田業以處之。"後"大業二年(606),隋煬帝以後主第六女婤爲貴人,絶愛幸,因召陳氏子弟盡還京師,隨才敍用",才召還京師,有了出頭之日(第 2 册,第 361 頁)。同卷亦言陳伯義禎明三年(589)"入關,遷於瓜州,於道卒"(第 363 頁)。陳叔堅"三年入關,遷於瓜州,更名叔賢。賢素貴,不知家人生産,至是與妃沈氏酤酒,以傭保爲事",備嘗生活的艱辛(第 367—368 頁)。
⑦ 《陳書》卷二七《姚察傳》(第 2 册,第 352 頁)。
⑧ 王利器集解《顔氏家訓集解》卷二《風操》,第 72 頁。

益,由此表現出了強烈的政權壟斷性。這一情形,到了浸潤江南文化較深的楊廣即位後,才有了明顯的改觀,即前所論的"發生了大的改變"。

二、一些儒學之士,因某種原因,或逃奔南朝,或投止北朝,因此帶來了經學的融通。這雖然不免是個人的行爲,但往往因受重任或任國子博士等講學而影響較大,不容忽視。較早一點、影響最大的就是孝文帝太和十七年(493)投奔北魏的王肅(此非曹魏時的經學家王肅)。王肅是南齊一流高門琅琊王氏後裔,因適逢孝文帝厲行漢化,爲此一度主導了北魏典章禮制的制定。再如其曾與留居北地的劉芳討論男子有無笄禮的問題,事畢,王肅執芳手,感歎説:"吾少來留意《三禮》,在南諸儒,亟共討論,皆謂此義如吾向言,今聞往釋,頓袪平生之惑。"① 梁時,這一交流情形更趨頻繁,下引普通(520—527)初年,梁朝在南苑設宴款待魏使劉善明,"預燕者皆歸化北人",就説明歸化的北人是有不少。② 大約是歆羡於梁朝儒學的興盛,北人崔靈恩、孫詳、蔣顯、盧廣、宋懷方等紛紛入南,時間在梁天監中期。據《梁書》卷四八《崔靈恩傳》,崔靈恩,清河武城人,少篤學,從師遍通《五經》,尤精《三禮》、《三傳》。先在北仕爲太常博士,天監十三年(514)歸國。高祖以其儒術,擢拜員外散騎侍郎,累遷國子博士。"性拙樸無風采",體現了北方儒學因篤守漢學而呈現出的質樸性質。靈恩"先習《左傳》服(虔)解,不爲江東所行,及改説杜(預)義,每文句常申服以難杜,遂著《左氏條義》以明之。時有助教虞僧誕又精杜學,因作《申杜難服》,以答靈恩,世並行焉"。盧廣,范陽涿人,少明經,有儒術。天監中歸梁,初拜員外散騎侍郎。"時北來人儒學者有崔靈恩、孫詳、蔣顯,並聚徒講説,而音辭鄙拙;惟廣言論清雅,不類北人"。其"言論清雅",正類於清談,宜乎獲得南士的認可。戚袞,吴郡鹽官人。據《陳書》卷三三本傳,少聰慧,遊學都下,受三《禮》於國子助教劉文紹。一二年中,大義略舉。年十九,梁武帝敕策《孔子正言》並《周禮》《禮記義》,袞對高第。曾就國子博士北人宋懷方質詢《儀禮》義。而宋懷方,曾從魏攜《儀禮》《禮記疏》入梁。戚袞本人曾兩次入北。至於"學業該博,爲當世儒宗"的沈重,據《北史》卷八二本傳,吴興武康人,一直在梁任職。魏平江陵,重乃留事梁主蕭詧。保定末,至京師,詔令討論五經,並校定鍾律。沈重"辭義優洽,樞機明辯,凡所解釋,咸爲諸儒所推"。沈重天和六年,授驃騎大將軍、開府儀同三司、露門博士,仍於露門館爲皇太子講《論語》。

本來,崔靈恩在北方習服虔的《左傳》注,但到了江東,卻不得不遷就南

---

① 《魏書》卷五五《劉芳傳》,第4册,第1220頁。
② 《梁書》卷二一《王錫傳》,第2册,第326頁。

人的説經習慣；而且，崔、孫、蔣之徒雖然"聚徒講説"，但因"音辭鄙拙"，也不被南土所接受。所謂的"音辭鄙拙"，固然是北方經學的一個特色，但也反映了南方經學因玄談的浸潤而追求華飾、簡要的風格，也即皮錫瑞所言的"南人善談名理，增飾華詞，表裏可觀，雅俗共賞"。① 比較之下，南人到北方，卻極受北人的推尊，一般多授予高位，"時（北魏）朝廷方欲招懷荒服，待吳兒甚厚，褰裳渡江者，皆居不次之位"，②《北史》卷四二《王肅傳》亦言"若投化人，聽五品已下先即優授"，對其經學也多加肯定，甚且讚譽有加。之所以如此，實根源於北人對南方學術、文化推崇、渴慕的心理。這種例子很多，僅略舉數例，如北魏孝文帝的漢化改革，實際上就是藉助政權，在整個國家層面上表現出的對南方漢文化和政治制度的認可和仿效。再如北齊文襄公高澄曾多集書手，採取欺騙的手段複製梁武帝特意糾集一班人馬編撰的欲以壓倒劉孝標《類苑》的大型類書《華林遍略》六百二十卷，③根子裏也是對南方文化的喜愛。因爲這一大型類書，天下三教九流、六藝七略無所不包，有此一本，盡可囊括天下知識，高澄焉得不喜！一代文士邢邵和魏收極力模仿南土沈約、任昉的文章，④也説明了這一點。甚且在北方較負盛名的趙文深的書法，"雅有鍾、王之則，筆勢可觀"，但在江陵平後，隨着王褒的到來，一時間也黯然失色，爲此趙文深"改習（王）褒書"，不料卻邯鄲學步，反倒成了時人的笑柄。⑤ 也爲此，宇文泰才會在承聖三年（554）攻破江陵，獲得王褒、王克等人時大喜異常，説"昔平吳之利，二陸而已，今定楚之功，群賢畢至，可謂過之矣"。⑥ 由此也出現了一個結果，即在經學一統的進程中，南方經學實質上占了上風，完成了對北方的統一。本來，南北所治經學，章句好尚，互有不同，即"江左《周易》則王輔嗣，《尚書》則孔安國，《左傳》則杜元凱。河、洛《左傳》則服子慎，《尚書》《周易》則鄭康成。《詩》則並主於毛公，《禮》則同遵於鄭氏。"⑦但到了隋時，已發生了顯著的變遷，據《隋書》卷三二《經籍志一》，《周易》，"王注盛行，鄭學浸微，今殆絶矣"；《尚書》，"孔、鄭並行，而鄭氏甚微"；《左傳》，"杜氏盛行，服義及《公羊》《穀梁》浸微，今殆無師説"，已近於南方的天下了。

---

① 《經學歷史》七《經學一統時代》，北京，中華書局，2004 年，第 135 頁。
② 楊衒之撰、周祖謨校釋《洛陽伽藍記校釋》卷二"城東·景寧寺"條，北京，中華書局，2010 年，第 89 頁。
③ 《北齊書》卷三九《祖珽傳》，第 2 册，第 515 頁。
④ 《北齊書》卷三七《魏收傳》，第 2 册，第 492 頁。
⑤ 《北史》卷八二《儒林下·趙文深傳》，第 9 册，第 2751 頁。
⑥ 《周書》卷四一《王褒傳》，第 3 册，第 731 頁。
⑦ 《隋書》卷七五《儒林傳序》，第 6 册，第 1705—1706 頁。

當然,這之前,已有一些儒學人士注意到南北經學的差異,而在著意於區別、彌縫,"三句之中,吾貴兼讀杜、服(指杜預、服虔的《左氏傳》注),隱括兩家,異同悉舉"。① 樂遜又著《春秋序義》,"通賈(逵)、服說,發杜氏違,辭理並可觀",② 儒士劉炫更自言"《周禮》《禮記》《毛詩》《尚書》《公羊》《左傳》《孝經》《論語》,孔、鄭、王、何、服、杜等注,凡十三家,雖義有精粗,並堪講授",③ 表明了對杜、服等注的熟習,展示了融彙南北經學的跡象與勢頭。

　　三、齊梁、魏北齊間的通使交流。"齊梁兩朝七十餘年中,南北衝突較少,聘使往來較之劉宋時爲多。南北皆妙選人才充使,以誇耀文化修養之高。"④ 而且,北朝對此尤其重視。⑤ 周一良把時間追溯到齊梁時期是很有道理的,具體說就是北魏孝文帝進行漢化改革,進而掀起了在更廣的範圍內借鑒、學習南朝文化的浪潮,這自然促進、加快了南北文化的交流。孝文帝漢化改革時,南方正是一度繁盛的南齊永明時期。孝文帝本人的漢化水準較高。⑥ 魏收可能不乏溢美之詞,但大體上確實如此。仿效南朝無疑是一條捷徑,因此,在不遺餘力地推行漢化政策時,孝文帝肯定會加強對南朝的典章制度、文化特意關注和收集,其對逃奔到北魏的琅邪王氏子弟王肅"虛襟待之,引見問故",甚至"促席移景,不覺坐之疲淹也","器重禮遇,日有加焉",竟一如"玄德之遇孔明",⑦ 就是一個很好的例證。而琅邪王氏的家傳《禮》學,王肅"自謂《禮》《易》爲長",也是一名儒學之士。這種情況雖後來一度受到六鎮軍人胡化逆流的衝擊,但南北文化的交流不僅沒有中斷,反而比之以前更爲興盛,甚至"梁、魏通和,歲有交聘",⑧ 作爲北人的薛道衡"每有所作,南人無不吟誦焉",⑨ 也說明了交流的頻繁。這種交流,梁末到陳時更盛,甚至在承聖三年(554),西魏大軍進攻江陵之際,庾信還奉命出使西

---

① 《北史》卷八一《儒林上·張吾貴傳》,第 9 册,第 2715 頁。
② 《北史》卷八二《儒林下·樂遜傳》,第 9 册,第 2747 頁。
③ 《北史》卷八二《劉炫傳》,第 9 册,第 2763—2764 頁。
④ 周一良《魏晉南北朝史劄記》"王敦桓溫與南北民族矛盾"條,第 104—105 頁。"酉陽雜俎記魏使入梁事"也可參看,第 277—279 頁。
⑤ 可參見趙翼《廿二史劄記》卷十四"南北朝通好以使命爲重"條,又,對通使交流的情形,可參張承宗《魏晉南北朝時期的南北交往》一文,載《中國史研究》1994 年第 3 期。
⑥ 《魏書》卷七下《孝文帝紀》:"雅好讀書,手不釋卷。《五經》之義,覽之便講,學不師受,探其奧義。史傳百家,無不該涉。善談《莊》《老》,尤精釋義。才藻富瞻,好爲文章,詩賦銘頌,任興而作。有大文筆,馬上口授,及其成也,不改一字。自太和十年以後詔册,皆帝之文也。自餘文章,百有餘篇。愛奇好士,情如飢渴。待納朝賢,隨才輕重,常寄以布素之意。"(第 1 册,第 187 頁。)
⑦ 《魏書》卷六三《王肅傳》,第 4 册,第 1407 頁。
⑧ 《北齊書》卷三五《陸卬傳》,第 2 册,第 469 頁。
⑨ 《隋書》卷五七《薛道衡傳》,第 5 册,第 1406 頁。

魏。這正因東魏、西魏、北齊、北周統治者,都已自覺不自覺地受到了較深的漢化,對南朝文化表現出濃厚的興趣。普通民衆的種族、地域觀念也逐漸淡化,因種族壓迫而逃往江南的人越來越少,也反映了北地民衆對當地政權的認可和漢化程度的加深。通使交流的頻繁,勢必會對學術或者儒學產生直接、間接的影響。這是因爲南北通使時,可能有書籍的攜帶,否則,薛道衡的作品不會即刻就傳到了南方——攜帶書籍直接促使了南北文化的交流;重要的是,這些使者,有一些本就是儒學之士,席間,有時還進行了儒學的辨析和交流。對使者人選的選拔,趙翼認爲是:"擇其容止可觀,文學優贍者,以充聘使"。① 周一良先生則認爲,"《雜俎》十二《語資門》記梁人應接魏使事,凡五條,亦足見當時南北皆選文采之士互相酬答"。② 趙、周二人所論,再結合這一時期的史料,概括起來,主要有三個條件:容止可觀、應對敏捷和有文學才華(或儒學優贍)。正如《北史》卷四三《李崇傳》所概說的:"既南北通好,務以俊乂相矜,銜命接客,必盡一時之選,無才地者不得與焉,梁使每入,鄴下爲之傾動,貴勝子弟盛飾聚觀,禮贈優渥,館門成市。宴日,齊文襄使左右覘之,賓司一言制勝,文襄爲之拊掌。魏使至梁,亦如梁使至魏,梁武親與談説,甚相愛重。"

不過,到了梁朝,無論南北,都比較重視文學之士,某種程度上儒學之士反不受重視,這即《北史》卷八一《孫惠蔚傳》中所言的"魏初以來,儒生寒蹇",以及卷八二《傳論》所評的"縱有學優入室,勤逾刺股,名高海内,擢第甲科……未有望於青紫,或數將運舛,必見棄於草澤","今之學者,困於貧賤"。但以儒學之士出使還是有的。普通(520—527)初年,魏使劉善明來聘,敕中書舍人朱異接之,在南苑設宴,預燕者皆歸化北人。席間,善明負其才氣,"遍論經史,兼以嘲謔,(王)錫、(張)纘隨方酬對,無所稽疑,未嘗訪彼一事",由此引得善明甚相歎揖,他日對朱異感歎:"一日見二賢,實副所期。不有君子,安能爲國!"③劉善明的感歎,表明了對王錫、張纘儒學才華的傾賞,因爲王、張二人均曾做過國子生,從事儒學的讀習,是飽學之士。天平四年(537),李諧、盧元明、李業興聘梁,梁武使朱異覘客。及出,梁武目送之,對左右説:"朕今日遇勍敵,卿輩常言北間都無人物,此等何處來?"④接見期間,李業興與朱異討論南郊、圓丘是用鄭玄義還是王肅義,以及明堂的建制

---

① 《廿二史劄記》卷十四"南北朝通好以使命爲重"條,第 294 頁。
② 周一良《魏晉南北朝史劄記》"王敦桓溫與南北民族矛盾"條,第 104 頁,"酉陽雜俎記魏使入梁事"條,第 278 頁。
③ 《梁書》卷二一《王錫傳》,第 2 册,第 326 頁。
④ 《北史》卷四三《李崇傳》,第 5 册,第 1604 頁。

等禮學問題,梁武帝亦與李業興探究了《詩·周南》"王者之風,繫之周公"、《尚書》"正月上日"、《禮記·檀弓下》"原壤母死,叩木而歌"等諸多經學問題。①李業興回答朱異的質疑時,引用了梁武帝的《孝經義》,也説明了北人對南方經學的讀習,因爲李業興本人就是一位儒士,曾師事一代大儒徐遵明讀習經書。而梁使到魏,"(陸)卬每兼官燕接,在帝席賦詩,卬必先成,雖未能盡工,以敏速見美"。②陸卬"博覽群書,五經多通大義",也是一名儒學之士。北周武帝行《周禮》,有"宿疑碩滯數十條,皆莫能詳辯"。天和三年(568),周、齊通好,周使尹公正與齊人語及《周禮》,齊人不能對,於是遣名儒熊安生接對。"公正於是具問所疑,安生皆爲一一演説,咸究其根本。公正深所嗟服"。③可以想見,這些席間公開的論難辯異,回環往復,必然要知曉對方的疑問和破綻,也必然要千方百計地釋疑和彌縫缺陷,如盧景裕與李崇祖論難往,"時有問難,或相詆訶,大聲厲色",④可想見論難的激烈程度,由此有助於學術自身的發展與完善。而且,也勢必會因參與的人數衆多、位高而有較大的影響,"鄴下爲之傾動","館門成市"等語,已足見當日接待使者的盛況。

當然,更直接的,是能讀到對方(主要是南方)傳來的書籍,以此琢磨、借鑒、吸收或融彙,進而切實提高一己的經學水平。這一時期,書籍的北遷,最大的一次就是承聖三年(554),西魏軍攻破江陵之後,獲得梁元帝蕭繹所焚圖籍的劫餘之書:

及周師入郢,繹悉焚之於外城,所收十才一二。⑤

蕭繹當日所焚圖籍,據考證,約十五萬卷多一些。⑥這些圖籍,都是蕭繹通過各種手段收聚到的典籍,主要是攻陷臺城後集聚到的梁朝國家藏書,以及自己往昔辛辛苦苦收羅到的圖籍。"十才一二",就是約兩、三萬卷。這些書被運抵北周的都城長安,存放在秘閣的麟趾殿:

保定二年(562)……俄而開麟趾殿,招集學士。大圜預焉。《梁武帝集》四十卷,《簡文集》九十卷,各止一本,江陵平後,並藏秘閣。大圜既入麟趾,方得見之。乃手寫二集,一年並畢。識者稱歎之。⑦

或者説,北周"開麟趾殿,招集學士",一個重要的職能就是校勘、整理這

---

① 《北史》卷八一《儒林上·李業興傳》,第9册,第2723—2724頁。
② 《北齊書》卷三五《陸卬傳》,第2册,第469頁。
③ 《周書》卷四五《熊安生傳》,第3册,第813頁。
④ 《魏書》卷八四《儒林·盧景裕傳》,第5册,第1859頁。
⑤ 《北史》卷七二《牛弘傳》,第8册,第2494頁。
⑥ 見拙文《〈金樓子·聚書〉所反映蕭繹藏書及齊梁間書籍流通》,《文獻》2010年第3期。
⑦ 《周書》卷四二《蕭大圜傳》,第3册,第757頁。

些南來的圖籍等,這也是學士們的一項本職工作。爲此,蕭大圜見到了運抵的江南劫餘之書,感激涕零之下,親手一一抄寫了其爺爺梁武帝以及父親蕭綱的文集,共一百三十卷。而當日北方的一代"儒宗"①熊安生,在北周皇室的禮遇、推尊下,應是有機會接近這一批藏書。在《禮記正義》中《喪服四制》第四十九"凡此八者,以權制者也",《正義》云:"庾蔚云父存爲母一也,不數杖與不杖之利,皇氏、熊氏並取以爲説"。庾蔚,即庾蔚之,生卒年不詳,但《宋書·禮志四》載其宋孝武帝孝建(454—456)時爲太常丞,下距熊安生生年尚有四十年左右,是以熊氏見不到庾蔚之,只能是采自其書。又,《喪服小記》第十五"夫爲人後者,其妻爲舅姑大功"條,《正義》載"熊氏云:'然恐賀義未盡善也'"。"賀"指會稽賀瑒,世傳《禮》學,時謂"慶氏學"。賀瑒,梁天監七年(508)卒。這説明熊氏確實見到了賀瑒的注疏。綜合起來,就是熊安生在麟趾殿裏見到了這一大批南方運來的典籍,並充分、有效地利用了相關典籍。當然也促進了一己經學的水準——至少初唐時編纂的《禮記正義》就多載有其條目,也即《禮記正義序》所明言和肯定的"今奉敕删理,仍據皇氏(皇甫侃)以爲本,其有不備,以熊氏補焉"。

至於其他零星的書籍交流,也一直不絶如縷,史籍多有載録,如梁時的劉孝綽,"辭藻爲後進所宗,時重其文,每作一篇,朝成暮遍,好事者咸誦傳寫,流聞河朔,亭苑柱壁莫不題之。"②其作品"流聞河朔","亭苑柱壁"間皆有其文,可見傳播較迅速、廣泛。再如徐陵,"每一文出,好事者已傳寫成誦,遂傳于周、齊,家有其本"。③

關鍵是,如有必要,南北間典籍流通的速度還是挺快的,遠不是想象的阻隔嚴重,壁壘森嚴。"(濟陰王元)暉業嘗大會賓客,有人將《何遜集》初入洛,諸賢皆讚賞之。"④這是武定(543—550)之前的事(當時都城在洛陽)。《何遜集》約編集於大同三年(537),⑤這樣,十餘年就傳到了北方,速度很快。"皆讚賞之"説明了北齊對南方文化的渴慕,這是傳播速度快的根本原因,即有較强烈的需求。元暉業此舉並非一時心血來潮,其文學水準較高,

---

① 《周書》卷四五《儒林·熊安生傳》,第3册,第813頁。據"宣政元年(578),時年已八十餘",則生於490—498年。
② 《南史》卷三九《劉孝綽傳》,第4册,第1012頁。
③ 《南史》卷六二《徐陵傳》,第5册,第1525頁。
④ 《北齊書》卷三八《元文遥傳》,第503頁。
⑤ 據《梁書》卷四九《何遜傳》,何遜"服闋,除仁威廬陵王記室,復隨府江州,未幾卒。東海王僧孺集其文爲八卷",(第3册,第693頁。)則其文集爲死後編撰。又據《梁書》卷三,大同元年廬陵王蕭續爲安南將軍、江州刺史(第1册,第79頁),直至三年九月爲益州刺史,則何遜當卒於此年。

傳稱其"涉子史,亦頗屬文",有傾賞、借鑒南方文學的需求。還有一件事,即《北齊書》卷三九《祖珽傳》所載抄寫、盜取《華林遍略》一事。文裏指高澄,當時領中書監。武定五年(547),高歡死後繼掌朝政,但兩年後即遇刺身亡。而《華林遍略》是在普通四年(523)編成,①這樣看來,從揚州傳入北方的洛陽,也最多是二十年。這些典籍快速的傳播,只能是當日對南方文化極度渴求的結果。

書籍有了,還能找到皇帝、臣僚一起研讀南方典籍的記載。《太平廣記》卷二四七引《啟顏錄》載:"高祖嘗令人讀《文選》,有郭璞《遊仙詩》,嗟歎稱善。諸學士皆云:'此詩極工,誠如聖旨。'"其所談論的《遊仙詩》"青溪千餘仞,中有一道士",正見於《文選》卷二一。此"高祖"即北齊高歡(496—547)。可見在當時南北對峙的形勢下,《文選》成書後十數年,就已傳至毗鄰的北齊。高歡的漢化水準已較高,他專門讓人講讀《文選》並加以品評,正說明對文章總集《文選》的看重。不過,就諸學士所論"此詩極工",只重形式而言,又未免僅是泛言,未達一間了;這是因爲《遊仙詩》,鍾嶸《詩品》已評爲"辭多慷慨"、"坎壈詠懷",即郭璞只是借此來抒發一己不得志的懷抱,這顯然比北齊諸人的理解高了許多。這也適足說明,儘管北齊所在地域比北魏的文學水準高,但一時仍較缺乏深入理解、賞析《文選》文章的社會土壤。

前引《隋書·儒林傳序》所言"考正亡逸,研核異同,積滯群疑",則可參《隋書》卷七五《劉焯傳》所載:

> 後與諸儒於秘書省考定群言,因假還鄉里,縣令韋之業引爲功曹。尋復入京,與左僕射楊素、吏部尚書牛弘、國子祭酒蘇威、國子祭酒元善、博士蕭該、何妥、太學博士房暉遠、崔崇德、晉王文學崔賾等於國子共論古今滯義,前賢所不通者。每升座,論難鋒起,皆不能屈,楊素等莫不服其精博。(開皇)六年,運洛陽《石經》至京師,文字磨滅,莫能知者,奉敕與劉炫等考定。

在經學不斷傳衍的過程中,無疑存在字詞的訛變、脫落、衍倒等問題,特別在一個以手鈔傳寫的時代,更容易產生此類弊端。《魏書》卷八四《孫惠蔚傳》即載其在宣武帝元恪(500—515)時上疏言秘書省的藏書"先無定目,新故雜糅,首尾不全。有者累帙數十,無者曠年不寫。或篇第褫落,始末淪殘;或文壞字誤,謬爛相屬。篇目雖多,全定者少",也道出了這一觸目驚心

---

① 《南史》卷七二《何思澄傳》:"天監十五年,敕太子詹事徐勉舉學士入華林撰《遍略》……八年乃書成,合七百卷。"(第6册,第1782—1783頁。)

的情況。如上一章第五節所論的北魏時一代大儒劉遵明曲解鄭玄《論語序》"八十宗",以及《顏氏家訓·勉學》對俗儒閉塞的批評。還有一件事,即博士房暉遠所説的:"江南、河北,義例不同,博士不能遍涉。學生皆恃其所短,稱己所長,博士各各自疑,所以久而不决也。"① 這正説明經書、經解嚴重分歧,業已影響到官員隊伍的選拔——也勢必要求"考正亡逸,研核異同,積滯羣疑",給出一個官方權威的準確的解釋或定論。據《北齊書》卷四五《文苑傳序》"(武平)三年(572),祖珽奏立文林館,於是更召引學士,謂之待詔文林館焉"(其《後主紀》則載爲武平四年)。一時間,文林館文士雲集(僅據《文苑傳》所載就有 61 人)。這些在館閣工作的文士,除了編訂《修文殿御覽》《續文章流别》等,還有一項重要的工作就是奉和應制、校正典籍。也可想見,在館閣不無單調、乏味,甚或寂寥的日常生活中,難免不在一起詩文唱酬,或討論、探究學問,相互碰撞、啟發,如《顏氏家訓·文章》載盧詢祖批評王籍《入若耶溪詩》"蟬噪林逾静,鳥鳴山更幽","此不成語,何事於能?"魏收亦認可這一評價。同樣,對蕭愨"芙蓉露下落,楊柳月中疏","時人未之賞也","盧思道之徒,雅所不愜"。這兩則史料,顏之推雖未明言是文林館時的事,但魏收、盧思道、蕭愨、顏之推等人都在館閣工作過,且文林館的存在時間僅有三四年,極可能就是當時談論的實録。這些傳達清幽、細膩意境的詩篇不被欣賞,除了欣賞口味不同外,也一定程度上説明北人對文學理解的水準還有待於提升。

上述"考正亡逸"班子的安置,也反映出了某種學術傾向。楊素,弘農華陰人,開皇十一年(591)平定南方高智慧的叛亂後,被任命爲尚書右僕射,與高熲專掌朝政,實是隋代官方學術的最高代表。據《隋書》卷四八《楊素傳》,"與安定牛弘同志好學,研精不倦,多所通涉。善屬文","有集十卷",也是一介文士。牛弘,安定鶉觚人,據《隋書》卷四九本傳,"好學博聞","專掌文翰,甚有美稱",在文化史上以開皇初,因典籍遺逸,上表請開獻書之路而稱名後世。又奉敕修撰《五禮》百卷,請依古制修立明堂等文化工程。因此,以其職掌,也名至實歸。蘇威,京兆武功人,其人無甚經學貢獻,只是一個官員。至於元善、蕭該、何妥、房暉遠等四人,《隋書》卷七五均有傳。元善,河南洛陽人,北魏皇室元叉的孫子,《隋書》卷七五有傳。元善"少隨父至江南,性好學,遂通涉五經,尤明《左氏傳》",是一聲名卓著的儒學人士。蕭該,則是梁皇室鄱陽王蕭恢的孫子,"性篤學,《詩》《書》《春秋》《禮記》並通大義,尤精《漢書》,甚爲貴遊所禮",開皇初,賜爵山陰縣公。何妥,西城

---

① 《隋書》卷七五《房暉遠傳》,第 9 册,第 2760 頁。

人,八歲游梁國子學,是南方學術蘊育下的儒士,曾撰有《周易講疏》十三卷,《孝經義疏》三卷,《莊子義疏》四卷等。房暉遠,恒山真定人。"世傳儒學。暉遠幼有志行,治《三禮》《春秋三傳》《詩》《書》《周易》,兼善圖緯",是博學多才之士。崔崇德、崔賾事跡不明,可能出自清河崔氏(《魏書》卷四上《太武帝拓跋燾紀》載崔賾延和二年[433]曾任大鴻臚卿,時代不合,非爲同一人)。劉炫,據其自言,更是精通十三家經傳,其《傳論》亦言其"學實通儒,才堪成務,九流、七略,無不該覽",是一位飽學之士。應當說,這些人實是當日官方和名族的學術代表,是一個水準不錯的班子,值得信賴。但也能看出,以上十人,出自關中、河西的共八人,南方的僅兩人,其中一人蕭該還是梁皇室的後裔,由此顯現出隋初學術較濃重的關中、河西本位色彩。

劉焯、劉炫,《隋書》卷七五、《北史》卷八二均有傳。

劉炫,字光伯,河間景城人。"少以聰敏見稱,與信都劉焯閉户讀書,十年不出"。上已言,確實是一代博學之士。又據《北齊書》卷四四《儒林傳序》,"武平末,河間劉光伯(劉炫)、信都劉士元(劉焯)始得費甝《義疏》,乃留意焉。……其後能言《詩》者多出二劉之門"。則能肯定,劉炫《尚書》,兼學鄭注及孔注《古文尚書》;《左傳》,習北方盛行的服虔注以及南方的杜預注;《周禮》《禮記》,從北方的鄭玄和南方的王肅之學。這都表現了劉炫南北兼通的特色。這也是他的過人之處。但劉炫性格躁急,"多自矜伐,好輕侮當世,爲執政所醜",爲此曾被鄉議評爲卑品(以"品卑去任"),"由是官塗不遂"。其晚年,在"日迫桑榆,大命將近,故友飄零,門徒雨散"之際,回顧一生的"大幸"和"深恨"時,也只是輕描淡寫提到"立身立行,慚恧實多",把"傷群言之蕪穢"列入"深恨"之中——仍沒反省是一己的性格缺陷造成了一生的坎坷和悲涼。劉炫最終因冬夜冰寒,守城不納,飢寒交迫中凍餒而死。

劉炫在學術史上聲名不佳,主要就是因在開皇初年,牛弘奏請購求天下遺逸之書時,劉炫曾僞造《連山易》《魯史記》等書百餘卷,錄上送官,取賞而去。也爲此,後人一度懷疑《孝經》孔安國注的真假:

> 梁代,(孔)安國及鄭氏二家,並立國學,而安國之本,亡於梁亂。陳及周、齊,唯傳鄭氏。至隋,秘書監王劭於京師訪得《孔傳》,送至河間劉炫。炫因序其得喪,述其議疏,講於人間,漸聞朝廷,後遂著令,與鄭氏並立。儒者諠諠,皆云炫自作之,非孔舊本,而秘府又先無其書。①

---

① 《隋書》卷三二《經籍志一》"《孝經小序》",第 4 册,第 935 頁。

可見當日就有爭議,論議"誼誼"——即不無劉炫僞作的嫌疑。

第二節　初唐經學的一統及其宏大視野

武德七年(624),消滅了江南的輔公祏勢力,唐朝終於一統天下。但是,面對九品中正制依然若明若暗地阻隔士庶才俊入仕的通道,唐王朝仍不得不沿襲隋朝已開始的破冰之旅——以一種新的選舉方式,即科舉制度來拔擢芸芸士子,進而有效地充實到政府的各級、各個部門,參與到新興國家的建設中去。同時,皇權的加強也勢必要削弱舊的軍功士族,不能再以門第、軍功等爲拔擢的標準,進而實現向文官政治的轉變。中唐時曾執掌選舉的禮部員外郎沈既濟就曾言北齊、隋時選舉訛濫,"不勝其弊,凡所置署,多由請托",爲此當時議論"與其率私,不若自舉;與其外濫,不若内收。是以罷州府之權而歸於吏部",①因舉才名實不副,多出私意,而把選舉權統一收歸到中央吏部。這是一個重要舉措,也爲科舉制度的推行掃平了制度和實際運行上的一些重要障礙。但也顯然,其考試的核心環節——因南北紛爭而分歧無定的經學,也勢必首先要進行統一。但是,南北經學的一統卻遠非地域的統一那般容易,"自正朔不一,將三百年,師訓紛綸,無所取正";②上所言的世傳儒學的房暉遠也一針見血地指出經學傳授的紛紜,致使代表國家一流水準的博士們也不能給予評判。這一混亂情形,唐初依舊如此,下引《顏師古傳》提的"於時諸儒傳習已久,皆共非之",就顯示了經疏歧異的嚴重,且喜好固守己見。顯然,這都已直接影響甚且阻礙了儒學在現實政治生活中有效作用的發揮,"師訓紛綸,無所取正"的情形勢必要即刻改變。而今,隨着國家的一統再次提上了議事日程;就是説,一件重要的事情就是面對南北朝時期經學因政治分裂、經學異趣而存在的"儒學多門,章句繁雜"、文字訛謬等問題,而意欲編定《五經正義》,給一定本,進而一統經學。這是時代賦予的重任。但這一歷程也不可能一蹴而就,二三十年前,隋開皇初(581—600),就已進行過正定經史的實踐,蕭該"奉詔書與(何)妥正定經史,然各執所見,遞相是非,久而不能就,上譴而罷之";③之所以久而不決,一個根本的原因還是在於經說的分歧無定並不能在短時間内彌合。蕭、何

---

① 《通典》卷十八《選舉六·雜議論下》,北京,中華書局,2003 年,第 1 册,第 443 頁。
② 《北史》卷八一《儒林傳序》,第 9 册,第 2707 頁。
③ 《隋書》卷七五《蕭該傳》,第 6 册,第 1715 頁。

二人的經學水平一時間也不能膺此大任。當然,這也見出了南北經學一統的艱難,實要面臨許多不易解決的難題。因此,即便是在初唐,會聚了一流的經學人才,《五經正義》的修成,也經歷了一個較長的時期(大體能分爲三個階段)。這一歷史重任首先落在了一代雄才大略之主唐太宗的肩上。《舊唐書》卷一八九上《儒學傳上·序》載:

  (貞觀十二年,638年)太宗又以經籍去聖久遠,文字多訛謬,詔前中書侍郎顏師古考定五經,頒於天下,命學者習焉。又以儒學多門,章句繁雜,詔國子祭酒孔穎達與諸儒撰定五經義疏,凡一百七十卷,名曰《五經正義》,令天下傳習。

而《舊唐書》卷七三《顏籀傳》則增加了儒生爭論、非議的歷程:

  師古多所釐正,既成,奏之。太宗復遣諸儒重加詳議,於時諸儒傳習已久,皆共非之。師古輒引晉、宋已來古今本,隨言曉答,援據詳明,皆出其意表,諸儒莫不歎服。於是兼通直郎、散騎常侍,頒其所定之書於天下,令學者習焉。

  兩相比較,太宗令顏師古考定《五經》文本。完成之後,又因"儒學多門,章句繁雜",而詔令編撰《正義》以統一儒學,給出一個官方的解釋和規範。這是前後相續的一個過程。但也顯然,《五經正義》的準備工作應從顏師古考定《五經》的文本開始。師古之所以能承擔如此重任,實在於其博學,精於訓詁,擅長文字刊正,"專典刊正,所有奇書難字,衆所共惑者,隨疑剖析,曲盡其源",①曾撰《匡謬正俗》八卷。顏師古是名儒顏之推的孫子、顏思魯的兒子,少傳家學。而顏思魯還曾任秦王府記室參軍,早就與太宗關係密切。這樣,師古被委以重任,也是淵源有自。

  還能說明的是,"俄有詔秘書内省佐顏師古、孔穎達修《隋史》",②即修史(如《五代史志》,高宗顯慶元年[656]才修成)的同時還考訂《五經》。而"'秘書内省'的性質,原本也就只是個史館"。③ 史館,因在内省,爲皇帝直接掌控,是一特設的使職而待遇優渥。史學家劉知幾就不無自得地陳述,"暨皇家之建國也,乃別置史館,通籍禁門。西京則與鸞渚(門下省的別稱)爲鄰,東都則與鳳池(禁苑中的池沼,借指中書省)相接。而館宇華麗,酒饌豐厚,得廁其流者,實一時之美事"。④ 可以想見,毗鄰最高行政機構,在這

---

① 《舊唐書》卷七三《顏師古傳》,第 8 册,第 2595 頁。
② 《舊唐書》卷一八九上《敬播傳》,第 15 册,第 4954 頁。
③ 賴瑞和《唐代高層文官》,北京,中華書局,2018 年,第 231 頁。
④ 李永圻、張耕華導讀整理,吕思勉評,浦起龍通釋,劉知幾撰《史通通釋》卷十一《外篇·史官建置》,上海古籍出版社,2008 年,第 226 頁。

樣一個典雅、清幽的環境中靜心編撰正史、整理五經,自是一件自豪、愜意的事。

顏師古對五經文本的正定,稱得上是唐代經學一統的重要一步。不過,他雖然參與了《周易正義》的編纂;但可能不多,一是因爲貞觀十九年他已病卒(時 65 歲),編纂《正義》時也上了年紀,力不從心;二是因多次獲罪遭譴後(特別是貞觀十五年,將封禪泰山,"多從師古之説",但卻因彗星作罷,太宗可能有所遷怒),不免悶悶不樂,史書也未明載此際的任職,但也難免不爲上所喜;其性格"簡峭"、"傲然",估計又加重了這一傾向。與此同時,孔穎達也就脫穎而出了。孔穎達,據《舊唐書》卷七三本傳,八歲入學,就表現了極大的才華,"日誦千餘言","及長",就兼通《左氏傳》《鄭氏尚書》《王氏易》《毛詩》《禮記》、算曆等。隋大業初,舉明經高第。隨後,在一次東都辯論中,就已穎脫而出。秦王李世民"平王世充,引爲秦府文學館學士"。後被列入《秦府十八學士圖贊》,可見在秦王府的尊崇地位。貞觀初年,"數進忠言,益見親待"。貞觀七年,"與魏徵撰成《隋史》"。"十一年(637),又與朝賢修定《五禮》,所有疑滯,咸諮決之"。這一年孔穎達 64 歲(孔穎達比顏師古大 7 歲,但活到 75 歲,當時身體可能仍較健朗)。"十二年,拜國子祭酒(國子監的主管),仍侍講東宮(太子李承乾)",正處在一個日漸上升、備受恩遇的時期。十四年,唐太宗曾在《答孔穎達上〈釋奠頌〉手詔》中更逕直讚其能"網羅百氏,包括六經,思涌珠泉,情抽蕙圃",媲美"關西孔子"、"濟南伏生"。[①] 或許正是這樣的原因,而讓孔穎達列名《五經正義》修纂者之首。

但是,初步編成的《五經正義》,受到了時爲太學博士且參與編撰的馬嘉運的駁斥:

> 付國子監施行,賜穎達物三百段。時又有太學博士馬嘉運駁穎達所撰《正義》,詔更令詳定,功竟未就。[②]

馬氏之所以有此辯駁,大概是因其"參議"編撰《周易正義》、"覆審"《春秋正義》[③]的緣故,熟知其弊端。馬嘉運,貞觀十七年(643)以年老致仕。因此,這次修訂《五經正義》約在貞觀十六年,但也可能沒有什麼實際的修訂,因史書已明言"功竟未就"。這是第二階段。又,《周易正義序》載"謹與朝散大

---

① 吳雲、冀宇校注、李世民著《唐太宗全集》,天津古籍出版社,2004 年,第 415 頁。又據《舊唐書》卷七三本傳載,孔穎達上《釋奠頌》在貞觀十四年(第 8 册,第 2602 頁)。
② 《舊唐書》卷七三《孔穎達傳》,第 8 册,第 2603 頁。《新唐書》卷一九八《儒學上·馬嘉運傳》則載爲:"以孔穎達《正義》繁釀,故掎摭其疵,當世諸儒服其精。"(第 18 册,第 5645 頁。)
③ 見《新唐書》卷五七《藝文志一》載(第 5 册,第 1440 頁),亦見孔穎達《五經正義·序》。

夫行太學博士臣馬嘉運、守太學助教臣趙乾葉等對共參議,詳其可否。至十六年,又奉敕與前修疏人及給事郎守四門博士上騎都尉臣蘇德融等,對敕使趙宏智覆更詳審,爲之《正義》"。則《正義》應該完成於貞觀十七年之前。

  第三階段在永徽初年,承襲大統的高宗李治繼承太宗未竟的事業。據《唐會要》卷七七"論經義"條,永徽二年(651)三月十四日,因"事有遺謬",詔太尉趙國公長孫無忌及中書門下,以及國子三館博士、弘文學士等共同考正(亦略見《新唐書·孔穎達傳》)。四年三月一日修成,《全唐文》卷一三六載有長孫無忌《進五經正義表》(《表》載"永徽四年二月二十四日",微有不同)。據《表》,其所做的工作是"傍摭群書,釋《左氏》之膏肓,翦古文之煩亂,探曲臺之奧趣,索《連山》之玄言,囊括百家,森羅萬有"。此處的個別字詞需解釋一下。曲臺,漢時校書之處,《漢書》卷八八《儒林傳·孟卿》"(后)倉説《禮》數萬言,號曰《后氏曲臺記》。"顔師古注引服虔曰:"在曲臺校書著記,因以爲名。"梁沈約《〈梁武帝集〉序》:"篤志經術,究淹中之雅音,盡曲臺之奧義。"又,夏代的《連山》、商代的《歸藏》、周代的《周易》,並稱爲三《易》。朝廷再次採摭群書,修正之前解釋的錯誤和失當之處,對經學的深意和玄言都加以探求;同時,對文辭的"煩亂"也一併加以剪裁、潤飾,以簡明、暢達,也即長孫概括的"筆削"一語。不過,《五經正義》既然仍習慣歸於孔穎達的名下,也似乎暗示這一次修正、"筆削"的量可能並不是很大,至少是時間不長,還不到兩年。又,《表》中,長孫無忌没多提孔修的缺點,大概是出於同朝爲官、爲前修所諱的原因。修訂後,一個重大影響,就是作爲明經的範本,永徽四年(653)三月壬子朔,詔令頒於天下,"每年明經,依此考試",①由此結束了長達三百年的分歧無定的局面,最終完成了經學的一統。對此,經學史家馬宗霍給予了高度評價,"自《五經》定本出,爾後經籍無異文;自《五經正義》出,爾後經義無異説。每年明經,依此考試,天下士民,奉爲圭臬。蓋自漢以來,經學統一,未有若斯之專且久也"。②

  孔氏在《五經正義》的《序》中,已言明了所編修的依據,這有助於對其學術性質的認定。以杜預、服虔《左傳》注爲例。當日因南北分隔,導致章句好尚,互有不同,江左流行杜預注。河、洛則多傳習服虔注,③"至隋,杜氏盛行,服義及《公羊》《穀梁》浸微,今殆無師説"。④ 但這只是大體而言,實際

---

① 《舊唐書》卷四《高宗紀上》,第1册,第71頁。
② 《中國經學史》第九篇《隋唐之經學》,上海書店,1998年,第94頁。
③ 《隋書》卷七五《儒林傳序》,第6册,第1705頁。
④ 《隋書》卷三二《經籍志·小序》,第4册,第933頁。

上並非這般截然分明。據《北史》卷八一、八二《儒林傳》《序》，北魏名儒張吾貴就"兼讀杜、服，隱括兩家，異同悉舉"；魏齊時姚文安、秦道静，"初亦學服氏，後兼更講杜元凱所注"。姚文安甚至撰有駁難服虔的《左傳解》七十七條，名爲《駁妄》。同一時期，李崇祖則申明服義，作《釋謬》，與之針鋒相對。北周時樂遜，教授服氏《春秋》，其著《春秋序義》，"通賈、服説，發杜氏違，辭理並可觀"。這都顯示了北土士人杜、服兼習，甚至有意溝通、彌縫二者的情形。至於南朝，也有與之類似的情形，如清河高門崔靈恩，天監十三年(514)歸梁，爲國子博士，聚徒講授，"靈恩先習《左傳》服解，不爲江東所行，及改説杜義，每文句常申服以難杜，遂著《左氏條義》以明之"。國子助教會稽虞僧誕則精於杜學，"因作《申杜難服》以答靈恩，世並行焉"。① 更重要的是，"自梁代諸儒相傳爲《左氏》學者，皆以賈逵、服虔之義難駁杜預，凡一百八十條。（王）元規引證通析，無疑滯"，②以賈、服之義駁難杜注，自是需要精熟服義，也顯示出南土對服義的讀習。而王元規"引證通析"，不再有"疑滯"，也顯示了詰難、辯駁之餘，二注已漸趨滲透，走向了融通、合流，這是因爲辯駁、詰難，無疑會進一步促使訓釋、義理更加明晰、準確，也促進了二者的有機融合。這實際上也是《左傳》在南北讀習、發展的歷史。這種情形持續發展，到了隋朝，服注漸微，杜注則一支獨大，説明早在陳隋時代，雖因不同政權的阻隔，交流頗爲不易；但南北經學還是在不斷地交流、融合，如前所論的"平齊民"，或因某種原因而投奔南朝或北朝，以及出使交流等，其間多有論辯，也勢必會促進不同派別間的彌縫、修正、發展和提高。某種程度上，經學隨着國家的一統而趨於統一，從學術本身而言，也是極自然的事。

　　這些情形，作爲《五經正義》的主撰者孔穎達自然熟悉，其在《春秋左傳正義序》中就明顯地加入了一己的裁斷：

> 晉世杜元凱又爲《左氏集解》，專取丘明之傳，以釋孔氏之經。……今校先儒優劣，杜爲甲矣。……其爲義疏者，則有沈文阿、何休、蘇寬、劉炫。然沈氏於義例粗可，於經傳極疏。蘇氏則全不體本文，惟旁攻賈、服，使後進之學者鑽仰無成。劉炫於數君之内，實爲翹楚。……而探賾鉤深，未能致遠。其經注易者，必具飾以文辭……又意在矜伐，性好非毁，規杜氏之失凡一百五十餘條……雖規杜過，義又淺近。……今據以爲本，其有疏漏，以沈氏補焉。若兩義俱違，則特申短見。

孔氏提到的重心是杜注，"杜爲甲矣"，是對杜注的肯定，也是隋朝後杜

---

① 《梁書》卷四八《儒林·崔靈恩傳》，第 3 册，第 677 頁。
② 《陳書》卷三三《儒林·王元規傳》，第 2 册，第 449 頁。

注一支獨大現實的反映。沈文阿,《陳書》卷三三、《南史》卷七一均有傳。據本傳,文阿"少習父業,研精章句",又傳祖舅太史叔明、舅王慧興的經學,爲此"博采先儒異同,自爲義疏。治《三禮》、《三傳》"。但在孔氏看來,其"義例粗可",但"經傳極疏"。劉炫,作爲隋時一代名儒,曾自言"《周禮》《禮記》《毛詩》《尚書》《公羊》《左傳》《孝經》《論語》,孔、鄭、王、何、服、杜等注,凡十三家,雖義有精粗,並堪講授",①可見是博通儒家經典,甚且達十三家,一時遠超衆人。但劉炫"性躁競,頗俳諧,多自矜伐,好輕侮當世,爲執政所醜",這也即孔氏所明言的"意在矜伐,性好非毁",而喪失了注疏所應持守的客觀、公允的態度。再加上"義又淺近",由此遭到了孔氏的否定和摒棄。權衡之下,還是沈文阿的注疏較有價值,爲此疏漏處"以沈氏補焉"。這樣來看,孔氏在修撰《五經正義》時還是能秉持客觀、公允的態度,對各種注疏也有一個明晰、準確的判斷。這也保證了《正義》的質量。

至於其他的四經的"正義",能簡括如下(文字據北大2000年版《十三經注疏》):

《周易》,惟王弼注"獨冠古今","江左諸儒,並傳其學,河北學者,罕能及之"。至於江南的其他"義疏十有餘家,皆辭尚虛玄,義多浮誕",而不取;今依王弼注"爲本"。

《尚書》,江左學者咸悉祖尚孔安國注。隋初,始流河朔。其爲正義者,"多或因循","義皆淺略"。隋時的大儒劉焯、劉炫注"最爲詳雅",然亦多有缺陷,"穿鑿孔穴,詭其親見,異彼前儒";劉炫嫌焯注煩雜,改弦更張,但"義更太略,辭又過華",由此,存是去非,削煩增簡,進行了較大規模的調整。

《毛詩》,終南朝之世,一直盛行鄭玄箋,齊魏之際,依舊如此。到了隋末,劉焯、劉炫注一時獨出,"特爲殊絕",但二人自負才氣,鄙薄先達,"同其所異,異其所同",未免失去準繩,爲此"削煩"、"增簡"、"唯意存於曲直",皆以事情本身的曲直、是非爲準來取舍二劉之注。

《禮記》的義疏,南北皆有多人,但見稱於世者,唯有皇侃、熊安生二家。但比較之下,熊疏"違背本經,多引外義",皇氏略勝一籌,"章句詳正",但亦有缺陷,"微稍繁廣"。爲此,疏以皇氏爲本,其不逮之處,則以熊氏補足。《正義》採取了綜合二者的態度。簡言之,所謂正義,是就傳注而爲之疏解,所宗之注不同,所撰之疏亦異。這是由"疏不破注"原則所規定的。

總之,就是《周易》取王弼注,疏無所主;《尚書》宗孔安國注,兼採劉焯、劉炫注;《毛詩》尚鄭玄箋,注取劉焯、劉炫,即"二劉";而二劉在武平末得到

---

① 《隋書》卷七五《劉炫傳》,第6册,第1720頁。

了南方傳來的費甝《尚書義疏》(其依據孔安國《古文尚書注》①),其實也是南方孔注的傳統。《禮記》,據鄭玄注,疏取皇侃,兼採熊安生;《春秋左傳》注取杜預,疏主劉炫、沈文阿。明顯表現了推尊南學的傾向。

據此,亦能看出《正義》編撰的大體方式:一、出於經學統一的需要,要確定以某一注爲根本。這一根本,是由歷史地位以及經學實績來決定的。如杜注的位次就是這兩點來決定的,這也是保證《正義》質量的關鍵所在。二、權衡、比較,博采某一注釋的優點,如沈文阿注的"義例粗可",爲此作爲有效補充。比較之下,"未能致遠"、淺近者則一概捨棄。三、"若兩義俱違",則加以一己的按斷,即裁說。

至於《正義》的體例,據皮錫瑞的說法,即"注不駁經,疏不駁注;不取異義,專宗一家"。② 這也是頗受後人詬病的地方,這是因爲有些注並不一定精當或正確,也可能存在爭議,不可能人爲地整齊劃一,強爲定論。也正是在"疏不駁注"(亦有稱"疏不破注")的意義上,皮氏認爲《正義》"名爲創定,實屬因仍(承襲)",③即更多的是因襲前人的注疏成果,可謂是頗有道理,一語中的。或者說,《五經正義》是南北經學融合的產物。整體上,唐初《五經正義》的編訂者孔穎達、顏師古等,基本上都站的是南方經學的立場,也即皮錫瑞所感歎的"經學統一,北學反併於南,此不隨世運爲轉移者也"。④

這一注疏原則,如與後來《唐六典》卷二一《國子監》"國子監"條注所載開元時期教授諸經規定的版本比,還是能看出一些問題的:

> 諸教授正業:《周易》,鄭玄、王弼注;《尚書》,孔安國、鄭玄注;《三禮》《毛詩》,鄭玄注;《左傳》,服虔、杜預注;《公羊》,何休注;《穀梁》,范甯注;《論語》,鄭玄、何晏注;《孝經》《老子》,并開元御注。

本來,永徽四年已頒行《五經正義》,作爲國學,自當以此權威的版本教授諸經,但其實還是依據南朝時的習經風尚。這也充分說明這些經注,歷經四五百年,仍存而不廢,如鄭玄《周易》《尚書》等注,服虔《左傳》注等,留存在官方視野中,仍有其不可撼動的學術價值和經典地位。

這三個階段,如從貞觀七年算起,到永徽四年三月最終整理了一個定本頒行天下,其間歷經了二十一年;這一時期的碩學名儒,如顏師古、孔穎達、馬嘉運、于志寧、長孫無忌、李勣、褚遂良等都或多或少地參與了這一盛世的

---

① 《北齊書》卷四四《儒林傳序》,第2冊,第583頁。
② 皮錫瑞著、周予同注釋《經學歷史·經學統一時代》,北京,中華書局,2004年,第141頁。
③ 《經學歷史·經學統一時代》,第141頁。
④ 《經學歷史·經學統一時代》,第135頁。

文化工程。這麼長的時間，從初步編成，到質疑、共同參議、修訂，再到進一步整齊"煩亂"、"筆削"，無疑都體現了高層及參撰者極其認真、審慎的態度。雖然，因五經量大，本就需要更多的學者參與；但能順應隋朝以來南北經學融合的態勢，讓這些經學出身、背景不同的人一同參與，共同商討，不能不說是一種開闊的心胸和氣度。而且，在對待前代的經學成就和積累上，更以一種客觀、求實的態度去判斷、擇取，不因人廢言（如"躁急"、"矜伐"的劉炫），一視同仁，兼收並蓄，也體現出了氣量的寬宏和虛懷若谷。這無疑都彰顯了初唐一種弘大的盛世氣象、從容不迫的心態，以及一個新興朝代的蓬勃朝氣。①

不管怎樣，《五經正義》以其經學實績開啟了一個經學的新時代。縷縷霞光，萬千光影，正映照着這個初生的流溢勃勃生機的朝代。

還需說明的是，初唐諸臣在修撰《隋書》，在《儒林傳序》中縱論南北經學的水平時，是充分肯定了北方的儒學，"其雅誥奧義，宋及齊、梁不能尚也"，即典雅、義旨深奧是北學所長，南方則不及。這是因爲東漢以來北方經學基本上承傳漢學深厚的傳統以及地域的質樸、厚重，而漸趨薰染成了一種質重、敦實的特別風貌。這實際上也是官方的一種主流態度和思想，因爲《隋書》的撰作者如魏徵、孔穎達、顏師古、于志寧等，也程度不同地參與了《五經正義》的撰寫工作，也勢必會反映在對各種經注的取捨上。

第三節　從敦煌、吐魯番出土寫卷看唐代《論語》讀習的歷史進程

南北朝分隔時期，因習俗的不同，經學也有南北之分，對《論語》而言，江南盛行總括性、頗多新解的何晏《論語集解》，北方則流傳融會今古文的鄭玄《論語注》。隋時，北學統一于南學，呈現了融彙態勢。對這一時段《論語》行世情形，主要是據《隋書·經籍志》來考斷，"梁、陳之時，唯鄭玄、何晏立

---

① 貞觀九年，唐太宗曾總結其一生的功績："朕觀古先撥亂之主皆年逾四十，惟光武年三十三，但朕十八便舉兵，年二十四平定天下，年二十九升爲天子，此則武勝於古也。少從戎旅，不暇讀書，貞觀以來，手不釋卷，知風化之本，見政理之源。行之數年，天下大理，風移俗變，子孝臣忠，此又文勝於古也。昔周、秦以降，戎狄內侵，今戎狄稽顙，皆爲臣妾，此又懷遠勝古也。此三者，朕何德以堪之？既有此功業，何得不善始慎終邪？"（戈直集注，唐吳兢撰《貞觀政要·慎終》，上海古籍出版社，2008年，第213頁。）其勵精圖治，夙興夜寐，於此可見一斑。又，太宗敦崇儒學的情形，"國學之內……幾至萬人"，"儒學之興，古昔未有也"，亦見《貞觀政要·崇儒學》（第158頁）。

於國學，而鄭氏甚微。周、齊，鄭學獨立。至隋，何、鄭並行，鄭氏盛於人間"。初唐時，《經典釋文·敘錄》亦說何晏《論語集解》"盛行於世，今以爲主"。陸德明，蘇州吴人，早期一直在南方任職，自是受南方經學的熏陶。因此，何、鄭二注在一個時段内並行不悖，這已爲學者熟知。但是，隋朝之後，《論語》及注讀習的具體情形、原因、背景等，卻一直知之甚少；或僅是粗綫條地雜糅、附屬在經學史中大略提及。而今，隨着敦煌、吐魯番出土《論語》寫卷研究的不斷深入，以及唐代經學研究的日趨深入，已完全可以鈎沉、考辨出整個有唐一代具體一些的《論語》讀習情形。當然，欲概述這二百八十九年間《論語》讀習的情形，也自有其較大的難度。今不吝固陋，試鈎沉如下，並以此抛磚引玉，而對唐代的《論語》學有所助益。

一　科舉背景下的《論語》讀習要求

據《新唐書》卷一五《禮樂志五》、《唐會要》卷三五"褒崇先聖"條，這一時期尊崇、祭祀孔子的主要舉措有：武德二年（619）六月，下詔國子學立周公、孔子廟"各一所，四時致祭"。貞觀二年（628），在左僕射房玄齡、博士朱子奢建言下，罷周公，升孔子爲先聖，以顔回配。貞觀四年，詔州、縣學皆作孔子廟。貞觀二十一年，詔以左丘明、卜子夏、孔安國、劉向、范寧等二十二人配享孔廟。咸亨元年（670），又詔州、縣皆營孔子廟。武后天授元年（690），封周公爲褒德王，孔子爲隆道公。神龍元年（705），以鄒、魯百户爲隆道公采邑，以奉歲祀，子孫世襲褒聖侯。開元五年（717），頒布詔令《令明經進士就國子監謁先師敕》，[①]試前先拜謁先師孔子，更大大增强了孔子在這些飽學士子們心中的地位。開元二十七年（739），又進一步抬升，詔追諡孔子爲"文宣王"，並褒贈"十哲"，"十哲"東西列侍而立。[②]尊崇、祭祀孔子的制度日趨完善，其規格、地位也日漸上升。

當然，還有來自最高層的身體力行。唐太宗曾問孔穎達："《論語》云：'以能問於不能，以多問於寡，有若無，實若虚'，何謂也？"[③]太宗的發問，自是熟誦的結果；作爲一代大儒的孔穎達，除了詳盡、回答得宜的解釋外，還竟據此上升到帝王之德、國家興亡的高度——也自是熟悉、推重《論語》的表現。在這種濃烈的尊崇氛圍下，自然會上升到國家的層面，即借助科舉的力

[①]《唐會要》卷七六《貢舉中》"緣舉雜録"條，下册，第1638頁。亦見《唐大詔令集》卷一〇五《令明經進士就國子監謁先師敕》，《全唐文》卷二七《優禮諸州鄉貢明經進士詔》（第1册，第311頁）。

[②]《舊唐書》卷二四《儀禮志四》，第3册，第920頁。

[③] 戈直集注，吴兢撰《貞觀政要·謙讓》，第141頁。

量,強調、促使了《論語》在整個社會的讀習。唐時《論語》的讀習就蘊育在這種濃烈的尊孔氛圍之中。

爲打破"但取門資,不擇賢良"的九品中正制,劉宋明帝以來,就開始嘗試以考核才能來選拔人才,如泰始三年(476)制定了《策秀才格》(蕭梁是一個關鍵時期。①)大業二年(606)秋七月,隋煬帝下令設立進士科以取士,這是一個標誌性的事件。而隨着大唐的建立和日趨興盛,更完全廢除了魏晉以來的九品中正制,確立了"以文取士"的基本原則,使"文以干禄"成爲選官的主流。推行之下,初唐的貞觀(627—649)、永徽(650—655)之際,進士科就已興盛,並深深地滲入到士人的觀念之中,"縉紳雖位極人臣,不由進士者,終不爲美……其有老死於文場者,亦所無恨"。② 進士科已爲時人熱衷,一時間趨之若鶩,甚且至死無恨。科舉逐漸形成了對整個社會廣泛、持久的吸引力,而大唐國勢的昂揚、興盛更使崇尚讀書、積極進取成了一種時代精神,也深深化育、濡染着士人的精神風貌。

與此相一致,作爲儒家的重要典籍之一的《論語》,因其真切記載聖人孔子的言行和思想,且與士子的道德、修身、治國理念等密切關聯,接續漢魏以來的傳統,也被列入選人的考核要求之中。在唐代官學系統中,中央官學一度比較發達,有六學二館;其中,國子學、太學、四門學教學内容均以儒家經典爲主(律學、書學、算學爲專門之學),《論語》是重要的讀習教材,"凡教授之經……《孝經》《論語》兼習之"。③ 還規定了修學年限一年。④ 之所以"兼習",是指在主經之外,都要讀習《論語》。至於其他類型的生徒,如弘文館生、崇文館生,也都要考試《論語》,"凡弘文、崇文生……皆帖《孝經》《論語》共十條,通六爲第"。⑤ 這都見出最高官學對讀習《論語》的重視,"使夫子微言不絶,莫備乎《論語》",⑥《論語》是最基本的修身、治家理國教材。不過,唐代的官學前後變化很大,開、天以後,《論語》就漸趨退出了主流地位,此不多論。

從具體的科舉考試看。第一,與讀習《論語》關係最密切的是明經科。《通典》卷一五載:

> 自是士族所趨向,唯明經、進士二科而已。其初止試策,貞觀八年

---

① 具體可參第四章第一節中關於察舉、明經的相關論述。
② 《唐摭言》卷一《散序進士》,第 4 頁。
③ 《舊唐書》卷四四《職官志》中"國子監"條,第 6 册,北京,中華書局,1975 年,第 1891 頁。
④ 《新唐書》卷四四《選舉志上》,第 4 册,北京,中華書局,1975 年,第 1160 頁。
⑤ 《新唐書》卷四四《選舉志上》,第 4 册,第 1162 頁。
⑥ 《全唐文》卷五一八梁肅《陪獨孤常州觀講論語序》,第 6 册,第 5270 頁。

(624),詔加進士試讀經、史一部。至調露二年(680),考功員外郎劉思立始奏二科並加帖經。其後,又加《老子》《孝經》,使兼通之。永隆二年(680),詔明經帖十得六,進士試文兩篇,識文律者,然後試策。……(開元)二十一年(733),玄宗新注《老子》成,詔天下每歲貢士,減《尚書》《論語》策,而加《老子》焉。……(開元)二十五年(737)二月,制:"明經每經帖十,取通五以上,免舊試一帖;仍按問大義十條,取通六以上,免試經策十條;令答時務策三道,取粗有文理者與及第。其進士停小經,准明經帖大經十帖,取通四以上,然後准例試雜文及策,考通與及第。"……(天寶十一載),明經所試一大經及《孝經》《論語》《爾雅》,帖各有差。……進士所試一大經及《爾雅》(原注:舊制,帖一小經并注。開元二十五年,改帖大經,其《爾雅》亦并帖注),帖既通而後試文、試賦各一篇。①

這一記載,可與《封氏聞見記》卷三《貢舉》所載互證:

國初,明經取通兩經,先帖文,乃按章疏試墨策十道。……開元二十四年冬,遂移貢舉屬於禮部。侍郎姚奕,頗振綱紀焉。其後明經停墨策,試口議,並時務策三道。進士改帖大經,加《論語》。自是舉司帖經多有聱牙、孤絕、倒拔、築注之目。文士多於經不精,至有白首舉場者,故進士以帖經爲大厄。②

終唐一代,明經科的考試內容和要求發生了三次重大改革,前後有一個發展、調整的歷程。第一階段,早期"止試策(對策)",但這一段時間不長;這一時期,因不考試《論語》,不存在規定《論語》用何注本的問題。第二階段,爲提高難度,改變初期試題"庸淺"的弊端,永隆二年加試帖經和墨策。所謂"墨策",即封演說的"乃案章疏試墨策十道"。"章疏",指南北朝以來頗爲興盛的經書每章下的疏義,標準就是永徽四年(653)三月官方剛公佈不久的《五經正義》。至於考查方式,一如吐魯番阿斯塔那27號唐墓出土的《論語鄭氏注》對策殘片,要遵循一定的格式;或許正因其嚴格、死板,所以稱爲"墨策",③即停留在僅是考查記誦的層面。其考核內容,從開元二十一年詔"減《尚書》《論語》策"推測,是包含《論語》的,出土的《論語鄭氏注》對策殘片也佐證了這一推測。第三階段,即開元二十五年又進行了重大改革,增

---

① 《通典》卷一五《選舉三‧歷代制下》,第1冊,第354—356頁。
② 《封氏聞見記》,北京,中華書局,2005年,第15—16頁。
③ 其圖版、錄文見唐長孺主編《吐魯番出土文書》(第4冊),北京,文物出版社,1991年,第149—152頁。說明:1981—1991年版沒有圖版,只有錄文,且文字亦有差別。這一殘卷墨策的性質,可見拙文《再論唐寫本〈論語鄭氏注〉對策殘卷的性質》,《史林》2016年第6期。

添了"按問大義"的環節,變成了三場試;同時改墨策爲時務策。

對永隆二年改制後的關鍵環節帖經與墨策,《唐六典》卷二"考功郎中"條更載明了具體要求:

> 諸明經試兩經,進士一經,每經十帖。《孝經》二帖,《論語》八帖。每帖三言。通六已上,然後試策:《周禮》《左氏》《禮記》各四條,餘經各三條,《孝經》《論語》共三條。皆錄經文及注意爲問。其答者須辨明義理,然後爲通。①

因其爲兩場試,所以是開元二十五年改革前的舊制。先看帖經。比起《孝經》,在一個尊崇孔子的社會,《論語》的份量更重,要考"八帖(八道)"。這見出加倍的重視,自然,士子要多下些背誦的力氣。之所以多就《論語》命題,根本原因是《論語》"詮百行"(趙匡《舉選議》),"皆聖人深旨",②出題者盡可在其間選擇各種關涉立身行事、品德節操、治家理國等方面的問題來命製帖經和策問的題目。

這樣以來,對明經而言,主要的環節就是帖經和對策。

至於帖經的具體考試方法及遷變歷程,《通典》卷一五《選舉三·歷代制下》曾有綜述:

> 凡舉司課試之法,帖經者,以所習經掩其兩端,中間開唯一行,裁紙爲帖,凡帖三字,隨時增損,可否不一,或得四、得五、得六者爲通。(原注:後舉人積多,故其法益難,務欲落之,至有帖孤章絕句,疑似參互者以惑之。甚者,或上抵其注,下餘一二字,使尋之難知,謂之"倒拔"。既甚難矣,而舉人則有驅聯孤絕、索幽隱爲詩賦而誦習之,不過十數篇,則難者悉詳矣。其於平文大義,或多牆面焉。)

"帖經",猶如今天的填空題,要求"帖三字",寫出缺的三字。這時的帖經,當僅是帖經文,因爲還沒見帖注文的史料。後來,因國勢的昌盛,承平日久,舉人日多而不得不提高了難度,"帖孤章絕句"等。天寶十一載(752)十二月曾下敕批評這類一味增添難度的試題,"禮部舉人,比來試人,頗非允當。帖經首尾,不出前後(沒有前後語境的提示)。復取'者'、'也'、'之'、'乎'頗相類之處下帖,爲弊已久,須有釐革"。③ 就是說,在"者"、"也"等極爲類似處下帖考試,也即《通典》概述的"倒拔"之法。還能說明的是,初唐明經試一經即可;但永隆二年後,要求試兩經,並且針對舉人避繁就簡、多讀

---

① 陳仲夫點校、李林甫等撰《唐六典》,北京,中華書局,2014年,第45頁。
② 《唐會要》卷七六《貢舉中》"孝廉舉"條,寶應二年六月二十日,禮部侍郎楊綰奏,下冊,第1652頁。
③ 《唐會要》卷七五《貢舉上》"帖經條例"條,下冊,第1631頁。

習文字少的經書情形，約在開元八年(720)國子司業李元瓘建議後，對通兩經進行了規定，即一大經一小經，或兩中經。① 這實際上極大地增添了背誦的量，如大經《禮記》約九萬九千字，《左傳》約十四萬字；中經中，《毛詩》約四萬字，《周禮》約四萬六千字，《儀禮》約五萬六千字；小經中，《周易》約兩萬四千字，《尚書》約兩萬六千字，《公羊》約四萬四千字，《穀梁》約四萬一千字。不管怎麽選，都至少要有十萬到十二萬字的背誦量。如再加上兼習的《論語》(約一萬四千字)、《孝經》(約一千九百字)、《爾雅》(約一萬三千字)(均據南宋鄭畊老的統計)，即再加三萬字的量。這當然是一個龐大的量，無形中極大地提高了難度；更何況有時還有一些帖"孤章絶句""倒拔"等刁鑽的難題呢！這種刁難情形，甚至使得才華出衆的進士們都一度視帖經爲"大厄"。也可想見，這種情形下要想通過(唐代採取逐場淘汰的方式)，勢必要很費一番功夫。至於唐帖經的試題，今已無覓。僅能就《文獻通考》卷三十《選舉考三》所載的宋代事例側見一斑。東陽吕氏家塾刊本吕夷簡應本州鄉舉時的試卷，題目爲"作者七人矣，請以七人之名對"。顯然，帖經是純考識記。

再看對策。因其爲開元二十五年前的舊制，即墨策。其考試，就"録經文及注意爲問"來看，要考經文和注文。之後的時務策，仍舊考注疏，也即經學大師趙匡所感慨的"明經讀書，勤苦已甚，其口問義，又誦疏文"。② 貞元十八年(802)或十九年，柳冕《與權侍郎(權德輿)書》，也明確提到要考注、疏，"自頃有司試明經，奏請每經問義十道，五道全寫疏，五道全寫注"。歸崇敬也提到"《論語》《孝經》各問十得八，兼讀所問文注義疏，必令通熟者爲一通"。③ 至於時務策，難度更大，"鮮能屬綴，以此少能通者"，"所司知其若此，亦不於此取人"，④由此淪爲一種形式，致使"變實爲虛，無益於政"。建中二年(781)，趙贊知貢舉時上疏，仍在明言"義理"的難度大，以致"少有能通"，⑤可見這不是一時的個人之見，而是普遍情形。爲改變這一現狀，趙匡的建議是直接疏寫文意，"解釋分明，不用空寫疏文及務華飾"。⑥ "不用空寫疏文"，正與《唐六典》說的"録經文及注意爲問"對應，說明對策時要據注、疏來回答(這可能根源於《論語》注疏不甚多的緣故)。這樣，對於明經，開元二十五年以後，主要就是應對帖經和試問大義這兩個環節。

---

① 《唐六典》卷二"吏部考功員外郎"條，第45頁。
② 《通典》卷一七《選舉五·雜議論中》，第1册，第419頁。
③ 《舊唐書》卷一四九《歸崇敬傳》，第12册，第4018頁。
④ 《通典》卷一七《選舉五·雜議論中》，第1册，第421頁。
⑤ 《唐會要》卷七五《貢舉下》"明經"條，下册，第1628頁。
⑥ 《通典》卷一七《選舉五·雜議論中》，第1册，第421頁。

那麼,爲什麼要增添"按問大義"的環節呢? 這需進一步深入瞭解當日的具體形勢。整體而言,最初"帖經、止試策"的測試方式,日久產生了流弊,考生爲便宜計,根本不必深究典章故實的真實含義,只是一味地背誦,最終淪爲了一種背誦的機器。所以,永隆二年(時距唐開國已六十三年)就以詔令的形式駁斥投機取巧者,"如聞明經射策,不讀正經,抄撮義條,才有數卷。進士不尋史籍,惟誦文策"。① 顯然,這正是針對"案章疏試墨策"而進行的批評(即其言的"射策")。但這只是初期情形,還不甚嚴重;到開元二十五年,詔令的措辭明顯嚴厲多了,"進士以聲律爲學,多昧古今。明經以帖誦爲功,罕窮旨趣"。② 一個"罕"字,足以彰顯對經義、旨趣甚是陌生、"牆面"。爲改變這一不明經義、"罕窮旨趣"的弊端,朝廷採取了停墨策,改考時務策、增添"按問大義"的方式,以加強對經義理解的考查。另一個重要原因就是面對長期承平、急劇增多的考生自需提高難度以應對選拔,帖經中的"聱牙、孤絕、倒拔"等名目就是這種背景下的產物。

"按問大義",即"試口義",初期是口問大義,口頭回答。但是,問題又來了,即空口無憑,沒有文字試卷保存下來,事後容易滋生爭執。建中二年(781)十月,中書舍人趙贊知貢舉,就曾奏說這一弊端,"承前問義,不形文字,落第之後,喧競者多";爲避免爭端,建議"錄於紙上,各令直書其義",③庶歸於至公。這一建議得到了施行。又,"與策有殊",也顯示了"按問大義"與時務策的內容截然不同,即側重於經疏的意旨。但施行的結果可能不甚理想,因爲貞元十三年(797),尚書左丞顧少連權知貢舉時仍舊提及了這一問題,"試義之時,獨令口問,對答之失,覆視無憑,黜退之中,流議遂起"。爲此建議按照建中二年十二月的勅令,把"所問錄於紙上",又強調了"直書其義,不假文言"。④ 這一提議得到了肯定。這也有一個佐證,權德輿《答柳福州書》中曾言,"明經問義,有幸中所記者(即考題正中其所記憶者),則書不停綴,令釋通其義,則牆面木偶(答不出)","頃者參伍其問,令書釋意義,則於疏注之內,苟刪撮旨要,有數句而通者(幾句就能表達通暢的);昧其理而未盡,有數紙而黜者(如若不能闡明事理,雖答了很多,也被罷黜)。雖未盡善,庶稍得之"。其中的兩"書"字,以及"數紙"字,都清楚顯示此際已是筆答經義。權德輿,貞元十七年(801)冬,以

---

① 《唐會要》卷七五《貢舉上》"帖經條例"條,下冊,第 1629 頁。此詔令亦見《唐大詔令集》卷一〇六。
② 《唐會要》卷七五《貢舉上》"帖經條例"條,下冊,第 1631 頁。
③ 《唐會要》卷七五《貢舉上》"明經"條,第 1628 頁。
④ 《唐會要》卷七五《貢舉上》"明經"條,第 1629 頁。

本官知禮部貢舉,"凡三歲掌貢士,至今號爲得人"。① 據信中"是以半年以來,參考對策",則當爲貞元十八年時事,正是在調整之後。重要的是,權氏所論,正是針對"明經問義"這一考試調整的核心。就是說,在諸人一再建議下,筆試"大義"得到了貫徹、實施。不過,筆試"大義"改稱"墨義"了,如《唐會要》卷七五《明經》所載:元和二年(807)十二月,禮部貢舉院奏:"五經舉人,請罷試口義,准舊試墨義十餘條,《五經》通五,明經通六,便放入第。"

還有一點需要注意,即明經考時務策(其例可見下)的難度。這一題型難度較大,上已言"經業之人,鮮能屬綴,以此少能通者","所司亦不於此取人",由此淪爲一種形式,致使"變實爲虛,無益於政",②等同虛設。"明經問策,禮試而已"。③ 趙匡的建議是"試策問經義及時務各五節","不用空寫疏文",即對策時要據注、疏來回答,因爲明經士子擅長背誦,所以不能一味地只是羅列、堆砌經疏内容。貞元十八年或十九年,柳冕《與權侍郎(權德輿)書》,也明確提到"自頃有司試明經,奏請每經問義十道,五道全寫疏,五道全寫注",要考注、疏的。這樣,實際上對於明經,開元二十五年以後,就主要是應對帖經和試問大義這兩個環節。但實際上也略有變化。建中元年(780),歸崇敬上疏,提及"自艱難已來,取人頗易,考試不求其文義,及第先取於帖經,遂使專門業廢,……傳授義絶"。④ 其所説的"艱難",就是長達八年的安史之亂(763年結束)。爲此,考試就基本上等同於只看帖經了。次年,權知貢舉的中書舍人趙贊也道出了這一情形,"比來相承,唯務習帖",甚且造成了一個兩難的境地——"今若頓取大義,恐全少其人,欲且因循,又無以勸學",⑤就是説,若按大義録取,估計取不到人,但若因循不改,又不能激勵天下學子向學,即僅憑帖經就夠了,似乎又回到了原點。最終,商量的結果還是堅持考核大義、策問,"義、策全通者""具名聞奏,續商量處分",即給以優待。

既然按問大義要考經文、注文,就必然牽涉到以何注爲准的問題。《唐六典》卷二一《國子監》"祭酒"條對注本作了明確的規定,"《論語》,鄭玄、何晏注",即鄭玄《論語注》與何晏《論語集解》,這是官方肯定的一個標準。爲此,明經在讀習《論語》文本外,還要熟悉鄭、何二注。這也是敦煌寫卷大量出現鄭、何二注的根本原因。除了規定注文外,爲避免文本傳抄的歧異和

---

① 《舊唐書》卷一四八《權德輿傳》,第12册,第4003頁。
② 建中二年,趙贊知貢舉時亦曾上言,"比來相承,(明經)惟務習帖。至於義理,少有能通。經術浸衰,莫不由此",見《唐會要》卷七五《貢舉上》"明經"條,下册,第1627頁。
③ 《通典》卷一七《選舉五·雜議論中》"舉人條例"條,第1册,第421頁。
④ 《舊唐書》卷一四九《歸崇敬傳》,第12册,第4017頁。
⑤ 《册府元龜》卷六四〇《貢舉部·條制二》,第8册,第7678頁。

紛争,大和七年(833)十二月,"敕於國子監講論堂兩廊,創立石壁九經,並《孝經》《論語》《爾雅》,共一百五十九卷,《字樣》四十卷",①以作爲國家層面的規範文本。《論語》並列其間,也説明其在國家考試中的重要位次。

第二是進士科的考試。據上所引《通典》《封氏聞見記》,與明經一樣,進士也經歷了三個階段。唐初,"止試策",即延續齊梁以來策試秀才的傳統,試時務策。對《通典》所說的"試讀經、史一部",《唐六典》卷二一《國子監》有清楚地解釋:

  試讀者,每千言内試一帖;試講者,每二千言内問大義一條,總試三條,通一及全不通,斟量決罰。

這其實是源自《學令》的規定:

  《學令》云:諸生先讀經文通熟,然後授文講義。……其試讀,每千言内試一帖,帖三言;講義者,每二千言内問大義一條,總試三條,通二爲及第。通一及不全通者,酌量決罰。②

即要讀經文"通熟",在此基礎上還要進一步考核,即每千言内試經一帖,即帖經,默寫空缺的三字。這顯然是初期草創的一種制度,還不甚成熟,因爲既然能默寫,就必然是精熟的結果,似没必要再重複考核。

永隆二年,"加帖經",其後,"又加《老子》《孝經》";同時,"進士試文兩篇","然後試策"。即已形成了依次試帖經、文、策的三項制度。永隆後,就只是在此基礎上略有修改,如開元二十五年,停小經,改帖大經《禮記》或《春秋左氏傳》十帖。這明顯加大了量,極大地提升了難度。至於文,指雜文,這是一個關鍵,大體上,初期指箴銘論表之類,開元間試詩賦已經習見了,天寶時詩賦取士則已成了穩定的制度了。大約在中唐貞元時期,變更了三場的次第,即詩賦、帖經、策文。這既照顧到了整個社會極度重視詩賦的情緒,凸顯了詩賦的重要;也同時形成了對之前以詩"贖帖"、開了方便法門的反駁,即以逐場去留的方式,遏制"贖帖"僞濫的勢頭。

到文宗大和七年(833),又有所調整,提高了數量,增添了難度,即帖大經、小經各十帖,"通五通六爲及格",並"問大義",即在"習大經内准格明經例問十條,仍對衆口義"。③ 問題是,進士的帖經考不考《論語》?據上引封演的記載,開元二十五年後"加《論語》",一"加"字,説明之後才考《論語》。

其時務策中,也是要考《論語》,今所確知爲進士時務策的,如《文苑英

---

① 《唐會要》卷六六"東都國子監"條,下册,第1374頁。
② 《唐會要》卷六六"東都國子監"條,下册,第1373頁。
③ 《唐會要》卷七六《貢舉中》"進士"條,下册,第1635頁。

華》卷四七五、四七六載權德輿命制的《策進士問五道》《貞元十三年中書試進士策問》,其第二問、第一問都涉及了《論語》:

  問:《易》曰"君子夕惕若厲",《語》曰"君子坦蕩蕩",《禮》之言"絅衣",則曰"惡其文之著"也,《儒行》則曰"多文以爲富",或全歸以爲孝,或殺身以成仁,或玉色以山立,或毀方以瓦合,皆若相戾,未能盡通,顏回"三月不違仁",孟軻"四十不動心",何者爲優?柳下惠三黜而不去,子文三已而無慍,何者爲愈?召忽死子糾,管仲相小白,棠君赴楚召,子胥爲吴行,人何者爲是?析疑體要,思有所聞。

  問:先師之言,辨君子、小人而已。勸學則舉六蔽,咸事則稱九德,推其性類,又極於是矣。孟軻之數聖者有清有和,文子之言人位上五下五,列夷、惠(伯夷、柳下惠)於天縱,頗有所疑。

其中,"君子坦蕩蕩"、"殺身以成仁"、"三月不違仁"分别出自《論語》中的《述而》《衛靈公》《公冶長》等篇。下一問中,"先師"是指孔子。"君子"、"小人",是《論語》中的一個重要觀念,時常兩兩對比,如《衛靈公》篇的"君子固窮,小人窮斯濫矣",《里仁》篇的"君子懷德,小人懷土;君子懷刑,小人懷惠"等。至於"六蔽",見《論語·陽貨》,是就"好學"立論,強調雖有"仁"、"知"、"信"、"直"、"勇"、"剛"等優秀品德,但如不"好學",也容易滋生"愚"、"蕩"、"賊"、"絞"、"亂"、"狂"等種種流弊。總之,一兩道策問中,這麼密集地出現《論語》中的知識點,足以説明在時務策中,甚且可專門測試《論語》的相關知識。從這一點說,進士仍需多讀習《論語》,以備不時之需。時務策中的提問,不只是知曉出處、明晰意義那麼簡單,更需深入辨析其間義理的歧異、"相戾"處,在看似矛盾中尋求一己通達、穩妥的解釋,如上所提問的顏回與孟子雖都是聖人,但"三月不違仁"、"四十不動心",何者爲優——這顯然比單純考識記憶的帖經,甚至墨策,難度都提高了許多。

又因《論語》文字較淺白,年幼聰慧的學子亦可能精通、熟記,所以童子科中有通《論語》的要求。"凡童子科,十歲以下能通一經及《孝經》《論語》,卷誦文十,通者予官"。① 裴耀卿就是載初元年(689),八歲應神童舉,"試《毛詩》《尚書》《論語》及第"。② 可見當時對《論語》的高度重視;但童子試時停時舉,前後反覆較大。在敦煌寫本中,很有一批抄寫零散、字跡也不大規整的《論語》文本(含注本),如書寫格式極不規範,有的僅抄卷題,如

---

① 《新唐書》卷四四《選舉志》,第 4 册,第 1162 頁。
② 陳鐵民校注《王維集校注》卷九《裴僕射(裴耀卿)齊州遺愛碑》,第 3 册,北京,中華書局,1997 年,第 761 頁。

S966；有的没抄，僅抄篇題，如 S6023 等。再如阿斯塔那 360 號墓出土的《論語》寫卷（見下），169 號墓亦出土"七、《論語》習書"一件，內容爲"子曰學而時習之不亦悅乎友朋自遠方來不亦"。編訂者附有說明："本件原裁剪爲小塊，裱於《孝經》殘卷背面斷裂處，其時代與本墓'五《孝經》'大致相同，下限至遲不得晚於高昌建昌四年（558）"。① 時代雖不免早了些，但都見出幼時書寫、讀習《論語》的情形。其性質，或當是敦煌學生（學郎、學士郎）手抄的教材，或聽課筆記、作業等——都見出了讀習《論語》的普遍。

再看制舉。唐代有各類非常舉的制舉，《通典》卷一五《選舉三・歷代制下》有簡要概述：

其制詔舉人，不有常科，皆標其目而搜揚之。試之日，或在殿廷，天子親臨觀之。試已，糊其名於中考之，文策高者特授以美官，其次與出身。開元以後，四海晏清，士無賢不肖，恥不以文章達，其應詔而舉者，多則二千人，少猶不減千人，所收百才有一。

制舉是唐朝取士命官的一種高級形式，僅面對進士群體，及第者特別優惠，"特授以美官"，即各種清望官，是步入高層官員的一個重要通道。制舉的科目很多，如《唐會要》卷七六《制科舉》就載有六十三科，《困學紀聞》卷一四《考史》則載八十六科，如志烈秋霜科、幽素科、辭殫文律科、直言極諫科等。制舉考試的內容、要求不一，如開元二十二年（735），曾下詔要求博學科試"明三經兩史以上，帖試稍通者"，多才科試"經國商略大策三道，並試雜文三道"，道術醫藥舉則"取藥業優長、試練有效者"，二十三年又詔令文學政事科"必在考言"，孝悌力田"必須審行"，"宜各自疏比來事跡爲鄉閭所委者"；②又，天寶十三載（754），詔令詞藻宏麗科"問策外，更試詩、賦各一首"，"制舉試詩、賦，自此始也"。③ 這中間，有涉及《論語》的，如《文苑英華》卷四七三《策賢良問三道》中"郁乎文哉，周鑒二代；網羅奔放，沿革多端"，就是取自《論語・八佾》"周監於二代，郁郁乎文哉！吾從周"。卷四八四開元七年《文詞雅麗策》"塞門反坫，時貽宣父之嫌"，就是取自《論語・八佾》的故實，"邦君樹塞門，管氏亦樹塞門；邦君爲兩君之好，有反坫，管氏亦有反坫"，由此遭到孔子的厭惡，"管氏而知禮，孰不知禮"。貞元十年（794），韓愈應博學宏詞科，作《省試顏子不貳過論》，④就出自《論語・雍

---

① 《吐魯番出土文書》（第 2 册），北京，文物出版社，1992 年，第 236 頁。
② 《册府元龜》卷六三九《貢舉部・條制一》，第 8 册，第 7671 頁。
③ 《册府元龜》卷六四〇《貢舉部・條制二》，第 8 册，第 7674 頁。
④ 馬其昶校注，韓愈著《韓昌黎文集校注》卷二《雜著》，上海古籍出版社，2014 年，第 139—140 頁。

也》"有顏回者好學,不遷怒,不貳過";而且,韓文中"居陋巷以致其誠,飲一瓢以求其志,不以富貴妨其道,不以隱約易其心,確乎不拔,浩然自守",也是對《論語·雍也》"一簞食,一瓢飲,在陋巷。人不堪其憂,回也不改其樂"等語意的鋪陳。這足以説明韓愈對《論語》的熟習。但整體來説,因制舉是爲某一特定目的而徵召的更高一級人才,如科目所顯示的直言極諫科、志烈秋霜科等,主要關涉國家的治理,參與的士人較少,録取率極低("百才有一"),又因僅是極個别的内容涉及《論語》,故其影響有限。

"草上之風必偃",無疑,這些科考舉措直接影響了士子對《論語》讀習、接受的方式。不過,對普通士子而言,讀習《論語》的目的主要還是參加明經科的考試。

因此,《論語》被推崇、擴散到整個社會,讀習自是普遍,也爲此在敦煌、吐魯番能出土那麼多的《論語》寫卷,這是社會的整體氛圍。這種普遍,有時還可能遠超出我們的想象,因爲甚且都有女子讀習《論語》者,如李華晚年告誡其外甥女"當學讀《詩》《禮》《論語》《孝經》,此最爲要也",①麗正殿學士殷踐猷的妻子蕭氏"能讀《論語》《周易》,泛觀史傳"②等。還有一件事典型地反映中唐時期一部分讀書人對《論語》極高的推尊心態:穆宗(820—824年在位)嘗問近臣,如若讀習經史,當以何書爲先? 薛放回答:要讀經書,因爲經書是"先聖之至言,仲尼之所發明","萬代不刊之典";具體來説,需先讀《論語》《孝經》,這是因爲作爲"六經之精華"的《論語》,是"聖人至言"。重要的是,史鑒不遠,唐玄宗曾親自爲《論語》批注,由此使得國家大理,達到治理的最高境界,"四海乂寧"。穆宗聽後不由得感歎,"聖人以孝爲至德要道,其信然乎!"③

這是一個大背景,它直接決定了《論語》讀習的基本情形和風貌;但在具體方面,還有一些細節需進一步發掘、弄清。

二 敦煌、吐魯番出土的《論語》寫卷以及讀習情形的變遷歷程

整體上,敦煌文書中的唐人《論語》寫本共約八十餘件,分《論語》白文本(共七件)、鄭玄《論語注》(現能考證、判明的有七件)、何晏《論語集解》(共六十四件),④及《論語疏》(僅一件,即 P3573 號寫本)四類。因殘卷較

---

① 《全唐文》卷三一五李華《與外孫崔氏二孩書》,第 4 册,第 3195—3196 頁。
② 《全唐文》卷三四四顔真卿《曹州司法參軍秘書省麗正殿二學士殷君墓碣銘》,第 4 册,第 3497 頁。
③ 《舊唐書》卷一五五《薛放傳》,第 13 册,第 4127 頁。
④ 見何晏撰、李方校點《唐寫本〈論語集解〉》中附録一《寫本目録》,載《儒藏》(精華編 281 册)"出土文獻類",北京大學出版社,2007 年,第 855—857 頁。又,其所言的《論語鄭注》寫本共三十二件,是把同一墓出土的每一殘片算一件。《論語疏》,不應徑直稱《皇侃義疏》。

多,且沒必要一一繁瑣例舉。因此,從另一個角度,即通過有題記或紀年文書判定其抄寫、流行的時間(或時期),進而推斷其讀習的背景。就筆者所見,含題記的有(依時間爲次):

一、羅振玉藏敦煌《論語》寫本,載《西陲秘籍叢殘》(《敦煌遺書》散録編號爲0665號),殘存13行半,起第十章"(其諸異)乎人之求之與",迄第十六章"(患不知)人也"。卷末有題記"大中五年(851)五月一日學生陰惠達受持讀誦,書記"。旁又有題記"維大梁貞明"五字,後涂去,另行記"貞明九年(923)癸未歲六月一日莫高鄉"。

又,斯705號《開蒙要訓》寫卷末題:"大中五年辛未三月廿三日,學生宋文獻誦,安文德寫。"①

二、伯2604號,殘存三行,卷末有題記:"大中七年正月十八日伯明書記。"②

三、伯3192號《論語集解》殘卷,卷六末題:"丙子年(或爲大中十年,856)三月五日寫書了,張□□讀。"③其背面有"伎術院禮生翟奉達"。注:據第三十五條知翟奉達天復八年爲州學生。④

四、伯3193號《論語集解序》(存18行半,首尾完整,相對精善),其序下題:"咸通十五年(874)三月三日學生王父川。"⑤

五、伯3441號《論語集解》(卷第六)末題:"大中七年(853)十一月廿六日,學生、判官高英建寫記。"⑥

六、伯2716號《論語集解卷第七》末題:"大中九(漏一'年'字)(855)三月廿二日學生令狐□(冉?)晟習記。(下另起一行)咸通五年(864)四月十二日,童子令狐文進書記。"⑦

七、伯2663號《論語集解卷第五》末題"丑年(857?)三月人月生六日

---

① 《英藏敦煌文獻》(漢文佛經以外部分),第二卷,四川人民出版社,1990年,第120頁。下簡稱《英藏》。
② 影印件可見《法國國家圖書館藏敦煌西域文獻》第16册,上海古籍出版社,2001年,第209頁。下簡稱《法藏》。
③ 《法藏》第22册,第112頁。
④ 伯2094《金剛般若波羅蜜經·持誦金剛經靈驗功德記》卷末題:"于唐天復八載(908),歲在戊辰(按此際已是後梁開平二年,但遠在敦煌,還有可能繼續用天復年號,因干支'戊辰'是對的),四月九日,布衣翟奉達寫此經《贊驗功德記》,添之(即校訂後又小字增添了個別内容)流布。""布衣弟子翟奉達依西川即出本,抄得分數及真,竟於此經内添之,兼遺漏分也。"(《法藏》第5册,分別爲第143、150頁。)此署"伎術院禮生",當在天復八年前後。
⑤ 《法藏》第22册,第115頁。
⑥ 《法藏》第24册,第212頁。
⑦ 《法藏》第17册,第337頁。

學(生)吳良義"。①

八、斯3011號《論語集解》卷末題："金光明寺學郎□□□□□戊寅年(858)十一月六日，僧馬永隆手寫《論語》一卷之耳。"②

九、伯3745號《論語集解》(卷第八)末題："咸通……(塗改不可識別)，學生書，記了也。咸通三年(862)二(疑脫'月'字)十五日學生張文管書。"③

十、伯2681號《論語集解序》(共存20行半，首尾完整)，有題記"維大唐乾符二年(875)二月四日沙州燉煌縣歸義軍學士張喜進書記之也"。"《論語》卷第一并序"下亦有題記"維大唐乾符三年叁月二(當爲衍文)廿五日燉煌"。④

十一、伯2618號《論語集解》(《學而》篇，共存32行，首殘，起第一章"[不亦君子]乎"，迄篇末)，末有題記："乾符三年學士張喜進念，沙州靈圖寺上座隨軍弟子索庭珍寫記。敦煌學士張喜進。"⑤

十二、伯3972號《論語集解》(卷第二)末題："壬寅年(882)歲次十一月廿九日學事(士)高奴子寫，記了。"⑥

十三、伯3783號《論語》(白文本)末題，"文德元年(885)正月十三日敦煌郡學士張圓通書。"⑦按：光啟四年二月改元文德，故文德元年無正月。此題當系文德元年二月之後補記。

十四、伯希和2510號《論語》"孔氏本、鄭氏注"寫本，該本原應有五篇，殘存《述而》"暴虎馮河，死而無悔者，吾不與也"注"馮河，徒涉"之"涉"，至《鄉黨》末，尾題"《論語》卷第二"。最後有一題署"維龍紀二年(890)二月敦煌縣"；⑧然字體與正文有些不類，致使有學者懷疑。

十五、斯614號《兔園冊府第一》卷末題，"巳年四月六日學生索廣翼□□寫了。高門出貴子，好木出良才，男兒不巨。"⑨

---

① 《法藏》第17冊，第137頁。
② 《英藏》第四卷，第275頁。又，同卷背題"今朝到此寺壁上亭□□，戊寅年十月十七日僧馬永隆撰"(《英藏》第卷，第284頁。)，又據伯2250號《龍興寺乾元寺開元寺永安寺金光明寺儭狀》載"金光明寺法律永隆"之名(《法藏》第10冊，第88頁。)，知馬永隆後爲金光明寺法律。
③ 《法藏》第27冊，第224頁。
④ 《法藏》第17冊，第228頁。又，此卷開篇寫《論語》卷第一"，後有"《學而》第一，何晏《集解》"，標明就是何晏的《論語集解》。
⑤ 《法藏》第16冊，第295頁。敦煌學生自署"學士"之稱而有明確紀年者，以此條爲最早。
⑥ 《法藏》第30冊，第302頁。
⑦ 《法藏》第28冊，第52頁。
⑧ 《法藏》第15冊，第30頁。
⑨ 《英藏》第二卷，第88頁。而上引卜天壽寫卷抄有五言詩一首云："高門出巳子，好木出良才；交口學敏(問)去，三公河(何)處來"可參。

十六、斯 5781 號《論語集解序》(殘存五行,起"中間爲之訓解",至《序》末),"《學而》第一,何晏《集解》"下有題記"令狐進明記"。①

這些寫卷集中在851年以後,處在晚唐時期。這一時間段,正是在歸義軍的直接管轄之下,②也説明奉大唐爲正朔的歸義軍時期仍重新接續被吐蕃强行中斷的漢文化傳統,也採用大唐施行的科舉制度來拔擢人才。就是説,雖然不免遠離帝京,但反映的仍是唐代科舉的一些具體情形。

由上述題記能看出,對《論語》的讀習可分三個階段:第一,抄寫,如"寫書了"、"手寫"、"寫了"等;第二,讀、誦。鄭玄釋爲"背文曰諷,以聲節之曰誦",③"讀"與"誦"截然有別。如"受持讀誦"、"張□□讀"、"張喜進念"等;第三,背誦,推測之下,"高英建寫記"中的"記"等,以及下所舉章懷太子李賢"遂再三覆誦"《論語》,當都是背誦的意思。又,鄭玄所言,當爲東漢時情况,與唐有別。"大中九(年)三月廿二日學生令狐□(冉?)晟習記",一"習"字,正是少幼兒温習、讀習《論語》的明證,阿斯塔那墓出土的"荷"、"感"、"謝"、"此"等習字,④也是如此。再如盛唐時著名的文士蕭穎士曾自述其幼時讀書經歷,説"幼年方小學時,受《論語》《尚書》,雖未能究解精微,而依説與今不異。由是心開意適,日誦千有餘言"。⑤ 之所以最終要達到背誦的目的,就是因爲考帖經、墨策、問經義等都要以背誦爲基礎來作答。這都見出唐人刻苦讀習《論語》更具體的一些情形。

至於吐魯番阿斯塔那墓葬(古高昌國公共墓地),二十世紀六七十年代也陸續發現了一批鄭注《論語》殘卷,較完整的共有十一件。⑥ 又,吐魯番洋海一號張祖墓(97TSYM1)出土闞氏王國時期(460—488)的《論語·堯曰》殘卷。⑦ 對這些能大體證實寫本年代的殘卷,今備列如下(爲節省篇幅,此僅列判斷):

---

① 《英藏》第九卷,第142頁。可能與上舉P2716號殘卷中"令狐□(冉)晟"、"令狐文進"有關係,同屬晚唐。
② 敦煌在建中二年(781)陷蕃,直到大中二年(848)當地大族張議潮起義,才趕走了吐蕃,中間近七十年。
③ 《宋刊明州本六臣注文選》卷四二《與吴季重書》,北京,人民文學出版社,2008年,第650頁。
④ 《吐魯番出土文書》96年版第3册,第366頁。
⑤ 《全唐文》卷三二三蕭穎士《贈韋司業書》,第4册,第3277頁。
⑥ 影印件均見唐長孺主編《吐魯番出土文書》(共4册),北京,文物出版社,1991年。其有圖版和釋文。
⑦ 圖片及録文見榮新江、李肖、孟憲實主編《新獲吐魯番出土文獻》,北京,中華書局,2007年,第164—167頁。朱玉麒《吐魯番新出〈論語〉古注與〈孝經義〉寫本研究》推斷爲鄭氏注,見《敦煌吐魯番研究》2007年第10卷。王素又進一步補説、坐實,見王素《吐魯番新出闞氏王國〈論語鄭氏注〉寫本補説》,《文物》2007年第11期。

一、吐魯番阿斯塔那 169 號墓出土,殘存"習書"第一章兩行 19 字,"子曰學而時"至"方來不亦"。① 據解題,本件下限至遲不得晚於高昌建昌四年(558)。

二、阿斯塔那 67 號墓出土《古寫本〈論語集解〉殘卷》,"背面有習字。……本件殘剩二片,片(一)爲《雍也》章,(二)爲《先進》章"。但總字數不多。② 其解題言:"其文書亦無紀年。但文書內有武周新字。"③這一墓葬同時出土的還有《孝經》《開蒙要訓》,如再考慮習字的出現,則足以說明是幼時習讀《論語》的情形。

三、最赫赫有名的就是阿斯塔那 363 號墓 8/1 號寫本,即著名的卜天壽《論語》寫本。現存《爲政》《八佾》《里仁》《公冶長》篇,共 178 行。每篇篇題下均題"孔氏本,鄭氏注"。卷末題署曰"景龍四年(710)三月一日私學生卜天壽□","學開覺寺學,景龍四年五月"。寫書人是"西州高昌縣寧昌鄉厚風里義學生卜天壽,年十二。狀[具](下殘)"。④ 敦煌學郎自署"義學生"者僅此一見。

四、阿斯塔那 360 號墓 3/7 至 12 號寫卷(因"庫房積壓",《吐魯番出土文書》未能收入),原有墓誌,但已不見。殘存《公冶長》篇,共 27 行。詳見柳洪亮《吐魯番阿斯塔那古墓群 360 號墓出土文書》。⑤ 柳氏據"户籍中後來插空書寫的'開元二年(714)'",推測可能抄於"此前後"。此殘卷恰好能與卜天壽寫本對勘,證實其爲鄭氏注。其性質,"應該也是小學生的習作"。因"在內容方面表現爲新出寫本優於卜本",因此,"抄寫者年齡要大一些(比卜天壽)"。

五、阿斯塔那 19 號墓,出土了唐寫本《論語》鄭氏注《公冶長》篇,即 32a、54a、55a 寫本,起"問冉有仁乎",迄"子曰老者安之,朋友"。⑥

六、吐魯番阿斯塔那 184 號墓 12/1—12/6 號寫本。殘存《雍也》前部的 66 行。又同墓 18/7、18/8 號寫本,殘存鄭氏注《述而》前部的 29 行。"無墓誌及隨葬衣物疏",在男尸"紙靴上拆出六至十二號文書,其中有紀年者,

---

① 載《吐魯番出土文書》(92 年版第 1 册),北京,文物出版社,1987 年,第 279 頁。
② 《吐魯番出土文書》,96 年版第 3 册,第 443—444 頁;87 年版第 7 册,第 304—306 頁。
③ 《吐魯番出土文書》,96 年版第 3 册,第 440 頁。
④ 《吐魯番出土文書》,96 年版第 3 册,第 571—581 頁。今按:此據《唐景龍四年卜天壽抄〈十二月新三臺詞〉及諸五言詩》末尾題署補,《吐魯番出土文書》(第 3 册),第 583 頁。又,伯 2643 號《古文尚書》"孔氏傳"末題,"乾元二年(759)正月廿六日,義學生王老子寫了,故記之也"(見《法藏》第 17 册,第 82 頁),可互參。
⑤ 《考古》1991 年第 1 期。
⑥ 《吐魯番出土文書》,96 年版第 3 册,第 273—275 頁。

最早爲開元二年(714),最晚者爲開元十二年(724)",知其爲盛唐寫本。①

七、阿斯塔那 27 號墓 25/a、18/3 號寫本。"無墓誌及隨葬衣物疏","出土文書拆自男尸紙靴","其中有紀年者,最早爲景龍二年(708),最晚爲開元十三年(725)"。殘存鄭氏注《雍也》(後部的十九行)、《述而》、《泰伯》、《子罕》、《鄉黨》。同墓出土的文書多屬景龍二年和開元三年(715)所寫,蓋與上二本基本同時。②

八、阿斯塔那 27 號墓出土一些與《論語鄭氏注》有關的對策殘片(共 9 件),"出土文書拆自男尸紙靴",整理者王素先生命名爲"《唐經義〈論語〉對策殘卷》"。③ 這一對策殘卷,實際是永隆二年到開元二十五年間的"墨策"。④

九、阿斯塔那 85 號墓"僅出土文書一件",即《論語鄭氏注》中《公冶長》殘卷;主要爲"盍各言爾志"殘片。⑤

這些墓葬,通過同一墓葬出土的其他文書,能推斷墓主當日的經濟情況與社會地位。典型的如 363 號墓葬,"本墓無墓誌及隨葬衣物疏。所出文書有紀年者,最早爲唐麟德二年(665),最晚爲景龍四年(710)。"有《唐麟德二年西州高昌縣寧昌鄉卜老師舉錢契》,即正月廿八日卜老師向高末豐參軍"取錢十文,月別生利錢壹文";⑥又一文書,即儀鳳二年(677)當時"兩眼俱盲"的卜老師"訴男及男妻不養贍事"。另兩份文書爲"舉銀錢契"、"佃田契"。總之,如此高額的利息(十文月息一文),無疑是飲鴆止渴,但還是不得不春節過後就去借錢度日,租地佃耕,可見其生活極其拮據,晚景也比較淒涼。推測之下,710 年抄寫《論語》寫卷的卜天壽,可能爲"卜老師"的孫子(其爲同一墓葬)。這樣,卜天壽的經濟狀況、社會地位當較低,處在社會的最底層(其在開覺寺學,就當是費用較低的緣故)。再如出土寫卷較多的 27 號墓,"本墓係男女合葬墓,無墓誌及隨葬衣物疏。男尸先葬,所出文書拆自男尸紙靴,其中有紀年者,最早爲唐景龍二年(708),最晚爲開元十三年(725)"⑦出土八件文書,主要是《唐開元四年(716)西州高昌縣安西鄉安樂里籍》,即載户主鄭□、妻宋、男無忌等受田地的記載(較多),如"壹段貳畝永業常田,城西貳里孔進渠"等,⑧並載明方位。其家境明顯要好多了,估計

---

① 《吐魯番出土文書》,96 年版第 4 册,第 136—142 頁;87 年版第 8 册,載有錄文,第 297—306 頁。
② 錄文分別見《吐魯番出土文書》,96 年版第 4 册,第 153—173 頁(其中明確確定爲景龍二年[708]以及開元四年[716]兩個寫本);87 年版第 8 册,第 331—368、324—330 頁。
③ 《吐魯番出土文書》,96 年版第 4 册,第 149—152 頁。
④ 見拙文《再論唐寫本〈論語鄭氏注〉對策殘卷的性質》,《史林》2016 年第 6 期。
⑤ 《吐魯番出土文書》,96 年版第 4 册,第 353 頁。
⑥ 均爲《吐魯番出土文書》,96 年版第 3 册,第 568 頁。
⑦ 同上書,第 4 册,第 145 頁。
⑧ 同上書,第 4 册,第 146 頁。

是當地的地主或地方官吏,身分顯然比卜天壽要高。然後是四件殘損嚴重的文書。剩下的三件關涉《論語》的文書,即"《論語》對策殘卷"、景龍二年(708)以及開元四年(716)"寫本《論語》鄭氏注《雍也》《述而》《泰伯》《子罕》《鄉黨》殘卷"。這不同時期、同一内容的寫卷,正可見十多年來,或者説不同代際對《論語》的精心、反復誦讀。就"斯人而有斯疾……不改其樂"等部分看,其鄭玄注與阿184號墓出土的《論語·雍也》殘卷的注釋一樣,説明這確實是當日盛行的一個主流注本。

據卜天壽的題記"年十二",他至少是十二歲就已開始讀習《論語》了。這是因《論語》的内容不甚多,語言也比較淺易的緣故,如唐太宗妃徐惠(編《初學記》徐堅的姑姑),"湖州長城人。生五月能言。四歲通《論語》《詩》,八歲自曉屬文";①再如章懷太子李賢,四歲時就已"容止端雅,深爲高宗所嗟賞",高宗曾特意向司空李勣炫耀兒子讀書的才華,"此兒已讀得《尚書》《禮記》《論語》,誦古詩賦十餘篇,暫經領覽,遂即不忘。我曾遣讀《論語》,至'賢賢易色'遂再三覆誦。我問何爲如此,乃言性愛此言,方知夙成聰敏,出自天性。"②再如魯謙,"年七歲,好讀詩書,旰食忘寢,勤學不輟。師喻以文義,皆記之心腑。未逾十五,《孝經》《論語》《爾雅》《周易》皆常念,《禮記》帖盡通過"。③ 以上三例,一爲大户人家女子,一爲最高層太子,一爲地方生徒,這恰好能見出《論語》在整個社會上普遍讀習的情形;據此還能看出,十二歲時讀習《論語》已是比較遲了。連類而及,正是因在童蒙早期讀習《論語》,在一些蒙學書籍中,能找到一些摘録、化用《論語》的内容,顯示出整個社會對讀習《論語》需求的一種迎合,如敦煌寫本《太公家教》(共一卷)裏面,④有很多源自《論語》的内容,如"食無求飽,居無求安"(見《學而》),"恨不三思"(見《公冶長》),"三人同行,必有我師焉。擇其善者而從之,其不善者而改之"(見《述而》)等十一處。⑤ 在這麽短小的以精編人生準則、

---

① 《新唐書》卷七六《後妃傳》,第7册,第3472頁。
② 《舊唐書》卷八六《章懷太子賢傳》,第9册,第2831頁。又,據文中"顯慶元年","始出閣",其時僅四歲。可見也是很早就讀《論語》。
③ 周紹良《唐代墓誌彙編》"大中一三二"條,即大中十一年(857),上海古籍出版社,1992年,第2354—2355頁。
④ 其録文,可見高國藩《敦煌寫本〈太公家教〉初探》,《敦煌學輯刊》1984年第1期。汪泛舟《〈太公家教〉考·附》,《敦煌研究》1986年第1期;亦可見鄭阿財、朱鳳玉著《敦煌蒙書研究》中《家訓類蒙書》一節,蘭州,甘肅教育出版社,2002年,第350—355頁。
⑤ 其餘還有"人無遠慮,必有近憂"(見《衛靈公》),"道之以德,齊之以禮"(見《爲政》),"人能弘道,非道弘人"(見《衛靈公》),"不患人之不己知,但患己之不知人也"(見《學而》),"己欲求立,先立於人;己欲求達,先達於人"(見《雍也》),"己所不欲,勿施於人"(見《衛靈公》),"君子固窮,小人窮斯濫矣"(見《衛靈公》)。

立身告誡的一卷小書內，有這麼多引用《論語》之處，確實看出時人對《論語》的器重。根子上，這與《論語》多載孔子的嘉言警句、立身行事，適合對幼童人生道路、立身治家進行指導、勸勉密切相關。據有明確抄寫年代的尾題，如 S0479 號"《太公家教》一卷，乾符六年（879）正月二十八學士呂冒三讀誦證"，P2825 號"大中四年（850）庚午五月十五日，學生宋文顯讀，安文德寫"，P2937 號"維大唐中和四年（884）二月二十日，沙州敦煌郡學士郎兼充行軍除解口太學博士宋英達"，以及 P3569 號"景福二年（893）二月十二日蓮臺寺學士索威建記"等，時間集中在 850 至 893 年，即晚唐時期。這説明《太公家教》晚唐時在西北沙洲一地讀習比較興盛。而這，也正與前所舉的敦煌寫卷相對應。

綜合來看，阿斯塔那墓，天寶之前的八件，有五件爲鄭注，何注一件，唯一一件對策殘卷也與鄭注有關。可見在天寶之前，鄭注占了壓倒性的優勢。這反映了盛唐之前《論語》鄭注的盛行，與前引《隋志》的記載相吻合，"何（晏）、鄭（玄）並行，鄭氏盛於人間"，何晏《集注》有漸被邊緣化的危險，鄭注得到了推尊。至於其從東漢末到隋時的發展，參第四章第四節，此略。

鄭注這種強勁的發展勢頭，初、盛唐時依舊如此。據 P2721 號《雜抄》寫卷，"論經史何人修撰制注：……《毛詩》《孝經》《論語》（原小字雙行注：孔子作，鄭玄注）"。① 這一寫卷的編訂時間，在神龍三年（707）至開元十年（722）之間。② 就是説，《雜抄》反映的正是盛唐時的觀念。上面提及的《論語鄭氏注》對策殘片，解答時所依據的也是鄭注。毫無疑問，這一時節居於主流地位的是鄭注。這裏還能補充一個例證，聖曆元年（698）正月，司禮博士辟閭仁在關涉朝廷的重大禮儀——告朔之禮的討論時，就是引鄭玄《論語》注加以辯駁，③此適足以説明其時鄭注必居於主導地位，時人認可，徵引可增添説服力。但到了開元末期，情況發生了轉變。《唐六典》卷二一《國子監》"祭酒"條載了二注並行的情形："《論語》，鄭玄、何晏注"。《唐六典》，成書於開元二十六年（738）。其下"國子監丞"條載"明經帖經，口試，策經義；進士帖一中經，試雜文，策時務"，這正與開元二十五年明經、進士科的改制相吻合，説明其及時採用了最新的變革信息。這裏並提何注，不妨視

---

① 影印件可見《法國國家圖書館藏敦煌西域文獻》，上海古籍出版社，2001 年，第 17 册，第 357 頁。
② 這是因：一、開元十年、天寶二年，玄宗御注《孝經》成，頒令家藏一本，此處仍提鄭玄注，則至遲在開元十年前；二、《雜抄》在"何名五嶽"時，提到"南嶽衡山，衡州"，據《新唐書》卷四一《地理志》"衡山，本隸潭州，神龍三年來屬"，則爲神龍三年以後事。
③ 《舊唐書》卷二二《禮儀志二》，第 3 册，第 869 頁。

爲何注浮出水面的一個强烈信號。

其中一個最重要的轉變原因,就是與前所論的明經科考試轉向"問大義"和時務策有關,以加强對經義理解、運用的考查。而在一個考試、重視意旨的時代,多重語詞訓詁、徵實的漢學——鄭注自然就失去了原有的市場;只不過,這一過程有些迅猛罷了。當然,更深一層,則是深植於二者注釋的方式與傾向不同。

爲更好地彰顯鄭、何二注的特色,今選取阿斯塔那363號墓8/1號寫本,即著名的卜天壽寫本進行比較。① 以殘卷涉及的部分爲準,《論語集解》所引的注釋條目,②孔安國注75條、苞咸注42條、馬融注15條、鄭玄注14條、王肅注4條、周生烈注1條、何晏自注13條,共164條;其中孔、苞二注117條,占總條目的71%。

卷次/引條目數量(條)	孔安國注	苞咸注	馬融注	鄭玄注	王肅注	周生烈注	何晏自注	總數(條)
爲政	4	8	2	1	0	0	0	15
八佾	18	18	7	6	1	0	5	55
里仁	19	7	1	4	1	0	6	38
公冶長	34	9	5	3	2	1	2	56

(説明:《爲政》的統計數目,是從殘卷的起始"[何爲則民服?]注:哀公,魯君之謚"開始。)

這説明《集解》重視的是孔、苞二注。至於鄭玄注,共14條,僅占8%,可見《集解》並不怎麽重視。據《集解序》,何晏撰集的原則是"今集諸家之善,記其姓名,有不安者,頗爲改易",即徵引諸家之善,並加以一己的裁斷,即自注。這一内容,第二章第三節已詳論,今略再補充一點。對鄭注的繁瑣,兹再舉兩例,以窺一斑,如《八佾》"'知其説者之於天下也,其如示諸斯乎!'指其掌"下鄭注:

孔子啓手指掌曰:月(疑爲衍文)或仁(人)知大祭之説者,其人於□□中之物。然言其無不明達,蓋斥聖人不答其敏(即"問",同音替代),爲□之也。

其核心的意思是人如"知大祭之説",無不明達,據此指斥聖人不答其

---

① 這是因一、其原標籤明"鄭氏注",是鄭注已確鑿無疑。二、這一寫卷,如與《集解》比較,《集解》共徵引鄭注十四處,有十處完全相同;其餘四處,雖個別用詞略有差異,但文意相同(也有可能是抄寫流傳中不同寫本的疏忽、誤抄所致),亦足以證實其就是鄭玄注。三、這一寫卷比較長(含《爲政》部分,以及《八佾》、《里仁》、《公冶長》的全部),保存得較完整,能更好地見其特色。
② 録自正平版《論語集解》,孫欽善校點,見《儒藏》(精華編·四書類論語屬),北京大學出版社,2013年。下同。

問;其意義繁瑣晦澀;其解讀也有一定的偏差。這一句,《集解》引苞咸注,"孔子謂或人,言知禘禮之説者,於天下之事,如指示以掌中之物,言其易了也",指出如能知禘禮之説,就易明天下之事,由此解釋得層次清晰、意義分明。二注比較,優劣自見。

再如《八佾》"周人以栗,曰使民戰慄"下鄭注:

　　主,田主,謂社。哀也失御臣之權,臣……見社無教令,於仁而人事之,故……樹之田主,各以其地所宜木,遂以爲社與其野。然則州(周)公社以栗木者,是乃土地所宜木。宰我言使仁(人)戰慄,媚耳,非其□(或爲"宜")。

《集解》則引孔安國注,"凡建邦立社,各以其土所宜之木。宰我不本其意,妄爲之説,因周用栗,便云使民戰慄之也"。兩相比較,二注的意思基本相同;但鄭注明顯要繁一些。進一步,孔注明確表示了對儒家的一位重要代表人物——"孔門十哲"宰我的嚴詞批評,斥之爲妄説;鄭注只是輕描淡寫地説了"示媚"一詞。何晏肯定了孔注,大約是曹魏以來時風"薄湯武而伐周孔"觀念下的一個產物。當然,對鄭注而言,其自身還仍不免存在這樣、那樣的不足,①也都削弱了其獨立的價值。

《集解》進一步擺脱了漢代繁瑣解經的籠罩。在這一點上,特别在意義的明晰方面,晚於鄭玄注《論語》六七十年的何晏走得更遠一些。東漢末年,雖仍承襲"一解經萬言"的繁瑣傳統,但已在漸趨鬆動。儘管鄭玄已在盡力簡化,但身處其間,一時間仍多未能割捨浄盡。六七十年後,到了何晏生活的正始年間,東漢末以來日趨盛行的清議已漸趨演變爲清談,即談玄——以"三玄"(即《老子》《莊子》和《周易》)爲中心,何晏更是開了這一時代風尚。而談玄,正是崇尚簡明、言簡意賅,直達本旨。這也直接影響了《集解》的整體風貌,推重注釋的簡明和辭義的準確。况且,從注釋本身來説,隨着史料的不斷發掘、闡釋,《集解》也會後來居上;這是因爲在比較、鑒别中,總是能容易判斷出一書品質的好壞,進而裁斷其高下。

總之,在中唐考試經、注意旨的情形下,這種不無繁瑣、甚且晦澀的訓詁無疑阻礙了士人對鄭注的接受。持續蘊育、發展,到了中晚唐,時人已轉而重視何晏《論語集解》,鄭注幾乎全面失守,甚至很快就退出了士人讀習的視野。這也即敦煌寫卷所反映的中晚唐何《解》讀習興盛的史實。唐文宗開成二年(837)曾立"開成石經"(現藏西安碑林),作爲通用教材,《論語》位列

---

① 這一部分關於鄭玄《論語注》的特色,更詳細的内容見第二章第三節《繼往開來：融彙〈論語〉今古文——鄭玄的卓越貢獻》中相關論述。

其中；但此時《論語》的底本，已没了鄭玄注，只是何晏的《集解》本。① 再後，《集解》漸與疏本合併，到北宋咸平二年(999)邢昺《論語注疏》出現，單集注本便不再受世人的重視，鄭注就漸趨散佚、泯然無聞了。

三　餘論

這些殘卷外，還有一特殊的卷帙，即 P3573 號《論語疏》殘卷。② 這一寫卷，是敦煌、阿斯塔那墓中出土的唯一一件義疏性質的殘卷。李方認爲"很可能是一件皇侃《論語義疏》的講經提綱"。③ 但經筆者考證，這一殘卷，時間約在五代，是在皇侃《論語義疏》的基礎上，進行了增添、删減等較大的改編。這一改編，實際上正是順應了時代，即明經科考試經義的實際需求。這也見出了晚唐以來時人爲應對明經科考試而進行的一種開拓和努力（詳論見本章第六節）。或者説，隨着對明經科考試"問大義"以及時務策中加强文意的考核，何《解》以及注重疏義的《論語疏》等都再次凸顯、浮出了水面，並因科舉的時效性，並迅速進入了士人讀習的視野。

不過，士人也不大可能選擇皇侃的《論語集解義疏》，這是因爲不僅敦煌、吐魯番至今只發現一件《論語疏》殘卷，數量極少（這應是當日實情的反映）；而且還有以下因素的制約：

一、《義疏》的字數急遽膨脹，至少比《集解》膨脹了五倍以上；在一個靠手抄傳承的時代，無形中極爲不便，也極大地增加了攜帶困難與抄寫成本。

二、義疏是對經、注的文意等進行解釋，甚至不厭其煩，詳細是詳細了，但不免繁瑣、不省净。且其解釋時還遵循"疏不破注"的原則，勢必更會因缺少創新（或新的信息）而使其利用、讀習的價值受到較大的削弱。P3573 號寫本《論語疏》的處理方式——插入"此明"一段文字以解釋説明核心文意，省略字詞的解釋，以及删去個別文意的疏解等，都足以表明是對皇《疏》繁瑣、累贅的捨棄。或者説，這一變異情形——簡便直截的處理方式，正預示着對皇《疏》的否定。這自然使得皇《疏》難以爲繼。皇《疏》在唐末流傳不廣，大約在北宋時就已亡佚，國內難覓其蹤，很大程度上正是這個原因。

誠然，敦煌（時屬沙洲）與吐魯番阿斯塔那（時屬西州），同處在西北一隅（距離約九百千米），但都處在絲綢之路的交通要道上，恐怕也不是現代所想象的蔽塞。本此，不妨視爲是整個唐代讀習《論語》情形的一個縮影。

---

① 其首列何晏《論語序》，並在《學而第一》下注明"何晏《集解》"，見《景刊唐開成石經》，第 4 册，北京，中華書局，1997 年，第 2597—2598 頁。
② 《法藏》第 25 册，第 356—370 頁。
③ 《唐寫本〈論語皇疏〉的性質及其相關問題》，《文物》1988 年第 2 期。

第四節　再論《論語鄭氏注》對策殘卷的性質及其淡化與退出

1964年,新疆吐魯番阿斯塔那27號唐墓出土一些與《論語鄭氏注》有關的對策殘片(共9件),"出土文書拆自男尸紙靴",整理者王素先生命名爲"《唐經義〈論語〉對策殘卷》"。經拼接,可視爲一對策殘卷,共七問七對,內容涉及《子張》"士見危致命"句、《八佾》"哀公問主"句、《鄉黨》"祭肉不出三日"句、"鄉人飲酒"句、"曰山梁雌雉"句;另有兩問兩對屬《鄉黨》《雍也》。策問以"問"字開頭。至於對策,以"對"字開頭,內容上,均以"此明"二字開頭,以"僅對"二字作結。對策的內容有經義解說、經文、注文、注文解說、篇名出處等。①

在詳細考察後,王素先生認爲,"僅從這件經義對策殘卷來看,策問條目雖多,卻是片言隻語,斷章取義,對策內容雖有條不紊,卻是呆板滯澀,要求的只是死記硬背的功夫,實際考不出對策者的真正學識"。爲此,王氏歸納爲"低級類型的經義對策"。② 其實,對這一寫卷的性質,還可深入討論。而且,因其"墨策"性質的論定,還能對初、盛唐期間明經的核心考試——墨策以及關涉《論語》策問的一些具體情形,有一清楚的認識和客觀的評判,這是因爲直到今日,對唐代重要的明經科考試的一些具體內容,我們還知之不多。更重要的是,這還關涉到《論語鄭氏注》在中唐時期的淡化與退出。爲此,今不厭繁瑣,不揣謭陋,試論析如下。

一　對殘卷性質的推定

首先,儘管有"問"、"謹對"等字樣,與馬端臨說的宋代帖經考試在語詞上"對"、"僅對"等一致,③但這一殘卷不是帖經的卷子,這一點能確定無疑。

---

① 其圖版、錄文見唐長孺主編《吐魯番出土文書》(第4冊),北京,文物出版社,1996年,第149—152頁。說明:1987年版沒有圖版,只有錄文。
② 王素《唐寫〈論語鄭氏注〉對策殘卷與唐代經文對策》,《文物》1988年第2期。又,陳飛《"唐寫本〈論語鄭氏注〉對策殘卷"識辨》,從"對策"、"射策"的區別,結合明經演進的三個階段,認爲"與唐代明經三項試制之前的'經策'或'墨策'較爲接近,大抵仍屬於'射策'性質"(《文史》2007年第1期,又見《文學與制度》[論文集],北京,商務印書館,2015年,第310頁)。其結論與本文差可近似,但論證過程、重心遠不一樣,且很多內容也是陳文所沒有。又,本人只是後來才拜讀到這一大作。謹識。
③ 《文獻通考》卷三十《選舉考三》,北京,中華書局,1986年,上冊,第283—284頁。

這是因爲帖經考試與此截然有異,"帖經者,以所習經掩其兩端,中間惟開唯一行,裁紙爲帖,凡帖三字,隨時增損,可否不一"。① 所謂"帖三字",就是遮去三字,要求默寫出這幾字,類於今人的填空題。當然,這也絕不是進士的對策,就現存的標明"進士策問"的,如權德輿貞元十三年(797)《中書試進士策問二道》②看,因對進士的要求提高,絶没有單獨策問《論語》的,設問方式也不一樣。

進一步,假如按王素先生所論,是"經義對策"的殘卷,但這一結論實有幾個問題無法解決:

一、無論是新、舊《唐書》的《選舉志》、《唐六典》等官方權威記載,還是其它文獻的載録,如筆記《唐語林》等,提到的明經策問,都是考時務策三道(詳下)。而這一殘卷,從字體來看,除了殘卷(九)之外(即最後一問一對),筆跡相同,當是一人所爲。③ 因此,如是對策,當不可能超過三道,現在卻至少有六道,遠超出三道。當然,也存在抄撮多個對策文練習的可能;但這一設問的可能性不大,至少這六問、六對的内容没有重疊與交叉。

二、唐代明經、進士的策問,集中見《文苑英華》卷四七五至四七六(還有各種制舉的對策,暫不涉及)。也正好幸存有三道《論語》的策問,遺憾的是没有對策。不過,這些種類衆多、稱名不一的對策格式卻是統一的,即先是"問",尾是"想宜究悉,一二顯析","鄙則未達,子其辨歟","探索精微,當有師説"之類詢問的話語;然後是"對",以"謹對"二字結尾,没有"此明"二字。而這二字,顯然是表明對"問"意義的回答。與此一脈相承的是,在對的結尾,往往有"《子張篇》也"、"《(鄉)黨篇》也"等説明出處的字眼。這些字眼,在現存所有的各類對策文中,都是見不到的。

三、在唐人的論述中,没有"經義對策"這一稱呼,僅有"墨策"、"時務策"、"經策"等名稱,或徑直簡稱"試策"。

因此,與其判定爲"經義對策"的殘卷,還不如在詳細考察明經、進士考試遷變歷程的基礎上,再來審視這一殘卷的根本性質。

唐代明經、進士二科的考試,前後有一個發展、調整的歷程。④ 對進士

---

① 杜佑《通典》卷十五《選舉三·歷代制下》,北京,中華書局,2003年,第1册,第356頁。
② 見《文苑英華》卷四七六《策問二十八道》,北京,中華書局,1966年,第3册,第2429頁。
③ 王素先生《唐寫本〈論語鄭氏注〉對策殘卷考索》,認爲因"有違反對策格式之處","不是對策人寫的原卷,而是一件傳抄卷",頗有道理。見王素編著《唐寫本論語鄭氏注及其研究》,北京,文物出版社,1991年,第267頁。可補充一證據,獨孤及《唐故朝散大夫中書舍人秘書少監頓丘李公(誠)墓誌》載"公以俊造,文賦皆第一,京師人傳寫策稿,相示以爲式",證實傳寫策文的普遍存在,見《全唐文》卷三九一(第4册,第3980頁)。
④ 其更詳細的論述,可見上一節的相關内容。

而言,早期"止試策",至於策裏是否包含《論語》,推測之下,可能性不大,因爲王讜已明言此際試"時務策五道",且貞觀八年加試"讀經、史一部",不包含《論語》(注意:這裏是"讀",建中元年[780]國子司業歸崇敬上疏,建議"於所習經中問大義二十……兼讀所問文注義疏,必令通熟者爲一通",①就可能是這一早期考試形式的遺存。具體見上一節)。永隆二年,已改試"雜文"(即箴、頌、詩、賦等文體)和時務策了。開元二十五年後,據王讜的說法,進士改帖大經,②加《論語》,也自不可能再策試《論語》了。因此,這一殘存寫卷只能是明經考試下的產物。

至於明經考試,最初"止試策",調露二年後在考功員外郎劉思立的建議下,增添了帖經,即帖經和試策兩場。開元二十五年是一個關鍵的時間點,後又有了重大轉變,增添了"按問大義"的環節,變成了三場試。至於試策內容,也進行了重大調整,即改考時務策(趙匡《舉選議》亦言"試策自改問時務以來")。但這一題型難度較大,"經業之人,鮮能屬綴,以此少能通者"。"所司知其若此,亦不於此取人",由此淪爲一種形式,致使"變實爲虛,無益於政"。③ 趙匡的建議是"試策問經義及時務各五節,並以通四以上爲第。但令直書事義,解釋分明,不用空寫疏文及務華飾"。④ "不用空寫疏文",正與《唐六典》說的"錄經文及注意爲問"對應,說明對策主要是據注、疏來回答。

那麼,如在開元二十五年以後,殘卷只能是建中二年以後"按問大義十條"時的卷子(因前期口問大義,自然無所謂寫卷)。但是,這一推斷明顯與當日的政治形勢相左。這是因爲敦煌在建中二年陷蕃,直到大中二年(848)當地大族張議潮起義,才趕走了吐蕃,中間近七十年是在吐蕃的直接管轄下。⑤ 從《唐摭言》卷一《會昌五年(845)舉格節文》中看,沒有沙州的貢舉名額,就確證在陷蕃期間,敦煌一地是沒有貢舉的,這也自然談不上策試了。

那麼,是不是開元二十五年調整以後的時務策呢?據《唐六典》卷二《尚書吏部》"考功員外郎"條,"其明經各試所習業,文、注精熟,辨明義理,然後爲通";《論語》共試策三條,"皆錄經文及注意爲問。其答者須辨明義理,然後爲通",均側重對經文及注疏發問。這是開元二十五年之前的墨策

---

① 《舊唐書》卷一四九《歸崇敬傳》,第12册,第4018頁。
② 據《新唐書》卷四四《選舉制上》所載,《禮記》《春秋左氏傳》爲大經(第4册,第1162頁)。
③ 建中二年,趙贊知貢舉時亦曾上言,"比來相承,(明經)惟務習帖。至於義理,少有能通。經術浸衰,莫不由此",見《唐會要》卷七五《選部下》"明經"條,下册,第1628頁。
④ 《通典》卷一七《選舉五‧雜議論中》,第1册,第421頁。
⑤ 有關敦煌這一時期的具體政治,可參見劉進寶《敦煌學通論》(蘭州,甘肅教育出版社,2002年,第35—91頁)第一章第四、五、六小節。

要求。今恰好留存有其後的策問,《文苑英華》卷四七五《策問二十二道》、四七六《策問二十八道》保留了權德輿命制的明經策問。上已言,權德輿,貞元十七年(801)冬,以本官知禮部貢舉,"凡三歲掌貢士"。按照此後的制度,明經是"答時務策三道",但《英華》中保留的是《明經諸經策問七道》《策問明經八道》,都遠遠多出了三道。① 之所以如此,是因爲對命題者而言,要命制所有經書的策問,才能滿足不同類型明經考生的需求。其卷四七五《明經諸經策問七道》,強調"明經"、"諸經",就是這個道理。其中一道是《論語》的策問:

> 問:孔門達者,列在四科,顔子不幸,伯牛惡疾,命之所賦,誠不可同。至若攻冉求以鳴鼓,比宰我於朽木,言語、政事,何補於斯?七年可以即戎,百年可以去殺,固弛張之有異,曷遲速之相懸?爲仁由己,無信不立,拜陽貨則時其亡也,辭孺悲則歌使聞之。聖人之心,固當有爲。鄙則未達,子其辨歟?

顯然,策問不限於某一篇一章,或某一句一詞,取材範圍較廣,明顯帶有綜括、通貫的性質;設問也比較全面,不局於一隅。如這一道就考查了對多個篇章的理解,"四科"(即德行、言語、政事、文學)、"攻冉求以鳴鼓"均出自《先進》,"顔子不幸,伯牛惡疾"出自《雍也》,"比宰我於朽木"出自《公冶長》,"七年可以即戎,百年可以去殺"出自《子路》,"爲仁由己,無信不立"出自《顔淵》,"拜陽貨則時其亡也,辭孺悲則歌使聞之"出自《陽貨》,一共涉及六篇,幾占整個《論語》篇章的三分之一。策問主要涉及三個問題:第一,顔回早逝,伯牛有疾,誠可說是天命不同,但對四科中的優秀者冉求、宰我,孔子卻表示了失望和斥責,對冉求的"聚斂"、"附益",號召可"鳴鼓而攻之",喻宰我"朽木不可雕也",不可造就。那麼,其所擅長的言語、政事,爲何不能彌補其性格的缺陷呢?第二,七年可以教民作戰,百年才能去殘止殺,固然張弛有異,功效卻爲何這般懸殊?言下之意,有沒有更迅速的教化、去殺的方法呢?第三,孔子主張"爲仁由己,無信不立",卻趁陽貨不在家時回拜他,託疾不見孺悲,卻又故意放歌暗示。聖人言行均有道理,道理又何在呢?當然,這些提問也有一些現實的影子。因爲此際的唐憲宗,繼位以來,經常閲讀歷朝實錄,每讀到唐太宗和唐高宗的故事,都十分仰慕。而在《貞觀政要·政體》篇中,唐太宗與魏徵、封德彝等討論"大亂之後,將求致化",是行霸道還是王道時,就化用了《子路》中"善人爲邦百年,然後勝殘去殺"這一

---

① 即就《左氏傳》《禮記》《周易》《尚書》《毛詩》《穀梁》《論語》(《策問八道》又多出了《周禮》)命題策問。

事。某種程度上,策問的設置正見出此際君臣(指權德輿)一心削除藩鎮、勵精圖治的心態。

這三個問題,分别從君子的缺陷、免戰去殺、仁德誠信的角度,從聖人言行中的矛盾處設問,問得較爲巧妙,也足以能考察考生的解讀、思辨能力。顯然,要回答這些策問,達到"辨明義理"的要求,僅用殘卷中主要揭示題旨、意義等類似的話語是肯定不行的。就這一道策問而言,孔子也是一介凡人,也自有其缺點,如對宰我一時"晝寢",而疾言厲色;故意在陽貨不在家時拜訪,也隱然有一絲自傲的心理。但這些缺點,在封建時代是絶不允許非議的,或者説,這些言行並不一定都有什麽高深道理,這就需費盡心思、千方百計地找一些理由加以辯解、迴護。這自然是較難的事。而且,上已論,"按問大義"與時務策的内容截然不同,也側證時務策不是考試經文"大義"的。前引趙匡所言的"經業之人,鮮能屬綴,以此少能通者",亦顯示了這類時務策難度的提升遠非一般人所能承受。這些都證明殘卷肯定不是開元二十五年以後的時務對策。

又,貞元八年(792),韓愈進士及第後,曾撰《贈張童子序》;貞元十九年,韓愈爲四門博士,作有《送牛堪序》,都述及此際攻讀明經的艱苦:"二經章句僅數十萬言,其傳注在外,皆誦之,又約知其大説","以明經舉者,誦數十萬言,又約通大義,徵辭引類、旁出入他經者,其爲業也勤矣"。① 都强調了明經要讀、誦經文及傳注,並要約通經文大義。這正與開元二十五年改革後的明經考試相印證。

當然,典型的時務策還是要緊扣時事發問的,這也是漢武帝時董仲舒《天人三策》以來的一個傳統,如權德輿命制的《貞元十三年(797)中書試進士策問》中的第二道:

問:乃者西裔背盟,勞師備塞。今戎王自斃,邊遽以聞,而議者或曰"因其喪而弔之,可以息人";或曰"乘其虛而伐之,可以闢地";或曰"夷實無厭,兵者,危事,皆所以疲中國也,不若如故",是三者必有可採,思而辨之。②

"備塞"一事指貞元十三年春,邠寧節度使楊朝晟奏築方渠、合道、木波及馬嶺城(在今甘肅慶陽西北,方渠最北,今環縣)以防備吐蕃,"未旬而功畢"。③ "戎王自斃"是指吐蕃贊普墀松德贊死,其子足之煎立。邢君牙在隴

---

① 韓愈著、馬其昶校注《韓昌黎文集校注》卷四《序》,上海古籍出版社,2014年,分别爲第279、275頁。
② 《文苑英華》卷四七六《策問二十八道》,第3册,北京,中華書局,1966年,第2429頁。
③ 《舊唐書》卷一四四《楊朝晟傳》,第12册,第3927頁。

州築永信城以備虜。貞元十三年正月,吐蕃使者農桑昔來請修好,朝廷以其無信,不受。① 開元以來,瓜州屢屢告急,據《舊唐書》卷一九六上《吐蕃傳上》:開元十年(722),中書令張説曾奏言"吐蕃醜逆,誠負萬誅,然又事征討,實爲勞弊。且十數年甘、涼、河、鄯徵發不息"。開元十五年(727)九月吐蕃一度攻占沙州,"盡取城中軍資及倉糧,仍毀其城而去"。明年秋,吐蕃大將又率衆攻瓜州。十七年又戰。至德元年(756)後,乘安史之亂,吐蕃又發動掠奪戰争,兵鋒直指長安,河西、隴右陷入了戰爭的激流。"數年間,西北數十州相繼淪没,自鳳翔以西,邠州以北,皆爲右衽矣"。② 具體來説,據《元和郡縣圖志》:吐蕃於廣德二年(764)陷涼州,永泰二年(766)陷甘州、肅州,大曆十一年(776)陷瓜州,建中二年(781)陷沙州,控制了整個河西走廊。這也就是《舊唐書》卷一二《德宗紀》建中二年詔書所説的"自關隴失守,東西阻絶",也即《舊唐書》卷一〇《郭昕傳》説的"昕阻隔十五年"。可以説,吐蕃成了大唐西北邊境最大的威脅,也一直麻煩不斷、爭戰不休。策問確實是針對不斷惡化的西北防務,對吐蕃的侵襲而言的,是當下現實的反映。就這一點來説,明經的策問没見有這類直接依據現實命制的試題。或者説,在時人一致看好進士科人才的潛意識中,也賦予了進士科人才能解決現實中重大問題的能力。除此之外,進士策試還多針對重要的語詞、思想觀念等進行一己的思考和解答,且没有現成的答案。對此,明經則不免相形見絀。

這樣,就只剩下了一種可能,此即是開元二十五年調整之前的明經"墨策",也即《唐語林》所説的"案章疏,試墨策十道"也就是《通典》所載"免試經策十條,令答時務策三道"的"經策",並與"時務策"不同;同時,這也正佐證先前是測經策十條的,這在數量上也大於六問六對(因卷子可能有殘缺)。這一推斷,與整理者所揭示的墓葬出土的其他文書的時間基本一致,同墓出土的文書,"其中所見紀年,起景龍二年(708),止開元十三年(725)"。③ 這樣,殘卷就只能是永隆二年(681)至開元二十五年(737)間的試策。又,敦煌寫卷時間的判定,一般可據避諱字,但遺憾的是,殘卷中相關的諱字,僅一處,即殘片(二)中"社無教令□人,而人事之,故問(後缺)"句,據卜天壽《鄭注》寫本"哀公問仁"至"使人(民)戰慄也"一段,其殘存注文有"哀〔公〕失御臣之權,臣(闕一字)見社無教令於人,而人事之,故(闕一

---

① 《新唐書》卷二一六下《吐蕃下》,第19册,第6099頁。
② 《資治通鑑》卷二二三"廣德元年(763)七月"條,第7265頁。
③ 唐長孺主編《吐魯番出土文書》(第4册),北京,文物出版社,1996年,第145頁。

字)"一節,避諱"民"字爲"人"字。但此僅能説明這是太宗以後的寫本,並不能説明更多。

二 墨策的體制

唐代"墨策"的具體内容如何,學者一直不得其詳,宋以後也一直未言其解。應當説,這一殘卷"墨策"性質的認定,正能幫助我們充分認識這一種對策的特點。概括而言,有以下特色:

一、形制上,以"問"發端;回答時,以"對"開頭,以"此明"二字來引起對經文意義的揭示,最後,點明出處,如"《子張篇》也",再以"謹對"二字作結。

二、内容上,對策重在揭示發問的内涵,如對"士見危致命",解釋爲"祭思宿(肅)敬之心,喪□□士見危致命"。解釋時,可引用注、疏,也即趙匡反對時説的"不用空寫疏文",如"哀公問主"的對策,就引用了鄭玄注"哀[公]失御臣之權,臣□見社無教令於人,而人事之,故□"。① 之所以取注、疏,借用曾掌貢舉權德輿的話,就是"注疏者,猶可以質驗也",②即能據此考核、判斷其掌握的程度,以免被人下上其手,鑽了空子。也正是這一特性,凸顯了墨策策試的呆板,較少有一己性情的彰顯和見解的發揮,更没了漢以來對策縱横馳騁、昂揚奮發的色彩。

墨策既然又可稱"經策",顯然側重於對經文(也包含注疏)的考察,而與時務策截然有異。就這一殘卷的内容與上舉權德輿命制的《論語》時務策來看,確實稱得上是截然有異。這也反過來證實這一殘卷是開元二十五年之前的策問。

就此點看,開元二十五年的改革詔令,實際上就是對墨策測試經文疏義以"按問大義"的形式繼續留存,同時爲了增添難度,採用綜貫理解經注的時務策的方式考察,考察對現實問題的關注、理解和爲士的社會責任,增添了試題的時代感。隨着國事日益出現一些問題,而不得不强化士子直面現實的社會責任。另一個直接原因就是開元時期,考生已急劇增多,"玄宗時,士子殷盛,每歲進士至省者,常不減千餘人"。③《通典》卷一五《選舉三·歷代制下》亦載:"開元以後,四海晏清,士無賢不肖,恥不以文章達,其應詔而舉

---

① 此一内容見吐魯番阿斯塔那363號墓出土的景龍四年(710)卜天壽《鄭注》寫本中"哀公問仁"至"使人(民)戰慄也"的注,見唐長孺主編《吐魯番出土文書》(第3册),北京,文物出版社,1996年,第574—575頁。
② 《全唐文》卷四八九權德輿《答柳福州書》,第5册,第4994頁。
③ 《封氏聞見記》卷三《貢舉》,北京,中華書局,1985年,第20頁。

者,多則二千人,少猶不減千人,所收百才有一。"這樣勢必要增添試題的難度、標準來應對,這是客觀情勢。再從另一個側面看,永隆二年的詔令,"明經射策,不讀正經,抄撮義條,纔有數卷",其所言的"義條",就當是對《論語》意旨的闡釋,因爲《論語》本文語意間有時跳躍較大,理解不易。而墨策就當是對這一缺陷的突破,增添了對經、注的全面理解。

三、解釋時,所依據的是鄭玄注。這也吻合《隋書》卷三二《經籍志》中"小序"的記載,《論語》的注釋,"至隋,何(晏)、鄭(玄)並行,鄭氏盛於人間"。何晏《論語集解》漸趨邊緣化,鄭注得到了學者的推尊。初唐、盛唐時依舊如此。據伯2721號《雜抄》寫卷,"論經史何人修撰制注:……《毛詩》《孝經》《論語》(小字雙行注:孔子作,鄭玄注)"。① 這一寫卷編訂時間,應在神龍三年(707)至開元十年(722)之間。② 就是説,《雜抄》反映的正是盛唐時的觀念。又,《唐會要》卷七七《貢舉下》"論經義"條載開元七年三月至五月間關於《尚書》《孝經》《周易》《老子》等四書採用何注的一次論争,最後詔令裁決。對鄭玄注《孝經》,當時劉子玄已列十二條證據,力辯其僞,可信從,此不置論。所堪注意的是詔令中透露出的學術傾向,"自頃已來,獨宗鄭氏,孔氏遺旨,今則無聞",這雖是針對《孝經》而言,其實也可挪移到《論語》。因爲隋以來,"鄭氏盛於人間",何晏注漸趨式微。朝廷的意思很明顯,就是"旁求廢簡,遠及缺文,欲使發揮異説,同歸善道,永惟一致之用,以開百行之端",即發揮各種學説的作用,一起輔助推行德行教化、治理國家。潛意識中,還是反映了鄭注"盛於人間"的事實。

這也説明,這之前,《論語鄭氏注》的讀習在北方是一直比較興盛的。因此,敦煌寫卷以及阿斯塔那墓出土的衆多的《論語》鄭注。

附帶説明一下,王素認爲"詔文末句,主要指《論語》而言"。③ 王氏的解讀略有偏差,今核詔文的末句:

> 其何、鄭(指鄭玄《孝經注》)二家,可令仍舊行用。王(指王弼《周易注》)、孔(指孔安國《尚書注》)所注,傳習者希,宜存繼絶之典,頗加獎飾。

---

① 影印件可見《法國國家圖書館藏敦煌西域文獻》,上海古籍出版社,2001年,第17册,第357頁。
② 這是因:一、開元十年、天寶二年,玄宗御注《孝經》成,頒令家藏一本,此處仍提鄭玄注,則至遲在開元十年前;二、《雜抄》在"何名五嶽"時,提到"南嶽衡山,衡州"(第4册,第1071頁),據《新唐書》卷四一《地理志》"衡山,本隸潭州,神龍三年來屬",則爲神龍三年以後事。
③ 王素編著《唐寫本論語鄭氏注及其研究》中《唐寫〈論語鄭氏注〉對策殘卷考索》一文,北京,文物出版社,1991年,第270頁。

按:"何"當爲"河",指河上公《周易注》。《唐會要》卷七七"論經義"條、《玉海》卷四二"唐開元詳定傳注四書"條,均爲"河"字。因爲此詔令是針對《尚書》《孝經》《周易》《老子》等四書的注疏,不是指《論語》的注疏。

四、據原圖版審視,其策問的内容恐怕較短,是以核心的内容來提示題意,如"□□(士見)危致命"、"□□(哀公)問主"、"曰山梁□(雌)雉"等,之所以這樣,恐怕是爲了增添測試的難度,考察考生能否準確判明出處並進而解釋。也許正是因爲如此簡短,使得時人或後人認爲没有存録的必要,而致使其長期湮没。

五、推測之下,每道對策文的字數恐怕不多,也没有字數的限制。

恰有湊巧,與此墨策殘卷類似的,還有一學生模擬、練習的殘卷,亦能見出這種形制,即楊富學、李吉和譯,美J·O布里特著《普林斯頓收藏的敦煌寫本殘卷》,①原文本有圖片,但譯時因"影本過於模糊,無法翻拍發表",因此"不得不遺憾地將其略去"。對此,陳國燦"加以録文,並作出適當考釋",使人能得知殘卷的具體内容。② 其中,有"唐《論語》問對卷"一件,其内容如下:

（前缺）

一　□者豈止貴……
二　□樂能移風易[俗]……
三　禮者,非貴□[器]……
四　云乎哉。若其……
五　殊乎合敬者畢……

六　問:子曰學而時習……
七　習何顯時習年[幾]……
八　橋敏對:此孔子言[學]……
九　豈不亦析悦乎……
一〇　乎。注子者,行孔……
一一　威儀,孔時之時言……
一二　悦乎,言樂道至心……

（後缺）

對其性質,陳氏推測爲"從第六行'問'及第八行'橋敏對'看,這也是一

---

① 《敦煌學輯刊》1994 年第 1 期。
② 《美國普林斯頓所藏幾件吐魯番出土文書跋》,載《魏晉南北朝隋唐史資料》1997 年第 15 期。

件學生的問對卷";"能反映出唐西州教育考試方面的一些情況"。① 其實,還可以深入一層。一到五,是一問。據内容,是針對《論語》卷九《陽貨》"子曰:'禮云禮云,玉帛云乎哉?樂云樂云,鐘鼓云乎哉'"的回答。今核:何晏《論語集解》引的正好是鄭玄注,即"玉,珪璋之屬。帛,束帛之屬。言禮非但崇此玉帛而已,所貴者,乃貴其安上治民也。"但"樂云"句,引的是馬融注:"樂之所貴者,移風易俗,非謂鐘鼓而已也。"②又,敦煌出土的寫卷,没有這一卷。③ 就回答的内容來看,比較接近鄭玄注。至於"學而時習(之)"的回答,據《集解》,除了據注外,更多的是一己的解説,如"豈不亦析悦乎"、"孔時之時言"、"言樂道至心"等,已偏離了注釋,説明確實是傾向於意旨的揭示。

與其一同出土的還有一"《尚書》問對卷",内容如下:

（前缺）

一　　[遂]奔南巢,俘取玉以[禮]……

二　　之災,故取而保之。謹對。

三　　　　　　　　注雖得,錯處太多。

四　　[問]:身(艸匪)玄纁機組,書文注此是何州?[經]

五　　□主定出何文?

六　　[愚]第對:此明……也,今云身萑玄

七　　纁機組者,……[色]善,故宜□……

（後缺）

"俘厥寶玉",見《尚書正義》卷八《湯誓》篇末。對此,《正義》引的是孔安國注:

桀自安邑東入山,出太行,東南涉河。湯緩追之,不迫,遂奔南巢。俘,取也。玉以禮神,使無水旱之災,故取而寶之。

第一問,推測之下,大概是問"'俘厥寶玉'"如何解釋?應該説,學生的回答已基本等同孔注,説明確實是要背誦相關的注釋;但不知爲何,可能還是有錯（因卷已殘缺）,致使先生批爲"注雖得,錯處太多"。顯然,這是一份模仿經義對策考試的習作,其形制、回答很接近墨策。

第二問,"是先生寫出的題目,是問'厥能玄纁機組',書文注此是何州?

---

① 《美國普林斯頓所藏幾件吐魯番出土文書跋》,載《魏晉南北朝隋唐史資料》第 15 期,第 116 頁。

② 孫欽善整理、何晏著《論語集解》,見《儒藏》（精華編·四書類論語屬）,北京大學出版社,2013 年,第 178 頁。

③ 可見王素撰《唐寫本論語鄭氏注及其研究》,北京,文物出版社,1991 年。

經所注應出何文?"就題目看,是不長,這也能印證前面的推斷。不過,如與規範的以"對:此明"發端,以"謹對"二字結尾比較,這兩件習作還是不無隨意性,如"[愚]第對"、"橋敏對",甚至還出現了考生的姓名。但這也正能說明當日墨策考試的形制以及模擬練習的性質。

三 墨策考試的時代意義

雖然這類策問比帖經要難一些,但實際上還是在考識記的功夫,最多也就是增添了對經文、注意的解讀;但就是這一點,也可憑藉鄭玄注加以有效地闡發。這也恐怕是稱爲"墨策"的真正含義,"墨"者,墨守也,默寫也。顯然,要做到這一點並不難。這實際上還牽涉到時人對明經的看法,其前後有一個變化歷程。唐人每每矜夸、自豪年少中了明經,這種記載在墓誌銘中俯拾即是。今聊舉數例:

(蕭灌)年十八,明經高第,補代王功曹。①

一覽數紙,終身不忘。(崔景)年十七,與親兄睃一舉明經,同年擢第。②

(張志和)年十六,遊太學,以明經擢第。獻策肅宗,深蒙賞重,令翰林待詔,授左金吾衛録事參軍。③

(郭良宰)年十七,崇文生明經及第。侍郎韋陟揚言於朝,稱其稽古之力,許其青冥之價。④

(蕭直)十歲能屬文,工書,十三遊上庠,十七舉明經上第,名冠太學,二十餘以書記參朔方軍事。⑤

公(權抱)年十四,太學明經上第,因喟然曰:"學不足以究古今之變,而干禄者,非吾志也。"遂養蒙於終南紫閣之下,窮覽載籍,號爲醇儒。⑥

年齡在十七八,甚且有十四歲的,就能明經及第,確實年少。崔景"一覽數紙,終身不忘",似乎也讓人見出記憶力強而對考中明經特別的助推力。時人稱"三十老明經,五十少進士",⑦即三十歲考中明經已經是老人級別

---

① 張説《贈吏部尚書蕭公神道碑》,見《全唐文》卷二二九,第 3 册,第 2315 頁。
② 李華《唐贈太子少師崔公神道碑》,見《全唐文》卷三一八,第 4 册,第 3229 頁。
③ 顔真卿《浪跡先生元真子張志和碑銘》,見《全唐文》卷三四〇,第 4 册,第 3447 頁。
④ 顔真卿《河南府參軍贈秘書丞郭君神道碑銘》,見《全唐文》卷三四一,第 4 册,第 3465 頁。
⑤ 獨孤及《唐故給事中贈吏部侍郎蕭公墓誌銘》,見《全唐文》卷三九二,第 4 册,第 3989 頁。
⑥ 權德輿《故朝議郎行尚書倉部員外郎集賢院待制權府君墓誌銘》,見《全唐文》卷五〇二,第 5 册,第 5111 頁。
⑦ 《唐摭言》卷一《散序進士》,北京,中華書局,1960 年,第 4 頁。

了,也足以看出明經及第者確實都比較年少。

在選官制度層面上,作爲儒學教育、薰陶下的明經,這一大批人將充實到大唐王朝中下層的各個部門,多授爲縣丞、縣尉、或州縣參軍、功曹、主簿之類的地方基層官員(當然也有在中央任職的,但較少)。在初唐,一度被寄予治理國家、安定民生的厚望,睿宗就曾直言,"明經,爲政之先,不稍優異,無以勸獎。……明經及第,每至選時,量加優賞,若屬停選,並聽赴集"。① 明經被放到了第一的重要位次,因爲正是這些人,構成了整個國家治理的根基。現實中,早期確係如此,如貞觀十四年(640),王德表以明經高第,"左僕射梁國公房玄齡奏公學業該敏,特敕令侍徐王讀書,尋遷蜀王府參軍",② 蜀王府參軍,爲正八品下,這屬於高授,因據《舊唐書》卷四二《職官志》載"明經出身,上上第",才能任命爲"從八品下"的官職。這其間,房玄齡的器重可能起到了很大的作用。上所舉蕭灌補代王功曹也是這一類,因蕭灌屬於蘭陵人,後梁皇室、隋梁國公後裔,而受到了重用。這一時期的一些名相如張文瓘、裴炎、李昭德、狄仁傑等都是明經出身,也能見出高層對明經的器重和委以重任。不過,高授的只是少數,而且,隨着官員隊伍的擴張,貞觀時期就已出現明經及第不能立馬授職的現象,如程思義,貞觀二十年(646)明經及第,但"久之",才擢授峽州遠安縣丞。③ 高宗時,更是需若干選(即"守選",需停若干年)才能獲得官位。到了開元後,更有江河日下之感,一介士人張瑜在明經落第後,曾感慨"風景不殊,正自有山河之異(襲用《世説新語·言語》'新亭對泣'條中周顗的話)","國家每歲第明經百餘人,其間非兒則氓,舉世賤明經四十年矣"。④ 整個社會都加入了賤視、鄙夷明經的行列,可見一時風尚的轉移。張瑜後來棄文學武,轉而參加了武舉。而開元二年(714),⑤權挹決意隱居終南山下,固然其"究古今之變"的志向確乎不拔,但此際明經出仕的艱難也是一個不可忽視的因素(因其後即出仕做了南和、寶鼎二縣尉)。中晚唐時,明經的社會地位更低,對甫冠時舉明經的李鈺,華州刺史李絳就直言"明經碌碌,非子所宜",⑥勸說其應改考進士。其潛臺詞就

---

① 《唐大詔令集》卷一一〇《政事·誡諭》,第 570—571 頁。
② 周紹良《唐代墓誌彙編》"聖曆二八號"《大周故瀛洲文安縣令王府君墓誌銘并序》,第 947 頁。
③ 吳剛主編《全唐文補遺》第 3 輯,西安,三秦出版社,1996 年,第 35 頁。
④ 胡戟、榮新江《大唐西市博物館藏墓誌》三三五號《唐故昭武校尉守左威衛河南府剌鄽折衝都尉上柱國賜紫金魚袋左金吾衛宿衛張君墓誌銘并序》,北京大學出版社,2012 年,第 767 頁。
⑤ 據前引權德輿《權府君墓誌銘》,大曆五年(770)春卒,時年七十,則生於大足元年(701);十四歲在開元二年。
⑥ 《新唐書》卷一八二《李鈺傳》,第 17 冊,第 5359 頁。

是明經不僅起家官低,而且很大可能一生沉淪下僚,碌碌無爲。激勵之下,李鈺發奮,果然舉進士高第,後又應制舉——拔萃科,做了名勝之地京兆府的渭南尉,①爲仕途奠定了一個高的起點。李鈺的經歷,正説明了制舉、進士、明經的階差區别。

盛唐以後,明經出身者已多有長期沉淪下僚者,也爲此被一些位高權重的儒士、大夫所譏斥或輕視,典型的一例就是人所熟知的元稹被李賀嘲笑一事。據晚唐康駢《劇談録》卷下"元相國謁李賀"條載,元和中,以明二經及第的元稹去拜訪李賀,遭到了拒絶,李賀令僕人對他説"明經擢第,何事來看李賀",一時間,蒙受羞辱的元稹只得"慙憤而退"。此事容或虚構,②卻也足以見出社會上彌漫的輕視明經的氛圍。開成四年(839)正月,唐文宗甚且嘲笑"只會經疏"的明經,"何異鸚鵡能言"?③(這可能與這一時期明經實際上已蜕變爲只察考帖經有關,見上一節明經部分的相關論述。)最高層如此評價,明經較低的社會實在可想而知。最根本的緣由就是明經考試遠較進士爲易,在一個極度推崇進士的社會氛圍中,自會不斷藴育出這類故事。

其實,就考試程度比帖經更難一點的墨策來看,也没什麽稀罕。明經每年録取的人數(約八十、一百人),也遠比進士(約二三十人)多得多。④ 正是爲此,時人並不很高看明經。不過,話又説回來,能在千人中脱穎而出,也是極爲不易的;只是説相對於進士,確實要容易一些。而從這一墨策範本,⑤也能清晰地看出這一俗諺(指"三十老明經,五十少進士")背後的内涵和社

---

① 渭南縣,屬京兆府,毗鄰帝京,畿縣,正九品下,僅次於赤縣尉。赤畿縣尉的地位特殊,"一般需進士,加弘詞或制科等,才能釋褐爲赤畿尉"(賴瑞和《唐代基層文官》第三章《縣尉》,北京,中華書局,2008年,第115頁),就是説,有較好的仕途前景。同時,賴著此章解釋"縣尉"較詳實,可參看。
② 與史實不合,如元和初,元稹已三十歲,稱不上已"年少";元稹貞元九年(793)明二經及第,時十五歲,此時李賀才四歲。
③ 《册府元龜》卷四六《帝王部·智識》,第1册,第528頁。
④ 開元十七年三月,國子祭酒楊瑒上言:"監司每年應舉者,常有千數,簡試取其尤精,上者不過二三百人。……自數年以來,省司定限,天下明經、進士及第,每年不過百人,兩監惟得一二十人。"見《册府元龜》卷六〇四《學校部·奏議三》,第8册,第7251頁。韓愈《贈張童子序》亦載整個考中的人數"歲不及二百人"(含明經、進士)。(見馬其昶校注《韓昌黎文集校注》卷四《序》,第279頁)。貞元十八年,詔令"每年考試所收人,明經不得過一百人,進士不得過二十人"(見《册府元龜》卷六四〇《貢舉部·條制二》,第8册,第7680頁)。大和九年,又略有調整,"進士元格,不得過二十五人,今請加至四十人;明經元格,不得過一百一十人,今請減十人"(見《册府元龜》卷六四一《貢舉部·條制三》,第8册,第7684頁)。
⑤ 王素先生認爲這"是一件唐代西州比較流行的《鄭注》對策範本",王素編著《唐寫本論語鄭氏注及其研究》,北京,文物出版社,1991年,第271頁。

會心理;或者説,墨策正印證了明經社會地位下降的這一現實(試題相對容易)。如從初唐算起,墨策這一考試形式,大約存在了一百二十餘年。在這個意義上,開元二十五年科試改革,提升了明經試題的難度,確實是一件影響深遠的歷史事件。

第五節 《論語》注釋學的中衰

對於唐朝,經學史家皮錫瑞在其《經學歷史》中徑直稱爲"經學統一時代",並有兩個基本論斷:一、感歎"經學統一,北學反併於南,此不隨世運爲轉移者也";二、永徽二年(651)頒孔穎達《五經正義》於天下,"每年明經依次考試。自唐至宋,明經取士,皆遵此本"。由此,"以經學論,未有統一若此之大且久也"。① 但是,這一前所罕見的經學大一統局面,並未帶來經學的繁盛,反倒是"經學積衰時代"的開始:

> 唐、宋明經取士,猶是漢人之遺;而唐不及漢,宋又不及唐者,何也? 漢以經術造士,上自公卿,下逮掾吏,莫不通經。其進用,或由孝廉茂才,或由賢良對策。若射策中科,止補文學掌故、博士弟子員,非高選也。唐之帖經,猶漢之射策;其學既淺,而視之又不重。所重視者,詩賦之辭、時務之策,皆非經術。援經義對策者,僅一劉蕡引《春秋》正始之文,發宦侍無君之隱。以直言論,固屬朝陽之鳳;以經義論,亦同獨角之麟;而唐不能用。此其所以不及漢也。……帖經之記誦屬實,非數年不爲功;墨義之文字蹈空,即一時可猝辦。唐時帖括,全寫注疏,議者病其不能通經。權德輿謂注疏猶可以質驗;不者,儻有司率情,上下其手,既失其末,又不得其本,則蕩然矣。……皆由科舉之習深入人心,不可滌除。故論經學,宋以後爲積衰時代。②

皮氏説出了兩點原因:一、最核心的一點,主流選拔人才的方式——科舉時只是看重進士的"詩賦之辭、時務之策,皆非經術",即無關經學。至於明經,雖也考經義,如難度略高一些的"墨策",但主要測試的還多是識記的功夫,遠不是、也不用發明經學。這自然造成了經學注釋的萎縮。二、即以明經科的帖經論,爲了避免有司的"率情,上下其手",即徇私舞弊,而以統一的文本,即永徽二年頒布天下的孔穎達《五經正義》爲標準來衡判("質

---

① 周予同注、皮錫瑞著《經學歷史・經學統一時代》,北京,中華書局,2004年,第135、139頁。
② 《經學歷史・經學統一時代》,第198頁。

驗")。這種較死板的考核,自然限制了考生對經義的自由發揮——同時,也使得進一步重新整合、創新注釋變得多餘。或者說,大一統下,爲考核的便宜,是以犧牲自由解說爲代價,只求文本的統一、固定與明確,這最終束縛、遏制了經學注釋的發展和推陳出新。皮氏確實道出了唐代經學注釋衰落的根本原因。不過,也能想見,如從能基本考明的西漢武帝中期孔安國訓傳《論語》,到永徽四年(653)《五經正義》的頒行天下,八百年間,隨着一代代學者辛苦努力甚且苦心孤詣地訓釋、解說,篇幅不大的《論語》中語詞的内涵等早已得到了全面、深入的發掘,可開拓、創新的空間業已很小了。這種情形下,再去費盡心思、勞心琢磨,也無法對經義解說有什麽實質性的推動了。這也是唐代《論語》注釋急遽減少的根本原因。因此,整個有唐一代,據新、舊《唐書》中的《藝文志》及《經籍志》,以及朱彝尊的《經義考》的記載,關涉《論語》注釋的著述已屈指可數,僅有十三部;其中,能流傳至今、且有所影響的也就只有陸德明《論語音義》、韓愈《論語筆解》。這的確見出了注釋極度衰落的情形。

其原因,如再進一步,就是根源於唐朝對《論語》經義注疏具體的考核方式,即便是明經中的"問大義"、策問,就阿斯塔那 27 號唐墓出土的《論語鄭氏注》、P3573 號《論語疏》殘卷來看,要求還是比較死板的,這自然限制了解說的自由發揮,闡釋的空間被極大地壓縮。

在這個《論語》注釋衰落的時代,乍一看,中唐時的韓愈、李翱《論語筆解》似乎是橫空出世;其實,也是蘊育在那一特定的時代氛圍之中。"漁陽鼙鼓動地來,驚破霓裳羽衣曲"(白居易《長恨歌》),安、史鐵騎的肆意橫蕩,持續八年的戰亂,徹底粉碎了一個盛世王朝的溫柔夢鄉;當人們再一次站在殘破、焦黑的斷壁殘垣面前,凝視劫後的災難時,在静静的冷風中,感受到的是無盡的衰敗、孤寂和無奈,開元、天寶時的盛世景象已一去不復返了,成了一個遙遠的記憶。同時,還不得不面對現實——藩鎮割據的形成,國勢不振,以及由此表現出的中央皇權控制力的過度削弱,無論是繼任的最高層肅宗、代宗、德宗等,還是心憂天下的政治家杜佑、李德裕等,以及普通的士子們,都不得不反思並做出努力,試圖找到濟世、解決的方案,力圖能再一次回到那曾經無比繁華、興盛、闊大昂揚的時代。這一熱望,在韓愈生活的憲宗時期,更隨着削藩戰役取得的一系列的重大勝利而漸趨高漲。這是一個時代復興的思潮。與此相伴的,就是思想界悄然生發的一股意欲更化的潮流。

當然,此際的思想界也出現了新的情況,那就是禪宗的彼岸世界成了一些士人心靈的寄託和歸依。南禪宗以一種更靈活的方式面向世人,只要一心向佛,並不拘泥於念經、坐禪等外在形式;實際上,就是在内心深處構築一個隔離外界喧囂、無奈甚或苦痛的精致高雅,進而能讓漂泊無依的心靈停頓、安頓下來的世界。在這裏,昂揚的激情没了,豪邁的志向也没了,剩下的就是自在適意、聊盡餘生,"終日昏昏醉夢間,忽聞春盡强登山。因過竹院逢僧話,又得浮生半日閑"(李涉《題鶴林寺壁》),任憑外界的風雨,只是在一己心靈的樓閣裏棲息、盤桓。其結果,就是"上而君相王公,下而儒老百氏,皆鄉風問道,有徒寔繁",①佛教特别是禪宗思想極其迅速地滲入到中唐士大夫階層。另一方面,氣骨頓衰的社會,强烈反差産生的難以平復的失落感,也徑直讓一些士大夫滑向了退守、隱逸,走向了道家思想。很明顯,佛、道强烈地擠占了原本屬儒家的大片空間。貞元時期(785—805),國家的最高學府,也是儒學的一種象徵——國子監已是一片衰落、枯寂的景象,"自至德(756—757)後,兵革未息,國學生不能廪食,生徒盡散,堂廡頽壞,常借兵健居止。"②到貞元十四年,進士更"殆絶於兩監"。③一代詩聖杜甫也曾爲在國子監廣文館博士鄭虔的清貧鳴不平,"諸公袞袞登臺省,廣文先生官獨冷。甲第紛紛厭梁肉,廣文先生飯不足",並生發出"儒術於我何有哉"(《醉時歌·贈廣文館博士鄭虔》)的沉重嘆息。④由此,憲宗時的著名學者劉肅也止不住感慨:

> 貞觀、開元述作爲盛,蓋光於前代矣。自微言既絶,異端斯起,莊周以仁義爲芻狗,申、韓以禮樂爲贅疣,徒有著述之名,無裨政教之闕,聖人遺訓,幾乎息矣。⑤

"仁義"、"禮樂"這些儒家賴以彰顯、治事的根基,已轟然倒塌;"聖人遺訓,幾乎息矣",可見儒學已到了幾近衰歇、滅亡的地步(具體情形亦見下)。極衰之下,甚至連高高在上的憲宗皇帝也不免對儒學的效用産生了深深質疑,"漢元(帝)優游於儒學,盛業竟衰……予心浩然,蓋所疑惑",⑥就是説,漢元帝推尊儒業,卻竟是大漢帝國由盛到衰的一個轉折點。這種來自最上層的疑慮不可謂不深切。感同身受,儒道的衰落,無疑讓重道義、以天下爲己任的韓愈溢滿了不平與憤激,甚至不惜以一己的生命去抗爭,元和十四年

---

① 元釋大訢《蒲室集》卷八"住持章",《四庫全書》,第1204册,上海古籍出版社,1987年,第574頁。
② 《舊唐書》卷二四《禮儀志》,第922頁。
③ 《唐摭言》卷一《兩監》,上海古籍出版社,1978年,第5頁。又,貞元十七年(801),三十五的韓愈才得任命爲國子監四門博士。次年,因直言被貶,但不久,元和元年(806)又被調回京城恢復原職。對國子監的衰敗,韓愈感同身受。
④ 廣文館,天寶九載(758)始置,隸屬於國子監。事見《舊唐書》卷二四《禮儀志四》(第3册,第921頁)。
⑤ 《大唐新語》卷末《總論》。據劉肅《大唐新語序》,其編定於元和二年(807)。
⑥ 《全唐文》卷六五二元稹《對才識兼茂明於體用策》,第7册,第6624頁。

(819)《諫迎佛骨表》,就是一個明顯的例證;又因"知其不可而爲之","舍我其誰"而愈顯悲壯。不過,"解鈴還需繫鈴人",要突顯、張大儒學,也勢必要對儒學典籍在一個新的高度,進行一己新的闡釋。韓愈選擇了《論語》。就史料記載,韓愈曾與侯生專門探討過《論語》,對侯生撰寫的《論語問》大爲讚賞("甚善"),但認爲僅此還不夠,應能"誠",並踐行,方能够"充實而有光輝",真正理解了聖人之旨。① 爲此,韓愈寫下了《論語注》《論語筆解》二書。其成書過程,如《四庫提要》所言:"以意推之,疑愈注《論語》時,或先於簡端有所記録,翱(李翱爲韓愈弟子)亦間相討論,附書其間。迨書成之後,後人得其稿本,采注中所未載者,別録爲二卷行之。"又,許勃《論語筆解序》言"其間'翱曰'者",大概爲討論後,弟子李翱執筆寫定。

韓愈自幼勤奮好學,自謂"性本好文學,因困厄悲愁,無所告語,遂得窮究於經、傳《史記》、百家之説,沉潛乎訓義,反復乎句讀,礱磨乎事業,而奮發乎文章"。② 這也形成了開闊的視野。《論語筆解》就是从《論語》20篇中,選取了92句進行解讀,即有選擇性地釋讀,重視對儒家核心思想仁義道德的一種闡釋與發揚,以此構建一個儒家傳承的道統。據今存《論語筆解》卷下《先進第十一》第三條"子曰:'回也其庶乎'",李翱的注解"《集解》失之甚矣"看,韓、李討論時參考過何晏《論語集解》。這一時期盛行讀習何晏《論語集解》,韓、李二人用《集解》也很正常,即以當日盛行的《論語集解》爲討論根本。

從現存的《論語筆解》中看,如《先進》第十一章"德行:顔淵、閔子騫、冉伯牛、仲弓;言語:宰我、子貢;政事:冉有、季路;文學:子游、子夏"條:

> 韓曰:《論語》稱字不稱名者多矣。仲尼既立此四品,諸弟子記其字而不名焉,別無異旨。李曰:仲尼設四品以明學者不同科,使自下升高,自門升堂,自學以格於聖也,其義尤深。但俗儒莫能循此品第而窺聖奧焉。

> 韓曰:德行科最高者,《易》所謂"默而識之",故存乎德行,蓋不假乎言也。言語科次之者,《易》所謂"擬之而後言,議之而後動,擬議以成其變化","不可爲典要",此則非政法所拘焉。政事科次之者,所謂"雖無老成人,尚有典刑",言非事文辭而已。文學科爲下者,《記》所謂"離經辯志,論學取友。小成大成,自下而上升者也"。

---

① 韓愈《答侯生問論語書》,馬其昶校注《韓昌黎文集校注》卷末附遺文,上海古籍出版社,2014年,第809頁。
② 《韓昌黎文集校注》卷二《上兵部李(巽)侍郎書》,上册,第160頁。

李曰：凡學聖人之道，始於文，文通而後正人事，人事明而後自得於言。言忘矣，而後默識己之所行，是名德行，斯入聖人之奧也。四科如有序，但注釋不明所以然。①

據唐許勃《論語筆解序》："其間'翺曰'者，蓋李習之（李翺的字）同與切磨，世所傳率多訛舛。始，愈筆大義則示翺，翺從而交相明辨，非獨韓制此書也。噫！齊魯之門人所記善言，既有同異，漢魏學者注集繁闊，罕造其精。今觀韓、李二學，勤拳淵微，可謂窺聖人之堂奧矣，豈章句之技所可究極其旨哉？"②其上所舉例證，正可説是"交相明辨"、闡發奧義的結果，是"造其精"，非是章句、注釋之類所能明達其義旨。整體上，韓、李所言，重在意旨的闡發與揭示；某種程度上，也盡力在超越，甚且擺落漢儒的字詞訓詁，而轉向經典原始義理、題旨的闡釋。在李翺注中，"四科如有序，但注釋不明所以然"，批評他人的注釋不能揭示聖人微意，也直接表明此爲"筆解"（一如韓愈所自言的"不敢過求其意，取聖人之旨而合之"，即探求聖人之意），不是"注釋"。這一處，就皇侃《論語集解義疏》看，除了注釋、疏通一些字詞外，較深入一些的就是皇侃一己對四科次第的解説：

四科次第，立德行爲首，乃爲可解。而言語爲次者，言語，君子樞機，爲德行之急，故次德行也。而政事是人事，則比言語爲緩，故次言語也。文學指是博學古文，故比三事爲泰，故最後也。③

即德是根基，言語來傳達德行，政事的處理比言語要緩，至於博學古文的文學，因最平穩，而最後。其解説不免有些牽强，也不易解讀。而韓、李二人的解釋明顯要具體、深入、明晰一些：一、轉換視角。在李氏看來，僅僅注釋，是不能説明其暗含的"（順）序"，因爲"四科"是學習"聖人之道"應遵循的階梯，是一循序漸進的過程，"自下升高，自門升堂"，自然能一窺聖人的堂奧。其視角已轉向對儒家聖人之道的學習，這與他們復興儒學的目的相一致。二、摻雜進去更多的儒家教化思想。如"默而識（之）"是一種品德；"擬之而後言，議之而後動，擬議以成其變化"，更是儒家處事的一種準則；"不可爲典要"，亦强調對儒家思想的靈活運用，不可拘執；"尚有典刑"，即有成法可依傍，等等。這與韓愈大聲疾呼、推重儒學息息相關。三、引經據典。韓愈反復引用經典，如《周易》《禮記》的成詞等，自是能爲論證多增添幾分重量和力度。

---

① 韓愈、李翺《論語筆解》，《景印文淵閣四庫全書》第1960册《四書類》，第14—15頁。
② 同上書，第3頁。
③ 陳蘇鎮、李暢然等校點《論語集解義疏》，見《儒藏》（精華編104册），北京大學出版社，2007年，第397—398頁。

再如《論語·子罕》"子曰:'可與共學,未可與適道;可與適道,未可與立;可與立,未可與權'"條:

孔(安國)曰:"雖能之道,未必能有所立;雖有所立,未必能權量輕重。"

韓曰:"孔注猶失其義。夫學而之道者,豈不能立耶?權者,經權之權,豈輕重之權耶?吾謂正文傳寫錯倒,當云'可與共學,未可與立;可與適道,未可與權',如此則理通矣。"

李曰:"權之爲用,聖人之至變也。非深於道者,莫能及焉。下文云:'唐棣之華偏其反而',此仲尼思權之深也。《公羊》云:'反經合道謂之權',此其義也。"

所謂"經權"思想,簡潔地説,經,就是持守的立場與原則;權則是據客觀情勢而有所變通,如"嫂溺,則援之以手乎"之類的問題,爲此要通權達變、不可固執,這也是孔子持守的一種立場。對此,孔安國只是簡單地釋爲"輕重之權",即度量,顯然是不對的。這直接爲韓愈所不滿,徑直批評"孔注失其義",大膽疑傳。韓愈強調了"可與適道,未可與權",即應適合、遵循道,而不可隨意權變。李翱則進一步申發用權是"聖人之至變",是聖人處理事情的一種至高的境界。不深於道,則不能達此境界。雖都是強調要權變,但與韓愈立論的角度有差異,即韓愈從方式上凸顯不得隨意權變,李翱則從境界上以及孔子的具體所爲進行了深入解説,這也顯示了李翱在韓愈的基礎上進一步闡發。二者的差異,也確實可説是"交相明辨"的結果。

整體上,在《筆解》中,韓愈一改傳統"注不破疏,疏不解注",不敢越官方注疏一步的做法,舍傳求經,大膽指出前儒解釋《論語》之失,直究經典的本義,主要表現在三個方面:一、指斥漢魏諸儒注釋《論語》的錯誤。對此,唐明貴曾進行過統計,在《論語筆解》中,共摘録孔安國注 43 條,其中被駁斥者占 34 條;共摘録包咸注 19 條,其中被駁斥者占 18 條;共摘録周氏注 2 條,其中被駁斥者占 1 條;共摘録馬融注 14 條,其中被駁斥者占 13 條;共摘録鄭玄注 11 條,其中被駁斥者占 10 條;共摘録王肅注 3 條,其中被駁斥者占 2 條。① 這足以見出韓愈駁斥的力度和非凡的膽識,稱得上是激昂蹈厲。由此爲宋人懷疑經傳開了先路。二、改動、變易經文或次序,如上舉"可與共學"的次序,"適"是到達,"立"是謀議立事。原本指未可共同抵達道。韓則認爲是未可共同謀議、未可權變之意,從情理上的增進加以論定。再如

---

① 唐明貴《論韓愈、李翱之〈論語筆解〉》,見《孔子研究》2005 年第 6 期。又,其間的錯誤,唐氏概括爲"訓詁字詞有誤"、"解讀文意有誤"和"穿鑿附會"三種,可參看。

《論語·先進》"回也其庶乎,屢空。賜不受命,而貨殖焉,億則屢中":

  韓曰:"'貨'當爲'資','殖'當爲'權'字之誤也。子貢資於權變,未受性命之理。此蓋明賜之所以亞回也。"

  李曰:"仲尼品第,回、賜皆大賢,豈語及貨殖之富耶!《集解》失之甚矣。吾謂實資權變,更能慮中乎?即回之亞匹,明矣。"

在韓、李二人看來,被後人崇敬爲大賢的子貢,又如何會從事低賤、卑微的"貨殖"經商呢?這顯然是經文出現了問題,即應當改爲"資權",這是一種權變、變通的原則;也爲此低顏回一個等次。而歷史上,子貢憑藉利口巧辭、辦事通達而經商致富,確有信史載錄。韓、李卻視而不見。

三、删除經文,如《論語筆解·顔淵》"子曰:博學於文,約之以禮,可以弗畔矣夫"下,"韓曰:簡編重錯,《雍也篇》中已有'君子博學於文,約之以禮,可以弗畔矣夫',今削去此段可也"。這種果斷、大膽在當日實屬罕見。韓愈身處儒學式微、佛道昌盛之際,①以"聖人之道見於唐"爲己任,起而衛道,一心要振興儒學。但此際的儒學正陷於章句訓詁的泥淖,難與佛、道抗衡,爲此,韓愈勢必首先要走出漢儒章句訓詁的藩籬,舍傳求經,直求隱含其間的微言大義,且構建一個從堯舜到孟子間的儒學統序來大聲疾呼,提振、復興儒學。這也彰顯了韓愈在經學史上的重要地位。

比起《論語義疏》,韓、李二人確實是一種新變。這種新變,也適應了振興儒學的社會呼聲,以及二人共同的熱望。某種程度上,也可説是一代士人對興復、提振儒學所作的最大努力。

對於《筆解》,清人金玉節曾有過重要評論:

  自魏晉以後,何晏《集解》而外,嗣音寥寥,幾爲絶響。以先生起八代之衰,回瀾障川,使孔孟之遺緒得以不墜。凡其發爲文章者,皆根據六經,排斥百氏,一以孔孟爲宗。使洙泗心源得以不絶於有唐一代者,先生之力也。今觀其《筆解》一書,大抵皆就孔安國、包咸、馬融、鄭玄諸君子所已解者,而推其所未到,駁其所未安。雖其所解者參之以宋儒之説尚爲未愜,而要其用心之精微,總無非欲爲聖經之羽翼、漢儒之糾繩也。②

金氏肯定了兩點:一、儒學史上,確定了傳承體系,有振起八代之衰的

---

① 對儒學在中唐的衰落,同時代的劉禹錫曾有評説:"儒以中道御群生,罕言性命,故世衰而寖息。佛以大悲救諸苦,廣啟因業,故劫濁而益尊。"(《袁州萍鄉縣楊岐山故廣禪師碑》,瞿蜕園《劉禹錫集箋證》卷四,上海古籍出版社,1989年,第118頁)。

② 見陳夢雷編、蔣廷錫校訂《古今圖書集成》,北京,中華書局;成都,巴蜀書社,1985年,第70452頁。

歷史功績;二、闡釋孔安國等諸儒注解"未到",或駁斥其"未安"之處,這顯示了對《論語》注解的發展。但金氏也不諱言韓愈《筆解》的不足,即"參之以宋儒之說尚爲未愜"。這其實就是説韓愈時有臆改其說的緣故。這一點,唐末李匡乂就已指責其有曲解之弊:

> "畫寢":《論語》"宰予畫寢",鄭司農云:"寢,卧息也。"梁武帝讀爲室之寢,畫作胡卦反,且云當爲畫字,言其繪畫寢室,故夫子歎朽木不可雕,糞土之牆不可污。然則曲爲穿鑿也,今人罕知其由,咸以爲韓文公愈所訓解也。"問馬":"傷人乎?不問馬。"今亦爲韓文公讀"不"爲"否",言仁者聖之亞,聖人豈仁於人,不仁於馬?故貴人所以前問,賤畜所以後問。然而"乎"字下更有助詞,斯亦曲矣。況又非韓公所訓。按陸氏《釋文》已云一讀至"不"字句絕,則知以"不"爲"否",其來尚矣。誠以"不"爲"否",則宜至"乎"字句絕,"不"字自爲一句。何者?夫子問傷人乎,乃對曰"否",既不傷人,然後問馬,又別爲一讀,豈不愈於陸云乎?①

今按,前一則存於今所見《筆解》中。又,李匡乂爲唐宣宗大中時人,距韓愈去逝至少已有三十年。這説明韓注《論語》一書一直流傳。當然,某種程度上,這也與韓愈意欲擺落先儒的籠罩有關。最終,它也直接造就了《論語筆解》的一個最大特色,即"疑注改經"。從學理上説,也有其歷史背景。大曆(766—779)前後,啖助、趙匡等人《春秋》學派興起,這一學派突出的特點就是以經駁傳,大膽懷疑和否定歷代學者對《春秋》的解釋,主張越漢儒而直承孔、孟,舍漢魏舊注而直究經文本義,有一種自覺的批判精神。與韓愈同時代的柳宗元,亦對傳統經學,特別是墨守陳規進行了深度批判,"馬融、鄭玄者,二子獨章句師耳。今世固不少章句師,僕幸非其人"(《答嚴厚輿秀才論爲師道書》),慶幸自己不是馬融、鄭玄般的章句之師。對社會上的一些腐儒,柳氏表達了極度的不滿和蔑視,"學不能探奧義、窮章句,爲腐爛之儒"(《上大理崔大卿應制舉不敏啟》),主張"凡爲學,略章句之煩亂,採摭奧旨,以知道爲宗",②即最終以探求聖人的"奧旨"即"道"爲依歸,删略"煩亂"的章句訓詁。與柳氏論點一致,韓愈"疑注改經"的精神主要體現在《論語筆解》(其《論語注》已佚,無從討論)中,這也是《論語筆解》的最大特色。

盧仝撰《春秋摘微》四卷,是舍傳求經的代表,最爲韓愈所稱頌,謂之"《春秋三傳》束高閣,獨抱遺經究終始(追究原始意旨)"(《寄盧仝》),顯出

---

① 李匡乂《資暇集》,北京,中華書局,1985年,第4頁。
② 《論語辨》,《柳宗元集》,北京,中華書局,1979年,第181頁。

了激賞的口吻。此詩原注"憲宗元和六年(811)河南令時作"。因這一時期人情"趨少就易",士人已多不習"三傳"。長慶二年(822)二月,諫議大夫殷侑更奏:"今明經一例冬集,人之常情,趨少就易,'三傳'無復學者。"①因此,韓愈稱其"獨抱遺經",確是實情。韓愈還在墓誌銘中讚揚當時以意解《詩》而聞名的施士匃:"古聖人言,其旨微密。箋注紛羅,顛倒是非。聞先生講論,如客得歸。"②從中,也不難窺視韓愈對當下經解"顛倒是非"的嫌惡和排斥。與此精神一脈相承,韓愈還大力推崇被時人忽略的儒家經典《孟子》,以及從《禮記》中摘出《大學》篇,盡力推重,顯示了意欲全面復興儒學經典的願望。如其在《原道》中就引用《大學》修齊治平的核心論點,呼吁世人以修身爲宗旨,努力實現家齊、國治、天下平的外王之道。

這種不重章句訓詁、只重義理的解經方法,意圖衝破傳統"注不破疏,疏不破注"的藩籬,實開一代解經新風。對此,劉師培曾評:"隋唐以降,《論語》之學式微。惟唐韓愈、李翱作《論語筆解》,附會穿鑿,緣詞生訓,遂開北宋説經之先。"③陳寅恪先生亦曰:"又觀退之《寄盧仝詩》,則知此種研究經學之方法亦由退之所稱獎之同輩中發其端,與前此經詩著述大異,而開啟宋代新儒學治經之途徑者也。"④總之,"在中唐《論語》學倍受冷落的時風下,韓愈選擇《論語》作爲闡發儒家義理的對象,且曾兩度注解《論語》,尤其是與門人李翱合著《論語筆解》。《論語筆解》成一家之言,站在《論語》學史的立場上看,《論語筆解》在《論語》從漢學走向宋學的過程中起到了不可磨滅的作用。"⑤

不過,韓愈、李翱等人的大聲疾呼一時間並未喚起世人更多的關注與重視,儒學依舊在持續衰落,特別是國子監學幾乎是一蹶不振。但隨着漸趨走出了安史之亂的陰影,政局的日益穩定,以及代宗、德宗、憲宗前後相繼的努力,國家開始在儒學——即教育上採取措施,以增強整個社會思想的凝聚和向心力。與此關聯的,就是在臨近晚唐之際還撰刻了堪稱一代盛典的開成石經,進一步整齊、規範了經書的文字。刻石是一個前後相續的過程。《舊唐書》卷二四《禮儀志四》載:

> 自至德(756—758)後,兵革未息,國學生不能廩食,生徒盡散,堂墉

---

① 《唐會要》卷七六《貢舉中》"三傳"條,下冊,第1655頁。
② 《韓昌黎文集校注》,上冊,第395頁。
③ 《劉師培講經學》,南京,鳳凰出版社,2008年,第27頁。
④ 陳寅恪《金明館叢稿初編》,北京,生活・讀書・新知三聯書店,2001年,第322—323頁。
⑤ 李伏清、彭文桂《韓愈經學思想探析——以〈論語筆解〉爲中心》(《河南師範大學學報(哲社版)》2013年第6期)。又,其概括韓愈解經的三種主要方式:舍傳求經,直究經典;疑經求實,發明新義;原經求道,以己解經,亦可參閱。

頹壞,常借兵健居止。至永泰二年(766)正月,國子祭酒蕭昕上言:"崇儒尚學,以正風教,乃王化之本也。"

正月二十九日,下敕置國子學,"學生員數多少,所集經業,考試等第,並所供糧料,及學館破壞,要量事修理(按損壞程度整修)"。"八月,國子學成祠堂、論堂、六館院及官吏所居廳宇,用錢四萬貫,拆曲江亭子瓦木助之。"又據舒元輿《問國學記》,論堂在文廟之西,"有高門,門中有廈屋","此無人,乃虛堂(荒蕪)爾","見庭廣數畝,盡墾爲圃(破落)矣"。① 其"拆曲江亭子瓦木助之",可見其時經濟之拮据。這一年,是代宗即位第四年、安史之亂平定後的第三年。這一艱難情形在十年後壁書(墻壁上書寫)五經時依舊存在。據張參《五經文字序例》,鑒於"五經本語言蕩而無守",大曆十年(775)六月,詔國子監儒官勘校經本,爲此"與二三儒者,分經鉤考而共決之,互發字義,更相難極",又命孝廉生顏傳經收集"疑文互體,受法師儒,以爲定例",即訂正經文的訛誤,凡160部,3 235字,分爲三卷,統一了標準,最後書於國子監論堂東西廂墻壁,以此作爲新修國子監的一個核心工程,一個提升儒學的象徵。這也即劉禹錫《國學新修五經壁本記》直言的"名儒張參爲國子司業,始定五經,書於論堂東西廂之壁"。當然,張參之所以説"蕩而無守",也有其特定的學術背景。永徽四年(653)詔示天下的《五經正義》,時間一久,傳抄難免會有錯漏等。七八十年後,到了開元時期,各自所習就已顯示了大的差異,爲此,"將試舉人,皆先納所習之本;文字差互,輒以習本爲定。義或可通,雖與官本不合,上司務於收獎,即放過",②這種做法雖是一時的權宜之計,但卻充分顯示了隨時間的流逝,爲避免紛爭而不得不再次確定經書文字的現實。

五十二年後,即憲宗元和十三年(818)十一月,時任尚書左僕射兼國子祭酒的鄭餘慶又一次提到修繕國子監一事,"以太學荒毀日久,生徒不振,奏率文官俸給修兩京國子監。時論美之"。次年十二月,鄭餘慶又奏:

> 京見任文官一品以下、九品以上,並外使兼京正員官,每月所請料錢,請每貫抽一十文,以充國子監修造文宣王廟及諸屋宇,並修理經壁。監中公廨雜用有餘,添充本錢及諸色,隨便宜處置。敕旨,宜依。③

讓在京的文官——這些名義上的孔門弟子都拿錢來助修孔廟,也確實是不斷戰爭下的不得已之舉。建中元年(780)德宗即位後,開始了一系列討

---

① 《全唐文》卷七二七舒元輿,第8册,第7492頁。
② 《封氏聞見記》卷二《石經》,第12頁。
③ 《唐會要》卷六六"東都國子監"條,下册,第1372頁。

伐、削除藩鎮的計劃。但建中四年十月,叛軍朱泚竟攻破長安,建立大秦,出現了安史亂後最嚴重的一次政治危機。此後,强藩跋扈一直伴隨着大唐王朝。到了憲宗,繼續德宗未竟的事業,持續用兵藩鎮,並最終形成了元和中興的局面。但一系列的戰爭無疑也大大消耗了唐王朝的經濟實力。以文官捐款來助修孔廟等,就充分顯示了此際國庫的虛空。這也即鄭餘慶奏文中提及的"國學毀壞荒蕪,蓋以兵戎日久,則修葺無暇也","今寇難滌蕩,天下砥平"①的真實含義。

這一次,特別提到了"修理經壁"的情形,這大約是大曆十年所修築的壁書五經時久有損壞的緣故。不過,這一次也没能保持久長,十年後,在大和三年(829)到五年間,土塗就已風化剥落,"不克以壽",壽命不長。鑒於此,於是改以"堅木"爲之,即木板五經。對這一事件的具體過程,劉禹錫《國學新修五經壁本記》②記載得很詳細:

> 遂以羡贏,再新壁書。懲前土塗不克以壽,乃析堅木,負墉而比之。其制如版牘而高廣,其平如粉澤而潔滑,皆施陰關,使衆如一,附離之際,無迹可尋,堂皇靚深,兩廡相照。申命國子能通法書者,分章揆日,遞其業而繕寫焉。筆削既成,讎校既精,白黑彬班,瞭然飛動。

版式"高廣",甚至板與板之間的縫隙也泯然無迹,可見其版面平滑,製作精緻。排列的方式是"兩廡相照",即對列。從"白黑彬班"來看,大約是白底寫上黑字。

不過,木板雖比土塗保存時間長久一些,但仍免不了龜裂、朽腐的命運。對此,大和四年(830)四月,時任工部侍郎的鄭覃建議校定六籍,"勒石於太學,永代作則"。③但此後因陷入牛(牛宗閔)、李(李德裕)黨争,鄭覃被罷去侍講學士一職,計劃不得不被擱置。不過次年,鄭覃任御史大夫,兼侍講學士,計劃再一次提上日程。兩年後,即大和七年十二月五日,敕覆定九經字體。參與校定九經的人,據《鄭覃傳》,有起居郎周墀、水部員外郎崔球、監察御史張次宗、禮部員外郎温業等(與石經的人名結銜不大一致,當爲遷升

---

① 《全唐文》卷四七八鄭餘慶《請抽京外官俸料修孔子廟堂奏》,第5册,第4886頁。
② 《國學新修五經壁本記》末,題"時余爲禮部郎,凡贅宗之事,得以關決"。考劉禹錫《舉姜補闕倫自代狀》"臣蒙恩受尚書主客郎中,分司東都(洛陽)",文末署"大和元年(827)六月十四日"(《劉禹錫集》卷十七)。按:"主客郎中"屬禮部,"掌二王後及諸蕃朝聘之事"(《舊唐書》卷四三《職官志二》,第6册,第1832頁)。歐陽棐《集古録目》卷五《唐令狐楚先廟碑》條載:"禮部郎中、集賢院學士劉禹錫撰并書","碑以大和三年(829)立"。又,大和五年十月,劉禹錫任蘇州刺史。其《蘇州謝上表》有"在集賢院四换星霜,供進新書二千餘卷。儒臣之分,甘老於典墳",可見其任集賢院學士爲四年。贅宗,虞舜時的學校,這裏是代稱。
③ 《舊唐書》卷一七三《鄭覃傳》,第14册,第4490頁。

所致)。其中一個重要的人物是翰林院勒字官的唐玄度。唐玄度竭盡所能,"誓盡所知",對舊《字樣》的不足,如"畫點參差,傳寫相承,漸至乖誤",以及"古今體異、隸變不同"者,以大曆中張參所勘定的文本爲基礎,"並依字書","一以正之";同時,還與衆參校官一同"商校是非,取其適中",①纂錄《新加九經字樣》一卷上之。《開成石經》所附《新加九經字樣》前附的牒文"中書門下牒國子監"中,也説到"大和漆年拾貳月伍日敕定九經字體"。這應是爲勒石而校訂的經文底稿。之後,到開成二年刊勒完畢。十月,鄭覃進《石壁九經》一百六十卷。唐玄度撰《新加九經字樣》一卷上之。

石經刻成後,立於長安務本坊國子監講論堂内。一共刻《周易》等十二部儒家經典,共 114 塊,雙面刻石,總計六十五萬多字。每塊石本平均高約 2.17 米,寬約 0.97 米。版面格式與漢、魏石經不同,每碑上下分列八段,每段約刻三十七行,每行刻十字,均自右至左,從上而下,先表後裏雕刻碑文。每一經篇的標題爲隸書,經文爲楷書,刻字端正清晰。按經篇次序連綴,卷首篇題俱在其中,一石銜接一石。石經現藏西安碑林,基本完整。②

作爲讀書人傳習和考試的法定文本,十二經的次第爲:《周易》(上下經用王弼注本,繫辭、説卦用韓康伯注本)、《尚書》(用孔穎達傳本)、《詩經》(毛詩鄭玄箋本)、《周禮》、《儀禮》、《禮記》("三禮"用鄭玄注本)、《春秋左傳》(用杜預集解本)、《公羊傳》(用何休注本)、《穀梁傳》(用范寧集解本)、《論語》(何晏集解本)、《孝經》(用唐明皇注本)、《爾雅》(用郭璞注本)。對《論語》,用何晏《集解》本。因其首列何晏《論語序》,並在《學而第一》下注明"何晏《集解》"。③

對於石經的質量,因《舊唐書》明言"名儒皆不窺之,以爲蕪累甚矣",致使明清以來多有爭議。顧炎武在其《唐國子學石經》中道:

---

① 唐玄度《新加九經字樣序》《九經字樣牒文》,見《景印文淵閣四庫全書》第 224 册《小學類》,臺北,臺灣商務印書館,2008 年,第 296、297 頁。
② 開成石經的影印本,可見《景刊唐開成石經》(共 4 册),北京,中華書局,1997 年。民國十五年(1926),佰忍堂根據石刻本,依原拓字體影摹刻版,殘缺處按阮元覆刻宋槧十行本經文雙鈎補足,包括《周易》九卷、《尚書》十三卷、《毛詩》二十卷、《周禮》十二卷、《儀禮》十七卷、《禮記》二十卷、《春秋左傳》三十卷、《公羊傳》十一卷、《穀梁傳》十二卷、《孝經》一卷、《論語》十卷、《爾雅》三卷、《五經文字》一卷、《九經字樣》一卷。中華書局即據此影印。又,《開成石經》(西安碑林博物館授權監製,文物出版社 2014 年出版)。該書以西安碑林博物館藏《開成石經》民國精拓爲底本,在碑林博物館十八名專家及文物出版社資深古籍編輯專家辛勤工作兩年後完成,是至今爲止第一次按原大影印。書分爲古雅經折典藏和線裝典藏兩種。
③ 見《景刊唐開成石經》,第 4 册,北京,中華書局,1997 年,第 2597—2598 頁。

舊史(指《舊唐書》)之評如此,愚初讀而疑之。又見新書(指《新唐書》)無貶詞,以爲石壁九經雖不逮古人,亦何不遽賢於寺碑塚碣。及得見其本而詳校之,乃知經中之謬戾非一,而劉昫之言不誣也。

晁公武在《石經考異》中對此分析更爲詳盡:"開成去古未遠,猶爲純備。然幾經後人之手,一誤於乾符之修改;再誤於後梁之補刻;三誤於北宋之添注;四誤於堯惠之謬作。遂失鄭唐之舊。然尚可以校勘之功分別之。"又,後唐長興三年(932)二月,"敕令國子監集博士儒徒,將西京石經本,各以所業經句讀抄寫注出,子細看讀,然後顧招能雕字匠人,各部隨帙刻印板,廣頒天下。"①當日主校刻者田敏,其《國子監重刊書序》,今仍可見。② 據其序,刻版時,重點舉例、改正的僅是避諱字,他則未提——當是未做大的改動。這一經版,是宋時刻版的一重要來源。③ 不管怎樣,開成石經的刊刻,都最終爲唐代儒學的普及和提升畫上了一個儘管不那麼完美卻仍飽含重要意義的句號。

或者說,《論語》的疏注學,由漢初發展至唐末,終於告了一個段落。在《論語》注釋學史上,重視語詞訓釋、句意章旨鈎沉的漢唐故訓就這樣越過一座座高峰而走向了低谷——之後,則開啓一個重視義理的新的時代,即宋學時。這一漢唐間《論語》學的發展歷程,大約經歷了一千年的時光。

第六節　晚唐時科舉主導下的經學改編:
再論《論語疏》殘卷的性質

上個世紀初,敦煌石窟出土了一特殊的《論語疏》殘卷(伯3573號),④存《學而》《爲政》《八佾》《里仁》四篇,《學而》的"學而時習之"章稍殘,《里仁》僅至"事父母幾諫"章。共649行,一萬六千餘字。這一寫卷,是敦煌(包括新疆阿斯塔那墓)出土的唯一一件義疏性質的殘卷,發現不久就受到了學界的重視,最早是上個世紀五十年代的敦煌學專家王重民。王先生把寫本與知不足齋翻刻的皇侃《論語義疏》本作了比較,發現刻本多有溢出寫

---

① 王溥撰《五代會要》卷八《經籍》,上海古籍出版社,2006年,第128頁。
② 《中華再造善本續編》(唐宋編·經部)中的《五經字樣》前附《序》,原書影印自"清初席氏釀華草堂影宋抄本"。
③ 晁公武《石經考異序》:"唐太和中,刻十二經,立石國學。後唐長興中,詔國子博士田敏校諸經,鏤之板,故今世六學之傳,獨此二本爾。"
④ 其影印件可見《法國國家圖書館藏敦煌西域文獻》第25冊,上海古籍出版社,2001年,第356—370頁。

本的"疏語",王先生認爲這一部分乃日本人所"竄入";並推論日本刻本是日本人的改編本,敦煌寫本才是皇侃《論語義疏》的原形。① 對這一結論,李方有不同看法。她首先證實了日本人不可能竄入或僞撰,其真實性不容懷疑。這一點,今已得到學界的普遍認同。接著,李氏還對寫本的性質進行了探討。她通過與武内義雄《論語義疏》刻本②比核,發現寫本在體式、經文、注文、疏文等方面與其有很大不同,寫本以"經、注、疏的大量省略和隨意分章、合章"爲特色。對此她推斷,該寫本"很可能是一件皇侃《論語義疏》的講經提綱"。李氏提出了三個關鍵的證據,即一,每章經、注之後,均有一段"總括文",以"此明"二字開頭,總括經、注大意,是刻本所没有的;二,寫本的一些"提頭語",如"仰解……者",是"講授之語";三,"疏文中還有一些明顯不屬於皇侃本人而屬於講經師的文字",即下所引的"何知泰山在魯家",表明作者"是獨立於疏外的講經師"。③

這些解釋確實有一些道理,也發人深省;但實際上還可繼續深入討論,如寫卷抄寫的時間、特色、出現的背景等;而且,對上面關鍵的三點,可能限於篇幅,李氏本身的論述也不免有些簡略(只占了大半頁的篇幅;其重點在於論"刻本的真實性"和"是否《皇疏》原形"兩個問題)。今不避固陋,試再加論述,以期能更全面、深入一些揭示這一《論語疏》殘卷的性質,同時展示晚唐時期科舉主導下經學改編的一些情形。

一 寫本的特色及其抄寫時間

假如按李方所論,是"是一件皇侃《論語義疏》的講經提綱",但這一結論實有幾個問題無法迴避:

一、其所說的抄本以"經、注、疏的大量省略和隨意分章、合章"爲特色,實際上概述得並不很準確。如與現今較好的整理本《論語義疏》④比較,整體上看,敦煌《論語疏》寫本(下簡稱"敦煌本")的注、疏文是省略了許多,如《學而》篇共 16 章,抄本僅九章完整,另有兩章殘缺;《爲政》篇共 24 章,抄本僅 8 章完整,另有一章殘缺;《八佾》篇共 26 章,抄本僅 10 章完整,另有 7

---

① 王重民《敦煌古籍敘録》卷一"經部",北京,中華書局,1979 年,第 72、73 頁。
② 即懷德堂本。現在學者一般都認爲此本保留了皇《疏》的舊貌,優於根本遜志本,能說明問題。不過,最好還參照正平本《論語集解》,因爲皇侃《論語義疏》是以此爲基礎,"侃今之講,先通何《集》,若江《集》中諸人有可采者,亦附而中之"(皇侃《論語義疏序》)。
③ 李方《唐寫本〈論語皇疏〉的性質及其相關問題》,《文物》1988 年第 2 期。
④ 陳蘇鎮、李暢然等校點《論語義疏》,其以懷德堂本爲底本,以《知不足齋叢書》本(即鮑廷博本)爲校本,見《儒藏》(精華編 104 册)"經部四書類"(北京大學出版社,2007 年版)。又,高尚榘校點《論語義疏》(北京,中華書局,2013 年)亦水平較高。

章殘缺;《里仁》篇,至"事父母幾諫"共18章,抄本僅存1章,另有1章殘缺。整個共84章,完整的僅有28章,殘缺的11章,一共涉及39章,還未及刻本的一半。但是,也能發現,敦煌本對章注和疏文採取了不同的處理方式,對注(即何晏《論語集解》的注),抄本以"某某云云"的方式加以節略;而對疏文,卻基本上都完整地保留,略有一些删改,但不存在殘缺(詳見下)。進一步,説其"隨意分章、合章",在没能判明章節的分合前,恐怕也不能這樣斷言,因爲漢魏以來,《論語》的分章本就有一個發展、變遷歷程,更何況,除極個別外,其也基本上吻合現今所見的《論語》分章。

而且,如從嚴格一點的提綱規範來説,既然是提綱,退一步説,内容可大量删減,但章節似乎不應該殘缺這麼多。筆者曾對缺少的章節進行過統計,發現並没有什麼規律,時而缺三章,時而缺一章,時而缺一章中的部分。這顯然不是卷子殘缺所造成,因爲不可能正好就缺中間的一章,只能是原先文本有意爲之的結果。推測之下,這種没有規律、不無隨意的缺少,可能是抄寫時(或爲學童)偷工減料的結果(或者認爲不需解釋的地方而闕略);否則,就不能很好解釋《爲政》篇中有孟懿子、子游、子夏"問孝"(少"孟武伯問孝"),但疏文卻有"然四人問孝是同"這一矛盾的現象。但此應不包含過深的含義。

二、既然是"講經提綱",就必然是在皇侃《論語義疏》的基礎上有一定的删減;但整個寫卷,如果不考慮個别章節的殘缺,僅就完整的章節看,對疏文的删減是不多的,大多數條目都保留得相當完整,如"導千乘之國"章、"敬事而信"章等。這一點很重要。就前所説的情況看,與其説是"講經提綱",還不如説是《論語疏》的抄寫者有意摘抄的結果(仔細審視,這一殘卷中間似不存在缺失或撕毁的情況)。

三、其所推斷的"'此明'二字開頭,總括全章經、注大意。這是刻本所没有的",其實也可商榷。今據整理本《論語義疏·學而》,"子禽問於子貢"章"讓以得之"下,疏云"故顧歡云:'此明非求非與,直以自得之耳'";"求之與"下,疏云"此明夫子之求,與人之求異也"。"父没觀其行"章下,疏云"此明人子之行也"。① 這三處都出現了"此明"二字,足以證實梁皇侃時期,"此明"二字的運用就已較爲普遍了,這顯然不能作爲推斷其爲講章的一個證據。並且,皇《疏》中還多次出現了與"此明"極爲近似的字眼,即"此章明",如第232、237、254、255頁等。又,"此明"二字還可能

---

① 説明:此處用的懷德堂本,即《儒藏》(精華編第104册)"經部四書類",北京大學出版社,2007年,分别爲第224、225頁。

是對唐人明經對策固定格式借鑒的結果,如阿斯塔那 27 號墓出土的《論語鄭氏注》對策殘卷,①就是採用"問:……。對:此明……"的格式,已出現了關鍵的核心語詞"此明"二字,並以此二字領起對文意的解釋,格式上完全吻合。

因此,這就需要重新、全面地審視整個寫卷,盡可能地判明其特點。事有湊巧,恰好在敦煌出土的殘卷中,能找到講解的例證,即關涉《文選》的三個殘卷,俄藏 Φ242 號(先前編號爲 L.1452)、天津藝術博物館藏和日本永青文庫藏的《文選注》,爲此能做一比較和印證。這三個殘卷,抄寫的時間約在唐代宗(762—779)、順宗(805)時期,②與《論語疏》的抄寫時間比較接近,可以見出那一時代的語言風尚,有可比性。這樣,如以《文選注》抄本做參照,敦煌《論語疏》寫本至少表現出了以下特色:

一、疏文的結構上,以"此明"來概述這一章節的意義;然後逐次錄入皇侃《論語義疏》的疏文,但有變更,即有一些刪減和順序的調整(詳見下)。具體疏解時,多採用"注(云、問)……者"、"……者"、"……是何"等,偶爾也用"仰釋……者"、"何知……者"等形式。

對此疏解形式,李方判斷是"講授之語"。其實,這種疏解方式的形成有其歷史和現實的原因。一方面,這種跡象已多在皇《疏》中出現,如"言……也"、"又明……"、"故云……"、"解所以向慕本義也"等,③其中,"言……也"、"解……本義也"可説是基本一樣。這也符合疏解的本義,即一句句解釋,本就傾向於用一些近於口語的語辭。敦煌本所用,可説是皇《疏》句式的遺存,或者説是進一步發展,表現了訓義句式的多樣性。另一方面,是對中晚唐明經考試口問經義和回答策問格式的一種借鑒,如前已提及的《論語鄭氏注》對策殘卷,就是採用"問:……。對:此明……",以及"仰明……者"、"……何者"、"……者"等格式,寬泛一點説,敦煌本疏解的形式在這一對策殘卷中基本上都出現了;這也顯示了皇侃時期的疏解方式因科舉考試的引力在向其靠攏的事實。

二、在敦煌本留存的疏文中,編撰者對章注和疏文採取了不同的處理方式,對注,即何晏《論語集解》的注,抄本全部以"某某云云"的方式加以節略(僅"吾十有五而志乎學"章下的一處注文完全保留。又,這裏省略的内

---

① 其圖版、錄文見唐長孺主編《吐魯番出土文書》,北京,文物出版社,1996 年,第 4 册,第 149—152 頁。説明:81—91 年版没有圖版,只有錄文。對其研究,可參本章第四節。
② 拙文《關於敦煌教授的〈文選〉一點臆測》,《敦煌研究》2011 年第 1 期。或見《唐宋〈文選〉學史論》中《中唐時敦煌一地的〈文選〉講習》,上海人民出版社,2015 年,第 186—187 頁。
③ 陳蘇鎮等校點《論語義疏》,第 217 頁。

容,筆者據正平本《論語集解》①核對,完全相同);而對疏文,卻基本上大多完整地保留,但有一些改編(見下)。顯然重在疏文,忽略何注。

三、就現存的疏文來說,沒有從中間省略,特別是隨意缺釋的現象,如"人不知而不愠,不亦君子乎"章下疏文,完全同於皇侃的疏文。

四、敦煌本章節的缺少並沒有規律,如上所言,可能是抄寫時偷工減料或認為不需注的結果。

五、敦煌本沒用口語、方言,"言……"、"故云……"、"云……"等類似告知色彩較濃的語詞沒有出現過,特別是沒有《文選注》抄本中一望即知、一再言説的稱"齊家"(指南齊)、"姬家"(指周)、"胡元家"(指北魏)等口語詞。整個寫卷僅有一處口語色彩較濃的句子,即"季氏旅於泰山"章下疏文"何知泰山在魯家?泰山者,《詩》云'泰山巖巖,魯邦所瞻'。何知林放魯人者,泰山既是魯山,則知林放是魯人"。② 但就這一句,也可能只是臨時隨手借鑒的結果,因爲其與整個疏文的風格明顯不同。

六、《論語疏》的抄寫比較認真,字體娟秀,寫卷整體呈現出整潔、秀潤的風貌。如與《文選注》殘卷相比,敦煌本顯然嚴謹、正規多了,且絕少錯字。這就提示,這當是一件較爲規整的《論語疏》抄本。

因此,與其說是講章的"提綱",還不如說這是一件較爲規範的《論語疏》抄本,其與皇侃《論語義疏》的差異,恰好反映了時人讀習《論語》的一些思想觀念。這也是下文論述的一個重要基礎。

再看寫本的抄寫時間,前人多以爲是唐人寫本,但這個判斷恐怕有誤。這需就整個抄本的避諱情形來全面衡量。對其避諱情況,茲抄錄如下:

不避的字有:誦《詩》、舞《勺》;導,治也;民即咸歸;其民之五德、其民恭儉;治骨曰切……治玉曰琢、治石曰磨;民免耻;經營流世;十世可知,但改日月;旦時世多失;天子射虎、前虎皮;民不畏服;分傍以安治;爲人臣者不顯諫。③

避諱的字有:使民富以其時、民是冥(但毗鄰的"使民有何"卻不避);君薨,世子聽塚宰三年;導人以刑等處的"人"(是避"民"而改);百世可知(同一頁,有避有不避的,説明避諱不甚嚴格);時移代易;故世相因。④

---

① 孫欽善校點《論語集解》,"以正平版雙跋本爲底本"(《校點説明》),見《儒藏》(精華編第104册)"經部四書類"(北京大學出版社,2007年,第105頁)。
② 爲方便核查,今採用張湧泉主編《敦煌經部文獻合集》第4册徐建平撰《群經類論語之屬》(北京,中華書局,2008年,第1840頁)。
③ 《法國國家圖書館藏敦煌西域文獻》第25册,分別爲第356、357、358、359、360、360、362、362、363、364、366、367、368、368頁。
④ 《法國國家圖書館藏敦煌西域文獻》第25册,分別爲第358、359、361、362、363、363頁。

能看出,寫本只避太宗世、民二字的諱(但還沒全避),其他的唐帝諱,如初期的高宗李治、中宗李顯、睿宗李旦,以及最晚的順宗李誦均不避(但没見更晚的避諱字,如唐武宗李炎、唐宣宗李忱、唐懿宗李漼等)。還能說明的是,因是"重臣"宣諭使所藏圖書,自是會比較嚴格地遵循唐時的避諱制度。因此,與其説是唐人寫本(天子諱七廟),還不如説是晚唐末、五代時的寫本;之所以避太宗諱,只是後人出於對唐太宗蓋世武功和文治的推崇而諱,是按慣例襲用。又,寫本卷端用後梁貞明九年(923)公文紙托裱,且有後梁龍德年號(921—923),也能佐證可能爲較晚或五代時的寫本。

一個值得注意的細節是:此件文本上有三處"宣諭使圖書記"的朱印,以及背面有墨書"判官氾瑭彦尋覽"的題記。① 今檢索新、舊《唐書》,"宣諭使"共出現七次,天復二年(902),帝以"以左金吾大將軍李儼爲江淮宣諭使"。② "乾寧(894—898)初,(裴樞)入爲右散騎常侍,從昭宗幸華州,爲汴州宣諭使"。③ "長慶元年(821)……(温造)充太原、鎮州、幽州宣諭使"。④ 能看出,"宣諭使"一職集中在晚唐,最早也就是在穆宗長慶年間(三次,其餘四次均在唐朝行將滅亡的時候)。又,編定於貞元十七年(801)以記載官制著稱的《通典》不僅没有專門的"宣諭使"條目,而且僅出現了一次,還是在初唐高祖時期,即卷十一《食貨》所載的"至德二年七月,宣諭使侍御史鄭叔清奏",也可佐證這一官職確實是晚唐才開始集中出現。

其中一處亦堪特别注意:

> 穆宗(820—824)立,不恤國事,數荒昵。吐蕃方疆。……王承元徙鄭滑節度使,鎮人固留不出。承元請以重臣勞安其軍,詔(鄭)覃爲宣諭使,起居舍人王璠副之。始,鎮人慢甚,及覃傳詔,開勖大義,軍遂安,承元乃得去。⑤

鄭州、滑州,今鄭州、封丘、延津一帶。兄王承宗死後,王承元接任成德軍節度使(今河北中部),後歸順朝廷。其請"重臣"以安撫,顯示了宣諭使較高的身分地位。以上事例也説明,一旦遇有特殊情況,或發生重大變故,朝廷就會派"重臣"任宣諭使以安撫;否則,恩威不濟,則不足以宣威、服衆,

---

① 其影印件可見《法國國家圖書館藏敦煌西域文獻》第 25 册,分别爲第 361、363、370 頁,以及第 371 頁。不過,此影印本的"宣諭使圖書記"有些模糊,僅能勉强辨認。
② 《新唐書》卷一八八《楊行密傳》,第 17 册,第 5438 頁。兩次。
③ 《舊唐書》卷一一三《裴遵慶傳附》(第 10 册,第 3357 頁),《新唐書》卷一四〇《裴遵慶傳附》亦載(第 15 册,第 4646 頁)。
④ 《舊唐書》卷一六五《温造傳》(第 13 册,第 4315 頁)。《新唐書》卷九一《温造傳》作"長慶初,(温造)以京兆司録爲太原幽鎮宣諭使"(第 12 册,第 3784 頁)。
⑤ 《新唐書》卷一六五《鄭覃傳》,第 16 册,第 5066 頁。

達成其事。結合敦煌的歷史,大中二年(848),張議潮率領沙州人民起義,驅逐吐蕃守將,自攝州事。此後二三年間,且耕且戰,收復河西瓜、沙、甘(今甘肅張掖)、肅(今甘肅酒泉)、伊等州,並遣使告捷。大中五年正月,使者到達長安。對這一重大事件,宣宗自是派遣"重臣"進行了宣示、安撫和封賞等,"帝嘉其忠,命使者齎詔收慰,擢議潮沙洲防禦使"。① P.3554v(第25冊)《謹上河西道節度公德政及祥瑞五更轉兼十二時共一十七首并序》載:"則我當今大中皇帝有天[下]也……敕命百司,豁開左藏瓊林上庫,廣出繒縑……擎舉不勝。書詔敕封雲屯裹,加官給告,讚歎多勛,遷任尚書、河西節度。揀擇專使,計日星奔,令向沙州,殷勤宣賜者,則我尚書之德政也。"亦可見宣賜的次數比較多。但情況有反復,861年,歸義軍克復重要軍鎮涼州後,勢力東擴,日益膨脹,引起了與唐中央的摩擦和矛盾,唐中央於是在大中、咸通間析置秦州、涼州、瓜州三個節度使,以削弱其力量。而後,直到888年新繼任的唐昭宗才授予張淮深沙州節度使旌節(但剝離了毗鄰的瓜州管轄權)。這中間,自不大可能遣使宣諭。究其實,這一文書就應是宣諭使隨身攜帶的閱讀之書;而且,既然多處蓋上了"宣諭使圖書記"的朱印,說明此乃較爲看重、時常閱讀的書籍。宣諭使回京後,不知何故,此卷留在了敦煌,被判官(按《新唐書》卷四九下《百官志四下》,節度使手下有判官一人)氾瑭彥拿來讀習("尋覽")。這樣就可能更合於情理。如這一推斷正確的話,那麼,恰好說明這種類型的《論語疏》在晚唐時比較流行,在高官、重臣中也傳讀廣泛。

兩相結合,這一寫卷最可能的抄寫時間,最早應在晚唐,或在更晚的五代時期。這一結論,與下文重點論述的晚唐時期的科舉改革以及抄寫的目的等都是一致的。

二 寫本所據的底本及其對皇《疏》的改編

進一步,此寫本對皇《疏》的內容至少進行了較大的改編:

一、在經文、注文後,增添了一段總括性的文字,即以"此明"二字領起,概括此節的經文大意或主旨。這一點,在皇《疏》中僅是有時約略以簡單的話語點明,或在逐條疏釋字詞後,加以總括,遠沒有抄本中概述得這般嚴謹、語意全面,抄本由此呈現出簡省、清晰的面貌,如《學而》"子禽問於子貢"章:

> 是,此也。此邦,謂每邦,非一國也。禽問子貢,怪孔子每所至之

---

① 《新唐書》卷二一六下《吐蕃傳下》,第19冊,第6108頁。

國,必早逆聞其國之風政也,故問。子貢答禽,説孔子所以得逆聞之由也。……言夫子身有此五德之美,推己以測人,故凡所至之邦,必逆聞之也。……此明夫子之求,與人之求異也。(皇《疏》)①

抄本作:此明子禽問子貢,怪孔子每至之國,必先逆聞其國之政,爲是就其國主求而得之與? 抑人君自呼孔子而與之與? 子貢答子禽曰,言夫子所以得逆知之,行其溫良恭儉讓五德,行以得之。夫子之求之也,其之異與他人之求之與也。(抄本)②

可以看出,抄本明顯總括了皇《疏》的相關内容,進行了新的整合。就這一點説,抄本對皇《疏》進行了調整、壓縮,有時甚至變更了皇《疏》的内容,由此使得文意通暢,保持了前後解釋的承繼性。重要的是,有時其文意不僅没有删減,甚至還多有增益的現象,如這一段中"爲是就其國主……而與之與"的内容,就是皇《疏》中没有的内容。這也顯然不是"講經提綱"一語所能概括、全面揭示的。

二、省略了何晏的注文。在抄本中,採取了"某某云云"的形式加以節略,如"人不知而不愠"章下"'愠,怒也。凡人'云云","子夏曰:'賢賢易色'云云"等。這些節略的内容,經與正平版的何晏《論語集注》比勘,完全吻合;就是説,抄本的注是直接録自何晏的《論語集注》。

三、對皇《疏》疏解格式的改變。既然注是録自何晏《論語集解》,但抄本卻没有逐條對何晏所録注文,如馬融、王肅、苞氏等人的注進行疏解,而是在一個經文條目下進行總的疏解。這也是與皇《疏》在每條注文下逐次疏解的一個最大不同。有時,也爲了理解方便,而調整順序,一併解釋,如"視其所以,觀其所由"章,皇《疏》是先一一解釋"視"、"觀"、"察"的含義,然後再釋文中之意;抄本則把兩方面的意義放在一塊串釋。

四、在抄本的疏中,對皇侃《疏》中幾乎是所有的字詞訓釋,基本上都予以省略,如《學而》"弟子入則孝"章,皇《疏》中所有的"弟子,猶子弟也。言爲子弟者,盡其孝悌之道也","子善父母爲'孝',善兄爲'悌'","泛,廣也","行者,所以行事已畢之跡也"等,均加以省略。這種例子俯拾即是,兹不多舉。這種對字詞訓釋的省略,足以説明《論語疏》的抄寫者(或者説編撰者)對此内容的捨棄,只是重視章節的主旨和涵義。

顯然,這種種改編,足以證實此《論語疏》並非是皇侃《論語義疏》的原形;但也能斷言,其是在皇《疏》的基礎上加以改編,以皇《疏》的内容爲基

———————
① 陳蘇鎮等校點《論語義疏》,第224頁。
② 《法國國家圖書館藏敦煌西域文獻》,第25册,第359頁。

本,如按比例來算,大約是十之六七出自皇《疏》。

據《隋書》卷三二《經籍志一》載,"《論語義疏》十卷,皇侃撰",這一稱謂,到了新、舊《唐志》,則爲"《論語疏》十卷,皇侃撰","皇侃《疏》,十卷"。但同時還載有"《論語疏》十五卷,賈公彥撰","賈公彥《論語疏》十五卷",[①]似有爲賈公彥《論語疏》的嫌疑;不過,從卷次上看,寫卷在"孔子謂季氏'八佾舞於庭'"前標明"《論語疏》卷二",正説明是十卷本的皇侃《論語義疏》,能排除賈《疏》的可能。

再從另一個角度看,賈公彥《論語疏》,雖今已不存;但現存其《周禮注疏》《儀禮注疏》,尚可見其疏注的風格與特色。從《周禮注疏》看,鄭玄注以簡練著稱,精義在文字、名物訓詁方面,至於禮制、禮例,往往未能盡言。賈疏則對鄭注這一隱而未發之義往往能夠發明、補充闡釋,如《周禮·天官冢宰》"乃立天官冢宰"下,對鄭玄沒有注明的"乃立"二字,賈《疏》進行了解釋,"六官皆云'乃立'者,以作序之由,本序設官之意,故先云以爲民極,次云所設之官,故皆云'乃立',騰上起下之辭也。"因此,其多採用"……者"、"言……"、"故言……"等解釋注文的話語。但也顯然,就《周禮注疏》《儀禮注疏》中的賈公彥疏來看,其重在逐句解釋鄭玄的注,也即唐人"疏不破注"的原則。其對經文義旨的揭示融彙在對鄭注的闡釋、補充中,並沒有採用如《論語疏》中的"此明"格式,以及疏中綜括文意的方式。這也側證石室《論語疏》不可能是賈公彥《論語疏》的遺存,也能排除其在此基礎上進一步加工的可能。重要的是,賈公彥,初唐時人,也自不會逆知一百多年後科舉會問大義等舉措,即不會特別重視《論語》文意的解説。

三 寫本出現的時代背景

那麼,這就有一個問題:這種改編出現的背景是什麼?或者説,爲什麼會有這種改編?

再來全部審視一下二十世紀以來,敦煌藏經洞和吐魯番阿斯塔那墓葬發現的鄭注《論語》唐寫本殘卷,較完整的有:

一、吐魯番阿斯塔那363號墓8/1號寫本,即著名的卜天壽寫本。卷末題署曰"景龍四年(710)三月一日私學生卜天壽□",寫書人是"西州高昌縣寧昌鄉厚風里義學生卜天壽,時年十二歲"。

二、吐魯番阿斯塔那184號墓12/1(b)至12/6(b)號寫本。殘存《雍

[①] 《陳書》卷二四《周弘正傳》亦載其撰"《論語疏》十一卷",第2册,第310頁。

也》前部的66行。又同墓18/7(b)、18/8(b)號寫本,殘存《述而》前部的29行。其中"紀年最早者爲開元二年(714),晚者爲開元十二年(724)",知其爲盛唐寫本。

三、吐魯番阿斯塔那27號墓25a、18/3號寫本。"其中所見紀年,起景龍二年(708),止開元十三年(725)"。同墓出土的文書多屬景龍二年和開元三年(715)所寫,蓋與上兩本基本同時。又有《唐經義〈論語〉對策殘卷》。①

四、吐魯番阿斯塔那360號墓3/7—12號寫卷。柳氏據"户籍中後來插空書寫的'開元二年'",推測這一寫卷可能抄於"此前後"。②

五、伯希和2510號寫本。後有一題署"維龍紀二年(890)二月敦煌縣"(然字體與正文不類似,由此遭到了一些學者的質疑)。左景權《論語鄭氏注——敦煌古圖書蠡測之一》認爲是唐初寫本。③

六、斯坦因6121、11910號寫本,年代不能考訂。

七、斯坦因3339號寫卷,年代亦不能考訂。

八、俄藏05919殘卷,此卷能與伯希和2510寫本綴合,當爲初唐寫本。

九、日本書道博物館藏《論語注》殘卷。④

一○、上海博物館藏24579號寫本,殘存《子罕》"子云:吾不試,故藝"至"狐貉者立",共32行。《文物》1993年第2期以及《上海博物館藏敦煌吐魯番文獻》(《上海博物館藏敦煌吐魯番文獻》,上海古籍出版社1993年版,第201—203頁)等收錄有圖片及部分釋文。

一一、吐魯番阿斯塔那169號墓出土"七、《論語》習書"一件,內容爲"子曰學而時習之不亦悅乎友朋自遠方來不亦"。編訂者附有說明:"本件原裁剪爲小塊,裱於《孝經》殘卷背面斷裂處,其時代與本墓五《孝經》大致相同,下限至遲不得晚於高昌建昌四年(558年)"。⑤

一二、1997年,吐魯番洋海一號張祖墓(97TSYM一)出土了不少闞氏王國時期(460—488)的文書和典籍。其中一寫本殘葉分別書寫了《論語·堯曰》的古注。這是敦煌、吐魯番出土的最早的《鄭注》本。

除了抄寫年代無從考訂外,這十二個能判明爲《論語》鄭注的寫本有

---

① 以上三種寫卷,分別見唐長孺主編《吐魯番出土文書》,1996年版,第3冊第571—581頁、第4冊第136—142頁、第4冊第150—175頁。
② 柳洪亮《吐魯番阿斯塔那古墓群360號墓出土文書》,《考古》1991年第1期。
③ 見《敦煌文史學述》,臺北,新文豐出版有限公司,2000年,第9頁。
④ 具體圖片可參王素編著《唐寫本論語鄭氏注及其研究》所附"圖版"(北京,文物出版社,1991年,圖版49—54)。
⑤ 唐長孺主編《吐魯番出土文書》,北京,文物出版社,1987年,第2冊,第279頁。

七個都出現在中唐以前，占比是很高的。或者説，在安史之亂、吐蕃占領沙洲以前，敦煌一地主要流行鄭玄《論語注》（當然，同時也有何晏《論語集解》；但因抄本《論語疏》明顯不涉及《論語集解》，所以暫不討論）。但這一情形，到了中唐以後明顯地發生了變化，除去蕃占的原因外，最重要的就是此際與讀習《論語》息息相關的明經科舉發生了重大變革（具見本章第三節）。

開元二十五年（737），爲改變這一不明經義、"罕窮旨趣"的弊端，朝廷採取了改"墨策"爲更直接的"按問大義"，以及把名實不怎麽相符的"墨策"改爲"時務策"，增添了試題的現實感，加强對經義理解的考查。"按問大義"，即"試口義"，是口問大義，口頭回答。但是，問題又來了，即空口無憑，没有文字試卷保存下來，事後容易滋生争執。建中二年（781）十月，中書舍人趙贊知貢舉，曾上奏言説這一弊端，"落第之後，喧競者多"；爲避免種種争端，"今請以所問，録於紙上，各令直書其義"，"既與策有殊，又事堪徵證，憑此取捨，庶歸至公"，①這一建議得到了施行。又，"與策有殊"，也顯示了"按問大義"與時務策的内容截然不同，即側重於經疏的意旨。但一時間可能還不甚適應，施行結果也不甚理想；不過，一再建議下，筆試"大義"還是得到了貫徹、實施。②

這種考試内容的變更，勢必直接影響到士人讀習《論語》的方式，即重視經文的大義，這樣，也勢必會引導士人重新撿拾起重視疏解文意的《論語義疏》；或者説，在前人，如在皇《疏》的基礎上作一定的改編，以應對新的考試情况，是再自然不過的事。而蕃占時期是從建中二年到大中二年（848）張議潮起義趕走吐蕃爲止。這之後，就到唐末了。因此，這件《論語疏》出現在晚唐或五代，就實屬正常了。

這一《論語疏》與科舉的密切關係，文本中也能找到一些例證，如"人不知而不愠"章下，疏文引《禮記·學記》"九年知類通遠"，"能博喻然後能爲師，能爲師然後能爲長，能爲長然後能爲君"，"十世科知"章下引《禮記·樂記》"五帝殊時，不相頌樂；三王異世，不相襲禮"，"八佾舞於庭"章下引《禮記·曲禮下》"天子穆穆，諸侯皇皇，大夫濟濟，士蹌蹌，庶人僬僬"，以及"與其媚於奥"章下引《爾雅》"室中西南隅曰奥"③等，這四處都是皇《疏》中没有、整理者添加的内容；而且整個寫卷，直接標明來源的就這四例。唐中後期，

---

① 《唐會要》卷七五《貢舉上》"明經"，下册，第1628頁。
② 其詳細内容，可參本章第三節的相關内容。
③ 以上四例，分別見張湧泉主編《敦煌經部文獻合集》，第4册，第1830、1838、1839、1841頁。

據《唐六典》卷二《尚書吏部》"員外郎"條,規定明經科(即明二經)可選擇一大經、一小經,或二中經,但二中經《毛詩》《周禮》《儀禮》難度大,又因《禮記》文少,所以一般就多選擇大經中的《禮記》,或小經中的《周易》或《尚書》了。① 這樣,正因爲熟習,編寫者隨手徵引上述内容,是再自然不過的事,但也正見出與明經科考的密切聯繫。

至於五代時期的明經考試,大體上依舊沿襲唐末的方式,只不過,史籍中記載的措施更具體,也更精細,後唐明宗天成三年(928)春,詔令:

> 應九經、五經、明經帖書及格後,引試對義時,宜令主司於大經泛出問義五通,於簾下書於試紙,令隔簾逐段解説,但要不失疏、注義理,通二通三,然後便令念疏,如是熟卷,並須全通,仍無失錯,始得入策。……其問義、念疏、對策,逐件須有去留。②

這裏對考試經文大義的方式解釋得很具體,即要求"逐段解説"。而"逐段解説"正與敦煌本《論語疏》疏解的格式相對應。這不是巧合,而是爲適應明經考試改變疏文的結果。重要的是,詔令要求"不失疏、注義理",對疏和注都要理解清楚。除此之外,問義、念疏、對策三項考試,"逐件須有去留";就是説,既然不可能專憑某一項或兩項的優勢來彌補,就必須精通"問義",以求通過考試;否則,在"問義"一關中就可能被汰除了。長興元年(930),又再一次强調這一點,"逐場皆須去留,不得候終場方定",③可見問題的重要了。後唐明宗李嗣源,926—933年在位。後唐定都洛陽,統治地域在今西安、河南、河北一帶。同光三年(925)滅後蜀,勢力又一度擴張。其統治地域直接與吐蕃諸部接壤。而奉大唐正朔的歸義軍,也自當是襲用晚唐以來的明經三場考試的方式,即有"按問大義"的環節。

還能補充一點,抄本"子夏曰問巧笑倩兮"章下的疏文,"此明子夏引《衛風·碩人》,閔莊姜之詩,以問孔子。……故衛人閔之。巧笑及美目即見在《衛風·碩人》之二章",這種"此明"、"故見……二章"的結構,正與阿斯塔那27號唐墓出土的《論語鄭氏注》殘卷,如"對:此明子張"……"篇者,《子張》篇也。謹對"等"此明"統義,最後補説出處的格式一致,也正能坐實這種改編與明經科考試確實有密切關係。

---

① 開元八年(720)七月李元瓘上疏要求照顧《周禮》《儀禮》《公羊》《穀梁》的讀習,因爲"今兩監及州縣,以獨學無友,四經殆絶"(《唐會要》卷七五《貢舉上》"帖經條例"條,下册,第1630頁;但效果不明顯,開元十六年[728]楊瑒上言時又提及了此事[《唐會要》卷七五《貢舉上》"明經"條,第1627頁]。)天寶元年,敕"加《爾雅》"(同前,第1627頁)。
② 《册府元龜》卷六四一《貢舉部·條制三》,第8册,第7692頁。
③ 《册府元龜》卷六四二《貢舉部·條制四》,第8册,第7694頁。

小　　結

　　與北周相比，北方的文化中心顯然在北齊，其治下的兗、青、齊一帶，是北方的學術中心地帶。這是因爲漢魏以來，一直就是儒學較爲興盛的地域，這有歷史原因。因此，隋文帝稱帝伊始，就下詔從文化積澱深厚的"山東"即青、齊一帶徵發儒生，也再正常不過了。但這些被徵聘來的儒生，命運卻頗爲坎坷，因爲"鄙野"、"無儀範"，而不爲朝廷所重，遭到了排擠。這一時期，居於主流地位的是隋文帝初年組織的一個"考正亡逸，研核異同，積滯群疑"①的班子。這些一流學者如牛弘、蘇威、蕭該、何妥、房暉遠等進行文獻的整理、校勘工作，是當日官方和名族的學術代表，呈現出隋初學術較濃重的關中、河西本位色彩。這一南北學者一同討論，"考正亡逸"，彰示了南北儒學的融合，這也是宋齊、北魏以來南北一直不斷地通使、交流的必然結果。

　　武德七年（624），唐朝一統天下，以一種新的選舉方式，即科舉來拔擢芸芸士子，以實現了向文官政治的轉變。但也顯然，考試的核心環節——因南北紛爭而分歧無定的經學，也勢必首先要進行統一。這是時代賦予的重任。爲此在初唐，會聚了一流的經學人才，編定、頒行《五經正義》，進而結束了長達三百年的經學分歧無定的局面，最終完成了儒學的一統，開啓了一個經學的新時代。文宗時，爲增強整個社會思想的凝聚和向心力，而纂刻了一代盛典的開成石經，可稱是這一思路的延續。

　　但是，唐代是一個經學"中衰"的時期。大一統下，爲考核的便宜，是以犧牲注釋的自由解説爲代價，只求文本的統一、固定和明確，這最終遏制了經學注釋的發展，或推陳出新。這是《論語》注釋極度衰落的根本原因。八百年間，隨着一代代學者辛苦努力甚且苦心孤詣地訓釋、解説，《論語》中語詞的内涵等早已得到了全面、深入的發掘，可開拓、創新的空間業已很小了。整個有唐一代，關涉《論語》注釋的著述僅有十三部，已屈指可數。

　　安史亂後，大唐王朝由盛轉衰，強烈反差產生的難以平復的失落感，都徑直讓一些士大夫滑向了退守、隱逸，即走向了佛、道家思想。佛、道強烈地擠占了原本屬儒家的大片空間。感同身受，無疑讓重道義、以天下爲己任的韓愈溢滿了不平與憤激。韓愈要突顯、張大儒學，也勢必要對儒學典籍進行一己新的闡發。韓愈選擇了《論語》，對儒家核心思想仁義道德進行了新的闡釋和發揚，並一改傳統"注不破疏，疏不破注"的做法，舍傳求經，大膽質

---

① 《隋書》卷七五《儒林傳序》，第 6 册，第 1706 頁。

疑、駁斥——一度引領了唐中期的疑經思潮。

　　到了大唐,作爲儒家的重要典籍之一的《論語》,其傳播和讀習情形與唐代科舉密切相關。最主要的是明經、進士科。至於明經,永隆二年(680)以後,其帖經考試亦要求"兼通《論語》",此後一直相沿不改。開元二十五年(737),又增添了"按問大義"的環節,更加大了《論語》考試的難度;同時還要考高難度的時務策。至於進士,其帖經也要考《論語》。其考核的標準,就是鄭玄《論語注》與何晏《論語集解》。一時間,二注並行不悖。這樣,明經除了讀習《論語》的文本外,還要熟悉各種注疏(即鄭、何二注)。正是這些原因,敦煌、吐魯番出土了衆多的《論語》寫卷。整體上,就這兩地出土的《論語》寫卷看,到了中、晚唐,隨着開元二十五年明經科舉的重大改革,在傾向於考核經義義理大的社會背景下,已開始轉向於重視、讀習何晏的《論語集解》了。其間的根本原因,則深植於鄭玄、何晏二者注釋方式與傾向的不同。對鄭注而言,其自身仍不免存在這樣、那樣的不足等,而何晏《集解》義理闡釋的簡明、準確,無疑直接契合了士子讀書應試的需求。這是時代選擇和自身質量雙重影響下的一個必然結果。

主要參考文獻

(説明：每一部分按類排列；一小類中，一般按出版時間排序，有時則兼顧其性質和重要性，如《二十五史補編》自是排在正史之後。又，所有典籍、著述均全部注出編撰者、整理者。)

一　主要古籍(含今人的整理、點校本)

各種重要的《論語》文本(含説明)：

河北省文物研究所與定縣漢墓竹簡整理小組合編《定州漢墓竹簡〈論語〉》，文物出版社1997年版。

平壤漢墓竹簡《論語》，韓李成市等《平壤貞柏洞364號墓出土竹簡〈論語〉》，《出土文獻研究》第10輯，北京，中華書局，2011年。單承彬《平壤出土西漢〈論語〉竹簡校勘記》，《文獻》2014年第4期，第33—45頁。

唐長孺主編，中國文物研究所、新疆維吾爾自治區博物館、武漢大學歷史系編《吐魯番出土文書》(全四册)，文物出版社，第一册，1992年；第二册，1994年；第三、四册，1996年出版。(説明：1981—1991年版十册本未附録原文書圖片，96年版則附了圖片，下爲釋文。又，阿斯塔那墓葬出土的原寫卷，含《論語》殘卷均見於此書。)[1]

王素校點《唐寫本〈論語鄭氏注〉校録》，《唐寫本論語鄭氏注及其研究》中上卷，文物出版社1991年版，第1至145頁。(又，《儒藏》[精華編二八一册]亦載有其校點的《唐寫本〈論語鄭氏注〉》，北京大學出版社2007年版，第347至492頁。其内容基本同於《校録》，略有補充。)

許建平整理、撰寫敦煌《論語》，張涌泉主編、審訂《敦煌經部文獻合集》

---

[1] 1987年版没有圖版，只有録文。據96年版第四册王素《編後記》，"釋文本只是應學術界急需而推出的一種徵求意見的簡本。圖文對照本才是經過修訂並作爲考古發掘報告一部分的最後定本"；其修訂，"主要包括三項：一項是統一行文體例。一項是給專有名詞補加標綫。最後一項是將圖版與釋文對校，'不能放棄這個改正錯誤的機會'(唐長孺語)。"，第607、609頁。

第四册《群經類論語之屬》，中華書局 2008 年版，第 1437—1881 頁。

孫欽善整理、何晏著《論語集解》，《儒藏（精華編）·四書類論語屬》，北京大學出版社 2013 年版。（其以日正平十九年［1364］雙跋本《論語集解》爲底本，以《知不足齋叢書》本皇《疏》、阮元校本邢《疏》本爲參校本。）

李方録校《敦煌〈論語集注〉校證》，江蘇古籍出版社 1998 年版。後又爲名《唐寫本〈論語集解〉》，載《儒藏》（精華編第二八一册），北京大學出版社 2007 年版。

西夏文《論語集解》（1909 年内蒙古額濟納旗黑水城遺址出土），《俄藏黑水城文獻》第十一册，上海古籍出版社 1996 年版，第 47—59 頁。全文漢譯見聶鴻音《西夏譯本〈論語全解〉考釋》，《西夏文史論叢（一）》，寧夏人民出版社 1992 年版。較詳細一點的考辨可見秦躍宇《單集解本〈論語集解〉版本與源流考論》（《齊魯學刊》，2014 年第 5 期）。

陳蘇鎮等整理、皇侃著《論語集解義疏》，見《儒藏（精華編）·四書類論語屬》，北京大學出版社 2005 年第 1 版（後來又出版爲《儒藏》［精華編第一〇四册］"經部四書類"，北京大學出版社 2007 年第 1 版。以懷德堂本爲底本，以鮑氏《知不足齋叢書》本爲校本）。

徐望駕校點《皇侃〈論語義疏〉》，江西人民出版社 2009 年版。

高尚榘校點、皇侃著《論語義疏》，中華書局 2013 年版。（高氏以懷德堂本爲底本，以《知不足齋叢書》本、《四庫全書》本爲校本。）

《英藏敦煌文獻》（漢文佛經以外部分），四川人民出版社 1990 年版。

《法國國家圖書館藏敦煌西域文獻》，上海古籍出版社 2001 年版。

《俄藏敦煌文獻》，上海古籍出版社 1993 年版。

《大穀文書集成》，日本京都法藏館出版，共三集，分别於 1984、1990、2002 年出版。

熹平石經《論語》（《魯論》系統），洪适《隸釋》卷一四所録《石經論語殘碑》，中華書局 2012 年版，第 149—157 頁。又見馬衡《漢石經集存》，上海書店出版社 2012 年版。

開成石經《論語》（用何晏《論語集解》本），《景刊唐開成石經》（第四册），中華書局 1997 年版。

高流水點校、劉寶楠撰《論語正義》，中華書局 1990 年版。

司馬遷撰《史記》，中華書局 2002 年版。
班固撰《漢書》，中華書局 1964 年版。
范曄撰《後漢書》，中華書局 1973 年版。

王先謙等《後漢書集解》(外三種)，上海古籍出版社 2006 年版。
吳樹平校注、劉珍等撰《東觀漢記》，中州古籍出版社 1987 年版。
陳壽撰、裴松之注《三國志》，中華書局 1982 年版。
房玄齡等撰《晉書》，中華書局 2003 年版。
沈約撰《宋書》，中華書局 1974 年版。
蕭子顯撰《南齊書》，中華書局 1972 年版。
姚思廉撰《陳書》，中華書局 1972 年版。
李延壽撰《南史》，中華書局 1975 年版。
李百藥撰《北齊書》，中華書局 1972 年版。
魏收撰《魏書》，中華書局 1974 年版。
令狐德棻等撰《周書》，中華書局 1974 年版。
李延壽撰《北史》，中華書局 1974 年版。
魏徵等撰《隋書》，中華書局 1973 年版。
劉昫等撰《舊唐書》，中華書局 1975 年版。
歐陽修等撰《新唐書》，中華書局 1975 年版。
司馬光編著《資治通鑒》，中華書局 2011 年版。
《二十五史補編》(共六冊)，中華書局 1955 年版。

聞宥集撰《四川漢代畫像選集》，中國古典藝術出版社 1956 年版。
山東省博物館、山東省文物考古研究所編《山東漢畫像石選集》，齊魯書社 1982 年版。
賴非主編《中國畫像石全集》第二卷《山東畫像石》，山東美術出版社 2000 年版。
內蒙古自治區文物考古研究所編《和林格爾漢墓壁畫》，文物出版社 2007 年版。
王繡、霍宏偉著《洛陽兩漢彩畫》，文物出版社 2015 年版。
國家文物局古文獻研究室編著《馬王堆漢墓帛書》(壹)，文物出版社 1980 年版；《馬王堆漢墓帛書》(叁)，文物出版社 1983 年版。
洪适撰《隸釋 隸續》，中華書局 1985 年版。
高文著《漢碑集釋》，河南大學出版社 1985 年版。
王昶輯《金石萃編》，北京中國書店 1985 年版。
商承祚編著《石刻篆文編》，中華書局 1996 年版。
王重民著《敦煌古籍敘錄》，中華書局 1979 年版。
趙萬里著《漢魏南北朝墓誌集釋》，科學出版社 1956 年版。

連雲港市博物館、東海縣博物館、中國社會科學院簡帛研究中心、中國文物研究所編《尹灣漢墓簡牘》，中華書局 1997 年版。

中國社會科學院考古研究所《漢魏洛陽故城南郊禮制建築遺址》，文物出版社 2010 年版。

崔述著《洙泗考信錄》，見顧頡剛編訂《崔東壁遺書》，上海古籍出版社 2013 年版。

林慶彰等校、朱彝尊撰《經義考新校》，上海古籍出版社 2010 年版。

楊朝明、宋立林主編《孔子家語通解》，齊魯書社 2009 年版。

吳承仕疏證、陸德明撰《經典釋文序錄疏證》，中華書局 2008 年版。

張一弓點校、陸德明撰《經典釋文》，上海古籍出版社 2012 年版。

逯欽立輯校《先秦漢魏晉南北朝詩》，中華書局 1983 年版。

嚴可均輯《全上古三代秦漢三國六朝文》，中華書局 1999 年版。

董誥等編《全唐文》，中華書局 1983 年版。

陝西省古籍整理辦公室編《全唐文補遺》，三秦出版社 2005 年版。

陳尚君輯校《全唐文補編》，中華書局 2005 年版。

吳剛主編《全唐文補遺》（千唐志齋新藏專輯），三秦出版社 2006 年版。

馬端臨撰《文獻通考》，中華書局 1990 年版。

徐堅等撰《初學記》，中華書局 1962 年版。

汪紹楹校、歐陽詢撰《藝文類聚》，上海古籍出版社 1982 年版。

李昉等撰《太平御覽》，中華書局 1985 年版。

王欽若等編《册府元龜》，中華書局 1982 年版。

王應麟著《玉海》，上海書店、江蘇古籍出版社 1987 年版。

余嘉錫箋疏，周祖謨、余淑宜、周士琦整理，劉義慶著《世說新語箋疏》，中華書局 2007 年版。

陳橋驛點校，酈道元注《水經注》，上海古籍出版社 1990 年版。

李善注，五臣注，蕭統編《文選》，韓國奎章閣藏，韓國多韻泉出版社 1983 年版。

《日本足利學校藏宋刊明州本六臣注〈文選〉》，人民文學出版社 2008 年版。

簡博賢著《今存南北朝經學遺籍考》，臺灣三民書局 1986 年版。

馬國翰輯《玉函山房輯佚書》，廣陵書社 1990 年版。

王仁俊輯《玉函山房輯佚書續編三種》，上海古籍出版社1989年版。

王謨輯《增訂漢魏叢書·漢魏遺書鈔》，西南師範大學出版社2011年版。

龍璋輯《小學搜逸》（外三種），國家圖書館出版社2013年版。

黃暉校釋、王充著《論衡校釋》，中華書局1990年版。

樓宇烈校釋、王弼著《王弼集校釋》，中華書局1980年版。

楊朝明、宋立林主編《孔子家語通解》，齊魯書社2009年版。

楊明照校箋、葛洪著《抱朴子外篇校箋》，中華書局1996年版。

湯用彤校注、湯一玄整理、慧皎撰《高僧傳》，中華書局1997年版。

王利器集解、顔之推撰《顔氏家訓集解》，中華書局2011年版。

王文錦、王永興、劉俊文、徐庭雲、謝方點校，杜佑著《通典》（全五册），中華書局2003年版。

王溥編《唐會要》（上下册），上海古籍出版社2006年版。

王溥撰《五代會要》，上海古籍出版社2006年版。

陳振孫著《直齋書録解題》，上海古籍出版社1987年版。

鄭樵撰《通志》，中華書局1987年版。

紫劍整理，元戈直集注，唐吴兢撰《貞觀政要》，上海古籍出版社2008年版。

李永圻、張耕華導讀整理，吕思勉評，浦起龍通釋，劉知幾撰《史通通釋》，上海古籍出版社2008年版。

陳仲夫點校、李林甫等著《唐六典》（上下册），中華書局2017年版。

二　今人著述

王素著《唐寫本論語鄭氏注及其研究》，文物出版社1991年版。

單承彬著《論語源流考述》，吉林人民出版社2002年版。

唐明貴著《〈論語〉學的形成、發展與中衰：漢魏六朝隋唐〈論語〉學研究》，中國社會科學出版社2005年版。（某種程度上，其後來出版的《論語學史》[中國社會科學出版社，2009年版]中的宋以前部分，是前一專著的修改）。

宋鋼著《六朝論語學研究》，中華書局2007年版。

閆春新著《魏晉南北朝"論語學"研究》，中國社會科學出版社2012年版。

夏德靠著《〈論語〉研究》，知識産權出版社2015年版。

王國維著《觀堂集林》，中華書局 2004 年版。

馬宗霍著《中國經學史》，商務印書館 1998 年版。

章權才著《魏晉南北朝隋唐經學史》，廣東人民出版社 1996 年版。

周予同著《中國經學史講義》，上海文藝出版社 1999 年版。

李申著《中國儒教史》，上海人民出版社 1999 年版。

張豈之著《中國儒學思想史》，陝西人民出版社 1990 年版。

王志平著《中國學術史》（三國兩晉南北朝卷），江西教育出版社 2001 年版。

朱維錚著《中國經學十講》，復旦大學出版社 2002 年版。

姜廣輝主編《中國經學思想史》（一至二卷），中國社會科學出版社 2003 年版。

張立文主編《中國學術通史》，人民出版社 2004 年版。

皮錫瑞著，周予同注釋《經學歷史》，中華書局 2004 年版。

焦桂美著《南北朝經學史》，上海古籍出版社 2009 年版。

顧宏義、戴揚本編《歷代四書序跋題記資料彙編》，上海古籍出版社 2010 年版。

潘忠偉著《北朝經學史》，商務印書館 2014 年版。

程舜英編《兩漢教育制度史資料》，北京師範大學出版社 1983 年版。

劉汝霖著《漢晉學術編年》，中華書局 1987 年版。

劉汝霖著《東晉南北朝學術編年》，中華書局 1987 年版。

張可禮著《東晉文藝繫年》，山東教育出版社 1992 年版。

陸侃如著《中古文學繫年》，人民文學出版社 1998 年版。

傅璇琮主編，陶敏、傅璇琮等著《唐五代文學編年史》，遼海出版社 1998 年版。

曹道衡、劉躍進著《南北朝文學編年史》，人民文學出版社 2000 年版。

曹道衡、沈玉成撰《中古文學史料叢考》，中華書局 2003 年版。

劉躍進著《秦漢文學編年史》，商務印書館 2006 年版。

鄭傑文主編《秦漢經學學術編年》（李梅著）、《魏晉南北朝經學學術編年》（莊大鈞著）、《隋唐五代經學學術編年》（孔德凌、張巍、俞林波著），鳳凰出版社 2015 年版。

湯用彤著《魏晉玄學論稿》，人民出版社 1957 年版。

王葆玹著《正始玄學》，齊魯書社 1988 年版。

王曉毅著《王弼評傳》，南京大學出版社 1996 年版。
賀昌群著《魏晉清談思想初論》，商務印書館 1999 年版。
湯一介著《郭象與魏晉玄學》，北京大學出版社 2000 年版。
葛兆光著《中國思想史》，復旦大學出版社 2001 年版。
王曉毅著《儒釋道與魏晉玄學形成》，中華書局 2003 年版。
王曉毅著《郭象評傳》，南京大學出版社 2006 年版。

姜亮夫著《敦煌——偉大的文化寶藏》，古典文學出版社 1956 年版。
陳金木著《唐寫本論語鄭氏注研究——以考據、原、論釋爲中心的考察》，臺灣文津出版社 1996 年版。
馬衡著《凡將齋金石叢稿》，中華書局 1996 年版。
荆門市博物館編寫《郭店楚墓竹簡》，文物出版社 1998 年版。
郭沂著《郭店楚簡與先秦學術思想》，上海教育出版社 2001 年版。
李學勤著《簡帛佚籍與學術史》，江西教育出版社 2001 年版。

唐長孺著《魏晉南北朝史論叢》，生活·讀書·新知三聯書店 1955 年版。
唐長孺著《魏晉南北朝史續編》，生活·讀書·新知三聯書店 1959 年版。
王樹民校證、趙翼著《廿二史劄記》（增補本），中華書局 1984 年版。
唐長孺著《魏晉南北朝隋唐史三論》，武漢大學出版社 1993 年版。
唐長孺著《唐長孺社會文化史論叢》，武漢大學出版社 2001 年版。
吕思勉著《兩晉南北朝史》，上海古籍出版社 2005 年版。
萬繩楠整理，陳寅恪著《魏晉南北朝史講演錄》，貴州人民出版社 2007 年版。
陳寅恪著《金明館叢稿初編》，上海古籍出版社 1980 年版。
陳寅恪著《隋唐制度淵源略論稿》，河北教育出版社 2002 年版。
王仲犖著《魏晉南北朝史》，上海人民出版社 1980 年版。
岑仲勉著《隋唐史》，中華書局 1982 年版。
周一良著《魏晉南北朝史論集》，北京大學出版社 2010 年版。
周一良著《魏晉南北朝史論續編》，北京大學出版社 1991 年版。
余英時著《士與中國文化》，上海人民出版社 1987 年版。
于迎春著《秦漢士史》，北京大學出版社 2000 年版。
田餘慶著《東晉門閥制度》，北京大學出版社 2005 年版。

王永平著《六朝江東世族之家風家學研究》,江蘇古籍出版社2003年版。

王永平著《中古士人遷移與文化交流》,社會科學文獻出版社2005年版。

牟潤孫《注史齋叢稿(增訂本)》,中華書局2009年版。

閻步克《察舉制度變遷史稿》,遼寧大學出版社1997年版(中國人民大學出版社2009年再版)。

傅璇琮著《唐代科舉與文學》,陝西人民出版社2001年版。

王勳成著《唐代銓選與文學》,中華書局2001年版。

陳飛著《唐代試策考述》,中華書局2002年版。

孟二冬補正、徐松編撰《登科記考補正》,北京燕山出版社2003年版。

賴瑞和著《唐代基層文官》,中華書局2008年版。

賴瑞和著《唐代中層文官》,中華書局2011年版。

賴瑞和著《唐代高層文官》,中華書局2017年版。

張希清、毛佩琦、李世愉主編,金瀅坤著《中國科舉制度史·隋唐五代卷》,上海人民出版社2017年版。

湯用彤著《漢魏兩晉南北朝佛教史》,中華書局1983年版。

許理和《佛教征服中國》,江蘇人民出版社2003年版。

後　　記

　　一陣斜風襲過,粉紅的櫻花片片飄落,在濛濛的細雨中,旋轉着一個個輕盈、美麗的身姿……

　　這是一個初夏的時節。走在日日熟悉的校園,止不住回眸凝視的,又是那業已逝去的一個個平淡的日子。

　　與《論語》的結緣,最早可追溯到2011年的4月。當時,古籍研究所在出版系列的《朱子全書》《顧炎武全集》的基礎上,提議構建一個"四書"學的研究規劃。身爲一員,自是積極響應。但"四書"是南宋中後期朱熹提出的一個學術觀念,而我,只是對唐以前的歷史、文學熟悉一點,又怎麼參與呢? 或許是一閃念,既然"四書"含括《論語》《孟子》《中庸》《大學》,那研究唐之前這四種典籍的流傳,不也是一件有意義的事? 想到這,一時很興奮,以爲找到了一個很好的切入點。但經一番調查後,卻倏然發現遠不是這麼回事。《孟子》地位的上升,是北宋時的事,《中庸》《大學》的器重更在其後。這三書是沒法做下去了,那就只剩下了一種可能——做《論語》。

　　於是,就在一種近於懵懂的狀態中,先以《先秦至唐〈語〉〈孟〉〈庸〉學文獻考證與輯佚》爲題,努力申報國家古委會項目。也許是一種僥倖,這一年的8月,項目獲批,心情十分愉悦(那時是剛留到古籍所的第一年,同時,又獲得了一個教育部項目)。

　　但好景不長,在收集一段時間後,就發現了這一課題的難度與複雜。《論語》學史料包含的内容很豐富,至少有以下四大宗:一、最大的一宗,就是各個時期紛呈的各種《論語》注釋,著名的如孔安國、鄭玄《論語》注,何晏《論語集解》、皇侃《論語集解義疏》等;二、《論語》的不同文本,如鄭注、何《解》、皇《疏》,在長期的流傳中其實也構成了一個個傳緒不同的文本,尤其是抄本;三、出土的各種《論語》文獻,主要有定州漢墓、朝鮮貞柏洞竹簡《論語》,敦煌、阿斯塔那墓葬出土的各種《論語》寫本,以及熹平、開成石經《論語》等;四、這些《論語》史料出現的背景,因爲只有這些背景調查清楚了,才能更好地解讀、界定這些紛繁的《論語》史料的價值。而這之前,都不熟悉。

因此,也只能摸石頭過河,走一步看一步——先把相關的史料收集起來再説。

這時,得感謝本所的顧宏義老師,是他慷慨地把關涉唐以前的《歷代四書序跋題記資料彙編》電子稿提供給我。而我,也由此能按圖索驥,慢慢鋪展開來,不至於一下子茫然摸不着頭緒。不過,這時的進展比較慢,一則不熟,一則還擔任古籍所的輔導員(兩年),學生的事務還是不少的;再一就是所里嚴佐之教授作爲首席專家,其申報的國家重大社科項目《朱子學文獻整理與研究》,2011 年獲批,這一時節正緊鑼密鼓地進行。因當時是我第一次做典籍整理,也算是一種照顧,我選做的是汪紱《讀近思録》(一卷)。本以爲,區區一卷的量,應該不難吧?但實際上卻遠超乎我當日的預料;因先前讀書,壓根就不怎麽注意標點,特別是專名綫。這時卻不得不仔細斟酌到底斷在何處,該用什麽標點,又該如何加專名綫?同時,還有一些難懂的理學術語,也往往成了攔路虎。這樣費心折騰下來,自然耗費了不少時日。但現在回過頭來再看這一事,在那時恰巧給我本人整理《論語》學史料奠定了一個很好的基礎,讓我明曉了古籍整理的一些規範,也自然少走了一些彎路。

這一時期,還有一個更急迫的任務,就是抓緊時間完成 2011 年度教育部《〈文選〉唐宋寫刻本研究》的課題。這也是硬任務,因我的習慣是一直做,完成了一件,再去做第二件。同時,在内心深處,還是想把課題盡可能做得好一些,讓人少説一點。

不知不覺中,時光就在匆忙中,飛快地流逝了……

到了 2015 年,因爲這一年的五月份,隨着我把《文選》的書稿交給上海人民出版社的編輯時潤民老師(當時是獲得了上海市的學術資助),才算告一段落。

但也就在這斷斷續續的積累中,《論語》學史料整理的效率在日漸提高;這中間的一個重要原因,就是因前一時段在漢唐時代的一些耕耘,慢慢地作爲一種背景知識,融會貫通,能有效地幫我去理解、辨析與判斷。而且我知道,要想有所突破,也必須努力去綜合考量、衡判各種史料,至少在當時申報古委會項目時,我頗爲自得的就是對張禹《魯論語安昌侯説》條所加的按語,即"不無混亂、無所適從的情形自需統一,亦因特定機緣而推張禹於潮流之上。張禹受到名重一時的《魯論》大師蕭望之的推重,聲名鵲起"等。這種評判,顯然需要一種開闊的視野和準確、精當的表述。而這某種程度上,也直接決定了日後關於《論語》學研究的一個論述特色。或者説,《漢唐〈論語〉學史》的這一底色,很早就有萌芽了。從内心説,我也比較喜歡這種有力的表達方式,我不想把一篇學術論文寫得乾巴巴的,弄得甚至完全失去了神采和魅力。語言是美麗的,也更有其張力。重要的是,在一個眾聲喧嘩的時代,這些來自一千多年前的思想,仍能給人一絲絲清涼,一絲絲思想的慰藉,也自是要用最恰切、富有靈性的語言去表述。這也體現了對古人先輩、歷史的一種敬重。

耐心、細心地一條條排比、考證史料,大致到2016年初出現了一個關鍵的轉折,即條目下考辨的內容日積月累,已明顯有一些分量了——這自然也提升了史料整理的質量,心中是一種寬慰。

這時,也萌生了一個念頭,即努力撰寫,以此申報國家社科後期資助。就是這個念頭,一直支撐我努力奮進。同時,為能提升質量,凸顯價值,我接受了本所羅爭鳴老師的建議,把論述的部分從按語中剝離出來,獨立,即上編《秦漢至唐〈論語〉學史》,下編《秦漢至唐〈論語〉學史料的整理》,以此充分體現論的分量與價值。最終,在2017年4月份,兩部分整合為《秦漢至唐〈論語〉學史料的整理與研究》,"煌煌"70萬字,進行申報。之後,就是等待。不過,最終等來的卻是失望。當然,也不能就此放棄;畢竟,這幾年來,日日夜夜間沒少耗費心血,況且,古人不是有屢敗屢戰的記載嗎?就是在一種巨大的壓力下,或者說,近於背水一戰,去努力爭取——這也是一位從學者本應有的一種姿態,別人能做到的,我為什麼不能做到呢?

途路的艱辛也只能不斷用拼搏去努力克服,不費力氣的成功似乎從來都與我無緣,從來不屬於我。別無選擇,我只能重整旗鼓——以另一種視角,即直接分離,抽出上編,精心修改後再次申報。我也好像有一種感覺,即純粹的史料整理,隨著電子信息技術的迅猛發展,已越來越不被人看重。為此,我決意暫且捨棄史料的整理,集中精力,全力以赴,讓論的部分能有一些更好的突破,最終期待能破繭而出,化蝶飄飛。

一切照舊申報;只不過,申報後,確實沒再去想它了,聽天由命吧。

2018年9月4日,我記住了這一天,當時我正乘坐在G11從北京南到上海虹橋的高鐵上,同學李振中在短信中說我後期資助申請上了。一時間,我竟沒敢相信……

然而,這只能是另一個開端;因它意味着你一定要盡力以你最高的水準,去努力達到國家立項的期望。於是,在此後的日子裏,精心雕飾、裝點這一座並不怎麼起眼的小土丘,就成了我一個最大的熱望。也為此,私下裏給自己定了一個幾近苛求的準則:論文中的每一項,無論是細小的註釋方面,還是根本的內容方面等,都以一種最嚴格的規範去做。如註釋,一律註明冊數、頁碼;至於內容,凡涉及的每一個問題,都盡力去廣泛佔有史料,特別是最新研究,然後向深度開掘,哪怕是其間的一些細節,典型的如伏生藏書屋壁的例證,《魯相史晨祠孔廟奏銘》彰顯的孔子神化色彩,東漢時墓葬壁畫、畫像石中的孔子形象,顏師古等編定史書時的生活場景等——都一一儘量考證紮實、深入,做到持之有據。至於語言,更立足於能刪減的、關係不大的、枝蔓的都絕不保留,反復琢磨、潤色。當然更考慮整體構架。或許只有這樣,才能讓我放心一點,才能攀登得高一點,才能無愧於家人的期待。

但也顯然,這是一個比較艱辛、坎坷的行程。但也唯有如此,才能玉汝于成。

仰望高山,險峻崚嶒,是分外美麗、旖旎的景致;俯瞰大地,蜿蜒曲折,是十分柔弱,卻又無比堅實的路徑。

或許,這就是自然界時時告誡、昭示的一條最樸實的道理:路,是用腳一步步走出來的,雖不無弱小,但也只有這樣,才能一步步延伸向遠方……

細雨仍在飄飛,飄飛在初夏一片翠綠、勃勃生機的大地上,也飄飛在心靈深處;只因對這一方土地愛得深沉、熱烈。努力過,可以無悔。

謹此,再一次深深感謝國家哲社辦以及後期資助評審的各位專家;再一次深深感謝上海古籍出版社以及編輯戎默老師的辛勤付出!

不意間,又過去了兩年。這是一段心理歷程,也以此為記,記住那曾經的歲月。

2019 年 4 月 23 日星期二夜草寫於金都雅苑之陋室,5 月 20 日又修改一過。2021 年 3 月 7 日星期日又改定於萬科花園小城之寒舍。

圖書在版編目(CIP)數據

漢唐論語學史 / 丁紅旗著. —上海：上海古籍出版社，2021.11
ISBN 978-7-5732-0075-4

Ⅰ.①漢⋯ Ⅱ.①丁⋯ Ⅲ.①《論語》—研究—中國—漢代—唐代 Ⅳ.①B222.25

中國版本圖書館CIP數據核字(2021)第224304號

漢唐論語學史
丁紅旗　著
上海古籍出版社出版發行
(上海市號景路159弄A座5層　郵政編碼201101)
(1) 網址：www.guji.com.cn
(2) E-mail：guji1@guji.com.cn
(3) 易文網網址：www.ewen.co
上海商務聯西印刷有限公司印刷
開本787×1092　1/16　印張23　插頁6　字數400,000
2021年11月第1版　2021年11月第1次印刷
ISBN 978-7-5732-0075-4
Ⅰ·3582　定價：98.00元
如有質量問題，請與承印公司聯繫